선생님들에게 드리는 **100가지 제안**

Copyright ⓒ 1970 by Vasily Aleksandrovich Sukhomlinsky, by Ms. O.V Olga Sukhomlynska
All rights reserved. All text cannot be copied without permission.
This Korean Translation Copyright ⓒ 2011 by Goindol Publishing Co.

이 책의 한국어판 저작권은 저작권자와의 독점계약으로 고인돌 출판사에 있습니다.
저작권법에 의해 한국 내에서 보호를 받는 저작물이므로 무단전재와 복제를 금합니다.

선생님들에게 드리는 100가지 제안

초판1쇄 펴냄 | 2012년 3월 30일

지은이 | 수호믈린스키
편역 | 수호믈린스키 교육사상연구회
기획 | 정낙묵
교열 | 신정숙
디자인 | 드럼스타트
펴낸이 | 정낙묵
펴낸 곳 | 도서출판 고인돌
인쇄 | (주) 미래프린팅
주소 | 경기도 파주시 교하읍 문발리 617-12 1층 우편번호 413-832
전화 | (031) 943-2152
전송 | (031) 943-2153
손전화 | 010-2261-2654
전자우편 | goindol08@hanmail.net
출판등록 | 제 406-2008-000009호

값 30,000원
ISBN 978-89-94372-19-8 03370

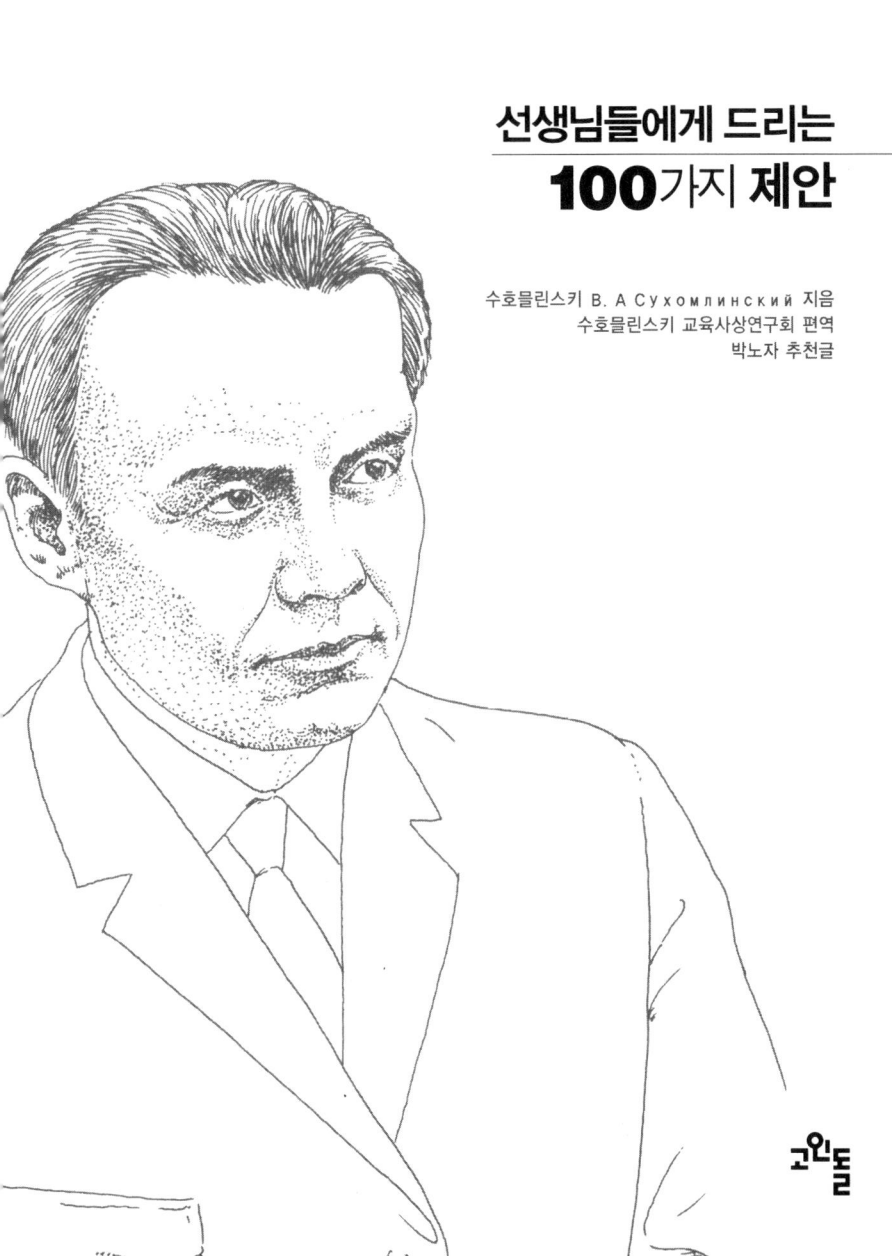

선생님들에게 드리는
100가지 제안

수호믈린스키 В. А Сухомлинский 지음
수호믈린스키 교육사상연구회 편역
박노자 추천글

고인돌

한국의 선생님들에게

● **박노자** (노르웨이 오슬로 국립대학 한국학 부교수)

대한민국 교육의 현 상태를 가장 정확하게 표현할 수 있는 말은 외화내빈(外華內貧)일 것이다. 일면으로는 대학 진학률이 세계 최고일 뿐만 아니라 학교에서 배우는 지식의 양은 세계 어느 나라보다 많을 것이다. 세계 수학 경시 대회가 열릴 때마다 구미권 출신들이 한국 아이들의 실력에 놀라는 것은, 한국 학교가 "지식 전달자" 몫을 훌륭하게 해낸다는 걸 보여 준다. 그러나 학습 강도가 외국에 비해 훨씬 높은 한국의 교육 시스템이 한국 아이들의 독립적, 비판적 사고 능력을 제대로 키우고 있는가? 자기만의 개성 있는 생각을 논리정연하게 글로 정리하는 실력을 제대로 연마하게 하는가? 나아가서 사회에 대한 다양한 시각들을 존중해 주고 자신과 남의 인권을 늘 생각하는 성숙된 시민으로서의 자질을 과연 가질 수 있게 하는가? 학습되는 지식의 양은 많아도 획일주의적 "시험 점수 따기를 위

• • •

한" 교육은 사고의 질을 낮추고 비판정신을 원천 봉쇄한다. 거기에다 동급생들과의 무한 경쟁 강요와 학교의 반인권적 행태들은 약자들을 자살과 일탈로 몰고 강자들을 양심이 없는 순응주의자, 출세주의자로 만든다. 대한민국의 학교는 완성된 사람을 만드는 것이 아니라 사람을 완전히 썩히고 있을 뿐이다.

수호믈린스키의 이 명저야말로 오늘날 한국 교육의 파탄을 극복할 수 있는 길을 잘 밝혀 준다. 수호믈린스키의 교육이란 한마디로 "서로 만남", "서로 사랑", "서로 배려"하는 인격주의적, 좋은 의미의 공동체주의적 교육이다. 수호믈린스키의 사전에는 "경쟁"이라는 단어는 없다. 공부를 잘 못하는 아이를 급우와 선생님이 늘 배려해 주고 도와주어 학생들의 학습

• • •

성과는 "상향 평준화"된다. 낙오자가 없도록 서로 배려하면서 서로를 이끌어주는, 애타주의적, 박애주의적 인격을 함양하는 교육이다. 수호믈린스키의 학습 목표란 단순한 "지식 전달"도 아니고 "시험 점수"는 더더욱 아니고 지식에 굶주린, 왕성한 지적 욕구를 가진, 사람다운 사람을 키우는 것이었다. 교사가 세계 만물을 다 가르칠 수는 없어도 세계 만물에 대해 쉼 없이 궁금해하고 인격을 도야하게는 할 수는 있다. 그리고 지적 의욕이 많은 학생을 가르칠 선생도 단 한순간도 책을 손에서 놓지 않는 지성인이어야 하는 것이다. 물론 수호믈린스키 교육관의 배경은 이미 그의 고국에서도 더 이상 존재하지 않는, 인간 평등과 상부상조를 지향했던 특수한 형태의 사회이었다. 구소련과 같은 사회를 배경으로 하지 않고서는 위와 같은 이야기는 어디까지나 현실과 떨어진 "달콤한 꿈"으로 보일 수도 있다.

· · ·

무한 경쟁, 각개약진의 지옥인 오늘날 대한민국에서 평등과 박애의 교육이 현실적으로 가능한가? 그러나 비록 오늘날의 참담한 현실과 동떨어진 교육 목표라 해도 수호믈린스키 식 교육을 지향하는 것은 가치 있는 일일 것이다. 그래야 다음 세대는 경쟁이 아닌 배려, 각개약진이 아닌 자리이타를 세계관으로 하는 좀 더 나은 사회를 위해서 투쟁할 의욕이라도 생길 것이다.

| 차례 |

추천글-한국의 선생님들에게 • 004
선생님들이 지펴야 하는 지혜의 불꽃 • 014

1_ 모든 학생들은 구체적이고 독립적인 주체 • 016
2_ 하루는 24시간뿐인데 교사는 어떻게 시간을 낼 수 있나? • 022
3_ 교사의 시간과 교수 단계들의 상호 의존성 • 026
4_ 학생들의 기억 속에 기본 지식을 • 029
5_ 학생들의 사고력 발전을 위해 배경 지식을 만들어 주어야 • 033
6_ 학습 속도가 더딘 학생 가르치는 법 • 036
7_ 낱말의 뜻을 정확히 알게 하는 것이 공부의 첫걸음 • 040
8_ 공부한다는 것은 진리를 발견하고 의문을 푸는 것 • 044
9_ 학생이 내용을 이해한 다음 외우게 해야 • 048
10_ 새 교재를 가르칠 때 규칙과 공식을 정확하게 가르쳐야 • 052
11_ 새 교재에 대한 생각은 수업의 한 단계 • 055
12_ 숙제 검사 • 058
13_ 평가 • 061
14_ 공부는 좋은 어머니 • 064
15_ 학습장 검사 • 067
16_ 교사의 과목에 학생의 적극적인 참여를 이끌어 내야 • 070
17_ 관찰하는 습관을 길러 줘야 • 073

18_ 독서는 지식을 알차게 한다 • 075
19_ 학습 속도가 더딘 학생에게 책 읽기를 • 077
20_ 지식과 실천의 조화 • 079
21_ 흥미는 어디에서 생길까? • 084
22_ 학생들이 교사의 전공 과목을 좋아하도록 해야 • 088
23_ 배움과 자긍심 • 095
24_ 학생들의 지적 생활에 관해 • 098
25_ 학생들에게 한가한 시간을 • 101
26_ 학생들이 한가한 시간을 즐길 수 있게 • 105
27_ 학생 저마다에게 즐거움을 • 108
28_ 일하기 • 111
29_ 집중하기 • 116
30_ 직관력 — 인식의 오솔길을 밝히는 빛 • 120
31_ 1학년 교사들에게 • 125
32_ 처음 학교에 가는 아이들을 위해 • 128
33_ 교육자로서 첫발을 내딛는 교사들에게 • 133

34_ 어떻게 아이들의 사고력과 지능을 조화롭게 끌어올릴까? • 138

35_ 기억력 기르기 • 140

36_ 아이들의 기억력을 아끼고 길러 주어야 • 142

37_ 그리기의 즐거움 • 145

38_ 글쓰기를 잘하게 하는 방법 • 148

39_ 아이들이 오른손과 왼손을 다 쓰도록 가르치자 • 150

40_ 학생들이 갖춰야 할 기본 기능 • 152

41_ 손을 잘 움직여야 지혜로워진다 • 154

42_ 지적 교양의 참뜻 • 158

43_ 새내기 교사들에게 • 161

44_ 아이들이 학습을 잘하게 하는 길 • 165

45_ 외진 곳 작은 학교 교사들에게 • 169

46_ 교사는 어떤 계획서를 만들어야 할까? • 172

47_ 교사는 교육일기를 써야 한다 • 175

48_ 학생들에게 지적 훈련을 • 178

49_ 단순 암기보다 생각하는 방법을 가르쳐야 • 185

50_ 공부하는 방법을 깨우치게 해야 • 189

51_ 학생들은 어떨 때 부담을 느끼나? • 194

52_ 살아 있는 지식을 • 199

53_ 왜 학생들은 배울수록 더 어려워할까? • 207

54_ 학습 의욕을 키워 주어야 • 212

55_ 아이들을 공부하게 하려면 • 222

56_ 아이들에게 창조적인 정신노동을 하는 습관을
      천천히 키워 줘야 • 234

57_ 아이들의 가슴속에 시적 감수성을 • 242

58_ 아이들과 함께하는 세계 여행 • 249

59_ '사고력 수업'이란 자연계를 '여행'하는 것 • 254

60_ 읽고 쓰기는 그림과 함께 • 264

61_ 아이들에게 책 읽는 습관을 길러 줘야 • 269

62_ 1학년 산수에서 사고력 훈련 • 273

63_ 학생들이 사유의 세계에서 생활하게 한다 • 279

64_ 교사는 학생의 정신노동에 주의를 기울여야 • 284

65_ 수업에서 학생의 정신노동을 어떻게 지도해야 하나? (상) • 293

66_ 수업에서 학생의 정신노동을 어떻게 지도해야 하나? (하) • 301

67_ 학생들이 스스로 탐구력을 키우도록 • 309

68_ 노동과 지적 발달 • 317

69_ 노동으로 학생 개인의 재능과 기호를 발전시켜야 (상) • 326

70_ 노동으로 학생 개인의 재능과 기호를 발전시켜야 (하) • 337

71_ 일반적 아동 발달과 기본 지식의 습득 • 346

72_ 가르칠 때 의식하는 것과 의식하지 못하는 것 • 350

73_ 교수요강을 넘어서도록 학생을 적극적으로 격려해야 • 354

74_ 교수 방법 문제 (상) • 358

75_ 교수 방법 문제 (하) • 368

76_ 아이들 사고의 특징 • 378

77_ 청소년 시절 학생 사고의 특징 • 389

78_ 학생이 갖추어야 할 가장 중요한 학습 능력과 숙련 • 395

79_ 교사와 학생들은 믿음과 사랑으로 하나가 돼야 • 405

80_ 학습 속도가 더딘 학생들을 대하는 방법 • 409

81_ 학습 속도가 더딘 학생에게 응용문제를 가르치는 방법 • 418

82_ 어느 '학습 능력 부진아'의 깨우침 • 424

83_ 교육과 자기 교육 (상) • 434

84_ 교육과 자기 교육 (하) • 442

85_ 우물은 늘 깨끗하게 • 450

86_ 인격의 전체적 발전에 관한 교육 사상의 몇 가지 문제 (상) • 461

87_ 인격의 전체적 발전에 관한 교육 사상의 몇 가지 문제 (하) • 471

88_ 아이의 건강에 대한 관심은 교육자의 가장 중요한 사업 • 489

89_ 생각하는 방 — 우리들의 열람실 • 497

90_ 우리들의 학부모 학교 • 507

91_ 농촌 학교의 특수한 사명 • 514

92_ 미래의 교사들에게 • 519

93_ 교사의 교육 소양 • 526

94_ 교사들의 교육관 • 537

95_ 수업을 어떻게 참관하고 분석할까 (상) • 543

96_ 수업을 어떻게 참관하고 분석할까 (하) • 554

97_ 나는 어떻게 교육일기를 쓰는가 • 565

98_ 내가 교사의 창조적 노동을 이끈 방법 • 576

99_ 내 현장 경험 • 585

100_ 파블리슈 중학교 교육 사업의 성과 • 592

■ 조화로운 교육 • 594

선생님들이 지펴야 하는 지혜의 불꽃

| 수호믈린스키 |

교사들이 학교에 첫발을 내디뎠을 때, 무엇을 먼저 시작해야 할까?
해야 할 일은 많지만 무엇보다도 교육자로서 지성과 전문성을 꾸준히 쌓아야 한다.

어떻게 살아야 하는가?
행복이란 무엇인가?
진리는 어디에 있는가?

이런 문제에 대해 해답을 찾고 있는 청소년들의 초롱초롱한 눈동자가 당신을 보고 있다. 이런 문제에 해답을 주려면 교육자는 풍부한 교양과 아름다움에 대한 섬세한 감정, 그리고 가장 중요한 과학적 세계관을 세워 두어야 한다.

모든 학생들의 마음속에는 지식에 대한 호기심, 진리를 탐구하고 갈망하는 화약이 들어 있다.

오직 교사의 사상만이 이 화약에 불을 댕길 수 있다. 학생들이 생각하며 살게 하는 것. 이것이 바로 교사가 지펴야 하는 지혜의 불꽃이다. 오직 교사만이 학생들에게 생각하는 것이 얼마나 아름다운 것이며, 사람의 마음을 끌어들이는 흥미로운 것인지를 밝혀 줄 수 있다.

학생들이 스스로 생각하고 자기를 표현하게 해야 한다.

학생들을 생각하게 하고 감탄하게 할 때 교사는 비로소 어린 정신을 이끄는 교육자, 스승이 될 수 있다.

1_ 모든 학생들은 구체적이고 독립적인 주체

학생들 중에는 저학년 때부터 공부에 흥미를 잃고, 고학년에 가서는 희망이 없을 정도로 성적이 떨어지고, 학습 의욕도 없이 학교를 다니는 경우가 있다. 왜 이런 학생들이 생기는 걸까? 같은 시간에 공부하고 같은 교재로 공부했는데, 학교에 적응 못하는 학생이 왜 생기는 걸까? 여러 이유가 있겠지만, 교수 방법론 면에서 보면 학교생활에서 가장 중요한 학습 부문에서 교사가 모든 아이들을 개별적으로 대하는 태도가 부족했기 때문이다.

갓 학교에 들어온 일곱 살짜리 아이들에게 똑같은 신체활동, 이를테면 물 긷기를 시킨다고 하자. 어떤 아이는 물 다섯 통을 긷게 하면 맥이 빠지지만, 어떤 아이는 스무 통을 길을 수도 있다. 몸이 허약한 아이에게 물 스무 통을 긷게 하면 그 애는 지쳐서 이튿날 아무 일도 할 수 없고, 심지어 입원할 수도 있다. 학습에 필요한 아이의 힘도 마찬가지다. 어떤 학생은 교재를 빨리 이해하고 오래 기억하지만, 어떤 학생은 매우 더디게 이해하고, 기억도 오래하지 못한다. 그런데 훗날 학업 성취가 더디었던 학생이 처음에 잘하던 학생보다 학습과 지적 발달에서 더 훌륭한 성과를 거두는 경우도 흔하다.

  교수학습 방법을 포함한 교육의 모든 이론을 기계적으로 적용할 수 있는 '추상적인 학생'은 학교에 없다. 학생들은 저마다 다른 모습으로 개별적으로 존재하는 독립적인 주체이다. 따라서 어떤 교육법을 실시했을 때 같은 결과가 공식처럼 딱딱 나오는 기계적 모형은 적용할 수 없다. 그리고 모든 학생에게 다 적용되는, 학습 성과의 선결 조건도 없다. 학습 성과라는 개념 자체가 상대적이다. 어느 학생에게는 100점이 기준이지만, 다른 학생에게는 50점도 대단한 성과다. 학생들마다의 능력을 확인하고 저마다 어느 수준에 도달했으며, 지적 능력이 어떻게 발전해 나가는지를 정확히 보는 것이 교수 방법의 가장 중요한 구성 요소가 된다.

  학생들의 자긍심을 보호하고 기르는 일은 교사가 학생의 능력을 어떻게 파악하는가에 달려 있다. 아이가 할 수 없는 것을 하라고 강요하지 말아야 한다. 모든 교과의 교육과정은 교육목표와 교육내용이 있지만, 생기발랄한 학생들까지 포함하고 있는 것은 아니다. 서로 다른 학생들이 일정한 수준과 범위의 지식에 도달하는 길은 저마다 다르다. 어떤 아이는 1학년 때 벌써 응용문제를 완전히 읽고 풀 수 있지만, 다른 아이는 2학년 말, 심지어는 3학년 말에 가서야 할 수 있다. 교사는 학생들이 어떤 과정을 거치고 어떤 오류를 겪어서 학습 목표에 도달하는가, 모든 학생들의 학습에 교육과정의 요구를 어떻게 구체적으로 구현시킬지 고려해 교육 내용을 재구성할 줄 알아야 한다.

  교수 방법의 최종 목표는 모든 학생들이 힘과 가능성을 발휘해 학습 과정에서 성취감을 느끼게 하는 것이다. 이는 배우는 내용과 수업 시간마다 개별적인 태도로 가르쳐야 한다는 뜻이다. 경륜 있는 교사는 한 시간 수업에 한 학생에게는 응용문제를 두세 개, 심지어는 네 개까지 내주지만 다른 학생에게는 한 문제만 낸다. 한 학생이 푸는 문제는 복잡한 편이지만, 다른 학생이 푸는 문제는 단순하다. 한 학생은 언어로 하는 창조적인 작업, 이를테면 작문을 하지만 다른 학생은 문예 작품 단편을 공부한다.

이처럼 모든 학생을 개별로 다르게 대해야 전체 학생들이 진보한다. 어떤 학생은 학업 성취가 빠르고, 어떤 학생은 더디다. 학생들은 평가를 통해 자기의 학습과 공부에 들인 자신의 노력을 보게 된다. 학습은 그들에게 만족과 발견의 기쁨을 준다. 교사와 학생 사이의 친밀감은 서로에 대한 믿음을 더 깊게 한다. 학생은 교사를 엄격한 감독자로 보지 않게 되고, 평가를 회초리로 여기지 않게 된다. 학생은 곧 "저는 이 문제를 다 해내지 못했습니다, 이것을 어떻게 풀지 모르겠습니다"라고 교사에게 솔직히 말하게 된다. 학생의 양심은 아주 깨끗하다. 그들은 남이 한 과제를 베껴 내려 하지 않으며, 시험 볼 때 부정행위를 하지 않고, 자기의 존엄성을 확립하려 한다.

학습에서 이룬 성과는, 비유하자면 그 학생이 훌륭한 사람이 되고 싶은 희망으로 가슴이 활활 타오르게 하는 비법이다. 교사는 이 길과 불꽃을 사랑하고 지켜야 한다.

내게는 트가첸코라는 벗이 있는데, 키로브그라드 성 보그다노프 중학교의 훌륭한 수학 교사다. 그는 자기의 교수 준비 모습을 이렇게 말했다. "나는 수업 시간에 학생들이 저마다 무엇을 해야 할지 신중히 고려해서 모든 학생들이 성과를 낼 수 있는 과제를 골라서 낸다. 만일 학생들이 지식을 얻는 길에서 작은 진보라도 가져오지 못하면, 이 수업은 쓸모없다.

보람 없는 노동은 교사와 학생에게 큰 위험이다."

파블리슈 중학교에 계신 아리쉔코코와 류그자크 교사의 수학 수업을 보자. 응용문제 풀이(이 문제 풀이가 수업 시간의 90%를 차지한다)시간에 그들은 학급을 몇 개 모둠으로 나누었다.

제1모둠은 가장 잘하는 아이들로 짰다. 그들은 아무 도움도 받지 않고 어떤 응용문제도 쉽게 풀 수 있었다. 이 모둠에서 학생 한둘은 연필 없이 암산으로 응용문제를 풀 수 있었다. 교사가 문제의 조건을 다 말하자 학생은 대답하려고 바로 손을 들었다. 이 모둠 학생들에게 더 어려운 문제를 냈다. 이 학생들에게는 풀 수는 있지만, 머리를 짜내야 하는 쉽지 않은 문제를 내야 하며, 때로 혼자서는 풀 수 없지만 교사가 작은 도움말이나 힌트를 주면 풀 수 있는 문제를 내야 한다.

제2모둠은 꾸준히 노력하는 학생들이다. 그들은 노력과 탐구의 어려움을 넘어서야 과제를 훌륭히 완수할 수 있다. 교사는 이 학생들에게 끈기 있고 부지런하면 성과를 거둔다고 도닥인다. 그들이 공부를 잘하려면 꾸준함과 끈기가 필요하기 때문이다.

제3모둠은 도움 없이는 보통 수준의 문제도 잘 풀지 못하고, 복잡한 문제는 거의 풀지 못하는 학생들로 짰다. 문제 해결 과정에서 그들에게 도움을 주려면 높은 교육학적 기술이 있어야 한다.

제4모둠은 문제를 더디게 이해하고 겨우 푸는 학생들로 짰다. 그들이 수업 과정에서 완성할 수 있는 과제는 2모둠이나 3모둠의 절반이나 3분의 1수준이다. 그렇지만 교사는 어떤 경우에도 그들을 재촉하지 않아야 한다.

5모둠은 기본적인 연습 문제조차 풀지 못하는 학생들로 짰다. 교사는 언제나 어떤 작은 발전을 기대하면서 그들의 수준에 맞는 문제를 내야 한다. 그러나 이 모둠의 학생들이 늘 그대로는 아니다. 성취감을 주는 수업은 언제나 학생의 능력을 발전시킨다.

교사는 학생들이 성과를 거둘 수 있도록 수업 중에 학생들이 공부하는 모습을 자세히 봐야 한다. 여기에는 교사와 학생들 사이에 친밀한 분위기가 가득 차 있고, 지적 능력을 고무 받으려는 열정이 가득하다. 모든 학생들은 자기가 노력해서 목적을 이루려고 애쓴다. 이 학생들의 눈동자에서 당신은 긴장하고 사색하며 기쁨의 불꽃을 빛내고(문제 해결의 방법을 찾았다!), 깊이 생각하는 (이 문제는 어디서부터 풀어야 하는가 하고) 모습을 볼 것이다. 이런 분위기에서 가르친다는 것은 교사들에게 가장 큰 기쁨이 된다.

아주 빡빡한 시간표에서도 숨 돌릴 여유는 있어야 한다. 어떤 교사도 몇 시간씩 이어서 수업을 하면 학생들과 제대로 교감하기 어렵기 때문이다. 나는 5~7학년에서 몇 년 동안 수학을 가르쳤다. 사실 이 시간은 문학·역사 수업이었는데, 이런 수업이 나에게는 진정한 휴식이었다. 이런 휴식 속에서 교육 내용을 계획하고 교수 방법을 다시 짤 수 있었다.

모든 학생들이 자기 성과를 낳아서 인격적 기쁨을 체험한다면 그 수업은 교사를 지치고 힘들게 하지 않을 것이다. 교사는 기분 나쁜 일이 생길까 봐 긴장하지 않아도 되고, 하릴없이 늘 장난으로 교사를 대하는, 불안정하고 부산스러운 아이들을 주목하지 않아도 될 것이다. 왜냐하면 이런 수업은 아이들의 능력을 올바른 방향으로 이끌어 가기 때문이다. 만일 교사가 학생들의 능력에 맞게, 그들이 성과를 낼 만한 또는 실제로 성과를 거두는 수업으로 이끈다면, 그야말로 말썽꾸러기 장난꾼도 정신을 집중해 열심히 공부할 것이다. 이 학생들은 긴장된 분위기 속에서 적극적으로 활동할 것이며 몰라보게 달라질 것이다. 왜냐하면 그들은 어떻게 하면 과제를 더 잘 해결할 수 있나 집중하기 때문이다.

몇몇 교사들은 학생들이 수업 시간에 장난치고 부정행위도 한다고 하소연한다. 나는 이런 말을 유감스럽게 생각하며 의문을 가진다. 교사들이 어떻게 하면 모든 학생들이 수업 중에 올바르게 공부할지 진지하게 생각한다면 그런 상황은 절대로 생기지 않을 것이라고 확신한다!

2_ 하루는 24시간뿐인데 교사는 어떻게 시간을 낼 수 있나?

이 말은 크라스노야르스크 시의 한 여교사가 보낸 편지에서 따온 것이다. 그렇다. 시간이 없다는 것은 교사에게 재난이다. 이것은 학교의 일과뿐만 아니라 교사의 가정생활까지 침해한다. 다른 사람과 마찬가지로 교사도 가정을 위한 시간이 필요하다. 나는 고등학교의 많은 졸업생들이 사범대학에 가기를 꺼린다는 확실한 자료를 가지고 있다. 그들은, 교직에 종사하는 사람들은 방학이 있어도 한가한 시간은 없다고 생각한다.

이런 흥미로운 통계 수치도 있다. 대학생 자녀가 있는 교사 500여 명을 조사해 "당신의 자녀는 어느 대학, 어느 학부에서 공부하는가"라고 물었다. 그중 14명만 사범대학이나 교사를 기르는 종합대학에서 공부한다고 했다. 이어서 "왜 당신의 자녀는 교사가 되려 하지 않는가?"라고 물었다. 여기에 486명이 "우리 아이들은 교직이 아주 힘든 일이어서 단 1분도 쉴 틈이 없다고 보기 때문"이라고 했다.

교사에게 한가한 시간이 나도록 할 수는 없을까? 이 문제에 대해 이렇게 말할 수밖에 없다. 사실 국어 교사나 수학 교사는 날마다 3~4교시씩 수업을 하면서 수업 준비와 필기장 검사에 적어도 두 시간을 들여야 하는 형편이다. 이 시간 문제를 어떻게 해결해야 할까? 이 문제도 학생의 지적 발달과 마찬가지로 학교 생활의 총괄적인 문제 가운데 하나다. 이것은 전적으로 학교의 모든 생활이 어떻게 배정되는가에 따라 결정된다.

중요한 것은 교사의 교육 방식과 성격이다. 33년 교직에 몸담은 한 역사 교사는 '소련 청년의 도덕적 이상'이라는 제목으로 공개수업을 했다. 지역 사범학교 관계자들과 장학관들이 수업을 참관했고 수업은 아주 성공적으로 진행됐다. 참관인들은 수업 후에 의견을 내려고 노력했으나 수업에 사로잡혀 참관 중 기록하는 것마저 잊어버렸다. 그들은 학생들과 함께 숨소리를 죽여 가며 수업에 빠져들었다.

수업 후에 이웃 학교의 한 교사는 이 교사에게 말했다. "그렇습니다. 당신은 학생들에게 모든 심혈을 다 기울였습니다. 말 한마디 한마디에 커다란 감화력이 있습니다. 수업 준비에 몇 시간이나 들었는지요. 아마 한 시간으로는 안 되겠지요?" 역사 교사는 대답했다. "나는 평생 이 수업을 준비했고 모든 수업을 평생 준비합니다. 그렇지만 이 수업 준비에 직접 들인 시간은 15분밖에 안 됩니다."

이 대답은 수업 기술의 비밀을 탐구하는 데 큰 도움을 준다. 내가 있는 지역 안에는 이 역사 교사와 같은 분이 서른 명이 있다. 이들은 한가한 시간이 없다고 탓하지 않는다. 그들은 모두, 자기 수업을 언제나 한평생 준비한다고 말했다.

이 준비는 어떻게 하는 걸까? 그것은 바로 독서다. 날마다 책을 읽으면서 한평생 책과 사귀어야 한다. 졸졸 흐르는 시냇물은 하루도 멎지 않고 흘러서 사상의 바다로 들어간다. 독서는 내일의 수업을 위해서가 아니라 교사의 내면적 필요와 향학열에서 나온다. 만일 당신이 한가한 시간을 더욱 많이 가지려고 한다면, 또 질리도록 단조롭게 교과서에만 파묻혀 수업 준비를 하지 않으려면 인문사회학 서적을 읽어야 한다. 당신이 가르치는 학문 영역에서 교과서에 담겨 있는 지식은 일차적인 것이 돼야 한다. 당신이 학생에게 가르치는 교과서의 기초 지식은 당신의 학문 지식이라는 큰 바다 속에 있는 작은 물방울이 돼야 한다. 그렇게 돼야만 수업 준비로 몇 시간을 허비하지 않게 될 것이다.

우수한 교사의 강의 능력은 늘 독서하면서 쉼 없이 지식의 바다를 채움으로써 높아진다. 만일 교사가 교직에 들어온 처음 몇 해 동안 쌓은 지식과 그가 학생들에게 가르치는 최저한도의 지식 비례가 10 : 1이었다면 그가 15년, 나아가 20년의 교직 경력을 가질 때 이 비례는 20 : 1, 30 : 1, 50 : 1로 변할 것이다. 이 모든 것은 독서로 달성된다. 교과서라는 물방울은 세월이 한 해씩 지나감에 따라 교사라는 큰 바다 속에서 더욱 작아질 것이다. 여기서 이론적 지식의 양이 늘어나는 것만이 문제는 아니다. 양은 질로 바뀐다. 자그마한 빛발들이 모여 더 선명한 빛을 만들어 내는 것처럼, 교과서에 들어 있는 배경이 넓을수록 교수 능력의 기초가 되는 직업적 자질은 더욱더 뚜렷해질 것이다. 교사는 수업에서 서술하고 강의할 때, 자기의 지식을 더욱 자유자재로 쓸 수 있다. 이를테면 교사는 삼각함수를 가르치지만 교사의 주요한 사고력은 함수에 한정하지 않고 학생들에게 두게 된다. 교사는 개별적 학생들이 어떻게 문제를 해결하려고 하는지, 기억하는 면에서 어떤 장애에 부딪히고 있는지를 관찰하게 될 것이다. 교사는 학생들을 가르칠 뿐만 아니라 지적으로 훈련시킬 것이다.

교사의 시간 문제는 교육과정의 다른 요소나 측면들과 깊이 연관된다.

교사의 노동과 창조의 시간은 마치 시냇물이 바다에 흘러드는 것과 같다. 어떻게 이 시냇물이 언제나 생기 있게 졸졸 흘러들게 만들 것인지에 관해서는 따로 몇 가지를 제안하려 한다.

3_교사의 시간과 교수 단계들의 상호 의존성

이 제안은 주로 초급 학년 교사에게 한다. 존경하는 초급 학년 교사들이여, 당신들이 어떻게 학생들을 교육하느냐에 따라 중·상급 학년 교사들의 시간이 좌우된다. 만일 중학교의 제2단계(4~8학년)와 제3단계(9~10학년)[1]의 교과과정을 세심히 관찰한다면 '꼴찌 학생을 끌어올리려는 노력'이 교사의 시간을 많이 허비하게 한다는 결론을 내릴 수 있을 것이다. 즉 교사는 새 교재를 가르치자마자 몇몇 학생이 받아들이지 못하는 것을 보고, 전체 학생들을 의식의 오솔길을 따라 어떻게 나아가게 할 것인지 생각하기보다 따라가지 못하는 학생들을 어떻게 할지 고민한다. 그러면서 교사는 학교에서와 퇴근 후의 시간까지 허비하게 된다. 그래서 초급 학년 교사들에게 제안하려 한다.

초급 학년 교사들이여, 당신들은 중·상급 학년 교사들의 시간이 당신들에게 달렸다는 것, 당신들은 교수와 교육의 창조자들이라는 것을 알아야 한다. 초급 학년의 많은 중요한 과업 중 첫째가 바로 공부하는 방법을

---

[1] 소련의 10년제 학제는 1~3학년(하급 학년), 4~8학년(중급 학년), 9~10학년(상급 학년)으로 되어 있었다.

가르치는 것이다. 당신들이 고심하는 것 중 하나는 학생들이 배워야 할 지식의 분량과 실제 능력, 숙련의 정확한 관계를 확정하는 것이다.

중급과 상급 학년들이 학업에서 뒤떨어지는 것은 거의가 그들이 학습 지식을 얻지 못해서라는 것을 알아야 한다. 물론 교사는 학생이 일반적 발달이 높은 수준에 이르는 데 관심을 돌려야 하지만, 무엇보다도 먼저 학생들이 읽고 쓰는 데 능숙하도록 가르쳐야 한다. 학생들이 잘 읽지 못하고, 읽어도 이해하지 못하며 제대로 쓰지 못한다면 중급과 상급 학년에 가서 공부를 잘하리라 기대할 수 없다. 교사는 학업에 뒤떨어진 학생을 끊임없이 '재촉'하지 않으면 안 된다. 초급 학년에서 모든 학생들에게 읽으면서 생각할 수 있고 생각하면서 읽을 수 있도록 읽기를 가르쳐야 한다. 읽기가 절로 되도록 해야 한다. 시각과 생각에 따라 자료를 해득하는 힘이 소리 내어 읽는 것보다 훨씬 잘하도록 해야 한다. 이 힘이 눈에 띄게 좋아질수록 읽을 때 생각하는 능력은 더욱 세련된다. 이것은 학습과 전반적 지능 발전에 아주 중요한 조건이 된다. 학생들이 중·상급 학년에 가서 공부를 잘할 수 있느냐는 무엇보다도 그들이 이해하면서 읽는가, 즉 읽으면서 생각하며 생각하면서 읽는 힘으로 결정된다. 초급 학년 교사는 모든 학생에게서 이 능력이 어떻게 발전되는지 세심히 연구해야 한다.

학생의 지적 발달은 숙련된 독서 능력에 달려 있다. 읽으면서 생각할 줄 아는 학생은 유창하게 읽지 못하는 학생들보다 어떤 공부든지 더욱 빠르고 능숙하게 할 수 있다. 이들의 학습에 단순 암기는 없다. 이들은 읽기와 생각을 동시에 할 줄 모르는 학생의 경우와 아주 다르게 교과서나 다른 책을 읽는다. 이 학생은 책을 읽고 나면 읽은 대상 전체와 그것의 구성 부분, 그것들의 상호 의존성과 제약성을 확실히 체득한다.

읽으면서 생각하고, 생각하면서 읽을 줄 아는 학생은 학업에서 뒤떨어지는 일이 없다. 학생들이 뒤떨어지지 않으면, 교사는 가르치기 쉽다. 교육 현장의 경험이 입증하듯 독서가 지식의 바다로 통하는 창이라면, 많은 시간을 들여 보충수업을 할 필요가 없다. 그러므로 교사는 학생들과 따로따로 대화할 수 있다. 대화는 시간이 오래 걸리는 방식이 아니라, 학생이 어떻게 하면 스스로 지식을 얻고 학업에 뒤처짐을 막을 수 있는지 알려 주는 지도와 제안이 돼야 한다. 만일 학생 스스로가 어느 면에서 뒤떨어지며 어느 정도의 도움이 필요한지를 모른다면 교사가 그를 찾아 대화해야 한다.

학생이 중·상급 학년에 가서 공부를 잘할 수 있는지는 그들이 초급 학년에서 쓰기를 어느 정도 이해했으며, 이 능력이 앞으로 어떻게 발전하는가에 달려 있다. 읽기와 쓰기는 지식을 얻는 도구다. 이 도구의 상태가 효과적이고 합리적으로 시간을 쓸 수 있는지 결정한다. 나는 초급 학년 교사들에게, 학생들이 4학년을 마칠 때는 능숙하게 쓰기를 할 수 있도록 지도하라고 제안한다. 능숙하게 쓸 수 있어야만 효과적으로 학습할 수 있고 교사도 학생들이 학업이 뒤떨어지는 현상을 걱정하지 않아도 된다.

글쓰기에서는 자모와 음절, 단어 같은 문법이 아니라 생각이 학생들의 중심이 되도록 노력해야 한다. 당신이 학생에게 무엇을 전수하는지, 그들이 그 내용을 들으면서 생각하도록 해야 한다. 동시에 자기가 생각한 것을 간단명료하게 써내게 해야 한다. 이를 달성한다면 나는 이렇게 약속할 수 있다. 당신의 학생들은 학업에 뒤처지지 않고 낙제도 없이 지식을 얻으며, 고학년이 되면 교사가 시간과 건강을 확보할 수 있게 할 것이다.

4_ 학생들의 기억 속에 기본 지식을

30년의 교직 생활로 나는 독특한 교육학적 합법칙성이라고도 할 수 있는 중요한 비밀을 발견했다. 중급과 상급 학년이 되어 학업이 뒤떨어지는 학생들은 주로 초급 학년에서 기초 지식을 확실히 닦지 못했기 때문이라는 것이다.

우리가 화려한 집을 지었다 하더라도 기초가 잘 닦이지 못한 시멘트 콘크리트 위에 세웠다면, 몰타르가 부서지면 벽돌이 떨어져 나오게 된다. 날마다 보수해도 그 집은 언제든 무너질 위험이 있다. 4~10학년의 많은 어문 교사와 수학 교사가 이런 형편이다. 다시 말하면 그들이 집을 짓고는 있지만, 그 집의 기초는 허물어지고 있다. 초급 학년 교사들이여, 당신들의 중요한 임무는 지식의 기초를 확고히 닦아 주는 것이다. 이 기초는 앞으로 당신의 제자를 가르칠 교사들이 더 고생하지 않아도 되도록 튼튼히 닦아야 한다. 당신들은 1학년을 가르치지만 4학년의 교수요강, 무엇보다도 4학년의 국어 교수요강과 수학 교수요강을 봐야 하며, 5학년의 수학 교수요강도 봐야 한다. 그리고 읽기책에 있는 역사, 자연, 지리에 관한 자료들을 봐야 하며, 또 4학년 과목들의 교수요강도 봐야 한다. 이 모든 것을 대조해야 한다. 이후에 4학년에, 다음에는 5학년에 가서 학생들이 공부를 잘하게 하려면 3학년에서 무엇을 알도록 해야 할지 생각해야 한다.

무엇보다도 읽고 쓰기에 관심을 기울여야 한다. 단어집에는 맞춤법에 맞는 단어가 2000~2500개 들어 있다. 이 어휘는 기초 지식과 읽고 쓰기의 뼈대가 된다. 아이들이 초급 학년에서 이 낱말을 확실히 익혔다면, 그들은 읽고 쓸 줄 아는 사람이 될 것이다. 이뿐만 아니라 읽고 쓰기는 중·상급 학년에 가서 지식을 얻는 도구가 된다.

나는 초급 학년 아이들을 가르치면서 이 '가장 중요한 단어집'에 늘 관심을 기울였다. 이 단어집은 기본적인 읽고 쓰기의 독특한 교수요강이다. 나는 2000~2500개의 낱말을 날마다 세 개씩 배우도록 배정하고, 아이들이 그 낱말을 공책에 베껴 쓰고 외우도록 했다. 이 일을 날마다 몇 분씩 했다. 아동기의 기억력은 아주 원활하고 민감하다. 만일 이 기억력을 잘 이용하고 무거운 부담을 지우지 않는다면, 그 기억력은 수업에서 훌륭한 조수가 될 것이다. 어릴 때 외운 것은 쉽사리 잊히지 않는다.

'기억을 잘하는 방법'은 다음과 같다. 첫 수업에 들어가기 전에 나는 칠판에다 오늘 배울 낱말을 세 개, 이를테면 '초원' '따뜻하게' '살랑거리다'를 써놓는다. 아이들은 교실에 들어오자마자, 이 낱말을 공책에 베낀다. 이렇게 3년 동안 한다. 아이들은 이 단어를 생각하며 그 단어 곁에 어근이 같은 단어들을 쓴다. 이 모든 학습에 들어가는 시간이 3~4분이다. 아이들에게 차츰 이 일이 습관이 된다.

이 학습은 자기 교육, 자기 검사의 요소가 뚜렷이 나타나는 놀이의 성격을 띤다. 나는 아이들에게 집으로 돌아가는 길에 오늘 어떤 단어를 세 개 배웠으며, 그것을 어떻게 쓰는지 기억하게 한다. 그러고는 이 단어들의 형태를 떠올리게 한다. 또 아침에 눈을 뜨자마자 이 단어들의 문법을 되새기며 공책에 쓰게 한다. 만일 이 놀이를 1학년부터 한다면, 교사가 성공을 확신한다면, 교사가 아이들을 사랑한다면, 교사가 학생들이 하는 그 어떤 일에도 싫증을 내지 않는다면, 이 놀이에 열중하지 않는 아이는 없을 것이다.

수업 시간마다 아이들에게 기억한 낱말을 체계적으로 복습하고 쓰도록 아주 다양한 연습을 시켰다. 중요한 연습 중 하나가, 언어 수련의 기본 골격이 되는 400개의 관용구를 기억하는 것이다. 내가 초급 학년에서 4년 동안 가르칠 때 아이들에게 이 400개의 관용구를 기억하도록 훈련시켰다. 일상 언어생활에서 이 관용구는 틀리기 쉽기 때문이다.

재미있는 수업은 아주 커다란 뜻을 가진다. 나는 '동화'에 쓰이는 단어를 600개나 알고 있다. 다시 말하면, 이 단어는 동화에서 자주 나오는 단어들이다. 나는 초급 학년을 가르칠 때 아이들과 함께 동화식 그림 수십 개를 그렸고 이 그림 밑에 아이들이 600개의 단어를 응용해서 쓰게 했다. 이는 기초 단어를 다지는 가장 성공적인 방식의 하나다.

산수를 가르칠 때는, 자주 나오는 계산을 수학 공식처럼 외우게 했다. 아이들이 이런 계산을 할 때마다 머리를 써야 한다면, 그것은 완전히 무익한 것이다. 여기에는 구구단과 가장 많이 쓰이는 천 이내의 더하기, 빼기, 곱하기, 나누기 계산도 포함된다. 이 밖에도 가장 전형적인 측정과 양의 변화도 포함된다. 이는 학생들이 중급과 상급 학년에 가서는 단조로운 계산에 머리를 파묻지 않고, 될수록 창조적인 공부에 힘을 더 많이 쏟을 수 있도록 하려는 뜻이었다. 물론 교사는 아이들이 교재를 잘 익히는 데 기초를 두어야 하지만, 아이들이 모든 것을 다 이해할 수는 없으므로 의식적 암기와 무의식적 암기를 조화시키도록 노력했다.

5_ 학생들의 사고력 발전을 위해 배경 지식을 만들어 주어야

교사들이 시간이 부족하다고 느끼는 것은, 무엇보다도 아이들이 공부를 어려워하기 때문이다. 나는 아이들의 부담을 덜어 주기 위해 오랫동안 고민했다. 실제 능력과 기초 지식을 지니는 것은 문제의 시작일 뿐이고 지식을 외우고 기억하는 것이 이 문제의 핵심이다. 나는 교사들에게 지식의 내용을 분석해 학생이 꼭 기억해야만 하는 것을 정해야 한다고 제안한다. 교수요강에는 열쇠가 되는 지식들이 들어 있다. 이것을 분명히 알고 있느냐에 따라 학생의 사고력과 지적 발달, 지식을 쓰는 능력이 결정된다. 그러므로 교사는 이것을 똑똑히 알고 있어야 한다. 열쇠가 되는 지식이란 해당 과목의 특성을 반영하는 중요한 결론과 개괄·공식·규칙·정리와 합법칙성 등이다. 경륜 있는 교사들은 학생들이 기억 속에 확고하게 보존해야 할 자료를 기록할 전문 필기장을 가지게 한다.

자료가 복잡할수록, 기억해야 할 개괄과 결론, 규칙 등이 많을수록 학습과정의 지적 배경은 더욱 뚜렷해진다. 다른 말로 하면 학생들이 공식·

규칙·결론 그 밖의 개괄 들을 확실히 외우려면 많은 자료들을 읽고 생각해야 한다. 독서는 학습과 밀착돼야 한다. 독서가 기억의 바탕이 되는 사실과 현상, 사물에 대한 심화이므로 암기에 도움이 된다. 독서는 학습하고 자료를 외우는 데 필요한 배경 지식을 창조한다고도 할 수 있다. 학생들은 책을 많이 읽을수록 자료에 대해 더 흥미를 갖게 되고, 인지하고 사색하고 해독하고 싶어져 자료를 더욱 쉽게 외우게 된다.

아주 중요한 이 합법칙성을 염두에 두고 나는 아이들을 가르칠 때 언제나 두 가지 교수요강을 고려했다. 하나는 학생이 암기해야 할 자료고, 다른 하나는 교과외 독서 자료였다.

물리는 암기하기 어려운 과목 중 하나다. 6~8학년 물리는 더 어렵다. 이 단계의 교수요강에는 많은 개념들이 있다. 나는 이 과목을 가르치는 6년 동안 언제나 새로 배우는 모든 개념과 교과외 자료를 결합하려고 했다. 이때에 배우는 개념이 복잡할수록 학생들이 읽는 책이 더 흥미롭고 흡인력이 있어야 한다. 전류에 관한 법칙을 가르칠 때, 나는 학생들이 따로 읽어야 할 전문적인 문고를 준비했다. 이 문고에는 책이 55종이나 있었다. 이 책들은 물질의 다양한 전기적 성격과 관련된 자연현상을 밝혀 놓았다.

나는 학생들이 더 깊이 생각하게 했다. 학생들은 그야말로 무엇이·어떻게·왜와 같은 문제를 스스럼없이 제기했다. 제기된 문제 가운데서 왜라는 말이 약 80%나 됐다. 학생들은 모르는 것이 아주 많았다. 모르는 것이 많을수록 알고 싶은 마음이 더 강해졌으며, 호기심은 더욱 예민하게 나타났다. 학생들은 내가 자기들에게 이야기해 주는 모든 것을 그야말로 '듣기만 하면 곧 깨달았다.' 전류란 자유전자의 흐름이라는 과학적 개념을 설명하면, 학생들은 복잡한 물리적 현상에 대해 많은 의문을 갖게 된다는 것이 증명됐다.

나는 상급 학년에게 3년 동안 생물학을 가르쳤다. 이 과목은 아주 어렵고, 외우기 어려운 이론적 개념이 많았다. 학생들이 생명·생물·유전·신진대사·유기체 따위 과학적 개념을 처음으로 배울 때, 나는 전문 과학잡지와 대중 과학잡지, 책, 소책자에서 전문적인 자료를 추려서 학생들에게 주었다.

'두 번째 교수요강'에는 어려운 과학 문제뿐만 아니라 새로운 책에 대해서도 흥미를 느끼게 하는 소책자와 책, 문장들이 들어 있었다. 학생들은 생물학을 배우고 주위의 자연현상, 특히 갖가지 신진대사 같은 자연현상에 흥미를 느꼈다. 학생들이 질문을 많이 할수록 배우는 것도 많아져 60점 미만으로 평가받은 학생은 한 사람도 없었다.

나는 모든 교사들에게 학생들이 교재를 암기할 때 도움이 될 수 있는 배경 지식을 만들어 줄 것을 제안한다. 학생은 스스로 생각할 때 비로소 교재를 확실히 배우게 된다. 교사는 어떻게 하면 학생들이 지금 배운 것과 앞으로 배울 것을 생각하고 분석하고 관찰하게 할 것인가를 연구해야 한다.

6_ 학습 속도가 더딘 학생 가르치는 법

우리의 창조적인 교육 활동 가운데서 참으로 건드리기 어려운 문제가 '학습 속도가 더딘 학생'을 가르치는 일이다. 이것을 인정하지 않는 교사는 아마 없을 것이다. 이 학생들은 교재를 이해하고 기억하려면 일반 학생들보다 3~5배 더 시간을 들여야 하며, 배운 것을 이튿날이면 잊어버린다.

잊어먹지 않게 하려면 교재를 가르치고 서너 달이 지나서가 아니라 두세 주만 지나면 단단히 복습을 시켜야 한다.

이런 아이들에게는 앞에서 말한 '두 번째 교수요강'이 특히 중요하다. 이런 학생들일수록 교과서만 가르치는 것은 바람직하지 못하다. 이들에게 단순 암기 습관이 들면 더 우둔해지게 될 것이다. 나는 이런 학생들의 공부를 덜어 주는 방법을 여러 가지 시험해 봤다. 그 결과 가장 효과적인 방법은 책을 폭넓게 읽게 하는 것이라는 결론을 얻었다.

나는 3~4학년과 5~8학년을 가르치면서 모든 '학습 진도가 더딘 학생'에게 선명하고 흥미롭고 흡인력 있는 형식으로 개념과 개괄, 과학적 정리를 밝혀 주는 책과 문장을 추려서 읽혔다. 학생들은 주변의 사물과 현상들에 대해 더 많이 호기심을 갖게 됐다. 궁금한 것을 내게 묻도록 하는 것이 그들의 지식을 늘리는 가장 중요한 조건이 됐다.

'학습 진도가 더딘 학생'이 책 속에서, 주변의 사물 가운데서, 그들을 놀라게 한 것이 무엇인지 늘 발견하도록 해야 한다. '학습 진도가 더딘 학생'을 가르칠 때 나는 늘 이렇게 하려고 노력했고 모든 교사들에게 이 방법을 제안했다. 대뇌 양반구 신경세포의 수축·타성·허약성을 육체적 단련으로 치료하듯이, 경탄과 놀라움으로 치료할 수 있다. 학생들 앞에 그들을 놀라게 하고 경탄시키는 어떤 것이 나타날 때 머릿속에서 어떤 변화가 일어나는지 말하기는 어렵다. 그러나 수백 번의 관찰에서 나는, 놀라고 경탄할 때 어떤 강한 자극이 대뇌를 깨우쳐, 활동을 강화시키는 듯한 작용을 일으킨다는 결론을 얻었다.

나는 어린 페자를 잊지 못한다. 그 아이를 3학년부터 7학년까지 가르쳤다. 페자에게 걸림돌이 된 것은 산수 응용문제와 구구단이었다. 페자는 응용문제의 조건을 기억하지 못했고 그 조건이 되는 사물과 현상들에 관한 표상을 의식 속에 그리지 못했다. 다시 말하면 페자는 다음 사물로 생각이 넘어가자마자 그전의 사물은 잊어버렸다. 다른 학년에도 페자와 어떤 면에서 비슷한 아이들이 있었다. 그들은 많지는 않았다. 나는 이 아이들에게 특별한 문제집을 만들어 주었다. 이 문제집에는 주로 민간에서 수집한 응용문제 200개가 들어 있다. 이 문제들은 다 흥미로운 이야기로 돼 있다. 이런 문제들은 대부분 계산보다는 생각을 더 많이 해야 풀 수 있다. 내가 펴낸 《집중하지 못하는 아이들에게 주는 문제집》에서 예를 두 개만 들겠다.

1) 무더운 여름날 세 양치기가 피곤해서 나무 밑에서 쉬다가 그만 잠들

었다. 장난꾸러기 목동은 타 버린 떡갈나무 숯으로 자고 있는 사람들의 이마에 검댕이 칠을 했다. 잠에서 깨어나자 그 세 사람은 서로 보고 웃었다. 세 양치기는 저마다 다른 두 사람이 서로 보고 웃고 있다고 생각했다. 그러다 갑자기 한 양치기가 웃음을 그치고 말았다. 왜냐하면 자기의 이마에도 검댕이 칠이 있다는 것을 알았기 때문이다. 그는 어떻게 그런 생각했을까?

2) 옛날 우크라이나 초원에는 가까운 두 마을이 있었다. 그 하나는 '진실만을 말하는 마을' 이었고 다른 하나는 '거짓만을 말하는 마을' 이었다. 참말 마을의 주민은 언제나 진실을 말했으며 거짓말 마을 주민들은 언제나 거짓을 말했다. 이 마을 중 어느 한 마을에 가서, 처음 만나는 사람에게 문제를 하나만 내, 자기가 간 마을이 어느 마을인지 알아내야 한다. 당신은 어떻게 문제를 내겠는가?

처음에 페자는 우리가 새, 짐승, 곤충, 식물 들에 관한 흥미로운 짧은 이야기를 읽듯이 그저 이런 연습 문제를 읽기만 했다. 얼마 안 가서 페자는 이 이야기가 바로 연습 문제라는 것을 알아냈다. 페자는 그 가운데 가장 간단한 응용문제를 하나 골라 내 도움을 받아서 풀었다. 문제 풀이가 간단하자 페자는 놀랐다. "이 문제들은 아무거나 다 풀 수 있나요?" 하고 페자는 물었다. 페자는 하루종일 연습 문제를 손에서 놓지 않았다. 문제를 풀 때마다 페자는 승리감을 느꼈다. 그리고 자기가 푼 응용문제를 연습장에다 베껴 쓰고 그 문제의 본문 곁에 새, 동물, 식물에 대한 연습 문제와 관련된 그림을 그려 넣었다.

나는 페자를 위해 전문적인 문고를 마련했다. 이 문고에는 이 아이가 3학년부터 7학년까지 읽을 수 있는 책과 소책자가 100권 남짓 있었다. 그 뒤에는 다른 문고를 마련했다(약 200권이 있었다). 페자 외에도 세 학생이 이 문고를 2년 동안 이용했다. 어떤 책들은 그리 직접 관계되지는 않았지만, 지능을 특수하게 훈련하는 것이라 생각했다.

5학년에서 페자는 학업 성적 면에서 다른 학생들을 따라잡았다. 다른 학생들과 마찬가지로 산수 응용문제를 풀 수 있었다. 6학년에 가서는 갑자기 물리에 흥미를 가졌다. 페자는 소년 설계자 동아리의 열성 회원이 됐다. 창조적 학습으로 흥미가 커질수록 그는 더욱 많은 책을 읽었다. 그 뒤로 페자는 역사와 문학에서 어려움을 겪었지만 책읽기로 이겨냈다. 7학년을 마친 페자는 중등 기술학교에 진학했고, 나중에는 전문자격을 갖춘 훌륭한 공작 기계 조정기사가 됐다.

나는 지금까지 이런 학생들에게 보충수업을 한 번도 하지 않았다. 다만 읽고 생각하는 것을 가르쳤다. 책읽기는 생각하는 힘을 길러 준다.

아이들이 공부를 어려워할수록, 어려운 장애에 부딪힐수록, 더욱 책을 많이 읽어야 한다. 책읽기는 생각하는 법을 가르쳐 준다. 사고력은 지능을 발달시킨다. 책을 읽고 깨달은 자신의 사상은 단순 암기, 즉 지혜를 둔하게 만드는 적을 방지하는 가장 강력한 수단이다. 학생들이 더 많이 생각할수록, 자기 둘레에서 모르는 것을 더욱 많이 보게 될수록 그들의 호기심은 더욱 강해져서 교사들이 가르치기 쉽게 된다.

7_ 낱말의 뜻을 정확히 알게 하는 것이 공부의 첫걸음

학생들이 공부를 어려워하는 원인 가운데 하나는, 지식이 쓸모없는 짐이 된다는 데 있다. 새로운 지식을 얻어도 소통도 적용도 안 되고 그저 '저장'되는 것임을 그들은 여러 번 확인했다. 교사들은 '공부를 잘한다'는 말을 문제의 정답을 잘 맞히는 것으로 이해하고 있다. 이 견해는 교사들이 학생의 정신노동과 능력을 단편적으로 평가하게 만든다. 즉, 배운 것을 기억하고 시험지에 그것을 '털어 놓는' 학생들을 능력 있고 공부 잘하는 학생으로 본다. 이것이 교육 현장에서 어떤 결과를 낳을까? 그 결과는 지식이 마치 학생의 정신생활에서 동떨어진 것처럼, 그들이 지적 호기심에서 벗어난 것처럼 된다. 학생에게 공부는 어렵고 싫증나는 일이 돼, 빨리 벗어나려고 하게 된다.

무엇보다도 지식, 안다는 것의 개념을 변화시켜야 한다. 안다는 것은 지식을 사용할 줄 안다는 뜻이다. 지식이 정신생활의 요소가 되며 사고력을 기르며 흥미를 불러일으켜야만 비로소 지식이라고 할 수 있다. 지식의 생명력은 지식이 끊임없이 발전하고 깊어질 때 생기는 것이다. 지식은 발전하고 깊어질 때에만 산 것이 된다. 지식이 끊임없이 발전한다는 조건에서만, 지식이 많을수록 공부하기 쉽다는 합법칙성이 이루어진다. 유감스럽게도 현장에서는 그와 반대로 해가 지날수록 학생들이 공부하기 더 어려워하는 경우가 흔하다.

이런 사실을 보고 어떤 제안을 할 수 있을까? 학생들의 지식은 목적이 아닌 수단이 돼야 한다. 그 지식이 죽은 지식이 되지 않아야 한다. 지식이 학생의 정신노동 가운데서, 평가에서, 학생들끼리의 관계에서 오고가며 살아 움직이고 연속성이 있는 정신적 재산이 돼야 한다. 이런 과정을 떠나서는 원만한 지적, 도덕적, 정서적, 미적 발전은 생각할 수도 없다.

이렇게 되려면 어떻게 해야 할까? 초급 학년에서 첫 단계부터 지식의 가장 중요한 요소는 낱말이다. 더 정확히 말하면 낱말에는 현실의 주위 세계가 나와 있다. 낱말은 아이가 학교에 들어가기 전에는 전혀 모르던 새로운 세상을 그들 앞에 펼쳐 준다. 아이들은 낱말을 통해 세계를 인식하면서 지식의 사다리를 따라 최초로 큰 발걸음을 내딛는다. 살아난 낱말이 아이들의 의식 속에서 뛰놀도록 하며 지식을 얻는 도구가 되게 하는 것이 얼마나 중요한가! 학생의 지식을 죽은 것이 되지 않게 하려면 지식이 낱말을 창조하는 가장 중요한 도구가 돼야 한다.

경륜 있는 교사는 교육의 방향을 다음과 같이 잡는다. 학생의 공부에서 가장 중요한 것은 다른 사람의 생각을 외우는 것이 아니라, 학생 자신이 생각하도록 하는 것이다. 즉 학생이 스스로 생생하게 창조하며 낱말의 도움을 받아 주변 세계의 사물과 현상을 인식하고, 낱말 그 자체의 섬세한 정서적 색채를 인식하게 하는 것이다.

아이들을 데리고 가을에 과수원에 갔다. 초가을의 날씨는 밝고 따뜻했다. 부드러운 햇볕은 땅을 덥히고, 알록달록하게 단장한 사과나무, 배나무를 비추고 있었다. 나는 아이들에게 황금 나락 설레는 가을에 관해, 자연의 여러 가지 생물, 이를테면 나무, 땅에 떨어진 씨앗, 겨우살이하는 새와 곤충들이 길고 추운 겨울을 나기 위해 어떻게 준비하고 있는지 이야기했다. 나는 아이들이 낱말과 문장이 지닌 뜻과, 감성적 색채의 풍부함을 만지고 느끼고 있다는 것을 믿고 그들에게 보고 느낀 바를 이야기하게 했다. 바로 이때 아이들에게서 놀랄 만큼 섬세하고 선명한 사색들이 일어나는 것을 느꼈다. 즉 "파란 하늘에서는 백조 떼가 차츰 멀어져가고 있으며…… 딱따구리가 나무껍질을 쪼아대자 나무가 딱! 딱! 울리며…… 길가에는 민들레꽃이 호젓하게 피어 있으며…… 왜가리 한 마리가 보금자리에서 어딘가 멀리 바라보고 있으며, 나비 한 마리가 국화꽃에 앉아 볕을 쬐고 있으며……" 아이들은 내 말을 받아 외우는 것이 아니라, 자기 말을 했다. 그들의 생각은 생생하고 풍부해졌다. 이렇게 아이들에게는 생각하는 능력이 자라나고 있었다. 그들은 그 무엇과도 비길 수 없는 생각하기의 즐거움을 체험했다. 그들은 자신을 사상가로 여기고 있었다.

   아이들이 교사의 말에 관심을 보이지 않으면 당신은 '이 말을 다른 교사들에게서 벌써 들었나?' 하고 생각할 것이다. 당신이 어떤 재미있는 이야기를 해도 아이들이 멍하니 앉아만 있다면, 당신의 말은 그들의 마음에 닿지 못했다. 이리 되면 당신들은 불만을 가지게 된다. 이처럼 낱말에 대해 관심과 감수성이 부족한 것은 공부를 하는 데 큰 결함이 된다. 만일 이 결함이 깊이 뿌리내린다면 아이들은 공부에서 더욱 멀어지게 될 것이다.

   이 결함의 뿌리는 어디에 있을까? 만일 낱말이 창조의 수단으로써 아이들의 머릿속에 살아 있지 않다면, 아이들이 다른 사람의 생각을 외우기만 하고 자기의 생각을 창조하지 않고 낱말로 그것을 표현하고 전달하지 않는다면, 아이들은 언어에 대해 무관심·냉담·무감각한 사람이 될 것이다. 아이들의 무관심한 태도와 아이들이 멍하니 앉아 있는 태도를 절대 가벼이 봐서는 안 된다. 적극적이고 열정적으로 그들이 낱말을 알도록 가르쳐야 한다.

8_ 공부한다는 것은 진리를 발견하고 의문을 푸는 것

공부의 적극성에 관해 사람들은 자주 이야기한다. 이 적극성에는 여러 가지가 있을 수 있다. 학생들이 읽은 것을 암기하거나 또는 교사가 가르친 것을 기억하고 유창하게 대답하는 것도 적극성이다. 그러나 이런 적극성은 지적 발달을 촉진하지는 못할 것이다. 교사는 학생의 사고력에 적극성을 부여하고 응용 과정에서 지식이 발전하도록 돕기 위해 애써야 한다.

내가 보기에는 학생들이 기존의 지식을 바탕으로 새 지식을 얻게 한다는 점에 교수론의 가장 중요한 기능이 있다. 나는 수업을 참관하고 분석할 때, 학생이 공부하는 특성에 따라 교사가 어떻게 가르쳐야 하는지 답을 찾았다. 어떻게 해야 공부가 사고력 활동이 되며 새로운 지식을 더 잘 배울 수 있을까? 여기에서 무엇이 가장 중요할까?

공부를 한다는 것은 진리를 발견하고 의문을 푼다는 뜻이다. 학생이 모르는 것을 보고 이해하고 느끼도록 해야 하며, 의문이 생기도록 해야 한다. 당신이 만약 이렇게 했다면 그것은 벌써 일의 절반은 성공한 셈이다.

그러나 이렇게 하는 것이 그리 간단한 일은 아니다. 교수 준비를 할 때

이 견지에서 교재를 세심히 살펴야 한다. 얼핏 보기에는 잘 보이지 않는 인과적 연계가 맺어져 있는 바로 그 교차점을 찾아내야 한다. 거기에서 의문이 생기기 때문이다. 의문은 알려는 욕구를 불러일으킨다.

바로 내 앞에는 <광합성 작용>이라는 수업 교재가 놓여 있다. 식물의 초록색 잎사귀에서 일어나는 변화를 학생들에게 설명해야 한다. 이 모든 것을 과학적인 확실성, 이론적인 일관성, 교수론적인 순차성에 따라 설명할 수는 있지만, 이것만으로는 학생들을 일정한 지적 적극성에 도달하게 하는 임무를 다하지 못할 것이다.

나는 교재를 깊이 탐구했다. 인과적 연계가 맺어지는 교차점은 어디에 있을까? 가장 중요한 그 교차점은 무기물질이 유기물질로 전환되는 바로 그 점에 있다. 이것은 사람들을 놀라게 하는 신비한 그림이다. 식물은 토양과 공기 속에서 무기물질을 섭취해 자체의 복잡한 유기체 속에서 그것을 유기물질로 전화시킨다. 유기물질로 만드는 이 과정은 도대체 무엇일까? 식물 유기체라는 신비로운 이 실험실에서, 햇볕 아래에서 광물성 비료라는 무기물질이 토마토의 즙이 많은 살로, 장미의 향기로운 꽃들로 바뀌는 이 모든 것이 어떻게 진행될까?

나는 이 의문을 이해하는 데로 학생들을 인도하고, 그들이 저마다 "이 모든 것들이 내 눈앞에서 일어나고 있는데, 내가 어찌 그것을 깊이 생각하지 않을 수 있을까?"하고 느끼도록 이야기했다. 어떻게 해야 학생들이 의문을 갖게끔 이끌수 있을까?

그렇게 하려면, 무엇을 이야기하고 무엇을 이야기하지 말아야 하는지 알아야 한다. 더 이야기하지 않는다는 것이 학생들의 사고력에 대해서는 '도화선'이 된다. 여기에는 모든 경우에 다 적용되는 그 어떤 뻔한 처방이 있을 수 없다. 모든 것은 다 구체적인 교재의 내용과 학생들이 이미 알고 있는 지식에 달려 있다. 같은 교재를 가지고도 이 학급에서는 이것을 다 말하지 말아야 하고 저 학급에서는 저것을 말하지 말아야 한다.

바로 여기에서 학생은 의문을 갖게 된다. 나는 계속해서 학생들이 이전 수업에서, 노동 과정에서, 그리고 책을 읽어서 알게 된 모든 지식의 저장고에서, 의문을 푸는 데 필요한 지식을 골라내도록 노력했다. 의문을 푸는 데 필요한 지식을 골라내는 이것이 바로 지식을 얻는 것이기도 하다. 여기서는 꼭 학생을 하나하나씩 지명해 문제에 대답하게 하며 그들이 무엇을 말하는가 들을 필요가 없다. 또 연결되지 않는 대답으로 종합적인 답안을 짜도록 할 필요도 없다. 이런 방법으로 적극성의 겉모양을 이룰 수는 있지만 모든 학생의 사고력의 진정한 적극성을 끌어낼 수 없다. 어떤 학생은 문제를 기억하고 대답하지만, 어떤 학생은 그저 듣기만 한다. 나는 모든 학생들이 다 깊이 사고하며 긴장된 정신활동을 하도록 해야 했다. 나는 학생들이 의문을 갖게 한 뒤에는, 그들을 지명해 개별적인 사소한 문제에 대답하게 하지 않고 나 자신이 교재를 설명하는 방법을 자주 사용했다.

학생들이 생각하면서 지식을 얻도록 하려면, 교사가 학생의 지식 정도를 충분히 알아야 한다. 어떤 학생은 배운 것을 아주 잘 기억하고 있지만 다른 학생은 잊어버릴 수 있다. 바로 이럴 때 나는 모든 학생이 내 설명을 들을 때 자기의 방법대로 의식 창고에 보존돼 있는 것을 골라내도록 하는, 학습의 지도원이 됐다. 그런데 만일 의식 창고의 다른 곳에 공백이 있다면, 만일 어떤 사람의 사고력의 실마리가 끊어졌다면 나는 보충 설명으로 공백을 메워 주고 사고력의 단절 현상을 제거했다. 이렇게 하려면 역시

고도의 기교와 기술이 있어야 한다. 나는 이미 교재를 거듭 설명하는 것으로써, 공부를 잘하는 학생들이 어떤 새로운 것을 발견하도록 하는 형식을 찾아냈다. 학생의 지식에 공백이나 단절 현상이 없으면 나는 간략하게 설명하는 방향으로 갔다. 여기에는 겉으로 드러나는 적극성이 없고 학생들은 침묵하면서 의문에 대답하지 않고 서로 보충하지도 않지만, 이것은 진정으로 공부하는 것이다. 이와 같이 지식을 얻는 형식을 나는 '자기 사고력에 대한 학생의 보수(補修)'라고 이르며 '자기의 지식 창고를 조사'하는 것이라고 한다.

9_ 학생이 내용을 이해한 다음 외우게 해야

학생들이 규칙과 정의, 공식, 결론 등은 잘 외우지만 자기가 알고 있는 것을 쓰거나 응용할 줄 모르며, 때로는 암기한 것의 내용을 모르는 것을 자주 보게 될 것이다. 이런 바람직하지 못한 현상은 문법과 수학, 물리, 화학 같은 과목 학습에서 뚜렷하게 나타난다. 왜냐하면 이 과목들의 내용이 체계적으로 정리돼 있어서, 실제 그 과목을 공부할 때 요점 정리를 응용할 줄 아는지 금방 드러나기 때문이다.

이럴 때 사람들은, 학생들이 이해하지 못하고 단지 외우기만 하는 것이라고 말하곤 한다. 그러나 왜 학생들이 단지 외우기만 하게 될까? 바람직하지 못한 현상을 막으려면 어떻게 해야 할까?

암기는 먼저 내용부터 이해해야 한다. 당신은 학생들이 많은 사실과 사물, 현상들을 자기가 생각하고 이해한 다음 외우도록 이끌어야 한다. 이해하지 못한 것을 외우지 않게 해야 한다. 사실과 사물, 현상들을 이해한 데서부터 추상적인 진리(규칙과 공식, 정의, 결론)를 깊이 이해하는 데로 나아가는 길을 거쳐야 하는 것이다. 이 과정을 다 거치는 것이 바로 지식을 얻는 것이다.

경륜 있는 교사들은 아이들에게 가르칠 때 외우기가 생각하는 과정에서, 즉 생각이 사실, 사물, 현상들로 점점 깊어지도록 이끈다. 이를테면 학생들이 러시아 경음 부호의 맞춤법 규칙을 배우도록 한다. 교사는 많은 사실을 분석하고 경음 부호가 들어 있는 낱말을 분해하면서 낱말들을 쓰는 법을 설명함으로써 규칙을 암기하고 스스로 쓸 수 있도록 학생을 이끈다. 본질적으로 말하면, 학생들은 이 규칙을 새로운 여러 가지 사실을 통해 여러 번 이해하게 하는 것이다. 그럼으로써 학생들은 자신들이 보편성을 가진 진리와 만나게 된다는 것을 차츰 확신하게 된다. 이 진리를 많은 낱말들에 응용하는 것이 바로 규칙이다. 이 규칙은 여러 번 생각을 거듭했기 때문에 외워지는 것이다.

경륜 있는 교사들은 학생들이 모든 걸 암기하게 하지 않고 규칙과 결론을 암기하게 한다. 즉, 사물을 이해하는 것과 동시에 보편성을 외우는 것이다. 이해와 암기의 통일이 뚜렷하게 나타날수록 학생의 지식은 더욱 자각적인 것이 되며, 지식을 실천에 응용하는 능력은 더욱 강해진다. 지식을 실천에 응용하는 능력은 학생이 어떤 방법으로 지식을 암기하는가에 달려 있다. 만약 지식을 사실과 사물, 현상을 이해하고 분석하지 않은 채 암기한다면, 응용하지 못할 것이다.

이것은 교육과정의 아주 중요한 합법칙성이다. 내 오랜 경험으로 얻은 결론은 학생이 초급 학년에서 이미 사실, 현상을 생각하다가 추상적 진리를 깨달았다면 이것은 학습의 아주 중요한 특성을 파악하게 된 것이다. 즉 상호 연관된 사실과 사물, 정황, 현상 그리고 사건들을 생각하고 파악하게 된다는 결론을 내렸다. 다른 말로 하면 인과적, 능력적, 시간적 연관

및 기타의 연관을 생각할 줄 알게 되는 것이다. 나는 많은 사실을 통해(특히 4~5학년) 학생이 산수 문제의 조건을 생각할 수 있는가는 바로 그들이 추상적인 요점을 어떻게 파악하는가에 달려 있다는 것을 확신했다. 충분히 오랫동안 생각하지 않고 단순히 추상적 요점만 외운 학생은 문제를 생각할 줄 모르며 양과 양의 상호 의존성을 파악할 줄 모른다. 이와는 반대로, 학생이 공부할 때 추상적 진리를 사실에 대해 깊이 생각한 다음 외운다면, 그가 산수 응용문제에서 보게 되는 것이 숫자의 그 어떤 결합이 아니라 양과 양의 상호의존성일 것이다. 학생은 응용문제의 조건을 읽고, 먼저 숫자와 상관없이 생각하며, 먼저 구체적인 산수 계산을 하지 않고 통합적 형태로 문제를 풀게 된다.

학생들이 산수(다음에는 대수) 학습에서 뒤떨어지는 것은, 우리가 언급한 학습에서 이해하기 어려운 그 결함 때문에 빚어진 결과이다. 사람들은 과목들 간의 연계에 관해 많이 이야기한다. 모든 교사는 자기가 가르치는 과목에서 다른 과목 교재의 접촉점을 찾아야 한다. 과목간의 연계는 여기에만 있는 것이 아니다. 가장 심각한 연계는 교재의 내용상 연계에 있는 것이 아니라 공부의 성격상 연계에 있다. 학습이 과학적 원리에 기초하고 있다면, 수학도 역사를 배우는 데 도움을 줄 것이며 역사 공부도 수학 능력을 발전시킬 것이다.

초급 학년 교사와 중학교의 어문, 문학 교사가 부딪히는 어려움은 학생들이 스스로 문법 규칙을 깨닫도록 이끄는 일이다. 많은 학생들이 글자를 틀리게 쓴다. 이것은 학교의 커다란 불행이다. 나는 이런 일을 알고 있다. 학생들이 러시아어 교재를 처음 배울 때 접두사 Pas와 Pac 쓰는 법을 제대로 익히지 못했다. 그들은 이 규칙을 잘 몰라 자꾸 틀렸다. 교사는 이것을 고쳐 주려고 학생들에게 늘 규칙에 대해 가르쳤다. 그는 학생에게 먼저 규칙을 잘 복습하고, 그런 다음에 연습하도록 가르쳤다. 이렇게 하면 좋은 효과를 거둘 것 같지만 사실은 그렇지 않았다. 10학년 학생은 작문 시험에서 틀린 글자를 썼던 것이다.

이런 이상한 현상이 나타나는 원인은 어디에 있을까? 문법을 배울 때, 지식을 응용할 줄 아는 것과 모르는 것, 또 지식을 얻는 과정에서 사실을 생각하는 것과 못하는 것이 바로 드러난다. 추상적 진리와 요점(문법 규칙)을 처음으로 인식하는 것이 결정적 의미를 가진다. 교재를 처음 배울 때 학생들이 많이 틀리지 않도록 해야 하며, 동시에 그들이 규칙을 외우고 정확히 공식화하도록 해야 한다.

10_ 새 교재를 가르칠 때 규칙과 공식을 정확하게 가르쳐야

학업에서 뒤떨어지고 낙제하는 원인 가운데 하나는 교재를 처음 배울 때 잘 배우지 못했기 때문이다.

교재를 처음 배운다는 것은 무엇을 염두에 두고 하는 말일까? 이 용어는 성립될 수 있을까?

이 용어는 성립될 수 있다. 지식은 끊임없이 발전하며, 교재로 공부하는 것은 오랫동안 해야 하고, 지식을 응용하는 일들은 동시에 지식을 발전시키고 깊어지게 한다. 그러나 교재를 처음 공부한다는 것은 모르던 것을 알게 하고, 사실, 현상, 성격, 특징의 실체를 알지 못하던 데에서 이해하는 데로 나아가게 하는 중요한 첫걸음이다.

예를 들면, 학생들은 흔히 수업 시간에 간단한 곱하기 공식을 쓰게 된다. 수업에서 성과를 얻느냐 못 얻느냐는 교재를 배우는 첫 수업에서 학생들이 공식을 어느 정도로 잘 이해하는가에 달려 있다. 공식에 대해 늘 준비가 돼 있느냐에 따라 공식은 새 지식을 얻는 데 도구가 될 수 있고, 이후에 나오는 개념과 진리를 처음 배울 때 순조롭게 이해하게 되는 것이다.

이것도 가장 중요한 합법칙성의 하나다. 학생의 의식 속에 흐리멍텅하고 막연한 표상이 적을수록, 그의 어깨에 떨어지는 학업 부담이 적을수록 새 교재를 배울 준비가 충분히 된 것이며, 수업에서 학습 효과는 더욱 좋아진다.

교재를 처음 배우는 수업에는 특성이 있어야 한다. 명확성이 있어야 한다는 말이다. 이때 학생의 자기주도적 학습의 효과가 특별한 뜻을 가진다. 교재를 처음 배울 때 교사는 학생마다 공부의 효과가 어떻게 나타나는지 알아낼 수 있도록 노력해야 한다. 교재를 처음 배울 때 학습에서 곤란을 느끼는 학생들이 과제를 어떻게 해내는지 보는 것이 매우 중요하다. 이런 학생은 생각과 이해가 더디며, 따라서 그들에게 교재의 본질을 이해시키려면 자료를 더 많이 주고 시간도 더 많이 주어야 하기 때문이다.

교사들은 교재를 처음 가르치는 수업에서 언제나 학생들이 공부를 어떻게 스스로 완성하는지 보려고 노력한다. 이 수업에서 학생의 자습이 꼭 있어야 하며, 이 자습 과정에서 학생들이 사실을 정리해서 결론을 내도록 해야 한다.

사고 과정에서는 지식을 응용하는 요소도 포함시키는 것이 아주 중요하다. 여기에서도 '뒤떨어진' 학생에 대해 대책을 세워야 한다. 뒤떨어진 학생들에게 다가가서 그들이 겪는 어려움을 알아내고, 그들에게만 주려고 준비한 과제를 전달해야 한다. 때로는 수업에서 이러저러한 학생들에게 따로 숙제를 줄 필요도 있다. 학업 성적이 뒤떨어진 학생의 공부 효과가 어떤지는 교재를 처음 배울 때, 수업에서 어느 정도 질서정연하게, 체계적으로 배우느냐에 달려 있다. 그리고 그들이 다른 학생의 훌륭한 대답을 들으며 칠판에 쓴 것을 베껴 쓰게만 해서는 안 된다. 혼자서 생각하며 수업 시간마다 사소한 성과라도 거두도록 그들을 참을성 있게, 용의주도하게 격려해야 한다.

문법을 가르칠 때, 교재를 처음 가르치는 수업에서, 그리고 이 수업 이후에 학생들이 글쓰기 공부에서 틀린 글자가 없도록 하려고 언제나 노력했다. 이 말은 궤변으로 들릴 수도 있지만, 진리이다. 학생들에게 수업에서 아무것도 틀리지 않도록 요구해야만 그들이 유식한 사람이 될 수 있다. 어문 교사가 가르치기 어려워하는 원인 중 하나는 바로 학생들이 수업 시간에 글자를 틀리게 쓴다는 점이다. 수업 시간에 학생이 틀리는 글자가 없게 하는 것을 목표로 제시하지 못하는 데에 어문 교사의 문제가 있다.

어떻게 해야 학생들이 글자를 틀리지 않게 쓰며 지식의 기초를 단단히 닦게 할 수 있을까? 이것은 아주 많은 요소들로 결정된다. 무엇보다도 학생이 독서를 술술 하느냐에 따라 결정될 것이다. 틀리지 않고 바르게 쓰게 하려면, 학생이 술술 읽을 줄 알아야 한다. 또 수업 구성과 수업 방법에 따라서도 결정된다. 문법 수업을 준비할 때, 나는 학생들이 어디에서 어떤 낱말에서 틀릴 수 있으며, 틀릴 수 있는 학생이 누구일지 예견하려고 노력했다. 나는 모든 '의심되는' 낱말을 미리 상세히 설명했다.

나는 당신들에게 제안한다. 교재를 처음 가르칠 때 학생들이 사실과 현상, 합법칙성을 막연하게 이해하지 않도록 가르치며, 학생들이 문법 규칙을 처음 배울 때 틀리지 않도록 하며, 수학 법칙을 처음 배울 때 예제와 응용문제를 틀리게 풀지 않게 해야 한다.

11_ 새 교재에 대한 생각은 수업의 한 단계

교사들은 누구나 다음과 같은 현상에 부딪히게 될 것이다. 어제 강의할 때 학생들은 배우는 것(정의, 정리, 공식)을 다 이해했고 대답도 잘 했고 예들도 들었다. 그러나 오늘 보면 학생들 절대 다수가 어제 배운 것을 잘 모른다. 몇몇은 거의 잊어버리고 말았다. 또 숙제할 때 많은 학생들이 어려워했다. 어제 강의할 때는 이런 어려움을 느끼지 못했는데.

이해한다는 것은 아직 안다는 것이 아니다. 이해는 아직 지식이 아니다. 분명한 지식을 얻으려면 생각해야 한다. 생각이란 무엇일까? 생각이란 학생이 느낀 것을 떠올려 보고, 교재를 어느 정도 정확히 이해했나 검사해 보고, 자기가 얻은 지식을 실천한다는 뜻이다.

예를 들어보자. 수학 시간에 학생들은 삼각함수에 관한 표상을 처음으로 가지게 된다. 교사는 두 함수의 의존 관계, 사인과 코사인에 대한 정의를 내린다. 교재는 어렵지 않아 학생들이 이내 이해할 것 같았다. 그러나 이해했다고 완전히 알게 된 것은 아니다. 교사는 학생에게 새 교재를 보고 생각할 시간을 준다. 학생들은 공책을 펼치고 직각삼각형을 그리고,

교사가 설명한 것을 모두 쓰고, 사인과 코사인의 정의를 복습하고, 자기가 생각한 함수관계를 밝혀낸다. 여기서 배운 것을 복습하는 것이 지식을 일차적으로 응용하는 것과 결합된 것 같다. 자기 검토를 해 보며 많은 학생들은, 교사가 설명한 과정을 자기가 그대로 되살릴 수 없다는 것을 깨닫는다. 학생은 자신이 어떤 내용을 잊어버렸는지 알아채고, 교과서의 도움을 받으려고 책을 펼친다. 그러나 이렇게 하기 전에 교사는 학생이 모든 것을 다시 떠올려 보도록 애를 써야 한다.

공부를 제일 '못하는' 학생과 공부를 어려워하는 학생에게 새 교재를 전문적으로 생각하는 단계는 더욱더 필요하다. 경륜 있는 교사들은 공부를 어려워하는 학생들이 교재 속에 있는, 지식의 기초가 되는 '그 점'에 주의를 돌리게 한다. 공부를 어려워하는 학생이 지식을 제대로 얻지 못한 근본적 원인은 여러 가지 사실, 현상, 진리와 합법칙성들이 서로 연결돼 있다는 사실을 간파하지 못하고 이해하지 못하는 데 있다. 공부를 어려워하는 학생들이 이 사실에 눈을 돌리게 해야 한다.

수업 시간에 배우는 교재가 아무리 이론적인 것이라 해도 학생들이 교재를 더욱 잘 익히도록 가르칠 방법은 늘 있다 . 역사 수업과 문학 수업에서 새 교재를 읽고 생각하도록 하는 것은, 학생들이 방금 설명한 교재의 인과적 연계와 의미적 연계를 찾아내도록 하는 것이다.

예를 들면 교사가 1861년에 러시아 농민들이 농노제의 예속에서 벗어나는 사정을 설명했다. 학생들이 새 교재에 대해 5~7분쯤 생각하도록 교사는 아래와 같은 문제를 내주었다.

만일 차르 정부가 농민을 해방시키지 않았다면 러시아의 농업은 어느 길로 발전해 나갔을까? 1861년 이전에 러시아의 농업과 공업과 자본주 발전 간에는 어떤 관계가 있었나? 이런 관계는 농민이 해방된 뒤에 어떻게 나타났을까? 1861년 이후 러시아에서 자본주의의 발전을 계속 방해한 것은 무엇일까? 러시아의 농업에서 봉건적 잔재들이 심지어 1861년 개혁 후까지 계속 남은 원인은 무엇일까?

이런 문제를 큰 종이에 썼다가, 설명이 끝나자마자 칠판에 걸어 놓는다. 수업에서 가장 긴장되고 흥미있는 시간은 이때부터 시작된다. 학생들은 이전에 배운 장, 절의 자료를 떠올리면서 교과서에서 자료를 '들추어 낸다.' 인문 과목 수업에서는 무엇보다도 교과서가 먼저 새 교재를 연구하는 데 쓰인다. 이때 들추어 내는 것은 학습 과정에서 가장 필요하고 효과도 좋다. 이전에 배운 교재의 내용을 전부 읽지 않고도 복습하는 것이다. 이런 복습이 가장 효과가 좋다. 진짜 복습은 바로 생각하는 것이기 때문이다.

수업 시간마다 새 교재를 익히는 데 되도록 많은 시간을 배정하는 것을 두려워하지 말아야 한다! 이 시간은 백 배로 보상받는다. 배운 것에 대해 다시 생각할 때 공부가 잘될수록 학생이 숙제하는 데 걸리는 시간은 줄어들고, 다음 수업 시간에 숙제 검사에 쓰이는 시간이 더욱 줄어들며, 따라서 새 교재를 가르치는 데 배당되는 시간이 더 많아진다. 그렇게 될 때 새 교재를 가르칠 시간이 모자란 것은 숙제 검사로 시간을 허비한 때문이며, 숙제 검사에 시간을 허비한 까닭은 교재를 철저히 가르치지 못했기 때문이라는 '순환논법'을 당신은 깨뜨릴 수 있게 된다.

12_ 숙제 검사

나는 늘 숙제 검사를 순조롭게 하지 못해서 괴로웠다. 숙제 검사로 늘 시간을 낭비했기 때문이다. 우리 교사들은 누구나 다 지명 받은 학생이 질문에 답하기 시작하자마자 다른 학생들은 저마다 제 일을 하며, 대답을 생각해 보는 사람은 기껏해야 지명 받을 수 있는 몇몇 학생밖에 안 된다는 것을 잘 알고 있다. 어떻게 해야 교사가 과제를 검사할 때, 전체 학생들이 질문에 대한 답을 생각하게 할 수 있는지가 오랫동안 내 고민거리였다.

연습장을 사용하는 것이 도움을 주었다. 수학 시간이었다. 전 학급은 숙제 검사를 받을 준비가 돼 있었다. 교사는 원의 면적을 구하는 공식을 이끌어내며 원의 면적을 구하는 응용문제를 만들어 풀고, 삼각형의 등식의 특징을 간단하게 설명하는 과제를 전 학급에 내준다. 전체 학생들은 이 과제를 연습장에 베껴 쓴다. 여기서 연습장은 칠판으로 바뀌고, 그 누구도 지명을 받아 칠판에 나가지 않게 된다. 교사는 모든 학생들이 어떻게 과제를 해결하는지 세심히 관찰한다. 교사가 학생들이 공식을 어느 정도 이해하고 있는지 판단하려면, 학생에게 왜 그렇게 푸는가 설명하도록 이끌어야 한다. 이때는 학생을 지명할 필요가 없다. 학생들은 마치 자신이 지명돼 칠판 앞에 나가서 하듯이 풀이한다. 교사는 과제 완성의 단계에서 수시로 전 학급의 과제 수행이나 일부 학생의 과제 수행을 중지시킬 수도 있다.

이런 방식의 장점은, 학생이 알고 있는 지식을 소리 내어 되풀이하지 않고도 검사한다는 것이다. 교사는 간단한 방법으로 학생들의 지식 수준에 관한 정보를 얻을 수 있게 된다. 이때는 학생들은 저마다 완전히 자립적으로 공부를 하게 된다. 여기서 두 가지 요소가 중요하다. 그 하나는 숙제 검사가 지식을 적극적으로 응용하는 일이 되는 것이며, 다른 하나는 교사가 학습에서 어려움을 느끼는 학생이 과제를 해내는 과정을 세심히 관찰하고 그들의 개인 능력과 특성을 고려할 가능성을 가지게 되는 것이다.

우리 학교는 숙제 검사를 할 때 3~10학년 모두 연습장을 이용해서 한다. 이렇게 하지 않고서는 학생들이 한 과제를 다 검사할 수 없다. 이런 검사는 단순 암기를 방지하고 생각한 바를 간략하게 표현하도록 학생들을 훈련시킬 수 있다. 무조건 고집스럽게 암기하는 학생은 문제를 요약해서 간단하게 대답하지 못하며 요점을 잡지 못한다. 우리가 과제를 검사하는 방법은 읽고 암기하면서 사고하도록 학생들을 훈련시키는 것이다.

만일 규칙, 공식, 정리, 결론 등 일반화된 지식을, 새롭게 일반화된 여러 가지 지식을 생각하는 방식으로 검사를 한다면, 이때 학생들의 학습 효과는 놀랍도록 커질 것이다. 초급 학년 각 학년들에게 수업을 시작할 때 보통은 지식을 검사하는 데 따로 시간을 배정하지 않는다. 우리는 지식 검사를, 지식을 심화하고 확충하고 응용하는 것과 결합시킨다.

예를 들면 교사는 학생들이 문장의 주성분과 부성분, 그리고 주어와 술어 간의 문법적 관계에 대한 정의를 익힌 과정을 검사해야 한다. 교사는 학생들이 연습장을 펼치게 한다. 그리고 교사는 학생들에게 한 단어, 예를 들어 '길'이 주격과 다른 격으로 쓰이고 있는 문장을 여섯 개 만들고, 그 문장에서 주성분과 부성분 간의 문법적 연계를 밝히는 과제를 낸다. 이 과제를 아주 빨리 완성한 학생에게는 술어가 동일한 문장을 세 개 더 지으라고 한다. 이 과제를 해내면서 학생들은 지식을 응용하며 그 지식을 더욱 자세히 이해하게 된다.

학생에게 주는 점수를 지식을 검사하는 유일한 목적으로 삼지 말아야 한다. 지식 평가는 되도록 기타의 목적, 사전 지식을 이해하고 확충하고 심화시키는 것과 결합시켜야 한다. 즉 학생이 대답할 때마다, 글쓰기 공부를 할 때마다 평가하지 말아야 한다. 이렇게 하지 않으면 좋지 못한 결과를 낳는다.

13_ 평가

지식의 평가를 어떤 단독적인 것으로 보고 교육과정에서 배제하지 말아야 한다. 교사와 학생 사이의 관계가 서로 신뢰하고 친밀할 때에만 평가는 학생들을 공부로 끌어들이는 자극이 된다. 평가 – 이것은 교육의 가장 섬세한 도구 중의 하나라고 할 수 있다. 교사가 매기는 점수를 학생이 어떻게 대하는가에 따라서, 학생이 교사를 어떻게 대하며 교사를 어느 정도로 신임하고 존경하는지 알 수 있다. 지식 평가에 대해서 몇 가지 제안하려 한다.

첫째, 점수를 적게 매긴다 할지라도 그 점수는 모두 무게가 있어야 하고 뜻이 있어야 한다. 나는 여태까지 수업 시간에 학생의 대답(내준 문제가 2개, 3개 더러는 그보다 더 많다 할지라도)에 따라 점수를 매긴 적이 없다. 내가 매기는 점수에는 언제나 어느 한 시기에 그 학생이 한 노동이 포함되고, 몇 가지 노동에 대한 점수가 포함되며 학생의 대답(몇 차례의 대답일 수도 있다), 급우의 대답에 대한 보충, 서면 작업(그리 길지 않은 작업), 독서와 실제적 작업 들이 포함된다. 일정한 시기가 오면 학생의 지식을 연구하고, 학생도 이것을 느끼게 된다. 그때가 되면, 학생들에게 "나는 지금 여러분들을 평가하겠습니다" 하고 말한다. 지식을 연구하는 다음 시기가 되면, 학생들도 어떤 것이든 내 관심에서 벗어나지 못한다는 것을 알게 된다. 독자들 가운데는 교사가 이 모든 것을 기억할 수 있겠느냐고 물을 사람도 있을 것이다. 어떤 사람들은 학생의 학습에 관해 교사가 모든 것을 다 기억하기는 어렵다고 느끼겠지만, 나는 이런 것들을 기억하는 것이 가장 중요하다고 생각한다. 어떻게 주의해야 할 것을 잊어버리고서 학생들을 공부시키면서 교육을 하고, 교육을 하면서 공부를 시킬 수 있단 말인가?

둘째, 학생이 이러저러한 조건과 사정 탓에 지식을 얻지 못했다면, 나는 '낙제 점수'를 주지 않았다. 만일 학생이 전망을 갖지 못하고 자기는 아무것도 할 수 없다 생각한다면, 그것은 그 자신에게 최대의 위협이 된다. 낙심, 우울 ― 이런 정서는 학생의 전반적인 공부에 흔적을 남겨 그들의 뇌수를 마비시키다시피 한다. 명랑하고 낙관적인 감정이 있어야만 사고력의 바다를 이루는 생생한 시냇물이 흐른다. 슬픔과 우울은 정서적 충동과 사고력의 정서적 색채를 지배하는 대뇌피질하의 중심들이 지혜를 자극해 더 이상 공부를 하지 못하도록 하며, 지혜의 활동을 구속하는 결과를 낳을 것이다. 나는 언제나 학생들이 자기의 힘을 믿을 수 있도록 노력했다. 만일 학생이 배우려고 하지만 잘 배우지 못한다면, 조금이라도 나아진 점을 찾아 그것이 사고력의 정서적 자극(인식의 기쁨)의 원천이 되도록 도와줘야 한다.

어느 때든지 학생에게 낙제 점수를 주지 말아야 한다. 성공에서 느끼는 기쁨 ― 이것은 커다란 정서적 힘이다. 이 힘으로 공부를 잘하려는 바람이 불타오를 수 있다는 것을 기억해야 한다. 교사는 이런 힘이 약해지지 않도록 하는 데 주의를 기울여야 한다. 이런 힘이 없다면 그 어떤 교육적 조처라도 다 쓸모없게 된다.

셋째, 만일 학생의 지식이 명확하지 못하며, 배우는 사물과 현상에 관한 그들의 표상 속에 명확하지 못한 점이 있다는 것을 당신이 간파했다면, 근본적으로 어떤 점수도 주지 말아야 한다. 내가 가르치는 학급들 중에는 내가 정신생활을 자세히 연구하며 내가 질문하는 것을 이해하고 있는지 눈을 통해 알아낼 수 있는 학생이 있다. 만일 이 학생의 눈에서 물음에 대답할 준비를 하지 못했다는 것을 보면, 나는 늘 그의 지식을 평가하지 않고 먼저 그가 지식을 알도록 도와주려고 힘썼다.

넷째, 교사가 설명하는 것이거나 책에서 본 것을 학생들이 틀리지 않고 올바르게 반복할 것을 요구하는 문제는 피해야 한다. 교육과정에는 아주 흥미로운 것이 하나 있다. 이것을 지식의 전환이라고 한다. 사고력은 지식 속에서 차츰 깊어진다. 사고력이 깊어진 결과, 학생들은 이전에 배운 것을 돌아 볼 때마다 사실과 현상, 합법칙성 가운데서 새로운 것을 알아내고, 이런 사실과 현상, 합법칙성들의 새로운 측면, 속성과 특성을 연구, 분석한다. 이런 지식의 전환을 복습의 기초로 삼아야 한다. 이에 관해서는 따로 떼어내어 제안하려 한다.

14_ 공부는 좋은 어머니

교육학에서는 복습을 학습의 어머니라고 말하고 있다. 그러나 선량한 어머니가 흉악한 계모가 되는 일도 흔하다. 학생이 몇 주 또는 몇 달 동안 한 것을, 이를테면 10교시, 20교시 그보다 더 많은 시간을 들여 배운 교재를 하루나 며칠 동안 복습하게 한다면 이런 현상이 생긴다. 많은 사실과 결론이 학생의 두 어깨에 떨어지면 그것이 머릿속에서 뒤섞이게 된다. 게다가 한 과목을 복습하며 동시에 다른 과목들도 공부해야 한다. 결국 학생은 정상적으로 공부할 수 없게 되고, 기진맥진하게 된다.

어떻게 하면 복습을 교육적으로 올바르게 하게 할 수 있을까? 무엇보다도 과목과 교재의 특성을 고려할 것을 제안한다. 말하자면 9학년에서 물리 교재의 몇 절을 복습하는 것과, 역사 교재의 몇 절을 복습하는 것은 확연히 다르다는 것이다.

물리, 수학, 화학 같은 과목의 규칙, 정리, 공식, 결론 등의 복습을 시킬 때, 경륜 있는 교사들은 연습, 응용문제, 그림, 도식 등을 참고하게 한다. 이때 교사는 학생들이 한 가지를 공부하려면 두 개 또는 그보다 더 많은 원리를 알아야 함을 깨우치도록 해야 한다. 그렇게 하려면 지적 발달에 매우 필요한 지식 전화의 과정 – 상호 연관되고 의존된 관계를 전체적으로 가늠한 뒤 진리를 다시금 사고하는 과정 – 이 있어야 한다. 학생은 이전에는 모르던 새로운 측면에서 사실, 사물, 현상들을 보게 된다. 예를 들면 수학 교사가 복습을 시키려고 응용문제를 내주면, 학생들은 기하형의 체적과 삼각함수도 생각하며 복습하게 된다. 만일 어떤 이론 요약이 다른 이론 요약과 만나고 연관되고 '결합된다' 면 지식의 전화에서 비약이 일어난다. 즉 두 개의 진리가 더욱 깊이 이해된다. 학생들은 이 이론 요약에서 이전에 보지 못하던 것을 보게 되며, 그 가운데 진리 하나를 명백히 알게 되고, 다른 진리도 더욱 명확히 이해하게 된다.

수학, 물리 과목에서 종합적인 복습을 시킬 것을 제안한다. 이런 복습은 여러 가지 형태로 해 볼 수 있다. 예를 들면 학생들에게 기하학적 도형의 모형을 만드는 과제를 내주고, 이 모형에 따라 중요한 공식을 복습하게 한다. 또는 교사가 내준 과제에 따라 학생들이 기하학적 도형의 도표로 된 교재를 만들고, 그것에 따라 정리 몇 개를 직관적으로 설명하게 할 수 있다.

인문학 과목, 이를테면 역사, 문학 같은 과목의 복습은 다른 성격을 띠고 있다. 7~8시간 가르친 교재를 복습한다는 것은 책을 40~50페이지 읽어야 한다는 뜻이다. 그러므로 교재를 가르치며 사용한 방법으로 복습할 때는 주요한 것이 더욱 명확해지고 부차적인 것은 잘 나타나지 않도록 해야 한다. 만일 학생이 복습할 때 모든 것을 처음부터 마지막까지 다시 읽어야 한다면 부담이 더해질 뿐만 아니라 나아가 학생들이 교재의 중심 사상을 무시하게 된다.

아이들이 교재에서 벗어나도록 가르쳐야 한다. 즉, 세부적인 것에 한눈팔지 말고 주요한 것에 집중하도록 해야 한다. 역사와 문학의 일부 장, 절을 복습하는 데 시간을 써야 하며, 교재를 처음부터 마지막까지 읽지 않고 복습하는 법을 구체적으로 보여 줘야 한다. 수업에서 복습할 교재와 '결합된' 지식의 범위가 넓을수록 교재에 대한 학생들의 이해력은 더 깊어진다. 상급 학년들에게는 부차적인 것에서 추론해서 주요한 것으로 집중하도록 가르쳐야 한다. 이렇게 하는 능력은 세계관을 형성하는 데 필요한 기본 가운데 하나다.

이 밖에도 다른 복습 방법이 있다. 수학, 물리, 화학, 생물학을 가르칠 때, 나는 내가 중요하다고 느끼는 것을 언제나 견지했다. 그래서 학생들에게 공책에다 세로 선을 그어 쪽 수 옆에다 여백을 남겨 두고, 거기다 붉은 펜으로 언제나 기억해야 할 것을 써 넣게 했다. 학생들이 이렇게 써 넣은 공책을 훑어보면서 규칙과 공식, 정리와 결론을 복습하도록 했다.(수학과 물리는 1주일에 한 번, 화학은 2주일에 한 번, 생물학은 3주일에 한 번씩 복습한다)

15_ 학습장 검사

 "학습장 검사는 내 한가한 시간을 모조리 빼앗아 버린다." 이것은 한 여교사가 편지에서 한 말이다. 이 편지에 대해 많은 교사들이 동의할 것이다. 검사할 학습장이 산더미처럼 쌓여 있는 것을 보고 몸서리치지 않는 교사는 한 사람도 없을 것이다. 이것은 많은 노동을 들여야 할 뿐만 아니라 단조롭고 창조성이 없다는 생각 때문에 교사들을 심리적으로 지치게 하기 때문이다.
 교사들과 교육 일꾼들은 학습장 검사 시간을 최소로 단축할 것을 간절히 바라고 있었지만, 그것은 "아무런 효과도 거두지 못했다." 이것은 무엇 때문인가? 그것은 학생들의 학습장에 틀린 것이 수두룩하기 때문이었다. 학습장을 검사하는 문제는 학교에서 해결해야 할 많은 문제 가운데 하나다. 이 문제의 해결은 조건과 전제들 수백 개에 의해 결정된다. 여기에는 "바로 이렇게 하면 된다."는 어떤 단일한 제안이 있을 수 없다. 그러나 만일 전체 학교와 전체 교사 평가가 사업에서 일정한 조건을 준수한다면, 학습장 검사에 허비되는 시간을 분명히 3분의 2정도로 줄일 수 있다.

학교는 무엇보다도 고도의 언어 소양이 있어야 하고 낱말에 대한 고도의 감각이 있어야 한다. 즉, 틀리게 한 말이나 틀리게 쓴 낱말은 교사뿐만 아니라 학생들에게도 마치 민감한 음악적 청각을 소유한 사람에게 틀린 곡조가 들리듯이 조화롭지 못한 것으로 들려야 한다. 초급 학년 각 학년 교사들에게 다음과 같이 제안해야 한다. 아이가 낱말의 정서적 색채에 대해 민감하게 반응하도록 해야 한다. 낱말이 학생들에게 음악과 같이 울리게 해야 한다. 비유하자면, 학생들은 낱말의 음악가가 돼야 하며, 학생들이 낱말의 정확성, 순결성, 심미성을 소중히 여기게 해야 한다. 아이들을 데리고 대자연 속에 가서 그들에게 여러 가지 꽃과 소리, 동작의 섬세한 색채를 보여 주고, 인류의 노동을 창조적인 활동으로 그들 앞에 펼쳐 주며, 이 모든 것이 낱말과 언어의 색채에 반영되게 해야 한다.

우리는 '놀' '저녁' '초원' '들' '강' '조잘거리며 흐르다' '번쩍거리다' '우르릉거리다' 같은 낱말을 집중적으로 써서 수업을 했다. 우리는 낱말에 따라 아이들과 함께 글을 지었다. 낱말은 아이들의 정신생활에 깊이 스며들고, 아이들은 낱말로 자기의 섬세한 감정을 표현하며 낱말로 주위 세계에서 받은 인상을 표현하는 것을 배운다. 이것은 학교에서 하기 쉽지 않은, 심지어는 가장 복잡한 과학이라고까지 말할 수 있다. 여기에서 놓쳐 버린 것은 그 어느 때에도 채울 수 없는 것이다.

자기 학생을 책과 생각에서 활동으로 이끌어야 하고, 또 활동에서 생각과 낱말로 이끌어야 한다. 활동은 학생 자신의 생각으로 변해야 하고, 자기 생각은 낱말로 표현돼야 한다. 이것은 교육 현장에서 다음과 같이 나타난다. 가능한 한 학생 자신의 활동이 그들이 생각하고 판단하는 대상이 되어야 한다. 당신의 학생이 자기가 직접 한 것과 그 자신이 관찰한 것에 관해 이야기하고 논의하며 보고하도록 해야 한다. 학생들이 낱말을 쓰는 데 혼란을 느끼는 경우가 흔하다. 그것은 그 낱말들이 그들이 직접 하고, 보고, 관찰하고, 생각한 것들과 연계되지 않았기 때문이다. 학생들이 이야기하고 보고하게 해야 하며, 학생들이 가지고 있는 지식을 쓰게 해야 한다. 이것은 낱말이 창조의 수단이 되게 한다는 것을 뜻한다.

왜 학생은 과제를 하면서 수두룩하게 틀린 것을 낼까? 왜 학생들은 사리에 맞지 않게 글을 쓸까? 그 원인은 숙련과 지식 사이의 관계가 균형을 잡지 못한 데 있다. 여러 과목, 특히 문법, 문학적 독법, 수학 같은 과목들에서 학생의 숙련이 지식에 뒤떨어지는 것이다. 지식을 '뒷받침하는' 숙련이 박약하고 '빈약'할 때, 지식은 무겁고 힘겨운 부담이 된다.

학습장 검사하는 일을 줄이는 것은 가르치는 과정에서 어떤 근본적인 문제와 관련된다. 하지만 이 부담을 줄일 수 있는 몇 가지 전제가 있다. 첫째로, 문법 수업에서 일부 시간을 떼내어 학생들이 문법적으로 틀리기 쉬운 낱말을 기록하고 기억하도록 하고, 둘째로 틀린 것이 없게 하기 위해 숙제를 하기 전에 미리 준비를 세밀하고 치밀하게 하며, 셋째로 경륜 있는 언어, 문학, 수학, 물리 교사들이 저마다 자기 나름의 방법으로 학습장을 검사하는 것이다. 경험에서 알 수 있듯이 가장 합리적인 방법은 중점적이고 정기적으로 검사하는 것이다. 교사는 정기적으로 몇몇 학생들의 학습장을 거두어 검사한다.

16_ 교사의 과목에 학생의 적극적인 참여를 이끌어 내야

경륜 있는 교사는 지도하기 전에 자기가 맡은 과목을 가르치는 모든 단계(초급 학년에서는 전반적인 교수 단계)에서 자기 학생들이 할 적극적인 활동 내용을 잘 배정한다. 왜냐하면 생활과 노동에 꼭 필요한 실제 능력을 기를 뿐만 아니라, 과목 교수 체계에서 학생들이 적극적으로 활동해 지적 교양을 높이며, 사고력과 언어 능력을 발전시킬 수 있게 하기 위해서다. 학생들의 읽고 쓰는 수준과 학생의 정신생활에서 단어가 일으키는 작용은 학생들의 적극적인 활동에 따라 확연히 달라진다.

학생들이 적극적인 활동으로 지적 발달을 하고 사고력과 언어 능력을 높이며 읽고 쓰는 수준을 끌어올릴 수 있도록 하려면 어떻게 해야 할까?

적극적인 활동 – 이것은 마치 언어와 사고력을 이어 놓는 다리와도 같다. 초급 학년을 가르칠 준비를 할 때, 나는 사실과 사물, 현상과 노동 과정들의 관계와 상호 연계를 뚜렷하게 표현하고 진지하게 생각해야 하는 적극적인 활동에 전체 학생들을 참여시킬 것을 미리 계획했다. 말하자면 노동하는 가운데 학생들의 사상이 생기고 또한 수업에서 배운 지식이 확실해지게 하려고 노력했다. 과목을 공부할 때 학생들이 참가하는 활동은 지식에 대한 설명(이것도 필요하다)이 돼야 할 뿐만 아니라 새로운 진리와 발전, 합법칙성의 원천이 돼야 한다. 예를 들면 학생들은 저마다 몇 년 동안 공부하면서 과일나무를 기른다. 그 과정에서 끊임없이 새로운 '발견'을 한다. 낱말은 노동으로 발견한 여러 가지 상호 연계에 대해 자신의 사상을 표현하는 수단이며 관계와 도구가 된다. 낱말은 적극적인 어휘 저장고에 들어가서 감정과 사고력을 갈고닦게 한다.

흥미가 생기는 노동에 열중하고, 노동하면서 새로운 관계와 상호 연계를 밝혀내는 학생은 사상이 흔들릴 수 없고 언어가 보수적인 것이 될 수 없다. 왜냐하면 학생은 노동할 뿐만 아니라 생각하며, 인과적 연계에 관해 논의하며 앞날의 일을 계획하기 때문이다. 사상이 선명하게 표현되는 적극적인 활동은 학생들의 언어능력을 발전시키며 소양도 높일 수 있다. 학생이 학교에 들어가서 공부하는 첫날부터 시작되는 노동은, 치밀하게 준비될 때에만 학생의 지적 발달에 적합하게 작용할 수 있다.

우리 학교의 중급 학년과 상급 학년의 교사들은 과목 수업을 준비할 때, 학생의 지능을 높이며 학생들을 개념과 합법칙성을 더욱 풍부히 파악하게 이끄는 적극적인 활동에 참가시키려고 한다. 선율이 없으면 음악이 있을 수 없고, 낱말이 없으면 언어가 있을 수 없으며, 책이 없으면 과학이 있을 수 없는 것과 마찬가지로, 인간과 자연의 상호작용이 없으면 인간의 지적 발달은 생각할 수 없다. 생물학, 물리, 화학, 수학 같은 과목의 교수 체계에서 노동과 사고력의 통일, 활동과 낱말의 통일 — 이것은 사고력의 발원지로 학교를 세우는 주춧돌이다.

수업을 준비할 때, 경륜 있는 교사들은 과목 교수 체계에서 학생의 사고력이 이루어지는 관계와 상호 연계를 어떤 노동에서 어떤 방식으로 밝혀낼 것인지 신중히 고려한다. 예를 들면 물리 교수 체계에서 기본적인 관계와 상호 연계에는 특히 물질, 에너지, 운동, 에너지의 전화, 상태의 변화와 현상들의 상호작용 같은 현상과 개념들이 포함돼 있다. 물리 교사는 이런 모든 개념이 구체적인 관계로 구현될 수 있는 노동을 학생이 해 볼 수 있도록 한다. 이를테면 한 학생에게 기계적 에너지가 전기에너지로 전화되고 전기에너지가 열에너지로 전화되는 것을 실험할 기구의 원리 모형을 만들도록 과제를 준다. 또 다른 학생에게는 기계적 작용이 물질의 상태 변화를 어떻게 일으키는지 실험할 모형을 만들게 한다. 이 노동은 단순히 지식을 설명하기 위한 것이 아니라 지식을 활용하기 위한 것이다.

나는 교사들에게 다음과 같이 제안한다. 만일 당신의 학생들이 생각하는 사람이 되게 하려면, 엄밀하고 명확하고 논리적으로 사리에 맞는 사고력을 명확한 설명과 해석을 통해 표현하게 하려면, 당신은 학생들을 생각이 풍부한 노동으로 이끌어야 하며 지식 체계의 관계와 상호 연계가 노동에서 이루어지게 해야 한다. 노동 – 이것은 실제 능력과 숙련일 뿐만 아니라 무엇보다도 지적 발달이며 사고력과 언어의 소양이라는 것을 기억해야 한다.

17_ 관찰하는 습관을 길러 줘야

일부 학교에서는 관찰을 적극적인 지적 활동의 하나이자 지적 발달의 경로로 보지 않고, 일정한 제목과 장이나 절을 설명하는 수단으로 보고 있는 것을 지적해야 한다.

수업의 성패는, 학생의 지적 발달에서 관찰이 어떤 자리를 차지하고 있느냐에 달려 있다. 지식은 관찰을 통해 흡수될 뿐만 아니라 관찰하는 가운데서 지식이 활기를 띠고, 마치 도구가 노동에 쓰이는 것과 같이 지식은 관찰로 활성화된다. 만일 복습이 학습의 어머니라고 한다면, 관찰은 지식을 생각하고 기억하는 어머니다. 관찰력 있는 학생은 절대로 성적이 떨어지거나 무지몽매하게 되지 않는다. 이전에 배운 지식으로 새로운 관찰을 하도록 학생을 잘 도와주는 교사는 학생의 '기존' 지식을 더욱 단단하게 할 수 있다. 하급 학년에서 관찰은 태양, 공기, 수분이 식물에 없어서는 안 되는 것과 같이 아이들에게 없어서는 안 된다. 여기에서 관찰은 지혜의 가장 중요한 에너지의 샘이 된다. 아이들이 이해하고 기억하는 것이 많을수록 아이들은 주위의 자연과 노동 속에서 여러 가지 관계와 연관성을 더 많이 보게 된다.

초급 학년들을 가르칠 때, 나는 아이들이 평범한 사물 속에서 평범하지 않은 것을 보면서, '왜'라는 의문을 품고 인과적 연관성을 찾아내며 발견하는 것을 가르쳤다. 2월은 엄동설한의 계절이다. 그러나 거기는 날씨가 맑았다. 우리는 눈 덮인 고요한 과수원으로 갔다. "얘들아, 자기 주위에 있는 모든 것을 자세히 봐라, 곧 다가올 봄의 기운이 느껴지니? 너희들 중에, 제일 덤벙대는 아이까지도 두세 가지쯤은 볼 수 있을 거야. 볼 줄 알 뿐만 아니라 생각할 줄 아는 아이들은 20가지도 볼 수 있을걸. 자연의 음악을 들을 줄 아는 사람은 아마도 되살아나는 봄날의 첫 선율을 들을 수 있을 거야. 보고 들으며 생각해 보렴!" 아이들이 눈 덮인 나뭇가지와 나무껍질을 어떻게 보며, 여러 가지 소리를 어떻게 듣는지 보았다. 사소하게나마 뭔가를 발견할 때마다 아이들은 기뻐했다. 아이들은 저마다 무엇인가를 발견하려 했다. 그런 다음, 우리는 일주일 뒤 또 과수원에 갔다. 일주일이 지날 때마다 우리는 그곳에 갔다. 갈 때마다 탐구심이 강한 아이들의 눈앞에는 새로운 것이 펼쳐졌다. 하급 학년에서 관찰력 단련을 받은 아이들은 이해한 것과 못한 것을 구별할 줄 알았다. 특히 소중한 것은 그들이 낱말을 적극적으로 대하는 점이었다. 교사는 관찰하는 것과 보는 것을 가르친 학생들에게서 예상치 못한 영리하고 '철학적'인 문제들을 들었다.

주위 세계의 여러 가지 현상을 관찰하고 보는 것을 가르쳐야 한다. 대자연이 바뀌는 시기가 오고 있다. 급속히 변화하고, 생명이 되살아나며, 생물이 간직한 생명력이 새로워지고 강한 생명력이 비약하고자 에너지를 축적하는 환절기에는 학생들을 데리고 대자연으로 가야 한다. 학령 초기에 관찰력을 키우는 것 – 이것은 지능을 발전시키는 데 꼭 필요한 조건이다.

18_ 독서는 지식을 알차게 한다

학령 중기와 말기에 과학 대중물과 과학 서적을 읽는 것은 학령 초기의 관찰과 마찬가지로 중요하다. 보고 관찰할 줄 아는 학생이라면 과학 서적에 대한 감수성도 쉽게 길러진다. 과학 서적과 과학 대중물을 늘 읽지 않고서는 지식에 대해 흥미를 가질 수 없다. 만일 학생들이 교과서의 틀에서 벗어나지 못한다면 지식에 대한 확고한 흥미는 생길 수가 없다.

과학은 전례 없는 속도로 발전하고 있다. 그러나 중학교 교수요강에 끊임없이 새로운 개념과 합법칙성을 모조리 넣을 수는 없다. 그러므로 현대 학교에서는 과학 서적을 읽히는 것이 교수 과정의 중요한 부분이 된다.

학생들에게 과학 서적을 읽히려면 우선 과학 서적이 학생들의 흥미를 불러일으켜야 한다. 이렇게 하기 위해서는 교수요강에 규정된 새로운 교재를 설명할 때, 교수요강 이외의 지식으로 어떤 문제들을 밝혀야 한다. 경륜 있는 생물학, 물리, 화학, 수학 교사들은 교재를 설명할 때 마치 넓은 과학 세계로 통하는 창문을 조금 열어젖히듯, 무엇인가를 끝까지 설명하지 않고 일부러 조금 남겨 놓는다. 그렇게 함으로써 학생들은 교수요강에 있는 필수 교재의 범위를 벗어날 수 있다는 것을 알게 되고, 무한한 지식의 바다를 헤엄칠 마음에 설레게 된다. 청소년들이 스스로 알려고 하는 것, 바로 이것이 책을 읽고 싶은 의욕을 불러일으킨다.

학교 도서관이나 개인 장서에 교사의 교수요강에 포함된 교재 외에도 지식을 충실히 할 수 있는 책이 있어야 한다. 이런 책들 중에는 이미 출판됐거나 출판 중에 있는 것이 많다. 아이들에게 현대 자연과학의 문제를 해명한 과학 서적과 간행물을 읽히는 것이 좋다. 이런 책을 읽으면 학생들은 학교에서 배우는 기초 지식을 더욱 명확히 이해하게 된다.

교수요강에 있는 가장 어려운 장, 절의 지식을 충분히 이해할 수 있는 책을 학생들이 읽도록 하는 것이 아주 중요하다. 왜냐하면 이런 장, 절을 이해해야 다른 장, 절을 이해해 자기 것으로 만들 수 있기 때문이다. 경륜 있는 교사들은 이 장, 절을 학습하기 전과 학습한 후에 학생들이 과학 대중물을 읽게 하려고 노력한다. 학생들이 양자론의 기본 개념을 아직 배우지 않았고 게다가 그들이 많은 것을 모른다고 해도 이 문제를 서술한 책을 읽었다면 이런 것을 이해하는 데 아무런 두려움도 갖지 않게 될 것이다. 학생들이 수업 시간에 궁금해하는 것이 많을수록 새 교재의 학습 과정에서 배우는 지식에 더욱 흥미를 가지게 될 것이다. 새 교재를 설명하기 전에 학생들이 의문을 가지게 하는 과정 – 이것은 교수론에서 연구해야 할 아주 흥미로운 과제다.

19_ 학습 속도가 더딘 학생에게 책 읽기를

여기서는 배우는 교재를 더디게 이해하고 받아들이며, 기억하는 데 어려움을 느끼는 학생들에 대해 말한다. 이런 학생들은 배우는 것을 아직 받아들이지 못한 채 또 다른 것을 배우게 되고, 어떤 것을 배우자마자 다른 것을 잊어버린다. 몇몇 교사들은 이런 학생들의 학습 부담을 덜어 주려면, 그들의 학습 범위를 최소로 줄여야 한다고 믿고 있다. 그리고 공부를 어려워하는 학생들은 교과서만 읽고, 다른 것은 읽지 말아야 한다는 말도 하는데 이것은 아주 잘못된 의견이다.

학생들이 힘들어할수록, 그들이 공부하는 과정에서 부딪히는 어려움이 많을수록 책을 더 많이 읽게 해야 한다. 마치 감도가 낮은 필름일수록 노출 시간이 더 필요하듯이, 성적이 낮은 학생들에게는 더욱 선명하고 오래 지속될 수 있는 과학 지식이 필요하다. 보충 수업이나 무한한 모임을 하지 말고, 책을 읽고 또 읽도록 해야 한다. 이것이 공부를 어려워하는 학생들이 공부하는 데 중요하다.

키로프그라드 중학교의 우수한 수학 교사이자 우크라이나 사회주의 연방공화국의 공적이 있는 N.T.드가코에게는 공부를 못하는 학생이 없었다. 그의 창조적 노동의 명확한 특성은 바로 여기서 언급한 독서를 합리적으로 조직하는 것이었다. 독서는 학생의 지능을 발전시킨다. 드가코는 5학년부터 10학년까지 가르쳤다. 그가 가르치는 학년에는 모두 흥미로운 문고가 있었다. 만약 이런 문고가 없었다면 그의 학생들은 언제나 합격하지 못했을 것이다. 이 문고에는 명확하고 매혹적인 형식으로, 그가 보기에 세상에서 가장 흥미로운 과학인 수학을 색채감 있고 흥미있게 만든 책이 100여 권 있었다. 이를테면 방정식을 배우기 전에 학생들이 방정식에 관해 쓴 책 수십 페이지를 읽도록 한다. 이 책은 무엇보다도 방정식이 풀기 어려운 과제로서 민간의 지혜 가운데서 어떻게 생겨났는지를 흥미롭게 쓴 책이다.

요점은 독서가 학생을 성적 부진으로부터 구해낼 뿐만 아니라 그의 지능을 발전시킨다는 것이다. '공부를 어려워하는' 학생들이 책을 많이 읽을수록 사고력은 성장하며 지능은 더욱 활기를 띠게 된다.

신중하고 계획적이며 짜임새 있게, 성적이 뒤떨어진 학생에게 대중적 과학 서적을 읽게 하는 것 – 이것은 교사들이 관심을 기울여야 할 일 가운데 하나다. 이것이 학교생활에서 학습이 더딘 학생을 개별적·구체적으로 대하는 요점이다.

20_ 지식과 실천의 조화

지식을 얻는 수단인 연습이 학생들에게 아직 없기 때문에 숙련과 지식 간의 불균형이 생긴다. 그러나 교사는 학생에게 새로운 지식을 쉼 없이 주입하면서, 멍하게 있지 말고 어서 그 지식을 받아들이라고 한다. 이렇게 하면 학생은 이빨 없는 사람처럼 된다. 그는 음식을 씹지 않고 그대로 삼키기 때문에 처음에는 불편함을 느끼게 되고 다음에는 앓게 되며 나중에는 아무것도 먹을 수 없게 된다.

내가 앞에서 여러 차례 말했듯이, 많은 학생들이 지식을 받아들이지 못하는 것은 그들이 능숙하게 이해하면서 읽을 줄 모르고, 읽으면서 생각할 줄 모르기 때문이다. 이것은 심각한 불균형 가운데 하나이다. 낭독과 묵독을 포함해 능숙하게 이해하면서 읽는 능력은 단지 지식의 기초에만 필요한 것이 아니다. 이것은 학생이 수업에서, 아니면 혼자 책을 읽으며 올바르게 논리적인 사고를 하는 데 중요한 조건 중의 하나다.

능숙하게 이해하면서 읽을 줄 모르는 사람은 지식을 제대로 얻지 못한다. 능숙하게 이해하면서 읽는다는 것 – 이것은 눈으로 보고 생각하면서 문장의 일부분 또는 짧은 문장의 온 구절을 파악하며, 책을 보지 않고도 기억하는 것을 서술하고 동시에 방금 읽은 것을 생각할 뿐만 아니라 읽는 자료와 연계된 어떤 그림, 모양, 표상, 사실과 현상까지도 생각한다는 뜻이다.

초급 학년에서는 독서가 이 정도 완성돼야만 한다. 이렇게 되지 않으면 지식을 자기 힘으로 얻을 수 없다. 이럴 뿐만 아니라, 능숙하게 읽는 능력도 없이 지식을 받아들이게 하면 학생의 머리는 둔해지고 생각은 오락가락하며, 논리가 연관성이 없이 어설퍼지고 유치해질 것이다. 아마 당신도 사람들이 흔히 말하고 있는 것과 같이 두 낱말을 연결 지을 줄 모르는 5~6학년들을 보았을 것이다. 나는 이런 학생들의 말을 그대로 베끼고, 분석했다. 이 말들은 아래위 문장에서 떨어져 나온 낱말들과 같아서 아무런 연관성도 없었다. 학생들은 일반적 낱말로 자기 생각의 일부분을 표현할 수 없어서 그들의 말은 흐리멍텅했다. 이렇게 '말을 더듬는 것'은(나는 이것을 결함이라고 생각한다) 바로 능숙하게 이해하면서 읽고, 읽으면서 생각하는 능력이 갖춰지지 못했기 때문이다. 아이들이 많은 낱말을 제대로 이해하지 못하는 까닭은 다음과 같다. 아이들이 낱말을 잘 읽지 못하고 낱말의 음을 파악하지 못하며, 특히 자기 의식 속에서 그 낱말을 그것에 해당되는 표상과 연결 짓지 못하기 때문이다. 능숙하게 이해하면서 읽을 줄 모르면 학생들은 생각할 수 없게 된다. 곰곰이 생각하지 않고 읽으면 아이의 지혜는 뒤처질 수밖에 없다.

어떻게 해야 아이들이 이해하면서 읽게 할 수 있을까? 어떻게 해야 아이들이 보고 생각함으로써 뜻이 연관된 낱말을 빨리 파악하게 할 수 있을까? 연습을 시켜야 한다. 나는 초등학생을 가르칠 때, 다음과 같은 방법으로 학생들이 능숙하게 이해하면서 읽는가 검사했다. 먼저 학생에게 동화나 새로운 이야기를 읽게 했다. 예를 들면 원시인의 생활을 묘사한 이야기를 읽게 했다. 그리고 칠판에 원시인의 생활을 선명한 색깔로 묘사한 그림을 걸어 놓았다. 이 그림에는 풀무, 먹이를 채집하는 모습, 물고기를 잡는 활동, 아이들이 노는 모습, 옷을 짓는 모습 들이 그려져 있었다. 만일 3학년 학생들이 이야기책을 소리 내어 읽을 때, 눈길을 책에서 떼지 못해 책을 다 읽을 때까지 이 그림을 자세히 관찰하지 못했고 본문에 쓰여 있지 않은 세부 사항을 기억하지 못했다면, 그 학생은 아직 이해하면서 읽을 줄 모른다는 뜻이다. 책에서 한순간도 눈을 떼지 못하고 읽는다는 것은 진정한 독서라고 할 수 없다. 읽는 중에 아무것도 느끼지 못하는 학생은 읽기와 생각을 동시에 할 수 없기 때문에 이런 독서는 이해하면서 읽는 것이라 할 수 없다.

  학생들은 교수의 어느 단계에 가면, 글을 쓰면서 생각할 수 있을 정도로 빨리 쓸 수 있어야 한다. 이 능력이 없다면 또 불균형이 하나 생긴다. 그만큼 빨리 쓸 수 있으려면 연습을 많이 해야 한다. 글자를 쓰는 과정은, 학생이 맞춤법에 신경 쓰지 않고 줄줄 쓸 정도가 돼야 한다. 학생들의 관심은 글 내용에 있어야 한다. 글쓰기 연습을 많이 하면 4학년에 가서 이 수준에 이를 수 있다. 그러나 글을 줄줄 쓸 수 있는 힘도 독서로 길러진다. 글자를 틀리게 쓰는 사람은 언제나 잘 읽지 못하는 사람들이다.

  학생들이 잘 읽게 되면, 빨리 이해하면서 글을 쓸 수 있게 하는 연습을 다음과 같은 방법으로 시킬 수 있다. 교사는 아이들에게 자연의 어떤 현상, 사건, 또는 노동 과정을 쓰게 해야 하며, 쓰는 과정에서는 논리적인 구성 부분을 명확히 구분해 놓아야 하고, 구분해 놓은 부분에는 중점이 있어야 하며 그 중점과 관련된 세세한 부분에는 정밀함이 있어야 한다. 교사는 교재를 쓸 때, 자신이 쓰는 교재의 차례에 따라 학생들이 요점을 기록하도록 해야 한다. 만약 학생이 교사의 강의를 들으면서 그 내용을 요약해 쓰지 못한다면 지식을 얻을 수 없다. 학생이 학업에서 뒤떨어지는 것은 거의 대부분 그들에게 이런 기본적이면서 동시에 복잡한 능력이 부족하기 때문이다.

이런 능력이 일으키는 작용은 실제에 응용하는 데만 한정되지 않고 지능을 발전시키는 데에도 필요하다. 읽으면서 쓰기와 마찬가지로, 듣고 쓰면서 동시에 생각하는 능력이 없다면 지식을 제대로 익힐 수 없다.

사실을 선택해 체계적으로 정리하고 분석하는 능력도 지식을 알차게 얻는지 결정하는 중요한 능력이 된다. 자연과학 과목과 문법을 가르치는 교사들은 모두 학생의 사고력이 교사의 강의나 예시에 국한될 때 나타나는 지식과 숙련 간의 불균형을 없애는 데 중점을 둔다. 이런 불균형은 학생의 머릿속에서 지식이 더 이상 발전하지 못하게 하고 죽게 한다. 이런 지식은 새로운 사실에 따라 변화·확대되지 못하며 새로운 사실을 설명하는 데 이용되지 못하기 때문이다. 이런 현상을 나는 지식의 고착화라고 한다. 지식이 이런 상태에 있을 때, 어찌 보면 이상한 듯한 현상에 부딪힐 수 있다. 예를 들면, 학생들은 물건의 네 가지 상태에 대한 개념을 외웠지만, 실생활에서는 이 개념을 새로운 각도에서 설명할 수 있다는 사실에 주의를 기울이지 않았다. 결국 학생들은 물질이 고체에서 기체로 바뀐다는 것을 지식으로 알고 있지만, 생활 속에서는 어디서나 볼 수 있는 이런 사실 앞에서 당황하며 실제로는 그 사실을 이해하지 못하고 해석하지도 못한다.

학생들이 이론을 생활에 제 힘으로 적용하게 하려면 그들이 많은 사실을 스스로 모으고, 모아들인 사실들을 생각하고 체계적으로 정리하고 대비하고 분석하도록 해야 한다. 사실을 모으고 가공하는 그 자체가 바로 지식의 상태이다. 즉, 능동적인 상태이다. 이는 수업에서 배운 지식의 체계에서 요구되는 합법칙성과 특성, 정의를 제 힘으로 골라내는 것이다. 지식이 이런 상태에 들어가도록 하는 것 – 이것이 얼마나 중요한가! 사실을 모으고 가공하는 것은 특수한 능력이다. 지식은 이 능력으로 늘 발전하게 되며, 또 이런 발전은 중요한 특성을 띤다. 즉, 학생이 자기의 주위에서 일어나는 것을 분석하도록 할 뿐만 아니라 자신의 사고력도 분석하게 한다. 사실을 모으고 가공하면 지적인 자기 교양의 길로 나아가게 된다.

과목별로 사실이 어떤 특성이 있는지는 교수법에서 아주 중요한 문제 중 하나며 동시에 일반 교육학의 문제이기도 하다. 비유하면, 사실은 사상이 날개를 펼치고 날아다닐 수 있는 공중이다. 그러므로 사실의 관점에서 교수요강을 분석해야 한다. 사실의 어느 부분을 수업에 골라 넣으며 어느 부분을 학생들에게 모으고 가공하도록 남겨 둘 것인지 잘 생각해야 한다. 사실을 모으는 과정을 학생들에게 가르쳐 사실을 어떻게 생각할지 가르쳐야 한다.

21_ 흥미는 어디에서 생길까?

교사라면 누구나 학생들이 자기 수업에 흥미를 느끼길 바란다. 어떻게 해야 수업을 흥미있게 진행할 수 있을까? 모든 수업이 다 흥미로울 수 있을까? 흥미의 원천은 어디에 있는 걸까?

수업을 흥미있게 진행하는 것 – 이것은 학생이 흥분과 기대 속에서 공부하고 생각하며, 밝혀지는 진리 앞에서 놀라고, 심지어는 경탄까지 하며 자기 지능의 힘과 창조의 기쁨, 인간의 지혜와 의지의 위대함에서 오는 자랑스러움을 깨닫고 체험하도록 한다는 뜻이다.

인식은 생생하며 사라지지 않는 흥미를 불러일으키는 매혹적이고 놀랍고 신기한 과정이다. 자연계의 만물과 그것들의 관계와 상호 연관성, 운동과 변화, 인간의 사고력과 인간이 창조하는 모든 것 – 이것들이 모두 흥미의 무궁무진한 원천이다. 이 원천이 졸졸 흐르는 시냇물처럼 당신의 눈앞에서 흐르는 것을 가까이 가서 봐야 한다. 그러면 사람을 경탄시키는 대자연의 비밀이 펼쳐질 것이다. 그렇지 않다면, 흥미의 원천은 깊숙이 숨어 있어서, 당신이 그곳까지 파고들어야 한다. 그래야 그것을 발견할 수 있다. 만물의 본질과 그것들의 관계에 가까이 가서 그것을 파고드는 과정 자체가 바로 흥미의 중요한 원천이 되기도 한다.

만일 당신이 학습과 수업에 대해 학생들의 흥미를 일으키고, 눈에 띄고 사람들의 눈과 귀를 끄는 자극만 추구한다면, 학생들에게 배움에 대한 열의를 영원히 키워 주지 못할 것이다. 학생 스스로 자기 자신의 공부와 그 성과를 체험하려고 노력하는 것, 그 자체가 바로 흥미의 중요한 원천이다. 교사의 적극적인 가르침을 떠나서는 학생의 흥미도, 주의력도 생각할 수 없다.

지식에 대한 흥미의 첫째 원천은 교사가 수업에서 가르칠 교재와 사실을 대하는 태도에 있다. 진리에 대한 지식은 학생들이 의식 속에서 사실과 현상들 간의 접촉점을 인식하는 것에서 생겨난다. 나는 수업을 준비할 때 이 접촉점과 연결 방식을 생각해서 파악하도록 하려고 언제나 노력했다. 사고력의 집결점을 파악해야만 주위 세계의 진리와 합법칙성을 인식하는 가운데서 새로운 것을 밝혀낼 수 있기 때문이다.

예를 들어, 수업에서 식물의 뿌리와 성장 과정에서 일어나는 뿌리의 작용을 가르쳤다. 그러나 학생들은 식물의 뿌리를 많이 보았으며 교재에서는 흥미를 느낄 만한 것을 찾아내지 못했다. 그러나 흥미는 눈에 띄는 것에 있는 것이 아니라 눈에 띄지 않는 곳에 있다. 나는 아이들에게 식물의 아주 가는 뿌리털들이 식물에 필요한 물질을 어떻게 흡수하는지 설명했다. 나는 학생들의 관심을 이런 사실들의 접촉점, 응결점으로 이끌었다. 흙 속에서는 생명이 끊임없이 활동하고, 여름이나 겨울이나 흙 속 깊은 곳에서 이런 생명은 영원히 없어지지 않으며, 수십 억의 무생물들이 수많은 뿌리털들을 위해 일한다. 만일 이 수많은 생명이 없다면 나무는 살 수 없다. 나는 학생들에게 이렇게 말했다. "여러분, 우리는 흙 속에 있는 복잡한 생명 체계를 관찰합시다. 이 생명이 주위에서 오는 물질에 어떻게 의존하는지 자세히 봅시다. 여러분 앞에는 생물과 무생물 간의 상호작용이 나타날 것입니다." 무생물이 어떻게 생물을 이루는 건축 원자재가 되는지가 바로 사실들의 접촉점이고 결합점이다. 나는 이것을 밝히고 이것에 주의를 집중시키면서, 자연계의 비밀 앞에서 학생들을 경탄하게 만드는 어떤 새로운 것을 제시했다. 이런 감정이 학생들을 사로잡을수록 그들은 더욱 절박하게 알려고 하고 생각하려고 하며 이해하려 한다.

흥미의 원천은 지식을 응용하고, 이치와 지식이 사실과 현상보다 더 고상하다고 느끼게 하는 데 있다. 인간의 깊은 마음속에는 자기를 발견자, 연구자, 탐구자로 느끼려는 욕구가 있다. 아이들은 이 욕구가 더 강하다. 아이들에게 사실, 현상들과 생생하게 접촉하며 인식의 기쁨을 느끼는 데 필요한 음식물을 주지 않는다면, 이 욕구는 시들 것이며, 따라서 지식에 대한 흥미도 없어질 것이다. 발견자가 되려는 학생들의 희망을 언제나 지지하고 깊어지게 하며 전문적인 방식으로 다룸으로써 이 희망을 실현하도록 한다는 점이 가장 중요한 교육적 과업이다.

나는 수업 시간에 아이들이 흙 속에서 일어나는, 직접 관찰할 수 없는 숨겨진 과정에 대해 흥미로워해서 하교 후에 흙의 절단면을 제대로 관찰하려고 아이들과 함께 들로 나갔다. 아이들은 2미터쯤 자란 자그마한 화본과 식물의 뿌리를 놀란 눈으로 관찰했다. 그들에게 이것은 진정한 발견이었다. 실은, 그들은 발견자이며 탐구자의 길에 들어섰을 뿐이었다. 나는 아이들에게 들판과 메마른 땅에서 자란 풀뿌리를 몇 개 보여줬다. 우리는 이 풀뿌리의 줄기를 자르고 심었다. 심을 때에 많은 풀뿌리는 마르고 곧 죽을 것처럼 보였다. 그러나 그것들은 되살아났고 싹텄으며 풀로 자랐다. 포도나무의 뿌리도 살아났고 싹이 텄다.

이 일로 아이들은 자극을 받았다. 그들은 탐구심이 더 강해졌고 활기를 띠었다. 아이들은 자기들이 사실과 현상을 통제하며, 자기 손으로 지식이 힘이 되는, 무엇과도 비길 데 없는 인류의 긍지를 체험했다. 사람을 키우는 지식의 힘을 느끼는 것 – 이것은 그 어떤 것보다도 더 강하게 지식을 탐구하려는 흥미를 불러일으키는 자극제이다. 지식을 얻는 과정은 학생을 괴롭히지 않고, 학생을 지치게 해서 모든 것에 무관심하게 만들지 않고 그의 심신을 기쁨으로 가득 채운다. 이것이 얼마나 중요한가! 학생들이 직접 어떤 것을 연구하고 발견하고, 사실과 현상을 직접 파악할 때, 지식을 통제하려는 감정은 더욱 강해진다. 이 밖에도 지혜로써 요약하고 체계화하는 순수한 사고력 또한 학생에게 기쁨을 준다.

다양하게 독서하는 학생에게는 수업 시간에 배우는 새로운 개념이나 현상이 모두 그가 책에서 흡수한 지식 체계에 포함된다. 이런 상태에서는 수업에서 배우는 과학 지식이 특수한 매력을 가진다. 이 지식은 학생들이 '머릿속에 있는' 것을 설명하는 데 없어서는 안 된다.

22_ 학생들이 교사의 전공 과목을 좋아하도록 해야

우수한 수학 교사가 있는 학교에서는 학생들이 수학을 가장 좋아하고, 많은 학생들이 뛰어난 수학적 재능을 나타낸다. 재능 있는 생물 교사가 학교에 오면 2년 뒤에는 학생들이 생물 과목을 즐기게 되고, 식물을 사랑하며 학교 실습지에서 실험과 연구에 열중하는 소년 생물학자 수십 명이 나타나는 것을 보게 될 것이다.

학생들의 사고력과 정신을 책임지고 발전시키려는 교사들 사이의 선의의 경쟁이 있는 학교에서는 지적인 삶이 활력을 갖게 된다. 이 경쟁은 전체 교사들이 창조적 노동을 하는 영역 전반에 파급된다. 경쟁을 하면서 교사들은 저마다 자기가 가르치는 과목에 학생들이 흥미를 느끼고 열중하도록 노력한다.

4학년에 방금 들어간 학생들을 생각해 보자. 그들은 다음과 같은 교사 평가를 해야 한다. 이 평가를 받는 모든 교사들은 재능이 있고 적어도 자기 과목을 사랑하는 사람들이며, 학생들이 가장 흥미로워하는 과학에 대해 사랑의 불꽃을 피우게 할 줄 아는 사람들이다. 이런 조건에서는 모든 아이들의 선천적인 소질이 개발되고, 그들의 취미, 재능, 지향, 성격, 품성이 확립될 것이다.

여기에서 우리는 교육과정의 가장 의미 있는 분야에 들어간다. 이 분야는 많은 학교가 아직까지 연구하지 못한 영역이다. 학습의 교육적 측면은 무엇보다도, 과학의 기초 과정인 다양한 선택 사항이 있는 악대에서 학생들이 자기가 즐기는 악기와 선율을 찾아내는 것이다. 만일 학생이 구체적인 과목과 과학 지식의 구체적 부분을 사랑하지 않는다면, 개성 있는 풍요로운 정신활동으로 과제를 해낼 수 없을 것이다.

당신이 가르치는 과목을 학생들이 가장 흥미로운 과목으로 생각하고, 많은 학생들이 행복을 꿈꾸듯 당신이 학교에서 가르치는 과학 분야에서 창조가 있음을 꿈꾸게 하는 것은 무척 영광스러운 일이다. 자기 학생들의 사고력과 마음을 책임지고 발전시키려고 다른 교과 교사들과 선의의 경쟁을 해야 한다.

만약 당신이 8학년부터 10학년까지 학생들 200명에게 물리를 가르친다면, 그들은 모두 당신의 학생들이다. 그러나 당신에게는 내 학생이라는 다른 개념도 있어야 한다. 당신에게는 10명, 또는 그보다 더 많은 자기 학생(때로는 사람 수가 그보다 더 적어서 5~6명밖에 안 될 수도 있지만 비난받을 일은 아니다)들이 있어야 한다. 이 학생들은 온 마음과 힘을 다해 물리학에 공헌하며 자기 한평생을 기술 영역, 과학기술사업 영역에서 일할 것을 굳게 다지는 젊은이들이다. 이 밖에도 당신에게는 물리학에 대한 흥미가 방금 생긴 다른 소년 수십 명도 있어야 한다. 이들 가운데 누구는 앞으로 당신의 과목을 즐기게 될 것이며, 어떤 사람은 지식의 다른 분야에서 자기가 갈 길을 찾을 것이다. 그렇다. 개인의 삶과 직결되는 이상이 발전하는 가운데 취미가 생기는 것보다 더 복잡한 것은 없다. 당신은 학생 200명을 가르치면서, 그들이 저마다 학교의 기초 물리학 과정을 확실히 배우도록 해야 한다. 이것은 당신이 해야 할 교육 활동의 한 측면이다. 그러나 당신은 교사의 창조적 교육 활동이라는 다른 측면이 있다는 것을 잊어서는 안 된다. 즉, 물리학을 전공하려고 결심한 청년들에게 수업에서 배우는 것은 과학의 기초에 불과하기 때문에, 당신은 그들이 물리학에 대한 흥미, 기술, 기계, 기관, 과학기술 지식 같은 것에 흥미를 느끼게 하는 데 관심을 쏟아야 한다. 당신에게는 자기 학교, 즉 소년 물리학자의 학교가 있어야 한다. 이것을 전부 어떻게 해야 할까? 여기서 무엇이 가장 중요할까? 무엇부터 시작해야 할까?

물론 당신에게는 물리 연구실이 있을 것이다. 당신은 거기서 날마다 1~2시간씩 활동해야 한다. 아마 당신은 거기 앉아서 책을 연구하거나 앞으로 해야 할 실험 작업의 '초고'를 작성하며, 또는 도면이나 기구의 모형을 작성하려고 머리를 짜야 할 것이다. 이때 내가 당신 처지라면, 나는 이렇게 하겠다. 나는 물리학을 사랑하는 청년, 이를테면 와냐, 고리, 겐카, 스라브카, 페드르, 사샤 같은 학생들을 물리 연구실로 초대했다. 그들 중에는 8학년도 있고, 심지어는 7학년도 있었다. 그들이 아직 내 과목을 완전히 사랑하지는 않지만, 내가 반입자와 광양자 로켓에 관해 말할 때, 나는 그들의 눈에서 불꽃이 튀는 것을 보았다. 그들은 원자물리학에 관한 재밌는 책에 손을 뻗쳤다.

내 물리 연구실에는 내가 쓰는 '생각하는 방'이 있다. 이 방 벽에는 프랑스의 조각가 로댕의 '생각하는 사람'을 소재로 한 판화가 걸려 있고, 책장 속에는 최신 과학기술 문제를 쓴 책과 소책자가 들어 있다. 이것은 청년들이 교수요강의 범위를 벗어나 아직 모르는 먼 곳에 가서 탐구하게 하는 불꽃이다.

내게는 또 '어려운 문제의 방'이 있다. 여기에는 까다롭고 특별한 설계 의도로 작성된 모형 도면이 몇 개 있다. 이 설계 의도를 금속과 가소성 물질의 실물로 변화시키려면, 머릿속으로 많은 어려움을 극복해야 한다. '어려운 문제의 방'에서는 게으르게 생각하면 안 되고, 지능적인 부분에서 일어나는 충동과 대담한 지향은 '어려운 문제의 방'에서 당황해 멍해 있는 방관자가 아닌 창조가가 되는 중요한 조건이다. 이 밖에도 여기에는 나를 위한 자그마한 교육 창조 실험실이 있다. 다시 말하면 내가 수업을 준비하는 곳이다. 여기에서 나는 여러 가지 새로운 교재로 마술을 부린다. 여기에는 내 수업 준비를 도와주는 실험 교사들도 있는데, 이들은 상급 학년 학생들이다.

나는 물리학을 즐기는 학생이나, 아직 물리학을 즐기지 않지만 환희에 찬 눈매로 바라보는 학생들에게 이 방들의 문을 열어 주었다.

이 밖에도 여기에는 '꿈꾸는 방'이 있다. 무엇보다 이 방의 의미는 크다. 여기에서는 훨훨 타오르는 과학 지식의 불 안에 취미의 불꽃이 타고 있다. 여기서 학생들은 다음과 같은 것을 확신한다. 사고력 – 이것은 어렵고 복잡하며 때로는 고통스럽고 힘든 노동이다. 그러나 그 노동은 무엇에도 비길 수 없는 인식의 기쁨, 자기가 지식을 좌지우지할 수 있다는 긍지를 미리 약속해 주는 것이다. '생각하는 방'에서 학생들은 과학 지식과 접촉한다. 여기에는 과학 지식의 바다에서 헤엄치기를 방금 배우는 학생들에게 줄 책과, 과학이나 기술, 그리고 실험실에서 작업하거나 공장기업소에서 공작 기계 조종을 자기의 전공으로 결정하고 졸업하는 학생들에게 줄 책들이 있다. 수업에서 설명할 때, 나는 탐구심의 불꽃이 눈에서 타오르는 더벅머리 학생들과, 언제나 왜라는 질문을 수십 개나 하는 더벅머리 학생들에게 '생각하는 방'에 가기를 권했다. 나는 그들 가운데 누가 무엇을 생각하는지 알면 그에게 알맞은 책을 서재에서 꺼내 준다.

총명하고 천재적인 재능이 있는 많은 아이들과 학생들은 자기들의 손과 손가락 끝이 창조적인 노동에 참가할 때, 비로소 지식에 대해 흥미를 느낀다. 만일 아이와 소년들이 기계와 기관의 모형, 여러 가지 기구와 설비에 손대는 것을 즐기면, 나는 그들을 '어려운 문제의 방'으로 데려갈 것이다.

오랫동안 어떤 것에도 특별히 흥미로워하지 않는 학생들이 있다. 만일 학교에서 교사들이 학생의 사고력을 책임지고 발전시키기 위해 노력하지 않는다면, 그들 중 많은 학생들은 아무것에도 흥미를 느끼지 않을 것이다. 학교 공부와 지식에 무관심하고 스스로 어떤 흥미로운 일도 찾지 못하는 학생들이 많을수록, 교사들은 '자기 학생'을 가질 수 없고, 지식을 갈망하는 불꽃을 자기 마음속에서 학생들의 마음속으로 옮겨 심기 어려울 것이다.

나를 가장 괴롭게 하고 절망에 빠뜨리는 것은 학생들이 지식에 무관심한 것이다. 학생이 어느 과목에서 뒤떨어지고 낙제하는 것이 두려운 것이 아니라, 냉담하게 구는 것이 가장 두렵다.

냉담하고 무관심했던 것에 대해 반성하도록 학생을 각성시켜야 한다. 사람은 모든 것에 다 흥미를 느끼는 법이다. 무관심한 것을 가려내는 가장 믿을 만한 경로가 바로 생각하는 것이다. 생각은 생각으로만 깨닫게 된다. 지식과 공부에 무관심하고 냉담한 학생에게 교사들은 자기의 모든 지적 도구로 시험해 봐야 한다. 여기서 말하는 것은 경쟁이 아니라 사람들을 되도록 빨리 지적 나태에서 구하는 것이다. 우리 학교에는 다음과 같은 규칙이 있다. 즉, 지식을 무관심하고 냉담하게 대하는 학생에 관해 심리학 연구회 회의에서 토의한다. 우리는 이런 학생들을 일깨울 수 있는 인간과 자연계, 인간과 지식이 상호 작용할 수 있는 영역을 어떻게 해야 찾아낼지 생각한다. 인간은 어느 일정한 시기가 되면 자기가 지식의 지배자라는 것을 발견하고, 진리와 합법칙성에 대한 권위를 체험한다. 의식으로 일깨운다는 것 – 이것은 사고력이 인간의 존엄성과 융합되도록 한다는 뜻이다. 이런 정신 상태로 가는 길은 지식에 현실성과 적극성을 불러일으킨다. 이런 무관심한 학생을 일깨우고 지적 나태에서 구하려면, 그 학생들이 어떤 것에 자기의 지식을 나타내도록 해야 하고, 지적 활동에서 자기와 자기의 인격을 표현하게 해야 한다.

나는 5~7학년에서 몇 년 동안 수학을 가르쳤다. 내게는 과외 공부 모둠이 두 개 있었다. 하나는 가장 능력 있고 타고난 재능이 있는 학생들로 이루어졌고, 다른 하나는 지식에 무관심하고 냉담한 학생들로 이루어졌다. 이 학생들의 의식을 어떻게 일깨우는지 쓴다면, 그것은 그들의 사고력과 마음을 책임지고 발전시키는 것에 관한 아주 재미 있는 통속 소설이 될 것이다. 모둠에서 배운 지식이 사람과 사람의 관계를 친밀하게 하고 인격의 존엄성을 확립하는 데 도구가 되게 하려고 노력했다. 인간이 자기를 사상가로 느끼기 전에는 자기가 인간이라는 긍지를 진정으로 체험할 수 없다. 어떻게 해야 사고력을 인간의 긍지와 융합시키는지에 대해서는 다른 제안에서 따로 토론해야 한다.

경륜 있는 교사이자 교육자들은 자기 학생들이 즐기는 과목에 관해서,

교수요강에서 요구한 것보다 10배, 20배 더 많이 알기 위해 노력한다. 즐기는 과목 지식에 대한 권위를 체험하도록 하는 것은 지적 발달에서 가장 힘있는 자극이다. 만일 학생이 어떤 과목을 즐긴다면, 당신은 그들이 다른 모든 과목에서 '100점'을 맞지 못해도 걱정할 필요 없다. 과목마다 성적이 우수하지만 즐기는 과목이 없는 학생을 더 걱정해야 한다. 이런 학생은 공부의 기쁨을 모르고 개성 없는 사람이기 때문이다.

23_ 배움과 자긍심

어떻게 해야 학생들이 공부를 잘했다고 긍지를 느끼게 할 수 있을까? 어떻게 해야 학생들이 자기의 성장한 면과, 넓고 깊어진 지식에서 자존심을 느끼게 할 수 있을까?

이 목적을 이루는 길은 바로 학생 개인이 풍부한 지식과 지능으로 자기를 표현하는 데 있다. 하급 학년 때부터 이 방향으로 교육해야 한다. 하급 학년 학생들을 가르칠 때 나는 모든 학생들이 지적 생활을 하게 하려고 노력했다. 학생들이 자기의 지식, 사고력, 능력 들을 영예로 느껴야 한다. 어떤 학생이 어떻게 공부하는지 알고, 그 학생이 질문에 어떻게 대답하는지 듣는 것만으로는 위와 같은 목적을 이룰 수 없다. 이제 우리의 활동을 이야기하자. 우리는 1학년부터 아이들과 함께 '아침놀'이라는 제목으로 평가를 하려고 창작그림책을 만들었다. 우리는 봄과 가을에 자주 아침 일찍 일어나 동녘 하늘이 부옇게 밝아 올 때, 들과 못가에 가서 솟아오르는 해를 맞이했다. 한 사람당 도화지를 한 장씩(2~3장씩 주어도 좋다) 주고 우리는 "여러분이 대자연에서 가장 좋아하는 것을 그리세요. 그림 밑에 문장도 써 넣으세요. 단어를 많이 쓰지 않아도 되지만 그 단어들이 마치 아름다운 노래처럼 울리도록 쓰세요"라고 말했다. 학생들은 도화지에다 가장 좋은 것을 그리거나 쓰려 했다. 여기에서 아이들은 보기 좋은 그림과 아름다운 단어들을 자기들의 자랑으로 여겼다. 지금도 나는 이 그림책을 갖고 있다. 2학년에서는 '겨울의 초저녁'을 소재로 해 이야기나 동화를 엮게 했다. 아이들이 저마다 자기가 겪은 일이나 생각한 것, 상상한 것을 이야기하게 했다. 아이들은 생각하고 이야기하는 것을 도덕적 존엄으로 느끼게 하는 이 창작을 아주 흥미로워했다.

이렇게 해마다 지적, 정신적 부를 나누면, 아이들의 사이가 더욱더 단단해진다. 3~4학년에 가서 우리는 '독서회'를 만들었다. 여기서 아이들은 자기가 읽은 책의 내용을 말하고 낭독하며 시와 산문의 단편을 암송한다. 이것은 지혜와 능력의 독특한 경쟁 활동이 된다.

내 학생들은 5학년부터 취학전 아이들과 1~2학년 학생들의 적극적인 지도자가 됐다. 5학년 학생 12명은 자그마한 시 창작 모둠 몇 개를 지도했다. 각 모둠에는 5~7명의 아이들이 있었다. 여기에서 5학년 학생들은 자연계에 관해 쓰는 어린아이들의 작문을 지도하며, 자기 자신들이 쓴 짤막한 글과 시를 어린아이들에게 읽어 주었다. 이것은 5학년 학생의 자존심을 바로 세웠다.

몇몇 6~7학년 학생들은 1~3학년 학생들의 소년 수학 공부 모둠의 지도자가 됐다. 아이들은 '판단력'이 필요한 응용문제를 풀이했다. 5~8학년의 교수 기간 전반 동안 학생들은 외국어 학습 모둠 몇 개의 지도자가 됐다. 1~2학년 학생들은 그들에게 프랑스어를 읽고 말하는 것을 배웠다.

7~10학년 학생들은 저마다 과학기술 발표회에서 소개를 하거나 보고

를 하도록 했다. 학생들 편에서는 소개나 보고를 잘하는 것이 영예로운 일이었다. 이런 모든 교육 형식은 학생들에게 지식과 지능 생활이 자신들의 도덕적 존엄이 된다는 것을 체험하도록 하려고 만들었다. 교사는 학생에게 배워야 하고, 책에 무관심하고 냉정한 것은 비도덕적이라고 느끼게 하는 환경을 만들어 교육해야 한다.

24_ 학생들의 지적 생활에 관해

이것은 학교의 교육 활동 전반과 관련되는 문제다. 만일 교사가 학생들에게 더욱 많은 시간을 교과서에 파묻혀 있게만 하고, 학생의 주의력을 다른 모든 활동에서 끌어오려고만 한다면, 학생의 부담은 너무 무거워진다. 학생이 수업, 교과서, 숙제, 점수 말고 다른 어떤 것도 생각하지 않는다면, 학생의 미래는 어두워진다. 당신의 학생들이 이런 기풍에 얽매이지 않게 해야 한다. 일상적인 학교 활동, 관찰, 흥미 말고도 학생들에게는 다방면의 풍부한 지적 생활이 있어야 한다. 내가 말하는 지적 생활이란 학생, 특히 소년 시기의 학생들이 책을 읽는 것을 말한다.

만약 당신이 5학년의 학급 담임이나 교육자로 임명된다면, 당신은 학생들에게 이런 생각을 길러 주는 것을 주요한 임무로 삼아야 한다. 그리고 당신의 학생들이 학교에서 공부하는 동안 읽어야 할 책 목록을 써야 하고, 학급 문고에 이런 책들이 있어야 한다.

소년과 청년 학생들에게 즐기는 책과 좋아하는 작가가 없다면, 그들은 전반적으로 원만하게 발전할 수 없다. 한 사람을 기르며 인격을 설계하기 위해, 나는 모든 학생들이 초급 학년 때부터 자기의 자그마한 문고를 갖도록 노력했다. 중급 학년과 상급 학년의 학생 도서 문고에는 책이 대략 100권 내지 150권 정도 있다. 음악가가, 자기가 즐기는 악기를 수시로 다루지 않고서는 생활할 수 없는 것과 마찬가지로, 생각하는 사람이 자기가 좋아하는 책을 즐겨 읽지 못한다면 생활할 수 없다.

모든 학생들을 책의 바다로 이끌고 책을 사랑하게 하며, 책을 읽으며 지적 생활을 하게 하는 일 − 이것은 모두 교사에게 달려 있고, 교사 자신이 정신생활에서 책을 어떻게 대하는지에도 달려 있다. 당신의 학생들이 사고력이 끊임없이 풍부해지는 것을 느끼게 되고, 당신이 오늘 가르치는 것이 어제 가르친 것을 되풀이하는 것이 아니라고 확신해야 독서가 당신 학생들의 마음의 갈증을 풀어 줄 것이다.

교사의 지적 생활이 정체돼 있고 빈약하면, 사고력을 존중하지 않게 된다. 나는 한 교사를 알고 있다. 그는 '모든 것에 싫증을 내며' 같은 것을 언제나 반복하지 않았다. 학생들은 그의 말에서 그의 생각이 정체되고 경직돼 있음을 느낀다. 교사가 사고력을 존중하지 않으면 학생들도 교사를 존중하지 않는다. 그런데 더욱 위험한 것은, 교사가 사고력을 존중하지 않으면, 학생들도 생각하려 하지 않는다는 것이다.

학생들은 지적 생활을 개인의 협소한 소우주로 이해해서는 안 된다. 나는 학생들에게 지적 생활을 풍부하게 하는 동시에 정신적 부도 누리도록 했다. 우리는 정신생활을 풍부하고 다채롭게 하는 평가를 많이 하려고 노력했다. 이것은 각 과목의 과학 모둠을 만드는 것이었다. 과목마다 과학 수학, 과학 기술, 과학 화학, 과학 생물, 과학 문학, 과학 철학 모둠을 만들었다. '과학'이란 말에는 어떤 과장이 있을 수도 있지만, 아무튼 그것은 진리를 발견하는 것이다. 다시 말해 청소년들이 과학적 사고력의 오솔길로 나아가는 것이다. 이 모둠들을 과목의 부속물로 보지 말아야 하고 낙제를 예방하는 수단으로 봐서도 안 된다. 이것들은 지적 생활의 원천이다. 모둠들에는 탐구심과 향학열이 넘쳐흐른다. 과학 과목 모둠에서 학생들은 자기가 읽은 것을 이야기한다. 여기에는 사고력에 진정한 창조성을 보태는 특성이 있다. 청소년들은 그 진리와 합법칙성을 무척 소중하게 여기는 태도로 친구들에게 이야기한다. 그들은 그것들을 자기의 노동으로 얻은 부로 여기고 이런 부와 연관돼 노동, 창조와 미래에 대한 사고력이 생긴다.

학습에서 어려움을 느끼는 남녀 학생들도 과학 과목 팀의 활동과 모임에 참가한다. 풍부한 지적 흥미의 분위기는 학생들을 책을 읽도록 자극한다. 학생들에게 독서는 공부를 성과 있게 할 수 있게 하는, 가장 중요한 구제 수단이 된다.

25_ 학생들에게 한가한 시간을

학생이 모든 시간을 공부하는 데만 쓰게 하지 않고 한가한 시간을 많이 남겨야만, 공부에서 성과를 거둘 수 있다. 얼핏 듣기에 궤변인 것 같지만, 이것은 궤변이 아니라 교육과정의 논리이다. 학생들의 하루가 온갖 수업으로 가득 차고 학습과 직접 관계되는 것을 생각할 시간이 적을수록 학생의 부담이 너무 무거워져 학업에서 뒤떨어질 가능성이 높아진다.

한가한 시간 문제 – 이것은 교수에 관련될 뿐만 아니라 지적 교양, 전인적 발전에도 관련되는 중요한 문제의 하나다. 건강을 위해 공기가 없어서는 안 되는 것처럼 학생에게 한가한 시간이 없어서는 안 된다. 학생이 학습에서 성과를 내며, 학업에서 뒤떨어질 위험을 자꾸 느끼지 않게 하려면, 그들에게 한가한 시간이 있어야 한다(학생이 며칠 앓으면 학습에서 아주 뒤떨어지게 되는 경우가 흔히 있다는 것을 알아야 한다). 한가한 시간은 학생의 지적 생활을 풍부하게 하고 학생이 공부할 수 있도록 하며 그 공부를 효과적으로 만든다.

학생의 한가한 시간은 수업에서 나온다. 생각을 잘 하는 총명한 교사는 한가한 시간의 창조자이다. 한가한 시간을 창조하는 교사의 중요한 조수는 학생이다. 지식이 어떤 상태에 있는가, 즉 능동적이고 적극적인 상태에 있는지는 분명 학생에게 달려 있다. 이 밖에도 한가한 시간을 만드는 조건이 있는데, 그것은 바로 일과 제도이다.

무엇보다도 내 오랜 경험에 비추어 학업 과정에서 하지 말아야 할 것을 지적한다. 학교에서 수업이 끝나자마자 학생들이 몇 시간 동안 앉아서 책을 읽으며 연습하게 해서는 안 되고, 상급 학년에서 흔히 하듯이 학생들이 오후에 3~4시간 동안, 심지어 5~6시간 동안이나 수업에서 하듯 긴장해서 공부하는 것도 절대 허용하지 말아야 한다. 날마다 10시간, 나아가 12시간씩 앉아서 교사의 물음에 대답하려고 책을 읽고 강의를 들으며 생각하고 기억하고 떠올리고 재현하는 것은 그들을 피곤하게 만든다. 이 노동은 결국 학생의 체력과 지능을 파괴하고, 지식에 대해 냉담하고 무관심해지게 하며, 그들에게 공부만 있고 지적 생활이 없게 한다.

경험이 보여 주듯, 반나절을 앉아서 독서하고 연습하게 하지 말고 그 시간을 자유롭게 쓸 수 있도록 학생에게 맡겨야 한다. 이 시간에 학생들은 독서하고, 과학 – 과목 그룹 활동에 참가하며, 바깥에서 일하고, 자연 현상과 사람들의 노동을 관찰할 수 있다.

다시 말하면 반나절은 지식을 충실하게 하고 응용하는 정신활동을 해야 한다. 이것은 학생들이 해야 할 일이 없어서가 아니라 지식을 충실하게 하는 것에 관심을 기울이는 것이다. 하루 반나절에, 학생들이 지능 면에서 순조롭게 발전하며 학습에서 성과를 거두는 데 필요한 일들을 하게 해야 한다. 이런 의도가 성공하느냐는 전반적 교육과정의 숙달에 달려 있다. 하루 반나절을 책을 읽게 하는 것이 특별히 중요하다. 이 독서는 암송하고 기억할 필요성에서 출발하지 않고, 흥미와 알고자 하는 바람에서 출발한다.

존경하는 교사들이여, 당신들은 숙제는 언제 하는 게 좋은 지 물을 것이다. 일찍 자고 일찍 일어나며, 등교하기 전에 숙제를 하게 하는 것 - 이것이 바로 우리 학교 대다수 학생들의 기본 틀이다. 우리는 아이들이 일찍 자고 일찍 일어나고, 일어난 후 8시간에서 10시간 동안에는 긴장해서 공부를 하게 하는 것이 좋음을 이미 과학적으로 증명되었다고, 오랜 시일에 걸쳐 학부모들에게 설명했다. 새로운 세대의 학부모들이 자라났다. 우리는 학부모 학교에서 그들에게 교육학 지식을 주었다. 이 지식 가운데서도 아이의 공부가 비약적으로 발전하는 것과 보건을 최우선으로 했다.

우리는 아이들과 소년, 청년 남녀들 90% 이상이 다음과 같이 생활하게 하는 데 성공했다. 하급 학년 학생들은 밤 9시에 자고, 중급 학년과 상급 학년 학생들은 밤 10시에 잔다. 하급 학년들은 아침 6시에 일어나고 (9시간을 잔다) 소년, 청년 남녀들은 아침 5시 반에 일어난다(7시간 반 동안 잔다). 이 간단한 제안에서 이 일의 합리성을 과학적으로 다 논증할 수는 없다. 그러나 하루 반나절(밤 12시 이전에)에서 자는 시간이 길수록 피로가 잘 풀리고 잠도 쉽게 잘 들어서 학생이 공부에 더욱 매진할 수 있게 된다. 학생이 일어나서 등교할 때까지 2시간 내지 2시간 반 동안에 복습하는 것은 일과 중의 핵심이다. 그러나 이 일과는 전반적 교양 체계의 한 부분일 뿐이다. 우리 전체 교사들은 오랜 경험으로 다음과 같이 확신했다. 상급 학년들의 숙제 시간은 2시간 내지 2시간 반을 넘지 말아야 한다(중급 학년과 하급 학년은 그보다 적어야 한다). 이렇게 하려면 풍부한 정신생활의 폭넓은 배경에서 학습해야 한다. 이런 조건에서는 지식이 다양한 지적 활동 가운데서 충실해지고 지식을 얻는 과정이 능력에 따라 달라지며 학생 각자의 힘, 성품, 능력 들이 자기가 좋아하는 과목에서 발휘된다. 이 모든 것들은 서로 연관돼 있다. 이런 조건이 없다면 내가 소개하는 경험을 조금도 흡수할 수 없다. 위의 조건을 갖추지 못하고 이런 방법만 따라 한다면(즉, 학생들에게 일찍 일어나서 등교하기 전에 숙제를 다 하게 한다면), 아무런 효과도 보지 못할 것이다. 학교생활은 내게 다음과 같이 알려 주었다. 가장 귀중한 경험이라도 적용할 수 없는 경우가 흔하다. 왜냐하면 그것을 생장에 불리한 환경에 옮겨 심었기 때문이다. 예를 들면 아이들이 잘 읽을 줄도 모르는데 교사가 작문을 가르친다면, 어떤 효과도 거둘 수 없다.

학생들은 숙제를 다하고 학교로 간다. 학교로 가는 길 – 이것은 휴식이다. 그 후에 가장 긴장된 공부 시간, 즉 수업이 시작된다. 가장 긴장된 정신노동이 필요한 수업들 사이에 활동 수업(체육, 미술, 음악, 노래, 노동 등)을 끼워 넣어서 한 시간, 될 수 있으면 두 시간 정도 학생들에게 쉴 틈을 줄 수 있다.

아침에 2시간에서 2시간 반 동안 공부하는 것 – 이것은 하교 뒤에 4시간에서 5시간 동안 교과서를 읽으며 연습하는 것보다 효과가 훨씬 크다. 그러나 문제는 효과에만 있지 않다. 아이의 건강과 하루 동안의 정신노동의 균형도 고려해야 한다. 하루 중 어떤 시간이 긴장된 공부로 가득 찼다면 다른 어떤 시간은 긴장된 공부에서 벗어나야 한다. 학생들에게 자유시간인 오후 반나절에 방과 후 활동을 시킬 때, 학생들이 어린 시절에 가장 흥미로워하는 것을 고려해야 한다. 아이의 특성들은 어떠하며 그 특성들을 어떻게 고려해야 할 것인지는 이후에 제안하려 한다.

26_ 학생들이 한가한 시간을 즐길 수 있게

　아이들이 시간을 보내는 방법은 어른들과 전혀 다르다. 우리는 이것을 잊지 말아야 한다. 아이들의 이 특성을 고려하지 않는 사람은 아이들의 심정을 이해하기 어려우며 늘 문제에 부딪힌다. 아이들에게 숲 속에서 맑게 갠 여름날을 보내는 것은 거의 한 해를 보내는 것과 같고, 보이 스카우트 여름 야영에서 한 달을 보내는 것은 마치 한평생을 보내는 것과 같다. 딱딱한 계획을 짜서 아이들을 구속하지 말고, 그들이 여러 가지 일들을 자세히 살펴보게 해야 한다. 아마 아이들은 저마다 자기가 해야 할 일을 하는 데 거의 한 시간을 허비할 것이다. 이건 어린 시절의 본성이다. 이것이 없으면 아이의 지각, 사고력은 있을 수 없다.

　아이들이 가는 곳마다 그들 앞에는 전혀 모르는 새로운 것들이 나타난다. 이런 것들은 그들을 이끌고 그들의 지혜와 마음을 사로잡아 그들이 다른 것을 생각하지 않고 시간의 흐름도 느끼지 못하게 한다. 이처럼 아이들은 어린 시절의 이런 유유하고도 온화하게 흐르는 강물 속에 잠겨 오늘 숙제를 아직 하지 못했다는 것을 잊어버리는데,(그렇다. 완전히 잊어버린

다) 이것은 조금도 이상한 일이 아니다. 친애하는 동료들이여, 당신들은 이것에 놀라지 말아야 한다. 당신이 아이들에게 공부에 대해 물을 때 그들은 "나는 공부하는 것을 잊어버렸습니다" 하고 솔직하게 대답할 것이다. 그는 이에 대해 말할 때, 자기에게는 잘못이 없고 공부를 잊어버린 것이 마치 이상하고 이해할 수 없고 놀라운 일처럼 여긴다.

아이들이 수업에서 나무 그림자가 광선에 반사돼 교실 벽에서 어른거리는 것에 정신이 팔려 당신이 가르치는 것을 귀담아듣지 않는 것을 이상하게 여기지 말아야 한다. 그렇다. 그들은 당신이 가르치는 것을 귀담아듣지 못한다. 왜냐하면 소년 시절의 강물 속에 잠겨 있는 그들의 시간에 대한 지각은 성인들과 완전히 다르기 때문이다. 전 학급 앞에서 큰소리로 꾸짖거나, 교사의 말씀을 잘 안 듣고, 집중 못하는 아이라고 지적해서는 안 된다. 당신이 해야 할 것은 결코 그런 일이 아니다. 당신은 조용히 그에게 다가가서 그의 두 손을 잡고, 그를 소년 시절의 멋있는 뗏목에서, 앞으로 항해할 지식의 발동선으로 옮겨 앉게 해야 한다. 나는 당신에게 이것을 권고한다. 더욱 중요한 것은, 때때로 당신 자신이 아이들이 탄 큰 배에 앉아서 그들의 눈으로 세계를 함께 바라보는 것을 부끄럽게 여기지 않는 것이다. 만일 당신이 이렇게 할 줄 안다면, 학교생활에서 서로 이해하지 못해서 생기는 다음과 같은 충돌, 즉 교사는 아이들이 무엇을 하며 왜 그렇게 하는가 이해하지 못하고, 아이들도 교사가 자기들에게 무엇을 요구하는지 이해하지 못해서 생기는 충돌을 피할 수 있게 된다.

어른인 나도 흥미로운 것에 열중하고, 내가 열중하고 만족하는 것에서 벗어나기 어렵다. 그러나 내 깊은 잠재의식 속에는 내가 안심하지 못하게 만드는 생각이 있다. 즉, 내가 할 일을 대신해 줄 사람이 없다는 것이다.

잠재의식에서 오는 이 신호는 시간을 통제하도록 나를 이끈다. 아이들에게는 이런 통제력이 없다. 그러므로 아이들은 시간을 잊어버리게 된다. 때문에 그들에게 한가한 시간을 이용하는 법을 가르쳐야 한다.

어떻게 가르칠까? 그들에게 생각하라고 하고, 그 무엇에 열중하고 있는 순간 학습에 관해 잊어버리지 말라고 지적해야 할까? 흥미를 끄는 것과 접촉하지 못하도록 막아야 하나?

그렇게 하지 말아야 한다. 아이들의 본성을 다치게 해서는 안 된다. 아이들에게 한가한 시간을 이용하는 법을 가르치는 것 - 이것은 무언가 아이들을 흥미롭게 하고 경탄하게 하고 동시에 그것이 아이의 지혜와 감정, 전인적 발전에 반드시 필요하다는 뜻이다. 다시 말하면 아이들의 시간은 그들의 사고력을 발전시키고 그들의 지식과 능력을 풍부하게 하는 동시에 그들의 매력을 파괴하지 않는, 그들의 눈과 귀를 사로잡는 일로 가득 차 있어야만 한다. 아이들에게 한가한 시간을 준다는 것 - 이것은 결코 그들이 하고 싶은 대로 하게 내버려 둔다는 뜻이 아니다. 자유방임은, 할 일 없이 허송세월하는 태만한 분위기를 조장할 수 있다.

그렇다고 아이들에게 여가 활용을 설명해서는 안 된다. 아이들은 이런 설명을 알아듣지 못하기 때문이다. 그래서 활동을 만들고 시범을 보이며 노동하고 평가해야 아이들은 여가 활용에 대해 알 수 있다.

27_ 학생 저마다에게 즐거움을

당신의 학생들이 저마다 한가한 시간을 어디에서, 어떻게 이용하는지 진지하게 생각해야 한다. 그 시간은 보내는 것이 아니라, 바로 이용하는 것이다. 뿐만 아니라 그 시간을 잘 이용하도록 해야 한다.

여기에서 나는 책에 관해 다시 이야기하겠다. 독서는 학생들을 열중하게 하는 가장 중요한 발원지다. 그리고 학교는 책의 왕국이 돼야 한다. 당신들은 외진 곳에서 가르칠 수도 있고, 당신들의 마을은 문화의 중심지에서 수백 킬로미터 떨어져 있을 수 있으며, 학교에도 부족한 것이 많을 수 있다. 그러나 그곳에 책이 가득하다면, 당신들은 교육학적 소양의 수준에서 가르칠 수 있고, 문화의 중심지에서 가르치는 것과 같은 성과를 거둘 수 있다. 당신들은 학생들이 책에 열중하느라 지식을 얻지 못할까 봐 걱정하지 않아도 된다.

1~3학년에서는 반드시 학급 문고(학급마다 단독적으로)를 운영해야 하며, 이 문고에다 내용이 좋고 아이들이 흥미를 느끼는 책들을 진열해야 한다. 학생들은 생전 처음으로 보는 이 책들을 늘 이용할 수 있어야 한다. 나

는 1~3학년들이(최저한도로 1~2학년들이) 학교 도서관에 가서 책을 빌려 보게 하라고 주장하지는 않는다. 자기 반 학생들이 읽어야 할 책이 무엇인지 교사보다 더 잘 아는 사람은 없으니까. 어떤 시기의 학생이 읽어야 하며, 구체적 상황에 딱 들어맞는 책이 어떤 것인지 교사가 정해야 한다.

어떤 기호든 그것이 학생의 사상, 정신, 마음을 움직이지 못한다면 그 기호는 유익하지 못하다. 학생들의 첫째 기호는 학생들이 책 읽는 것을 즐겨야 한다는 것이다. 이 기호는 한평생 보장돼야 한다. 당신이 어느 과목을 가르치든 참다운 교육자가 되려면, 책이 학생의 첫째 기호가 되게 해야 한다.

책 – 이것도 학교다. 이 학교는 학생들에게 저마다 책의 세계에서 어떻게 여행할지 가르쳐야 한다. 그렇기 때문에 나는 먼저 자기 학급의 문고를 꾸려야 하고, 그 다음에 학교 도서실을 이용하도록 차츰 가르칠 것을 제안한다. 어떤 경우에도 이 일을 방치해서는 안 된다. 자기 학생을 데리고 학교 도서관에 가서, 거기에 있는 책을 소개하며 빌려 읽을 책을 추천할 수 있다. 또 학생들에게 읽으라고 추천하는 책의 목록을 도서관 관리원에게 제출할 수 있다.

모든 학생들을 이끄는 기호의 두 번째 발원지는 그들이 어떤 과목을 즐기게 하는 것이다. 어떤 사람에게, 학교 시절에 가장 귀중한 부가 되는 것은 한가한 시간에 한 것들이다. 한가한 시간이 있을 때에야 비로소 한 과목을 좋아할 수 있고, 지적 적극성을 발휘할 수 있다. 교사들은 어떻게 해야 학교에서 오후 반나절에 많은 '아궁이'에서 불이 타오르도록 해, 그것이 각 과학 분야를 깊이 연구하는 데로 학생들을 이끌지 깊이 연구해야 한다. 이것은 앞에서 말한 과학 – 과목 그룹을 만드는 것뿐만 아니라 학생들의 적극적인 활동도 포함한다. 이 활동 가운데서 이론 지식이 학생들에게 여러 가지 지능 방면의 임무와 노동 임무를 만들고 해결하는 중요한 자극이 된다.

우리 학교에는 '어려운 문제의 방'이 두 개 있다. 하나는 물리와 기술 분야에 대한 것이고, 다른 하나는 생물과 농업 기술에 대한 것이다. 이것들은 학생들의 지능을 자극하는 기호의 발원지가 됐다. 여기서는 학생이 모든 작업을 스스로 한다. 이 두 방은 상급 학년 학생들이 관리한다. 그러나 여기로 오는 문은 전체 학생, 즉 1학년부터 10학년 학생들에게 열려 있다. 학생들은 여기서 공업 기술 방면의 과제와 생물학 분야의 과제를 해결한다. 예를 들면 우리는 작업 부속품 한 개를 다른 작업 부속품으로 바꿀 수 있고, 몇 가지 노동 조작을 할 수 있는 기계의 활동 모형을 설계할 것을 학생들에게 제안했다. 생물학 반에는 2년 동안 미생물의 활동에 유리한 조건을 만들어 메마른 땅을 비옥한 땅으로 변화시키고, 거기다 농작물을 가꾸어 수확하는 과제를 냈다. 학생들이 한가한 시간을 어떻게 이용하도록 하는지가 아주 중요하다. 당신들은 자기 학생들이 합리적인 취미를 기르도록 도와야 한다.

28_ 일하기

　나는 오랫동안 교육을 하면서 노동이 지적 교육에서 아주 중요하게 작용하는 것을 확인했다. 아이들의 지혜는 그의 손가락 끝에 있다.

　이 교육학적 신념은 관찰에서 왔다. 손재주가 좋고 노동을 즐기는 아이에게는 예민하고 탐구심이 강한 지혜가 만들어졌다. 내가 말하는 노동은 모든 노동이 아니라, 무엇보다도 복잡하고 창조적 노동이다. 이런 노동은 사고력과 고도의 기술과 숙련이 필요하다. 해마다 쌓이는 사례들은 이것과 직접 관련이 있다는 것을 실증했다. 이런 노동이 손에 익고 숙련될수록 아이, 소년, 청년들은 더욱 총명해지며, 사실, 현상, 인과관계와 합법칙성을 꼼꼼히 생각하고 분석하는 능력이 더욱 뚜렷해졌다.

　나는 이런 의존성의 과학적 근거를 알아내려 노력하면서 적잖은 학자들의 책을 읽었으며, 동시에 교수, 교육과정의 각 측면과 현상들을 연구했다. 우리는 공부를 어려워하는 아이와 소년들에게, 노동을 통해 지적 교양을 주려고 그들을 복잡한 실제적 능력과 기술을 장악하는 작업으로 이끌었다. 이런 노동의 전형적인 특성은 그것의 개별적 단계와 조작 사이에 의존성이 있다는 것이다. 아이들이 이 일을 하려면 고도의 주의력으로 몰입하고 심사숙고해야 한다. 손동작과 사고력 사이에는 깊은 관계가 있다. 즉, 사고력은 노동 과정을 검사하고 바로잡고 개선하고, 손은 여러 가지 세세한 부분과 상세한 정황을 사고력에 알린다. 이렇게 노동은 지혜를 발전시키고, 사리에 맞게 생각하게 하고 직접 관찰할 수 없는 개별적인 사실과 현상들 사이에 있는 의존성에 깊이 들어가게 가르친다.

머리가 둔하고 일관성이 없는 학생들을 복잡한 정신노동에 참가시키고 그들의 노동 활동을 오랫동안 관찰하는 것 – 이 모든 것은 내가 사고력이 형성되는 경로를 더욱 똑똑히 인식하게 도왔다. 만약 어떤 사람이 공부하다가 어려움에 부딪혔다면 이 어려움을 빚어내는 가장 큰 원인은 사물 사이의 관계를 파악하지 못했기 때문이다. 사물 사이의 관계를 가장 쉽게 알아낼 수 있는 경우는 그것들이 직관적 형태, 즉 노동 활동을 하면서 나타날 때다.

경험이 보여 주듯이 학생들의 지적 발달을 촉진하려면 아래와 같은 노동 형식을 골라야 한다.

(1) 여러 가지 설비와 기관과 기구의 모형을 설계하고 장치한다. 우리 학교에서는 학습에서 어려움을 느끼는 학생들 가운데서 학교 제작소에서 고도의 기술이 필요한 기계, 기구 등의 모형을 제작하지 못하는 사람이 하나도 없었다. 여기에서 사고력의 근원과 자극은 학생들에게 사물 간의 관계를 이해하게 했다. 어느 소년 모형 설계가 모둠에서는 2년 동안 종합적인 목재 가공 공작기계를 설계했다. 이 모둠은 15명의 학생들로 이루어졌는데, 이 15명 가운데 3명은 공부를 어려워하는

학생들이었다. 지혜를 발전시키는 이런 노동의 가장 중요한 특성은 바로 구상을 끊임없이 발전하게 하는 것이다. 미래의 공작 기계에 대한 구상은 소년과 청년 남녀들의 눈앞에서 움직이는 듯했다. 구상의 정확성과 합리성은 모둠의 구성원들이 부분 제품과 부속품들이 여러 가지 다른 설계 방안에서 어떻게 서로 작용하고 있는지 실험함으로써 검증됐다. 이런 조건에서는 어떤 정황이 나타나며, 저런 조건에서는 어떤 정황이 나타나는지와, 비슷한 문제에 대한 사고는 학생들이 과거를 돌아보고 앞을 타진하면서 반복해서 분석하고 대비하게 했다.

노동 과정에서 상호작용에 대한 생각은, 인과적 연관, 능력적 연관, 시간적 연관과 관련된 사고력의 가장 중요한 영역을 발전시키는 아주 좋은 수단이다. 상호작용에 관한 반복적인 사색의 중요한 특성은, 학생의 사고력이 운동과 탐구 속에 있고, 생각하는 사람의 눈앞에 언제나 개괄적인 사고력과 연관된 몇 가지 직관적 표상들이 있다는 것이다. 여기서 구체적인 것에서 개괄적인 것으로 이행이 일어난다. 이런 이행이 없이는 사고력에 관해 말할 수 없으며, 공부를 어려워하는 학생에게는 바로 이것이 부족하다.

(2) 에너지와 운동을 전달, 변형시키는 방법을 선택한다. 여기서 말하는 것은 모형, 기구, 기계 설비 등을 설계하고 장치한다. 예를 들면 전기 에너지를 기계적 에너지 또는 열에너지로 바꾸며, 직선운동을 회전운동 또는 그와 상반되는 것으로 바꾼다. 여기서 사고력은 마치 순간적이고 추상적인 것을 어림잡는 것에서 구체적인 것으로, 즉 표상과 형상에서 그림으로 넘어가는 것처럼 된다. 어림잡아 생각하는 것을

어떻게 현실적이고 구체적인 행동으로 어떻게 이끌어 낼까? 이 문제에 대해 깊이 생각하고, 사고력을 자극해 학생들이 이미 알고 있는 것에서 해결 방안을 탐구하게 된다. 전달과 변형의 방법을 고르면 관찰력과 지혜의 탐구성 (공부를 어려워하는 학생에게는 바로 이것이 부족하다)을 발달시킬 수 있다. 즉, 학생들이 통일된 본래 사물의 부분과 그 구성요소를 자세히 관찰하고 그것을 구체적인 정황을 다른 정황에 적용하는 것을 배운다. 바로 이런 것들이 손의 기술과 능력에 반영돼야 한다. 우리는 노동의 대상(이것의 작용은 지혜를 발전시키게 된다)이 움직일 수 있고 변할 수 있게 하며, 구상을 창조하는 것과 실현하는 기술이 사람에게 결합되도록 노력한다. 되도록 많이 시험하고 실험하며, 학생의 손과 손가락이 더 많이 움직이도록 하는 것이 바로 노동 과정에서 지혜를 키우는 원칙이다.

(3) 자료를 가공하는 방법을 선택하고 가공용 도구와 기계, 기술적인 가공 방법을 고른다. 우리는 도구가 손에 잘 맞고 손의 한 부분이 되게 하려고 노력했다. 만일 사람이 자기의 손과 사고력으로 노동 대상에 민감한 영향을 주지 못한다면, 민감하고 창조적인 지혜를 키울 수 없다. 이런 영향만이 사고력과 손동작을 진정으로 결합시킨다. 사람이 손으로 하던 것을 기계를 사용해서 가공할 때는 아주 복잡한 현상들이 나타난다. 순간마다 신호가 여러 번 손에서 머리로 전달되고 머리에서 손으로 전달되면서 머리가 손을 훈련시키고 손이 머리를 발전시킨다. 이때 구상은 실현되고 쉼 없이 발전, 심화하며 변한다. 이때는 사고력이 중단되지 않고 발전한다. 수공 도구와 간단한 자재로 자료를 가공하는 것은 공부를 어려워하는 학생을 '치료'하는 좋은 수단이

다. 왜냐하면 이런 학생들에게는 오랜 시일을 허비하는 노동 과정을 사고력으로 장악하는 능력이 부족하기 때문이다.

(4) 생명 과정(식물과 동물)의 정상적인 발전에 없어서는 안 되는 환경을 만들며, 이 환경을 관리한다. 학생들은 농업 시험 활동(식물 재배와 동물 사냥)에서 이런 노동을 해야 한다. 이것은 한 학생이 구체적인 표상에서 개괄로 넘어가고 결론과 개괄에서 실천으로 넘어가도록 하는 가장 좋은 수단이다.

이런 노동의 교육적 특성은 사람들이 사고력으로 변한 조건에서 오랫동안 벌어지는 과정을 장악하도록 하는 동시에, 이 조건에 자각적으로 영향을 주며 그 조건을 변하게 하는 데 있다. 노동 – 이것은 지혜를 가장 잘 생성시키는 노동 활동 형태 가운데 하나다. 우리는 학습에서 제일 '어려움'을 느끼는 학생들을 소년 식물재배가, 소년 육종학자, 소년 생물학자, 소년 농업기술자 같은 모둠에 참가시키고, 그들이 지식을 얻는 길에서 극복할 수 없을 듯한 장애에 부딪히게 했다. 그리고 지혜를 생성시키는 농업 노동이 그들을 생각하도록 훈련시켰다. 한 소년 실험가 모둠에서는, 공부를 어려워하는 아이와 소년들이 창조적인 노동에 참여해, 씨앗이 싹을 틔우는 데 환경 조건이 끼치는 영향과 그것이 식물의 발육 초기 생명력에 주는 영향, 그리고 흙과 외적 조건이 생산량에 주는 영향이라는 이 두 가지 문제를 해결했다. 손이 지혜를 발전시키려면 일상적으로 독서를 해야 한다. 즉, 책은 지혜가 있는 머리를 깨우칠 뿐만 아니라, 재주가 있는 두 손도 길러낼 수 있다.

29_ 집중하기

나는 유아들에게 여러 가지 식물이 씨앗 퍼뜨리는 법을 보여 주려고 유아 27명을 데리고 들판에 갔다. 유아들과 함께 보려는 식물은 들판의 먼 곳에 있었다. 모든 아이들이 이 식물을 둘러싸고 서서 보게 하려고 주의력이라는 가늘고 부드러운 실로 그 아이들을 얽어매었다. 이것은 그야말로 상징적인 '쇠사슬'이었다. 그들의 눈앞에 있는 식물 가운데에는 흥미로운 것들이 수십 가지 있었다. 한 아이는 그 가운데 어느 한 식물만 살펴보았다. 그래서 사고력이라는 부드러운 실이 끊어진 듯했다. 그 아이는 내가 말하고 보여 주는 것을 더 보지도 듣지도 않았다. 그의 사고력은 다른 어딘가로 쏠렸다. 여기에 알록달록한 나비 한 마리가 날아왔다. 와냐, 콜랴, 니나, 나탈츠카, 이 네 아이들은 호기심 가득한 눈으로 그 나비를 봤다. 이렇게 부드러운 실이 네 곳이나 끊어졌다. 발밑에서 개구리 한 마리가 뛰어나왔다. 이렇게 되자 몇 곳의 실이 더 끊어졌다.

수업에서도 이런 경우를 흔히 본다. 얌전히 앉아 있지 못하고 움직이면서 호기심에 싸여 수시로 나비를 잡으러 달려가려는 이런 아이들을 어떻게 해야 당신의 곁에 끌어들일 수 있을까? 당신이 아이들에게 무미건조하고 흥미롭지 않은 일을 이야기할 때, 그 아이들이 흥미롭고 매력 있으며 사람을 흥분시키는 어떤 다른 것을 생각한다면 어떻게 해야 할까?

주의력을 통제하는 문제는 교사의 활동에서 아주 민감하고 연구가 덜 된 영역 가운데 하나다. 주의력을 통제하려면 아이들의 심리와 그들의 연령별 특성을 잘 알아야 한다. 오랜 학교교육으로 나는 아이들의 심리 상태, 즉 그들이 진리를 탐구하려는 감정과 정신 활동의 긍지를 체험하는 것과 관련된 정서가 고조된 지적 흥분 상태를 형성하고 확립해야 비로소 그들의 주의력을 장악할 수 있다는 것도 깨달았다.

이런 상태는 지적 교양의 수단을 이용해 조성해야 한다. 정서가 고양되는 상태는 수업 자체에서 어떤 특수한 수단을 쓰는, 이를테면 적당한 직관적 수단을 선택하는 것만으로 조성할 수는 없다. 이런 상태는 많은 요소로, 즉 사고력의 소양과 감정, 학생의 견문 들로 만들어진다.

주의력을 장악한다는 것 — 이것은 교사가 아이들의 사고력에 아주 세련되고 섬세하게 영향을 미친다는 뜻이다. 예를 들어 학생들이 일 년 동안 생물학을 배우게 된다면, 그 생물학에는 얼핏 보건대 재미가 없을 듯한 교재, 즉 '유충(幼蟲)의 유기체 구성과 그 활동력' 같은 것이 많을 것이다. 이런 교재를 가르칠 때 학생들의 의식 속에 그 교재와 '연결될 수 있는' 사상이 없다면, 절대로 아이들의 주의력을 장악할 수 없다. 여기에서는 그들이 이미 알고 있는 상식에 따라 학생들의 주의력이 결정된다. 상식이 있으면 학생들은 재미없는 교재라 해도 재미있는 교재로 받아들인다. 이런 경우에 그러한 상식은 유익한 유충(이를테면 지렁이)이 토질에 끼치는 영향과 식물의 생장에서 유충이 하는 일, 여러 가지 자연현상의 보편적인 균형, 한 현상 속에 다른 현상이 숨겨지는 의존성 들이다.

교재에서 유충을 가르칠 때 학생들이 강의에 집중하게 하려고, 나는 학생들의 정서 상태를 끌어올리면서 그들에게 자연계에 관해, 토양의 생활에 관해 쓴 흥미로운 책을 추천해 읽도록 했다. 얼핏 보건대 재미가 없을 듯한 교재를 가르치고 설명할 때, 나는 학생들의 사상에 비추어 말했다. 내 말이 마치 학생들의 사상을 움직인 것 같았다. 결국 내가 가르치는 것이 학생들의 의식 속에서 흥미를 불러일으켰다. 흥미 – 이것은 무엇보다도 자극과 충동으로 일어난다. 학생이 예전에 책을 읽고 머리에 남은 사상이 이때 되살아나고 새로워진 듯이 내게 쏠린다. 그리하여 학생은 교사의 강의를 귀담아듣고, 새로운 교재를 이해할 뿐만 아니라 자기 의식의 깊은 곳에서 사실과 현상들을 추려내 생각한다.

무의식적 집중은 의식적 집중과 결합돼야 한다. 이것은 학생들이 가르치는 것을 들으면서 생각할 때에야 비로소 가능하다. 이렇게 되려면 학생들의 의식 속에 '사고력의 도화선'이 있어야 한다. 즉 가르치는 과목에 학생들이 이미 알고 있는 것들이 들어 있어야 한다. 교재를 이해하는 과정에서 학생들이 적극적으로 생각할수록, 학생은 더욱 쉽게 학습한다. 독서로 단련된 집중력은 학생의 정신노동을 덜어 주는 가장 중요한 조건 가운데 하나다. 수업에서 학생들의 무의식적 집중이 의식적 집중과 결합할 때에야 비로소 학생들은 권태와 피로를 느끼지 않게 된다.

교사가 만약 학생들의 정서를 고양시키고 문리를 깨치는 데 열중하려는 분위기를 만드는 것을 생각하지 않는다면, 지식은 무관심한 태도를 낳고, 무감각한 정신노동은 피로만 부를 뿐이다. 심지어 성실한 학생이 최선을 다해 교재를 이해하고 기억한다고 해도, 그는 곧 '궤도를 벗어나'인과관계를 이해할 능력을 잃는다. 뿐만 아니라 그가 전력을 다해 노력할수록, 그는 자기 사고력을 통제하기 더 어렵게 된다. 교과서 말고는 아무것도 읽지 않는 학생은 수업에서 아주 피상적으로 지식을 얻으며, 모든 부담을 가정 학습으로 미룬다. 이렇게 가정 학습의 부담이 과중해지면, 그들은 과학 서적과 간행물을 읽을 시간이 더 없게 된다. 이렇게 되면서 '곤경'에 빠진다.

다 알고 있는 것처럼, 과목에 대한 학생의 흥미와 집중도는 직관력으로 향상되고 강화된다. 직관력은 교수 원칙으로서 넓은 의미를 가진다. 만일 실물 교재를 학생의 주의를 끄는 수단으로만 본다면, 그것은 교수뿐만 아니라 특히 지적 교육에도 악영향을 끼치게 된다.

30_ 직관력 — 인식의 오솔길을 밝히는 빛

집중력을 기르는 유일한 수단은 사고력을 자극하는 것이며, 직관력은 사고력을 자극하는 만큼 집중력의 발전과 심화를 촉진한다. 사물의 직관적 형상 자체도 학생의 집중력을 오래 끌지만, 직관력을 이용하는 목적이 학생을 수업 시간 전반에 끌어 넣도록 하는 데만 있는 것은 절대로 아니다. 수업에 직관력을 끌어들이는 것은 교수의 어느 단계에서 아이들이 형상에서 벗어나 사고력을 통해 대강의 진리와 합법칙성으로 넘어가게 하기 위해서다. 실천에서는 다음과 같은 뜻밖의 경우에 흔히 부딪힌다. 실물 교재가 어떤 세부적인 것으로 아이를 집중시켜서 교사가 아이들을 유도해 추상적 진리를 생각하는 데 도움을 주지 못하고 도리어 방해한다.

한번은 내가 수력 터빈의 모형을 가져다 아이들에게 보여 줬다. 바퀴를 돌리는 물줄기가 부딪쳐 뽀얀 안개를 이루고, 그 안개에 햇빛이 비쳐 무지개가 나타났다. 나는 이 무지개를 못 봤지만 아이들은 발견했다. 아이들의 주의력은 내가 그들을 유도해 얻어내려던 대강의 결론에 쏠린 것이 아니라, 그때 우연히 본 흥미로운 자연현상에 집중된 것이다. 이 수업은 좋은 결과를 거두지 못했다.

직관적 수단을 쓰려면, 교사는 높은 과학적, 교육학적 소양으로 아이, 소년과 청년들의 심리를 알고, 지식을 얻는 과정을 알아야 한다.

첫째, 직관력 - 이것은 어린 학생들이 학습하는 보편적 원칙이다. 우신스키는 아이들을 '형상과 소리, 색채, 감각'을 이용해 생각해야 한다고 썼다. 이 연령기의 합법칙성은 어린아이들의 사고력이 대자연 속에서 발전해야 하고, 그들이 동시에 보고 듣고 느끼고 생각해야 한다는 것이다. 직관력 - 이것은 관찰력과 사고력을 발전시키는 힘이다. 이것(직관력)은 인식에 정서적 빛깔을 입힌다. 시각, 청각, 감각과 사고력이 동시에 진행되기 때문에, 심리학에서 정서적 기억이라고 하는 것이 아이의 의식 속에서 일어난다. 사고력뿐만 아니라 감정, 느낌도 아이의 기억 속에 남아 있는 각 표상이나 개념과 연관된다. 풍부한 정서적 기억을 발전시키지 못하면, 아동기에 만족스러운 지적 발달을 할 수 없다. 나는 초급 학년 교사들에게 다음과 같은 제안한다. 사고력의 원천과 자연계와 노동 가운데 가서 아이들에게 생각하는 것을 가르쳐야 한다. 낱말이 아이의 의식에 들어갈 때는 선명한 정서적 색채를 띠어야 한다. 직관력 원칙을 수업에 반영하고 교수, 교육 과정의 다른 측면과 의식 전반에도 반영돼야 한다.

둘째, 직관력을 도입할 때는 어떻게 구체적인 것에서 추상으로 넘어가고, 직관력의 수단이 수업의 어느 단계에서 필요 없으며, 이때 학생들이 이미 그것에 주의를 돌리지 않게 되는 것을 고려해야 한다. 이것은 지적 교육의 가장 중요한 요소다. 즉, 직관력의 수단은 사고력의 적극화를 추진하는 일정한 단계에서만 필요하다.

셋째, 실물적 직관 수단에서 차츰 묘사적 직관 수단으로 넘어가고, 그런 다음에 사물과 형상의 상징적 묘사를 부여하는 직관적 수단으로 넘어가야 한다. 1~2학년에서는 실물적 직관 수단에서 차츰 벗어나야 한다. 그러나 그것을 완전히 벗어난다는 뜻은 결코 아니다. 경륜 있는 교사들은 모든 학년에서 직관력 원칙을 도입한다. 그러나 그들은 해마다 더욱 복잡한 교육 활동 방식으로 이 원칙을 구현한다. 경륜 있는 어문 교사들은 10학년에서도 자기 학생들을 데리고 삼림, 강가, 꽃이 만발한 봄 화원에 가서 낱말의 정서적 색채를 더욱 세심하게 다듬으며 학생들의 정서적 기억을 심화, 발전시킨다.

묘사적 직관 수단으로 넘어가려면 긴 과정이 필요하다. 이것은 교사가 살아 있는 고양이 대신 고양이 그림을 가지고 수업에 들어간다는 말이 결코 아니다. 묘사적 직관 수단은 그것이 실물적 직관 수단의 모양과 색깔, 특성을 정확히 표현한다고 해도, 그것은 어디까지나 요약된 것이다. 그러므로 교사의 과업은 묘사적 직관 수단을 도입할 때, 더욱 높은 요약으로 서서히 넘어가도록 하는 것이다. 특히 아이들이 상징적 묘사, 즉 약도, 도해 들을 이해하도록 가르치는 것이 중요하다. 이 수단들은 추상적 사고력을 발전시키는 데 큰 몫을 한다. 이와 관련해 나는 칠판 사용법에 대해 몇 가지 말하고 싶다.

칠판은 글을 쓰고 교사가 서술하고 설명하며 강연하는 과정에서 약도, 도해, 도표를 그리고자 설치된 것이다. 나는 역사, 식물, 동물, 물리, 지리, 수학 같은 과목을 가르칠 때 거의 모든 수업에서(역사에서는 대략 80%, 식물, 동물과 지리 같은 수업에서는 90%, 물리, 수학 같은 수업에서는 100%) 칠판과 갖가지 색분필을 쓴다. 이런 것이 없으면 추상적 사고력을 발전시킬 수 없다. 나는 묘사의 직관력이 표상과 개념을 구체화하는 수단이고, 표상의 세계에서 추상적 사고력의 세계로 들어가는 수단이라고 생각한다.

묘사의 직관력은 동시에 자율적인 지적 교육의 수단이다. 2~3학년에서 내 학생들은 산수 필기장의 지면마다 한가운데 선을 내리그어 두 부분을 만든다. 왼쪽에다 문제를 풀이하고 오른쪽에는 문제를 직관적으로 도해한다. 문제를 풀기 전에 학생들은 응용문제를 그린다. 학생들에게 응용문제를 그릴 수 있게 가르치는 것은 구체적인 사고력에서 추상적인 사고력으로 넘어갈 수 있게 한다는 뜻이다. 아이들은 처음에 실물(사과, 바구니, 나무, 새)을 그리고, 다음에는 그것을 정방향, 원형 들로 표시하면서 도해로 넘어간다.

내가 특히 관심을 기울인 것은, 공부를 어려워하는 학생들이 문제를 어떻게 그려내는지였다. 이런 교수 방법을 도입하지 않았다면, 이런 학생들은 응용문제를 풀이하고 그것의 조건을 생각하는 것을 배우지 못할 것이다. 만약 아이가 문제를 그릴 줄 안다면, 틀림없이 문제를 풀 수 있다. 몇몇 학생은 몇 달 동안 문제의 조건을 그릴 수 없었다. 이것은 그들이 추상적 사고를 할 수 없고, '모양, 소리, 색깔, 감각'에 따라 사고할 수 없다는 뜻이다. 그러므로 이들에게는 먼저 형상적 사고력을 가르쳐야 하고, 그런 다음 추상적 사고로 이끌어야 했다.

만일 당신의 초급 학년 학급에서 수학 공부를 어려워하는 학생이 있다면, 당신은 먼저 그들이 문제를 그림으로 그릴 줄 아는지 시험해야 한다. 아이들이 선명한 모양에서 상징적 묘사를 하도록 하고 그 뒤에 묘사에서 사물간의 관계와 상호 연관성을 이해할 수 있도록 이끌어야 한다.

넷째, 묘사의 직관력에서 차츰 단어 형상의 직관력으로 넘어가야 한다. 단어의 형상 – 이것은 '모양, 소리, 색깔, 감각에 따라' 사고하는 것에서 개념으로 사고하는 것으로 나아가는 한걸음을 내딛는 것이다. 경륜 있는 초급 학년 교사들은 낱말로 보여 줄 수 없는 (예를 들면 북극 지대의 빙산과 화산 폭발 등) 형상과 우리 주위의 대자연과 인류의 노동 가운데서 볼 수 있는 형상을 창조한다. 이런 낱말의 형상은 정서적 기억이 돼서 심리학에서 말하는 내적 언어를 풍부하게 한다.

여기에서는 공부를 어려워하는 학생에 대한 사업을 다시 언급하겠다. 경험에서 보는 것처럼, 이런 학생들의 지적 발달은 형상적 사고력에서 추상적 사고력으로 넘어가는 데 시간이 얼마나 걸리고 어떤 절차를 거쳐야 하는지에 철저하게 의존한다. 공부를 어려워하는 학생은 언제나 절망적인 처지에 있으며, 교사들도 어떻게 그들과 활동하며 그들의 사고력을 어떻게 움직일지를 모른다. 이런 현상이 나타나는 것은 주로 그들이 '형상적인 사고력' 교육을 오랫동안 받지 못했고, 교사가 추상적인 사고로 빨리 넘어가라고 재촉해도 그들이 그것을 전혀 준비하지 못했기 때문이다. 공부를 어려워하는 학생은 흔히 자기가 드는 실례를 많은 노력으로 암송한 규칙과 연관시키지 못한다. 때문에 형상적인 사고력이 개념적 사고력과 서로 분리되는데 이것은 교사들이 조급한 데서 생긴 결과다.

다섯째, 직관적 수단은 학생들에게 가장 중요하고 본질적인 것에 주의를 기울이게 해야 한다.

직관력 원칙을 도입하려면 수준 높은 기술이 있어야 하고, 학생의 사고력과 마음을 알아야 한다.

31 _ 1학년 교사들에게

　당신은 초급 학년에서 근무하고 지금은 3학년을 가르친다. 그리고 당신은 곧 1학년을 가르치게 될 것이다. 이런 아이들은 대개 여섯 살이다. 이들을 가정과 유치원에서 교육한다. 이외에도 우리에게는 또 다른 아이들이 있는데, 이들이 학교에 입학하기 전에 아이들을 가르치는 사람은 아버지와 어머니다. 바로 이 시기 – 학교에 입학하기 전의 1, 2년 동안 – 에 학령 전기 아이들이 어떻게 교육받는지는 다른 많은 것과 관련된다. 당신은 앞으로 가르칠 자기 학생들을 잘 알아야 한다.

　아이들을 알아야 한다는 것은 무슨 뜻일까? 무엇보다도 그들의 건강 상태를 알아야 한다. 아이들을 가르치는 사업을 시작하기 1년 반 전에, 나는 앞으로 맡을 학생들의 명단을 작성했다. 학부모들에 대해 조사하면서 나는 어떤 병이 아이에게 유전될 수 있는지 예측했다. 이런 예측은 물론 의사가 확인한다. 나는 앞으로 맡을 학생들의 신체의 가장 중요한 계통, 즉 신경 계통, 호흡 계통, 심장 계통, 소화기 계통, 시력, 청력 계통 들에 관한 자료를 확보했다.

학생들의 건강 상태를 잘 모르면 학생들을 올바르게 교육할 수 없다. 30년 교육 활동 경험으로 나는 아이의 건강 상태에 따라 모든 학생들을 개별적으로 대하고, 아이의 몸을 보호하고 튼튼하게 할 여러 가지 조처도 해야 하는 것을 알게 됐다. 교육은 아이의 병이 다 낫도록 협조하고 어린 시절에 잘 걸리는 병에 걸리지 않도록 도와줘야 한다. 심장 – 혈관 계통의 활동에 장애가 있는 아이들에게는 특수한 교육 방법을 써야 하고 전문적인 의료 교육학이 필요하다.

어떻게 해야 가정의 관계가 병을 예방하는 데 도움을 주고, 만약 아이에게 이런저런 원인으로 병이 있으면 어떻게 아이의 신체 건강에 도움을 주어야 하는지를 아는 것이 중요하다. 아이들의 신경 계통, 심장의 건강 상태와 집안 사정은 밀접한 관계가 있다. 불호령을 내리면서 꾸짖고, 표독스럽고 못미더워하고 모욕하는 환경에서 자란 아이는 교육하기가 아주 어렵다. 이런 아이는 늘 초조하고 불안한 상태에 있어서 특별히 더 관심을 가지고 수시로 주의를 기울여야 한다. 이런 아이에게는 해로운 자극을 주지 말고, 하나의 정서적 상태에서 다른 정서적 상태로 갑자기 넘어가는 것을 막는 의료 의학의 특수한 방법을 적용하면서 그들을 가르치고 교육해야 한다.

나는 1학년을 가르칠 교사들에게, 아이가 입학하기 1년 반(가능하면 2년) 전에 그들의 학부모를 모아 놓고, 가정에서 가족들의 관계가 어떠해야 아이의 건전한 신경 계통을 형성하는 데 좋은지, 그리고 그들의 도덕적 품성과 심리적 품성을 기르는 데 좋은지 이야기할 것을 제안한다.

가정에서 풍기는 지능 면의 분위기는 아이의 발전에 아주 중요하다. 아이들의 일반적 발전과 기억은 대부분 가정에서 지능 면의 흥미가 어떠하고, 어른들이 무엇을 읽고 생각하며, 그들이 아이의 생각에 무엇을 남겨 주는지에 달려 있다. "여러분 자녀의 지혜는 여러분이 지능 면을 얼마나 흥미로워하는지에 달려 있고, 가정의 정신생활에서 책이 어떤 자리를 차지하고 있는지에 달려 있다"는 것을 학부모들에게 말해 줘야 한다.

적어도 일 년 동안 아이들의 사고력을 연구해야 한다. 이런 조건이 형성돼야만 1학년을 가르칠 준비가 잘 돼 있다고 할 수 있다.

32_ 처음 학교에 가는 아이들을 위해

인류의 사고력에는 두 가지 기본 유형이 있다. 하나는 논리적, 분석적 사고력 또는 수학적 사고력, 다른 하나는 예술적 사고력 또는 형상적 사고력이다. 위대한 생물학자 파블로프가 세운 이 분류는 아이의 지적 교양 문제를 해결하고 개인적 기호와 재능 양성에 특별히 중요하다.

맑게 갠 어느 9월, 당신은 당신 학생들과 가을 숲에 가야 한다. 거기서 당신은 뚜렷이 드러나는 두 가지 유형의 사고를 가진 아이들을 보게 된다. 숲 속에서 아이들은 그냥 있는 것이 아니라 감동하고 감탄하고 놀라면서 주위 세계를 논리적·정서적으로 인식한다. 다시 말해 그들은 이지적으로 인식하고 정서적으로 인식한다. 맑게 갠 높은 하늘, 가지각색으로 단장한 나무들, 나무와 숲 속에 비낀 초가을의 선명한 색채 — 이 모든 것들은 아이들의 주의를 끈다. 그런데 그들은 주위 세계를 저마다 다르게 대한다. 이것을 세심히 관찰해 보라. 그러면 당신은 지각의 두 가지 유형을 발견할 것이다. 이것은 사고력의 두 가지 유형의 표지가 된다.

어떤 아이들은 대자연의 조화로운 아름다움에 황홀해할 것이다. 이 아름다움에 감탄한 나머지, 그들은 사물을 통일된 하나의 것으로 지각한다. 그들은 솟아오르는 해, 경탄할 만큼 형형색색으로 단장한 나무, 신비한 숲을 본다. 그러나 그들은 마치 많은 악기에서 나는 복잡한 음률이 어울린 화음과 같이 이 모든 것을 지각한다. 아이들은 낱낱의 음을 듣지 못하는 것처럼, 그들을 둘러싸고 있는 세계에서 낱낱의 항목들을 가려내지 못한다. 그들의 마음은 어떤 한 사물이나 현상에 쏠린다. 그들에게는 이 모든 조화가 한 사물이나 현상에 집중된 듯하다. 예를 들면 아이들은 호박색 넝쿨로 빽빽하게 덮여 은빛 이슬방울을 듬뿍 담고 있는 들장미 숲에 관심을 기울인다. 아이들은 이 들장미 숲 말고는 아무것도 보지 못하고, 그들은 이 아름다운 모든 세계가 대자연의 창조물 속에만 있는 것으로 느낀다.

이것이 주위 세계에 대한 예술적 지각 또는 형상적 지각의 가장 뚜렷한 특징이다. 이런 지각이 있는 아이들은 자기들이 본 모습을 흥미롭고 매력적인 것으로 이야기한다. 그들이 하는 이야기 속에는 뚜렷한 형상들이 있다. 그들은 그림과 형상, 즉 색깔, 소리, 동작으로 생각하는 것이다. 그들은 자연의 음악, 자연의 아름다움에 아주 민감하다. 그들의 지각에서는 정서적 요소가 우월한 것처럼 보인다. 즉, 그들에게는 지적으로 인식하는 것보다 정서적으로 인식하는 것이 더 많다. 이것은 그들이 학습하는 과정에서 정신노동에 흔적을 남긴다는 데 주의해야 한다. 뚜렷하게 표현되는 예술적 사고를 하는 아이는 문학 학습에 흥미를 느끼고 문학을 읽기 좋아하며 시 창작에 열중한다. 그들은 수학 학습에서는 자주 커다란 문제에 부닥치고, 심지어는 이 과목에서 진도를 따라잡지 못하기도 한다.

이와 다른 유형의 아이들에게 아름다움의 조화 따위는 보이지 않는다.

따스한 가을날에 소나무 숲가에서 해가 지는 광경을 본다고 상상해 보자. 진붉은 저녁놀, 구리처럼 단단한 나무줄기, 얼어붙은 못가에서 여러 가지 빛깔이 더없는 색으로 변하는 것을 본다고 상상해 보자. 학령 전기 아이들 가운데서는 이런 아름다움을 느끼지 못하는 아이들이 있는 것을 흔히 발견할 것이다. 이런 아이들은 다음과 같이 묻는다. 왜 해는 질 무렵이면 붉어질까? 해는 밤이면 어디에 가서 숨을까? 왜 가을이면 어떤 나무 잎사귀는 붉어지고, 어떤 나무 잎사귀는 오렌지색이 되고, 어떤 나무 잎사귀는 누렇게 될까? 어째서 떡갈나무 잎사귀는 오래도록 색깔이 변하지 않고 얼 때까지 푸를까? 이런 아이들의 눈앞에 펼쳐지는 것은 세계의 형상이 아니라 세계의 논리적, 인과적 측면들이다. 이것이 바로 논리적, 분석적 사고력 또는 수학적 사고력이다. 이런 사고를 하는 아이들은 사물의 인과관계와 그 의존성을 쉽게 발견하고, 이러저러한 연관으로 이어진 사물과 현상을 사고력을 통해 파악한다. 그들은 추상하는 것을 쉽게 여긴다. 그리고 그들은 수학 학습과 기타 정밀과학 학습에 흥미를 느낀다. 선명한 형상이 예술적으로 사고하는 아이들에게 흥미를 불러일으키는 것과 마찬가지로 그들에게는 추상적인 것을 논리적으로 분석하는 것이 흥미로운 일이다.

사고력의 두 가지 유형은 분명 있다. 교사는 각 아이들에게 어느 유형의 사고력이 두드러지는지 알아야 한다. 이것은 교육학적으로 학습을 올바르게 지도하는 데 매우 중요하다. 아이에게 생각하는 것을 가르치고 그들의 사고력을 발전시킨다는 것 – 이것은 각 아이들의 사고력을 발전시키고 아이들의 사고가 단편적으로 발전하지 않게 하면서 모든 학생들의 지적 발달을 그들의 선천적 소질에 가장 알맞은 궤도로 이끌어야 한다는 뜻이다.

생각의 속도라고 할 수 있는 계산 속도도 아이마다 다르게 나타난다. 어떤 아이의 사고력은 매우 활동적이다. 아이가 벌이 꿀을 어떻게 모으는지 생각하자마자, 교사는 꽃의 복잡한 구조를 아이들에게 보여 준다. 그러면 아이의 사고력은 다른 대상으로 쉽게 넘어간다. 또는 산수 문제를 풀이할 때의 사고력을 예로 들면 다음과 같다. 이런 학생들은 문제에서 언급되는 것(예를 들면 광주리, 사과 그 밖의 과일나무)을 생각해서 파악한다. 다른 아이에게 생각은 완전히 다르게 진행된다. 나는 이것을 사고력의 확고한 집중성이라고 한다. 만일 아이가 생각을 어느 한 사물에 집중한다면, 그는 생각을 다른 곳에 옮기는 것을 아주 어려워한다. 한 사물을 깊이 생각할 때 다른 것은 잊어버린다. 사과 1킬로그램의 값을 생각할 때, 그는 광주리마다 사과가 몇 킬로그램씩 들어 있고 사과 광주리는 몇 개인지 잊어버린다. 교사는 생각의 이런 특성을 지적 발달의 비정상적인 상태라고 오해하기도 한다. 사실 형상적 사고력을 하는 아이든 뚜렷하게 표현된 논리적, 분석적 사고를 하는 아이든 다 지능 과정이 더디게 진전되는 일은 흔하다. 교사가 이것이 어떻게 된 영문인지 분별하지 못하기 때문에 아이의 지적 발달에 대해 조급하게 부정확한 결론을 내리는 일이 많다. 생각이 확실히 더딘 아이들에 대해 오해하는 것이 특히 안타깝다. 아주 총명하고 민감한 아이들이라고 해도 생각이 천천히 진행되어 교사의 불만을 자아내는 때가 가끔 있다. 이러면 아이들은 짜증을 내고, 마치 생각이 멈춘 것처럼 되며, 나중에는 아무것도 알려고 하지 않는다.

개학하기 전에 이 모든 것을 보고 알아야 한다. 학습이 시작되기 전에 아이들의 사고력의 특성을 연구하는 것은 쉽다. 나는 1학년을 가르칠 교사들에게 아래와 같이 제안한다. 아이들이 입학하기 전 한 해 동안 그들과 함께 사고력의 원천인 자연으로 열두세 차례 여행을 가야 한다. 뚜렷한 모양이 있고 현상들 사이의 인과관계도 있는 환경으로 아이들을 데리고 가서 아이들이 황홀한 곳에서 아름다움의 경이로움을 체험하도록 하는 동시에, 그것을 생각하고 분석하도록 해야 한다.

33_ 교육자로서 첫발을 내딛는 교사들에게

내가 학교에서 일한 지 10년째까지는 시간이 얼마나 더디게 흘렀는지 기억한다. 그 뒤로는 시간이 빨리 흘러, 지금은 한 학년이 방금 시작된 것 같은데, 벌써 끝난다고 느낀다. 이런 개인적인 감상을 말하는 것은, 새로 시작하는 교사들에게 다음과 같은 아주 중요한 진리를 일깨우기 위해서다.

젊었을 때는 아무리 긴장된 일상에서도 우리는 우리의 정신적 부, 즉 교육적 지혜를 한 걸음 한 걸음 쌓아 올릴 시간을 낼 수 있다. 당신이 교직 20주년을 맞이할 무렵이면 50대에 들어서게 될 것이다. 그때 가면 시간이 모자란다. 젊었을 때 진작 이것을 알고 노력했더라면 나이 들어 일하기가 쉬웠을 것이다. '아직도 15년은 일을 더 해야 할 텐데!' 이렇게 걱정하지 않으려면 젊은 시절 무엇을 해야 할까?

해야 할 일은 많지만, 무엇보다 교육자로서 지성과 교육 방면의 부를 조금씩 쌓아야 한다. 당신 앞에는 인생의 여정이 멀리 뻗어 있다. 이 길에서 당신은 여러 사람이 미처 예상하지 못했던 운명에 부닥치게 될 것이다.

어떻게 살아야 할까?

행복이란 무엇일까?

진리는 어디에 있을까?

이런 문제의 답을 찾고 있는 청소년들의 탐구심과 슬기 어린 눈길이 당신에게 쏠리고 있다. 이 문제에 답을 주기 위해 당신은 진리를 탐구해야 한다. 민중의 승리를 갈망하는 사람들의 변증법을 알아야 하고, 가장 아름다운 미래, 인류의 이상 실현을 위한 투쟁을 이해하고 실천적으로 느껴야 한다. 참다운 교육자가 되려면 과학적 세계관으로 자기학습을 해야 한다. 이성적으로 세상을 바라보고, 인격적으로 학생들을 대하려면, 오랜 세월 공부해야 한다. 당신의 서재에는 사회와 혁명, 올바른 교육에 관한 중요한 책들이 있어야 한다. 자기 자신의 세계관을 형성한다는 것 – 이것은 사상가들이 쓴 글월을 외우는 게 아니라, 무엇보다도 합리적으로 세계와 인간을 이해하는 법을 배우는 것이다.

젊은 벗들이여, 나는 어떻게 마르크스·엥겔스·레닌의 저작들에서 교육 현장에서 부딪히는 문제에 대한 대답을 찾는지 이야기하겠다. 내 앞에서 삶이 변화·발전되는 모든 사람 – 이는 둘도 없는 개인, 하나뿐인 세계이다. 그의 가장 중요한 교육적 임무는 이 세계에서 합리적 이성과 인류의 이상이 구현되도록 하는 데 있다. 즉, 그의 독특하고 진지한 개성을 통해 이 이상이 구현되도록 하는 것이다. 둘도 없는 단 하나인 개인의 삶에서 일어나는 극히 세심한 변화를 볼 때마다 나는 마르크스, 엥겔스, 레닌이 그것을 위해 생활하고 투쟁했던 새로운 사회주의적 인격과 이상형이 어떤 것이었나 새삼스레 돌아본다. 비유하자면, 탁월한 사상의 바닷속에 헤엄쳐 들어가 '인간'을 탐구하고 노력하지 않는다면, 개인의 구체적인 삶을 깊이 있게 이해할 수 없다. 마르크스·레닌주의 창시자들의 저작에는 사회주의적 인간학의 백과전서가 포괄돼 있다. 그들의 뛰어난 사상은 사회주의적 이상의 발전 논리, 이를 테면 '인격의 전인적 발전'에 관한 관념을 이해하도록 도와준다. 그 저작들은 인간의 기호와 특성을 배양하는 복잡한 조건들을 밝혀내도록 도와준다. 당신이 도서관에 가서 쉽게 책을 빌려 볼 수도 있겠지만 나는 당신에게 자신의 장서를 가질 것을 권고한다. 나도 개인 장서를 가지고 있다.

진리는 어디에 있을까?

진리는 어떻게 알게 될까?

어떻게 해야 인류가 만든 도덕적 재산을 앞 세대에서 자라나는 세대의 심장과 머리로 넘겨줄 수 있을까?

책은 날마다 이렇게 충고하는 내 스승이다. 내 책은 '어떻게 살아야 할까, 어떻게 해야 학생들의 본보기가 될 수 있을까, 어떻게 해야 그들의 가슴속에 이상의 빛을 비출 수 있을까' 하는 문제를 가르치는 생활의 스승이다. 젊은 벗들이여, 당신들이 가르치는 과목의 과학 책, 본보기가 되는 인물들의 생활과 투쟁을 쓴 책, 그리고 사람(아이, 소년, 청년 남녀)들의 정신적 면모를 쓴 심리학 방면의 책들을 다달이 사 볼 것을 제안한다.

당신의 서가에는 이런 책들이 있어야 한다. 당신이 10년 된 교사라면 과학 지식이 해마다 풍부해져서 교과서가 초등 독본처럼 돼야 한다. 이럴 때에만, 당신은 좋은 수업을 위해 한평생 수업 준비를 했다고 할 수 있다. 끊임없이 과학 지식을 보충해야 교과서를 가르치는 과정에서 학생들의 학습을 살펴볼 수 있다. 즉, 당신은 수업 내용보다는 학생들의 사고를 중심으로 생각해야 한다. 이것은 모든 교사에게 교육 기교의 최고봉이다. 당신들은 그 최고봉에 오르도록 노력해야 한다.

또 보석 같은 인물들, 페리크스 드젤진스키와 세르게이 라조, 이반 바부슈킨과 야콥 스웰드로프, 율리우스 푸치크와 니코스 베로야니스 들의 생애와 투쟁을 쓴 책을 찾아야 한다. 그리고 이 책들을 당신의 서가에서 가장 아끼는 자리에 둬야 한다. 당신은 담당 과목 교사일 뿐만 아니라, 학생의 교육자이며 생활의 스승이며 도덕적 지도자라는 사실을 잊지 말아야 한다.

심리학 서적은 정서를 충실하게 한다. 교육자는 자라나는 사람의 마음을 깊이 알아야 한다. 학생을 개별적·구체적으로 대한다는 말을 들을 때, 이 말은 언제나 내 의식 속에서 사고라는 개념과 연결된다. 교육이란 무엇보다도 살아 움직이고 파고들어 의문을 던지는 탐구적 사고이다. 사고가 없다면 발견도 없다. 그것이 어찌 보면 보잘것없는 작은 것이라도, 발견 없이는 교육 활동의 창조성도 없다. 심리 현상의 많은 합법칙성은 수천만 개인의 생활로 표현됨을 당신은 기억해야 한다. 나는, 사범대학을 갓 졸업한 교사들이 심리학을 끊임없이 연구하고 지식을 심화시킬 때, 비로소 진정한 교육 전문가가 될 수 있다고 믿는다.

당신은 일생토록 교육자가 될 것인데, 교육에서 아름다움과 예술이 없다고 생각하지 않는다. 당신이 만약 어떤 악기를 연주할 줄 안다면 교육자로서 많은 이점을 가지게 된다. 작은 음악적 재능의 불꽃이라도 있다면 당신은 교육 활동에서 왕이나 지배자가 될 것이다. 음악은 교사와 학생을 마음으로 친해지게 한다. 학생의 마음속 깊이 간직된 목소리들이 교사 앞에서 모조리 드러나도록 한다. 만일 아무 악기도 다룰 줄 모른다면, 당신의 손과 마음속에 학생의 마음에 영향을 주는 다른 강력한 수단이 있어야 한다. 이는 바로 문학 예술이다. 가르치는 학생의 나이에 맞게, 당신은 학생의 마음속에 들어가는 길을 안내하는 문학 서적을 해마다 수십 권씩 사야 한다. 학생들은 문학 작품을 탐구심이 강한 머리와 감수성이 빠른 심장으로 이해한다. 마치 도덕의 저울 위에 자그마한 추를 놓아 원하는 쪽으로 기울어지게 하듯이, 교육자가 할 일이 있음을 잊지 말아야 한다.

책을 선택할 때 기억할 것은 학생들에게 권하고 읽히고 가르쳐야 한다는 것이다. 책에 담긴 인물들의 형상은 학생의 마음을 끌고 경탄시키며, 사람의 힘, 과학적 세계관, 진리와 정의, 인류의 이상에 대한 신념을 확립시킨다. 서점에 가서 교양서적을 고를 때마다 나는 그 책이 어느 학생에게 필요할지 생각한다. 교육은 꼼꼼하고 신중하게 젊은 사람의 마음과 대면하는 것임을 기억해야 한다. 이 접촉의 기술을 장악하려면 책을 많이 읽고 많이 생각해야 한다. 당신이 읽은 책을 모두 교육 현장에서 새로운 정밀한 도구로 써야 한다.

교육자는 아름다움에 대해 섬세하게 느낄 수 있어야 한다. 아름다움을 사랑하고, 창조하며, 자연의 아름다움과 학생들 마음속의 아름다움을 보호해야 한다. 당신이 나무심기를 즐기고, 손수 가꾼 과일나무와 활짝 핀 꽃, 벌들이 웅웅거리는 소리를 좋아한다면, 당신은 학생의 마음으로 가는 지름길을 찾게 될 것이다. 이것이 바로 아름다움을 창조하는 노동 가운데 정신적으로 교제하는 것이다.

당신은 해마다 학교라는 교육기술 실험실을 알차게 해야 한다. 교사는 전체용 문제와 예제, 그리고 개별 학생들에게 내주는 문제를 모아 두어야 한다. 한 해를 마칠 때마다 이것을 교수요강의 장, 절에 따라 편집해야 한다. 경륜 있는 수학 교사들은 15년 동안 좋은 수학 문제들을 모아서, 학생들에게 개별 과제를 시킬 때 이 문제집을 잘 활용하고 있다.

34_ 어떻게 아이들의 사고력과 지능을 조화롭게 끌어올릴까?

어떻게 학생들의 지혜를 발전시키고 그들의 지능을 끌어올릴 것인지에 대해 학교의 교육 활동 전반에서 날카롭게 의견을 제기하고 있지만 아직 충분히 연구하지 못했다. 지식을 전달한다는 것은 지적 교육의 한 면에 불과하고 지적 교육의 다른 측면, 즉 지능을 형성하고 발전시키는 측면을 떠나서는 우리는 지적 교육을 올바르게 볼 수 없다. 사고력과 지능을 발전시키는 것, 이것은 사고력의 모양적 요소와 논리적, 분석적 요소를 발전시키고 동시에 사고력 과정의 활동성에 영향을 주고 사고력의 더딘 진보를 극복한다.

학생들에게는 전문적인 '사고력 수업'이 필요하다. 학령 전기에 이미 이 수업을 해야 한다. 1학년부터 시작하면 이 수업은 지적 교육의 구성 부분이 된다. 사고력 수업이란 주위 세계의 모양, 그림, 현상, 사물 등을 생생하게 바로 지각하고 논리적으로 분석하며 새 지식을 얻고 사고력 연습을 해 원인과 결과를 찾는 것이다.

만약 '머리가 둔한' 학생들에게 생각하는 것을 가르치려면, 당신은 현상들의 연쇄가 밝혀지며 한 사물의 결과가 다른 사물의 원인이 되는 사고력의 원천으로 아이들을 데리고 가야 한다. 생각이 더딘 학생은 사고력으로 현상들의 연쇄를 파악하고 기억 속에서 몇 가지 사실, 사물과 관계를 확보하려고 노력할 때, 무엇과도 바꿀 수 없는 사고력 훈련을 하게 된다. 문제는 여러 가지 현상의 연쇄 속에서 하나하나가 마치 아이들 앞에서 사고력의 불꽃이 타오르듯이 연달아 발견되고, 그것들이 생각의 활동성을 자극하는 데 있다. 이 불꽃들이 타오르면 아이들이 더욱 많은 것을 알려고 하고 새로운 현상을 더욱 깊이 생각한다. 이런 의욕과 희망은 생각의 활동성을 가속화하는 추진력이 된다.

35_ 기억력 기르기

　기억력을 기르는 것, 이것 역시 학교에서 해야 할 예민한 문제다. 우리들은 누구나, 오늘 기억한 것을 내일이면 잊어버리는 '건망증'이 있는 아이들에게 실망할 것이다. 기억력을 기르는 데 도움이 되는 제안은 감성적 자료, 즉 실제적 경험에 기초한 것이다.

　자기의 노력과 강인한 의지로 얻은 지식이 많고 학생의 정서적 영역에 대한 논리적 인식에 대한 자극이 강력할수록, 기억은 더욱 확고해지고, 새로운 지식은 의식 속에 더 체계적이고 엄밀하게 들어간다.

　암기하기 전에 아이들은 내가 말한 바와 같이 사고력 훈련을 해야 한다. 기억해야 할 과제가 복잡하고 어려울수록 사고와 사고력, 지능에 대해 치밀하게 훈련해야 한다. 아이가 사물과 현상의 겉으로 드러난 면만 보고, 그것들의 깊은 본질까지는 '발견'하지도 못하며, 현상의 상호 연관성에 대해 놀라움을 체험하지 못한다면, 이런 아이는 암기를 어려워할 것이다.

　아이가 수업에서나 집에서 암기할 시간이 되지 않았을 때, 그들의 기억력을 기르는 데 관심을 돌려야 한다. 학령 전기와 초급 학년에서 학습하는 시기는 확고한 기억의 기초를 닦는 데 좋다. 아이들이 주위 세계의 현상과 합법칙성에 관한 중요한 원리를 전문적인 암기와 암송을 거쳐서 파악하도록 이끌어야 한다.

누구나 괴이한 현상 앞에서는 어찌할 바를 몰라 멍해질 수 있다. 아이들은 초급 학년 때는 공부를 잘하지만 초급 학년을 졸업한 뒤에는 곧 공부를 잘 못한다. 이것은 무엇 때문일까? 왜 이런 현상이 나타날까? 그 원인 가운데 하나는 초급 학년에서 사고력을 발전시키고 지능을 개발하고 기억력의 기초를 닦아야 하는데 그렇지 못했기 때문이다. 아이들이 교사의 지도를 받아 주위 세계를 직접 인식하는 과정에서 탐구하고 얻은 지식이 바로 기억력의 확고한 기초가 된다.

36_ 아이들의 기억력을 아끼고 길러 주어야

단순 암기는 언제나 해롭다. 소년기와 청년기에는 더욱 그렇다. 이 연령기에는 단순 암기가 유치해지는데, 그것이 그들을 어른이 돼도 유치한 상태에 머물게 하고, 아둔하게 하며, 기호와 재능을 갖지 못하게 방해한다. 단순 암기의 산물이자 가장 불유쾌한 산물 가운데 하나가 바로 독경식 기풍이다.

독경식 기풍은 아이들을 교육할 때 사용하는 방법과 방식을 소년과 청년들에게 기계적으로 적용한다. 이것은, 소년과 청년 남녀의 지혜가 아직도 유치한 상태에 있는데도, 도리어 그들에게 엄숙한 과학 지식을 얻게 하는 결과를 낳는다. 이렇게 되면 지식이 실제 생활에서 벗어나고 지적 활동과 사회 활동의 분야가 한정된다.

이렇듯 심각한 악영향이 발생하는 원인 가운데 하나는 소년과 청년 남녀들에게 어린이들과 똑같은 방법으로 지식을 얻게 하기 때문이다. 그들에게 교과서의 교재를 한 사람씩 외게 하는 것은 왼 다음 자기 지식을 교사들에게 '털어내고' 점수를 얻게 하기 위한 것이다. 의식적 암기의 이런 이상 비대증은 그야말로 사람을 바보로 만든다.

독경식 기풍을 학교에서 몰아내는 것이 가장 중요한 교육 활동의 하나다. 그러나 지금 중급과 상급 학년의 교재 대부분은 바로 의식적 암기만 요구한다. 즉, 앉아서 외어야 하며, 다르게 하면 안 된다. 여기서는 그 어떤 꾀도 부릴 수 없다. 이런 경우에 어떻게 해야 할까?

이에 대한 방도는 단 하나밖에 없다. 즉, 의식적 암기와 무의식적 암기 간의 합리적인 비례를 정하는 것이다. 만약 8학년 학생들이 암기해야 할 교재의 분량을 x로 표시한다면, 학생들은 동시에 교재보다 몇 배 더 많은 3x를 생각하고 이해해야 한다. 이때 의식적으로 암기해야 할 교재와 생각하기만 하고 따로 암기할 필요가 없는 교재 간에 일정한 관계를 확보해야 한다. 이 관계는 직선적인 직접 관계가 아니라, 가장 재미있는 문제와 연관되는 관계여야 한다. 예를 들어 해부학과 생물학에서 사람의 신경 계통을 공부하는 것을 보자. 이 부분에는 새로운 것이 많아 모든 것을 거의 다 암기해야 한다. 학습이 단순 암기가 되지 않게 하려면, 학생들에게 인체의 각 계통과 신경 계통에 탁월한 학자들의 연구에 관해 쓴, 인간에 관한 아주 흥미로운 책을 추천해 읽게 해야 한다. 학생들이 이 책을 읽을 때 암기해야 하는 규정은 없지만, 이 책을 읽는 가운데 많은 것이 그들에게 암기되는데, 이것은 완전히 다른 암기, 즉 무의식적 암기이다. 이 암기는 교과서의 교재를 의식적으로 암기하는 것과 질적으로 다르다. 이 암기는 흥미와 사고력과 몰입으로 형성된다. 여기서는 인식의 정서적 요소가 큰 몫을 한다. 무의식적인 암기, 즉 흥미로운 책을 읽는 것은 사람의 생각이 활기를 띠도록 촉진할 수 있다. 사고 활동이 적극적이 될수록 의식적인 기억력이 더욱 발달하고, 많은 자료를 확보하고 재현하는 능력은 더욱 강해진다. 만일 한 사람이 자료를 암기하는 것이 교과서에서 암기해야 할 것보다 몇 배 더 많다면, 교재를 암기하는 것이 더 이상 단순 암기가 되지 않을 것이다. 이때의 암기는 이해가 있는 독서가 되고, 사고력이 있는 분석이 된다. 의식적 암기가 무의식적 암기, 즉 독서와 사고를 기초로 형성된다면, 교과서를 학습하는 과정에서 소년들은 많은 의문을 가진다. 그들이 아는 것이 많을수록 그들에게 이해되지 않는 것도 많아지고, 이해되지 않는 것이 많을수록 교과서에 따라 진행되는 수업에서 가르치기가 더욱 쉬워진다.

무의식적 암기와 의식적 암기 사이에 합리적인 비례를 위해서 당신은 무엇보다도 지식의 전달자가 되지 말고, 청년들이 하는 사색의 통치자가 돼야 한다. 당신이 서술하고 새 교재를 설명할 때에는 청소년들의 탐구심, 지식욕, 지식 탐구 같은 화약에 지필 불이 있어야 한다. 소년들이 당신이 가르치는 것을 다 듣고 나서부터 당신이 슬쩍 제시하는 책을 읽고 싶게 만들어야 한다.

소년과 청년 남녀들의 기억력 발전은 중급 학년과 상급 학년의 교육과정의 일반적인 지적 소양에 달려 있다.

37_ 그리기의 즐거움

초급 학년에서 미술이 어떻게 배정되고 교사가 교육과정에서 그림 그리기에 어떤 비중을 두느냐는 학생들의 지능을 발달시키는 것과 직접 관계가 있다. 초급 학년을 가르칠 때, 그림이 창조력과 상상력을 발전시키는 수단임을 알았다. 아이의 그림은 논리적 인식으로 나아가는 데 없어서는 안 되며, 그림은 세계에 대한 미적 관점을 발전시키는 데 큰 도움이 된다.

처음에 나는 아이에게 보고 그리는 것을 가르쳤다. 우리는 나무, 화초, 강, 동물, 곤충, 새 들을 그렸다. 그림의 구성이 아무리 간단해도, 언제나 지각, 사고력, 미적 평가라는 개인적 특징이 반영된다. 한번은 우리가 토끼풀을 그렸다. 어떤 아이는 꽃이 만발한 들과 구름, 파란 하늘, 지종지종 울어대는 종달새까지 모두 그리려고 애썼다. 다른 한 아이는 꽃이 핀 토끼풀 한 포기와 그 꽃잎에 벌 한 마리가 앉아 있는 것을 그렸다. 다른 여자애는 도화지 전면에 벌의 날개와 꽃이 핀 토끼풀의 자그마한 꽃잎, 해를 그렸다.

주위 세계에 대한 아이들의 지각을 선명한 미적 감성으로 가득 채우려고 우리는 사고력의 발원지(자연계)로 여행을 여러 번 갔다. 우리는 못가에서 아침놀과 저녁놀을 그렸으며, 들판의 목장에서 훨훨 피어오르는 모닥불, 철새들이 따뜻한 먼 곳으로 날아가는 모습, 그리고 봄철 홍수 난 풍경을 그렸다. 그들이 감동하고 경탄한 것들을 그리는 것이, 그들이 주위 세계에 대해 내린 미적 평가인 셈이다. 아이들이 아름다움을 느낀 사물을 그릴 때, 심미적 감각은 마치 욕구가 표현되듯이 형상적 사고력을 깨우친다.

아이들에게 그림의 기본을 하나하나 가르쳤다. 아이들은 빛깔, 음영, 투시 같은 화법을 배웠다. 1학년의 그림에서 벌써 창조성이 중요한 자리를 차지했다. 아이들은 그림으로 이야기를 엮었고 동화를 그렸다. 그림은 창조적인 상상력 활동의 원천이 됐다. 그림을 그리는 과정에서 발달하는 상상 활동과 아이의 언어 사이에 직접적인 연계가 있었다. 그림을 그리는 것은 '말을 하는 것이다.' 그림은 말이 적고 아주 수줍어하는 아이들에게 말을 하게 한다.

2, 3, 4학년들은 그림 그리는 것을 창조적인 글쓰기 작업, 즉 자연현상과 노동을 관찰하고 얻은 자료로 쓴 작문에 포함시켰다. 아이들은 자기 사상을 표현하는 데 적절한 낱말을 찾지 못할 때는 그림에서 도움을 받으려 한다. 어떤 남자아이는 '식물 창고'에서 보물들을 보았을 때 느낀 놀라움을 표현하고 전달하려고 사과, 감자, 사탕무우의 푸른 잎사귀, 떨어진 갖가지 잎사귀들을 죄다 그렸다.

나는 그림이 아이들의 정신생활에서 제자리를 잡도록 애썼다. 우리가 배를 타고 드네프르 강을 따라 키예프로 갈 때, 남녀 청소년들은 강가의 들판과 산, 숲과 들판 너머 언덕의 아름다운 경치에 황홀해져, 이 아름다운 모든 것을 선과 색채로 묘사하려고 노력했다.

   그림을 떠나서 지리, 역사, 문학, 자연 같은 과목을 수업하기는 아주 어렵다. 이를테면 내가 먼 대륙인 오스트레일리아의 식물계와 동물계를 가르친다고 하자. 학생들은 언제나 모든 것이 다 그려져 있는 기존의 그림을 가지고 학교에 올 수 없다. 그래서 나는 식물과 동물을 칠판에 잔뜩 그려 놓는다. 이것은 아이의 생각이 끊어지지 않게 하고 동시에 그들이 상상의 나래를 펴게 한다. 나는 역사 수업에서 설명하면서 칠판에다 분필로 고대인의 옷과 노동 도구와 무기 따위를 그린다. 역사 수업에서 (특히 4학년과 5학년에서) 설명하면서 칠판에 줄거리가 있는 그림을 그리는 것은 학생들의 이해를 돕는 데 아주 큰 몫을 한다. 이를테면 스파르타쿠스 봉기를 설명할 때, 나는 산꼭대기에 진을 친 군영을 칠판에 그렸다. 설명하면서 그리는 이런 그림은 기존의 것보다, 심지어 천연색 그림보다 더 커다란 이점을 가진다.

38_ 글쓰기를 잘하게 하는 방법

읽는 것과 쓰는 것은 학생들에게 가장 필요한 두 가지 학습 도구이고, 주위 세계로 통하는 창문이다. 유창하고 빠르게 이해하면서 읽는 능력과, 능숙하고 빠르게 쓰는 능력이 없다면, 학생은 장님에 가깝다. 3학년, 늦어도 4학년이면 으레 연필을 종이에서 떼지 않고 긴 단어를 쓸 수 있게 하고, 필기장을 보지 않고도 낱말(심지어는 짤막한 문장)을 쓸 수 있게 하는 것이 교사의 가장 중요한 임무다. 반자동으로 쓰는 것, 이것은 읽고 쓰는 수준을 높이고 지식을 전반적으로 얻는 데 아주 중요하다. 학생은 이러저러한 자모를 어떻게 쓰며 이 자모를 다른 자모와 어떻게 결합시킬지 더 생각하지 않아도 된다. 이런 조건에서 그는 문법 규칙을 이용하고 자기가 쓰고 있는 것에 담긴 뜻을 생각할 수 있다. 능숙하게 글을 쓰는 능력은 문법 규칙을 이용하면서 반자동적으로 점차 단련할 수 있다. 아이들은 이런저런 낱말들을 어떻게 써야 하는지 더 생각하지 않아도 된다. 왜냐하면 그는 이미 그 말들을 여러 번 썼기 때문이다.

자모와 낱말을 빨리 쓰고, 맞춤법이 차츰 반자동 수준에 이르고, 쓰는 동시에 생각하는 것 – 이 모든 것을 동시에 진행해야 한다. 능숙하게 글을 쓰는 능력을 기르려면, 먼저 손 근육을 어느 정도 단련시켜야 한다. 이런 연습은 글을 쓰기 전에 먼저 해야 한다. 오른손이나 왼손이나 할 것 없이 먼저 정밀한 손 놀림을 해야 한다. 학교에 입학하기 전 1년 동안에 아이들에게 조그마한 칼과 가위로 마분지나 종이를 오리고 나무를 조각해 나무로 된 조그마한 모형을 떠서 설계하고 제작하는 놀이를 시켜야 한다. 정밀한 손 놀림은 손가락 동작에 필요한 균형감과 율동성을 기르고, 손가락의 훌륭한 운동성과 작고도 아름다운 도안(실질적으로 자모도 이런 작고도 아름다운 도안에 해당한다)에 대한 민감성을 형성시킨다.

아이들의 손 놀림이 미적인 창조 활동이 되게 노력해야 한다. 아이들이 만든 작품에서는 둥근 선, 타원의 선, 물결 모양의 선이 거듭되도록 해야 하며, 아이들은 어릴 때부터 '도구의 민감성'이 필요한 정밀하고 조화된 동작에 익숙해져야 한다.

만일 아이들이 충분히 정밀한 손 놀림을 하면, 능숙하게 글을 쓸 준비가 됐다는 뜻이다. 물론 그 뒤에 체계적인 글쓰기 연습도 해야 한다.

39_ 아이들이 오른손과 왼손을 다 쓰도록 가르치자

인간이 발전해 온 역사는 다음과 같은 결과를 낳았다. 사고력을 발달시키는 가장 총명한 손 놀림은 다 오른손으로 완성된다. 왼손은 창조적인 손 놀림이 완성될 때 보조 작용을 한다. 오른손으로 도구와 연필을 쥐며, 화가는 오른손으로 불후의 작품을 창작한다.

사람은 오른손으로 교양의 봉우리에 오른다. 그러나 모든 사람들이 오른손으로만 얻게 되는 아주 정밀한 손 놀림들을 왼손으로도 할 수 있다면 기교, 예술, 지적 발달은 급속히 빨라질 것이다. 여기서 말하는 것은 노동교육의 또 하나의 선결 조건에 관한 것뿐만이 아니다. 손과 뇌수 사이에는 상호작용하는 수천만 개의 관계가 있다. 손은 뇌수를 발전시켜 더욱 현명하게 하며, 뇌수는 손을 발달시켜 창조의 총명한 도구, 사고력의 도구, 거울이 되게 한다. 가장 정밀하고 총명한 손 놀림을 오른손뿐만 아니라 왼손으로도 할 수 있다면, 여러 가지 사물과 과정, 상태 간의 상호작용과 상호 연관을 반영하는 총명한 경험이 양손에서 뇌수로 전달될 것이다. 이 결론은 실재하는 합법칙성을 반영한다. 즉, 두 손의 창조적인 놀림에 따라 상호작용을 깨닫고 이해하는 것은, 사고력 활동에 새로운 질을 부여한다. 인간은 사고력의 눈으로 상호 연관된 현상들의 관계를 파악하고, 그것들을 통일된 하나로 보게 된다.

나는 7년 동안 아이들에게(7세부터 14세까지) 두 손으로 작업하는 것을 가르쳤다. 아이들은 두 손으로 각각 조각도를 쓰고, 오른손과 왼손으로 복잡한 모형의 부속들을 조립할 수 있으며, 오른손과 왼손으로 목조 선반기에서 일하게 됐다. 나는 아이들이 이런 활동을 하면서 창조의 요소가 해마다 발전하는 것을 보았다. 아이들의 이런 창조적이고 전형적인 특성은, 새로운 구상이 쉼 없이 발생하고 창조력을 가지는 것이었다. 두 손으로 노동할 줄 아는 기능공은 오른손으로만 작업하는 사람보다 더욱 많은 것을 볼 수 있다. 도구로 재료를 가공할 때 양손을 쓰는 학생들은, 손 동작을 아주 정밀하고 부드럽게 형상화할 수 있다. 아이들은 저마다 자신의 총명한 창조적 노동을 사랑한다.

40_ 학생들이 갖춰야 할 기본 기능

학생들이 10년 동안에 갖춰야 할 가장 중요한 기능은 아래와 같다.

1. 명확하게 이해하면서 유창하게 읽는다(낭독과 묵독을 포함).
2. 교사의 설명을 거침없이, 빠르고 정확히 쓸 수 있다.
3. 생각할 줄 알며 여러 가지 대상, 사물, 현상을 비교하고 대비할 수 있다.
4. 주위 세계의 현상을 관찰할 줄 안다.
5. 낱말이나 문장으로 사상을 표현하고 전달할 수 있다.
6. 읽은 책에서 논리적으로 완전한 부분들을 골라 내고, 그것들의 상호 연관, 자기가 흥미를 느끼고 있는 문제와 관련된 서적들을 찾을 줄 안다.
7. 이해해야 할 문제와 관계 있는 책을 찾아낼 수 있다.
8. 책에서 자기가 흥미를 느끼는 문제와 관련된 자료를 찾을 줄 안다.
9. 책에서 읽은 문장을 논리적으로 분석할 수 있다.
10. 수업을 들으면서 교사의 사상 내용을 간단하게 기록할 수 있다.

11. 교과서를 읽으면서, 어떻게 본문 내용과 논리상의 구성 부분을 이해하는지 교사의 지시를 들을 수 있다.
12. 글쓰기를 할 줄 안다. 자기가 주위에서 보고 관찰한 것들을 똑똑히 써야 한다.

위에서 밝힌 내용은 얼핏 보면 겁이 날 수도 있다. 교사와 학생들이 부딪히는 어려움의 원인은 아주 명확하다. 아이들이 잘 읽을 줄도 모르는데, 읽고 나서 논리적 분석을 요구하면 이것이야말로 이상한 것이다. 5학년이 돼서도 유창하고 명확하게 읽을 줄 모르는 학생이 있다. 그런데도 이들에게 역사, 지리, 생물 교과서를 논리적으로 분석하고 이런 분석을 모든 학습의 기본적 방법으로 삼게 하는 것은 잘못이다.

41_ 손을 잘 움직여야 지혜로워진다

　사람의 손은 수십억 가지 동작을 할 수 있다. 손은 의식의 위대한 어머니고 지혜의 창조자다. 유감스럽게도 머리를 발달시키는 데 손이 하는 구실(특히 아이와 소년 시기의 초기는 해부생리학적 과정이 급속히 발전하는 시기다)이 아직 거의 연구되지 않았다. 학생들에게 노동을 시키는 문제를 언급할 때 최근까지 사람들이 근거로 드는 것이, 학교에서 지적 발달을 지나치게 추구하는 편향을 극복하기 위해서라고 한다. 이것은 얼마나 터무니없는 논리인가! 즉, 두 손을 놀려 일을 하지 않으면 머리만 커질 위험이 있다는 것이다!

　실제로 이런 일은 없으며 일어날 수 없다. 이는 손이 할 일이 없도록 아무 생각 없이 있다가, 되는 대로 몸에 부담이 될 일을 학생들에게 시켜 그들이 할 일이 있는 듯 느끼게 하는 것과 같다. 이 두 가지 방법은 모두 소년의 지적 발달에 악영향을 미친다. 나는 10년 동안 8세부터 16세까지 학생 140명의 지적 발달 상황을 관찰했다.

　학생들은 어떤 숙련도 필요 없는 단조롭고 지루한 육체노동을 해마다 몇 달씩 했다. 그래서 그들의 두 손은 창조하는 도구가 되기는커녕, 힘을 쓰는 기관에 불과했다. 해부생리학적 과정이 급속히 진행되는 시기에 학생들이 사람을 지치게 하고 단조롭고 지루한 이런 활동을 하는 수 없이 했다. 어느 학교에서는 학생들이 공부할 때, 정신 활동이 아주 제한되고 단조로워져서 그들의 지적 흥미와 욕구가 없었다. 뿐만 아니라 더욱 걱정스러운 것은 아이와 청소년 시기에 있는 학생에게 자기 두 손으로 어떤 복잡하고 정밀한 일에 세심하게 머리를 써야 하는 일을 못하게 하는 것이었다.

이런 방법은 이 학교의 많은 학생들의 지적 발달에 다음과 같은 흔적을 남겼다. 즉 16세부터 18세까지 청소년들이 가장 기본적인 기계를 조작해야 할 때 어쩔 줄 모르고 무서워서 쩔쩔맨 것이다. 또 졸업생 가운데 고등학교 입학시험에 합격한 사람이 하나도 없었다. 이것이 바로 총체적인 지능의 빈약성과 저급한 노동 소양이 빚은 비참한 결과다.

사람의 대뇌에는 가장 적극적이고 창조성이 많은 특수한 부분이 있다. 두 손의 정밀하고 부드러운 동작과 추상적인 사고력을 결합하면 대뇌의 이 부분이 적극적으로 활동하도록 자극할 수 있다. 만약 이런 결합이 없다면, 대뇌의 이 부분들은 잠들어 버린다. 아동기와 청소년기에 대뇌가 자극받지 못하면, 이 부분들은 영원히 깨어나지 못할 것이다.

나는 아이들이 1학년부터 두 손으로 정확하게 성숙한 동작을 하게 했다. 수공 노동 수업에서, 그리고 과외 동아리에서 아이들이 종이를 오려내거나 나무를 조각해 정밀한 그림을 만들게 했다. 조각칼로 글자를 곱게 새길 줄 아는 사람이면 잘못된 곳을 철저하게 찾아내고, 일을 경솔하게 하지 않는다. 이런 예민한 감각은 사고력에서도 발휘된다. 손은 사고력에 정확성, 정밀성, 명확성을 부여한다.

청소년들이 작업할 때, 우리는 되도록 정밀한 도구를 써서 그들의 두 손과 손가락이 복잡한 동작을 하도록 했다. 수공 도구로 목재나 경금속을 정밀하게 가공하는 것은 청소년들의 지혜를 기르는 데 중요하다. 학생은 일을 하면서 자기의 도구를 쓰는 습관을 길러 그것을 자유자재로 다루게 된다. 우리의 노동 교사 웨로시로는 학생들에게 도구 쓰는 법을 가르치면서 지적 교양이라는 중요한 사명도 완수했다. 우리는 머리가 둔한 몇몇 학생들의 두 손이 어느 때에 잠에서 깨어날지 초조하게 기다렸다. 패트리그는 일이 아주 거칠었다. 그러나 6학년이 되자 아주 멋지고 정밀하게 일을 했다. 그의 사고력이 적극성을 띠는 단계로 한 걸음 나아간 것이다. 그래서 우리는 아주 기뻤다. 비록 패트리그가 60점 이상 받지는 못했지만 조금씩 쌓아 올린, 세심하고도 참을성 있는 이런 교육 활동이 없었더라면 이만한 성적도 얻지 못했을 것이다.

청소년들은 점차 설계를 하고 조립하는 활동으로 넘어갔다. 실습 공장에는 학생들이 여러 가지 모형과 시제품을 만드는 데 쓸 목제와 가소성 부속품이 있었고, 여러 가지 활동 모형과 기계를 분해할 수 있는 부속품들도 있었다. 학생들은 여러 가지 부속품들의 관계를 분석하면서, 부속품이거나 시제품을 머릿속에서 구상하고 그것들을 만들었다. 이런 작업을 통해 지혜를 짜는 것과 두 손의 동작이 서로 뚜렷이 결합했다. 이렇게 정보는 서로 대응되는 과정을 거쳐 전달된다. 즉, 손은 대뇌에 전달하고, 대뇌는 손에 명령한다. 손도 '생각' 하지만 이때는 바로 대뇌의 창조적 부분도 자극을 받는다. 이런 작업을 하는 가운데 상호 관계, 상호작용에 대한 이해가 중요해진다.

사고력은 전체에서 부분으로, 일반에서 구체로 넘어간다. 손은 이런 이동에 적극 참가한다. 이런 작업에 없어서는 안 되는 관찰력과 추리력은 수학적 재능을 발전시키는 것과 직접 관계된다. 와리야는 동력 모형의 부품들 간의 복잡한 관계와 상호 관계를 모든 남자아이들보다 더 빨리 가려냈다. 이것은 바로 그 여자아이의 사고력이 빨리 작동했다는 뜻이다.

　나는 직장 청년들의 과외 학급의 학습 사정을 여러 해 동안 관찰했다. 많은 학생들은 숙제를 할 시간이 없었고, 때때로 수업을 빠지는 일이 있었지만 전일제 학교의 학생들보다 더 훌륭하게 수학, 물리, 화학 등의 지식을 배웠다. 이것은 무엇 때문일까? 바로 일을 잘하는 그들의 두 손이 지적 재능을 발휘시키는 강한 자극물이기 때문이다. 과외 학급에서 가르치는 우수한 수학 교사는 모두 문화 지식이 있고 재능이 있는 기계 기술자들이다. 이들이 바로 인민들 속에서 '스스로 공부해서 이름을 낸 사람'이라고 알려진 사람이다. 정밀하고 참을성 있게 머리를 써서 창조적으로 배워서 그들은 스승의 지도가 없이도 스스로 익히는 사람이 됐다. 우리는 일상생활을 하면서 이런 유익한 경험을 거울로 삼아, 노동 수업에서뿐만 아니라 그 밖의 여러 가지 활동을 하면서 학생들의 두 손이 그들의 사고력을 자극할 수 있도록 노력해야 한다.

42_ 지적 교양의 참뜻

지적 교양은 지식을 얻고, 과학적 세계관을 가지며, 인식 능력과 창조적 능력을 발전시키고, 학습의 소양을 기르며, 한평생 자기의 지혜를 풍부히 하고, 아는 것을 실천하려는 한 개인의 욕구를 키우는 것을 포함한다.

지적 교양은 지식을 배우는 과정에서 쌓인다. 그러나 이 지적 교양을 단순히 지식을 쌓는 데 귀결해서는 안 된다. 수양 정도와 지능 배양, 학교에서 습득하는 지식의 양과 지적 발달 정도에서 후자가 지식의 양에 의존한다 해도, 그것들을 같은 것으로 볼 수 없다. 지적 교양은 아주 복잡한 과정이다. 이 과정은 세계관의 형성, 사상의 방향성과 창조의 방향성 형성을 포함하고 개인의 노동, 사회적 적극성과 밀접한 관계를 가지며, 개인의 사회적 적극성은 학교 내의 교육 사업을 사회적 생활과 일치시킨다.

교수 과정에서는 지적 교양의 주요한 목적인 지능을 발전시킨다. 학교의 이상은, 사람을 지능 면으로 양성시켜서 생활하도록 만드는 것이다. 무식쟁이는 어떤 수준의 교육을 받든 사회에 위험한 존재가 된다. 무식쟁이는 행복한 사람이 될 수 없고, 남에게 악영향을 미친다. 한 사람이 학교 문을 나설 때 지식을 배우지 못했더라도, 총명한 사람이 돼야 한다. 머리가 좋아진 정도는 지식의 양과는 같지 않다. 그것은 사람의 복잡하고 다양한 활동 가운데 지식의 생명력이 어떻게 발현되는가에 달려 있다.

펀그위츠는 "우리는 발랄하고도 생동감 있는 사고력, 자연계 그 자체의 운동을 반영할 수 있는 사고력을 기르고자 노력해야 한다"고 썼다. 교수 과정에서 인격에 대한 지적 교양은, 교사가 지식을 인식력, 창조력, 사고력(발랄하고 생동감 있고, 잘 연구하고 탐구하며, 언제나 기존의 지식에 만족하지 않는 사고력)을 발전시키는 수단으로 삼을 때 실현될 수 있다. 지식이 바로 도구가 되고, 학생들은 이 도구로 세계를 인식하며 창조적인 노동으로 새로운 발걸음을 내딛는다. 지적 교양의 가장 중요한 방법은 생산노동, 연구, 실험, 생활 현상과 문헌 자료, 문학 창작 실험을 자기 힘으로 연구하는 일이다.

지적 교양은, 노동을 위해서뿐만 아니라 정신 생활을 충실히 하기 위해서도 부족해서는 안 된다. 앞으로 수학자가 되든 트랙터 운전수가 되든 창조적으로 생각할 줄 알아야 하고, 총명한 사람이 돼야 한다. 지혜는 사람에게 문화적·미적 풍요로움을 누릴 수 있는 행복을 줘야 한다. 진정한 지적 교양은 사람을 전반적인 생활의 복잡함과 풍부함을 인식하게 한다. 만일 지혜가 겨우 직업 노동에만 쓰인다면, 생활은 빈궁하고 침울해질 것이다.

지능을 발달시키는 핵심은 지식에 기초한 신념의 세계관을 세우는 것이다. 과학적 세계관은 세계에 대한 정확한 관점의 체계고, 개인의 주관적 상태의 표현인 감정과 의지, 활동도 과학적 세계관에 따라야 한다. 지능을 발달시킨다는 뜻은, 세계에 대한 사람의 관점이 세계를 해석하는 것으로 표현되고, 창조적인 노동으로 어떤 것을 증명하고 확립하고 수호하려는 지향을 가지는 것으로도 표현된다.

43_ 새내기 교사들에게

큰 학교에서 일하는 교사들은 작은 학교에서보다 교육 기교를 발전시키기가 더 쉽다. 큰 학교에는 언제나 훌륭한 교사들이 있다. 그러나 다른 사람의 교육 경험을 배우는 일은 복잡하고 창조적이다.

당신은 고등학교를 졸업했으니 당신에게는 하급 학년 교사가 될 수 있는 증명서가 있다. 당신이 가는 학교에는 16명의 하급 학년 교사가 있다. 그들 중 일부는 우수한 능력으로 늘 교무회의에서 표창을 받으며, 다른 일부는 어느 곳에서도 부르지 않고, 또 어떤 사람들은 결함이 있다고 수시로 지적을 받는다. 처음 교단에 서는 풋내기인 당신은 흔히 당신보다 몇 년 먼저 일하고 있는 교사들에게 배울 것이다. 다른 사람의 경험을 배우려면 시간을 절약해야 한다. 당신이 모든 교사들의 수업을 일일이 다 참관한다면, 교육 요령을 배우기 어려울 것이다.

우선 하급 학년 학생들의 공책을 모두 볼 것을 제안한다. 많은 학생들의 공책에 쓰여 있는 글자가 아름답고 분명하며 틀린 것이 적다면, 그것은 이 학급에서 많은 것을 배울 수 있다는 뚜렷한 징조다. 학생들의 공책

- 이것은 교육 사업 전반의 거울이 된다. 그러므로 당신은 이 학급 교사의 수업을 참관해야 한다. 당신은 글쓰기 수업만 참관해서는 안 된다. 공책에는 교육과정의 성과가 담겨 있다. 글을 잘 쓰느냐는 아이의 독서 방법뿐만 아니라, 독서량에도 달려 있다.

교사가 하는 모든 활동을 아이들이 정확히 이해하지 못하고 그가 아이들에게 어떤 영향을 주는지 파악하지 못하면, 아이들은 그의 교육 경험의 어느 한 측면도 제대로 이해할 수 없다. 처음에는 경륜 있는 교사가 아이들에게 어떻게 글을 잘 쓰도록 가르치는지 이해하려고 수업에 참관하겠지만, 당신은 자기가 관찰한 대상과 직접적인 연계가 없는 듯한 것을 많이 볼 것이다. 당신은 온갖 현상들의 복잡한 의존 관계에 대해 당황할 필요가 없다. 남의 경험을 배운다는 것 - 이것은 먼저 무엇이 무엇에 의존하는지 알아야 한다는 뜻이다. 이렇지 못하면 남의 경험을 이해할 수 없고 배울 수도 없다. 가장 우수한 경험을 배운다는 것 - 이것은 개별적인 방법, 방식을 자기의 활동에 기계적으로 옮기는 것이 아니라, 그 사상을 옮기는 것이다. 우수한 스승을 따라 배우려면 어떤 것을 확신해야 한다.

학생의 공책을 보면 학생들이 책을 잘 읽고 있다는 것을 발견할 것이다. 학생들이 대뜸 한눈에 낱말들과 문장 성분을 파악하고 읽으면서 생각하고, 그들이 낭독하면서 정서와 억양을 잘 표현하는 것을 발견할 것이다. 당신은 읽기 교수법을 자세히 관찰해야 한다. 그러나 거기서 당신은 뜻밖의 새로운 것을 발견하지 못할 수도 있다. 그러면 당신은 다시 한 번 수업을 참관해야 한다. 그런 다음에 계속 참관해 봐야 한다. 당신은 자기가 가르치는 수업과 모든 것을 대비해야 한다. 당신은 전적으로 동료 교사가 한 방법대로 가르쳤으나 결과가 전혀 다르게 나타날 수도 있다. 그렇다면 당신은 훌륭한 교수의 효과는 무엇에 의해 결정되는지 찾아야 하고, 끝까지 탐구해야 한다.

당신은 학생들에게 자세히 물어보고, 될 수 있는 한 그들의 가정 형편을 알아야 한다. 그러면 당신은 학생들이 독서를 잘하는 것은 여러 가지 요소에 달려 있다는 것을 차츰 알게 될 것이다. 학생들이 책을 잘 읽는 것은 가정에서의 생활이 어떤지, 아이들이 어릴 때 어떤 동화를 많이 들었는지, 학생에게 과외 독서의 습관이 들어 있는지, 지식과 실제 능력의 관계에 관해 교사가 어떻게 관심을 기울였는지 들에 달려 있다. 당신은 교육 활동을 할 때 어떤 한 가지 조처로만, 어떤 결과를 얻으리라는 보장이 없다는 결론을 갖게 될 것이다. 모든 결과는 수십, 수백 가지 요소에 따라 얻어지며, 때로는 연구하고 관찰하고 탐구하는 대상과는 거리가 멀고 직접적으로 연계가 없는 듯한 개별적인 요소로 얻어지기도 한다.

우수한 교사의 경험을 깊이 이해하는 것은 당신이 자신의 실제 교육 활동에서 어떤 결과를 얻으려면 어떤 요소에 따라야 하는지를 발견하는 데 도움을 줄 것이다.

교육 기교를 높인다는 것 – 이것은 무엇보다도 자습을 해야 하고, 자기의 노동 소양을 끌어올리고, 우선 사고력의 소양을 향상시키도록 노력해야 한다. 혼자 생각하지 않고 자기 노동에 대해 탐구하려는 정신이 없으면, 교수법을 좋아지게 하는 그 어떤 활동도 성과를 얻을 수 없다.

자기보다 나이가 더 많은 동료들의 경험을 연구하고 관찰할수록, 당신은 더욱 자기 나름대로 그것을 관찰하고 분석하고 향상시켜야 한다. 이렇게 관찰하고 분석한 기초 위에서 당신은 점차 자기의 교육사상을 가지게 될 것이다.

예를 들어 당신이 지금 하고 있는 사업과 앞으로 얻게 될 결과 사이의 관계를 연구하면, 다음과 같은 결론을 얻게 된다. 오늘 잘 가꾼 땅에 뿌린 씨앗은 얼마 지나지 않아 싹이 튼다. 오늘 하는 사업은 대부분 몇 년이 지난 뒤에야 평가를 받는다. 이것은 교육 활동의 아주 중요한 합법칙성의 하나다. 이 합법칙성은 언제나 긴 안목으로 문제를 보게 한다.

44_ 아이들이 공부를 잘하게 하는 길

아이의 공부가 아이들을 사람답게 만든다. 부모에게 기쁨을 주려는 아이들의 깨끗한 마음이 꾸준하게 공부하도록 북돋우는 가장 강한 자극물이다. 진실하고 동정심이 많은 아이는, 얼핏 보기에는 나쁜 점이 없을 듯한 것에서 좋지 못한 것을 느끼기도 한다. 한번은 4학년 학생 콜라가 내게 말했다. "나는 공부를 잘해야겠어요. 우리 엄마가 심장병을 앓고 있어서요." 이 아이는 자기 성적표에 나쁜 점수가 나온다면 자기 어머니가 상심할 것을 알고 있었다. 아이는 어머니의 마음이 안정되길 바랐다. 아이는 공부를 잘해서 어머니를 기쁘게 해드리고 싶은 것이다.

아이들이 공부를 잘해서 부모에게 기쁨을 주려고 노력하게 하려면, 아이들에게 공부에 대한 긍지와 사랑을 심어 줘야 한다. 아이들이 공부에서 거둔 자기의 성과를 되새겨보고 체험하게 해야 한다. 아이들이 학업에서 뒤처져서 절망하지 않도록 하고, 자기가 남들보다 부족하다고 느끼지 않게 해야 한다. 아이의 낙관적 정신, 자기 힘에 대한 믿음 - 이것은 학교와 가정을 연결하는 튼튼한 유대이며, 아버지와 어머니를 학교교육에 끌어들이는 자석이다. 세계에 대한 아이들의 낙관적인 감수성이 파괴되면, 학교와 가정 간에 냉담한 장벽이 쌓인다.

이 낙관주의의 불꽃을 확보하는 데 가장 중요한 것은, 비유하면 부모들이 아이들의 지식의 요람을 지키고 아이의 학습에 직접 참가하며 아이와 함께 성과에 기뻐하고 아이의 성공과 고민에 관심을 갖는 것이다. '어머니 교육학' - 이것은 학부모들이 아이를 교육할 뿐만 아니라 수업하는 것도 포함한다. 아이가 입학하기 전 2년 동안, 우리 학교와 학부모들은 아이들에게 읽고 쓰기와 산수의 기초 지식을 주려고 치밀하게 계획을 세워 함께 진행한다.

미래의 학생들은 한 주일에 한 번씩(입학하기 전 반년 동안에는 일 주일에 두 번씩) 학교에 간다. 1학년에서 그들을 가르칠 교사는 아이들과 함께 활동한다. 아이들은 자모를 배우고, 읽기를 배우며, 응용문제를 푼다. 이런 학습이 가정에서 계속 진행되지 않으면 일 주일에 한 시간씩 학교에 가 있는 것만으로는 아무것도 배우지 못한다. 우리는 '학부모 학교'의 수업을 통해, 아이들에게 읽고 쓰기와 산수를 어떻게 가르쳐야 하는지 아버지와 어머니, 할아버지와 할머니에게 가르친다. 우리는 '가정 교수론'이라는 흥미 있는 교수 방식을 창조했다. 이 교수 방식의 기초는 지식과 책에 대한 아이들의 흥미를 불러일으키고, 유희를 목적의식적인 학습과 결합시키며, 아이와 학부모들 사이에 끊임없는 정신적인 교류를 확보하는 것이다.

상급 학년들은 읽고 쓰기와 계산을 가르치려고 전문적인 실물 교재를 만든다. 이리하여 우리의 아이들은 1학년에 입학할 때 읽고 계산할 줄 안다. 이것은 아이들이 앞으로 학습을 훨씬 쉽게 하고, 학습을 흥미롭게 느끼게 한다. 이것의 좋은 점은 여기에만 그치지 않는다. 아이들이 입학하기 전에 하는 이런 준비는 아이들이 정신적으로 학부모들과 접근하게 한다. 부모들은 아이의 성공과 실패에 진심으로 관심을 가지면서, 공부를 잘하려는 아이들의 바람을 존중하는 신비한 학문을 점차 알게 된다.

이와 동시에, 학령 전기에 진행하는 교수는 학부모들에게서 나타날 수 있는, '잘 잡아 주기만 하면' 아이들을 학습에서 '100점'과 '80점'을 맞게 할 수 있다는 그릇된 욕심을 극복할 수 있다. 우리는 부모들에게 성적은 아이의 도덕적 면모에 대한 평가를 반영하지 않는다는 것을 깨닫게 하려고 노력했다. 이 점을 위반하면 아이들은 심한 고통을 받고, 아이의 정신은 다칠 것이다. 성적을 도덕적 풍모에 대한 평가와 같이 다루는 것은 표면적인 성적(점수)을 생각 없이 따른 결과다. 모든 것을 단도직입적으로 결론 내리는 것, 즉 점수를 잘 받으면 그 학생은 좋은 학생이고 받아야 할 점수를 받지 못하면 '자격이 부족한' 학생이라고 보면 안 된다. 이런 교육학적 상식이 없는 괴상한 관점에는, 사람을 여러 가지 특징, 품성, 재능, 기호들이 통일적으로 조화된 전일체로 보는 눈이 없다.

유감스럽게도 많은 가정과 사회생활 속에 이런 관점이 침투해 있다. 60점 – 이것을 아주 빈약하고 쓸모없는 지식을 대표한다고 볼 때, 분개하지 않을 수 없다.

존경하는 교사들, 60점 – 이것은 만족스러운 지식에 대한 평가라는 것을 자기 자신에 대해 강하게 말해야 한다. 모든 교사들이 이 사실을 정확히 안다면 성적을 속이는 현상은 없어질 것이다. 왜냐하면 유감스럽게도 많은 경우 이와 같이 성적에 못 미치는 지식에 대해 60점을 주기 때문이다. 학부모들도 자기 아이들이 할 수 없는 것을 억지로 시키지 말아야 한다. 왜냐하면 모든 아이들이 다 같은 능력을 가지고 있지 않기 때문이다. 어떤 아이들은 '100점', '80점'을 쉽게 맞지만 어떤 아이에게는 '60점'도 대단한 성적이다. 우리가 전반적인 중등 교육을 실시하는 오늘날, 이 점을 꼭 기억해야 한다.

45_ 외진 곳 작은 학교 교사들에게

교사가 한둘만 있고 학생 수가 아주 적은 한 학급, 또는 복식 수업을 하는 학교는 지금도 있으며, 앞으로도 있을 것이다.

만일 당신이 이런 학교에서 가르친다면, 많은 노력을 들여 주위에 풍부하고 다채로운 정신생활 분위기를 조성하고 유지해야 한다. 만일 높은 소양, 즉 일반적인 문화 소양과 교육학 소양이 없다면 타락의 길을 걷게 되고, 따라서 자기가 있는 멀리 떨어진 지역은 외지고 낙후한 곳이 될 것이다. 이런 상태가 되면 교사 자신이 책임을 다하지 못한 셈이 된다. 도시에서 멀리 떨어진 외진 곳에서 문화와 사상, 창조의 불꽃이 타오르게 하는 것 – 이 모든 것들이 오로지 당신에게 달려 있다. 그러므로 당신은 바로 이런 불꽃이 훨훨 타오르게 하는 데 모든 노력을 기울여야 한다. 학생들의 교양 정도와 교양 있는 행동, 지식 들이 결정적으로 교사에 달려 있다.

당신은 이런 교양 있는 행동과 생각의 밝은 불꽃이 꺼지지 않고 훨훨 타오르게 하기 위해 많은 일을 전문적으로 해야 한다. 도시에서 멀리 떨어진 변두리에는 커다란 도서관이 없으며, 따라서 바로 이런 곳에서는 신간 책이 공기처럼 필요하다.

그러므로 당신은 자그마한 학교 도서관을 문화의 중심에 있는 큰 도서관, 이를테면 소련 국립 레닌 도서관, 국립 우신스키 교육 도서관 같은 곳의 장기 예약자로 만들어야 한다. 당신은 〈서적일람〉이라는 주간 간행물을 일상적으로 읽고, 당신에게 필요하고 흥미를 끄는 책을 2~3주 동안 빌려 읽어야 한다. 멀리 떨어진 자그마한 마을에는 여러 해 동안 외출하지 않고 교육하는 교사들이 마을 사람들이 이용할 수 있는 민간 도서관을 꾸리고 있다. 이처럼 학교 근처에 마을 문화의 중심을 세워야 한다.

한 개 학급으로 복식 수업을 하는 학교에서는 아이의 실내 독서가 특히 중요하다. 학교 도서관에 아이의 독서에 필요한 책들이 배치되도록 사회 단체들과 함께 관심을 기울여야 한다. 아주 작고 멀리 떨어진 학교라 해도 세계 아동문학 문고에 들어간 책은 모두 다 갖추어야 한다. 당신이 아이를 사랑하고 다방면으로 노력하면, 그것이 그리 어렵지 않을 것이다. 문화 중심에서 멀리 떨어진 외진 곳에 있는 학교에서도 독서가 학생의 정신문화의 발원지가 될 조건을 마련할 수 있다.

영사기와 환등기를 사는 데 관심을 기울이고, 새로운 교수용 필름과 환등기 필름을 제때 주문해야 한다.

문화 중심에서 멀리 떨어진 자그마한 학교의 교사는 큰 마을이나 도시에 있는 훌륭한 학교와 일상적인 관계를 확보해야 한다. 나는 당신에게, 한 해에 2~3번씩 이 학교들에 가고, 갈 때마다 3~4일씩 묵으면서 동료들을 찾아보라고 제안한다. 당신은 수업을 참관하며 교사들과 대화해야 한다. 당신은 깊이 사고하고 창조적으로 교육하고 있는 교사들이 저마다 지향하고 노력한 결과를 직접 봐야 한다. 당신은 자기 학생의 학업 성적을 평가할 때, 이 교사들이 이룩한 성과(학생의 지식, 능력, 글쓰기)를 목표로 삼아야 한다. 그리고 당신은 이 우수한 교사 가운데 어느 한 분을 이틀 만이라도 당신의 학교에 초빙할 수 있다.

봄과 초여름에는 학생들을 데리고 원거리 여행을 해야 한다. 학생들이 도시 생활을 관찰하고 제조소, 공장, 인쇄소를 견학하게 한다. 또 여행할 때마다 학교의 도서관, 교수용 필름, 환등 필름을 보충해야 한다.

여름에는 당신도 학교에 처박혀 있지 말고 대도시로 여행을 가야 한다. 당신이 문화 중심에서 멀리 떨어진 학교에서 교육하는 기간에 모스크바, 레닌그라드(현재명: 상트페테르부르크)와 기타 문화 중심으로 여행 계획을 세워야 한다. 도시에 머무는 시간은 넉넉히 잡아야 한다. 즉, 극장, 음악홀에 가서 공연을 보면서 우리나라의 우수한 배우들의 예술 감각을 감상해야 한다. 그리고 책 사는 것을 잊지 말 것을 다시 한 번 덧붙인다. 여러 번 여행할 것을 제안한다. 즉 우랄, 시베리아, 알타이, 중앙아시아, 카프카즈, 러시아 북방인 아르한겔스크 주와 노브고로드 주 들에 가 봐야 한다. 당신이 이야기할 것이 많을수록, 학생들에게 영향을 주는 당신의 보물 창고는 더욱 풍부해진다.

46_ 교사는 어떤 계획서를 만들어야 할까?

이것은 교사가 흔히 부딪히는 아주 첨예한 문제다. 교사는 필요 없는 문서 때문에 과중한 부담을 진다. 그러나 '관료주의적 문서 풍조'를 비판하면서 교사들이 어떤 계획서도 쓸 필요가 없다는 결론을 내리는 일도 흔하다. 두 가지 견해 다 옳지 않다. 교사는 사업에 도움을 주는 계획서를 써야 한다.

초급 학년 교사들이 몇 년을 예상한 장기 계획서를 작성하는 것은 매우 중요하다. 이런 계획서에는 어떤 내용을 포함해야 하는가?

1. 아이들이 초급 학년에서 공부하는 기간에 읽어야 할 예술 작품의 목록. 물론 학교 도서관에 이런 어린이 독서물이 있어야 이런 계획을 실현할 수 있다.
2. 아이들이 학교에서 감상할 음악 작품(학교 음악실에 있는 것).
3. 학생들과 대화할 때 쓸 회화 작품.
4. 학생이 암송하고 암기해야 할 본문과 문예 작품의 단편.

5. 초급 학년 시절에 정확히 알아야 할 어법과 영원히 기억해야 할 최저의 어휘량.
6. 학생들의 시야를 넓히는 데 도움을 주는 대중 과학 서적과 팸플릿의 목록, 특히 학습에 어려움을 느끼는 아이, 즉 사고력 과정이 활발하지 못한 아이에게 읽힐 책과 팸플릿.
7. 사고력 수업의 주제, 학생들을 데리고 사고력과 모국어의 원천으로 여행할 과제.
8. 초급 학년에서 공부하는 기간에 아이들이 쓸 작문 제목.
9. 교사와 아이들이 만들 실물 교재의 대체적인 목록.
10. 초급 학년에서 할 견학.

중급 학년과 상급 학년의 각 과목 교사들도 이런 장기 계획을 세워야 한다. 물론 계획서에서는 과목의 특성을 고려해야 한다. 예를 들면 생물 교사는 학생들에게 필요한 표상을 형성시키려면 자연계에 대한 체계적인 관찰을 장기 계획에 넣어야 한다. 지리 교사는 반드시 기억해야 할 전문 용어를 참관 계획에 넣어야 한다. 물리 교사는 농공업 분야의 노동을 계획에 넣어야 한다.

장기 계획 – 이것은 아주 중요한 목표다. 교사는 이 목표에 따라 해마다 계획을 읽고 생각하면서, 이미 한 것은 무엇이고 앞으로 할 것은 무엇인지 자기 사업을 검사할 수 있다. 장기 계획을 완성하는 정도에 따라 학생이 학습한 지식의 질을 판정할 수 있다.

교사는 주제 계획서와 수업 계획서를 써야 한다. 주제 계획서는 교수요강에서 해당 주제에 배정된 수업 시수가 몇 시간이냐에 따라 작성한다.

주제 계획은 그리 크지 않은 주제(2~5교시면 끝낼 수 있는 주제)만 허용할 수 있다. 주제 계획에는 무엇을 어떻게 가르쳐야 하는지를 기록한다. 여기서는 강의와 서술의 내용을 장황하게 써내면 안 된다. 교사가 학생들에게 가르칠 지식은 교사의 머릿속에 있어야 하고 기록할 필요는 없다. 주제 계획 – 이것은 상세한 강의 줄거리가 아니라 교수론의 예견이자 근거이다. 이 계획에는 교재를 창조적으로 만들 것, 이를테면 숙제를 검사할 때 아이들이 대답할 문제, 새 교재를 학습할 때 아이들이 할 자습의 유형들을 기록해야 한다. 학생에게 줄 작업 문제와 연습 문제는 계획에 쓰지 말아야 한다(교사들은 제목을 흔히 카드나 필기장에 베껴 넣는다).

주제 계획을 쓴 필기장에는 계획에서 이탈하는 예견하지 못한 상황에 부딪혔을 때 필요한 내용을 쓸 공백을 남겨야 한다.

일부 교사들은 수업 계획이 주제 계획보다 더 중요하다고 인정한다. 그들은 모든 주제를 진지하게 생각해 대강의 윤곽을 그리지만, 각 수업 시간 계획만 작성한다. 교사들마다 자기 자신에게 가장 적절한 방식을 찾아내 수업할 수 있다. 가장 중요한 것은 장기 계획을 목표로 궁극적 목적을 잊지 않고 교수요강과 설명서를 늘 고려해 장기 계획과 대비하는 것이다.

담임 교사는 교육 활동 계획서도 작성해야 한다.

47_교사는 교육일기를 써야 한다

나는 교사들에게 교육일기를 쓸 것을 제안한다. 교육 일기 – 이것은 어떤 격식이 필요한 공문서가 아니라 개인의 기록이다. 이 기록은 일상 활동에서 필요하다. 이 기록은 심사숙고와 창조의 원천이다. 10년, 20년 심지어는 30년 동안 계속 쓴 교사의 일기 – 이것은 커다란 재산이다. 꾸준히 생각한 교사에게는 저마다 자신의 체계와 교육학적 소양이 있다. 전문가이자 창조자인 교사가 자기의 창조적인 일생을 마칠 때, 오랫동안의 노동과 탐구에서 얻은 모든 것을 가지고 무덤 속으로 들어가면, 그 얼마나 많은 귀중한 부의 손실이겠는가! 나는 교사들의 많은 일기책을 수집해 교육 박물관과 과학 연구기관에 귀중한 보물로 보존했으면 한다.

나는 32년간 일기를 썼다. 내가 초급 학년 교사로서 교문에 들어서서, 교육 활동을 시작한 첫날이 생각난다. 우리 마을에는 괴팍하다고 소문난 의사가 한 분 있었다. 나는 이 괴팍한 사람이 1학년에 입학한 아이들의 키와 몸무게를 재면서 모든 자료를 자세히 기록하는 것을 보았다. 나는 그와 이야기를 나누었고 그의 기록을 펼쳐 보았다. 내가 놀란 것은, 그가 27

년이나 일기를 썼다는 사실이었다.

"이 기록이 당신에게 무슨 쓸모가 있습니까?" 나는 그에게 물었다.

"네! 그것은 아주 흥미로운 일입니다." 의사는 이렇게 대답하고, 나더러 "27년 동안 아이들의 키가 평균 4.5센티미터씩 자란 것"을 보라고 했다. "그렇지요. 내가 앞으로 30년을 더 살 수 있다면 얼마나 좋겠습니까." 하고 의사는 말했다.

그때는 아이들의 키가 빨리 자라는 문제에 대해 누구도 생각하지 못했다. 전쟁이 시작되면서 그 의사는 중병에 걸렸다. 그는 자기의 기록을 내게 주었다. 나도 역시 학교에서 일하는 첫날부터 아이들의 키와 몸무게 그리고 지적 발달 상태에 관한 자료를 기록했다. 지금 내게는 한 마을의 아이들이 59년 동안 발전한 상황에 관한 자료가 있는데, 나는 이 자료를 가장 귀중하게 여긴다.

나는 32년 동안 아이들이 입학한 첫 두 주일에 아이들의 지식과 표상에 관한 자료를 기록했다. 해마다 아이들에게 다음과 같이 물었다. 1부터 100까지 세게 하고, 그가 알고 있는 식물, 동물, 새 등의 이름을 말하게 하며, 기계의 명칭과 그 기계들이 어디에, 무엇에 쓰이는지 말하게 했다.

이 물음에 대한 그들의 대답도 대단한 가치를 지닌다. 흥미롭게도, 1935년에 1학년 학생 35명 가운데서 100까지 셀 수 있는 학생은 한 명 있었고, 20까지 셀 수 있는 학생은 8명 있었다(그때는 1학년에 8세 아이가 입학했다). 1966년에 와서는 1학년 학생 36명 가운데 100까지 셀 수 있는 학생이 24명 있었고, 20, 30, 40까지 셀 수 있는 학생이 12명 있었다(이때는 1학년에 7세 아이가 입학했다). 기계와 기술공학 과정에 관한 아이들의 지식은 해마다 늘어났다. 그러나 유감스러운 것은 식물, 동물, 새 등에 관한 아이들의 지식이 해마다 줄어든 것이었다.

1935년에는 전체 아이 35명이 여름철의 아침노을을 보고 해가 뜨는 광경을 묘사할 수 있었다. 1966년에는 36명의 학생들 가운데서 7명만이 6월의 아침노을과 해 뜨는 광경을 볼 수 있었다.

나는 일기에다 학생들의 가정에는 어떤 책들이 있고, 학부모들의 교육 정도는 어떠하며, 부모가 자녀 교육에 시간을 얼마나 들이고 있는지를 썼다. 이 자료들을 비교해 보는 것도 아주 흥미롭다.

일기에서는 공부를 어려워하는 아이에 관해 쓴 것이 중요하다. 이런 아이들의 행위에서, 수업에서와 가정에서, 학습에서 표현되는 세세한 변화를 발견하는 것이 아주 중요하다. 관찰하고 기록한 정황을 깊이 생각하는 것은 교사의 활동에 큰 도움이 된다. 이를테면 지능 발달이 더딘 아이들은 시야가 좁다는 것을 고려해, 아이들에게 어떤 과학 대중물을 읽혀야 할지 판단했다.

일기는 사고력을 집중시키고 어떤 문제를 열심히 생각하는 데 도움을 준다. 나는 일기에다 지식의 견고함에 관한 생각을 써 넣을 곳을 몇 쪽씩 남겨 놓는다. 이 기록들을 연구하고 대비하고 분석하면, 지식의 견고함은 많은 선결적 전제와 조건에 따라 결정되는 것을 알 수 있다. 일기는 우리를 생각하게 도와준다.

48_ 학생들에게 지적 훈련을

우리는 7학년부터 시작되는 상급 학년 학생들에게 이것을 제안한다. 이 제안은 정신생활의 아주 중요한 영역인 독서, 사고력, 지적 과업의 해결과 관련된다. 이 제안들이 효과를 거두는지는 많은 조건과 전제들에 달려 있는데, 이 가운데 의미가 있는 것은 무엇보다도 교사 수업 평가 속에 풍부한 지적 흥미로 가득한 분위기가 있어야 하고, 다방면의 정신생활을 바탕으로 실내 수업들을 진행해야 하며, 교사가 알고 있는 것이 수업에서 가르쳐야 할 것보다 백 배 이상 더 많아야 하고, 학생들이 지능 면에서 저마다 특수한 개성을 가지는 것이다. 모든 것을 갖춘다면, 학생들은 학습에서 자기 규율에 관한 지시를 아주 민감하게 받아들인다. 우리가 학생에게 제시할 중요한 제안은 다음과 같다.

(1) 만일 당신이 충분한 시간을 가지려면 날마다 책을 읽어야 한다. 당신이 즐기는 과목(당신의 선택 과목)과 관련된 과학 서적을 읽되, 하루에 2쪽이라도 좋으니 날마다 읽어야 한다. 당신들이 읽는 이 모든 것이

공부하는 배경 지식이 된다. 배경이 풍부해질수록, 당신들의 공부는 더 쉬워진다. 당신들이 날마다 많이 읽을수록, 당신들에게는 시간 여유가 더 많아진다. 왜냐하면 당신들이 읽는 것에는 수업에서 배우는 교재와 관련된 내용이 많기 때문이다. 이 내용을 우리는 기억의 닻이라고 한다. 이것들은 기본적인 지식을 인간을 둘러싸고 있는 지식의 바다로 이끈다. 당신들은 스스로 날마다 책을 읽어야 한다. 독서를 내일로 미루지 말아야 한다. 오늘 잃어버린 것은 내일 가서 보상받지 못한다.

(2) 교사가 설명하는 것을 들을 줄 알아야 한다. 9학년과 10학년에서는 교사가 가르치는 것 가운데 가장 중요한 것을 요점을 따서 필기해야 한다. 요점 필기는 당신들에게 생각하며 자기의 지식을 검사하도록 가르쳐 준다. 수업에서 수업의 요점을 정리할 줄 알아야 하고 필기한 것은 반 시간을 들여서라도 날마다 정리해야 한다. 요점 필기는 두 단락으로 나누어서 할 것을 제안한다. 첫째 단락에서는 수업 내용을 간략히 쓰고, 둘째 단락에서는 정리해야 할 문제를 쓴다. 기본적이고 중심적인 것을 여기에 써 넣어야 한다. 이것은 마치 집 구조에서 '기둥'과 같다. 그것은 해당 과목의 모든 지식이라는 대들보를 받들고 있는 기둥이다. 바로 '기둥'이 되는 중심 문제에 대해 날마다 생각하고, 이 생각과 관련해 날마다 과학 서적을 읽어야 한다. 만일 당신들이 모든 과목에서 이 제안대로 실천한다면, '갑작스러운 습격'을 당하지 않을 것이다. 시험 준비를 할 때, 모든 요점 필기를 일일이 다시 훑어 보면서 암기하지 않아도 될 것이다. 과목의 '기둥'은 특수한 요강이므로, 이

요강을 보면 모든 교재가 떠오를 것이다.

(3) 당신들은 이른 아침 6시부터 하루 학습을 시작해야 한다. 5시 반에 일어나, 체조를 하고 우유와 빵을 먹고 공부를 시작한다. 학교에 등교해 강의 전에 반 시간 내지 두 시간 동안 생각하는 이 시간이 바로 황금 시간이다. 당신들은 아침 시간에 가장 복잡하고 창조적인 공부를 해야 한다. 즉, 이론상 중심적인 문제를 생각하고, 어려운 문장을 연구하며, 개괄적인 서술이나 보고의 대강을 작성해야 한다. 만일 당신이 연구성을 띤 정신노동에 종사한다면 아침 시간에 그런 노동을 하는 것이 좋다. 그러므로 당신은 한밤중까지 앉아 있지 말아야 한다. 밤 12시 이전에 2시간 이상 잘 수 있도록 하루의 일과 스케줄을 짜야 한다. 이렇게 자는 것이 건강에 좋기 때문이다.

(4) 당신들은 공부의 체계를 잘 짜야 한다. 이것은 중요한 것과 부차적인 것의 관계에 관해 말하는 것이다. 시간 배정에서 중요한 것을 잘 배정해서, 그것이 덜 중요한 것에 밀려 부차적 지위에 놓이지 않게 해야 한다. 중요한 것은 날마다 해야 한다. 당신들은 자신의 능력과 소질의 형성과 관련된 가장 중요한 과학 문제를 명확히 제시하고 철저히 이해해야 한다. 이런 문제는 당신들이 아침에 공부를 할 때 최우선으로 해야 한다. 중요한 과학 문제에 따라 필요한 책과 과학 서적을 찾고, 장기적으로 연구해야 한다.

(5) 자신에게 내적인 자극을 만들어 내야 한다. 학습에서는 많은 것들이

커다란 희망을 가지고 완성할 정도로 흥미롭지 않다. '해야 한다'는 말이 자주 유일한 동력이 된다. 바로 이런 흥미를 느끼지 못하는 것에서 공부를 시작해야 한다. 이 이론 문제의 비결을 깨닫는 데 온 힘을 기울이고, '해야 한다'가 점차 '하려고 한다'가 될 정도로 온 힘을 기울여야 한다. 가장 흥미로운 것은 맨 나중에 해야 한다.

(6) 책의 바다는 당신을 둘러싸고 있다. 책과 잡지를 신중히 골라야 한다. 탐구심이 강하고 지식욕이 많은 사람은 모든 것을 다 읽으려고 한다. 그러나 이렇게 할 수 없다. 자신의 독서 범위를 정하고, 자기의 학습 계획을 혼란스럽게 할 수 있는 것들은 빼야 한다. 그리고 미처 생각하지 못했지만 읽어야 할 새로운 책이 수시로 나올 수 있다는 것도 알아야 한다. 이렇게 하려면 여유가 있어야 한다. 수업이나 요점 필기를 잘해서 '갑작스러운 습격'을 받지 않게 해야만 시간 여유를 얻을 수 있다.

(7) 자제할 줄 알아야 한다. 당신 주위에는 여러 가지 활동이 벌어지고 있다. 그런 활동으로는 예술 동호회 활동, 운동 동호회 활동, 무도회 들이 있다. 당신은 결단성을 보여야 한다. 왜냐하면 이런 많은 활동에는 당신에게 커다란 해를 끼칠 수 있는 유혹이 있기 때문이다. 물론 오락을 하며 쉬기도 해야 하지만, 그렇다고 해서 주요한 것을 잊어서는 안 된다. 국가에서 학생인 당신들을 기르는 데 거액의 돈을 들이고 있다. 그러므로 가장 먼저 해야 할 것은 춤을 추고 쉬는 것이 아니라 공부하는 것이다. 상급 학년 학생의 휴식으로, 나는 그들에게 장기를 두며

문예 작품을 읽을 것을 제안한다. 절대적으로 안정된 환경 속에서 사고력을 고도로 집중하면서 두는 장기는 신경 계통의 활동을 증진시키고, 생각을 더욱 잘하게 하는 좋은 수단이다.

(8) 보잘것없는 일, 실없는 농담을 하며 쓸데없이 허송세월하지 말아야 한다. 다음과 같은 경우가 흔하다. 몇몇 청년들이 모여 앉아 농담을 시작하면, 대개 아무 일도 하지 않고 시간이 간다. 이런 이야기에서는 어떤 현명한 생각도 나올 수 없다. 시간은 한 번 보내면 다시 돌아오지 않는다. 그러므로 그 시간은 낭비된다. 친구들과의 대화도 자기의 정신생활을 풍부히 하는 원천이 되게 해야 한다.

(9) 자신의 공부를 덜어 줄 수 있게 시간을 짜야 한다. 앞으로 쓸 시간을 준비할 줄 알아야 한다. 그러려면 공책에 필기하는 습관을 길러야 한다. 지금 나에게는 공책이 약 40권 있다. 공책은 저마다 뚜렷하면서 순간적인 듯한 사상(이것들은 또다시 머릿속에 되돌아가지는 않는 '습성'을 가지고 있다)을 기록하려고 마련한 것이다. 나는 읽은 것들 가운데서 가장 의미 있는 것을 여기에 써 넣는다. 이 모든 것은 장래에 필요하고, 앞으로 할 정신노동을 덜어 주는 데 유리하다. 당신들은 자신의 필기 체계를 세우고, 책에서 메모한 것을 소중히 보관해야 한다.

(10) 어느 활동에서나 가장 합리적인 공부 방법을 찾아내야 한다. 낡은 방식과 판에 박힌 방법을 피해야 한다. 당신이 보고 있는 사실, 현상, 합법칙성의 본질을 깊이 생각하는 데 쓰는 시간을 아끼지 말아야 한

다. 당신이 자료를 깊이 생각할수록, 그 자료를 기억에 더욱 확실히 새길 수 있다. 그것을 완전히 파악하기 전에는 그것을 기억하려고 애쓰지 말아야 한다. 이렇게 하지 않으면 시간은 헛되이 낭비되고 만다. 당신은 거듭해 읽으려고 하지 말고, 자기에게 잘 파악된 것을 한 번 검사하면 된다. 철저히 이해하지 못했을 때에는 막연히 훑어보지 말아야 한다. 모든 피상성은 당신들이 개별적인 사실, 현상, 합법칙성을 다시금 연구하게 하고, 여러 번 다시 되풀이하지 않으면 역효과를 빚어낼 것이다.

(11) 다른 사람이 당신을 방해하면 성과 있게 공부할 수 없다. 온 힘을 쏟아 잡념 없이 공부하려면 사람들은 저마다 자립적으로 활동해야 한다. 도서 열람실에 가서 학습하는 것이 가장 좋다. 왜냐하면 여기서는 규칙이 엄격히 지켜지기 때문이다.

(12) 수학적인 사고력과 예술적인 사고력이 조화롭게 진행돼야 공부가 수월해진다. 그러므로 당신들은 과학 서적과 예술 작품을 번갈아 봐야 한다.

(13) 나쁜 습관, 이를테면 학습하기 전에 15분간 헛되이 앉아 있고, 읽으려고 하지 않던 책을 쓸데없이 모조리 뒤져 보며, 잠에서 깼는데도 이부자리 속에 그냥 누워 있는 것을 극복해야 한다.

(14) 내일로 미루자 – 이것은 성실함의 가장 위험한 적이다. 늘 오늘 다해

야 할 일을 내일로 미루지 말아야 한다. 내일 해야 할 일의 일부분을 오늘 하는 습관을 키워야 한다. 이것은 내일 해야 할 일에 만족을 주는 효과적인 자극이다.

(15) 늘 공부를 중단하지 말아야 한다. 여름방학에도 책을 손에서 놓으면 안 된다. 날마다 지혜의 자산으로 자신을 풍부하게 해야 한다. 여기에 당신이 앞으로 공부를 하는 데 필요한 시간 원칙이 하나 있다. 그것은 바로 당신이 아는 것이 많을수록 당신은 새 지식을 더욱 쉽게 얻는다는 것이다.

49_ 단순 암기보다 생각하는 방법을 가르쳐야

　16년 전의 일이다. 나는 3학년 문법 수업을 몇 시간 참관했다. 그 가운데 한 수업에서 웨르홉니나라는 교사가 문법 규칙 하나를 가르쳤다. 아이들은 모두 다 이 규칙을 잘 이해한 듯했고, 일부 예들도 들었으며, 그 규칙을 암송하기까지 했다. 두 번째 수업 시간에 교사가 이 규칙을 학생들에게 질문했는데 '제일 나은' 학생 몇 명만 기억하고 있었고, 그 외의 학생들은 모두 잊어버렸다. 왜 이렇게 빨리 잊어버렸을까? 어제 물어볼 때는 그렇게도 잘 대답했고 모두 암송까지 했는데 이것은 무슨 까닭일까? 그래서 다시 그들에게 암송하게 하고 예를 들게 했다. 세 번째 수업 시간에도 여전히 그랬다. 그 몇몇 '제일 나은' 학생들만이 이 규칙을 알고 있었다. 이때 교사는 이미 '가르친 교재'를 다시 가르칠 시간이 없어서, 이미 '가르친' 규칙에 관해서는 "여러분, 집에 돌아가 암송하세요. 검사하겠습니다"고 말하고 새 교재를 가르치기 시작했다.

　이어 나는 또 10시간이나 수업 참관을 했다. 아이들이 왜 이렇게 배운 교재를 기억하기 어려워하는지 깊이 생각했다. 수업을 참관할 때마다, 나는 충분히 생각하지 않고 규칙을 단순하게 암송하면 표면의 지식만 얻고, 또 표면의 지식은 기억하기 어렵다는 것을 더 분명히 인식했다. 눈덩이를 굴리면 굴릴수록 더 커지듯이, 모르는 것은 시간이 감에 따라 더 많아진다. 수업이 끝날 때마다 나는 교사들과 함께 어떻게 공부를 해야 지식을 기억하고 암기가 견실해지며, 아이들이 애쓰지 않고도 특별한 어려움도 느끼지 않으며 배운 규칙을 떠오르게 할지 궁리했다. 우리는 암기와 기억 보존의 심리학적 법칙을 쉼 없이 연구하고, 여러 가지 방법을 내놓아 학습의 효율이 너무 낮은 원인을 밝히려 했다.

무엇 때문에 이 문법 규칙은 이렇게도 기억하기가 어려울까? 보기에는 학생들이 이해하고 있는 것 같은데 학령 초기의 아이들에게는 추상적 진리(규칙은 바로 추상적인 것이다)가 워낙 암기하기 어렵고 기억하기는 더 어렵기 때문이 아닐까? 나는 웨르홉니나 교사의 수업을 계속 참관함과 동시에 다른 교사들의 수업도 참관했다. 사실과 현상의 근원을 깊이 이해하고 사실과 현상들을 더욱 폭넓게 일반화하고 비교하기 위해서는 이렇게 해야 했다. 이것은 나와 그 교사와 다른 교사들 모두에게 긴장된 학습 시간이었다. 우리들의 생각은 모두 추상적 진리를 암기하고 그것을 확실하게 기억하는 것이 결국 무엇으로 결정되는지에 집중됐다. 우리는 이런 각도에서 실내 수업에서 벌어지는 모든 현상들을 고찰했다.

수많은 사실들이 쌓인 결과, 우리는 아주 의미 있는 합법칙성을 발견했다. 즉, 학생들이 암기하고 기억해야 할 추상적 진리가 어려우면 어려울수록, 열쇠를 쓰듯이 그 추상적 진리로 여러 가지 사실과 현상을 더욱더 해석해야 하고, 이 진리가 일반화되는 사실의 범위가 넓으면 넓을수록, 그 진리를 암기하고 기억하는 것은 학생들이 얼마나 많은 사실을 독자적으로 분석하고 생각하느냐에 크게 달려 있다. 오직 이런 조건 아래에서만, 즉 학생들이 사실을 생각하는 과정에서 추상적 진리의 본질을 밝혀 이해했고, 그가 사실을 생각할 때 속으로 이 추상적 진리로 이런 사실들을 해석하기는 하지만 이 진리 자체를 기억해야 한다는 목적을 제기하지 않았을 때에만, 이 추상적 진리는 잘 암기되고 오랫동안 기억될 수 있다.

나는 웨르홉니나 교사와 함께 다른 경륜 있는 교사의 수업을 참관할 때 이런 사실들을 보았다. 이 사실들을 통해 우리들은 공부의 합법칙성을 '발견'했다. 예를 들면 산수를 가르치는 교사 레차크는 5학년에서 수학 규칙을 가르쳤다. 그가 아이들에게 제시한 목적은 이 규칙을 기억하는 것이었다. 그러나 그는 먼저 아이들에게 이 규칙의 본질을 깊이 이해시키려고 노력했다. 아이들이 이 규칙을 철저히 이해한 다음, 그는 일련의 예들을 들어 아이들이 반복해서 이해하고 생각하게 했다. 아이들은 잘 이해했으나 아직 기억하지 못한 이 규칙을 응용해서 실례들을 해석했다. 여기서 우리는 다음과 같은 점을 알게 됐다. 즉, 아이들의 생각이 방금 가르친 규칙을 사실로 해석하는 데 깊이 집중되고, 그것을 암기해야 한다는 것에 주의를 기울이지 않으면서 그들이 궁리를 한 사실들이 많을수록, 이 규칙에 대한 암기와 기억이 더욱더 단단해진다는 것이다.

우리가 이 중요한 합법칙성을 발견한 뒤, 웨르홉니나 교사는 곧 다른 방법으로 학생들의 학습을 지도했다. 문법 수업을 시작하기 전에 우리는 어떤 언어 사실과 현상의 범위를 정해서, 아이들에게 그것을 깊이 생각하게 하고 또 문법 규칙의 본질을 해석하게 했다. 아이는 이미 철저히 이해한 규칙을 단순히 암송하는 것이 아니라, 규칙을 여러 차례 운용해서 사실을 설명한다. 아이가 생각 속에서 여러 번 이 규칙을 생각했기 때문에,

그 규칙은 열쇠나 다름없었다. 비록 이때 이 규칙을 기억해야 한다는 목적을 제시하지 않았지만, 여러 차례 열쇠로 쓰인 뒤에는 그 규칙도 자연히 기억된다. 기억할 뿐만 아니라, 잊어버리는 학생도 거의 없고, 규칙은 따로 암송하는 과정도 거치지 않고 기억된다. 특히 중요한 것은, 이런 경로를 거쳐 기억된 규칙은 조금 잊어버렸다 해도 조금만 애쓰면 떠올릴 수 있다는 것이다. 아마 아이는 이런 경우에 부딪히면 자기의 의식을 거친 많은 생생한 언어를 떠올리고, 기억에 남아 있는 이런 사실들의 흔적에 따라 규칙 자체를 기억하는 것 같다.

50_ 공부하는 방법을 깨우치게 해야

　우리는 학생들이 지식을 깊이 확실하게 갖도록 힘써야 한다. 그러나 이 지식이란 개념은 매우 광범위하다. 우리가 아이들이 무엇을 하고 생각하며 말하는지, 무엇을 의논하는지 자세히 관찰하면, 지식이란 개념에 매우 넓은 의미를 부여할 수 있고, 거기에는 확실히 여러 가지 내용이 포함돼 있다는 결론을 얻을 수 있다. 즉, 지식이란 개념은 주위 세계의 합법칙성에 관한 지식도 포함하고 아이들이 그것을 이용해 학습할 수 있는 지식과 능력도 포함한다. 초급 학년에서 무엇을 하는지 세심히 연구하면, 우리가 초급 학년에게 해야 할 중요한 과업이 아이들에게 도구의 사용법을 알려 주는 것임을 알 수 있다. 그리고 사람은 일생 동안 이 도구를 이용해 지식을 얻는다. 초급 학년에서 아이들은 자기의 일반적 발전에서 큰 발전을 가져오고 주위 세계에 관한 많은 합법칙성을 인식한다. 그러므로 초급 학년에게 해야 할 중요한 과업은 결국 아이들이 학습을 할 줄 알게 하는 것이다.

　그러나 실생활에서 모습은 어떨까? 초급 학년에서 우리는 적극적으로 학생들의 손에 도구를 쥐여 주지 못하고 있다. 이 도구를 완전히 자기 것으로 만들지 못하면, 아이들의 지적 생활과 전인적 발전은 생각할 수 없다. 그런데 5학년에 올라가면, 교사는 학생들에게 이런 도구를 재빨리, 능숙하게 사용하라고 한다. 교사들은 심지어 이런 도구가 어떤 상태에 있는지 고려하지 않고 이런 도구를 아직 더 예리하게 갈고 조절해야 한다는 것을 잊어버리며, 또한 개별적 학생들의 손에 쥐어진 도구가 이미 끊어져 버렸기 때문에 계속 공부할 수 없다는 것도 보지 못한다. 그래서 교사는 새 재료들을 쉴 새 없이 학생들의 선반기에 올려놓기만 하면서, 그들에게 장난하지 말고 힘써 빨리 가공하라고 한다.

이것은 어떤 도구인가? 이런 도구에는 '칼' 다섯 자루, 즉 다섯 가지 능력인 읽기, 쓰기, 계산, 관찰(주위 세계의 현상), 표현 전달(자기가 보고, 하고, 생각하고, 관찰해 얻은 사상)이 포함된다. 5학년부터 7학년에 이르는 많은 학생들의 지적 수준에 차이가 있고, 효과가 없는 노력을 하는 주요한 원인은, 바로 이 다섯 자루의 '칼'을 응용하는 능력이 없어서다. 이 다섯 가지 중요한 능력이 합쳐져 공부하는 총체적 능력을 구성한다. 5학년부터 7학년에 이르기까지 각 과목 담임교사(지리, 역사, 자연, 물리, 화학, 수학 교사)들은 초급 학년 아이들의 학습 능력을 점검할 때, 많은 학생들(심지어 아주 많은 학생들)이 자각적으로 교재를 이해하는 수준의 독서 능력을 갖지 못했음을 발견했다. 교사들을 더욱 놀라게 한 것은, 일부 학생들이 산수 응용문제를 풀지 못하는 까닭이 문제를 제대로 이해하지 못하기 때문이라는 것이었다.

더욱 걱정스러운 것은 많은 학생들이 교과서 본문을 능숙하게 읽지 못하는 것이었다. 우리는 많은 학생들이 본문 한 단락을 읽을 때 모든 힘을 읽기에 기울이는 것을 보았다. 즉, 아이들은 매우 긴장해 있고 얼굴에서는 땀이 흐르고 한 낱말이라도 잘못 읽을까 봐 겁내며 다음 절의 낱말을 '더듬거리면서' 읽었는데, 실제로 이런 낱말들을 통일된 전일체로서 지각하지 못했다. 그에게는 자기가 읽고 있는 본문의 의미를 이해할 작은 에너지도 없었다. 그의 에너지가 모두 본문을 읽는 데 소모됐기 때문이다. 그러나 만약 이 모습(읽기 능력)만 보면, 표면적으로는 매우 만족스럽다. 바로 표면적으로 보아 '모든 것이 순조롭다'는 것에 초급 학년 교사들은 미혹되고 있다.

우리는 전체 교사들을 모아 놓고 학생들의 독서 능력 문제를 토론했다. 토론은 아주 진지했고 치열한 논쟁까지 했다. 한 물리 교사는 이렇게 말했다. "학생이 글을 읽을 줄 모르고 자기가 읽고 있는 글의 뜻을 모르는데, 어찌 내 물리를 잘 배울 수 있겠습니까? 학생들의 읽기 능력을, 자기가 글을 읽고 있으면서도 글을 읽고 있다고 느끼지 못할 정도까지 끌어올려야 합니다. 이렇게 해야만 우리가 앞에서 말한 도구가 그들의 손에서 운용될 수 있습니다." 우리는 초급 학년의 수업을 참관했다. 모두가 다음과 같이 발견했다. 초급 학년의 읽기 수업에서 실제 읽는 것은 매우 적고, 읽기에 관한, 읽는 글에 관한 말이 더 많았다. 읽기 수업은 늘 여러 가지 '교양 담화'나 '교양 수업'으로 대체됐다. 하급 학년의 교사들은 이런 문제점을 극복했다. 그들은 아이들이 학교와 가정에서 얼마나 읽었는지, 또 얼마나 읽어야만 이런 능력을 완전히 가질 수 있는지 연구하고 계산하기 시작했다.

우리 전체 교사들은 15년이란 세월을 들여, 어떻게 학생들이 초급 학년에서 독서 능력을 완전히 갖고, 중학교에서 그 능력을 더 발전시킬지 연구했다. 오랜 관찰로 우리들은 다음과 같은 결론을 얻었다. 아이들에게 표정이 있고 이해하면서 유창하게 읽도록 하며, 글을 읽으면서도 읽고 있다고 느끼지 않도록 하려면, 적어도 초급 학년(4학년)까지 200시간 이상 읽고, 학교와 가정을 포함해 2000시간 이상 낮은 소리로 읽어야 한다. 교사들은 이 일에서 시간을 잘 배정하고, 교장은 교사들이 어떻게 모든 학생들의 개인 독서를 지도하는지 살펴야 한다.

학생들의 순조로운 학습을 위해 꼭 필요한 그 밖의 몇 가지 능력에 대해서도, 우리 전체 교사들은 중요한 교육 신념을 세웠다. 우리는 중급 학년과 상급 학년들의 학습 상황을 분석할 때, 학생들의 글쓰기 기술이 아직 반자동적이지 않다는 것을 발견했다. 즉, 학생들이 어떤 자료를 기록할 때, 각 자모, 각 음절, 각 낱말을 어떻게 쓰고, 또 그 단어를 쓸 때 어떤 문법 규칙에 따라야 할지 더 고려하지 않아도 될 정도에는 이르지 못했다. 우리는 5학년부터 8학년에 이르는 학생들(심지어 상급 학년의 학생들도 포함해) 가운데 아직도 많은 학생들이 모든 역량을 글쓰기에만 쏟느라 자기가 쓰는 글의 뜻이 무엇인지 생각할 겨를조차 없다는 것을 발견했다.

어떻게 하면 학생들이 쓰기를 반자동으로 하고, 쓰기를 할 때 어떻게 쓸지에 역량을 허비하지 않고 뜻을 이해하는 데 사용할지에 대해 몇몇 초급 학년 교사들이 쓰기 과정을 연구하고 다음과 같은 결론을 얻었다.

2학년 때, 아이들이 쓰기를 할 때 손을 떨지 않고 특별히 애쓰지 않고도 자모들을 정확하게 쓸 수 있을 정도까지 훈련해야 한다. 이렇게 하려면 어느 정도 연습을 해야 한다. 학생들이 틀리지 않고 빠르고 바르게 쓰고, 쓰기가 노동의 목적이 되지 않고 수단과 도구가 되려면 학생들이 초급 학년 기간에 연습장을 적어도 1400~1500쪽을 써야 한다. 이렇게 하려면 단순히 문법과 산수 숙제만 해서는 안 된다. 그리하여 교사들은 쓰기 기술과 쓰기 속도를 훈련하도록 숙제를 냈다. 4학년에 가서는 아이들에게 듣기만으로 교사의 수업 내용을 인지할 수 있도록 가르쳤으며 수업을 들으면서 필기하게 했다.

51_ 학생들은 어떨 때 부담을 느끼나?

학령 중기와 말기 학생의 정신생활에서 가장 큰 결함은, 전체적으로 발전하며 지적, 미적 흥미와 욕구를 형성하는 데 필요한 자유 시간을 빼앗기는 것이라고 생각한다. 교수요강에 규정된 지식이라 해도 그것이 실제로는 전인적 발전에 이용되지 않으며, 무엇보다도 지적 발달에 이용되지 않고 있다. 아이들이 배우는 지식은 더욱더 많아지지만 쉽게 익히지 못하고 오히려 더 어려워한다.

많은 교사들은 교수요강과 교과서가 불완전하고, 개별 과목이 부차적이고 쓸데없는 교재로 가득 차 있는 것이 문제라고 생각한다. 이것은 사실이다. 그러나 근본 원인은 다른 데 있다. 교수 과정에서 찾아야 한다. 지식이란 개념은 의미가 폭넓고 다면적이다. 첫째, 실제 활동하고 새로운 지식을 얻을 때 자주 쓰이는 일반화된 진리(규칙, 정의, 의존성 등)를 늘 기억하며, 둘째, 그 진리의 원천이 되는 합법칙성을 이해하는 것이다. 지식을 얻는 이 두 측면(기억과 이해 – 역자 주)은 서로 연관되지만, 서로 다른 정신적인 활동이 필요하다.

일반화된 것의 원천으로서 깊이 생각해 봐야 할 교재를 외우도록 하는 것은 좋지 않다. 그것은 기억해야 한다는 부담을 주므로, 앞으로 꼭 기억해야 할 교재도 머릿속에 넣어 둘 수 없게 된다.

예를 들면 7학년 역사 수업에서는 '네덜란드 부르주아 혁명'을 배우고, 물리 수업에서는 '열량의 측정 단위', 즉 칼로리와 킬로칼로리를 배운다. 두 가지 다 인과적 관계를 깊이 이해해야 하고, 또 외우기도 해야 한다. 그러나 물리 수업에서는 열량의 측정 단위를 확실히 기억하며 그들의 의존관계를 외우는 것이 궁극적인 목적이 된다면, 네덜란드 혁명을 배우는 궁극적인 목적은 전혀 다르다.

'네덜란드 부르주아 혁명'을 배울 때는 역사적 현상과 관련되고 또 이 구체적 사건에서 추론해 낸 합법칙성을 이해하는 것이 가장 중요하다. 이런 합법칙성으로는 봉건주의 내부에서 부르주아적인 생산방식의 요소가 생겼고, 수공업 공장에서 노동생산성이 오르고 착취가 강화됐으며, 부르주아 계급이 계급의 이익을 위해 인민 대중의 불만을 이용해 봉건제도와 투쟁한 것 등이다. 교사가 네덜란드 혁명의 생생한 사실을 통해 이 합법칙성을 깊이 밝혀낼수록, 학생들은 모든 사실과 세부 사항들에서 외울 게 더욱 적어진다. 역사의 합법칙성에 관한 개념을 외우지 않고 논리 그 자체를 따라 기억하면 된다.

학생들이 공기 속의 탄소가 햇빛의 작용에 따라 식물의 잎에서 유기 물질로 바뀌는 것을 기억할 수 있듯이, 착취 사회에서 생산수단의 개선은 더 심한 착취를 낳는다는 것을 기억할 수 있게 된다. 이 모든 것은 외우지 않고도 기억할 수 있으며, 오직 현상들 사이의 인과관계를 깊이 이해하고 명확히 생각하기만 하면 된다. 그러나 열량의 측정 단위를 기억하기 위해서는 이해하는 것만으로는 부족하다. 여기에서는 암기가 필요하다.

네덜란드 부르주아 계급혁명을 배운 뒤 학생들은 부르주아 계급혁명을 여러 번 배우게 된다. 배울 때마다 교사가 각 혁명에 관한 구체적인 자료 외우기를 강요하지 않는다면, 역사의 합법칙성에 관한 지식은 깊어진다. 일반적인 합법칙성에 관한 지식이 깊어질수록 학생들은 구체적 사실을 더욱 명확히 식별할 수 있게 되며, 그럴수록 이 방면에서 그들의 지식은 더 많아지는데, 이것은 외우지 않고 얻은 지식이다. 그러므로 학생들은 아는 것이 많을수록 학습하기 더 쉽게 된다.

경륜 있는 교사들은 학생들이 대답할 때, 교사가 설명한 것과 교과서에서 읽은 것을 되풀이하지 않게 하려고 노력한다. 학생들의 지식을 검사할 때, 배운 것을 기계적으로 되풀이하라 하지 않고 사실을 면밀히 분석하고 현상들 사이의 새로운 인과관계를 밝혀내라고 한다.

이런 방식으로 지식을 얻어나갈 때, 학생이 학습에서 부딪히는 어려움의 정도는 교과서의 분량에 따라 결정되지 않는다. 학생은 3쪽을 읽을 수도 있고, 10쪽을 읽을 수도 있다. 그러나 교재량이 늘어난다고 해서 기억의 부담이 늘어나는 것은 아니다. 학생은 교재를 읽을 때 암기를 목적으로 하지 않고 되도록 깊이 이해하려고 노력한다. 교재를 깊이 이해할수록 더 잘 암기하게 된다. 기계적인 암송과 암기를 피하고 교재의 내용을 깊이 파고드는 것이 학습을 사랑하게 하는 지름길이다. 특히 사물의 본질에 대한, 그리고 교재의 내용에 대한 흥미가 가장 중요한 자극제가 된다.

흔히 교사들이 시간이 부족하다는 핑계를 대는데, 이 논법에 대해서는 허무하게 시간이 낭비된다는 유보 조건이 있을 때만 동의할 수 있다. 학교나 수업에서처럼 그렇게 시간이 무질서하게 낭비되는 곳은 어디에도 없다(이것은 깊이 고민해 봐야 할 아주 중요한 교육학적 과제다. 시간이 낭비돼도 그것을 생각하지 않으면 게으름뱅이를 양성해낼 수밖에 없는 것이다).

나는 지금까지 외우지 말아야 할 것을 외우느라고 의미 없이 시간을 낭비하는 부분에 대해 상세히 말했다. 다른 측면은 확실히 기억해야 할 지식을 얻는 데 배정된 시간을 올바르게 이용하지 못한다는 것이다. 이를테면 문법 지식을 가르칠 때, 많은 교사들은 규칙의 정의를 가르치고 몇 가지 예를 든 다음 곧바로 학생들더러 그것을 암기하라고 한다. 학생들은 열심히 암기하고 마찬가지로 암기한 예를 들기도 하지만, 쓸 때는 늘 틀리게 쓰게 된다. 여기에는 문법 지식의 특징을 살피지 않고 있으며, 사실을 깊이 사고하는 것에서 일반화(규칙)를 기억하는 것으로 넘어가는 특징도 살피지 않고 있다. 문법을 안다는 것 – 이것은 문법의 규칙을 언제나 기억한다는 것을 뜻하지 않는다. 다 알고 있는 바와 같이 읽기, 쓰기를 할 줄 아는 사람은 흔히 규칙을 잊어버린다 해도 그 규칙을 알고 있다. 문법 규칙을 알고 있다는 것은 생생한 언어를 많은 사실을 통해 완전히 이해한다는 것을 뜻한다. 완전히 이해한다는 것은 또한 한꺼번에 한 번의 수업으로 해결되는 것이 아니며 차차 성취되는 것이다.

규칙을 알고 기억하는 것(많거나 적거나 간에 얼마간의 시간을 거쳐야 한다)은 어떤 방법을 거쳤느냐가 중요하다. 즉, 교사가 규칙의 정의를 설명하고 몇 가지 예를 든 다음 곧바로 외우게 하느냐, 아니면 여러 날 걸쳐서 기억하게 하느냐에 달려 있다. 만일 한 가지 규칙을 충분히 생각하지 않고 충분한 사실 검증 과정을 거치지 않은 채 암기한다면, 그것을 기억할 수는 있지만 이해하지는 못하게 되고, 그런 기억은 확고하지 못하다. 오랜 경험에서 나는 문법 규칙을 암기하는 것은 차차 돼야 하며, 이 규칙이 일반화되는 생생한 언어 사실과 현상이 많을수록 그것을 외우는 시간이 길어야 한다는 것을 확인했다. 문법 수업 교수법은 중요한 특징이 있다. 이 특징은 바로 교재를 학습하는 것이 실제로 지식의 발전과 심화와 점차적인 공고화와 유기적으로 결부돼 있다는 점이다. 교사는 규칙을 암기하기 위해 규칙을 이해하는 것이라고 생각하지 말아야 한다.

신중히 생각한 기초 위에서 진행된 암기는 실제로 지식을 응용하는 것이다. 학생은 지식을 얻으면서 지식을 응용하고, 응용하면서 얻게 된다. 그때 학생의 정신노동은 창조적 노동이 돼서 그것은 아주 쉽게 이루어질 것이다. 상급학년이 숙제를 다 하는 데 들이는 시간은 반시간 내지 2시간을 넘지 않는다. 지식은 더 이상 '겉치레'가 되지 않고, 언제나 운동하며 발전하게 된다. 학생에게 지식이란 마치 그것으로 새로운 지식을 끊임없이 얻는 도구와 같은 것이다.

52_ 살아 있는 지식을

　선배 교사들의 경험은 우리에게 다음과 같은 것을 알려 주고 있다. 아이들이 공부를 하다 어려움에 부딪히는 원인 중의 하나는, 지식이 움직이지 않는 짐이 되고, 마치 저장하려고 쌓아 두는 것처럼 돼, 유통되지 못하고 일상생활에서 응용되지도 못한다는 것이다.

　많은 교사들이 학생들에게 수업 시간과 교육에서 지식을 익히라고 하는 것은 그들이 제기된 문제에 올바르게 대답할 수 있게 되거나 숙제를 다 할 수 있게 되라는 뜻으로 알려져 있다. 이런 견해는 교사들이 학생의 학습활동과 능력을 단편적으로 평가하게 만든다. 즉, 지식을 기억할 수 있고 교사가 요구하기만 하면 그 지식을 '털어 내놓는' 사람이라면, 지식이 있고 능력 있는 학생으로 인정받는 것이다.

　이것은 어떤 결과를 낳을까? 지식은 학생의 의식과 흥미에서 벗어나게 돼 지식을 얻는 일이 싫증을 일으키고, 단지 지식을 위한 지식이 되고 만다.

　지식이 정신생활의 한 부분이 되고 생각에 열중하게 하며 흥미와 열정을 불러일으키게 될 때만 진정한 지식이라고 할 수 있다. 지식이 많은 사람일수록 새로운 지식을 더욱 쉽게 얻는 법이다. 유감스럽게도 현실에서는 이와 반대되는 경우가 있다. 즉, 학생들이 해가 갈수록 학습을 더 어려워하게 되는 것이다.

이런 사실을 놓고 무엇을 제안해야 할까? 지식이 최종 목적이 될 뿐 아니라 새로운 지식을 배우는 수단, 도구가 되도록 노력해야 한다. 지식이 학생의 학습활동 가운데서, 평가의 정신생활 속에서, 학생들끼리의 관계에서 활기를 띠도록 해야 하고, 빨리 발전하고 언제나 쉼 없이 진행되는 정신적 부를 교류하는(이런 교류가 없으면 원만한 지적, 도덕적, 정신적, 미적 발전이란 생각할 수 없는) 가운데서 활기를 띠게 해야 한다.

이렇게 되려면 실제로 무엇을 어떻게 해야 하는가?

초급 학년에서는 단어가 아이들의 지식 가운데 가장 중요한 요소다. 더 정확히 말하면, 이것이 바로 사고력과 단어를 통해 표현되고 반영되는 주위의 현실 세계이다. 이 세계는 아이들에게, 입학하기 전에 몰랐던 새로운 것을 더 많이 알려 준다. 아이들은 관찰로, 생생한 직관으로, 단어로, 인식의 길에 가장 큰 첫 발걸음을 내딛게 될 것이다. 만일 당신이, 지식이 아이의 인식 발전에 방해가 되는 죽은 것, 움직일 수 없는 짐이 되지 않게 하려면, 단어가 아이의 창작 도구 중 하나가 되도록 해야 한다.

경험 있는 교사들은 학생의 학습활동에서 가장 중요한 것은 암기가 아니라, 단어로 생각하고 생생한 창작을 하며 물체와 사물, 현상, 주위 세계를 인식하도록 하는 것이며, 동시에 그것들 사이의 섬세한 색채를 느끼고 그 색채를 심화시키는 것이라는 점을 알고 그것을 실제 교육목표로 삼고 있다.

이를테면 당신이 아이들을 데리고 가을철의 과수원에 갔다고 하자. 때는 햇볕이 유난히 밝게 쬐는 초가을이었다. 부드러운 햇볕은 대지를 덥혀 주고 나무들은 갖가지 색깔로 산뜻하게 단장돼 있었다. 당신은 아이들에게 황금 들판이 출렁이는 가을에 대해, 모든 생물들이 지루하고도 추운 겨울을 날 준비를 어떻게 하고 있는가 등에 대해 이야기해 준다. 그러나 만약 당신이, 단어가 아이의 머리와 마음속에서 적극적인 힘이 되도록 노력하지 않는다면, 세계를 인식하는 과정에서 당신의 사상이 아이의 머릿속에 쌓이게만 함으로써 그들의 머리를 지식의 창고로 만들고 말 것이다. 아이들이 단어와 단어가 만나 만들어 내는 풍부한 의미와 정서적 색채를 또렷하게 이해한다는 것을 믿는다면, 당신은 그들에게 보고 느낀 바를 이야기해 보라고 해야 한다. 이렇게 하면 주위의 자연계와 그 자연계의 아름다움에 관한, 사람들을 경탄시킬 정도의 섬세하고도 선명한 사상이 눈앞에서 만들어질 것이다. 즉, 그들은 이렇게 말할 것이다. "백조처럼 흰 구름이 파란 하늘가에 떠 있으며", "딱따구리가 나무껍질을 쪼아 대자 나무에서는 딱! 딱! 하는 소리가 났다", "길섶에 외롭게 피어난 들국화 한 떨기", "황새 한 마리가 보금자리에서 목을 들고 먼 곳을 우두커니 바라보고 있다.… 무엇을 생각하고 있을까?", "나비 한 마리가 국화 꽃송이에 앉아 볕을 쬐고 있다."

당신의 사상이 아이들의 창작과 정서를 펼쳐 놓는 데 추동력과 원천이 된다는 것은 의심할 바가 없다. 왜냐하면 당신은 아이들 앞에 주위 세계로 통하는 창문을 열어 주기 때문이다. 그러나 이때 아이들은 들은 말을 그대로 따라 하지 않는다. 즉, 당신이 한 말과 당신의 사상이 아이들의 의식 속에서 변하는 것이다. 아이들은 생각하는 법을 배우고, 무엇과도 견줄 수 없는 생각하는 즐거움을 느끼며, 인식 가운데서 쾌락을 누리게 된다.

아마 당신은 아이들이 교사의 말에 관심이 없고, 어떻게 해도 그들의 마음을 흔들어 놓지 못하며, 아이들의 눈에서 알려고 갈망하는 불꽃이 타오르지 않는 것을 보게 되거나 또는 동료들에게서 그런 말을 듣게 될 것이다. 만약 당신의 수업시간에 이런 일이 벌어지면 고민해야 한다. 단어에 대한 이런 무관심, 무감각은 수업하는 데 커다란 결함이다.

만일 단어가 아이의 마음속에서 창작의 수단으로 활기를 띠지 못한다면, 사람들이 말하는 것처럼 아이가 다른 사람의 사상을 암기하고 받아들이기만 하고 자기의 사상을 창조하지 못하며 단어로써 이 사상을 표현하지 못한다면, 그 학생은 단어에 대해 감수성이 없는 학생이 될 것이다. 당신은 가장 큰 위험을 방지하는 태세로 이런 무관심을 방지해야 하고, 아이들의 그런 무감각을 막아야 한다. 당신은 아이들의 의식 속에 심금을 울리는 생생한 단어를 넣어 주어야 한다. 이런 단어를 넣어 준 다음에는, 그 단어가 시든 꽃이 되지 않고 보금자리에서 날아오르는 새처럼 주위의 자연미를 듬뿍 감상할 수 있도록 아이들의 관심을 돌려야 한다.

이 제안은 실제 교수 과정이라는 문제, 즉 이미 얻은 지식이 새로운 지식을 배우는 수단이 되고 사고력의 도구가 되는 문제와 관련된다.

사람들은 학생이 공부에 적극성을 띠는 문제에 대해 많이 논의하고 있다. 그러나 그 적극성에는 여러 가지가 있을 수 있다. 읽은 것을 암기한 학생은, 그 내용을 다 이해하지 못했다 해도 교사의 물음에 유창하게 답할 수 있다. 이것은 적극성이다. 그러나 이 적극성이 학생의 지능을 발전시키고 그의 지식을 깊이 있게 만들 수 있는가? 물론 그럴 수는 없다. 우리는 학생이 적극적으로 사고하고 지식을 깊이 이해하고 응용하면서 발전시키도록 해야 한다.

경험 있는 많은 교사들의 견해를 들어 보면 학생들 스스로 쌓은 지식을 기본으로 해서 새로운 지식을 가르치는 것이 훌륭한 교수 기법이라고 한다. 경험 있는 교장들은 수업을 참관하고 분석할 때, 바로 학생의 사소한 특징도 섬세하게 살펴가며 교사가 교육 기교를 제대로 부리고 있는가 본다.

어떻게 해야 수업이 사고력의 복잡한 작업이 되고 지식을 배우는 활동이 될 수 있을까? 여기서는 무엇이 가장 중요할까? 지식을 얻는다는 것은 진리를 발견하고 인과관계와 기타 여러 가지 연계를 발견하는 것이다. 이것은 의문을 푸는 것이다. 교실에서 아이들이 모르는 것이 아주 분명하게 드러날 때, 비유하자면 새가 교실에서 날 때 아이의 시선이 얼마나 그것에 사로잡히고 그때 얼마나 특수하고도 비할 바 없는 정숙이 깃드는지 잘 알아야 한다. 당신은 아이들이 모르는 곳을 아주 정확히 이해하고 느끼며 파악하도록 애써야 한다. 즉, 그들 앞에 의문이 생기도록 노력해야 한다. 다행히도 당신이 이렇게 했다면, 절반은 성공한 셈이다.

말하자면 교수 준비를 할 때 바로 이와 같은 관점에서 교재를 생각해야 한다. 즉, 얼핏 보아서는 눈에 잘 띄지 않는 '교차점', 다시 말하면 인과적 연계, 시간적 연계, 능력적 연관들이 서로 집결돼 있는 곳을 찾아내야 한다. 왜냐하면 의문은 바로 이런 연계 속에서 일어나며 이 의문 자체가 바로 알려는 욕망을 불러일으키는 자극물이 되기 때문이다.

이를테면 당신이 '광합성 작용'이라는 과를 가르친다고 하자. 학생들에게 식물의 푸른 잎사귀에서는 어떤 변화가 일어나는지 알게 해야 한다. 이 모든 것을 과학적인 정확성과 이론적인 체계성, 교수론적인 순차성에 맞게 쓸 수 있다. 이때 당신이 어떻게 쓰느냐에 따라 학생들이 지식을 적극적으로 배울 수도 있고 그렇지 않을 수도 있다. 우리가 할 일은 바로, 학생들이 교재를 이해하면서 문제의 답을 찾아내도록 하는 것이다. 이래야만 지식이 온전히 학생의 것이 될 수 있다.

당신은 '광합성 작용'이라는 교재를 다음과 같이 생각해야 한다. 즉, 의미가 마주 닿아 있는 교차점은 어디에 있나? 여기서 핵심 '교차점'은 무기 물질이 유기 물질로 바뀌는 것이다. 당신은 학생들 앞에 눈과 귀를 사로잡는 신비한 그림을 펼쳐 놓아야 한다. 식물은 공기와 흙 속에서 무기 물질을 섭취해 자기의 복잡한 유기체 안에서 유기 물질로 바꾼다. 유기 물질을 만드는 이 과정은 무엇인가? 식물 유기체라는 이 복잡한 실험실에서 햇빛을 받아 광물질이라고 하는 죽은 물질이 즙이 많은 토마토로, 향기로운 장미꽃으로 바뀌는데, 이것은 대체 어떤 과정을 거치는 걸까?

당신은 학생들이 이 문제를 생각하도록 이끌어 모든 학생들이 자연의 신기한 현상에 몰입하도록 교재를 설명해야 한다.

어떻게 이런 것을 이해하게 할 수 있을까? 이렇게 하려면 수업에서 어떤 것을 완전히 설명하고 어떤 것을 조금 남겨 둘지 알아야 한다. 완전히 설명하지 않고 남겨 두는 것 – 이것은 마치 학생의 사고력에 미끼를 던지는 것과 같다. 여기에는 모든 경우에 다 적용되는 처방이라는 것이 없다. 모든 것은 구체적인 교재의 내용과 학생이 이미 갖고 있는 실제적인 지식에 따라 결정된다.

그러나 학생은 벌써 의문이 생긴다. 이어서 당신은, 학생이 이미 알고 있는 지식의 모든 축적물 중에서 이 의문의 답을 찾는 데 필요한 지식을 골라내게 해야 한다. 바로 이런 선택, 이미 알고 있는 지식으로 아예 모르거나 정확하게는 잘 모르는 것을 푸는 과정이 바로 지식을 얻는 과정이다.

이 밖에도, 모든 학생들이 지식을 얻을 수 있도록 이끄는 데 유의해야 한다. 가장 소극적이고 집중력이 떨어지는 학생들이 여러 방법으로 지식을 알아가도록 이끌어야 한다. 그 방법 중 하나가 숙제를 내는 것이다. 학생들에게 이해하지 못하고 정확히 모르는 것을 찾아 모든 것을 잘 생각해 보고 힘을 다해 작업하며 자기의 사고력의 방향을 적어 둘 것을 권유할 수 있다.

학생들을 문제로 이끈 뒤 당신이 교재를 설명하는 경우가 흔히 있다. 이럴 때 학생들이 적극적으로 공부하게 하려면 당신은 모든 학생의 지적 수준을 정확히 알아야 한다. 즉, 누가 지적 수준이 높고 낮은지, 누가 배운 것을 잘 기억하고 누가 이것저것 잘 잊어버리는지 알아야 한다. 당신은 모든 학생이 설명을 귀담아들을 때, 당신의 생각을 학생들이 따라갈 수 있도록 하는 동시에 학생들이 자기의 두뇌 속에 들어 있는 것을 찾아낼 수 있도록 이끄는 지도자가 돼야 한다. 만일 머릿속이 텅텅 비어 있다면, 또는 당신의 설명을 따라오지 못한다면, 보충 설명으로 이 공백을 메워야 한다. 당신은 지금 이 순간 누가 '생각을 멈췄'는지 찾을 줄 알아야 하고, 학생이 따라오지 못할 내용이 무엇이며 교재를 이해하지 못하는 원인이 어디에 있는지 바로 알아내야 한다. 이 순간에 학생에게 한 단어 또는 몇몇 단어로 간단히 대답할 문제를 내면 '귀환 정보'를 알 수 있을 때가 많다. 이때 개별 학생에게 어떤 어려움이 생기며, 이 어려움을 극복하도록 그 학생을 어떻게 도와줄지 당신은 명확히 알게 된다.

경험 있는 교사들은 설명하면서, 여러 가지 사상이 엉켜 있고 맺혀 있으며 만나는 '교차점', 즉 의미가 연계된 곳에서 학생의 사고를 주의 깊게 감시한다. 바로 교재를 이해하는 과정에 있는 이 '관찰점'에서 교사는 이러저러한 방식으로 검사한다. 즉 내가 그들에게 주려는 것을 모두 이 점까지 가지고 갔는지, 내가 그들에게 새로운 지식을 가르칠 때 그들은 '지식 창고'의 어느 모퉁이에서 자신이 저장한 정보를 이용하게 됐는지, 이 '관찰점'에서 하는 검사가 학생이 지식을 적극적으로 얻도록 하는 중요한 전제가 된다. 배우는 교재의 내용에 근거해 이런 검사를 여러 방법으로 할 수 있다. 즉, 개괄적인 답을 원하는 문제를 내고, 자그마한 실제 작업(1~2분 동안에 대답할 수 있는)을 배치하는 것 등이다.

만일 어떤 학생이 어느 부분을 모른다는 것이 판명되면, 경험 있는 교사들은 처음부터 다시 설명하지 않고, 상술한 '관찰점'에서 '의문될 수 있는 점'이 어디 있는지 찾고, 그 다음에 학생들이 끊어진 생각의 지점을 찾도록 하며, 새로운 교재를 이해하는 데 장애가 되는 원인을 떠올릴 수 있도록 문제를 낸다.

교사가 교재를 서술하고 설명할 때, 학생들이 적극적으로 활동하지 않는 듯할 때도 학생들이 지식을 적극적으로 배우도록 할 수 있다. 이것은 우리가 교수 실천에서 부닥치는 가장 복잡한 문제 중의 하나다.

53_ 왜 학생들은 배울수록 더 어려워할까?

왜 학생들은 배울수록 더 어려워할까? 최근에는 교수 과정을 개선하려고 새로운 교수요강이나 교안을 만들고 새로운 교과서를 편찬하는 등 많은 일을 하고 있는데도! 여하튼 중·상급학년들은 학교 공부를 마치고 날마다 숙제를 하느라고 3시간 내지 6시간을 앉아 있어야 한다. 학교에서 6시간 공부하고 집에서도 6시간을 공부해야 한다. 이런 방식은 학생들을 기진맥진하게 한다. 많은 학생들이 8학년을 마치면, 9학년에 진급하려 하지 않는다. 공부하기 힘들기 때문이다.

우리나라에서 중등 의무교육을 실시하게 되는 이때, 학생의 학습 부담을 덜어 주는 것이 최우선 과제다. 교육과정의 높은 단계와 학교의 모든 교수·교육 사업은 이 문제가 실제 계획, 즉 교사와 교장, 교무주임, 교육국장의 사업에서 어떻게 해결되느냐에 달려 있다.

물론 학습은 노동이고 그 노동은 쉽지 않다. 지식은 노력 없이 얻을 수 없다. 그렇다고 소년들에게 한사코 아침부터 저녁까지 교과서를 외우도록 하지 말아야 한다. 학생의 학습 노동을 다음과 같은 정도로 덜어 줄 수는 없을까? 상급학년은 숙제를 2~3시간 안에 다 하도록 하고, 8학년들은 학과를 1시간 반 안에 다 하도록 하는 것. 내 경험으로는 가능하다고 믿는다.

이렇게 하려면 어떻게 해야 할까? 학생들에게 자유 시간이 있어야 한다. 학교 수업과 숙제에 쓰이지 않는 완전한 자유 시간이 날마다 4~5시간씩 있어야 한다. 이 시간을 학생이 지적 생활에 쓰도록 해야 한다.

능력이 중등쯤 되고 각 과목을 꾸준히 공부하려는 한 학생의 지적 생활을 자세히 관찰해 보자. 이 학생은 어떤 수업에서나 다 대답을 잘할 수 있도록 암기하는 데 모든 노력을 들였다. 그에게는 '정신적 욕구를 충족시킬 수 있는' 책을 읽을 시간이 없었고, 생각할 틈도 없었다. 그런데 학교 교수론에는, 학생이 흥미와 지적 욕구로 읽는 자료보다 암기하려고 학습하는 자료가 더 많을수록 학습을 더 어려워한다는, 매우 중요한 합법칙성이 나와 있다. 그러므로 우리가 8학년의 학습 부담을 덜어 주려면 그들이 읽어야 할 것이 암기할 것보다 3배는 더 많게 해야 한다. 9학년과 10학년은 읽을 거리가 기억할 것보다 4~5배 더 많아야 한다.

만약 학생들이 교과서 외의 책을 안 읽는다면, 교과서 내용마저 잘 배울 수 없을 것이다. 또, 다른 책을 더 많이 읽는다면 과목 공부도 더 잘하게 될 뿐만 아니라, 시간도 남아서 창조적인 지적 활동, 육체적 단련, 노동 활동, 미적 활동 등으로 다양한 흥미를 충족할 수 있다. 교수요강에서 일부 장과 절을 빼고 다른 장과 절을 넣어서 상급학년의 부담을 덜어 주려는 시도는 어리석다고 본다. 만일 학생의 정신노동을 덜어 주고 싶다면, 학생들에게 학교 도서관으로 가는 길을 열어 주어야 하고, 책이 잠자는 거인에서 청년들의 친근한 벗으로 탈바꿈하도록 애써야 한다.

학생의 지적 생활의 일반적 품격과 성격은 교사의 정신적 소양과 취미, 박식과 견문에 많이 달려 있다. 그리고 교사가 학생에게 무엇을 가지고 가서 주는가, 무엇을 남겨 주는가에도 달려 있다. 그런데 교사가 지식도 없고 정신적 부를 쌓지 않을 때가 학생에게 가장 위험하다.

그러므로 정신노동을 덜어 줄 좋은 방도는 지적 생활의 풍부함을 보장하는 것이다. 지금 학교에서 안배한 선택 과목도 바로 학생의 개성을 확인하고 그의 취미와 기호, 장점과 재능을 밝혀내 발전시키려는 것이다.

아이가 더 쉽게 공부하게 하려면 지식과 능력의 차이를 이겨내야 한다. 즉, 6학년에게 어떤 교과서든 단락에 따라 읽히면 열에 다섯은 내용을 이해하면서 술술 읽지 못한다. 읽을 때는 눈으로 파악할 수 있고 머리로 문장 전체를 기억할 수 있어야 하며, 학생이 책에서 시선을 뗄 때 본 것만으로 본래의 문구를 떠올리도록 해야 한다. 이렇게 읽을 수 있을 때 비로소 그는 한번에 읽으면서 생각할 수 있다.

여하튼 이것은 학생들에게 흔히 나타나는 중요한 문제 가운데 하나다. 읽으면서 생각할 줄 알아야만 기계적인 암기를 하지 않고 암송하고, 상상하면서 교재에 대해 논리적인 분석을 할 수 있다. 이렇게 되면 학생들은 10~15분 만에 역사와 생물, 지리, 문학 등 교과서의 4~5쪽쯤 되는 내용을 알 수 있다.

어떻게 해야 학생이 읽으면서 동시에 생각할 수 있게 할까? 이것은 오랫동안 연습해야만 한다. 또 초급학년 때 놓쳐 버린 것은 보충하기 어렵다는 것도 기억해야 한다. 그러므로 1~4학년들은 적어도 하루에 반 시간씩 새로운 본문을 표정을 드러내 이해하면서 읽어야 한다. 모든 학생들이 읽으면서 생각하고, 생각하면서 읽도록 해야 한다.

글을 쓸 때 정확하고 빠르게 거침없이 쓰도록 해야 한다. 5~6학년들이 글을 어떻게 쓰는지 살펴보자. 얼굴과 두 손은 긴장하고, 이마에선 땀이 난다. 그들은 모든 정력을 글자를 쓰는 일에, 즉 어떻게 자모를 쓰고 어떻게 자모를 엮어서 단어를 만들며 단어가 어디에 쓰이는지 생각하는 데 쏟아붓는다. 학생은 쓰면서 생각할 줄 알아야 하고, 들은 것의 뜻을 생각하면서 쓸 줄 알아야 한다. 반자동으로 글자 쓰는 법을 익힌 학생들만이 여러 가지 규칙을 떠올리고 그것을 응용하며, 자기 검사를 할 수 있다. 이런 능력이 없는 학생은 맞춤법을 잘 익히지 못해서 그렇다.

학생의 지식을 검사하는 방법 자체도 그들의 정신노동을 더는 데 도움을 주지 못한다. 학생은 지식을 머릿속에 보존해야 할 짐으로 간주하고, 일단 교사가 원하면 그에 따라 교사 앞에 지식을 내놓아야 한다는 생각이, 지난 세기부터 최신의 과학적 성과와 발견의 시대라 하는 오늘날 현대적인 학교로 변함없이 그대로 이어졌다. 그래서 학생이 지식을 기억하면 지식이 있는 것으로, 기억하지 못하면 지식이 없는 것으로 간주한다. 이런 견해 때문에 학습은 일정한 양의 지식을 머릿속에 채우는 것으로 변했다. 학생은 오늘 일정한 분량의 지식을 기억하고 내일 그 지식을 교사에게 바치며, 바친 다음에는 더이상 지식에 상관하지 않게 된다. 이렇게 되면 우선 질문에 대처하기 위해 공부하려는 목표가 차츰 생긴다. 학생이 집에서 예습하는 것은 보통 내일 평가를 받으려는 목적이다. 그런데 학생에게 지식을 응용하는 능력이 있을 때에만, 그에게 지식이 있다고 할 수 있다.

이 논평에서 언급된 의견들은 교수요강에 다 나와 있지만, 현실에서는 아직도 실행되지 못하고 있다. 교수요강이 아무리 완전무결하다 해도, 훌륭한 교사가 탐구심이 강한 지혜와 창조적인 두 손으로 수행하지 않는다면 그것은 탁상공론이 되고 만다.

    경험이 풍부한 교사들은 학생에게 교과서 본문을 암기시키지 않는다. 왜냐하면 암기식 '학습'은 지능 면에서 제한성을 빚어내는 위험이 있기 때문이다. 경험 있는 교사들은 수업할 때 학생들이 이미 얻은 지식을 이용해 여러 가지 사실과 현상을 사고하고 대비해 스스로 결론을 내도록 모든 일을 준비한다. 이런 교사들은 학생이 칠판 앞에 나가 문제에 답할 때 자기가 필기한 것과 초고, 즉 연습장과 교과서와 보충 교재를 가지고 의논하고 탐구하도록 하며, 교과서 내용을 문자 그대로 되풀이하지 않는다. 우리 학교에서는, 가령 문학 수업에서는 상급학년들이 문제에 대답할 때면 흔히 문학 작품의 본문을 인용한다.

    지금 끌어들이고 있는 교수법은 커다란 위험성을 안고 있다. 비유하자면, 학생들이 나무만 보고 숲은 보지 못하게 하는 데 있다. 이를테면 제1차 러시아 혁명을 학습할 때, 학생들은 그것의 세목과 날짜는 자세히 기억하지만, 역사적 사건 전반을 전체적으로 관찰하지는 못하며, 세목에서 추론해 모든 사건의 전체 윤곽, 그것의 참뜻, 실체와 제1차 러시아 혁명이 인민의 운명에 어떻게 작용했는지 파악하지도 못한다.

    숲을 통일된 전일체로 관찰할 때에만 개별 나무에 관해 더 완전한 표상을 형성할 수 있다. 강을 건너 보지 않고서는 물방울이 어떤 것인지 알 수 없다. 그러므로 상급학년들이 모든 과제를 통째로 분석하고, 더 중대한 문제를 탐구하도록 교수 과정을 배정해야 한다.

    알려는 염원과 인식하려는 지향, 정신 면에서 어제보다 오늘 더욱 풍부하게 되려는 것 – 이것들은 바로 학교와 교사들이 학생들에게 길러 줘야 할 품성이다.

54_ 학습 의욕을 키워 주어야

지식을 얻으며 능력을 갖는 일은 교사의 지도 아래 진행되는 아이들의 복잡한 인식 활동이다. 공부하고 지식을 늘이려는 강렬한 염원은 이 활동의 가장 중요한 동인이다. 레닌은 "'인간 감정' 없는 인간의 진리 탐구는 과거에도 없었으며, 현재에도 없고, 또 있을 수도 없다"고 했다.

교수 과정에서 생기는 아이의 긍정적인 정서는 학습 의욕을 기르는 데 커다란 몫을 한다. 교사의 과업은 공부하면서 만족을 느끼는 아이의 긍정적인 정서를 끊임없이 발전시켜서, 그들에게 공부하려는 강렬한 의욕이 생겨나도록 하는 데 있다.

1949~1950학년도에 8학년 한 학급의 수업을 분석했는데, 거기서 어떤 학생들은 자기의 성적과 동료의 성적에 대해 별로 관심을 갖지 않는 것을 발견했다. 이런 무관심은 시험 답안의 점수에 대해, 교사의 질문에 답하는 답안의 질에 대해 아랑곳하지 않는 것으로 나타난다. 이런 학생들은 낙제 점수를 받아도 불안해하지 않는다. 그들은 자기 동료의 성공과 실패에도 관심이 없다. 우리는 이런 학생들이 학교나 집에서 공부하는 상황을

분석하고, 이런 소극적인 태도와 부족한 학습 열정의 원인을 찾아내는 것을 과업으로 제기했다.

우리는 여학생 알라가 문학, 대수, 물리, 역사 수업에서 하는 대답을 듣고 분석하면서 이런 결론을 얻었다. 이 학생은 물음에 답할 때, 힘들여 학습목표를 성취했을 때의 감격스럽고 흥분된 감정을 체험하지 못했다. 그러므로 이 학생의 사고력 활동에서는 어려움을 이겨내려는 의욕이 없었거니와, 가장 어려운 곳이 어딘지도 몰랐다. 그가 집에서 예습할 때 모든 것을 생각해 정확히 알려는 의욕이 거의 없다는 것을 확인했다. 다시 말하면 그는 가장 쉽고 잘 이해되는 것을 기계적으로 암기하는 방법을 택했고, 수업에서 특별히 애쓰지 않고도 읽은 것을 자기 말로 할 수 있었다. 그래서 알라의 대답은 단조롭고 밋밋했다. 따라서 그의 대답은 자신뿐만 아니라 동료도 감동시키지 못했다. 이 학급의 많은 학생들이 대개 이러했다.

이 학급은 동료들의 대답을 질적으로 평가하는 데 관심이 부족했다. 이것은 학생들이 평가에 대해 열정이 부족했기 때문이다. 한 학생이 조리 있게 대답하지 못했는데 다른 학생들은 덤덤하다. 동료가 대답을 잘했고 훌륭한 지식을 보여 주어도 역시 아무도 감동하지 않는다. 만일 '2점'이 학생들에게 불안을 느끼도록 한다면, '3점'은 그들을 더욱 만족시키게 될 것이다. 우리는 많은 학생들이 3점을 받기만 하면 안도감을 느끼며 자리에 앉는다는 것을 발견했다. 학생들은 숙제를 하는 것에 대해, 무엇보다도 '배워야 할' 교과서 몇 쪽을 이해하는 것으로 보고 있었다.

이런 관찰로써 우리는 수업 그 자체와 교육과정의 조직에서 학생들이 관심을 갖지 않는 원인을 찾아내야 한다는 결론을 내렸다. 개별 수업과 교사의 사업 정황에 대한 분석에서 나타난 바와 같이, 문제의 근원은 교사가 수업 열정이 부족하다는 것이다. 이를테면 문학 교사는 교수 준비를 할 때 가장 어려운 곳에 주의를 돌리지 못했다. 심지어는 교사가 '어려운 것'을 아주 쉬운 것으로 만들었고, 어떤 복잡한 것이 교재에는 없으며 특별한 노력을 들이지 않아도 교재의 모든 것을 쉽게 배울 수 있는 듯한 인상까지 주려고 노력했다. 그는 어려운 개념과 해석하기 어려운 교수요강 부분을 강조하지 않았고, 학생의 주의를 거기에 집중시키지 않았다. 이것은 잘못된 길이다. 교사는 어려움을 이겨내도록 학생들을 가르치는 대신에, '뾰족한 모서리'를 문질러 무디게 하는 방법으로 학생들이 교재를 파악하는 데 드는 어려움을 덜어 주었다. 그 결과, 어떤 경우에는 어려운 교재가 본질상에서 질이 낮아지기도 했고, 다른 것을 배울 때 겸해서 배우는 격이 됐다.

교사의 사업에서 또 다른 중대한 결함은 바로 교사가 학생의 지식에 대해 무관심하고 열정이 부족한 것이다. 대답을 잘 못하는 학생은 교사를 자극하지 못해서, 교사는 학생의 지식이 빈약한 원인을 면밀히 검토해 보지 않았다. 교사는 또한 냉정하게 학생들에게 '5점', '3점', '2점'을 매겨 버렸다. 그러므로 학생들도 좋은 점수를 힘든 노동의 결과가 아니라 우연으로 보며, 낙제 점수를 실패로 보지 않고 '어려운 문제' 때문으로 보았다.

여학생 라이샤는 문학 과목에서 낙제점을 받았다. 우리가 쉬는 시간에 이 학생에게 "네가 낙제점을 받지 않으려면 어떻게 해야 할까?" 하고 물었더니 "저에게 더 쉬운 문제를 물었다면, 대답을 잘했을 거예요" 했다. 이것은 일부 학생들이 자기 지식보다 행운에 의지하려 한다는 것을 증명한다. 어째서 학생은 이런 관점을 갖게 되었을까?

우리는 학생의 지식과 교사의 질문 방식을 연구하면서, 교사가 의식적이건 무의식적이건 간에, 공부를 잘 못하는 학생에게는 쉬운 문제를 내고 공부를 잘하는 학생에게는 언제나 어려운 문제를 낸다는 것을 알게 됐다. 이 '방법'은, 교사가 학급 전체에게 문제를 내면, 학생들이 벌써 그 문제는 교사가 누구에게 풀라고 할지 예상하게 만들었다. 그래서 몇몇 학생은 "나는 못 따라가겠어"라는 생각을 갖게 되었다. 교사가 평소에 이런 학생들에게 어려운 문제를 내지 않는데, 어떻게 학생들이 그런 생각을 하지 않을 수 있나? 학생들 모두 이렇게 생각하고 있었다. 예를 들면 라이샤는 러시아 문학을 포함한 각 과목에서 '3점'만 맞을 수 있다고 생각한다. 라이샤 자신도 당연하다고 여기고 있다. 교사도 이 점에 대해 신념이 확고했다. 라이샤가 우연히 '4점'을 받으면, 그는 만족하기보다 불안하게 여겼다.

우리는 8학년 학생의 학습 정황을 분석한 뒤 학습 의욕을 높이는 문제, 즉 확고한 정서 상태 - 학습 열정 - 를 기르는 문제를 학교 교무위원회에서 토론하게 했다. 우리는 관찰했던 문제점을 놓고 교사들이 비판과 자기비판을 하도록 했다. 모든 교사들은 소비에트 학교에서 강렬한 학습 의욕은 도덕적 정치적 감정이 되므로, 이런 감정을 기르는 것은 무엇보다도 우리 교사에게 달려 있다는 일치된 결론을 내렸다.

학습 의욕은 학생의 타고난 특질로 결정되는 것이 아니다. 그것은 일상적인 노동 속에서 어려움을 이겨내는 가운데 길러지는 품성이다. 학생, 특히 상급학년은 교사의 말에 담겨 있는 진정한 열정과 가식적인 열정을 구별할 수 있다. 그들은 교사들의 냉담함을 좋아하지 않는다. 왜냐하면 표면에 나타나는 것이 아니라 마음속에 스며 있는 학생의 힘을 믿어 주지 않는 그런 요소를 좋아하지 않기 때문이다. 모든 교사가 반드시 갖추어야 할 품성은 진정한 볼셰비키적 열정이다. 이런 열정, 학생의 지식에 대한 진지한 관심이 없으면 강력한 학습 의욕을 기르는 문제에 대해 말할 자격이 없다.

교사 평가는 각 교사에게 다음과 같은 과업을 제기했다. 교사는 교수 준비를 할 때, 학생들이 지식을 얻어 나가는 과정에서 부딪히는 어려움을 이겨 내는 방도를 심도 있고 면밀하게 연구해야 하고, 어떤 경우에도 이 어려움을 절대로 피하지 말고 이겨내도록 하며, 그리고 그것이 비록 어렵다 해도 보람 있는 이 길로 학생들을 이끌어 가야 한다.

모든 학생은 우수한 성적을 받으려는 의지를 가져야 한다. 그러나 이런 의지는 그 어떤 특수한 조처, 즉 대화나 회의로 이루어지는 것이 아니라, 무엇보다도 학생의 노동을 올바르게 조직한 결과로 이루어지는 것이다. 강력한 학습 의욕을 기르는 문제를 제기하는 것 자체가 바로 각 교사에게 자기 사업의 전반적 체계와 새로운 교재를 가르칠 때 교수법을 연구하도록 하는 것이다.

8학년의 한 학급을 예로 들어 교사 평가가 학생의 학습 의욕을 기르는 면에서 어떤 성과를 거두었나 밝히려 한다. 8학년 1학기 말에, 이 학급의 학생 4명이 러시아어 과목에서 낙제했다. 이 과목은 어렵고도 꾸준한 학습으로만 점수를 올릴 수 있다. 그런데 이렇게 되려면 낙제생은 아마 처음에는 눈에 띄지 않을 정도로 느린, 자기의 초보적인 향상을 참아내야 한다. 니콜라이는 낙제점을 받는 데 익숙했다. 그래서 작문과 받아쓰기를 언제나 2점만 받아도 아무렇지 않았다. 니콜라이에게는 러시아어 과목에서는 좋은 성적을 받을 수 없다는 생각이 딱 박혀 있어서 이 과목 숙제를 할 때마다 괴로움을 느꼈다. 담당 과목 교사인 뤼사크는 무관심을 허물고 니콜라이와 다른 학생에게 러시아어를 잘할 수 있다는 마음을 키워 주는 것을 목표로 삼았다.

그는 낙제한 넷에게, 날마다 고리키의 장편소설 《어머니》의 본문을 한 쪽씩 베껴 쓰고 문법에 따라 각 단어를 분석하고 설명하는 것을 과제로 내주었다. 이 작업을 꾸준히 해내야 학습 성과를 거둘 수 있다. 학생들은 이 과제에 흥미를 가졌다. 왜냐하면 이 일은 보통때 하던 공부와 달랐기 때문이었다. 그들은 교사가 이 새로운 방식에 큰 희망을 품고, 학생의 읽고 쓰기 능력이 반드시 좋아지리라 믿고 있는 것을 감지했다. 이것은 학생들에게 힘을 북돋아 주었다. 보름쯤 돼 벌써 성과가 나타났다. 니콜라이와 다른 세 학생들은 장편 소설의 본문에서 자기들이 몇 년 동안 줄곧 문법 규칙에 맞지 않게 써 온 단어를 발견했다. 학생들은 다른 문학 작품도 자세히 읽기 시작했고, 이 작품 속에서, 자기들이 배운 문법 규칙을 설명하기 위한 예들을 찾아낼 수 있었다. 그들은 교사의 권유를 받아 맞춤법 어휘집을 마련했다. 이 어휘집에는 각 문법 규칙에 해당하는 난을 두었다. 그들은 맞춤법에서 어려웠던 모든 단어들을 어휘집에 썼다. 결국 이들은 러시아어 과목에서 받아쓰기를 아주 잘하게 됐다. 이것은 그들을 더욱 기운나게 했고, 믿음을 더 북돋아 주었다.

이 성과는 그들뿐만 아니라, 이 학급의 다른 학생들에게도 영향을 주었다. 네 학생들 모두 노력해 성과를 거두는 것을 보고, 다른 학생들도 스스로 공부를 더 잘할 수 있다는 것을 믿었다. 마침내 면학 분위기가 이루어졌다. 이런 분위기 없이 전 학급이 진보할 수는 없다. 이런 분위기는 모든 학생 평가의 가장 중요한 정서가 됐으며, 그들은 앞으로 학습 과업을 성공적으로 완수하는 데 믿음을 가지게 됐다.

성공에 대한 이런 예감을 조성하는 것은, 꾸준한 학습 의욕을 기르기 위한 교사의 가장 중요한 업무이다. 우리는, 강렬한 학습 의욕이 학생이 지식을 얻거나 실제 작업을 완수하는 각 단계에서, 어려움을 이겨내는 과정에서 도덕적인 만족을 체험하게도 한다는 결론을 내렸다. 그러나 이런 만족은 원대하고도 고상한 목표를 이루려는 학생의 자기 평가 속에서만 체험할 수 있다. 그 네 학생은 학습에서 어떤 훌륭한 성과를 거두기 전까지 자기를 고독한 사람으로 느끼고 있었다. 이런 점에서 그들을 동정한다 해도 그들 대신 공부해 줄 수는 없다. 이 네 학생은 일차적인 성과를 거두었을 때, 뒤떨어진 성적을 한층 높이는 것을 자기 목표로 인정하게 됐다. 이렇게 학생의 학업 성적 평가에 대한 교사의 책임감과 학생의 책임감이 조성됐다.

더욱 훌륭한 성적을 받겠다는 이 숭고한 목표는 노동 자체를 존중하는 감정으로 유지된다. 우리는 이전에 낙제 점수를 받던 몇몇 학생의 학습 상황을 관찰함으로써, 이들이 지금은 학습활동에서 기쁨을 느끼는 것을 알 수 있었다. 교사가 전 학급에 새로운 작문 제목을 주었을 때, 이들은 이전에 맛보았던 절망감을 느끼지 않았다. 반대로 긴장하고 흥분했다. 이런 감정이 학급 전체 학생들에게도 퍼졌다. 어문 숙제에서 언제나 '3점'을 받던 학생들도 더 좋은 점수를 얻고 싶어 들떠 있었다.

이제 교사의 업무는 학생들이 이런 긴장 상태를 유지하고 이 상태에 적극적인 성격을 부여하도록 하는 데 있다. 이때 학생들에게 달성해야 할 목표를 더욱 명확히 지적해야 한다. 학생이 숙제를 시작할 때 느끼는 흥분과 긴장이 긍정적인 요소가 되는 까닭은, 그것이 바로 그들이 더 이상 이전처럼 노동을 무관심하게 대한 결과에서 오는 구속감을 느끼지 않게 하기 때문이다.

학업에 뒤떨어져 구제할 방법이 없다고 오랫동안 방치됐던 니콜라이를 관찰하면서, 우리는 그러한 구속과 무관심이 활기로 바뀐 것을 발견했다. 이 활기는 중요한 숙제를 완수할 때 필요한 정신적 힘이 된다는 것을 설명해 준다. 이전에는 니콜라이가 수업이 시작된 지 15~20분간은 집중을 못했지만, 지금은 수업종이 울리기만 하면 학습을 시작하게 됐다. 그 외의 8학년들도 집중해 학습했다.

이리하여 학습 의욕은 학생이 모든 역량을 동원하도록 촉진하는 정서가 됐다. 글쓰기를 다 하고 필기장을 낼 때 우울한 표정을 짓는 학생은 없었다. 그와 반대로, 쉬는 시간에 자신의 글쓰기에 관해 열렬히 토론했으며, 실망해서 성적에 대해 믿음을 잃는 학생은 한 사람도 없었다.

니콜라이는 작문에서 '3점'을 받았다. 맞춤법에서 네 개, 수사 방면에서 두 곳이 틀렸기 때문이다. 그는 틀린 단어를 곧바로 맞춤법 어휘집에 써 넣었다. 이렇게 하고 니콜라이는 작문을 새로 했는데도 합격하지 못했다. 그러나 이제 그는 이런 실패에 대해 우울해하며 믿음을 잃는 것이 아니라, 어려움을 이겨내려고 분발하고 있었다. 교사는 그에게 어떤 규칙을 더 주의해야 한다고 알려 주었고, 니콜라이도 연습 문제를 최선을 다해 풀었다.

공부해서 더 높은 성적을 내려는 의욕을 기르는 데는 교사가 수업시간에 활기차고 낙천적인 말투를 유지하는 것과 깊은 연관을 가진다. 교수법의 관점에서 볼 때, 교사의 수업에 대해 나무랄 만한 곳은 없지만, 교사가 수업 내용을 전달할 때 무기력하고 목적성이 명확하지 못한 것이 학생들에게 우울한 정서를 자아내는 경우가 흔하다. 교사가 교재를 관심 없어 하면 곧 학생들도 그렇게 느낀다. 이렇게 전달되는 교육 내용은 마치 교사와 학생들 사이의 벽처럼 된다.

'수업의 어조' 란 개념을 파악하기 어렵고 정의 내리기 어렵다. 우리는 이것을 보통 "수업이 맥없이 진행된다"고 한다. 그러나 우리는 그것의 원인을 찾아내려 하지 않았다. 활발한 수업에서 학생은 피로를 느끼지 않는다. 그러나 무미건조한 수업에서 학생들은, 긴장해야 하고 풍부한 노동으로 이루어진 수업보다 더욱 피로를 느끼게 된다. 우리는 해마다 자기 학교 교사의 수업을 400교시 이상 분석한다. 이 일을 통해 우리는 교사가 자기가 이야기하는 말을 학생의 관점에서 보지 않고, 그의 말이 학생에게 일으키는 정서를 고려하지 않는다면 그 수업은 무미건조하고 무기력하게 된다는 결론을 얻었다. 이런 수업은 결코 아이에게 좋은 정서적 감각을 일으키지 못하고, 수업이 지루하고 길다는 느낌을 갖게 하며, 휴식을 알리는 종소리가 나야만 활기를 띠게 할 따름이다.

이런 수업에서는 학습 의욕이 길러지지 않는다. 그러므로 모든 교수법적 요구를 젖혀 두고라도, 실내 수업에 대해 다음과 같은 중요한 사항을 제기하고자 한다. 즉, 실내 수업은 좋은 정서적 감각을 일으켜야 한다. 다시 말하면 학생들이 학습에서 오는 만족감과 새로운 지식을 얻는 데서 오는 긴장된 노동으로 건전한 피로감을 느끼게 해야 한다. 우리는 교사의 수업을 분석하고 평가할 때, 이 수업에서 지식을 얻는 과정이 얼마나 적극적으로 진행됐는가, 교사가 전 학급 학생의 흥미를 어느 정도 불러일으켰는가 하는 것에 늘 유의했다. 이런 관점에서 수업을 분석하면 수업에서 학생의 지속적이고 확고한 학습 의욕을 기르도록 개별 교사와 전체 교사 평가를 도와줄 수 있다.

우리는 학습 의욕 향상을 학생의 의지와 밀접히 연관시켜야 한다. 학생은 공부를 잘하기 위해 노력해야 하지만, 그 학습이 개인의 허영심과 자기의 체면만을 고려하는 것이 되지는 말아야 한다. 학습을 고무하는 기본적인 동기는 자각적인 노동 태도, 사회주의 사회 건설자로서 미래의 활동 준비, 평가의 명예감, 학급과 학교의 명예감 등이어야 한다.

강한 학습 의욕을 기르는 것은 사상 교육과 사회주의적 도덕 교육의 중요한 부분이기도 하다. 학습 목표와 이 목표 달성의 수단을 명확히 인식하면 학습 의욕이 더욱 효과적이고 자각적일 수 있다. 중학생 시기에 이미 어떤 생활 목표를 이루려는 의식을 조금씩 형성해야 한다. 우리 교사들은 모든 학생이 자기의 목표를 정하고 그것을 실현하도록 도와주는 것, 다시 말하면 그 목표를 실제에 맞도록 제시해 주는 것을 우리 업무라고 생각해야 한다.

강렬한 학습 의욕, 명확한 학습 목적은 학생이 공부하는 데 가장 중요한 힘이다. 이런 의욕을 기르는 사업을 학교의 전체 교수·교육 사업의 배정과 긴밀히 연계해야 하며, 또한 무엇보다도 실내 수업에서 실현해야 한다. 학습 의욕을 기르는 것은 학생 평가를 확실하게 하고 평가주의 감정을 심화하며 서로 도우려는 지향을 더하는 데 도움을 준다. 각 교사 평가의 업무는 바로 이런 느낌을 여러 방면으로 기르는 동시에, 그 느낌을 정확한 길로 이끌어 가는 것이다. 바로 이것이 학생의 지식의 질을 한층 더 높이고 교수·교육 사업의 사상 수준을 높이는 것을 보장 받을 수 있게 한다.

55_ 아이들을 공부하게 하려면

학생들이 지능과 정신 면에서 성장하도록 하려면 지식에 대한 갈망과 의욕을 가지도록 해야 한다. 아이의 학습 의욕은 교수와 교육이 통일된 바다로 흘러드는 자그마한 원천이다. 어떻게 해야 이 원천을 열어 놓을 수 있을까? 이 원천이 진흙으로 막히지 않게 하려면 어떻게 해야 할까? 무엇으로써 그것을 방지할까? 유감스럽게도 우리 교사들은 다음과 같은 불안한 현상에 자주 부딪히게 된다. 즉, 아이들은 입학할 때 지식을 탐구하려는 불꽃을 가지고 온다. 그러나 이 불꽃은 곧 꺼지고 만다. 이 때문에 수업에서 가장 무섭고 흉악한 적인 냉담한 태도가 생기는 것이다.

또는 다음과 같이 말할 수 있다. 아이들이 오늘은 어제보다 정신 면에서 더욱 풍부해지고 지능 면에서 더욱 총명해지도록 하고, 그가 지능, 사상 면에서 자기의 성장을 느끼고 체험해서 긍지를 느끼도록 하려면, 이 감정이 그들을 고무해 어려움을 이겨내게 하는 동력이 되게 하려면, 학급과 학교의 모든 교수·교육 사업을 어떻게 배정해야 할까? 아이가 학습을 잘하려는 의욕은 세계를 낙관적으로 인식하는(주위 세계를 인식하며, 특히 자기를 인식하는) 것과 갈라놓을 수 없음을 알아야 한다. 아이가 학습을 즐기고 학습에 열중하지 않고서는, 그들이 긴장된 정신적인 노력으로 진리를 발견하고, 발견된 진리 앞에서 흥분하고 경탄하지 않고서는, 과학과 지식을 사랑한다고 할 수 없다는 것은 명백하다.

아이들이 강렬한 학습 흥미를 가지도록 하려면 그들에게 풍부하고 다채로우며 매혹적인 지적 생활이 있어야 한다. 아이들이 학교에 입학한 뒤에는 그들의 사고력이 칠판과 국어책의 틀에 얽매이지 않도록 하고, 교실의 벽들이 그들을 변화무쌍한 세계와 갈라놓지 않도록 늘 유의해야 한다. 왜냐하면 세상의 비밀 속에는 사고력과 창조의 무궁무진한 원천이 스며 있기 때문이다. 다시 말하면 만약 우리가 아이들에게 학습을 즐기도록 하려면, 학교에서 흔히 사용하는 방법, 즉 교사가 아이에게 암송하고 암기하라고 하고 그 내용을 검사하려고 아이가 외운 것을 말하게 하는 것으로 아이의 지적 생활을 한정해서는 안 된다.

여기서 나는 암송과 암기를 무시하는 듯한 인상을 독자들에게 주고 싶지 않다. 그렇지 않다. 암송과 암기 없이는 수업과 지적 발달을 생각할 수 없다. 그러나 만약 수업이 단순한 기억 활동으로만 이뤄진다면 그 수업은 목표가 없는 것이 될 것이다. 왜냐하면 기억력과 사고력이 결부되고, 아이가 주위 세계의 현상, 합법칙성을 깊이 사고해야만 진정한 지적 발달이 있을 수 있기 때문이다.

초등학생의 지적 생활이 풍부하고 다채로워지려면 사고력과 기억력이 조화를 이루어야 한다. 존경하는 동료들이여, 우리는 초급학년에서 무엇보다도 아이들이 생각을 잘하며, 적극적으로 지식을 얻고, 파고 캐고 따지고 들면서 진리를 탐구하며 인식의 세계에서 노닐도록 하는 데 관심을 쏟아야 한다. 이래야만 아이들은 훌륭한 학생이 될 수 있다.

이와 관련해 나는 우리 학교 하급학년 교사들이 쌓은 경험 몇 가지를 소개하려 한다. 우리 학교에서 아이들에게 하는 교수는 학생들이 입학하기 전 해에(즉 예비 학급에서) 시작된다. 우리는 이런 입학 전 아이들에게 '사고력 수업'이라고 하는 특별한 활동을 시킨다. 비유하자면, 사고력의 원천에 가서 여행하는 것이다. 우리는 아이들을 데리고 화원, 숲, 들과 연못가로 가고 그들 앞에는 여러 가지 사물, 현상, 관계와 의존성의 아주 섬세한 차이와 여러 측면이 펼쳐진다. 한 사람이 세계를 보기 때문에, 그는 소극적인 관찰자가 아니라 진리의 발견자가 된다. 이러므로 생기 있는 사상이 생긴다. 우리가 학생들에게 세계를 적극적으로 보도록 가르쳐 주는 경우에만, 지식욕의 불꽃이 아이의 눈 속에서 꺼지는 것을 막을 수 있다. 아리스토텔레스가 지적한 바와 같이 사고력은 경탄에서 시작된다. 다 알고 있는 것처럼 아이들이 주위 세계에서 느끼는 흥미와 자신에게 느끼는 흥미는 그가 지식을 갈망하고 진리를 인식하려는 원천이다.

이를테면 아이들은 자기의 지혜로 다음과 같이 놀랄 만한 진리를 발견한다. 태양은 생명의 원천이다. 생명이 어떤 형식으로 표현되든 햇빛만 있으면 그것은 소생할 수 있다. 이 진리는 아이의 마음속에 깊은 감동을 일으킨다. 그들에게는 수십 가지 수수께끼가 생기고, 갖가지 연관과 관계들이 나타난다. 그들은 이런 연관과 관계의 실체를 이해하지는 못하지만, 이해하려고 노력한다. 아이들은 자기의 지혜로 한 가지 진리를 발견하면, 그것으로 새로운 현상을 해석한다. 그러나 아이들이 이해한 것이 많을수록 이해하지 못하는 것도 많이 나타나므로, 그들은 더욱 적극적으로 생각하고 지식을 탐구하는 것이 더욱 절박해진다. "태양은 지구상에서 생명의 원천이다"라는 제목으로 학습하면, 아이들은 기쁨에 휩싸인다. 이런 정신 상태는 아이들에게 암기해야 할 모든 것에 대해 특수한 감수성을 갖게 한다. 생각을 많이 하는 사람은 자기 자신의 노력으로 진리를 발견하며, 엄청난 적극성과 강렬한 흥미를 가지고 진리를 받아들이고 암기한다.

사고력과 기억 사이의 조화를 실현하기 위해서는 자연계에 대한 이런 사고력 수업을 해야 한다(예비 학급에서부터 4학년 말기까지 5년 동안). 이 사고력 수업은 사고력을 단련시키는 과정이다. 이런 사고력 수업이 없으면, 우리는 초급학년의 모든 수업뿐만 아니라 그 뒤의 교수와 지적 발달의 각 단계에서도 원만하고 효과적인 정신노동을 생각할 수 없다. 사고력을 단련시키는 이런 과정은 창조적 지능을 발전시키는 기초로서, 새로운 지식을 얻는 데 없어서는 안 된다.

우리 학교 하급학년의 모든 교사들은, 사고력 수업의 교육적 의미는 무엇보다도 지식을 끊임없이 응용하는 데 있다고 생각한다. 학습 의욕은 아이들이 초급학년에서 얻는 지식이 죽은 퇴적물이 되지 않고, 교사가 일정한 시기에 창고(퇴적물)에서 꺼내어 검사하기 위해서만 아이의 머릿속에 쌓아 두는 일이 없을 때에만 길러질 수 있다. 지능을 발전시킨다는 것은 바로 지식이 운동 상태에 있고 응용 상태에 있다는 것을 뜻한다. 낙관적인 정서로 차 있는 자기 인식은 아이들이 지식을 갈망하는 전제 조건이다. 이런 낙관적인 자기 인식은 아이들이 지식은 사고력과 노동의 도구가 되고, 지식에 의해 지혜와 자기 자신을 표현한다는 것을 자신의 체험으로 확신하는 것에서 길러진다.

사고력 수업에서 아이는 창조적인 사고력으로 주위 세계의 현상을 대하고 이런 현상들을 해석하고 깊이 이해하면서 개성을 표현한다. 바로 여기에서 탐구심이 강한 아이의 지혜가 주위 세계의 현상들과 직접 접촉하고, 사람의 노동과 세계의 아주 섬세한 관계와 접촉할 때 아이의 적극적인 지능이 생기고 표현된다. 바로 여기에서 그는 처음으로 자기를 지식의 소유자로 느끼고, 신념을 소중히 여기는 것을 배우게 된다. 왜냐하면 자기 노력으로 얻은 것이 소중하기 때문이다.

사고력 수업 덕분에 학생들이 사고를 잘하게 된다고 우리는 확신한다. 물론 사고력 수업이 만능은 아니다. 이것이 지능을 높이고 학습 의욕을 기르는 유일한 수단은 아니다. 그러나 지각과 사고력의 연령적 특징을 고려한다면, 이것은 아이들에게 정신노동과 자기 자신을 대하는 관점과 태도를 형성시키는 데 가장 합리적인 수단이 될 것이다. 가장 중요한 것은, 학령 초기에 아이가 생각을 잘하는 자기 개성을 소중히 여기도록 하는 것이다. 이런 것이 없다면 지식을 얻으려는 자각적인 지향을 근본적으로 논의할 수 없다.

어린이가 자기 자신의 경험으로 지식을 응용하는 것에 매력을 느끼게 되고 이로 인해 자기가 지식의 주인이라는 긍지를 갖게 된다면, 그는 주위 세계를 대하는 이런 태도를 자기 자신과 책으로 옮기게 될 것이다. 우리가 아이에게 자연계를 관찰하게 하는 것은 그들이 책을 읽도록 유도하기 위한 것이다. 그런데 학생들을 탐구심이 강하고 깊이 사색하는 독자로 키우는 것이 쉬운 일이 아니다. 이것은 학생들이 거침없이 책을 읽도록 하는 것과는 전혀 다른 일이다. 아이가 책 속에서 지적 생활을 할 때만 학습 의욕이 확립된다. 그런데 많은 학교의 심각한 폐단은 정신생활 방면의 책이 부족하다는 점이다. 학령 초기의 아이들이 읽어야 할 책들이 도서관에 없는 학교가 많다. 우리가 독서를 노래하는 것은 아이들에게 할 수 있는 일을 찾아내도록 하려는 것일 뿐만 아니라, 그들이 책의 세계에서 생활하게 하려는 것이다.

지금 책은 영화, 텔레비전, 녹음테이프 같은 다른 정보의 원천들과 경쟁하고 있다. 그러므로 좋은 책이 있는 곳이라도, 책은 흔히 책꽂이에서 '잠자는 거인'이 되고 있다.

교육자로서 우리의 중요한 임무는, 이런 독특한 경쟁에서 책이 언제나 이기게 하는 것이다. 책이 학령 초기 아이들에게 가장 흡인력 있는 정신적 욕구가 돼야 학습 의욕이 생기고, 또한 이런 학습 의욕이 확립될 수 있다. 아이들이 무슨 책을 어떻게 읽으며 읽은 다음에는 그들의 정신생활에 어떤 흔적이 남느냐는 아주 중요한 문제다.

우리는 과외 독서의 내용에 대해 광범위하게 제안하려 하지 않는다. 심사숙고하는 교사는 어린이 교육을 시작하는 첫날부터, 초급학년에서 가르치는 동안 모든 학생들에게 어떤 책을 읽게(반복적으로 읽도록) 할 것인지 치밀하게 생각한다. 이 책들은 으레 도서관에(한 부만이 아니라) 마련돼 있어야 한다. 그렇지 못하면 학교는 지적 소양의 발원지가 아니라 기계적인 암기가 지배하는 곳이 되고 말 것이다. 과외 독서는, 비유하자면 사고의 큰 배가 항해하는 데 의지하는 돛일 뿐만 아니라, 그 돛을 부풀게 하는 바람이기도 하다. 독서가 없으면 돛이 있을 수 없고 바람도 있을 수 없다. 독서하면 지식의 바다에서 혼자 힘으로 항해하게 된다. 우리의 과업은 모든 학생이 지식의 바다에서 항해하는 행복을 느끼게 하는 것이며, 인류의 끝없는 지혜의 바다로 돌진하는 용사로 느끼게 하는 것이다.

초급학년에서 혼자 힘으로 독서를 한다는 것은 지성과 도덕성, 미적 감각의 발전에 특수한 구실을 한다. 스스로 하는 독서가 학생의 정신생활에서 어떤 자리를 차지하느냐는 그의 학습 태도에도 영향을 준다. 우리는 모든 학생에게 자연, 자기 민족의 영웅적인 과거, 위대한 조국전쟁 시기에 조국의 자유와 독립을 위해 싸운 소련 인민의 투쟁, 그리고 문화, 과학, 교육에 관한 우수한 작품을 읽게 했다. 수십 년 동안 우리는 '어린이 도서관'을 운영했다. 여기에는 모든 학생이 초급학년 동안 읽어야 할 책이 250종이나 있다. 우리는 책을 세심히 골라 이 도서관에 넣었다. 우리가 고르는 책들은 높은 예술적 가치와 인식적 가치가 있어야 한다. 이런 책들은 학생들의 정신생활에 귀중한 재산이 된다. 이 도서관에서는 아이들의 본보기가 되는 영웅들에 관한 책들이 중요한 자리를 차지한다. 참된 교육은 자기 교육에서 시작된다. 그런데 자기 교육은 도덕 면에서 인간의 고상함과 위대함에 대한 아이의 관심에서 출발한다.

만약 한 사람이 아동기에 책에 대해 깊이 사고하는 가운데 벅차오르는 기쁨을 겪어 보지 못했다면, 그는 교양을 이야기할 수 없을 것이다. 독서가 커다란 교양적 힘을 갖게 되는 것은, 어떤 사람이 영웅들의 도덕미를 감상하고 그것을 본받으려고 애쓸 때, 그는 자기에게 돌아와 일정한 도덕적인 잣대로 자기의 행동을 평가할 수 있기 때문이다. 독서하고 책에 대해 사고하는 것은 학생의 지적 욕구가 된다. 이것은 사고력을 기르는 데 아주 중요하다. 사고력에 대한 소양이 없으면 학생에게 학습하려는 갈망과 새로운 지식을 얻으려는 지향이 있을 수 없다.

책을 읽어서 생기는 사고력은 마치 잘 가꾼 땅과도 같다. 지식이란 씨앗을 이 땅에 뿌리기만 하면, 그 씨앗은 싹이 트고 열매를 맺는다. 학생들은 책에 대해 생각할 수 있기 때문에, 교수요강에 규정된 교재를 더욱 쉽게 배운다. 학생이 책에 대해 더 많이 생각할수록 책에 열중하려는 감정이 더 강렬해져 더욱 쉽게 공부하게 된다.

사고력은 마치 불꽃과도 같다. 즉, 하나의 불꽃은 다른 불꽃으로 타오를 수 있다. 심사숙고하는 교사는 평가를 하면서 공동으로 과학을 사랑하고 지식을 탐구하려는 분위기를 조성함으로써 지적 흥미가 진실하고 복잡한 관계, 즉 사고력의 상호 관계로 개별 학생들을 연결하도록 노력한다. 벌써 초급학년 때 아이들에게 학습에 열중하도록 할 뿐만 아니라, 지식에 대한 자신의 관심을 동료들에게도 전달하게 해야 하고, 지적 감정이 다른 학생을 고무하게 해야 한다. 사고력을 기초로 이루어진 아이들의 상호 관계가 수업에만 국한되지 않도록 해야 한다. 경험이 있는 교사들은 책과 창작에 관해 늘 아이들과 대화한다. 아이들에게 그를 감동시킨 사실을 또래들에게 이야기하면서 지능 면에서 더욱 다방면의 지향을 세우도록 하며, 그가 다른 사람에게 전하는 사상이 많을수록 자신이 더 풍부해지도록 해야 한다.

창작 활동은 만족스러운 아이 평가를 하는 데 중요한 의미를 가진다. 여기에서는 무엇보다 언어로 진행되는 창작을 말한다. 우리 학교 하급학년의 각 교사는 오전에 아이들과 늘 창작 모임을 한다. 아이들은 이 모임에서 자기가 쓴 이야기와 시를 낭독하고 읊는다. 아이들이 자기가 보고 흥미를 느끼거나 경탄한 것, 감동한 것들을 예술 형식으로 표현하는 것이다. 사고력의 불꽃은 바로 그것의 정서적 색채에 있다. 한 사람을 감동시킨 것은 다른 사람도 감동시킨다. 이를테면 한 학생은 자기가 쓴 작문 '겨울의 아침'을 동료들에게 읽어 준다. 그는 자연계의 현상을 관찰하고 그것의 아름다움에 감탄해서 글을 썼다. 아이들은 그가 읽는 것을 들으면서 사고력에 열중한다. 그리하여 아이들은 창작에서 자기가 들인 힘을 체득해 보려고 한다.

만일 아이들이 이런 창작 수준에 이르지 못했다면, 즉 한 학생의 사상이 다른 학생에게 영향을 끼치지 못하고, 그것의 아름다움도 다른 사람의 창작 의욕을 불러일으키지 못한다면 어떻게 하느냐고 묻는 사람이 있을 수 있다. 내 경험으로는 이런 경우 교사의 창의가 첫 불꽃이 돼야 한다고 본다. 나는 나에게 영향을 끼치고 감동하게 한 사실을 글로 쓴다. 나는 내 사상을 아이들에게 전하고 그들의 지혜와 마음속에서 그것에 대한 지향이 일어나도록 한다.

창작은 스스로 생각하는 단계다. 이 단계에서 아이들은 자기가 생각한 것의 기쁨을 인식하고 창작자로서 만족을 느끼게 된다. 학생들이 저마다 이렇게 되도록 하는 것은 얼마나 중요한가! 지적 교육이 없으면 순조로운 교수는 생각할 수도 없다. 그런데 지적 교육은 바로 아이들이 언어를 도구 삼아 창작하면서 자신을 작가로 느끼고, 생활과 자연계와 인간관계의 아름다움이 사상의 아름다움이 되게 하며, 이렇게 함으로써 기쁨을 느끼도록 하는 데서 이루어진다.

학습 의욕은 섬세하면서도 변덕스럽다. 비유하자면 마치 눅눅한 땅속에서 꾸준히 일하고 있는 수천 갈래의 뿌리들로부터 양분을 공급 받고 있는 우아한 꽃과도 같다. 우리는 이 뿌리를 보지는 못하지만, 그 뿌리가 없으면 생명과 미가 죽는다는 것을 알기에 그것을 잘 보호한다.

지식을 탐구하려는 바람이 아이들에게 쉬운 일은 아니다. 그러나 그것은 낙천적이고 매혹적이며 자발적인 노동으로 밤낮을 가리지 않으면서 피로를 무릅쓰고 활동하는 수천 갈래의 뿌리들로 키워지는 것이다. 그런데 최선을 다한다는 것이 아이의 자존심과 이어져 있어야, 그 노동은 낙천적이고 매혹적이며 자발적인 것이 될 수 있다. 그리하여 아이가 자기를 노동자로 느끼게 해야 하며, 자신의 노력으로 이룬 자기 노동의 성과에서 긍지를 갖게 해야 한다. 긍지를 기른다는 것은 아이의 마음속에 사고하는 사람이 되려는 염원을 확립시킨다는 뜻이다. 이것은 교육학 전체에서 가장 정밀한 분야 중 하나다. 정신노동을 하면서 생기는 자존심이 없으면, 교수 과정에서 배움도 있을 수 없고, 가르침과 배움의 통일에 관해서도 말할 수 없다.

우리의 아이들이 언제나 지식을 갈망하게 하고, 학습 의욕이 그들에게 쉽지 않은 정신노동의 주요한 동력이 되게 하려면, 우리는 모두 학교 교수의 가장 중요한 전제 조건, 즉 아이가 정신노동 대상을 이해할 수 있어야 하고, 그 노동의 어려운 정도도 적당해야 한다는 데 관심을 기울여야 한다. 아이의 힘이 정신노동으로 어느 정도 소모되는 상황에서만 아이들은 생각하는 노동자의 자존심을 가질 수 있다. 이런 고생을 겪어 내면, 아이들은 긍지와 환희를 느끼며 지나온 길을 돌이켜 보고, "이것은 내가 찾은 것이며 발견한 것"이라고 말할 수 있을 것이다.

우리가 생각하는 노동자의 자존심을 어떻게 확립시켰는지 예를 들어 설명하려 한다. 우리는 2학년 학생에게 다음과 같은 응용문제를 읽어 주었다. "한 채에 4가구씩 살 수 있는 집을 9채 짓고, 한 채에 9가구씩 살 수 있는 집을 4채 지었습니다. 그 가운데서 9분의 1의 집에 사람들이 산다면, 사람들이 살지 않는 집은 모두 몇 집이나 되겠습니까?" 우리는 이런 어려운 응용문제를 2학년에서 일반적인 말로 풀이하도록 아이들을 훈련시켰다. 그러자 수업에서는 역량을 집중해 생각하는 분위기가 강해졌다. 아이들은 문제의 조건을 기억하고 그것의 의존성을 이해한 뒤 계산하기 시작했다.

 응용문제를 풀기 전에는 학생들이 연필을 쥐지 못한다. 작업을 다 완수한 뒤에야, 그들은 종이에 답을 쓴다. 교사는 교실 안을 돌아다니면서 누가 문제를 다 풀었는지 살펴보고, 가장 영리한 학생에게 더욱 어려운 문제를 쓴 새 카드를 내준다. 우리가 응용문제를 읽은 뒤 5~6분이 되자, 몇몇 아이들의 눈에서는 정확한 답을 구한 데서 온 기쁨으로 불꽃이 튀고 있었다. 성공으로 고무된 아이들은 더욱 어려운 문제를 해보려 한다. 우리는 적지 않은 아이의 눈에서 기쁨의 불꽃이 튀는 것을 보게 된다.

 그러나 학급에는 학습에 아주 뒤처진 학생 유라가 있었다. 우리는 이 아이를 위해 응용문제를 다시 한 번 더 읽는다. 우리는 이 학생이 몹시 어려워하면서도 주어진 조건 사이의 의존관계를 끝끝내 붙잡아내는 것을 보았다. 유라는 응용문제를 겨우 이해한 데 지나지 않았지만, 그것으로 기뻐했다. 우리는 아이가 사고력을 잘 키운 이 승리를 평가해야 한다. 유라는 우리의 도움으로 그 조건들을 한 번 또 한 번 되풀이해 읽었다. 우리는 유라의 기억력이 아주 낮다는 것을 알고 있었다. 그는 문제의 조건을 생각하는 데도 10여 분이 걸렸다. 그에게는 이것이 아주 중요했다. 그 다음에 그는 계산으로 넘어갔다. 우리는 그 애와 함께 응용문제의 숫자를 다시 한 번 더 읽는다. 계산이 정확히 진행되면 아이는 기뻐했다. 우리도 함께 기뻐했다. 그런데 갑자기 곤란한 일이 생겼다. 그가 어떤 숫자의 조건을 그만 잊어버렸던 것이다. 아이가 그처럼 큰 노력을 들여 짓기 시작한 집이 무너졌다. 우리는 유라와 함께 응용문제의 조건을 다시 되풀이했다. 이 아이는 동강났던 사고력의 방향을 되찾았다. 작업이 거의 끝나갈 즈음 유라는 또 무엇인가를 잊어버렸다. 우리는 그가 다시 생각하도록 참을성 있게, 여러 번 해석해 주었다.

마침내 유라는 종이에 답을 썼다. 아이는 자신의 성공으로 환희에 찼다. 그의 마음속에는 표현하기 어려운 기쁨이 생긴 것이다. 즉, 이 승리는 그가 애써 얻은 것이다. 바로 이것이 발견했다는 기쁨이다. 자기의 노력으로 작업을 완수했다는 이런 기쁨이야말로 인간 자존심의 원천이다. 이것은 아이의 마음속에서 생각하는 데 새로운 원기를 북돋아 주는 강력한 교육적인 힘이다. 우리는 이 힘을 소중히 여겨야 한다. 우리는 아이의 정신노동이 아무런 결과도 거두지 못하는 현상이 나타나지 않도록 싸워야 한다. 아이가 2~3개월 동안 자기의 정신노동의 성과를 보지 못한다면 아이의 학습 의욕은 사라질 것이다. 왜냐하면 실제로 노동 그 자체도 더 이상 없기 때문이다. 아이의 학습 의욕의 원천은 바로 긴장된 정신적 노력을 들여 승리의 기쁨을 체험하는 데 있다.

경험이 풍부한 교사의 교육 실험에서 가장 어렵고도 복잡한 문제는 학습에서 제일 뒤진 학생이 자기의 노동 성과를 보게 하고, 생각하는 사람의 긍지를 체험하도록 하는 것이다. 아이를 승리의 봉우리로 이끌려면, 우리가 유라를 인도하듯이 1주일, 2주일, 그보다 더 많은 시간을 들여야 하는 때가 많다. 그렇다. 우리의 사업은 깊은 인내와 아이의 창조력에 대한 끝없는 신뢰가 필요하다.

56_ 아이들에게 창조적인 정신노동을 하는 습관을 천천히 키워 줘야

아이가 학교에 입학하기 전에 대자연과 유희, 아름다운 것, 음악, 환상과 창조 같이 사람을 매혹하는 세계에 둘러싸여 있게 하는 것이 아주 중요하다. 그들이 학교에 입학한 뒤에 그들을 언제나 교실에 붙잡아 앉혀 그런 세계와 동떨어져 있게 해서는 안 된다. 학교에서 생활하는 처음 몇 달과 몇 년 동안에는 학습이 학생생활의 유일한 항목이 되지 않도록 해야 한다. 교사가 아이들을 그렇게 즐겁게 지내도록 할 때에만 그들은 학교를 사랑하게 될 것이다. 물론 이것은 학습을 제쳐놓고 놀게만 하고 의식적으로 학습을 미루게 하며 어떻게든 아이들이 무미건조한 느낌을 갖지 않도록 하기만 하면 된다는 뜻이 절대 아니다. 아이들을 인생에서 가장 중요한 일을 하도록, 즉 진지하고 경건하게 꾸준한 노동을 하도록 천천히 단련시켜야 한다. 이런 노동은 긴장된 사고 없이는 할 수 없다.

교육의 중요한 사명은 아이들에게 긴장되는 창조적인 정신노동을 하는 습관을 천천히 키워 주는 데 있다. 어떤 때가 되면, 주위의 모든 것에서 벗어나 교사 또는 자신이 제기한 목표를 달성하는 데 역량을 집중할 줄 알아야 한다. 아이들이 이렇게 역량을 집중하는 습관을 기를 수 있도록 노력해야 한다. 이런 조건에서만 아이들은 정신노동을 즐길 수 있다.

초급학년의 과업은, 아이들이 육체노동뿐만 아니라 정신노동에서도 어려움을 이겨내는 습관을 갖도록 기르는 데 있다. 아이들에게 정신노동의 참된 실체를 알게 해야 한다. 즉 그들이 정신적인 노력을 들여 사물과 사실, 현상들의 갖가지 복잡성과 세밀성, 세부사항과 모순 속에 깊이 파고 들어갈 줄 알게 해야 한다. 어떤 경우에도 학생들이 모든 것을 식은 죽 먹기라고 느끼게 해서는 안 된다. 지식을 얻는 과정에서 정신노동의 소양과 자아 규율을 동시에 길러 주어야 한다. 지적 교육은 교육자의 영향이 피교육자의 자기 교육과 유기적으로 연관되는 정신생활의 한 분야다. 의지를 기르는 일은 자기가 자신에게 의식적으로 목표를 제시하고 정신적 노력을 다해 그것을 사고하고 이해하고 자기 감독을 하면서 시작된다. 교육의 중요한 과업은 아이들에게 정신노동을 하는 가운데 어떤 점이 어려운 점인지를 느끼게 하는 것이다.

만일 학습 과정에서 아이들이 모든 것을 아주 쉽다고 느낀다면 그에게는 사람을 타락하게 하는 나태함이 생기고 생활에 대한 경솔함이 형성된다. 만일 학습 과정에서 아이들의 힘에 알맞은 어려움이 없다면 나태함은 먼저 능력 있는 아이들에게서 자라나게 된다. 그리고 나태함은 대부분 하급학년에서 생긴다. 즉 능력 있는 아이는 어느 정도 긴장된 정신노동을 해서 얻을 수 있는 것을 쉽게 얻고는 할 일이 없어서 빈둥빈둥 놀게 된다. 학생이 아무것도 안 하게 만들지 않는 것도 역시 특수한 교육적 과업이다.

방금 입학한 아이들을 실내 수업에 익숙하게 하면 노동 교육, 도덕 교육, 육체적 교육을 원만하게 할 수 있다. 궁극적인 목적은 아이가 여러 상황에서 일을 할 수 있는 습관을 들게 하는 것이다. 실내 수업은 정신노동을 하는 데 가장 유리한 환경이다. 그러나 아이들이 이 환경에 익숙해지려면 우선 아이들을 단련시켜야 한다. 하급학년의 수업 특징도 바로 여기에 있다. 만일 개학하자마자 아이들에게 교실에서 날마다 4시간씩 공부하게 한다면 무리한 공부는 그들의 건강을 해칠 것이다.

개학하고 첫 몇 주일 동안 나는 아이들을 새로운 생활로 이끌었다. 우리가 하루 교실에 있는 시간이 9월에는 40분을 넘지 않았고 10월에는 두 시간을 넘지 않았다. 나는 이 시간을 읽기와 산수를 가르치는 데 썼다. 우리는 나머지 두 시간을 밖에서 보냈다. 아이들은 늘 '진정한 수업'(그들은 교실에서 학습하는 것을 이렇게 불렀다)을 조급하게 기다렸다. 아이들에게 이런 바람이 있다는 것을 나는 기쁘게 여겼고 동시에 다음과 같이 했다. "얘들아, 이 순간에도 숨 막히는 교실에서 지칠 대로 지친 너의 동갑내기들이 수업 끝을 알리는 종소리를 고대하고 있다는 것을 너희들은 모를걸."

교실에서 우리는 국어책을 읽었고 동그라미와 산가지를 그렸으며 자모를 쓰는 것을 배웠고 응용문제를 작성하고 풀었다. 이 모든 것은 차츰 아이들의 다각적인 정신생활이 됐으며, 형식이 단조롭지 않아서 아이들은 쉽게 피곤해지지 않았다. 모든 아이들이 자모를 잘 알게 돼서 나는 읽기 능력을 기르기 위해 다양한 형식을 써 보았다. 아이들은 입으로 자연에 관한 짤막한 글을 지었다. (이 작문은 한두 마디로 이루어졌다. 이를테면 학생들은 과수원을 돌아보고 다음과 같이 썼다. "사과는 나뭇가지가 휘도록 주렁주렁 달려 있었다." "푸른 잎사귀 사이에는 붉은 사과들이 달려 있었다." "봄에 피었던 흰 꽃들이 가을에는 싯누런 사과로 변했다") 이렇게 함으로써 국어책의 같은 본문을 여러 번 읽는 것보다 아이들의 독서 능력이 훨씬 발달했다.

  수업에서 학습 형식을 다양하게 하는 것이 교육학에서는 '묘책' 중의 하나라고 할 수 있다. 경험이 보여 주듯 1학년에서는 개학하자마자 '순수한' 읽기 수업, 산수 수업이 있어서는 안 된다. 형식이 단조로우면 아이들은 곧 지루해한다. 아이들이 지루해하면 나는 새로운 작업 방식으로 했다. 그리기는 작업을 다양화하는 강력한 수단이다. 이를테면 아이들이 책읽기를 지루해하는 것을 발견하자마자 나는 "여러분, 그림책을 펼치세요. 우리가 읽고 있는 이야기를 그림으로 그려 봅시다"라고 말한다. 이렇게 하면 지루함은 사라지고, 아이들의 눈에서는 기쁨의 불꽃이 튀었으며, 단조로운 활동이 창조적인 활동으로 대체됐다. 산수 수업에서도 이런 일이 있었다. 즉 아이들이 자습용 응용문제의 조건을 이해하기 어려워하는 것을 발견했을 때 나는 창조적인 노동, 즉 그리기에서 도움을 받으려 했다. 아이들에게 응용문제를 한 번 더 읽고 그것을 '그려 내도록' 했다. 이리하여 아이들은 이전까지 이해하지 못하던 그 의존관계를 쉽게 이해할 수 있었다. 가르치는 것을 지루하게 오래 들으면 아이들은 피로를 느끼게 된다. 나는 아이들의 눈에 생기가 없어지면 가르치던 것을 요약해 끝마치고 그림을 그리게 했다.

  우리는 일요일마다 견학이나 여행을 갔다. 견학할 때는 그림을 그리며 글을 쓰도록 했다. 아이들은 보고 느낀 바를 그렸고, 그림 밑에 한두 마디를 덧붙였다. 이것이 바로 '그림을 그리며 짧은 글을 쓰도록 하는 것'이다. 아이들은 교실에서 자기가 가지고 온 짧은 글을 읽는다. 이것은 그들에게 커다란 만족을 주었다. 짧은 글을 쓰도록 하는 것은 아이들이 앞으로 끈기 있게 긴장된 정신노동을 하도록 단련하는 아주 좋은 수단이다. 일찍이 1학년에서, 특히 2학년에서 나는 모든 학생에게 개별 숙제를 내주려고 노력했고, 또 그 숙제를 끝까지 완수하기를 바랐다. 이것은 정신노동의 규율을 기르는 데 대단히 중요한 것이다.

수업을 끝낸 뒤에 아이들은 집에 돌아가서 쉰다. 어떤 대책을 세우든지 아이들이 수업에서 지나치게 피로해지지 않도록 해야겠지만, 수업이 끝나면 그들은 아무튼 피로를 느낀다. 그러므로 아이들이 쉬도록 해야 한다. 여러 해 동안의 경험을 통해, 나는 되도록 오후 반나절은 학생이 학교에서와 같은 정신노동을 하지 않도록 해야 한다고 확신했다. 특히 학령 초기의 아이들에게 지나친 부담을 주어서는 안 된다. 만일 학교에서 3~4교시의 정신노동을 한 다음, 집에 돌아가서도 긴장해서 머리를 쓰게 한다면 아이들은 곧 기진맥진하게 될 것이다.

물론 숙제를 내주지 않으면 안 된다. 아이들에게 정신적으로 노력하고 주의를 집중하는 것을 가르쳐야 한다. 그러나 이것은 무엇보다도 수업에서 하도록 하며, 그들에게 스스로 정신노동을 하는 습관을 키워 주어야 한다. 아이들에게 주의를 집중해 잡념 없이 작업하도록 하는 것은 그리 쉬운 일이 아니다. 경험이 있는 교사들은 자기의 서술, 설명, 해석 들에 아이들의 주의를 '얽어매고' 그들을 거기로 이끌어 가지만, 교사들은 그 어떤 특수한 대책을 따라 하는 것이 아니라 가르치는 내용을 따르는 것이다. 학령 초기에 학생의 정신노동을 조직하는 기술은 바로 아이들이 자기가 힘을 들이고 있다는 것을 느끼지 않으면서 교사의 가르침을 귀담아 듣고, 그것을 기억하고 사고하도록 강요당한다고 느끼지 않으면서 자연스럽게 그것을 기억하고 사고하도록 하는 것이다.

만일 교사가 이렇게 했다면 아이들은 흥미를 일으키는, 특히 자신을 경탄하게 만드는 모든 것을 기억하게 될 것이다. 어째서 내 학생들이 그토록 쉽게 자모를 기억하고 읽고 쓰기를 하게 될까? 그것은 그렇게 해야 한다는 목적을 제시하지 않았기 때문이다. 왜냐하면 자모들은 아이들에게 경이감을 주는 선명한 현상의 구현이기 때문이다. 만일 내가 입학 전 아이에게 날마다 일정한 분량의 지식을 내주고 그것을 그들 앞에서 꼭 기억하라고 한다면 그것은 아무런 효과도 거두지 못할 것이다. 물론 이것은 아이에게 목적을 숨겨야 한다는 뜻이 아니다. 그들을 가르칠 때, 아이들이 당신의 목적을 생각하지 않도록 해야 한다는 것이다. 이렇게 되면 아이들의 정신노동의 부담을 덜어 줄 수 있다. 이렇게 하는 것은 그리 쉽지 않다. 입학 초기 단계에서 1학년 아이는 주의 집중을 못한다. 교사는 아이의 주의를 파악하고, 심리학에서 말하는 무의식적 주의를 이용해야 한다.

어떤 교사는, 수업에서 아이들이 늘 긴장 상태에 있으면 수업이 성과가 있었다고 생각한다. 얼핏 보면 그들의 방법이 적극적인 정신노동의 가상(假象)을 조성할 수도 있다. 즉 작업의 형태가 여러 가지로 바뀌고, 아이들이 교사의 말 한마디 한마디를 귀담아들으며, 교실은 긴장감으로 조용해진다. 그러나 이 모든 것을 이루는 데 어떤 대가를 들였으며 여기서 거둔 결과는 어떨까? 주의를 집중하려면 힘을 들여야 하고, 그 어떤 소홀함도 있어서는 안 된다. 그런데 이 연령기의 학생은 자기의 주의를 잘 단속하지 못한다. 그러므로 아이들은 정신적으로 쇠약해지고 신경이 지치며 극도의 피곤으로 신경계통이 소진된다. 사람을 교육하는 이런 예민한 일인 수업에서 단 1분도 낭비하지 않고, 한순간도 적극적인 정신노동에서 벗어나지 못하게 하는 것은 아주 나쁜 일이다. 교사가 이런 목적지향성을 가진다는 것은 그야말로 아이들에게서 그들이 낼 수 있는 모든 역량을 짜내 겠다는 뜻이다. 이토록 '교화가 높은' 수업을 끝낸 다음 아이들은 기진맥 진해 집으로 돌아가게 된다. 그러면 그는 쉽게 동요하고 흥분하게 된다. 그는 이제 쉬어야겠지만 숙제가 그를 기다리고 있다. 아이는 책과 필기장 이 들어 있는 책가방을 보기만 해도 진저리가 나게 된다.

학교에서 규칙을 위반하는 일도 자주 생긴다. 학생들은 교사와 동료들을 거칠게 대하고, 다른 사람이 지적해 주면 무례하게 대하면서 충돌이 많이 일어난다. 왜냐하면 수업에서 아이의 신경이 극도로 긴장되고 '높은 효과'를 거두려는 목적에서 진행하는 수업에서 교사가 작업 형식이 여러 가지로 변화하는 수업 과정에 학급의 주의를 확보하는 일도 쉽지 않기 때문이다. 그러므로 아이들은 수업이 끝나서 집에 돌아오면 우울해지고 말하기 싫어하며 모든 것에 냉정하며 또 병적으로 신경질을 부리게 된다. 이것은 이상한 현상이 아니다.

이런 대가를 치르면서 아이들이 주의를 집중해 잡념 없이 가르침을 귀 담아듣도록 하고 머리를 많이 쓰도록 해서는 안 된다. 아이, 특히 학령 초 기 아이의 지력과 역량이란 마치 물을 긷고 또 길을 수 있는 한없이 깊은 우물 같은 것이 아니다. 이 우물에서 물을 긷자면 지혜롭고 아주 조심스 럽게 해야 한다. 그런데 여기에서 가장 중요한 것은 아이의 역량의 원천 을 끊임없이 보충하는 것이다. 이 보충의 원천은 바로 아이들이 주위 세 계의 사물과 현상들을 관찰하고 자연환경 속에서 생활하며 독서하는 것이 다. 이런 독서는 교사에게서 질문 받을까 봐서가 아니라 흥미를 가지고 어떤 것을 알려고 하는 것이며, 또한 생생한 사상과 말의 원천으로 여행 하는 것이다.

학습은 지능 면에서나 체력 면에서 여러가지 즐거움과 밀접히 결부돼야 한다. 이런 즐거움은 아이의 선명하고 흥분된 감정을 불러일으키고 주위 세계는 아이들이 읽고 싶어 하는 흥미로운 책으로 아이들 앞에 나타날 것이다. 자연계로 떠나는 여행과 즐거움 외에도 육체노동이 아이의 지능과 체력을 발전시키는 데 넓은 여지를 준다. 아이는 육체노동을 하면서 일정한 능력과 숙련을 얻을 뿐만 아니라 도덕 교육도 받고 또한 무한히 광활하고 사람들을 경탄시킬 정도의 풍부한 사상의 세계를 경험할 수도 있다. 이 세계는 아이의 도덕적, 지적, 미적 감정을 일으킨다. 이런 감정이 없으면 학습을 포함한 세계를 인식하는 것은 불가능하다. 바로 육체노동 과정에서 학생은 가장 중요한 지혜의 소양, 즉 탐구심, 향학열, 사고력의 기민성, 명석한 상상력 들을 기르게 된다.

학교의 가장 중요한 과업 가운데 하나는 학생에게 지식을 응용하는 법을 가르쳐 주는 것이다. 하급학년에서 학생의 정신노동의 성격 그 자체가 능력, 숙련을 더욱더 많이 얻는 데 치우친다면 지식을 죽은 짐으로 만들 위험성이 생긴다. 만일 이런 능력과 숙련을 얻기만 하고 아이가 그것을 현실생활에 응용하지 못하면, 학습은 아이의 정신생활 분야에서 점차 멀어져 그들의 흥미, 기호에서 벗어나게 될 것이다. 이런 현상이 생기지 않게 하려면 교사는 각각의 아이들이 자기의 능력과 숙련을 창조적으로 응용하도록 하는 데 관심을 기울여야 한다. 만일 교사가 사고와 감정, 창조와 즐거움의 빛줄기로 아이의 학습을 밝게 비춘다면 아이들은 학습을 흥미롭게 여기고 학습에 열중할 것이다.

57_ 아이들의 가슴속에 시적 감수성을

예전에 이곳에 견학하러 온 키로프그라드의 한 여교사는 다음과 같이 하소연했다.

"나는 정말 이해할 수 없어요. 애들이 학교에 들어온 다음에 그들에게 일어나고 있는 변화 말이에요. 그들이 학교에 들어올 때는 영민하고 탐구심이 강했어요. 그런데 말이에요, 5학년에 진급할 때쯤에 그들은 벌써 평범한 학생이 되고 6학년에 진급하면 공부를 안 하려고 하고 낙제생 대열에 들어가게 되지요. 이런 현상을 어떻게 해석할까요?"

사실 그렇다. 어째서 많은 학생들이 공부를 잘하지 못할까? 어째서 8학년 학생들은 생각이 필요한 기초 문제를 제 힘으로 분석하지 못할까? 교수론의 이치대로라면 학생은 아는 것이 많을수록 새로운 지식을 더 쉽게 배울 수 있어야 한다. 그러나 현실은 정반대였다. 즉 학생이 가진 지식이 많을수록 학습이 더 어려워졌다. 어째서 이런 일이 벌어질까? 어째서 8학년 수업을 한 뒤에는 많은 학생들이(그들은 학습하기 어렵다고 말했다) 더 공부하려고 하지 않을까?

나는 현대 학교의 교수 체계 전반에 아주 심각한 문제가 있다고 확신한다. 즉 충분한 지적 교육, 다시 말하면 학생의 능력을 발전시키는 전문적인 작업이 충분하지 못하다. 학생은 날마다, 해마다 다른 사람의 사상을 그대로 되풀이하지만 자기 자신의 사상은 표현하지 못하고 있다. 그들에게 떨어지는 유일한 과업은 암기하고 기억하며 재현하는 것이다. 우리가 지금 하고 있는 것처럼 민족어 수업에서 다만 문법 연구에만 치중하는 것은 황당한 것이다. 아이들은 세상에 문법이라는 것이 있음을 알기 전에 벌써 자기 민족어의 섬세한 색채를 알고 있다. 그러므로 학교의 주요한 과업은 학생이 잘 생각하고 바르게 말하도록 가르치는 것이다. 경험이 많은 교사는 많은 학생들이, 단어가 학생들의 지적 발달의 수단이 되지 못했기 때문에 문법마저 잘 모르게 된다고 말한다.

나는 학교에서 33년 동안 일했다. 이 일을 하면서 나는 아이들의 생생한 단어와 창조가 교수 체계의 기초가 돼야 한다는 신념을 갖게 됐다. 아이들이 다른 사람의 사상을 되풀이하도록 할 것이 아니라 자기의 사상을 창조하도록 해야 한다. 나는 한 학급의 학생들이 예비반부터 10학년을 마칠 때까지 그들을 완전한 인식의 오솔길로 데리고 가서 행복을 느끼게 했다(그렇다, 이것은 진정한 행복이다). 나는 아이들의 탐구심, 향학열, 생생한 지혜, 선명한 상상 들이 사라지지 않고 발전되도록 하려면 '사고력 수업'이 필요하다고 확신했다.

나는 내 미래의 학생인 여섯 살 난 취학 전 아이들을 일 주일에 두 번씩 학교에 오게 했다. 그리고 그들을 데리고 과수원, 숲, 강가와 들로 갔다. 우리의 '교과서'는 바로 우리를 둘러싼 세계인데, 그것은 태양, 나무, 꽃, 구름, 나비, 여러 가지 색깔과 소리와 자연계의 갖가지 복잡한 음악 들이었다. 우리는 견학을 갈 때마다 대자연이라는 책의 한 쪽을 읽는다. 이를테면 이 책의 중간 제목은 자연계에 있는 생물과 무생물, 수중 생활과 지상 생활, 이삭과 씨앗, 봄에 되살아나는 자연계, 가을의 첫 상징, 개미의 생활, 하늘을 나는 종달새 들이었다.

아이들은 관찰과 체험으로 사물과 단어의 깊은 관계를 알게 된다. 이런 사고력 수업에서 아이들은 어떤 책, 어느 과목에서도 얻을 수 없는 것을 배운다. 즉 아이들은 지혜를 통해서만이 아니라 마음속으로 주위 세계를 느낀다. 단어란 사고력에 불을 댕기는 불꽃과도 같다. 사고력 수업에서 아이들은 저녁노을, 여름날 저녁, 반짝이는 뭇별, 산들바람 같은 단어를 들을 뿐만 아니라 감각기관을 통해 느끼기도 한다. 이런 단어들의 음향은 언제나 그들의 의식 속에 선명하게 잊을 수 없는 그림으로 새겨진다. 그러므로 그것들은 아이들의 의식 속에서 매우 개성 있는 것이 된다.

모든 아이들은 타고난 시인이라 할 수 있다. 그러나 그들의 마음속에 시흥을 불러일으키고 창작의 원천이 열리게 하려면 그들에게 사물과 현상들 사이의 많은 관계를 관찰하고 발견하는 법을 가르쳐야 한다. 이를테면 꽃이 핀 나무가 그들의 눈앞에 있다고 하자. 아이들은 꽃나무에서 반사되는 반사광, 새하얀 꽃잎, 분주하게 서두는 꿀벌, 산들거리는 나뭇가지, 한가한 작은 나비들을 본다. 내가 아이들에게 이 사물들 간의 수십 가지 관계를 가르쳐 주면 그들에게는 생생한 사고력이 살아나고, 이로써 그들은 이야기를 엮게 된다. 아이들은 직접 보이는 그 사물 속에 있어야만 온갖 사물간의 여러 가지 관계를 찾아낼 수 있다. 다시 말하면 꽃이 핀 사과나무와 봄날의 해, 꿀벌과 나뭇가지, 작은 나비같이 독특한 주제를 가진 수천수만의 이야기를 엮을 수 있다.

아래에 나오는 것은 내 학생들이 사고력 수업에서 엮은 이야기들이다.
이런 수업을 우리 학교에서는 예비반에서 시작해 7학년까지 한다.

꽃잎과 꽃

3학년, K. 타냐

흰 다알리아 꽃이 피었다. 꿀벌과 산벌이 꽃 위를 날아다니며 꽃 꿀을 모았다. 꽃에는 꽃잎이 42개가 있었다. 그 가운데 꽃잎 하나가 이렇게 뽐냈다.

"내가 제일 아름답지요, 내가 없으면 꽃이 피지 못하지요. 그래서 내가 제일 중요해요. 내가 여기서 가버린다면 꽃이 무슨 소용이 있겠어요?"

꽃잎은 온 힘을 다해 꽃 속에서 빠져나와 땅 위에 내렸다. 꽃잎은 장미꽃 숲 속에 앉아 꽃이 어떻게 하는지 살펴보았다.

그런데 꽃은 아무런 일도 생기지 않은 듯이 태연히 해를 반기며 꿀벌과 산벌을 끌어들였다.

꽃잎은 일어나서 길을 가다가 개미를 만났다.

"넌 누구니?"

개미가 물었다.

"저는 꽃잎이지요. 저는 제일 중요하고 제일 아름답답니다. 제가 없으면 꽃이 피지 못하니까요."

"꽃잎이라고? 나는 꽃잎이 꽃 속에서 자라는 것은 알고 있지만 너처럼 이렇게 가느다란 두 다리를 가진 것은 모르고 있었어."

꽃잎은 가고 또 갔다. 그래서 매우 피곤해졌다. 꽃은 꽃잎이 하나쯤 없어도 피었다. 그러나 꽃잎은 꽃이 없으니 보잘것없었다.

나래 돋친 꽃

1학년 M. 나타샤

이것은 여름에 생긴 일이다. 세찬 바람이 일었다. 바람은 털이 보시시한, 나래가 두 개 돋친 씨앗을 초원으로 날려 보냈다. 씨앗은 초원의 무성한 잡초 속에 떨어졌다. 푸른 잡초들은 깜짝 놀라 물었다.

"넌 누구냐?"

"전 나래 돋친 꽃이에요. 저는 여기 잡초 속에서 자라고 싶어요."

씨앗은 대답했다.

잡초들이 새로 온 이웃을 반가이 맞이했다.

겨울이 지나갔다. 잡초들은 푸른 단장을 하기 시작했다. 씨앗이 떨어진 곳에서는 굵다란 줄기가 나왔다. 이 줄기에서는 노란 꽃이 피었다. 이 꽃은 마치 해님 같기도 했다.

"그렇지, 이것은 민들레였구나."

잡초들은 말했다.

누가 더 총명할까?

3학년 W. 길랴

황소, 염소, 양이 누가 더 총명한가를 가지고 서로 다투기 시작했다. 그들은 저마다 "내가 남들보다 더 총명하다"고 말했다. 그들은 누구나 다 자기가 남들보다 미련하다고는 생각하지 않았다. 이리하여 그들은 당나귀한테 가서 자기들 가운데서 누가 더 총명한지 판단해 달라고 했다.

당나귀는 그들에게 문제 하나를 내주었다.

"너희들 중 누가, 잡초가 왜 자라는지를 말해 보렴. 누군가 더 총명하게 말하면 그가 제일 총명하지."

황소는 대답했다.

"잡초가 자라는 것은 비가 오기 때문이지요."

염소는 대답했다.

"잡초가 자라는 것은 해님이 비춰 주시기 때문이지요."

그런데 양은 침묵을 지켰다. 그는 하루, 이틀, 사흘, 일주일이 지나도 입을 떼지 않았다.

당나귀는 양이 제일 총명하다고 판단했다. 양은 침묵을 지켰지만 그것은 자기의 총명함을 증명해 주었다. 왜냐하면 황소와 염소가 비록 말을 했지만 그 말이 틀렸기 때문이다.

내 앞에는 아이들이 쓴 글이 엄청나게 많다. 그 글은 어느 것이나 다 개성이 있다. 지금 당신들은 이 글들 가운데 세 편을 읽었다. 단어가 매우 개성적인 창작 도구로 아이의 정신생활에 들어가는 경우에만 이런 성과를 거둘 수 있다. 이 도구는 아동기와 소년 초기에 이용돼야 한다. 6세부터 10세까지 몇 년 동안에 하지 못한 일은 이후에도 보충되지 못한다. 만약 아이가 단어로 생각하고 창작하는 것을 배우지 못했다면 5학년에 가서 이런 세밀한 노동을 다시 시작한다는 것은 의미가 없다.

지금 학교의 교수와 지적 교육의 전체 체계는 근본적, 과학적으로 개선돼야 한다. 학교에서는 분명한 사상, 생생한 단어와 아이들의 창작이 우위에 서야 한다. 학생의 정신생활과 지적 발달의 모든 내용과 모든 성격은 이 세 가지 기둥 위에 세워야 한다.

58_ 아이들과 함께하는 세계 여행

초급학년 교사는 아이가 자기 시야를 고향의 들과 숲을 인식하는 수준에서 조국의 자연과 생활, 나아가 전 세계의 자연과 생활을 이해하는 수준으로 확대해 가도록 도와야 한다.

내 학생들은 1학년 때부터 다음과 같은 것을 잘 알고 있다. 지구는 태양을 도는 커다란 구체다. 이 구체는 때로 어느 한 면이 태양에 비추이고 때로 다른 한 면이 태양에 비추인다. 그러므로 같은 시간에 지구의 어느 곳은 무더운 여름이면 다른 곳은 추운 겨울이고, 어떤 곳은 대낮인데 어떤 곳은 칠흑 같은 밤이다.

2학년부터는 지구를 도는 '여행'을 시작한다. 아이들은 덩굴식물로 덮인 학교 마당 안의 '초록색 교실'에 앉아 있다. 그들 앞에는 인공적으로 제작된 '태양'에 비춰지는 지구의가 놓여 있다. '지구'는 '태양'의 둘레를 돌고 '달'은 '지구' 둘레를 돈다. 나는 아이들에게 다음과 같이 말한다. "여러분 보세요, 이곳이 우리 조국의 넓은 강토입니다. 우리는 조국의 서쪽 변경에서 가까운 우크라이나에서 살고 있습니다. 우리는 지금 동쪽으로 여행합니다. 도시와 마을에 머무르면서 거기에서 사람들이 어떻게 살아가고 있는지 봅시다." 다음에 나는 여정 중에 보는 들과 강, 마을 들에 대해 이야기한다. 이야기는 그림과 슬라이드 설명과 함께 한다.

벌써 날이 어두워졌으며 여행은 어느새 2시간이나 진행됐다. 그런데도 우리가 간 여정은 100킬로미터도 안 됐다. 아이들은 다음번 여행을 애타게 기다리고 있다.

다시 도시와 농촌, 숲과 강, 건축물과 고대 건물 들을 보았다. 하지만 이 '여행'은 단조롭지 않았다. 왜냐하면 우리 조국의 모퉁이마다 새롭고 특수한 어떤 것들이 있었기 때문이다. 며칠 동안 '여행'을 한 뒤 우리는 볼가강에 도착했다. 여기서 우리는 수많은 수력발전소를 보았고 볼가강 연안의 넓은 초원에서 목동들을 만났다. 아이들은 인류의 운명을 판가름하는 위대한 볼고그라드 격전에 관한 이야기를 숨죽이며 들었다. 만약 수천수만 영웅들이 여기에서 목숨 걸고 싸우지 않았다면 우리가 오늘날 이 교실에서 공부할 수 없었을 것이다. 아이들이 어릴 적부터 전 인류의 운명에 관심을 두게 이끌어야 한다.

아이들은 조국의 대지로 하루하루 깊이 들어갔다. 그들 앞에는 새로운 광경이 끊임없이 펼쳐졌다. 즉 지하자원이 무궁무진해서 부유한 우랄, 신비로운 원시림, 물결치며 흐르는 시비리강 등이 펼쳐졌다. 다음에는 기선을 타고 바이칼호를 지나면서 산과 숲을 감상했고 초롱불가에서 밤을 지새웠다. 우리는 계속 앞으로 나아갔다. 아이들 앞에는 극동의 무진장한 자원이 펼쳐졌다. 다음에는 바다로 나갔다. 우리는 원양여객선을 타고 동쪽 사할린 반도에 갔고 다음에는 쿠릴 열도에 갔다. 여기는 우리 조국의 낮이 시작되는 곳이다. 우리의 '여행'은 3개월쯤 계속됐고 하루 동안 간

여정은 평균 100킬로미터였다. 우리는 다 다른 민족 40여 명을 만났고, 수많은 인재 – 농민, 건축공, 광부, 어부, 지질사업 일꾼 – 들과 사귀었다. 그들은 우리 생활이 더욱 좋아지도록 노동하고 있었다. 아이들에게는 조국에 대한 긍지가 생겼다.

그 뒤 우리는 또 조국의 북쪽, 서쪽, 남쪽으로 여행을 몇 차례 갔다. 우리는 여행길에서 1년을 보냈다. '조국'이라는 말은 아이의 의식 속에 소비에트 사람을 위해 영웅적으로 노동한다는 자긍심을 불러일으키는 선명한 광경으로 새겨졌다.

우리는 국외로 '여행'을 떠났다. 나는 아이들에게 전 세계 여러 지방 자연환경의 다양성과 아름다움을 보여 주며, 세계 각국 인민의 생활과 노동 가운데 있는 모든 훌륭한 것을 이야기했고, 여러 가지 언어로 말하는 사람들의 문학과 예술, 과거와 오늘에 대해 아이들의 흥미를 불러일으켰으며, 세계에서 벌어지고 있는 선과 악의 투쟁을 설명해 주려고 노력했다. 이 '여행'에서는 우리 조국을 여행하는 것보다 직관력이 더욱 큰 구실을 했다. 왜냐하면 아이들이 머나먼 나라에 관한 표상과 여기서는 볼 수 없는 자연환경에 관한 표상을 형성하게 해야 했기 때문이었다.

처음 우리는 1년 내내 여름인 나라에 가 있었다. 아이들은 점차 이집트, 인도, 스리랑카와 인도네시아 등의 자연환경과 인민의 생활 습관, 노동과 문화를 이해했고 이런 나라들에 관한 이야기를 들었으며 영화 기록을 감상했다. 아이들은 그야말로 미끈한 종려나무 밑에 서 있기나 하듯 적도의 찌는 듯한 무더위와 폭우가 가신 뒤의 상쾌함을 느꼈고 일하는 인민의 생활을 관찰했다. 피라미드의 나라 이집트로 떠난 여행은 아이들의 마음을 사로잡았다.

그 다음에는 이웃 나라로 여행했다. 우리는 스칸디나비아, 중부 유럽의 나라들로 갔고 터키, 이란, 아프카니스탄, 한국, 일본에 갔다. 그리고 마찬가지 방식으로 아프리카, 남아메리카, 캐나다, 미국에 갔으며 오스트레일리아와 북극에도 갔다.

지구를 돌아 '여행' 할 때, 아이들은 모든 사람들이 결코 다 행복하게 살고 있지는 않다는 것을 보았다. 세계에는 사람이 사람을 착취해서 빈곤과 굶주림에 시달리고 있는 나라들도 있다. 아이들의 의식 속에서는 이런 나쁜 일들이 생기는 원인은 불합리한 사회제도에 있다는 생각이 자랐다. 아이들은 착취자와 피착취자의 첨예하고도 비타협적인 투쟁이 세계에서 벌어지고 있다는 것을 조금씩 깨닫는다. 나는 학생들이, 아직도 착취자들 때문에 고된 노동에 시달리는 노동자들과 지금까지도 노예의 멍에에서 벗어나지 못한 인민들의 쓰라림에 관심을 갖게 하려고 노력했다.

아이들 앞에 펼쳐지는 세계는 바다, 대륙, 섬들과 낯선 동식물들, 오로라와 적도의 영원한 여름뿐만 아니라 무엇보다도 사람들이고, 행복한 미래를 위한 그들의 노동이고 투쟁이다. 행복과 공정성에 대한 인류의 영원한 숙원은 사람이 사람을 압박하지 않는 나라에서는 현실로 나타난다. 아이들은 이 세계 어느 곳에서 사람들이 무엇을 하고 있는지 알기만 하고 말할 줄만 아는 냉담한 방관자가 아니라, 인류의 운명에 깊은 관심을 가지는 사람이 돼야 한다.

국내 먼저 여행하고 국외로 갈 때, 아이들에게 지나치게 지식과 인상을 주어서는 안된다. 이에 대해 톨스토이는 교사들에게 다음과 같이 건의했다. "아이들에게 과학에서 이룩한 아주 훌륭한 성취를 (특히 아이들을 위해 출판한 외국 서적을) 전하는 데 너무 열중하는 것을 막아야 한다. 이를 테면 지구와 태양은 무게가 얼마나 되는지, 태양은 어떤 물체로 이루어졌는지, 나무와 사람은 세포에 의해 어떻게 조성됐는지, 사람들은 어떤 신기한 기계를 발명했는지 하는 것 들이다." 위대한 작가며 교육자인 그는 자기의 제안을 다음과 같이 해석했다. 연구 성과를 단순히 말하기만 하는 것은 학생에게 좋지 않다. 그들에게 말을 경솔히 믿는 습관을 기르게 할 것이다.

작가가 이 말을 쓴 지 수십 년이 지났다. 세계는 몰라보게 변했고, 과학은 커다란 성취를 거뒀으며, 또한 어린이들의 시야도 이전과는 달라졌다. 그러나 톨스토이의 건의는 오늘날까지도 가치를 잃지 않았다. 어린 아이들에게 사물을 가르칠 때, 지나치게 많은 정보로 그들이 일찍 포기하게 해서는 안 된다.

59_ '사고력 수업'이란 자연계를 '여행'하는 것

 기억이 생각을 대체하고, 암기가 분명한 지각과 현상의 본질에 대한 관찰을 대체하는 것은 아이들을 둔하게 하고, 마침내 아이들이 학습 의욕을 잃어버리게 하는 커다란 문제점이다.

 우리 가운데서 취학 전 아이의 민감하고도 확실한 기억에 대해 경탄하지 않는 사람은 없다. 이를테면 다섯 살 아이가 부모와 함께 숲이나 들로 산책갔다가 돌아왔다. 아이는 선명한 형상과 경치, 현상이 남겨 준 인상 속에 푹 빠졌다. 그리고 1년이 지난 뒤 아이의 부모는 또 산책을 가려고 준비했다. 그 애는 고요하고도 맑은 아침이 오기를 애타게 기다렸다. 아이는 퍽 오래전에 부모와 함께 숲으로 산책 갔던 것을 기억했다. 부모는 그때의 세세한 일들이 선명하고도 생생하게 아이의 추억 속에서 반짝이는 것을 보고 놀랐다. 아이는 색이 다른 두 가지 꽃잎이 함께 자라는 신기한 꽃을 기억했다. 아버지는 아이가, 오누이가 꽃으로 변한 아름다운 동화를 떠올려 이야기하는 것을 듣고 놀랐다. 이 동화는 1년 전 숲의 빈터에서 아버지가 어머니에게 해 준 이야기였기 때문이다. 그때 아이는 아버지 이야기는 듣지 않고 나비를 뒤쫓아 다니기만 한 것 같았는데, 어떻게 주위 세계의 이 작은 형상들은 아이의 기억 속에 보존됐을까?

그것은 아이들이 놀이에서 감명을 받으면 형상의 선명한 색깔과 음영, 소리를 아주 민감하게 받아들여 기억 속에 확실히 보존할 수 있기 때문이다. 아이들은 흔히 주위 세계의 환상을 받아들일 때 사람들이 전혀 예상하기 어려운 문제로 어른들을 놀라게 한다. 이를테면 지금 그 애는 그 꽃을 기억하자마자 아버지에게 이렇게 물었다. "오누이는 서로 볼 수 있을까요? 아빠는 식물이 살아 있다고 했지요? 그럼 들을 수 있고 볼 수도 있겠네요? 우리도 식물이 주고받는 말을 들을 수 있지 않을까요?" 어린아이의 의식의 흐름은 아버지를 몹시 놀라게 했다. 왜 아들이 1년 전에는 이런 것들을 묻지 않았을까? 아이가 그 꽃의 선명한 모양뿐만 아니라, 잊지 못할 그 순간의 정서적 색깔까지도 오래도록 기억할 수 있을까? 아버지는 아들이 꽃으로 알록달록하게 단장돼 주단을 편 듯한 숲가의 빈터와 푸른 하늘, 그리고 멀리서 은은히 들려오는 비행기 소리 들을 잘 떠올리는 것을 확인했다.

나는 이런 것들을 생각하면서 다음과 같이 생각했다. 어째서 생생하고 선명한 상상력과 예민한 기억력을 가진 아이들이 학교에 들어온 지 2~3년이 지나면 문법 규칙을 기억하지 못하고 '초원'이라는 단어의 맞춤법을 그토록 기억하기 힘들어하며, 9에 6을 곱하면 얼마인지 그렇게도 모를까. 도대체 어찌된 일일까? 나는 학교 시절에 지식을 얻는 과정이 자주 학생을 정신생활에서 벗어나게 한다는 아주 씁쓸한 결론을 내렸다. 선명한 형상, 광경, 지각, 표상 같은 맑은 시냇물이 아이의 마음속에 끊임없이 흘러들기 때문에 아이의 기억은 그렇게 예민하고 확실해질 수 있다. 아이의 사고력은 산뜻하고 새로운 이 시냇물에서 끊임없이 공급을 받고 있기 때문에, 미묘하고 '철학적인' 문제를 제기해서 우리를 놀라게 할 수 있다.

아이의 의식이 주위 세계와 동떨어지지 않게 하는 것이 얼마나 중요한지! 나는 아동기에 주위 세계와 자연계가 선명한 형상과 광경, 지각, 표상으로 학생의 의식을 쉼 없이 키우게 하며, 사고력 법칙은 마치 잘 균형 잡힌 건축물과 같은데 이 건축물의 건축 기술은 더욱 균형 잡힌 건축물인 자연계가 담당한다는 것을 아이들이 알게 하려고 노력했다. 아이의 머리가 지식의 저장소로, 진리와 규칙, 공식의 창고가 되지 않게 하려면 그들에게 생각하는 법을 가르쳐야 한다. 아이의 의식과 기억의 성격은, 주위 세계와 그것의 합법칙성이 아이 앞에서 단 1분도 숨지 않게 하라고 한다. 만일 주위 세계를 아이들이 생각하고 암기하고 추리하는 것을 배우는 환경으로 삼는다면, 그들은 입학해 수업을 받으면서 예민함과 사고력이 약해지지 않고 도리어 강화될 것이다.

그러나 지적 교육에서 자연계가 일으키는 작용을 과장해서도 안 된다. 어떤 교사는 아주 잘못된 견해를 가지고 있다. 그들은 자연계가 아이들을 둘러싸고 있기만 하면 아이들의 지적 발달이 저절로 된다고 생각한다. 자연계에 이지와 감정과 의지에 직접 영향을 주는 마술 같은 힘은 없다. 오직 사람이 그것(자연계)을 인식하고 생각해서 인과적 연관 속에서 파고들어 갈 때만 그것은 교육의 강한 원천이 된다. 직관력을 과대평가하는 것은 아이 사고력의 개별적 특징을 절대화하고 인식 활동을 감각의 범위에 국한시키는 것이다. 아이 사고력의 특징, 특히 아이들이 모양, 색깔, 소리들로 생각하는 것을 포함한 특징을 우상화해서는 안 된다. 물론 이 특징은 객관적 진리다. 우신스키는 그것의 중요성을 아주 분명하게 실증했다.

그러나 만일 아이들이 모양, 색깔, 소리 들로 생각한다고 해서 추상적으로 생각하는 법을 가르치지 말아야 한다는 결론을 내려서는 절대 안 된다. 경험이 있는 교사는 직관력의 중요성과 지적 교육에서 자연계가 일으키는 거대한 구실을 강조하는 동시에, 이런 요소로 추상적 사고력을 발전시키고 목적의식적 수업을 한다.

나는 학생들 사고력의 원천이 돼야 할 것들을 치밀하게 고려했고, 아이들이 4년 동안(초급학년 과정에 해당한다. – 역자)에 차례로 관찰할 것과, 주위 세계의 어떤 현상들이 사고력의 원천이 될 것인지 규정했다. 이리하여 300쪽이나 되는 '자연계의 책'을 만들었다. 이것은 바로 아이들이 관찰을 300가지나 하고 300폭의 선명한 화폭이 아이의 의식 속에 깊이 새겨진다는 뜻이다. 우리는 일주일에 두 번씩 자연으로 간다. 즉 생각하는 것을 배우는 사고력 수업을 하러 간 것이었다. 이것은 흥미로운 산책이 아니라 바로 수업이다. 그런데 일반 수업도 사람의 마음을 몹시 끌고 아주 흥미로울 수 있지만, 이런 상황은 바로 아이의 정신세계를 더욱 풍부히 할 수 있다.

나는 현실의 선명한 현상들이 아이의 의식 속에 깊이 새겨지게 한다는 목표를 정했고, 아이의 사고력 과정이 생생하고 형상적인 표상에 기초해 진행되고 주위 세계를 관찰할 때 아이들이 현상들의 원인과 결과를 확정하고 사물들의 질과 특징을 비교하게 하려고 노력했다. 우리는 관찰을 통해 아이의 지적 발달에서 가장 중요한 합법칙성을 증명했다. 즉 아이가 수업에서 배워야 할 추상적 진리와 일반화가 많고, 이 정신노동이 긴장될수록 더욱 자주 자연계로 가야 하고, 주위 세계의 형상과 화폭들이 그들의 의식 속에 더욱 선명하게 새겨져야 한다.

그러나 선명한 현상들은 사진기에 찍히듯이 아이의 의식 속에 반영돼서는 안 된다. 표상 – 이것은 아무리 선명하다 할지라도 그 자체가 지적 발달의 목적이 아니고 수업의 궁극적 목적도 아니다. 지적 교육은 이론적 사고력이 있는 곳에서 시작되고, 생생한 직관은 궁극적인 목적이 아니라 수단에 불과하다. 즉 주위 세계의 선명한 형상은 교사에게는 교육의 원천이다. 이 원천의 여러 가지 형태와 색깔, 소리 들에는 수천 가지 문제가 숨어 있다. 이 문제의 내용을 밝히는 것은 교사가 마치 '자연계의 책'을 펼쳐 놓는 것과 같다.

이 '자연계의 책' 첫 장을 펼치면, 거기에는 '생물과 무생물'이라는 제목이 있다. 우리는 초가을의 따사로운 햇볕이 쬐는 한나절에 강가에 가서 풀밭에 자리를 잡는다. 우리의 눈앞에는 가을철의 꽃들로 장식돼 있는 초원이 펼쳐지는데, 밑바닥까지 보이는 맑디맑은 강물 속에는 물고기들이 놀고 있고, 공중에는 나비들이 날아다니며, 파란 하늘에는 제비들이 날아다니고 있다. 우리는 여러 해 동안 땅이 갈라져 생긴 높은 절벽에 올랐다. 거기서 아이들은 누런색, 붉은색, 등황색, 흰색 같이 갖가지 색으로 된 진흙층과 모래층을 흥미롭게 관찰한다. 이것은 얇은 흰 층이고 그 아래층은 누런색의 모래층이며 그 밑층은 네모진 붉은색의 결정체다.

아이들은 땅의 위층, 즉 검은색 흙 층을 깊은 곳의 층들과 비교한다.

"땅의 위층에서 무엇을 봐야 하나요?"

"식물의 뿌리를 보자."

아이들은 "깊은 곳에는 뿌리가 없어요" 하고 대답한다.

"여러분, 절벽의 맨 끝 모서리에서 자라는 푸른 풀숲을 본 다음 이쪽의 노란 모래를 보십시오. 풀과 모래는 어떻게 다릅니까?"

아이들은 다음과 같이 말한다.

"풀은 여름에 자라고 가을에는 시들고 봄이 오면 살아나요. 풀에서는 작은 씨가 자라서 땅에 떨어지고, 또 떨어진 그 씨에서 새로운 줄기가 자라나요."

"그런데 모래는요?"

나는 주위 세계의 사물을 모든 아이, 특히 머리가 둔한 몇몇 아이들인 패트리크, 왈랴, 니나에게 비교해 보게 한다. 학급에는 또 매우 더디게 생각하지만 물이 가득 차 흐르는 강물에 비유할 수 있는 미샤, 사스카도 있다. 이 밖에도 류다라는 여자아이가 있는데 이 아이의 사고력은 나에게는 한동안 풀 수 없는 비밀이었다. 나는 초기에는 이 아이가 그야말로 발전 과정이 더뎌서 다른 애들이 쉽게 알 수 있는 것을 이해하지 못한다고 여겼다. 그러나 나는 그 여자애의 생기 있고 감수성이 풍부한 두 눈에서, 자기가 잘 알고 있는 것도 일부러 말하지 않으려고 하는 것을 느꼈다.

"여러분 보십시오. 이것은 노란 모래고 이것은 푸른 풀입니다. 이것들은 무엇이 다르고 어떻게 이 둘을 구별할 수 있습니까?"

아이들은 생각하면서 초록색의 초원과 민둥민둥한 벼랑을 보고 있었다. 류다의 눈에는 깊은 사색이 어렸고 패트리크는 눈썹을 찡그렸으며 왈랴는 모래를 이 손 저 손으로 옮겨 쥐곤 했다. 류다는 "모래에서는 꽃이 피지 않지만 풀에서는 꽃이 피어요"라고 말했다. "풀밭에서는 소를 먹일 수 있지만 모래밭에 가서 소를 먹일 수는 없어요" 하고 패트리크가 외친다. "풀은 비가 오면 자라지만 모래는 비가 온다고 해서 자라지 않죠"라고 미샤는 생각하면서 말한다. "모래는 깊은 땅속에 있지만 풀은 땅 표면에서 자라요"라고 류다가 말했다. 그러나 새료자는 "그러면 강가에는 모래가 없단 말이에요? 풀은 햇빛을 받으면 자라지만 모래는 햇빛을 받으면

뜨거워질 뿐이에요"라며 그를 반박했다.

다음에 우리는 누군가가 주워 온 조약돌, 단풍나무의 푸른 잎사귀, 붉은 유리 조각, 민들레꽃, 못에서 노니는 물고기, 거위의 깃털, 다리의 쇠난간, 나무줄기를 타고 올라간 덩굴 들을 비교했다. 아이들의 생각은 활기를 띠었다. 그들은 주위 세계의 사물과 현상들 사이에 뚜렷하게 보이는 연관성을 알아내고, 곧 발견하기 쉽지 않은 연관도 발견했다. 아이의 의식 속에서는 생물과 무생물에 관한 일차적인 개념이 차츰 형성되고 있었다. 그래서 아이들은 한 사물은 생물이고 다른 한 사물은 무생물이라는 것을 많은 사실을 통해 알아냈다. 그러나 내가 "생물과 무생물은 어떻게 구별할까요?"라고 묻자 대답을 못 했다. 결론은 서서히 형성되는 것이어서 이때 아이의 사고력은 눈에 띄는 것에 다시 집중했다. 아이들은 특징을 정확히 발견하는 동시에 또 그 발견이 틀릴 수도 있는데, 이것은 여기에서 진행되는 생동하는 관찰 과정에서 고칠 수 있는 것이다. 코스차가 "생물은 움직이지만 무생물은 움직이지 않아요"라고 말했을 때 아이들 대부분이 그의 말에 찬성했다. 그러나 잠시 뒤 조용해졌다가 아이들은 자기의 주위를 살펴보고 다음과 같이 반박했다.

"막대기는 강물에 떠내려가면서 움직이는데, 그럼 그것이 생물이란 말입니까?"

"트랙터는 움직이지만 그건 생물이 아니라는 걸 누구나 다 알고 있어요."

"거미줄은 공중에서 흔들리는데, 그럼 그것도 생물입니까?"

"낡은 지붕 위에 난 이끼는 움직이지 않는데, 그럼 그것은 생물입니까, 무생물입니까?"

"하지만 모래도 움직였습니다. 우리가 유사(流砂) 지대에 가 보았는데 모래는 시냇물처럼 흘러내렸습니다."

그렇지 않다. 문제는 움직이느냐, 움직이지 않느냐가 아니다. 그렇다면 생물과 무생물의 다른 점은 어디에 있나? 아이들은 주위 세계의 사물을 다시금 비교해 본다.

슈라는 기뻐하며 다음과 같이 외쳤다.

"생물은 자라지만 무생물은 자라지 않습니다."

아이들은 이 말을 곰곰이 생각하면서 주위의 사물에 시선을 다시 돌렸다. 그리고 그들은 소리 내어 의논했다. 즉 풀은 생물이다. 풀은 자란다. 나무는 생물이다. 나무는 자란다. 들장미는 생물이다. 들장미는 자란다. 돌은 무생물이다. 돌은 자라지 않는다. 모래는 무생물이다. 왜냐하면 그것은 자라지 않기 때문이다. 그렇다. 모든 생물은 자라며 모든 무생물은 자라지 않는다. 그때 미샤는 먼 곳을 바라보며 무엇인가 생각했다. 그는 친구들이 주고받는 말을 듣기나 하는지…… 그러다가 미샤는 아이들이 자기들을 둘러싸고 있는 생물과 무생물을 이야기할 때 다음과 같이 말했다.

"생물은 햇빛을 떠나서는 살 수 없습니다."

그는 손으로 숲과 초원, 그리고 들을 가리켰다. 이 말을 듣고 나는 머리가 둔한 아이들이 때로는 예민함과 매우 깊은 주의력, 관찰력을 가진다는 것을 다시 한번 확신했다. 미샤의 이 말은 아이들의 의식을 깨어나게 해 주었다. 어린 남녀 애들은 "나는 왜 그걸 생각하지 못했을까?" 하고 마음 속으로 물었다. 예민한 사고는 마치 주위 세계의 사물을 다시금 더듬어 내듯이, 아이들이 소리 내어 다음과 같이 생각하도록 한다. "풀도, 꽃도, 나무도, 밀도 햇빛이 없으면 살 수 없지요. 사람도 역시 햇빛이 없으면 살 수 없어요. 또한 사람이 햇빛을 떠나서 살 수 있을까요? 아니지요. 사람이 땅속 깊은 곳에서 살 수 있다고 생각할 수 있을까요? 풀이 나무의 그늘 밑에서는 자라지 못한다는 것을 우리는 다 잘 알고 있어요. 아버지께서는 다음과 같이 말씀하신 적이 있지요. '만일 비가 내린 뒤에 해가 나면 밀이 더 푸르게 될 것이고 햇볕을 쪼이지 못하면 잘못될 것이다.' 그런데 돌은 햇빛을 받거나 움 속에 있거나 마찬가지지요. 아니지요. 안 그렇지요. 돌은 움 속에 있으면 곰팡이가 끼지요. 그런데 곰팡이란 것은 생물일까요, 아니면 무생물일까요? 햇빛이 생물에게 유익한 존재이지만 물 역시 생물에게 꼭 필요한 것이에요. 비가 오랫동안 내리지 않으면 생물이 살 수 없으니까요."

아이의 사고력은 마치 시냇물처럼 퍼져서 흐르다가 통일된 물줄기로 모여든다. 아이들은 생물계에서는 자기들이 모르는 현상들이 일어나는데, 이 현상들은 햇빛, 물 그리고 우리를 둘러싸고 있는 자연계의 모든 것에 의존하고 있음을 더욱더 뚜렷하게 깨닫는다. 아이들은 '자연계의 책' 첫 장에서 첫 몇 줄을 읽는다. 그들은 모든 세계는 생물과 무생물로 이루어짐을 알게 된다. 생물과 무생물에 관한 일차적인 표상은 아이들에게 많은 의문을 갖게 한다. 아이들은 집으로 돌아가면 으레 그런 것이라고 느껴 오던 것들을 자세히 관찰하며 이전에 모르던 것을 보게 된다. 그들이 발견한 것이 많을수록 다음과 같은 의문도 많이 생긴다. 어째서 도토리에서 돋아난 어린 싹이 커다란 참나무가 될까? 나무 잎사귀, 나뭇가지, 실한 나무줄기는 어디에서 올까? 어째서 가을이 되면 잎이 떨어질까? 겨울이 되면 나무가 자랄까, 자라지 않을까? 이 모든 문제에 곧 대답할 수는 없지만 물을 필요도 없다. 아이들의 머릿속에서 이런 문제들이 떠오르게 하는 것이 좋다. 아이들이 생각하면서 지식과 사고력의 첫 원천인 주위 세계를 배우도록 해야 한다. 또 아이들이 자기의 생각을 표현하기 위해 정밀하고도 정확한 단어를 찾도록 해야 한다. 이렇게 주위 세계와 교제하는 과정에서 아이들이 이유의 명확성을 얻게 하는 것은 사고력이 가지는 가장 중요한 특징이다.

아이들은 모양, 색깔, 소리 들로 생각하지만, 그것은 아이들이 구체적인 사고력에 머물러 있어야 한다는 뜻은 아니다. 사고력의 형상성은 개념적인 사고력으로 넘어가는 데 꼭 필요한 단계다. 나는 아이들이 현상, 원인, 결과, 사건, 제약성, 의존성, 구별성, 유사성, 공통성, 양립성(兩立性), 불가양립성(不可兩立性), 불가능성 같은 개념을 차츰 쓸 수 있게 하려고 노력했다. 여러 해 동안 경험하면서 나는 이런 개념들이 추상적인 사고력을 형성하는 데 큰 구실을 함을 믿게 됐다.

그러나 생생한 사실과 현상을 연구하지 않고서는, 아이들이 자기 수준으로 본 것을 생각하고 이해하지 않고서는, 구체적인 사물, 사실, 현상에서 추상적인 일반화로 차츰 넘어가지 않고는 앞에서 말한 개념들을 배울 수 없다. 자연을 공부하면서 아이들에게 생긴 문제들은 바로 이런 이행을 추진하게 되는 것이다.

나는 내 학생에게 자연계의 구체적 현상을 관찰하고 인과적 연관을 찾아내는 것을 가르쳤다. 사고력을 구체적인 형상과 밀접히 연관시켰기 때문에 아이들은 차츰 추상적인 개념을 쓰는 능력을 얻게 됐다. 여기에는 물론 여러 해에 걸쳐 숙련하는 과정이 필요하다.

60_ 읽고 쓰기는 그림과 함께

아이들에게[2] 어떻게 읽고 쓰기를 배우게 할까? 나는 아이들이 학교를 나온 첫날부터 읽고 쓰기가 얼마나 힘들고 피곤하며 흥미 없는 일이 되는지, 그들이 지식을 탐구하려고 힘들여 오르는 어려운 길에서 얼마나 많은 좌절을 당하는지 여러 해 동안 보았다. 이 모든 것의 원인은 학습을 단순히 책을 읽는 것으로 만들어 버린 것이다.

나는 아이들이 수업시간에 글자를 읽어 내려고 애쓰다가 그 글자가 결국 알 수 없는 '그림'이 돼 버리는 것을 보았다. 그러나 동시에 읽기가 어떤 재미있는 놀이와 결부되고 아이들에게 글자를 꼭 기억하라고 하고 기억하지 못하면 용서하지 않겠다고 겁주는 사람이 없을 때, 아이들이 글자를 얼마나 쉽게 기억하고 글자로 단어를 어떻게 구성하는지도 보았다.

'기쁨의 학교'[3]가 나오기 전 몇 년 동안 다음과 같은 사건이 일어났다. 나는 여섯 살 아이들을 데리고 툰드라 옆에 있는 작은 숲으로 갔다. 여기서 나는 나비와 딱정벌레 이야기를 시작했다. 이때 풀대에 기어오르던 뿔이 큰 딱정벌레가 우리의 주의를 끌었다. 이 딱정벌레는 몇 번이고 날려고

---

[2] 입학 직전과 1학년을 말함.
[3] 저자는 자신의 학교 근처에 사는 미취학 아이들을 모아서 여러 가지 활동을 하며 입학 준비를 했다. 그는 이것을 '기쁨의 학교'라고 했는데, 일종의 유치원이었다.

했지만 도무지 날아오르지 못했다. 아이들은 이 곤충을 꼼꼼히 관찰했다. 그때 내 앞에는 그림책이 놓여 있었다. 나는 연필로 이 딱정벌레를 그렸다. 아이들 중 누군가 나더러 그림 밑에 글을 쓰라고 해서 대문자로 X Y K(딱정벌레)를 써 넣었다. 호기심이 강한 아이들은 이 단어를 자꾸 읽었다. 그들은 자기들에게는 그림처럼 보이는 이 글자를 자세히 보았다. 어떤 아이는 이 단어를 모래 위에 여러 번 그렸다. 또 다른 아이는 풀줄기로 이 단어를 엮어 보았다. 각 글자는 아이들에게 어떤 느낌을 주었다. 이를테면 아이들은 X를 보고 그 모양이 신기하게도 딱정벌레가 날려고 하다가 날아가지 못하고 있는 것과 비슷하다고 생각했다.

그 뒤 몇 달이 지나서 나는 이 아이들의 교실에 가서 수업 참관을 했다. 이때 그들은 입학해 공부하고 있었다. 이 학급을 맡은 여교사는 읽기를 가르치기가 어렵다고 늘 하소연했다. 그런데 공교로운 일이 생겼다. 바로 이 수업에서 아이들이 글자 X를 배우고 있었던 것이다. 아이들의 얼굴에는 웃음이 어려 있었고 교실에서는 웅성거리는 소리가 들렸다. 아이들은 X를 알아보고 단어 X Y K를 되풀이해서 읽었다. 아이들은 너도나도 손을 들었다. 어떻게 모든 아이들이 X Y K를 다 쓸 수 있는지 여교사는 경탄했다. 이 수업은 이토록 유쾌하게 진행됐다. 이것은 나에게는 체험이 교육학을 가르친 수업의 하나였다.

나는 '기쁨의 학교'에서 지금도 이 일을 생각한다. 아이들은 아름다움과 놀이, 동화, 음악, 그림, 환상과 창조의 세계에서 살아야 한다. 그렇다. 아이들이 의식의 사다리 첫 단계로 올라갈 때 자기가 어떻게 느끼고 체험하도록 하느냐에 따라 나중에 그들이 지식을 탐구하는 과정 전체가 달라진다. 많은 아이들이 이 첫 단계를 극복할 수 없는 장애로 느끼게 되는 것이 무척 염려스럽다. 학교생활을 자세히 관찰해 보면 당신은 바로 읽고 쓰기를 배우는 단계에서 아이들이 자기 힘에 대한 믿음을 잃는 모습을 보게 될 것이다. 친애하는 동료들이여, 우리는 아이들이 이 첫 단계에 오를 때 무거운 짐을 진 듯 지친 걸음으로 맥없이 걷게 하지 말고, 지식 탐구로 나아가는 걸음마다 지치지 않고 마치 새가 힘차게 날아오르듯이 그렇게 내딛도록 함께 노력해야 한다.

나는 아이들을 데리고 단어의 원천으로 '여행' 하기 시작했다. 즉 아이들에게 세계의 아름다움을 관찰하게 하면서 아이들의 마음속에 단어의 음악이 흘러 들어가게 하려고 노력했다. 나는 아이들에게 단어가 사물과 대상, 현상의 표현이 되도록 하고 또 단어가 정서적 색채도 띠게 노력했다. 즉 단어가 향기와 섬세한 색조를 띠도록 노력했다. 아이들이 신기한 선율을 듣듯이 단어를 듣고, 이 단어의 뜻과 그것이 반영하는 세계의 아름다움이 인류의 말소리로 표현되는 그림인 글자에 아이들이 흥미를 느끼는 것이 중요하다. 아이들이 단어가 품고 있는 그윽한 향기를 맡지 못하고 섬세한 빛깔을 보지 못할 때는 읽고 쓰기 수업을 시작하지 말아야 한다. 만약 교사들이 기어이 이렇게 한다면 아이들은 고된 노력을 할 수밖에 없다.(아이들이 이런 어려움을 이겨낼 수는 있겠지만 그렇게 하려면 얼마나 많은 대가를 치러야 할 것인가!)

읽고 쓰기가 생생한 형상과 선율로 가득 찬, 분명하고도 감동적인 생활의 한 조각이 돼야만 읽고 쓰기의 교수 과정이 더 쉬워질 수 있다. 아이들이 기억해야 하는 것은 무엇보다도 흥미로워야 한다. 그래서 읽고 쓰기 수업은 그림과 밀접히 연관돼야 한다.

단어의 원천으로 '여행' 갈 때 우리는 그림 공책과 연필을 가지고 갔다.

아래에 드는 것은 우리가 첫 여행을 했을 때 있었던 일이다. 여행의 목적은 아이들에게 '초원'이라는 단어의 아름다움과 섬세한 색채를 보여 주는 것이었다. 우리는 연못가에 있는 수양버들 밑에 앉았다. 먼 곳에서는 햇빛에 반짝이는 초원이 초록색을 띠고 있었다. 나는 아이들에게 이렇게 말했다. "보세요. 우리 앞에 펼쳐져 있는 경치가 얼마나 아름답습니까! 초원에는 나비가 나풀나풀 춤추고 벌들이 붕붕거리며 날고 있지요. 저 멀리 보이는 허수아비의 옷소매는 장난감 같고 초원은 연두색의 강물과도 같으며 나무들은 초록빛 강변 같고 소 떼들은 이 강물 속에서 목욕하는 것 같지요. 초가을은 아름다운 갖가지 꽃들을 얼마나 많이 휘뿌려 놓았습니까! 우리 초원의 노랫소리를 귀담아들어 봅시다. 파리가 앵앵거리는 소리와 여치가 쪼르륵 하는 소리가 들립니까?"

나는 내 그림 공책에다 초원을 그리고 소 떼와 초원에 흰 솜뭉치처럼 널려 있는 거위를 그리며 보일 듯 말 듯 가볍게 비낀 연기와 지평선 위에 떠 있는 흰 구름도 그렸다. 아이들도 고요하고 아름다운 아침 경치에 반해 그림을 그렸다. 나는 그림 밑에 '초원'이라는 글자를 써 넣었다. 대다수의 아이들에게는 글자란 그림이다. 이 그림은 하나하나 다 어떤 것과 비슷하다. 그것은 무엇일까? 풀줄기다. 그 풀줄기를 굽히면 그림 JI 가 된다. 풀줄기 하나를 굽히고 그 위에 다른 풀줄기를 더 놓으면 새로운 그림 y가 된다. 아이들은 자기가 그린 그림 밑에 초원이라고 쓴다. 그런 다음 우리는 이 단어를 읽는다.

자연계에 대한 민감성은 아이들이 이 단어의 소리를 직접 느낄 수 있게 도와준다. 아이들이 각 글자의 모양을 기억하면 각 장의 그림 속에 생생한 소리를 넣어 글자를 쉽게 기억하게 된다. 단어의 그림을 어떤 완전한 것으로 자각하면서 아이는 단어를 읽을 수 있게 된다. 그러나 이것은 읽는 소리에 따라 분석하고 종합하는 연습을 오랫동안 진행한 결과가 아니라 아이들이 방금 그린 시각적 형상과 부합되는 성음적, 음악적 형상을 스스로 깨달아 재현한 결과다. 이런 시각적 형상뿐만 아니라 음악적 소리에도 정서적 색채가 가득 차 있기 때문에, 개개의 글자와 간단한 단어들이 동시에 외워진다.

친애하는 독자들이여, 이것은 내가 어떤 새로운 읽고 쓰기 교수법을 발견해낸 것이 아니다. 이것은 실생활 속에서 과학으로 이미 실증된 것을 구현한 것일 뿐이다. 즉 외울 것을 강요받지 않은 단어는 쉽게 기억되고, 지각된 형상의 정서적 색채는 기억에서 특히 중요한 구실을 한다는 것이다.

61_ 아이들에게 책 읽는 습관을 길러 줘야

과학의 기본 원리를 확실히 깨닫는 것은 온전한 지적 교육의 가장 중요한 조건이다. 교수는 이 기본 원리에서 시작되고, 이 원리를 모르면 더욱 깊은 지식을 얻을 수 없다.

초급학년은 맞춤법이 아주 쉬운 기본 단어(언제나 단어의 맞춤법을 기억해야 한다)를 배우고 산수의 정의와 규칙, 공식을 배웠다. 소년기에는 이런 작업이 전과 같은 방향으로 이어진다. 해당 과학의 기본 원리를 확실히 기억하지 못하면 자습을 할 수 없다. 5~7학년을 가르칠 준비를 할 때 교사들은 학생들이 오래 기억해야 할 것을 정해야 한다. 이때 학생들이 이해만 하면 되는 것은 기억하지 않도록 해야 한다. 우리는 우크라이나어, 러시아어, 프랑스어에서 3년간 익혀야 할 최소의 맞춤법 낱말표를 만들었다.

우리는 소년들의 사고력은 창조적인 지적 활동, 즉 사실과 현상을 생각하고 연구하는 활동을 해야 한다고 본다. 여러 해 동안 경험하면서 나는 학생의 기형적인 정신노동, 즉 일상적으로 암송하고 기계적으로 암기하는 것이 게으른 생각을 빚어냄을 확신하게 됐다. 암송만 하는 학생은 많은 것을 기억할 수는 있지만, 기억한 것에서 기본 원리를 찾아내야 할 때는 모든 것이 학생의 머릿속에서 뒤섞여 학생은 기본적인 지적 작업 앞에서 속수무책이 되고 만다. 학생이 기억하는 것 가운데서 필요한 것만을 골라내지 못한다면 그는 생각할 수 없게 될 것이다.

  예를 들면, 소년이 글쓰기를 할 때가 돼서야 비로소 단어들을 어떻게 쓸지 생각하고, 문제를 풀 때가 돼서야 간편한 곱하기 공식을 생각하면 그는 무엇이든지 근본적으로 생각할 수 없다. 무엇이든 학생들이 막상 필요한 때 그것을 생각할 것이 아니라, 학생들은 지적 활동 가운데서 반자동으로 필요한 것을 이용할 줄 알아야 한다. 경험 있는 철공은 자기 도구의 각 특징을 알고 있기 때문에 그것을 들여다보지 않고도 쥘 수 있듯이 지적 활동에 단련된 학생은 긴장해서 집중하지 않고도 자기의 의식 속에서 기본 원리를 찾아낼 수 있다. 이 점은 소년기에 아주 중요하다. 추상적 사고력이 급속히 발전하면 소년들은 확고히 기억해야 할 기본 원리를 무시하기도 한다(세계가 시간상, 공간상에서 무한한데 어떤 공식을 기억하는 것이 무슨 쓸모가 있겠나?). 그러나 추상적 사고력은 구체적인 사실과 사물에 대한 지식 없이는 생길 수 없다. 언제나 쉽게 이용할 수 있게 기본 원리를 기억하지 못하면 소년 시기의 사고력은 약해진다. 즉 사고력이 안정적이지 않게 된다. 이 점은 모든 지적 활동에 흔적을 남기게 될 것이다.

  우리는 학생들이 알게 모르게 기본 원리를 암기하도록 주의를 기울였다. '생각하는 방'(열람실에 해당한다. – 역자 주)에는 학생들이 자기 검사를 하고 기억을 단련시키는 데 쓸 교재와 기구들이 진열돼 있다. 모든 학생은 저마다 '자기 검사'를 기록한 책을 가지고 있었다. 이 책에는 언제나 기억해야 할 대수, 물리와 화학 공식이 있다. 나는 심리학적 소양에 관한 대화에서 소년들에게 기억하고 있는 것을 얼마 만에 한 번씩 검사해야 하는지 가르쳤다. 초급학년에서 우리는 학생들이 읽고, 쓰고, 추리하고 관찰하고 사상을 표현하는 능력을 키우는 데 주의를 기울였다. 이런 능력이 발전되지 못하면 학생들은 학습에 어려움을 느끼게 된다.

  우리 교사들은 빨리 읽는 능력을 단련하는 것을 중요하게 생각했다. 소년 시기에는 묵독이 중요하다. 6학년과 7학년들은 마음속으로 긴 문장의 전체 뜻을 파악할 수 있어야 한다. 이런 능력을 갖지 못하면 그들의 사고력은 몽롱해지고 많은 어려움 앞에서 정지된다. 논리적으로 완결된 문장의 뜻을 깨닫지 못하면, 문장을 다 읽지 않고는 나머지 부분의 내용을 예측할 수 없다. 문장을 다 읽어야만 나머지 부분의 내용을 예측할 수 있다면, 그것은 그 당시 학습 성적에 반영될 뿐만 아니라 뇌의 해부생리 과정에도 영향을 끼치게 될 것이다. 독서 능력이 부족하면 신경체계 사이의 연계를 담보해 주는 뇌의 섬세한 연결 섬유의 기능이 방해받아 억제된다. 독서할 줄 모르는 사람은 생각할 줄 모르게 되는 것이다.

  이 모든 것은 부차적인 것이 아니다. 여기에는 지능의 제한성과 지적 생활의 빈약성이라는 심각한 위험이 숨어 있다. 이런 능력은 초급학년에서만 가르칠 것이 아니다. 소년 시기에 이런 교육을 하려면 전체 교사들이 고도의 교육학적 소양을 갖춰야 한다. 우리의 각 교사들은 5학년과 6학년이 독서를 계속 실감나게 잘하게 하려고 노력했다. 실감 있게 독서를 하는 것이 필요한 이유는 훈련 때문이다. 이런 훈련이 없으면 긴 문장의 논리적으로 완결된 부분을 눈과 마음으로 읽어서 깨닫고 생각하면서 다음 부분으로 넘어가는 복잡한 능력을 기르지 못한다. 바꿔 말하면, 동시에 사고하는 것을 소년들에게 가르쳐야 한다.

또 소년들에게 읽는 것을 가르쳐야 한다. 왜 아동기에는 총명하고 영리하며 이해력과 탐구심이 강했던 학생이 소년 시기에 가서는 지능 면에서 제한되고 지식에 관심이 없고 머리가 둔해질까? 그것은 학생이 읽을 줄 모르기 때문이다. 사람의 뇌는 복잡한 기관이다. 만약 뇌의 어떤 부분이 발달하지 못하면 뇌의 작업 전체가 방해를 받는다. 대뇌 양반구 피질에는 독서를 관리하는 곳이 있다. 이것은 가장 활동적이고 창조적인 부분과 연결돼 있다. 만약 독서를 관리하는 곳에 '막다른 골목'(더 이상 어쩔 수 없는 곳)이 있으면 피질층의 모든 부분의 해부생리학적 발전은 방해를 받게 된다. 또 한 가지 위험이 있다. 즉 대뇌 양반구 피질 속에서 일어나는 과정은 돌이킬 수 없다는 것이다. 만일 한 사람이 소년 시기에 눈과 마음으로 문장의 논리적으로 완결된 부분 혹은 모든 문장을 다 파악하는 것을 배우지 못했다면 그는 그것을 영원히 배우지 못하게 된다. 다음과 같은 현상을 깊이 생각해 보자. 한 소년이 숙제에 그다지 노력을 들이지 않는데도 성적은 좋다고 하자. 이것이 그에게 특별한 능력이 있다는 증거는 아니다. 이런 일은 흔하다. 그는 책을 읽는 능력이 있을 뿐이다. 책을 잘 읽는 능력은 또다시 지적 발달을 촉진한다.

우리는 학생들이 글 쓰는 것이 반자동화가 되도록 노력했다. 각 교사는 저마다 자기의 글쓰기 체계를 가지고 있다. 소년들에게 과목별로 늘 쓰는 단어와 단어 결합법을 연습시킨다. 우리는 소년들에게 들으면서 쓰는 데 주의를 기울이게 한다. 수업시간에 이렇게 못하면 연습을 더 하도록 했다.

언어와 문학 수업에서는 관찰력과 사상을 정확히 표현하는 능력이 발전된다. 사고력과 단어의 원천으로 여행하는 것이(자연계를 관찰하는 것 – 역자 주) 지금은 자기 교육의 일부분이 됐다.

62_ 1학년 산수에서 사고력 훈련

학교의 중요한 목적은 학생들을 파고들고 따지며 창조적으로 탐구하는 사고력을 가진 사람으로 기르는 것이다.

나는, 아동기는 바로 사고력을 기르는 시기고 그 시기에 교사는 자기 학생의 신체와 정신세계를 정성껏 키워야 한다고 생각한다. 아이의 대뇌가 발달하고 건전해지는 데 관심을 기울이는 것은 교사의 중요한 직무 중 하나다. 근육이 신체를 단련하고 어려움을 극복하는 과정에서 발육하고 건전해지는 것과 마찬가지로, 대뇌가 형성되고 발달하려면 역시 노동과 긴장이 필요하다.

아이의 대뇌는 주위 세계의 사물과 현상의 다각적인 연계, 즉 인과적 연계, 시간적 연계, 능력적 연계를 확립하면서 성장하고 건전해진다. 나는 바로 아이들이 주위 세계의 여러 가지 현상들의 이런 연계를 이해하도록 도와주고 그들의 탐구성을 강하고 예민하게 하며 관찰을 잘하는 지혜를 키우고 증진시키고 발전시키는 것이 내가 할 일이라고 보았다.

명석한 이해력과 기민성을 단련시키는 응용문제를 풀게 하는 것은 대뇌의 에너지를 활용하고 지능의 활기를 자극하는 연습이다. 이런 응용문제는 주위 세계의 사물, 대상, 현상 그 자체에서 나온다. 나는 아이들이 그들에게 아직 숨겨져 있고 이해되지 않은 연관을 알아내도록 하고 이런 연관의 본질을 찾아내고 진리를 알려는 바람이 그들에게 생기도록 노력하면서, 그들이 이러저러한 현상에 주의를 기울이게 했다. 사람의 적극적인 활동과 노동은 언제나 응용문제를 푸는 열쇠가 된다. 아이들은 사물과 현상들 사이의 연관을 확정하려고 힘을 쏟으면서 일정한 작업을 완성한다. 주위 세계에는 응용문제가 수두룩하다. 인민들은 응용문제를 많이 만들어냈는데, 바로 민간 창작에서 수수께끼 이야기 형식으로 나타난다.

아래에 드는 것은 아이들이 쉬는 시간에 푼 첫 응용문제 중의 하나다.

"강의 이쪽 기슭에서 저쪽 기슭으로 승냥이 한 마리, 염소 한 마리, 배추 한 포기를 날라야 한다. 이 세 가지를 한꺼번에 실어도 안 되고 승냥이와 염소, 염소와 배추를 같이 강변에 남겨 두어서도 안 된다. 승냥이와 배추는 함께 실어 갈 수 있고 '승객' 한 명도 데려갈 수 있다. 이것들을 나르는 데 횟수는 제한이 없다. 승냥이와 염소, 배추를 다 강변까지 나르려면 어떻게 해야 할까?"

민간 교육학에는 이런 수수께끼 응용문제가 수천 개나 있다. 아이들은 이런 응용문제를 푸는 데 큰 흥미를 보였다. 모든 소년들은 이렇게 생각하기 시작했다. 어떻게 이 '승객'을 데려가야 승냥이가 염소를 잡아먹지 못하게 하고, 염소가 배추를 먹어 버리지 못하게 할까? 우리는 연못가에 앉아 있다. 아이들은 모래 위에 강을 그리고 자그마한 돌을 찾아 놓는다. 아이들이 이 응용문제를 모두 다 풀 수 없을 수도 있다. 그러나 그들이 긴장해서 생각하도록 만드는 것은 지능을 발전시키는 좋은 수단이다.

이런 수수께끼 응용문제를 푸는 것은 장기를 둘 때 정신노동을 하는 것과 같다. 즉 자기편도 상대편도 마련된 몇 수를 쓸 것인가 기억해야 한다. 1학년이 시작된 뒤 나는 곧 7세 아이들에게 이 응용문제를 풀게 했다. 10분이 지나서 수라, 세료자, 유라, 세 아이가 이 문제를 풀었다. 그들의 사고력은 속도가 빨랐고 목표로 나아갔다. 이것은 확실하고도 예민한 기억과 연관됐다. 15분 뒤 나머지 아이들이 모두 응용문제를 풀었다. 그러나 왈랴, 니나, 패트리크, 슬라바 이 넷은 아무런 결과도 얻지 못했다. 나는 이 몇몇 어린이의 의식 속에서 사고의 흐름이 자주 끊어지는 것을 발견했다. 그들은 응용문제의 뜻을 이해했고, 응용문제에서 언급된 사물과 현상을 제대로 인식하기는 했지만, 그 문제를 풀이하는 일차적인 예측을 하자마자 그처럼 뚜렷했던 표상이 몽롱해졌다. 그래서 그들은 방금까지 기억했던 것을 그만 잊어버렸다.

이 수수께끼 응용문제는 지혜를 단련하는 좋은 수단이다. 이 문제 가운데서 어느 문제든 풀려면, 장기를 둘 때처럼 이미 둔 것과 앞으로 둘 것을 2수부터 4수까지 기억해야 한다. 만일 앞에서 둔 것을 기억하지 못한다면 다음 수를 잘 둘 수 없다. 이런 현상을 무엇으로 설명할까? 생각건대 몇몇 아이들에게 하나의 대상에서 다른 대상으로 재빨리 생각을 옮기는 능력이 아직 없음을 알 수 있다. 이 점은 주관적으로 말하면 응용문제의 모든 구성 부분을 기억 속에 보존하는, 또는 장기를 둘 때처럼 사고력으로 몇 수를 파악하는 능력이다. 무엇 때문에 대뇌 양반구 세포의 이런 능력을 기르지 못하느냐는 따로 논의할 문제다. 이런 능력은 사고하는 물질(뇌)의 타고난 특성으로 완전히 결정되는 것은 아니지만 이 원인을 무시해서도 안 된다. 어떤 사람이 관찰로써 실증한 바와 같이, 만약 사고력의 방향이 순간 멈추고 같은 순간에 아이들이 지금 나타나고 있는 것을 파악할 수 없고 조금 전에 보았던 것도 파악할 수 없다면, 그는 사고할 줄 모르고 몇 가지 사물과 현상들 사이의 연관을 확실하게 세우기 어려울 것이다.

나는 왈랴, 패트리크, 니나처럼 머리가 나쁜 아이들의 사고력을 연구했다. 이 연구는 그 어떤 이론을 세우기 위해서가 아니라 그들의 정신노동을 덜어 주고 그들에게 학습하는 법을 가르치기 위해서였다. 연구 결과 아이들은 무엇보다도 사고력을 통해 몇 가지 사물과 현상, 사건들을 붙잡고 그것들 사이의 연관을 이해하는 법을 배워야 했다. 아이들은 사물 하나의 실체와 그 합법칙성을 깊이 이해하고 사물을 멀리서 인식하는 것에서 일정한 거리에서 인식하는 데로 차츰 넘어가야 한다.

머리가 나쁜 아이의 사고력을 연구해 보니 아이들이 응용문제를 이해할 줄 모르는 까닭은, 그들이 구체적인 것에서 벗어나 추상할 줄 모르기 때문이었다. 아이들에게 추상적 개념으로 사고하는 법을 가르쳐야 한다. 왈랴가 승냥이의 형상을 상상으로 그리지 않게 해야 하고, 염소가 배추를 먹으려고 머리를 어떻게 돌리는가에 정신이 팔리지 않도록 해야 한다. 이 모든 형상들은 아이들에게 추상적 개념이 돼야 한다. 그러나 추상적인 것으로 가는 길은 구체적인 것을 깊이 이해해야만 열린다. 아이들에게 추상적 개념으로 생각하는 것을 가르치고 아이들에게 생각하는 힘을 길러 주어야 한다. 그러지 않으면 아이들은 기억하는 데만 힘을 쏟고 기계적으로 암기만 할 것이다. 이렇게 되면 머리가 더욱 나빠진다.

우리의 문제집에는 아이들이 잘 알고 있는, 노동에 관한 응용문제가 많다. 이 응용문제를 풀 때 아이들은 어른들이 어떻게 땅을 갈고 씨앗을 고르며, 어떻게 집을 짓고 길을 닦는지 다시금 관찰한다. 실생활 속에서 표상들 사이의 연관을 찾아내는 것은 이런 연관을 확실히 하는 데 도움을 준다. 사고력과 기억은 떼려야 뗄 수 없이 함께 발전한다. 아이들은 응용문제를 풀려고 그림을 그렸고 응용문제에서 제기된 물품들의 간단한 모형을 만들기도 했다.

'주위 세계에서 고른 문제'를 푸는 것은 아이들에게 어린 시절의 사고력을 환기시키고 생각하는 법을 가르쳐 준다. 만약 아이들이 생각하는 법을 배우지 못하고, 생각의 과정이 대뇌의 능력을 견실하게 하지 못한다면 수학이나 다른 과목에서 훌륭한 지식을 얻을 수 없다.

레오 톨스토이는 다음과 같이 말했다. "당신은 모든 산수 정의와 공식을 쓰는 것을 피하고, 될 수 있는 한 계산을 많이 해야 한다. 당신이 고쳐야 할 점은 공식에 따르지 않는 것이 아니라 아무런 뜻도 없는 것을 하는 것이다." 레오 톨스토이의 이 제안은 '자유 교양'에 대해 편견을 가지고 있는 사람에게는 이론적 일반화, 즉 정의와 공식을 모두 부정하는 것처럼 보일 수도 있다. 그러나 실은 학생들이 정의와 공식의 본질을 깊이 이해하도록 하며 공식을 외부에서 들어온, 알 수 없는 진리로 보게 하는 것이 아니라 사물의 속성에서 나온 합법칙성으로 보게 하려는 것이다. 교사가 진리에 대해 이런 태도를 보일 때에만 아이들도 스스로 정의를 '발견'할 수 있다. 이런 발견에서 뿜어져 나오는 기쁨은 사고력을 발전시키는 데 커다란 구실을 하는 강력한 자극제다. 레오 톨스토이의 이 제안은 어린아이들에게만 해당된다는 것을 잊지 말아야 한다.

'주위 세계에서 골라낸 응용문제집'에 있는 응용문제를 푸는 것을 산수 성적을 높이는 유일한 수단으로 봐서는 안 된다. 이것은 사고력 발전에 어디까지나 보조 구실을 할 뿐, 수업에서 교사는 이것을 교수·교양 과정에 알맞게 쓸 줄 알아야 한다. 이 수단은 지적 교육, 도덕 교육, 미적 교육과 노동 교육을 총체적으로 결합시켜 쓸 때에만 그 효과를 볼 수 있다. 비유하자면, 그것은 초급학년에게 엄격히 규정된 범위의 확실한 지식과 실질적 능력을 주려는 중요한 목적에 도달하는 다리다. 수학 학습에서는 요구와 목적의 명확성과 규정성이 아주 중요한 구실을 한다. 나는 학생들이 학년마다 꼭 기억해야 하고 확실히 파악해야 할 것이 무엇인지 명확히 규정했다. 학생들에게 수학의 기초 지식이 많아야 그들의 수학적 소양이 견실해지는데, 이 기초가 바로 자연 수열의 구성 원칙에 관한 지식이다. 나는 1학년들이 100 이내의 더하기와 빼기의 어떤 문제든지 다 마음대로 대답할 수 있게 하려고 노력한다. 이 목적에 도달하기 위해 우리는 수의 구성을 분석하는 연습 문제를 만들었다. 학생이 구구단을 확실히 익히지 못하면 초급학년에서나 그 뒤에 창조적으로 공부할 수 없다. 필요한 지식을 기억 속에 확실히 보존하게 하는 것은 창조적인 사고력을 기르는 중요한 수단이다.

　기억력이 약한 아이는 생각하고 이해하기를 어려워한다. 나는 일찍부터 어떻게 해야 아이의 기억력을 높이고 발전시키며 개념, 진리와 일반화로 아이의 기억력을 충실하게 할 수 있는지 고민해 왔다.

63_ 학생들이 사유의 세계에서 생활하게 한다

학생이 자리에 앉아 하릴없이 그저 시간을 보내는 것은 매우 위험하다. 날마다 6시간씩 할 일이 없어 한가하게 보내면서, 계속 이렇게 허송세월을 하면 사람은 타락하고 도덕적으로 퇴폐해진다. 학생 작업반이나 실습용 공장, 학교 실습지 등에서는 부지런히 일해야 할 주요한 분야, 즉 사고력의 분야가 황폐해지는 것을 막아낼 수 없다.

긴장되고도 유쾌한 사고력이라는 정신노동이 학교에서 지배적 자리를 차지하게 하려면 어떻게 해야 할까? 이에 대해서는 두툼한 책도 써낼 수 있다. 그런데 나는 지금 몇 가지 요점만 말하려 한다. 많은 학교와 교사들의 아주 심각한 실책은, 학생이 중요한 지식을 소극적으로 익히게 하는 것이다. 다시 말하면 학생들에게 교사가 전수하는 기존의 것을 이해하고 교과서에 있는 것을 암송하게만 만드는 것이다. 물론 학교에서는 암기하고 암송하는 것이 없어서는 안 되지만, 이런 형태의 정신노동은 2차적인 지위에 놓여야 한다. 사람이 학교에 와서 공부하는 것은 학식을 얻으려는 것도 있지만, 더 중요하게는 총명해지기 위해서다(많은 교사들은 이것을 잊어버리고 있는데 이는 얼마나 불행한 일인가!). 그러므로 그의 중요한 힘은 기억하는 데가 아니라 생각하는 데 쓰여야 한다. 진정한 학교란 적극적인 사고력의 왕국이어야 한다. 이를테면 우리가 8학년에게 오늘 집에 돌아가서 교과서를 10쪽 읽으라고 한다. 그런데 그는 이날 기억하거나 암기하려고가 아니라 순전히 생각하고 인식하고 발견하고 파악하려고, 그리고 나중에는 호기심으로 흥미로운 과학 서적과 잡지 20쪽, 30쪽, 40쪽을 읽는다. 이렇게 해야 그는 비로소 생각하는 노동자가 될 수 있다.

아인슈타인은 다음과 같이 썼다. 우리가 체험하는 가장 훌륭하고 깊은 정서 —이것은 바로 신비한 것을 탐구하려는 감각이다. 이런 정서가 부족한 사람은 마음속에서 떨리는 궁금증을 사라지게 하는 능력을 잃는다. 이렇게 되면 사람들은 그를 죽은 사람으로 여길 것이다. 우리는 힘겨운 학업에 시달리다가 불구가 된 산송장을 흔히 본다. 신문기자는 한 학교를 보도할 때 흔히 교사의 수업 형식과 방법을 알리는 데 관심을 둔다. 그러나 나는 학교와 가정, 학생 자신에게 그렇게 중요한 문제인 독서 문제를 제기하는 사람을 보지 못했다. 생각을 잘하는 학생은 정신노동에 사용하는 시간의 약 3분의 1을 교과서 읽기에 쓰고, 필수적이지 않은 책을 읽는 데 3분의 2를 쓴다. 바로 이렇기 때문에, 생각하는 습관은 필수가 아닌 것을 읽으면서 길러진다. 만일 모든 시간을 필수 과목을 준비하는 데 써 버린다면 공부는 그들에게 부담이 되고 이 때문에 많은 문제가 생긴다.

학생들이 사고력의 세계에서 생활하도록 하는 것이야말로 그들 앞에 펼쳐져야 할 실생활 가운데서 가장 아름다운 것이다! 교사들에게도 이 방향을 알려 주어야 한다. 그렇다면 어떻게 해야 사고 활동이 학교에서 지배적 자리를 차지하고, 사고하고 인식하고 발견하고 파악하고 탐구하려는 욕구가 사람의 가장 중요한 정신적 바람이 될 수 있을까?

　그렇게 하려면 교사가 지혜로워야 한다. 어린이의 마음속에는 지적 호기심이라는 화약이 들어 있다. 오로지 교사만이 이 화약에 불을 댕길 수 있다. 학생이 사고력의 세계에서 살도록 하는 것이 바로 교사가 태울 지식욕의 불꽃이다. 오로지 교사만이 아이들에게 사고가 얼마나 아름답고 사람의 마음을 끌며 흥미로운 것인지 밝혀 줄 수 있다. 교사는 학생을 생각하도록 이끌고 생각하면서 자기를 나타내게 하며, 교사의 생각으로 학생을 지휘하고 정복하고 탄복시킬 때에야 비로소 어린 마음의 정복자, 교육자이자 지도자가 될 수 있다. 자기의 일을 사랑하고 생각을 잘하는 이런 교사만이 교실을 정숙하게 유지할 수 있고 소년과 청년들에게 교사의 한마디 한마디를 귀담아듣도록 하며, 학생의 양심과 염치를 불러일으킬 수 있다. 논란의 여지 없이, 이런 힘이 바로 위신이다. 교사가 말을 잘 못하고 학생들이 교사의 이야기에서 사상의 무진장한 미개척지를 못 느낄 때 교사는 불쌍한 존재가 된다. 우리는 오직 생각으로만 어린이의 마음을 지배할 수 있다. 우리의 생각은 학생의 학습 의욕에 불을 지필 수 있고 학생이 책에 애착을 갖게 할 수 있다.

　학습에도 뚜렷한 목적이 있어야 한다. 나는 학교에서 35년 동안 일했지만 20년 전에서야 수업에서 해야 할 두 가지 일을 비로소 알게 됐다.

　첫째, 학생들에게 일정한 범위의 지식을 주어야 하고,

　둘째, 학생들이 더욱더 총명해지는 것에 관심을 기울여야 한다.

　이 두 가지 일을 조화시키지 않는다면 학생의 공부는 강제노동이 된다. 아이들을 더욱 총명하게 하려면 아이들에게 전문적인 일을 시켜야 한다. 학생이 지식을 얻으면 저절로 더 총명해진다고 믿어서는 안 된다. 모든 것은 그처럼 간단하지 않다.

사람은 무엇보다도 자기를 생각하는 사람으로 키워 주는 조건 아래에서만 공부를 행복으로, 재미있는 활동으로 생각하고 익히게 된다. 오랜 교육 경험을 통해, 나는 어린아이들이 학교에 들어오는 것은 그들이 학교 문을 나설 때 교양 있고 교육 받은 사람이 되기 위한 것이고, 생각하는 사람이 돼서 그의 생활과 생각이 수업에서 배운 것에 어느 정도 독립을 해야 호기심과 탐구심을 가지고 꾸준히 노력하는 학생이 될 수 있음을 확인했다. 이런 독립성은 상대적이다. 수업에서 배우는 것과 직접 관계가 없는 풍부한 사유 활동을 해야 공부를 잘할 수 있다.

바로 이렇기 때문에 우리 학교에서는 공부가 교실 안에만 국한되지 않게 하며, 사실과 규칙들이 교사의 머리에서 학생의 머리로 기계적으로 넘어가지 않도록 관심을 기울이고 있다. 비유하자면 교실 주변에는 학생들에게 지혜를 주고 어떤 생각으로 고무되는 노동을 할 수 있는 밭이 있어야 한다. 이 밭은 흙으로 채워진 아주 작은 상자일 수도 있다. 중요한 것은 학생들이 동시에 보고, 관찰하고 행동할 수 있게 하는 것이다. 이 세 가지를 할 수 있는 곳에는 지혜를 풍부하게 하는 생생한 사고가 생긴다.

사람의 지적 발달에는 기존의 형식에 따라 머릿속에 들어가는 것과 스스로 생각해서 깨닫는 것의 상호 관계가 아주 중요하다. 수업에서 기억해야 할 것(아무튼 이것은 무시할 수 없다)이 많을수록 사고의 '실험실'에서 주요한 창조자이자 노동자가 되는 것은 학생이다. 우리 학교에서는 교수 실험지에서 위의 세 가지, 즉 보고 관찰하고 행동하는 것을 조화롭게 연계시키기 위해 따로 마련한 텃밭을 모든 1학년들에게 나누어 준다. 사고와 호기심으로 고무 받는 지혜로운 노동—이것은 사고의 큰 배가 뜰 수 있는 깊은 물이다. 지혜로운 두 손은 지혜로운 두뇌를 창조한다. 자연계와 접촉하는 어린 사람은 방관자가 아니라 노동자로서 '왜'라는 것을 많이 발견하고 다시금 사고하고 관찰하고 행동하여 이런 물음에 답을 찾는다. 바로 그때 그들에게는 불꽃이 불길로 타오르듯이 자립적인 의식이 생긴다. 왜 해바라기는 언제나 해를 따라 돌까? 왜 거미는 비가 내리기 전에 거미집에 들어가고 날이 밝기 전에 나와서 거미줄을 칠까? 왜 고양이의 눈은 밤에 빛이 날까? 왜 씨앗을 밭에 뿌리기 전에 햇볕에 말리는 걸까? 이런 하나하나의 문제를 긴장하고 생각할 때 당신의 사상은 한 대상에서 다른 대상으로 여러 번 옮겨 간다. 어른의 말로 하면 여러 방면에서 한 사물을 연구한다. 이 과정에서 당신은 관찰하면서 사고하고 사고하면서 관찰하는 것을 배운다. 사고력을 연마하는 의미는 바로 여기에 있다. 이와 같이 사고력을 연마하면 당신은 수업에서 가르치는 과학의 기초 지식을 더 쉽게 파악할 수 있다.

  사고력을 연마하는 데에는 한 가지 방법만 있을 수는 없다. 당신들 가운데서 어떤 사람은 목장과 초원에서 자라는 식물을 관찰할 수 있고, 어떤 이는 호수에 있는 생물을 연구할 수 있으며, 또 어떤 이는 온실에서 꽃을 가꾸는 데 열중할 수 있다. 그리고 어떤 이는 작은 나무나 금속 부속품으로 집, 제작소, 공장과 발전소 짓기를 좋아할 수 있고, 어떤 이는 고기를 번식시키려 하며, 또 어떤 이는 도토리를 심고 참나무의 모를 가꾸고, 어떤 이는 평범하지 않은 현상의 세계를 연구하기 좋아한다. 저마다 자기가 좋아하는 것이 있다. 자기가 좋아하는 것이 없으면 발견에서 오는 기쁨이 없고, 재능과 기호가 있을 수 없으며, 산 영혼이 있을 수 없고, 인간의 개성도 없다.

64_ 교사는 학생의 정신노동에 주의를 기울여야

틀에 박힌 공식, 진부한 획일화는 쇠에 녹이 슬듯 교육과정의 세밀한 구성을 녹슬게 하는 가장 위태로운 현상이다.

교육 경험이 풍부한 교사가 한 주제를 몇 개 수업으로 나누어 가르치기로 하고, 작성한 계획에 따라 가르쳐 좋은 성과를 거둔 경우가 많았다. 이리하여 교장과 지역과 교육국의 장학관들은 모든 교사들에게 시간마다 계획을 쓰는 것 외에 전체 계획도 쓰라고 한다. 이것은 어떤 결과를 낳을까? 틀에 박힌 공식, 진부한 획일화를 낳을 따름이다. 교사는 충분히 예견할 수 있는 근거가 없어도 계획을 짜야 한다. 수업은 무엇보다도 구체적인 아이들을 대상으로 한다. 이를테면 교사는 수업에서 5학년들에게 프로그램에 관한 초보적인 개념을 가르치려고 준비한다. 그가 수업을 준비할 때 그 프로그램을 설명할 방법만 생각하고 그 시간 계획의 생생한 면모를 생각하지 않는다면, 또 그가 이해가 빠르고 판단력이 좋은 미샤와 머리가 나쁘고 이해력이 낮은 콜랴를 염두에 두지 않는다면, 그의 교수 준비는 추상적이고 이론적이 될 것이다. 만약 교사가 학생들의 사정을 모르고 수업 듣는 사람들에 대해 모른다면 그는 수업을 잘 준비할 수 없다. 진부한 획일화에 따라 한 주제를 몇 개 수업으로 나누어 가르치기로 한 계획은 흔히 죽은 도식이 되고 만다. 왜냐하면 무엇보다도 생생한 교육 사업은 한 걸음 한 걸음마다, 심지어 10분 전까지만 해도 정확하고 필요하다고 느껴지던 것이라도 창조적으로 개선하고 수정해야 하기 때문이다.

물론 죽은 도식에 대한 이 비판은 교육 사업에서 5교시 또는 10교시를 본 뒤에 어떤 상황이 될지 예견할 수 없다는 뜻이 결코 아니다. 만약 그렇다면 모든 교수요강은 의미를 잃고 학교 사업은 통제불능이 되고 말 것이다. 그러나 예견할 수 있는 것은 교육 목적과 교양 목적을 실현하는 일반적인 조감도일 뿐 세목은 아니다. 왜냐하면 개개 수업에는 수십 가지 세목이 있고 그것들 사이의 상호 의존성은 매우 복잡한 가변성을 띠기 때문이다.

우리는 정신노동을 총괄적 분석의 중심으로 삼았다. 정신노동은 학생의 정신노동을 포함할 뿐만 아니라 교사의 정신노동도 포함한다. 우리 모든 교사들이 연구해 온 중요한 문제는 바로 사고력의 소양에 관한 문제다. 성공한 수업과 실패한 수업을 분석하고 대비하면서, 사고력의 소양이 지닌 중요한 특징에 관해 다음과 같은 결론을 얻었다. 새로운 교재를 공부할 때 교사는 학생의 정신노동이 어떻게 진행되고 학생이 교사의 서술과 설명을 어떻게 받아들이며 그들이 인식 과정에서 어떤 어려움에 부딪히는지 알아내고 이것에 관심을 가져야 한다.

교사가 자기 자신의 사상에 전적으로 열중해서 정작 학생들이 교사의 설명을 어떻게 받아들이는지 보지 못한 수업이 있었다. 외관상 이 수업은 모든 것이 잘된 것 같았다. 즉 학생들은 교사의 설명을 듣고 생각했다. 그러나 이 수업이 끝날 때쯤에야, 가장 능력 있는 몇몇 학생만 배우는 것에 대해 알 듯 말 듯한 관념을 가졌을 뿐 학급 대다수 학생들은 아무것도 모르고 있었다.

이와는 다르게 진행된 수업도 있었다. 즉 교사는 학생이 지식을 배워가는 과정을 한순간도 놓치지 않고 주시했다. 교사는 수업이 끝나기를 기다려 다시금 학생들이 교재를 이해했는지 알려고 하지 않았다. 대신에 그는 수업 내내 자기가 설명한 것과 학생들이 이해한 것 사이의 뜻을 생각하면서 동시에 자기의 교육 기교에서 가장 중요한 문제, 즉 자기가 가르친 것과 그것이 거두는 효과 사이에 어떤 의존성이 있는지 생각했다.

여기서 우리는, 교사의 진정한 사고력 소양은 교재를 가르치면서 교사가 학생의 사고력의 방향이 어떻게 발전하는지 알아내는 수업 방법과 형식을 찾아내느냐에 달려 있음을 알 수 있다. 내가 여기서 말하는 것은 귀납적 연계의 원칙이다. 이것이 바로 프로그램 교수의 중요한 원칙이다. 우수한 교사는 각 수업에서 어떤 복잡한 기계와 설비도 이용하지 않고 이 원칙을 실현한다. 그들은 학생들이 지식을 이해하고 익히는 과정에서 구체적 사물을 반영하게 하고, 이 구체적 사물을 관찰하고 그 사물에 대해 결론을 내리며 판단할 수 있게 하는 자습을 완성하는 형식을 찾아낸다(예를 들면 삼각형의 면적을 측정하는 개념을 이해시킬 때 5학년 학생들이 자기 연습장에 삼각형을 그리고 그것의 면적을 측정하면서 방금 설명한 공식을 실제로 응용하도록 한다. 그렇게 하면 교사는 모든 학생의 정신노동의 특징을 알 수 있고, 그 자리에서 조언할 수 있다. 이런 조언은 학생이 이미 '모른다'고 판단됐을 때가 아니라 긴가민가할 때 해야 한다. 이 두 가지 상황은 전혀 다르다).

귀납적 연계를 실현하는 상황을 분석하고 나서 실천하는 것이 중요하다. 즉 학생들이 지식을 받아들이고 이해하도록 하는 과정에는 그들의 적극적이고 자립적인 노동이 최대한 포함돼야 한다. 학생이 단지 교사의 수업을 듣고 생각만 하지 말고 직접 행동하게 해야 한다.

생각은 '일하는 것'을 통해 반영돼야 한다. 그래야만 모든 학생들이 수업시간에 생각하게 되고, 수업을 귀담아듣지 않거나 주의를 다른 데 쏟는 일이 없어질 수 있다. 여기에서는 연습장을 이용하는 데 주의를 기울여야 한다. 이 연습장은 기존의 것을 써 넣기 위해 마련한 것이 아니라 자기 사고력의 방향을 반영하는 메모노트로 쓰인다. 교사는 이 연습장에 학생의 정신노동이 어떻게 반영되는지 염두에 두어야 한다.

만약 수업을 무엇보다도 학생의 정신노동을 지도하는 교육과정이라고 분석한다면 교사의 창조성이 가지는 커다란 의미를 강조해야 한다. 수업은 미리 잘 재서 잘라 놓은 종이 옷본을 천에 놓는 것과 다르다. 문제의 본질은 우리의 사업 대상이 천이 아니라, 피와 살이 있고 민감하고 선량한 마음과 정신을 가진 아이라는 것이다. 그러므로 진정한 기능공은 이 종이 옷본을 마음속에 둔 듯이 작업한다. 진정한 교육 기교와 예술은 필요할 때 시간 계획을 수시로 바꿀 줄 아는 것이다. 그런데 실제 계획을 바꾸는 일도 흔히 있다. 하지만 어떤 교사를 우수하다고 하는 것은 그 교사가 수업 발전의 논리를 잘 알고 수업을 사고력의 합법칙성에 따라 구성하기 때문이다. 만약 모든 상황에 적용될 수 있는 어떤 유일한 방안을 무조건 고수하기만 한다면 그는 아무런 결과도 얻지 못할 것이다. 더 정확히 말하면 그가 얻을 것은 학생의 무지뿐이다. 교사는 계획을 포기할 줄 알아야 하고, 나아가 완전히 바꿀 줄도 알아야 한다. 이렇게 하는 것은 그 계획을 업신여겨서가 아니라 존중해서다. 교육과정은 이해할 수 없고, 계시에만 예속돼 예측할 수 없는 것이 절대로 아니다. 이와는 정반대다. 교육과정의 많은 사실과 합법칙성을 정밀하게 예견하고 연구하면 진정한 교수 전문가처럼 짧은 시간 안에 계획을 변경할 수 있다. 예컨대 머리가 나쁜 학생 콜랴가 오늘 학교에 오지 않았다면, 그날 수업은 교사가 이 학생을 포함해서 세운 계획대로 되지 않을 것이다.

나는 수십 차례의 수업에서 본 사실을 총괄해서, 교사가 어떻게 해야 학생의 사고력 방향을 간파할 수 있고 또 자신이 전수하는 것을 학생들이 어떻게 파악하고 깨달으며 느끼고 이해할 수 있을지 한층 더 연구했다. 어떤 수업에서는 교사가 설명(또는 해석)할 때 말을 고통스럽게 짜내는 듯해서, 학생들은 그 교사의 사고력을 따르는 것이 아니라, 그 교사가 자기 생각을 얼마나 진지하게 단어로 표현하고, 써야 할 단어를 얼마나 열심히 찾는지만 봤다. 이런 수업은 효과가 별로 없다. 그래서는 학생의 기억에 남는 게 거의 없다. 물론 이런 정황에서 교사는 학생의 정신노동을 살펴볼 수도 없다. 이런 서술법은 소년기의 각 학년에는 해당되지 않는다(이 문제에 대해서는 심리학적 분석을 전문적으로 해야 한다). 그러나 다른 수업에서는 교사가 자기 과목을 깊고 광범위하게 알고 있었고 나아가 교수 과정에서 교사가 자기의 사상에 집중하는 것이 아니라 학생이 어떻게 생각하고 있는지 간파하는 데 주의를 기울였다. 그의 관심 가운데서 중심을 차지하는 것은 자기 사상이 아니라 학생이었다. 내가 위에서 '광범위하게'라는 단어를 강조하는 것은 우연이 아니다. 교사가 가지고 있는 지식이 교과서보다 범위가 넓을수록 그의 말은 뜻이 더욱 깊어지고, 그가 설명하는 글에서 학생은 더 많이 배우게 된다.

여기에서 학생의 정신노동은 교사의 정신노동의 거울이라는 결론이 나온다. 교사가 수업 준비를 할 때 교과서가 지식의 유일한 원천이 될 수는 없다. 교육과정을 다루는 진정한 전문가는 학생의 눈으로 교과서를 읽는다. 울리야노프는 교사는 자신이 학생에게 가르치는 것보다 10배, 20배 더 많이 알아야 해서 거기에 비하면 교과서는 앞으로 나아가는 데 의지할 발판에 불과하다고 썼다.

만약 어느 한 교사가 수업에서 교과서를 충실하게 자기 말로 옮기기만 한다면, 그 교사는 교육 일에 소양이 거의 없다고 단정할 수 있다.

정신노동에 관한 문제가 또 있다. 우리 교사 모두는 이 문제를 여러 해 동안 연구했다. 이것은 바로 지식을 습득하는 문제다. 몇 년 전에 우리 모든 교사들은, 어떤 교사가 머리를 많이 써서 자기가 서술(설명)하는 모든 것을 학생들이 완전히 쉽게 이해하게 하는 것은 흔히 학생들을 더 이상 생각하지 않게 만든다는 인식을 했다. 나는 학년도 사업을 총괄하는 교무위원회에서 이런 수업을 '2분법'으로 평가할 수 있음을 예를 들어 설명한 적이 여러 번 있었다. 만일 교사가 어떻게 서술하는지 평가한다면 위와 같은 수업은 잘됐다고 할 수 있지만, 학생의 정신노동을 평가한다면 이것은 아주 일반적인 수업이라고 할 수밖에 없다. 교사가 학생의 정신노동을 최대한 덜어 준다면 학생은 스스로 지식을 얻을 수 없다. 학생에게 지식이란 그의 사상과 감정을 자극하고 탐구하는 데로 그를 끌어들이는 것이며, 학생이 지식을 자기 것으로 만들려는 욕구를 가질 때 비로소 지식을 얻는다고 할 수 있다. '얻는다'는 말은 사실에 대해 적극적으로 생각하고 사물과 사실, 현상에 대해 연구하는 태도를 갖는다는 뜻이다. 학생이 개념과 판단, 추리를 이용할 때에야 비로소 적극적인 사고를 하게 된다.

만약 지식을 얻는 과정을 큰 집을 짓는 것에 비유하면, 교사는 학생에게 건축자재, 즉 벽돌과 몰타르만을 주고 쌓는 일은 학생들이 다 하게 해야 한다. 교사가 학생들에게 이런 번거롭고 복잡한 건축 작업을 시키지 않기 때문에, 학생은 둔감해지고 기억력이 낮아진다. 학생들에게 실제로 일을 하게 할 때 비로소 학생들은 지식을 얻기 시작한다.

예를 들면 학생들은 부동사구(副動詞句)를 잘 알지 못한다. 그들은 교재의 내용을 이해하고 있는 것 같지만, 사실은 이 문구를 사용하지 못한다. 왜냐하면 그들이 이 지식을 응용해 보지 못했고 교재를 처음으로 이해했을 때 자기 검사를 하지 않았기 때문이다. 교재를 이해한 것은 지식이라고는 할 수 없다. 경험이 있는 교사는 이 교재를 이해하는 과정에 학생의 적극적인 활동을 포함시키려고 노력한다. 이를테면 학생들은 부동사구(副動詞句)란 동일한 주체의 부차적인 동작을 말하는 것임을 잘 알고 있다. 이때 교사는 마음속으로 동사 몇 개를 골라내고 그 가운데서 어느 동사가 기본적인 동작을 나타내며 어느 동사가 부차적인 동작을 나타내는지 밝힌 다음 부차적인 동사를 부동사로 만드는 실제 과제를 학생들에게 내준다. 학생들이 저마다 정신을 집중해서 긴장된 사고를 하자 교실은 조용해진다. 교사는 이때를 소중히 여겨야 한다. 수업에서는 이런 정숙이 나타나야 한다. 내가 당신들에게 경고하는 것은, 수업에서 교사가 수시로 말하지 말아야 한다는 것이다. 왜냐하면 이렇게 말을 자주 하는 것은 학생들에게 좋지 않기 때문이다. 대부분의 경우 수학 교사와 국어 교사가 한 시간 수업에서 말하는 것은 5~7분을 넘지 않아야 한다. 학생이 노력해서 이해한 것만이 자기 것이 되고, 진정으로 그가 얻은 것이 될 수 있다.

지식을 공고히 하는 문제에 관해, 흔히 교사는 설명한 다음에 학생들이 교재를 이해했다고 여기고 곧 학생을 지명해 물음에 대답하게 한다.

이런 방법이 지식을 견고하게 한다고 생각해서는 안 된다. 이것은 고작해야 학생의 머릿속에 어떤 인상적인 정보를 남길 뿐이고, 이 정보는 또 허위성을 띤다. 즉 그 물음에 대답하는 학생은 대부분 능력이 뛰어난 학생들이다.

지식을 견고하게 하려면 학생들이 사실, 사물과 현상의 본질을 스스로 사고하게 해야 한다. 학생들이 교재를 이해한 듯이 되고 나면(여기에서 한 듯이라고 한 것은 학생들 각자가 곧 긍정적인 결론을 내릴 수 없기 때문이다) 경험이 있는 교사들은 5분, 10분, 심지어 15분까지 시간을 주어 학생들이 정신을 집중해 저 혼자 심사숙고하도록 한다. 가장 중요한 것은 심사숙고하는 과정이(이것은 바로 지식을 견고하게 하는 것이기도 하다) 관찰하고 분석할 수 있는 실제적 작업의 형식으로 표현되도록 하는 것이다.

이를테면 교사가 칠판에다 평행선을 두 개 긋고 그것에 겹쳐서 직선을 그려 만들어진 각을 소개하는 교재를 설명한 뒤, 학생들에게 방금 들어서 이미 이해한 듯한 것을 떠올리면서 연습장에 그것을 그리게 하고 만들어진 여러 가지 각을 적어 놓도록 한다. 이것이 바로 교재의 본질을 깊이 파고들도록 하는 것이고, 동시에 자기 검사를 하는 것이기도 하다(학생들에게 그림을 그리게 할 때 칠판에 있는 것은 지워 버린다). 학생들은 각자 이미 이해한 것과 아직 이해하지 못한 것을 다시 한번 생각해 본다. 교사는 이 단계에서 모든 학생이 수업을 들은 상황과 지식에 대한 그들의 사고와 이해 사이에 어떤 의존관계가 있는지 관찰하고 간파할 수 있다.

추상적 사고력을 발전시키는 문제에 관해, 여러 해 동안 관찰하면서 추상적 사고력이 학생들에게 더욱 복잡한 학습 과업을 잘 완수하게 하는 데만 필요한 것이 아니라는 결론을 얻었다. 교사들은 다음과 같은 불쾌한 현상에 자주 부딪히게 된다. 아동기 학생들은 공부를 쉽게 여기고 순조롭게 배운다. 그러나 소년기에 가면 학습이 고통스럽고 어려운 것이 되고, 나아가 힘겨운 것이 된다. 여기에서 나는 수학적인 추상이 일으키는 작용에 더 주의를 기울였다. 우수한 교사들은 될수록 일찍부터 아이들이 종합성을 띤 산수 응용문제를 풀면서 스스로 공식을 세우게 하려고 노력한다 .

우리 모든 교사들이 해결해야 할 눈앞에 닥친 문제는 학생들이 수업에 흥미와 관심을 가지게 하는 것이다. 언제, 어떤 조건에서 학생들은 배우는 것에 흥미를 가질까? 수업과 자습의 관계 문제도 있다. 수업에서는 어떻게 과학 서적 독서에 대한 흥미가 일어나고, 어떻게 학생들의 열심, 기호, 지향이 길러질까 같은 문제들이 존재한다.

65_ 수업에서 학생의 정신노동을 어떻게 지도해야 하나? (상)

우리 교사들은 수업에서 정신노동의 소양에 관해 열띤 논쟁을 벌였다. 우리는 소년기 학생의 정신노동과 교사의 정신노동의 관계를 토론했고 주의력, 흥미, 지식 응용, 소년기 정신노동의 특징, 지식의 견고함 같은 문제에 관해 토론했다. 실생활은 우리에게 다음과 같은 문제들, 즉 정신노동과 학생 개인의 기호, 재능의 일치에 관한 문제, 수업과 소년의 지적 생활의 넓은 배경 사이의 관계에 관한 문제, 지혜와 손재주의 조화에 관한 문제 들을 제기했다. 우리는 소년기 학생의 정신노동을 교사의 일반적 소양, 박식함과 그의 정신노동 소양과 분리된 것으로 봐서는 안 된다고 생각했다. 소년기 학생의 노동 소양 역시 교사의 노동 소양의 거울이기 때문이다.

교사는 수업 시간에 가르치는 과목뿐만 아니라, 학생들에 대해서도 생각해야 하고 또 그들의 지각, 사고력, 주의력과 정신노동의 적극성에도 주의를 기울여야 한다. 교사가 교재에 대해 생각하는 데 기울이는 노력이 적을수록 학생의 정신노동의 효과는 더욱 높아진다. 그러나 교사가 교재에만 관심을 기울인다면 학생들은 교사의 수업을 받아들이기 힘들어지고, 심지어 교사가 전달하는 것을 잘 이해하지 못하게 될 것이다. 이것은 소년의 정신노동이 지닌 특징으로 설명된다. 즉 추상화는 점차 학생의 사고력의 뚜렷한 특징이 된다. 학생은 새로운 정보를 주의 깊게 받아들이고 동시에 긴장해서 생각하면서 이미 받아들인 정보를 수정한다. 그러므로 교사는 질 높은 새로운 정보를 제공해야 한다. 그 정보는 정확하고 명확해야 하며, 지식을 철저히 이해하고 체계화하는 데 필요한 정신노동을 헷갈리게 하지 않아야 한다.

우리는 소년기 학생들이 주의해서 들을 수 있게, 서술하는 사고력의 방향이 가장 밝고 투명해지도록 노력했다. 이것은 사고력 동작이 더딘 편인 소년기 학생들에게는 아주 중요하다. 왜 초급학년 때에는 학습에서 어려움을 쉽게 이겨 내던 학생들이 5학년과 6학년에 가서는 학업 성적이 뚝 떨어지게 될까? 그것은 그들이 질적으로 새로운 사고력의 단계에 바로 적응할 수 없기 때문이다. 어떤 교사는 매우 명확하게 설명할 수 있고 다른 교사는 학생들이 그의 설명에서 아무것도 얻지 못하게 한다. 이리하여 상황은 더욱 심각해진다.

그러므로 교사가 아는 것이 그가 수업에서 가르칠 것보다 10배, 20배 더 많아야 한다. 이래야만 그가 교재를 자유자재로 쓸 수 있고 수업에서 많은 사실 가운데 가장 중요한 것을 선택해서 말할 수 있다. 만약 교사가 아는 것이 학생에게 가르칠 것보다 20배 더 많다면 수업에서 가르치는 교사의 사상과 언어가 어느덧 학생들에게서 생산될 것이며, 학생들은 또 교사가 '창작의 고통' 때문에 일으키는 스트레스에 시달리지 않고, 또 지나치게 긴장하지 않고도 교재를 받아들이게 될 것이다. 내가 주의를 기울이는 중심은 나 자신의 설명이 아니라 소년기 학생의 사고력 상황이다. 즉 학생들의 눈에서 그들이 이해하는지 못하는지 알아낼 수 있어야 한다는 것이다. 필요하다면 나는 새로운 사실을 보충해 설명하겠다.

교육 기법은 수업의 모든 세부 사항을 예견하는 것이 아니라, 그때그때 구체적 상황에 근거해 기술적으로 은연중에 학생들이 적절한 변화를 경험하게 하는 것이다. 우수한 교사는, 자기의 수업이 앞으로 어떻게 펼쳐질지 상세하게 예견하지는 못하지만, 수업 자체가 암시하는 사고력의 논리와 합법칙성에 따라 필요한 유일한 방도를 찾아내어 수업을 진행할 줄 안다. 이런 교수 관점은 소년을 교육하는 데 아주 중요하다. 학생이 복잡한 사고력 과정으로 넘어가면 (정보를 받는 것으로부터 그 정보를 개조하는 것으로 순간적으로 넘어가는 것) 교사는 관심을 기울여 현명한 교수 방식을 써야 한다. 틀에 박힌 공식과 낡은 격식은 본래 학교에서 허용되지 않아야 하고, 그것을 소년에게 적용하는 것은 더욱 무익하다.

추상적 사고력, 즉 구체적 사물에서 일반화로 넘어가는 것은 소년기 학생에게는 자연스러운 정신적 요구다. 우리는 과학의 기초를 가르치는 교사일 뿐만 아니라 사고력을 키우는 사람이기도 하다. 우리가 과학의 범위에 접근할수록 소년들이 어떻게 생각하는지 관찰하기가 더 쉬워진다. 추상적 활동을 하려는 소년기 학생들의 정신적 요구를 만족시키기 위해 우리는 사실을 주는 것은 아까워하지 않았으나 일반화하는 것은 아꼈다. 소년들이 제일 흥미로워하는 설명 방식은, 모든 것을 다 설명하지는 않는 것이다. 우리는 사실을 서술하고 소년들에게 그것을 분석하고 일반화하도록 했다. 만약 사실에서 일반화로 넘어갈 때 소년들이 자기 사고력의 맥박이 고동치는 것을 느끼면, 이 시기는 사고력이 급속히 자라나고 정서적으로 내용이 풍부해지는 시기다. 교수 준비를 할 때 우리는 어떻게 해야 소년들을 이런 특이한 봉우리로 이끌고, 그들이 사고하는 사람, 진리의 발견자가 되려면 어떻게 그들을 도와주어야 하는지 진지하게 생각해야 한다.

이를테면 수학 수업에서 교사는 학생들에게 삼각형의 면적을 계산하는 데 관한 자료를 베끼게 한다. 지금은 모르는 것이 많지만 이론적으로 일반화할 윤곽은 벌써 잡혔다. 교사는 조급해하지 않고 소년들이 스스로 발견하는 길로 나아가게 한다. 그는 소년들에게 새로운 사실을 스스로 분석할 기회를 주고 그들이 어떤 방법을 써야 삼각형의 면적을 계산할 수 있는지 명확히 알게 한다. 구체적 사실과 일반화 사이에 사상적 연계가 확립되는 바로 그때, 그들은 발견의 기쁨을 체험한다. 이렇게 소년들은 더 큰 자신감을 갖는다. 소년들의 사고력도 즉시 일반화에서 구체적 사실로 넘어간다. 즉 그는 지식을 실천에 응용하게 된다(문제를 풀게 된다).

우리는 소년의 사고력이 가지는 이 특징을 고려해 교재의 내용 자체에서 그들이 사고하고 일반화할 '양식'을 찾아내려고 노력했다. 나는 역사 수업에서, 구체적인 국가를 서술하면서 국가의 일반적 개념을 이해하는 데로 차츰 소년들을 이끌었다. 소년기의 학생들이 이 개념을 자신의 노력으로 이해하게 되자, 그들에게는 구체적인 사건 가운데서 추론하고 추리해 내려는 바람이 생겼다. 학생들은 많은 국가들의 발생과 발전에 관한 지식을 많이 쌓았기 때문에, 강제 노동이 통치하는 나라가 쇠락하고 급속히 무너지는 원인을 흥미를 가지고 연구했다. 이것으로 청년들의 이런 욕구를 만족시키는 것, 즉 사상 면에서 대략적인 사실을 파악하려는 욕구를 만족시키는 것이 얼마나 중요한지 알 수 있다. 사람이 이렇게 생각하는 자로서 긍지를 체험하지 못한다면 정신노동은 힘들고 단조롭고 무의미한 일이 될 것이다. 이와는 반대로 이런 긍지를 체험한다면 소년들은 새로운 힘을 가지고 새로운 사실을 연구하기 시작할 것이다.

추론적 활동을 하려는 소년들을 위해, 우리는 그들이 추리 연습을 하는 데 중점을 두었다. 이리하여 수업은 흥미로운 것이 됐고, 지식을 얻는 과정은 각 사람의 마음을 끌었으며, 그들을 진리를 탐구하는 사람으로 만들어 그들의 예민한 지적인 감정을 불러일으켰다.

자연, 역사, 물리, 생물, 수학 수업 들에서 기민성을 단련하는 연습은 학생들의 흥미를 많이 불러일으켰다. 여교사 스체파노와는 학생들에게 동물이나 식물의 새로운 종류에서 대표적인 것을 몇 가지 서술하고, 무엇이 이런 식물이나 동물을 통일된 정체로 연합시키는지, 또 방금 배운 종류와 이전에 배운 종류는 무엇이 같고 무엇이 다른지 생각해 보게 했다. 이 수업에서 한 학생의 정신노동을 분석하면서 우리는, 소년의 머릿속에서 진행된 과정에서 바로 사물, 사실, 그리고 현상에 대한 단순한 묘사와 그것들의 본질에 대한 연구가 유기적으로 결부되는 것을 확인했다. 우리는 다음과 같은 신념을 차츰 쌓아갔다. 즉 학생들에게 암기하고 기억해야 할 것이 많을수록 그들이 구체적인 것을 떠나서 사고하고 추리하고 일반화하게 된다. 일반화해서 연구하면 학생들은 피로를 풀 수 있을 것이다. 만약 교재 파악이 학생의 머릿속에 단조롭고 기계적으로 '쌓아 올리는 짐'이 된다면, 하루 종일 긴장해서 정신노동을 하면 학생들은 교재를 파악하는 것을 아주 어렵게 여기게 되는 순간이 여러 번 나타났다.

교사는 알기 쉽고 정확하게 설명하지만 학생은 거기에서 아무것도 배우지 못하고 마치 그가 수업을 듣지 않은 듯한 때가 흔히 있다. 이런 상황에서 학생의 주의를 집중시키고 흥미를 불러일으킨다는 것은 대단히 어려운 일이다. 과목이 쉬울수록(예컨대 사고력 과정의 복잡성이라는 면에서 식물학은 수학보다 더 쉽다) 학생들은 이렇게 단계적으로 '쌓아 올리는 짐'에 대해 더욱 냉담한 태도를 보였다.

교사 수천 명이 모두 자기 일에서 다음과 같은 어려움에 부딪혔다. 즉 많은 학생들이 아동기에는 공부를 잘한다. 교사의 평가를 보면 소년 시기에 가면 그들은 머리가 나빠지고 무능력해지며 무관심해진다. 그들에게 학습은 고통과 고역이 된다. 이런 점을 생각하면서 우리는 이 슬픈 현상의 원인을 알아냈다. 이 현상의 원인은 학생이 생각에 잠겨 심사숙고하고 연구해야 하는 소년기에 사람들은 학생들이 더 쉽게 배우게 하려고 교육학상의 모든 기술적인 방법을 다 쓰기 때문이다. 이렇게 되면 결과는 자가당착에 빠진다. 즉 교사의 의도대로라면 학생의 정신노동이 더욱 쉬워져야 하지만 실제로는 그의 정신노동은 더욱 어렵게 돼서, 마치 탐구심이 강하던 머리가 얼떨떨해지거나 한 듯 멍해질 것이다.

지식을 얻는다는 것은 도대체 무엇인지 생각해 보았다. 이것은 사물과 사실, 현상과 사건들을 일정한 의미에서는 소년기 학생 자신의 것으로 만드는 것이다. 만일 소년이 지식을 자기의 정신노동의 결과로 느낀다면 그는 이런 지식을 얻는 동시에 응용할 수 있다. 나는 교사들에게 학급에서 지능이 가장 낮은 학생 패트리크가 부동사구(副動詞句)라는 개념을 어떻게 이해했는지 이야기해 주었다. 나는 패트리크에게 부동사구(副動詞句)와 술어인 동사의 관계를 몇 번이고 설명했다. 그랬지만 그는 잘 이해하지 못했다. 그는 예문에 따라 다음과 같은 문장을 지었다. "집으로 돌아오자 나는 머리가 아팠다." 나는 그가 스스로 진리를 발견하게 하는 방식을 선택했다. 나는 그에게 이렇게 제안했다. "어떤 두 가지 동작을 동시에 할 때 이 동작 중 어느 동작이 주요하고 어느 동작이 부차적인 것인지 생각해 보세요." 패트리크는 드디어 이 단어들 사이의 의미 연계의 밀접함을 알아냈다.

우리는 사고가 더딘 학생에게 특히 깊은 관심을 기울여야 한다는 결론을 얻었다. 학생의 머리가 나쁘다고 꾸짖지 말고, 그가 기억하는 데 부담을 더 주지 말아야 한다. 꾸짖고 부담을 주는 것은 것은 아무 도움도 되지 않는다. 만약 생각하고 연구하는 활동을 하지 않으면 기억도 '건망증'에 걸려 아무것도 암기하지 못한다. 기억력이 쇠약해지는 현상은 바로 소년기에 일어난다. 이런 현상이 생기는 원인은, 될수록 많이 추리해야 할 바로 이때 사고에서 자주 벗어났기 때문이다. 이해가 더디고 사리에 어두운 학생을 그의 사고력이 밝아질 때까지 진리를 발견하는 데로 이끌어야 한다. 사고력이 밝아지면 학생은 구체적 자료를 잘 이해하게 될 뿐만 아니라 발견에서 오는 기쁨, 자기의 노력으로 진리를 탐구했을 때의 경탄으로 긍지와 자기 긍정, 자기 존중을 체험한다. 사고력이 밝아지는 것은 지적 발달에서 독특한 단계다.

수학 수업은 지적 교육을 순조롭게 진행하는 데 커다란 가능성을 준다. 수학 자습을 하는 과정에서 세심하고 신중한 교육 사업을 진행했다. 이 교육 사업은 소년의 자기 등정을 지도하는 것이라고 할 수 있다. 나는 5학년을 가르치기 전에 교사들에게, 내가 수학 수업과 수학 방과 후 활동에서 어떤 성과를 거두었는지 소개했다. 아이들은 숫자적인 연산을 하지 않고 총체적인 방식으로 응용문제를 풀이하는 것을 배웠다. 그들은 응용문제가 원하는 것을 이해했고 응용문제를 통일된 총체로 볼 줄 알았으며, 그

가운데 상호 관계와 상호 의존성을 알아냈다.

나는 전문적인 수업을 할 때 학생들에게 응용문제의 조건을 의논하게 했다. 아이들은 소리 내어 자신들이 생각한 것을 말했다. 예를 들면, 첫 번째 수와 두 번째 수의 합에 2를 곱해야 하고 그 값에서 세 번째 수를 빼면 구하려는 미지수를 얻는다. 아이들이 이런 총체적인 방식으로 응용문제를 푸는 것을 배워야만 그들은 수학을 성공적으로 배울 수 있다. 나는 차츰 자모 부호를 도입해서 숫자를 대체했다. 이리하여 응용문제에 대한 의논은 더욱 흥미롭게 됐다. 우리는 숫자 공식에서 자모 공식으로 넘어갔다.

4학년 중기에, 이해도가 제일 낮고 사고 과정이 제일 더딘 여학생 왈랴가 정신노동을 하면서 사고력이 밝아지는 현상이 나타났다. 응용문제에 대해 혼자 생각할 때, 이 여자애의 눈에서 따지고 파고들면서 생각하는 불꽃이 타올랐다. 왈랴는 마침내 수량 사이의 의존관계를 스스로 완전히 분석했고 총체적인 방식으로 응용문제를 풀었다. 이것은 자기 긍정 과정에서 가장 중요한 고리가 됐다. 왈랴가 이 정도에 도달하는 것은 쉬운 일이 아니었다. 그의 지적 적극성의 '비약'은 지속적인 소극성을 거친 것이다. 과거에는 어떤 내재적 원인이 그의 사고를 막은 듯했다. 나는 빠른 시일 안에 이 여학생의 지적 발달 과정이 더욱 빨라질 것임을 확신한다.

66_ 수업에서 학생의 정신노동을 어떻게 지도해야 하나? (하)

　이런 확신은 드디어 실현됐다. 수학 교사는 하급학년에서 시작된 교육사업을 계속 시행했다. 즉 제 힘으로 문제를 푸는 것을 학생의 정신노동의 기본 형식으로 삼았다. 교사는 모든 학생에게 그에게 알맞은 응용문제를 골라 주었다. 나는 학생을 독촉하지 않았고 풀이한 문제의 양을 강조하지 않았다. 모든 학생들이 정신을 집중해 자기에게 주어진 문제를 열심히 사색하게 했다. 첫 번째 학생은 한 시간 수업에서 세 문제를 풀었고 두 번째 학생은 한 문제를 겨우 풀었으며 세 번째 학생은 한 문제마저 다 풀지 못했다. 왈랴는 문제를 맨 나중에 푼 학생이었지만 때때로 문제를 성공적으로 풀기도 했다. 6학년, 즉 12~13세 때 이 우연적인 성과는 확실한 성과가 됐다. 그는 수학 문제집의 문제를 다 풀 수 있었다. 왈랴는 다음과 같은 단계에 따라 여러 가지 의존관계의 본질을 사고하고 이해하는 듯했다. 그 여자애는 처음에는 마음속으로 총체적 윤곽을 파악하는 데 주의를 기울였고, 다음에는 각 세부 사항을 연구하는 데로 넘어갔다. 우리는 차츰 왈랴에게 더 복잡한 응용문제를 내주었고 그는 이 문제도 잘 풀었다.

그 여자애는 6학년 말에 가서 학급에서 수학 능력이 아주 좋은 학생 가운데 한 명이 됐다. 교사는 그 어린이의 정신노동의 느린 속도를 신중하게 대했다. 수학에서 성공한 것이 그의 자신감을 강화시켰고 사고력의 자립성을 키워 줘서 우리는 기뻤다. 지금 그 여자아이는 문법을 포함한 다른 과목도 이전처럼 그렇게 어려워하지 않는다.

우리는 정신노동을 지도하는 데에서 소년의 사고력의 다른 특징도 고려했다. 즉 학생이 구체적 사물과 일반화 사이의 의존성을 명확하고 쉽게 알수록 그의 주관적 체험은 더욱 심화됐다. 내가 진리를 연구하고 발견하면 그 진리는 내 정신적 부가 된다. 바로 그렇기 때문에 우리는 소년들이 구체적이고 직관적인 객체 속에서 이론적인 합법칙성, 의존성, 관계, 규칙과 정리 들을 알아낼 수 있게 수업을 조직했다. 우리는 기하학적 형체의 모형, 기계 모형, 동물과 식물의 표본, 각 기관의 표본 들을 제작했고, 또 이것들을 가지고 수업에 들어갔다. 이것은 사람들이 다 알고 있는 진리를 단순히 보여 주기 위한 것이 아니다. 우리는 구체적 물품을 논의하고 연구하는 대상으로 삼았다. 이것은 머리가 나쁜 학생 패트리크, 니나, 슬라바에게 특히 필요했다.

우리는 수학적 사고력의 이런 특징을 모든 수업에 옮기려고 노력했다. 추상적 개념이 소년 시기에 급속히 형성되는 것은 지적 발달의 중요한 전제이다. 이로 인해 뇌의 사고력 능력이 강해진다. 추상적 개념이 형성됨에 따라 뇌가 발달하지 못한 소년은 마치 지적 발달이 정지된 것처럼 된다. 즉 그는 일반화의 현실적 근거를 이해하지 못하고 말을 더듬거리며 상상이 빈약해진다. 또 두 손은 복잡하고 세밀한 노동 조작을 할 줄 모르게 된다. 만약 아동기에 정신노동을 할 수 있었고 그 노동에서 기쁨을 느끼던 사람이 소년 시기에 가서 학습을 고통스러운 짐으로 여기게 되는 것은 그의 머리가 추상적 사고력으로 발달하지 못했기 때문이다. 아이의 지능이 소년기에 가서는 차츰 몽롱해지고 멍해지는 것이다. 이것은 아주 걱정스러운 일이다.

사고력의 소양을 소홀히 하는 것이 얼마나 위험한 일인지를 깨달은 뒤 나는 '수학적 사고력'에 담겨 있는 사고력 특징을 모든 수업에 적용시켜야 한다고 결정했다. 어떤 개념, 판단, 추리, 법칙이든 학생이 이해하지 못할 때는 그것을 외우게 하지 말아야 한다. 이해하지 못하고 한 암기는 아동기에 악영향을 미치고 소년 시기에는 위험성이 더욱 심각하다. 왜냐하면 바로 이 시기에, 급속히 발육하는 해부생리 과정이 완성되고, 대뇌라는 부드러운 사고력 물질의 가소성이 높아지며 추상적 사고력의 영향에 민감해지기 때문이다. 만일 학생이 소년기에 정신노동의 현명한 스승을 만나지 못하면 그는 진정으로 사고하는 법을 영원히 배우지 못한다.

이런 결론을 고려해 우리는 각 단계에서 개념에 대한 투철한 이해가 소년의 정신노동에서 아주 커다란 비중을 차지하게 하려고 노력했다. 우리는 소년의 시선을 통해 그들의 머릿속에서 어떤 변화가 일어나는지 연구했다. 우리는 학생이 사고력의 벽돌 한 장, 기와 한 장이 되는 개념을 이해해서 그것이 그들에게 적극적으로 이해하고 새로운 지식을 얻는 도구와 수단이 되게 하려고 노력했다.

흥미와 주의의 문제는 교육 사업에서 중요한 위치를 차지한다.

여러 해 동안 관찰하고 우리는 다음과 같은 결론을 내렸다. 소년기 학생의 뇌 속 '정서 지역'이 오랫동안 흥분 상태에 있으면 흥미가 사라지고 피로와 무관심이 온다. 교사의 말은 마치 소년기 학생의 의식 속에 들어

가지 않는 것처럼 돼서, 그들은 이 말소리의 외각은 듣지만 그것들 간의 관계는 이해하지 못하게 된다. 교수 내용에 너무 많은 새로운 자료가 가득 차 있거나 교사가 너무 많은 신기한 사실, 현상과 사건으로 학생들을 당혹스럽게 할 때 위와 같은 상황이 나타난다. 명확하고 평범하지 않은 모든 것들은 학생의 흥미를 일으키는 아주 유혹적인 수단이 되지만, 학생이 능숙하게 이용하지 못할 때는 그것이 정반대의 결과를 낳는다. 뇌의 정서 지역을 자극할 때에는 그것을 신중하게 대해야 한다.

우리는 무엇보다도 구체적인 것과 추상적인 것의 인식의 단계로 '정서 지역'을 깨우친다. 조금도 눈에 띄지 않는 일반적인 사물 속에 중요한 세계관적 의미를 가지는 진리의 원천이 잠겨 있다. 이것들로 학생의 경탄감이 일어나야 한다. 소년기 학생은 특수하고 부차적인 것이 아니라 교재의 실질 자체에서 흥미를 느낀다. 흥미를 일으킨 뒤에는 뇌의 '정서 지역'을 자극할 필요가 없다.

소년들이 교사가 제시한 사고력의 방향을 따르고 단계적으로 인식하는 데로 그들을 이끌어 가는 것이 교육 기교의 가장 중요한 특징이다. 흥미가 이미 생겨났다는 징표, 즉 목적에 도달했다는 징표는 수업에서 '찬물을 뿌린 듯 조용한' 분위기가 나타나는 것이다. 즉 소년들은 교사가 하는 말을 한 마디 한 마디 귀담아듣고, 그렇게 되면 교사는 학생이 쉽게 피곤해지는 전문적인 강연식의 어투가 아니라 평상시 사람들끼리 교제하는 어투로 점차 목소리를 낮추어 말할 수 있다.

경험에서 알 수 있듯이, 서술할 때 감정을 자극하고 명확하고 형상적인 것을 지나치게 추구하면 소년들은 흥분(떠들며 왔다 갔다 하는 것)하게 된다. 이때 교사는 학생들이 떠드는 것을 제지하기 위해 목소리를 높여야만 한다. 그런데 이렇게 하면 학생들은 더욱 흥분한다. 긴장해서 어조를 높여 말하면 대뇌 양반구의 피질이 마비 상태에 빠져 학생들은 아무것도 듣지 못한다. 이때는 교사가 큰 소리를 쳐야 한다. 한 수업에서 '고함 소리'는 다음 교시의 정상적인 수업 분위기에 영향을 준다. 만약 이런 고함이 수업마다 계속되면 소년들은 더욱 고도의 흥분 상태에 빠지고, 나아가서는 교사에게 무례한 말을 하게 될 것이다. 또 집으로 돌아갈 때 학생은 우울해하고 화를 내며 머리가 아프게 될 것이다. 이렇게 되면 정상적인 정신노동은 이루어질 수 없다. 유치한 흥미 유발 방법과 이 섬세한 사업에서 교육적 소양의 부족 – 이것이 바로 사람들에게 소년이란 다루기 가장 어려운 사람이라고 느끼게 하는 중요한 원인 가운데 하나다.

우리는 학생의 흥미를 불러일으킬 수 있는 소양에 관한 문제에 더 관심을 두었다. 우리는 수업 심리학에 관해 이야기했고, 개별적인 학생에 대한 심리학적, 교육학적 평가를 토론했으며, 관찰한 상황을 교류하면서, 소년들이 생각할 때 그의 머릿속에서는 어떤 변화가 일어나는지 설명하려 노력했다. 알고 있는 것과 아직 모르는 것의 관계 문제도 우리의 흥미를 끌었다. 교육 현장에서 보듯이 수업에서 가르치는 교재에 알고 있는 것과 새로운 것이 어느 정도 포함돼 있어야 사고력의 본질 자체에 기초한 확실한 흥미가 일어날 수 있다. 만약 교사의 서술이 새로운 자료만으로 가득하면, 학생들은 새로운 자료를 자기의 사상에 끌어들이지 못하고 교사 자신이 보호하려고 애쓰는 학생의 사고력 방향이 중단된다. 이렇게 되면 학생은 어려움 앞에서 어쩔 줄 모르게 된다. 알고 있는 것과 새로 배우는 것의 내재적인 깊은 연계를 밝혀내는 것이 바로 흥미를 불러일으키는 비결 가운데 하나다. 우리가 바라는 것은, 학생이 교사와 함께 건물을 짓는다고 할 때 학생은 교사에게 벽돌을 한장 한장 받아서 어디에 놓아야 하는지 알고, 또한 건물 전체를 보고서 그 건물을 파악하고 때때로 먼 곳에 서서 그 건축물을 통일된 전체로 보는 것이다. 학생들이 자기가 지식을 얻는 데 직접 참가한다고 느끼는 것은 지식에 대한 소년들의 고유한 흥미를 일으키는 가장 중요한 조건이다. 이런 흥미는 사람이 세계를 인식할 뿐만 아니라 자기 자신을 인식할 때에야 비로소 형성될 수 있다. 자기를 긍정하는 체험 없이는 지식에 대한 진정한 흥미가 생길 수 없다.

소년이 지식에 대해 무관심하고 무시하는 태도를 갖지 않게 우리는 잘 알고 있는 것을 '곱씹는 것'을 허용하지 않는다. 소년이 자기를 지식을 재현하는 기계 장치로 느끼지 않고 사고하는 사람으로 느끼려고 할 것이다. 만일 당신이 모든 학생들이 이러저러한 문제를 잘 안다고 확신한다면 그런 것을 숙제로 내지 말아야 하고 다른 방법으로 그것을 복습하도록 할 필요가 없다. 말이 났으니 말이지 숙제를 검사하는 것은 흥미로운 일이 아니다. 왜냐하면 그것은 이미 여러 번 복습한 것을 기계적으로 되풀이하는 것이기 때문이다.

여기서 우리는 지식을 응용하는 문제에 관해 이야기해 보자. 소년에게 지적 교육을 할 때 이 문제는 특히 중요하다. 소년이 이미 배운 것은 새로운 연계를 확립하는 데 내재적인 자극물, 다시 말하면 추진력이 돼야 한다. 이것은 지식을 항상 응용하게 한다. 어떤 사람들은 지식을 응용한다는 것을 일정하게 시간을 두고 실제적 작업(이를테면 무엇을 측정하고 계산하는 등등)을 하는 것이라고 생각한다. 그러나 지식을 응용하는 것은 정신노동의 방식으로 해야 하고 새로운 교재를 전수하는 데 근원이 돼야 한다. 우리는, 우리가 가르치는 것이 사실과 현상을 탐구하는 활동이 되도록 노력했다. 즉 학생들이 생각하면서 자기 의식의 깊은 곳에 있는 그 부분으로 새로운 지식을 얻을 수 있게 하려고 애썼다.

학생들에게 역사적 사건을 서술할 때나 언어 규칙의 실체를 설명할 때 나는, 어떤 경우에는 모든 것을 문자 그대로 모조리 다 설명하고 어떤 경우에는 다 설명하지 않고 남겨 둔다. 남겨 두는 것은 바로 이전에 배운 지식으로 설명할 수 있는 문제나 물음이다. 이런 방법을 쓰면 언제나 이해와 체화가 빠른 학생과 머리가 나쁜 학생 모두의 사고력이 적극적으로 향상될 수 있다. 즉 그들에게 기쁨의 불꽃이 타오르면, 학생들은 교사의 서술에서 설명되지 않은 그 문제에 대답하려고 했다. 소년의 머릿속에서 일어나는 어떤 변화가 마치 구체적인 그림처럼 내게 드러났다. 즉 소년은 내 손에서 지식의 벽돌을 받아 가서 그 벽돌을 어디에 쌓을 것인지 생각할 뿐만 아니라 그것이 어떤 벽돌이며 튼튼한 건물을 짓는 데 필요한 재료인지 자세히 살펴본다.

우리는 소년들의 정신노동이 다음과 같이 되게끔 조직하려고 노력한다. 즉 지식을 이해하고 얻는 과정이 지식을 응용하는 것과 밀접히 연관되게 하고, 일부 지식이 다른 지식을 얻기 위한 도구가 되게 했다. 그리고 흥미, 주의, 지식은 결국 이것으로 확실해지는 것이다. 우리는 수업에서 학생들이 사실, 상호 관계, 현상과 사건을 제 힘으로 깊이 생각하는 데 시간을 할애했다. 이것이 바로 실천에서 말하는 공고화의 실체이다.

교사가 서술한 뒤 즉시 학생을 지명해 교사의 질문에 대답하도록 하는 것에만 공고화를 귀착시키지 말아야 한다. 이런 경우 가장 능력 있는 학생들은 대답할 수 있지만 중등 정도의 학생과 머리가 나쁜 학생들은 사실을 좀더 연구하고 이해할 시간이 필요하다. 사실 능력이 있는 학생도 이렇게 해야 한다. 만일 그들이 지루하게 시간을 들여 모든 것을 쉽게 얻도록 하면 그들의 머리는 나빠질 것이다. 이런 작업을 할 때 우리는 암기를 주요한 자리에 놓지 말아야 한다. 만약 우리가 학생이 자기 힘을 깊이 생각하도록 하는 데 기울이게 한다면 학생은 즉시 무의식적으로 암기할 것이다. 만약 암송하는 데 모든 힘을 쏟는다면 학생의 머리는 나빠질 것이다.

우리는 학생들에게 기계적인 암기를 허용하지 않고 합리적인 암기 방법을 배우도록 도와주었으며 듣거나 읽은 것을 이해한 정도에 따라 논리적으로 분석하는 것을 가르쳤다. 우리는 수업을 하기 전에 소년들에게 교재의 논리적 구성 부분을 이해하고, 모든 것을 기억하지 말고 가장 중요한 것만 기억하라고 했다. 학생들은 이 작업에 커다란 흥미를 보였다. 왜냐하면 이렇게 하는 것이 생각하는 사람이 되려는 그들의 바람과 맞아떨어졌기 때문이다. 소년들은 점차적으로, 교재의 중요한 논리적 부분과 그것들의 순차성을 들으면서 기록하는 아주 복잡한 작업으로 넘어갔다.

67_ 학생들이 스스로 탐구력을 키우도록

우리는 아마 지적 교육 문제를 소홀히 다루는 학교의 특징을 다 보았을 것이다. 교사가 새로운 교재, 이를테면 삼각함수의 개념을 설명하고, 학생들도 내용이 풍부한 이 설명을 귀담아듣고 있다고 하자. 새로운 교재를 다 설명한 뒤 교사는 학생들에게 다음과 같이 묻는다.

"여러분들은 질문이 없습니까?"

교실에는 질문하는 사람이 한 사람도 없어서 침묵만 흘렀다. 이것을 보고 교사는 학생들이 교재를 잘 이해하고 있다고 결론을 내렸다. 그러나 교사가 학생들을 한 사람씩 지명해 칠판 앞에 나가서 교사가 설명한 것을 다시금 말하게 했을 때, 학생들은 두서 없이 대답했는데 이때 그들이 교재를 확실히 이해하지 못했다는 것이 드러났다. 이렇게 된 이상 교사는 설명한 것을 다시 설명해야 했고, 그러자 그는 격분해 학생들에게 이렇게 말했다.

"여러분, 아무것도 모르면서 왜 질문하지 않습니까!"

이럴 때 경험이 적은 교사는 학생들이 침묵을 지키고 있는 것을 이상하게 생각한다. 그러나 여기에는 이상하게 생각할 것이 하나도 없다. 학생들은 자기가 교재를 이해하고 있는지 아닌지 정확히 알 수 없다. 왜냐하면 교사가 설명을 시작할 때 학생들에게 무엇을 알아야 하며 교재를 학습하는 사고력 과정에서 어떤 목적을 이루어야 하는지 명확하게 설명하지 않았기 때문이다. 사고력이 명확한 목적성을 가져야만, 다시 말하면 사고력이 과업을 해결하는 성격을 띠어야만 사고력, 사고가 진정한 정신노동이 된다.

교사는 학생의 사고력 활동에 과업을 해결하는 성격을 부여해야 한다. 그러면 학생의 지혜가 이 활동에 적극적으로 투입되고, 장애와 곤란이 더욱 뚜렷하게 나타나면서 정신노동이 어려움을 극복하는 과정이 된다. 어떤 교사들은 교재를 명확하고 알기 쉽게 설명해서, 아이들에게 의문이 적게 생길수록 학생의 지식이 더욱 심화된다고 생각하는데, 이런 관점은 옳지 않다. 초급학년의 어느 여교사는 산수 응용문제의 조건을 '체화'시키려고 미리 그림과 도표를 준비했고, 심지어 응용문제에서 제시되는 실물을 가지고 수업에 들어갔다. 그가 가르쳤던 학생들은 얼핏 보기에는 응용문제를 잘 푸는 것 같았다. 그러나 그들이 5학년에 진급했을 때 교사들은 깜짝 놀랐다. 즉 이 여교사가 가르쳤던 학생들은 산수 응용문제를 전혀 풀 줄 몰랐기 때문이다. 이것은 사실이었다. 왜냐하면 이 여교사는 4년 동안 아이들을 어려움에 부딪히지 않게 보호해서 그들이 적극적으로 생각하는 법을 배우지 못했기 때문이다.

우수한 교사들은 이런 문제에서 그와는 아주 다른 태도를 보인다. 그들은 무엇보다도 학생들이 극복해야 할 어려움이 무엇인지를 알고 또 이런 어려움을 이겨내는 데 주의를 기울이고 관심을 쏟도록 노력한다. 경험 있는 교사들은, 이러저러한 현상, 사건과 합법칙성을 상세히 설명한다는 것은 교사가 학생들에게 교재의 실질을 설명하고 그들이 자립적으로, 자기의 노력으로 그처럼 상세한 설명을 할 수 있게 생각하는 방법을 가르치는 것임을 잘 알고 있다. 파블리슈 중학교 1~4학년의 교사 웰호브니나는 산수 수업에서 새로운 유형의 응용문제만 그 문제의 조건을 설명했다. 그러나 그는 이 설명에서도 아이들이 모르는 것을 지적해 주는 것을 목적으로 삼고, 주로 학생들이 스스로 정신노동을 하도록 했다. 교사가 이 목적에 더욱 순조롭게 도달할수록 학생들은 자신들이 하는 정신노동의 궁극적인 목적을 더욱 명확히 알게 됐다. 웰호브니나 선생은 학생 스스로 새로운 산수 문제를 만드는 데 중점을 두었다. 그는 학생들에게 수량 사이의 명확한 의존관계를 지적해 주고 응용문제를 만들게 했다. 학생들이 흥미를 가진 이 작업은 주위 현실의 현상에 대한 그들의 흥미를 심화시키고 사물과 현상 간의 관계를 알아내는 능력을 발전시킨다. 학생들이 제 힘으로 응용문제를 만들고 많이 풀수록 그들은 추상적 개념의 원천이 바로 구체적 사물과 그것들 사이에 객관적으로 존재하는 연계와 상호 의존성이라는 신념을 더욱 깊이 가진다.

결론은 구체적인 감성적 표상에서 추상적인 것(개념, 판단, 추리)으로 넘어가면서 학생들은 적극적으로 정신노동을 하게 된다. 이 요소는 초급학년에서 특히 중요하다. 이 연령기에는 형상적 사고력에서 추상적 사고력, 즉 이론적 사고력으로 급속히 넘어가기 때문이다. 이 방면에서 수학, 더욱이 초급학년 산수가 지적 교육을 하는 데서 매우 중요하다.

우수한 수학 교사들은 언제나 학생들이 추상과 현실적으로 존재하는 구체적 사물과 현상들 사이의 관계를 알아내게 하려고 노력한다. 이를테면 교사들은 삼각함수를 가르칠 때 사인, 코사인, 탄젠트, 코탄젠트 들이 모두 현실적으로 존재하는 삼각형의 여러 요소들의 관계를 일반화하는 수량이라는 것을 직관적으로 보여 준다. 이런 수업을 받을 때 학생들은 객관적 현실에서 응용문제를 찾아낼 수 있다.

우수한 교사들 밑에서 공부하는 학생이 지닌 독특한 특징은, 그들이 배우는 대상에 대해 연구하는 태도를 갖는 것이다. 교사는 학생에게 기존의 결론과 이러저러한 정의의 정확성에 대한 증명을 알려 주지 않는다. 대신에 교사는 학생에게 몇 가지 해석을 알려 준 다음 현실 자체에서 제기되는 각 가설 가운데 긍정하거나 부정하는 것을 찾아내게 한다. 학생들은 실천을 통해 ― 이 단어의 좁은 의미에서 말하면 ― 사실과 현상을 직접 관찰하며 동시에 간접적인 사고력을 통해 한 해석을 증명하고 다른 해석을 반박한다. 이런 상황에서 학생들은 지식을 소극적으로 습득하는 것이 아니라 습관적으로 교사가 말하는 바와 같이, 체화한다. 즉 적극적인 노력으로 습득하는 것이다. 그러므로 이런 지식은 신념이 되고 학생들도 그것을 소중히 여기게 된다.

인문학을 공부하거나 자연학을 공부할 때 아이들은 연구하는 태도를 많이 보인다. 아이들이 이러저러한 현상을 분석할 때 정신적 노력을 얼마나 적극적으로 하느냐에 따라 지식의 깊이가 결정되고 현실 생활에서 지식을 응용하는 능력도 결정된다. 이런 수업에서 우리는, 학생들이 생생한 언어를 심사숙고해 분석하고 비교하고 대비하면서 이미 뚜렷하게 해결해야 될 문제를 자각적으로 극복하려고 하는 진정한 정신노동을 보았다. 이런 정신노동 과정에서 얻은 지식은 기억 속에 더욱 확실하고 깊게 보존된다. 더욱 중요한 것은 학생들이 이후의 현실 상황에서 그 지식을 더욱 다양하게 이용할 수 있다는 믿음을 가지게 되는 것이다.

물론 학생들이 생생한 언어의 사실을 분석할 때, 제시된 문제에 대해 언제나 궁극적인 대답을 찾을 수 있다는 말은 아니다. 다시 말하면 그들이 정신노동을 하면서 언제나 진리를 발견하는 것은 아니다. 그러나 우리의 목적은 거기에 있지 않다. 교사의 일은 학생들이 이해한 것과 이해하지 못한 것의 실체를 아주 명확히 인식하고, 그들이 이 문제를 풀지 못하면 마음을 놓지 못하게 하는 동시에 이 문제에 대답하는 것이 그들의 마음을 끌고 흥미로운 노동이라고 생각하게 하는 것이다. 제기된 가설 가운데 어느 하나도 증명해내지 못하는 상황에서 학생들이 오히려 배우는 교재에 대해 더 강한 흥미를 보이는 경우가 흔히 있다. 이때 교사가 더욱 충분한 가설을 하나 제시하도록 학생들을 도와주면, 그들은 '이것이 그처럼 명백한 것인데 우리는 왜 생각하지 못했을까' 하고 이상하게 본다. 이런 준비가 있으면 많은 사실들이 명백해져서 학생들이 그것을 확실히 기억하고, 심지어 이 사실을 배울 때 일어난 구체적인 상황까지 그들의 기억 속에 남게 될 것이다.

경험 있는 교사는 사회과학의 기초 분야, 특히 문학과 역사를 가르칠 때 연구하는 학습 방법을 능수능란하게 이용한다. 이런 과목들은 자습을 할 가능성이 매우 많은데, 이것을 올바르게 이용해야 한다. 교과서나 원작(문학을 학습할 때 문학 작품을 보거나, 역사를 배울 때 문선이나 역사 문헌을 보는 것)을 읽는 것은 정신노동의 형식으로 목적을 달성하는 수단일 뿐이고, 그 진정한 목적은 학생들이 직접 설명되지 않고 숨겨진 듯한 인과적 관계와 합법칙성을 연구하고 분석하는 것이다. 예를 들면 고대사의 장, 절을 공부한 뒤 6학년들에게 다음과 같은 문제, 즉 다른 국가와 다른 시기에 노예들이 노예주를 반대해 일으킨 봉기들에는 어떤 공통점이 있을까? 왜 모든 봉기가 합리적인 사회제도를 확립하려는 목적을 이루지 못했을까? 총체적으로 말하면 노예제의 조건에서 압박자가 없고 피압박자가 없는 사회는 확립될 수 있을까? 하는 문제를 과제로 내준다.

학생들은 책에서 이 문제에 대한 답을 찾지 못한다. 이 문제에 답하려면 학생들은 사실들을 자세히 분석하고 많은 사건들을 비교하고 대비하며 인민 운동의 역사적 운명을 진지하게 생각해야 한다. 현상들 사이의 인과적 관계를 이해하기 위해서는 각 현상들의 실체를 깊이 생각해야 한다. 학생들은 교재의 해당 장, 절을 읽지만 이 독서는 첫 독서와는 다르다. 이때 학생들은 구체적 자료에서 추론해내야 한다. 학생들에게 중요한 것은 여러 가지 세부 사항, 이를테면 스파르타쿠스가 이끈 노예 봉기의 세목들을 기억하는 것이 아니라, 그 봉기의 일반적인 합법칙성을 찾아내는 것이다. 이렇게 하려면 세목들도 깊이 알아야 한다. 이런 수업에서 학생의 정신노동의 특징은 바로 사고력이 구체적인 것에서 추상적인 것으로 넘어가는 것이다.

상급학년의 역사 수업과 문학 수업에서 학생의 자립적인 정신노동의 대상은 구체적인 교재에서 그 과목의 중요하고 지도적인 사상으로 넘어간다. 여기에서는 역사상의 사실과 현상을 분석하고 문학 작품의 형상을 분석해야 할 뿐만 아니라 주위의 현실과 사회주의 건설의 실제도 연구해야 한다. 이를테면 9학년에서, 경험이 있는 역사 교사는 학생들에게 과목의 장, 절 분석을 과제로 내준다. 그 목적은 다음과 같은 문제, 즉 생산방식과 물질 분배 제도에 대한 각 역사 시기의 사회제도의 의존성, 선진적이고 진보적인 사상이 형성되는 근원과 그러한 사상이 사회발전에서 하는 역할, 조국을 외부의 침략에서 보호하는 인민의 할 일 들을 연구하는 것이다.

만일 학생들이 분석 과정에서 많은 사실과 현상, 사건들을 일반화해서 그 지식을 자신의 정신적 노력으로 얻는다면 이런 지식은 아주 귀중한 것이다. 그러나 실천과 직접적으로 연계된 지식, 즉 노동, 자연력에 대한 정복, 평가에서의 상호 관계 들과 연계된 지식은 학생의 정신 발전에도 아주 중요한 구실을 한다. 예를 들면 학생들이 어떤 방법으로 토양의 생명과 농작물의 발육에 관한 지식을 얻으면, 이런 지식을 어떻게 자기의 적극적인 노력으로 얻느냐는 그들이 농작물과 공예 작물을 재배하는 것과 연결되고 토양의 비옥도를 높이는 것과 관련된 노동에 대해 학생들이 어떤 태도를 취하는지 결정한다. 자연현상, 생산과 사람의 실천에 대해, 적당히 연구적인 성격을 띤 학습 방법을 쓰면 학생들은 사고력 과정에서 실천하면서 더욱 많은 사실과 자료를 발굴할 수 있다. 이런 상황에서 지식은, 학생들에게 현실의 합법칙적 진리를 정확히 반영하게 할 뿐만 아니라 생활에 적극적으로 영향을 미치며 현상의 발전 과정에 영향을 준다.

학생의 사고력 활동에 대한 관찰에서 보듯이, 만약 학생의 의식 속에서 추상적인 개념, 결론, 판단이 그들이 주위의 현실을 연구, 분석하는 과정에서 형성된다면 그들은 정신노동의 아주 고귀한 품성, 즉 직접적인 관찰을 통해서뿐만 아니라 간접적인 방법으로도 사건과 현상들을 연구하고 인식하고 탐구할 수 있다. 이를테면 몇 년 동안 연구적 성격을 띤 실험적 요소를 내용으로 한 설계나 모형 제작을 하는 노동작업을 한 학생은, 상급 학년에 가서 학습할 때 기계(이를테면 내연기관)에 이러저러한 파손이나 고장이 생기면 그것에 해당되는 부품이나 부속품을 분해해 관찰하지 않고 간접적인 징조를 보고 어디에 문제가 있다는 것을 확인할 수 있다.

이런 능력이 생활 실천 가운데에서 가지는 중요성을 낮게 평가할 수 없다. 이런 능력은 학교 시절에 학생의 지적 발달에도 중요하다. 많은 교사들은 교육 사업을 실천하면서 얼핏 보기에는 이해되지 않는 현상에 흔히 부딪히게 된다. 그 현상은 학생들이 나이가 많을수록 공부를 더욱 어려워하며 학년이 올라갈수록 학업 성적이 내려가는 것이다(초급학년에서는 우수한 학생이었던 아이가 중급학년에 가서는 공부를 못하는 학생이 된다).

우리의 관찰이 보여 주듯이, 대부분의 경우 이런 현상이 생기는 원인은 일반화된 개념을 주위의 현실을 인식하는 데 이용할 줄 모르는 데 있다. 그들이 응용할 줄 모르는 것은 그들이 일반화된 개념과 결론, 판단을 사실과 현상을 연구해서 얻은 것이 아니라 기계적인 암기로 얻었기 때문이다. 이 일반화가 생활 현장에서 추론해낸 것이 아니고 사실을 분석하는 데 기초한 것이 아니라 단순히 기억하고 암기한 것이어서, 학생들은 많은 노력을 들여 얻은 지식을 응용할 수 없다. 그런데 응용하지 못하는 일반화는 죽은 짐이 되고, 이후 지식을 얻는 것은 더욱 어렵게 된다. 이리하여 학생에게 지식이 많이 쌓일수록 그들이 그 다음 학습을 더욱 어려워하는 불가사의한 현상이 나타난다. 일반화된 결론이 암송한 것이 아니라 학생이 사실과 현상을 분석함으로써 이해하고 추론해낸 것이라면 사정은 달라진다. 즉 학생이 가진 지식의 범위가 넓을수록 그는 학습하기 더욱 쉬울 것이다. 그런 학생은 처음으로 부딪힌 것 가운데 많은 것을 그것의 세부를 깊이 분석하지 않아도 이해할 수 있다. 그에게 새로운 사실 사이의 상호 관계란 이미 잘 알고 있는 일반화 원리의 어느 한 측면이 구체화된 것이기 때문이다.

68_노동과 지적 발달

 학교생활에서 머리가 얼마나 좋으냐는 대부분 지적 생활과 육체노동이 얼마나 밀접히 관련되느냐에 따라 결정된다. 우리 학생들은 아동기에 벌써 작은 노동 평가, 즉 특별활동의 기술·농업반에서 지식이 얼마나 채워지는지 알게 된다. 이런 방과 후 특별활동은 소년을 교육하는 훌륭한 형식이다. 방과 후 특별활동의 가치는 바로 모든 학생들에게 오랜 시기를 거쳐 자기의 소질과 재능을 체험하고, 구체적 작업 속에서 자기의 기호를 나타내고 자기가 즐기는 일을 찾도록 하는 데 있다.
 소년들은 실습공장에서 1주일에 한 번씩 작업한다. 즉 그들은 나무와 금속을 가공하고, 기계와 기구의 모형을 만든다. 교수요강에 규정된 노동은 실제로 이런 것들뿐이다. 이것들은 소년들의 다양한 흥미와 요구를 만족시킬 수 있을까? 물론 그럴 수는 없다. 노동과 지적 생활을 통일시키고 자유 시간을 중요하고 정신적 의미가 있는 활동으로 가득 채우기 위해 우리는 작물 재배, 씨앗 기르기, 원예, 양봉, 기계, 전기, 라디오, 철공 설계, 선반, 동물 기르기, 원예반 들을 조직했다. 탐구심으로 가득 찬 이런 동아리가 없으면 지적 교육을 할 수 없으며 정서적, 미적 교육도 할 수 없다. 만약 두 손이 지혜의 스승이 되지 않는다면 소년은 지식에 대해 흥미를 잃고, 교수 과정에서 그들의 가장 강한 정서적 자극이 나오지 못할 것이다.

3~4학년 아이들은 벌써 동아리 활동에 참가하기 시작한다. 물론 초기에는 어느 모둠에 참가할지 스스로 선택하지 못하고, 또 선택할 수도 없다. 오랜 시간 동안 자기 자신을 이해해야 한다. 학생은 한 가지 일에서 다른 일로 넘어가고, 또 한 가지 기호가 다른 기호로 바뀔 수도 있다. 이렇게 하는 것은 좋아하는 일을 제 스스로 선택하기 위해서 필요하다. 여기서 교사는 조급하게 굴어서는 안 된다. 소년을 이러저러한 동아리에 억지로 '안착'시켜서도 안 된다. 그렇다고 노동 가운데서 소년의 복잡한 자기 인식 과정을 관리하지 않고 방치해서도 안 된다. 모든 학생의 마음속에서 노동에 열중하려는 불꽃이 피어오르게 하는 것이 중요하다. 이것은 두 손이 어떤 일을 하도록 도와주고 또 그렇게 해서 두 손이 지혜의 스승이 되게 한다는 뜻이다.

율코는 학교의 양봉장 활동과 집토끼 사육장, 씨앗반 활동에도 열중했다. 그는 과일나무를 접붙이는 것을 배웠고 종자 준비와 파종 준비를 배웠으며 접지와 송아지 사육도 배웠다. 그런데 무엇보다 소년 기계화 작업 동아리의 활동이 그의 마음을 사로잡았다. 그는 동갑인 5학년 학생들이 소형 자동차 운전을 배우는 것을 보고 좀처럼 눈을 뗄 수가 없었다. 하지만 자동차 운전을 배우려면 내연기관에 관한 연구를 해야 했다. 율코는 10학년 학생들이 지도하는 기계화 전문가 동아리 활동에 참가했다. 이 소년은 발동기 연구를 재미있어하고, 발동기를 작동시키며 부속품들을 분해하고 조립하는 것을 배웠다. 발동기를 연구한 뒤 율코도 소형 자동차 운전을 배웠다.

바로 이때 특활반에서는 흥미로운 일들이 생겼다. 즉 노동 교사와 상급학년 학생들의 지도 아래 소년들이 새 자동차를 조립했다. 율코도 이 일에 열중했다. 그런데 이 일에는 그의 마음을 사로잡지 못하는 단조로운 노동 조작이 많았다. 이를테면 철판을 닦고 차체에 슨 녹을 벗겨야 하는 것들이었다. 그러나 이 모든 것은 일을 하도록 고무하는 가치 있는 의도 때문에 아무것도 아닌 일이 됐다. 두 손의 연관성이 밀접할수록 노동은 학생의 정신생활에 더욱 깊이 스며들었고 그들이 즐기는 일이 됐다. 노동에서 일어난 창조는 학생의 지능을 발전시키는 가장 강한 자극이 됐다. 아름답고 운전하기 편리한 자동차를 만들려는 율코의 마음이 점점 강해질수록 학습과 독서에 대한 관심이 더욱 커졌다. 이 소년은 6학년에 가서 자기만의 기술 서적 장서를 마련했고 새로운 책으로 이 장서를 끊임없이 확충했다. 이 소년의 정신생활에서 중요한 자리를 차지하는 것은 기억하고 암기해야 할 학습과는 아무런 관계가 없는 종류의 독서였다. 이것은 창조적 노동에 대한 흥미로 하는 독서였고 두 손의 작업에서 성과를 거두어 보려는 바람이었다. 이런 독서는 지혜를 기르고 시야를 넓히는 데, 특히 학습과정에서 자기의 정신노동의 풍토와 특징을 형성하는 데 큰 보탬이 됐다. 학생들은 이런 독서를 하면서 읽는 것의 본질을 깊이 이해하고 생각하는 능력을 기를 수 있다. 독서를 대하는 이런 태도는 교과서를 공부하는 데에도 적용된다. 창조적 노동에 열중하는 사람은 언제나 기계적인 암기를 하지 않는다. 정신생활이 없는 노동은 학생의 지능을 소모시킬 뿐만 아니라 정신을 공허하게 만드는 기계적인 암기 현상을 낳는다.

개개 특활반은 창조적 노동과 충만된 지적 생활의 중심이다. 우리는 모든 소년들이 일하는 사람, 사고하는 사람, 탐구자가 되고 흥미롭고 고무적인 창조 속에서 세계를 인식하고 자기 자신을 인식하게 하려고 노력했다. 소년기의 자기 인식과 자기 교육은 바로 그가 진리를 인식하고 발견하는 것을 개인이 들인 창조력과 합치시키는 것이다. 즉 그는 자기의 사고력과 탐구로만 자연의 비밀이 밝혀진다는 것을 느낀다.

방과 후 특별활동은 연구 성격을 띤다. 내 학생들이 소년기에 들어섰을 때 학교에는 소년 선종학자 동아리, 소년 토양학자 동아리들이 몇 개 있었다. 남녀 소년들은 씨앗을 고르고, 비료를 모으고 보관해 밭에 내며, 또한 텃밭을 파서 골랐다. 만약 연구해 보려는 의도가 그들을 고무하지 않았다면 그런 노동은 으레 단조롭고 싫증나는 일이었을 것이다. 그러므로 연구하려는 뜻은 소년의 마음속에서 향학열이 타오르게 해야 한다. 교사는 생물 교사와 평가 농장 농학 기사와 함께, 보통 재배하는 밀보다 낟알이 두 배나 더 많은 밀을 어떻게 재배할지 소년 연구자들에게 이야기했다. 알이 크고 묵직한 이런 밀 이삭을 얻으려는 생각은 학생들을 자극했다. 우리는 수확할 때 동아리 구성원들과 함께 밭에 갔고, 시험하기 위해 교수 연구용 밭에서 큰 밀 이삭을 골랐다. 또 밭 이랑마다 비료를 내고 이랑을 잘 골랐다. 각 이랑은 작은 실험실이 됐다. 모든 학생들은 삽으로 땅을 뒤집었고 토양학실로 가서 참고서적을 읽으며 땅의 비옥도를 높이는 미생물을 연구했다. 아이들은 밀의 발육과 숙성 과정을 관찰했고 수확할 때는 밀 이삭마다 무게를 꼼꼼히 달아 보았다. 이것들은 모두 아주 세밀하고 재미있는 일이었다. 류다, 사스코, 와냐, 리다, 니나, 패트리크 같은 소년들은 20이랑으로 이루어진 토양의 상태를 몇 년 동안이나 연구했다. 이것은 그야말로 진정한 연구였다. 즉 그들은 여러 가지 혼합물로 흙을 만들었고, 여러 가지 물질로 흙 속의 질소와 인의 함유량을 높이는 미생물의 활동력을 자극했다. 그 이듬해에 소년 연구자들은 제일 풍년인 해에 거둔 밀보다 70%나 더 무거운 밀을 길러 냈다. 또 그 이듬해에 몇 이랑에서 난 밀알은 보통 밀의 평균 무게보다 2배나 더 무거웠다. 그 뒤에는 단백질이 더 많이 함유된 밀을 재배해 내려는 새로운 목표가 학생들을 끌었다. 이런 제목으로 진행되는 연구는 소년 시기뿐만 아니라 청년 시기 초에도 학생들을 끄는 창조적인 작업이 됐다.

  내 학생들이 5학년에 올라가기 몇 해 전에, 학교에는 소년 농업 기술 설계사 동아리가 있었다. 나는 노동 교사 워로쉴로와 함께 땅고르기, 씨뿌리기, 수확, 탈곡 들에 쓰이는 기구와 기계를 설계 제작하는 데로 소년들을 데리고 갔다. 전기는 생산과 일상생활에서 날로 광범위하게 사용되므로 우리는 전기에너지를 여러 가지 농업 노동 과정에 사용하는 것을 목표로 삼았다.

  이 동아리에서, '손작업을 대신하려면 전류의 힘을 어떻게 사용할까? 흙과 식물의 줄기와 이삭에 작용하는 기계에 전동기를 어떻게 연계시킬까?' 이런 문제들이 소년들을 자극했다. 소년 설계사들은 교수 연구용 밭에서 이랑의 곡식을 거두는 데 쓰는 작은 수확기를 만들었다. 그 뒤 얼마 안 돼 그들은 소형 탈곡기를 만들자고 제안했다. 율코, 톨랴, 니나, 수르코, 세르게이, 지나, 페쟈, 월로쟈 들은 거의 일 년 동안 이런 기계에 노력을 집중했다. 노동 교사가 만들어 낸 제도안에 따라 그들은 재료를 자르고, 톱질하고, 구멍을 뚫고, 갈면서 분주히 보냈다. 이 작업이 다 돼 갈수록 그들은 더욱 열의를 띠었고 완성품을 매우 아꼈으며 작업의 질과 관계된 의견을 더욱 성실하게 받아들였다.

이것은 진정으로 지적 생활을 풍부하게 하고 육체노동과 사고를 융합시켰다. 긴장하면서 하는 육체노동은 언제나 궁극적인 목적이 아니라 확실한 의도를 실현하는 수단에 불과하다. 생각이 중요한 것이다. 그러나 두 손은 단지 소극적인 집행자에 그치는 것이 아니라 머리를 총명하게 한다. 소년 설계사들과 같이 하는 노동은 마치 그들의 두 손이 예상과 추측을 검사하는 듯이 보이는데, 이것은 모두 교사인 우리들에게 이런 교수의 면밀성과 거대한 교육적 힘을 이해하게 했다. 이런 두 손의 검사 아래서 사고력은 더욱 적극적으로 활동했고, 거기에서 얻은 발견은 인격의 존엄성을 체험하게 한다.

학습과 노동의 결합은 바로 소년들이 일하면서 생각하고 생각하면서 일하는 데 뜻이 있다. 소년들은 창조 노동의 단련을 몇 년 동안 받는다. 이런 단련이 지적 발달에 어떻게 반영될지 나는 불안했다. 하지만 생활은 다음과 같은 유익한 대답을 주었다. 사고력과 육체노동의 결합으로 두 손의 정밀한 동작은 그런 정밀한 의도를 실현했다. 이로써 소년들은 단순한 기존 지식의 소비자가 되는 것이 아니라 생각하는 현명한 사람으로, 진리의 연구자와 발견자가 됐다. 나는 소년 설계사, 선종학자, 전기공학자, 라디오 기술자들이 이론 지식을 어떻게 대하는지 관찰했다. 그들은 모든 진리에서 무엇보다도 사실, 물품, 사물, 현상과 의존성의 현실적인 본질을 이해하려고 노력했다. 그들은 심사숙고해서 판단하고 그것의 각 부분 사이의 논리적 연계를 깊이 생각하는 것 같았다.

방과 후 특활반에서 벌어지는 창조적 활동에서 소년들에게 생각하는 법을 배웠다. 패트리크의 사고력에서는 다음과 같은 고귀한 특징이 달마다 뚜렷하게 보였다. 그는 자기의 지식 가운데서 새로운 것과 관계돼 있는 것을 찾아냈고, 자신이 이해한 것과 이전에 사고와 기억으로 습득한 것을 가지고 새로운 진리를 논증하려고 애쓰고 있었다.

오랫동안 이런 창조적 노동의 단련을 받은 학생은 이해하지 못하는 것을 억지로 외우려 하지 않는다. 대수, 기하, 물리 같은 수업에서 공식을 베낄 때 니나와 패트리크는 그 공식을 생각하고 공식을 일반화한 까닭이 무엇인지 심사숙고해야 함을 자연히 느낀다. 그들에게 이것은 바로 기계의 부속과 부속품을 손과 손가락으로 만져 보는 것이나 다름없는 일이다.

알이 굵은 밀을 재배할 때 학생들은 이를테면 토양의 미생물 분포 상태, 깊은 땅속의 수분 확보, 씨뿌리기 전에 땅고르기, 씨앗의 생장력같이 많은 조건들에 대한 식물 활동력의 의존성을 연구했다. 노동 또한 이런 요소들 사이의 의존관계의 여러 가지 조합을 연구하고 일반화하는 것이고 시간과 공간 속에서 이런 요소들의 관계를 연구하고 사고하는 것이었다. 생활에서 보듯 만일 노동이 오랫동안 중요한 의존관계와 인과적 관계를 생각하는 활동과 연관된다면(이를테면 전 생장기 동안 미량 원소들이 알곡 작물의 생장과 성숙에 영향을 준다면), 만일 이 사상이 학생의 마음을 사로잡고 감격시킨다면 학생들은 이 사상을 받아들이게 된다. 노동과 지혜의 연관은 지적인 감정의 으뜸가는 원천이다.

내 학생들 가운데는 사고력이 더딘 편이라 수학, 물리, 화학, 역사의 일반화된 원리와 합법칙성을 이해하지 못하는 아이들이 있다. 그들의 정신력과 내적 동력이 바닥나 완전히 무력해지고, 그들의 머리가 지식에 대해 생각하는 것을 멈췄다고 생각되는 때가 있다. 만약 노동으로 그들을 자극하지 않고, 손과 머리 활동이 연관돼서 일어나는 사상이 그들을 분발시키지 않으면, 패트리크, 니나, 슬라브코에게 그러한 상황은 반드시 나타날 것이다. 지능의 이런 내적인 피로 상태는 학습 능력이 강한 학생들에게도 영향을 준다. 이런 내적인 힘이 바닥날 징조가 보일 때마다 나는 학생들을 연구적 성격과 진리를 발견하는 성격을 띠는 활동으로 이끌려고 노력했다. 내 학생들이 5학년에서 학습할 때 학교에는 라디오 기술, 전자학, 생화학, 토양학 동아리들이 만들어졌다. 여기에서는 현미경, 정밀기기로 하는 세밀한 연구 작업이, 끌, 망치, 압착기, 삽, 갈퀴, 물통, 쇠스랑 들을 가장 중요한 도구로 하는 일반적이고 단조로운 육체노동으로 교체된다. 이런 교체 속에는 손과 지혜가 조화롭게 연결되는 '비결'이 숨어 있다. 즉 학생은 긴장된 체력을 사용하는 것을 궁극적인 목적이 아니라 목적을 달성하는 수단으로 느낀다. 이것도 학생이 작업을 하는 동력이 된다.

학교에서는 학생들을 위해 라디오 기술, 전자학, 생화학, 토양학과 잡종 번식 같은 몇 가지 창조적인 노동을 하는 작업실을 만들었다. 소년기 학생들이 복잡한 도식이나 기계 앞에서 탐구에 열중하지 않고 자기가 흥미를 가진 활동 이외에 다른 세상의 모든 것을 잊어버린다면, 그들은 전인적인 교육을 받을 수 없다. 이런 작업실에서 학생들은 과학사상과 과학자들의 공적을 보고 진정한 경탄과 존경을 느끼고 생각하는 사람이 됐다. 바로 이런 작업실에서 미래에 관한 환상의 불꽃이 타오른다. 학생의 창조적인 사고력은 특수한 성격과 특성을 띠고, 많은 경우에 볼 수 없고 직접 관찰할 수 없는 현상들이 그의 생각거리가 됐다. 이것은 학교에서는 노동과 지혜가 결부되는 고급 단계에 가서 진행된다. 내 학교에는 흥미로운 활동에 열중하지 않는 학생이라곤 단 한 사람도 없었다. 한 사람이 여러 가지 활동에 열중할 수 있고 또한 그 열중하는 활동들은 서로 거리가 먼 듯이 생각됐다.

이를테면 어떤 학생은 문학에 열중했다. 그는 단어의 세계에서 풍부한 정신생활을 한다. 그러다가 그는 갑자기 항생물질을 연구하는 데 몰두했다. 소년 기계화 전문가들은 라디오 기술과 전자학에 몰두했다. 학생들의 정신생활에서는 오랫동안 두 가지, 심지어 세 가지 활동에 열중하는 일이 있었다.

내 학생들이 6~7학년에서 학습할 때 학교에서는 '어려운 문제의 방'을 차렸다. 학생들은 이 방의 문에다 다음과 같은 마르크스의 말을 베껴 놓았다. "그러나 과학의 입구에는 지옥의 입구와 같이 다음과 같은 구호가 걸려 있지 않으면 안 된다. '여기서는 마음을 굳게 가져야 한다. 조금도 겁을 먹어서는 안 된다.'(단테 《신곡》)" 이 방에는 학생들이 긴장해서 노력하면 해결할 수 있는 가장 어려운 일들을 전시했다. 즉 기기와 모형을 만들 때 필요한 라디오 기술과 전자학 방면의 제작 설계도가 걸려 있고 물리, 화학과 수학 방면의 복잡한 응용문제들도 놓여 있으며 생화학과 토양학 방면의 연구 과제들도 있었다. 이 '어려운 문제의 방' 문턱을 넘으면 남녀 소년들은 마치 과학의 앞마당에 들어선 것처럼 된다. 여기에서 소년들은 성격을 시험하고 의지를 단련하며 자기의 체험으로 하는 자기 교육이란 어떤 것인지 깨닫는다.

69_ 노동으로 학생 개인의 재능과 기호를 발전시켜야 (상)

소비에트 사회생활의 지금 단계에서 사람을 전인적으로 발전시키고 학생 개개인의 재능을 발전시키는 것은 가장 중요한 교육학적 과제다. 모든 학생의 재능과 소질을 현장에서 발견하고 양성하고 발전시키며 모든 학생의 취미를 정확한 시기에 이해하는 것은 현재 교수·교육 사업에서 중점을 두어야 할 사안이다.

우리 교사들은 모두 다음과 같은 목표를 설정했다. 학교에서 개성 없는 학생이 하나도 없게 한다. 즉 학생이 어떤 일에도 흥미를 느끼지 않거나 흥분하지 않고 열중하지 못하며, 수학 공식을 학습하거나 서정시를 학습할 때에도 무관심하게 대하는 일이 없게 한다. 우리는 모든 학생들이 입학하는 첫날부터 무엇엔가 열중하고 즐기며 자기의 창조적인 재능을 발전시키고, 저마다 취미가 생기도록 노력한다. 그렇다면 실제로 어떻게 해야 할까, 어떻게 해야 아이들이 창조의 불꽃을 태울 수 있을까?

우리 학교에서는 해마다 학생 500~550명이 공부하고 있다. 새로 오는 학생의 눈에 처음 띄는 것은 창조적으로 노동하는 분위기다. 물론 1학년에

갓 입학한 학생들은 이런 생기 있는 분위기를 이해하지 못하지만 학교를 다니다 보면 그것을 더 많이 느낀다. 그러나 교사에게는 이것이 가장 중요하다. 교사가 말이나 권고가 아니라 상급학년 학생들이 즐겁게 노동하면서 그 속에서 생활의 기쁨을 맛보는 모습을 보여 주면서 아이들을 노동에 끌어넣어야 한다. 학생 저마다 창조적 노동을 하고 싶게 만드는 작업실이 있고, 또한 그들 곁에는 모범이 되는 상급학년이 있다. 모든 학생들이 마음에 드는 일을 찾고 노동 기술을 배울 수 있도록 본보기를 찾게 도와주는 것이 방과 후 교육 활동 조직의 어려움 가운데 하나다. 학생들이 자기 지역의 트랙터 작업대와 사육장, 기술 수리소, 부근의 수력발전소, 차량 제조공장과 기타 기업소의 구성원들과 연계하면 이와 같은 어려움을 이겨낼 수 있다. 이런 생산 조직에서 학생들은 자기보다 손위 동료를 찾는다. 어떤 일에도 흥미가 없는 아이도 이 조직에서 저 조직으로 다니다 보면 결국 흥미를 느끼는 일을 찾을 수 있다.

  이것은 세밀하고 또 쉽지 않은 사업이다. 이 사업을 하다 보면 흔히 충돌이 일어난다. 이 충돌을 해결하는 일이 하루하루 교육 현장에서 흔히 보는 일이다. 우리 학교에는 파벨이라는 학생이 있다. 그는 9학년이다. 그는 지난날에는 무엇에도 흥미를 느끼지 않는 학생이었다. 교사는 그가 오랫동안 무엇에 열중하게 만드는 데 실패했다. 노동에 무관심한 그는 학습에 대해서도 무관심했다. 그는 1학년부터 8학년까지 8년 동안 세 번이나 학교를 그만두었다. 이때 새로운 지도원인 타란이 소년 기술자 동아리에 왔다. 손재주가 있는 타란은 철공 일, 조립공 일과 선반공 일 등에 능숙했다. 그는 곧 전체 조원들의 마음을 끌었다. 그러나 파벨만은 여전히 여러 가지 활동에 관심을 보이지 않았다. 그런데 새로 온 지도원은 짧은 시간 안에 파벨이 노동에 흥미를 갖게 했으며, 무엇보다도 그가 파벨에게 시작한 일을 끝까지 하게 한 것이다. 이 소년은 자기가 한 일에 긍지를 느꼈고, 이것은 무엇보다 파벨이 노동에 대해 흥미를 가지게 했다. 파벨은 차츰 그룹 활동에 열중했고 지금은 모형을 설계하고 제작하는 것을 가장 흥미로워하는 구성원이 됐다.

우리 학교에서는 수업을 1부제로 하고 있다. 그러므로 하교한 뒤, 쉬고 나서 학생들은 저마다 자기가 즐기는 방에 가서 활동할 수 있다(오후 4시부터 8시까지). 모든 교사들은 아이가 창조적 노동을 할 물질적 토대를 준비하기 위해 아주 많은 일을 해야 했다. 즐기는 활동을 하기로 한 시간에는 모든 학생들이 학교에 온다. 그들과 함께 오는 학생들로는 8년제 학교의 학생들도 있었다. 1학년 학생들은 자기 동생을 자주 데리고 오는데, 그들도 역시 무엇을 해보려고 했다. 우리는 그들이 빈둥빈둥 놀지 않고 그저 할 일이 있기만 하면 서로 방해하지 않는다고 생각해서 그들에게 단순히 아무 일이나 하게 하는 것이 아니라, 반드시 모든 아이들에게 자기가 가장 즐기는 일을 찾아 주어야 한다. 창조성의 불꽃을 모든 학생들에게 지펴 주기 위해서는 가장 중요한 여러 가지 노동 종목을 그들에게 내주고 그 노동을, 아이의 연령적 특징을 고려해, 그들의 활동에 맞도록 변경시켜야 한다(여기에서는 반드시 커다란 위험을 방지해야 한다. 즉 노동 항목이 지나치게 어려운 것을 골라내거나 또는 단순히 흥미를 느끼는 활동만 하도록 조직한다면 아이들은 이런 활동을 단념하게 될 것이다).

우리는 기술 창작 작업실을 4개, 제작소(목공 제작소 1개, 금속가공 제작소 2개)를 3개, 기계학 활동실을 2개, 모형을 설계, 제작, 조립하고 전기 작업을 하는 작업실 2개와 그 작업 칸을 5개, 라디오 실험실을 1개, 자동화와 원격 조종 기술 활동실을 1개, 소년 모터 사이클 수리 작업 칸을 몇 개, 상급학년들과 교사들이 조립한 소형 자동차를 넣어 둘 차고 1개를 설치했다. 이런 여러 가지 기술 창작 활동 항목 가운데서 1학년 학생이나 11학년 학생들은 흥미를 느끼고, 즐길 수 있는 일을 찾았다. 목공 제작소에는 하급학년들이 쓸 전기톱이 있고 기술 작업실 한 칸에는 장난감 부속품을 만들 때 쓸 소형 선반과 착공기가 있다. 제 손으로 만들고 금속을 가공하며 모형을 설계, 제작하는 것을 즐기는 아이들을 위해 작업대 수십 개가 마련돼 있다. 각 작업대에는 자그마한 압착기, 줄, 망치, 집게, 금속원자재 한 벌, 즉 쇠줄, 금속판, 여러 가지 나사, 너트 들이 준비돼 있다. 이 모든 것을 설치한 목적은 아이들이 머리를 써서 부품과 모형을 조립하고 진열할 수 있게 하는 데 있다.

어린아이들이 즐기는 작업실 곁에는 소년 선봉대 대원과 그들보다 나이 많은 학생들이 일하는 작업대가 있다. 3, 4학년들은 장난감 수레에 달 작은 롤러나 바퀴를 공작기로 깎는다. 이들 곁에서 8학년들이 발전기의 동력 모형에 쓸 부속품을 만든다. 11학년들은 8학년들이 쓰는 선반의 부속품을 만든다. 이렇게 하는 것은 특별한 교육적 의미가 있다. 무관심하고 때때로 게을러지는 학생들에게 적극적인 영향을 줄 수 있다.

학령 초기와 중기 아이들이 설계와 조립에 흥미와 능력을 점점 더 가질 수 있도록 분해한 부품을 장치하고 기계와 기구 모형을 장치할 수 있는 특별한 작업대를 구분해 놓았다. 하급학년 곁에서는 상급학년들이 전시용 프로그램 조절 선반을 조립한다. 이와 같이 이웃에 대해서도 우리는 커다란 교육적 의미를 부여한다. 여러 해 동안 경험을 통해 우리는 하급학년의 어떤 아이들에게 조금 복잡한 기계와 장치를 조종할 수 있는 소질이 벌써 뚜렷하게 나타나는 것을 보았다. 이런 천재를 위해, 더욱 정확히 말하면 아이들이 노동으로써 이런 재능을 더 많이 연마하게 하기 위해, 안전하게 시동을 걸고 정지할 수 있는 그리 크지 않은 발동기가 달린 동력차를 설치했다. 이런 발동기는 낮은 전압을 가진 장난감 발전기를 돌릴 수 있다. 이 꼬마 동력차는 중급학년 동아리 구성원들이 연구하는 진짜 동력장치 바로 곁에 설치돼 있다.

현장의 10명 남짓 되는 남녀 학생들 가운데서 학생들 서너 명은 벌써 10~11세 때 그다지 크지 않은 내연발동기를 분해하고 조립할 줄 알고, 기계를 잘 조종했는데, 특히 중요한 것은 그들이 그 기계를 사랑하게 된다는 것이다. 이들은 미래의 재능 있는 기계 전문가들이다. 100명쯤 되는 남녀 학생들 가운데서 두세 명은 10~11세 때 이미, 기술에 아무런 흥미가 없는 11학년들보다 내연발동기를 훨씬 더 잘 알고 있다. 아이들이 재능을 남김없이 발휘할수록 재능과 취미를 기르는 데서 오는 어려움, 즉 아이가 그 어떤 노동에도 냉담했던 태도를 버리게 할 수 있다.

학령 중기와 말기의 학생들을 위해 우리는 여러 가지 기계(트랙터, 자동차, 모터 사이클)의 구성 부분이며 여러 가지 용도를 가진 직류발전기 고정장치의 구성 부분이기도 한 내연발동기를 50대 마련했다. 예를 들면 2대의 내연발동기로는 둥근 톱과 대패질하는 기계(비록 전선으로부터 오는 전류로 돌릴 수 있는 이와 비슷한 작업기를 가지고 있다 할지라도)를 돌릴 수 있다. 소년들은 언제든 그 기계를 분해하고 닦고 기름을 넣으며 부품과 부속품 사이의 상호작용의 이치에 대해 생각할 수 있다. 상급학년들은 트랙터 2대와 자동차 2대를 관리한다. 우리는 새것보다도 낡은 이 기계(트랙터와 자동차)를 더 좋아한다. 이런 낡은 트랙터와 자동차를 운전하기는 쉽지 않은데 왜냐하면 그것들은 늘 수리해야 하기 때문이다. 그러나 아이들에게 기술에 대한 사랑을 길러 주는 데는 이것이 더 쓸모가 있다.

학교 건물 가운데 한 곳에는 소년 건축가실이 있다. 이 방에서는 건축 작업 애호가들이 콘크리트용 철근을 조립해 철근 콘크리트 블록과 부속품을 만든다. 전기공학 연구실에도 각각 다른 나이의 학생들을 위해 작업대가 설치돼 있다. 가장 어린 학생들은 기성 부품으로 발전기의 활동 모형을 조립하면서 개별적인 부속품으로 부품을 조립하는 데로 점차 넘어간다. 학령 중기 학생들은 부속품을 만들고 그것으로 부품을 조립하며 여러 가지 기계와 전기 측정 장치의 모형을 설계하고 하급학년들을 위해 전기 톱과 전기용접기를 만든다. 상급학년의 작업대에는 비교적 복잡한 장치와 기계를 만드는 데 쓰이는 도구들이 있는데, 이런 장치와 기계의 작업 원리는 전기에너지를 기계에너지, 열에너지와 빛에너지로 바꾸는 데 기초한 것이다.

학생 개인의 재능을 기르는 문제로 우리는 전자학 연구실과 자동기계공학 연구실을 특수한 위치로 생각한다. 여기에는 자동기계공학과 원격조작 기술에 따라 활동 모형과 장치를 설계하는 데 필요한 모든 자재와 부품들이 마련돼 있다. 여러 해 동안 경험으로, 우리는 기술 그룹 활동에 참가해서 자동기계공학과 전자학 방면에 창조적 재능을 발전시키는 학생이 각 학급에서 2~3명쯤 된다는 것을 알게 됐다.

하급학년들이 작업할 뿐만 아니라 소년 선봉대 대원과 상급학년들도 작업하는 라디오 기술 작업실은 늘 사람들로 가득 찬다. 여기서는 간단한 진공관 라디오 수신기를 제작하는 것에서 시작해 복잡한 반도체 수신기와 라디오로 모형 항공기를 조종하는 데 쓰이는 장치를 설계하는 것까지 이른다. 모든 아이들은 대부분 이 모형 항공기를 만드는 데 열중한다. 그들은 이 방면에서 거둔 성과가 클수록 라디오, 자동기계공학, 전자학과 전자기술과 같은 유형의 노동에 대해 더욱더 흥미를 느낀다.

모든 교사들은 예술 창작, 특히 공예 미술 방면에서 학생들의 재능을 고무시키고 발전시키는 데 주의를 기울인다. 아이들은 소형 도자기 제작소에서 그릇과 여러 가지 인형을 만든다. 또한 여기에는, 어린아이들을 위해 학교 인형극단에서 쓸 인형을 빚는 특수 작업실이 있다. 예술적으로 나무를 지져서 그림을 그리는 그룹과 예술적으로 톱을 켜는 그룹에서, 아이들은 상상의 세계를 그림과 평면의 형상을 통해 드러낸다. 회화 그룹에는 1학년부터 졸업반까지 많은 학생들이 참가한다. 그들의 음악적 재능은 합창단에서, 아동 민악대에서, 소년 바얀[4]조에서 발전한다. 이 밖에도 학교에는 문학 창작 동아리가 많다. 학교에서는 정기적으로 학생 작업 발표회(이는 '우리의 창작'이라는 제목으로 진행된다)를 연다.

그러나 우리는 예술 창작 면에서 학생의 재능을 발전시킬 때 음악이나 회화를 그들의 미래 직업으로 삼는 것에 목적을 두지 않는다. 이 과업은 전문학교에서 할 일이다. 우리가 할 일은 개별 학생의 개성을 전반적으로 발전시키고 그들의 재능을 발휘시키며 예술 창작 능력을 일으켜서 그들이 다각적이고 아름다운 정신생활을 하도록 하는 것이다.

농업 면에서도 학생들은 노동의 유형을 풍부하게 선택할 수 있다. 우리의 온실 2개 (이 가운데 하나는 레몬 묘목장이다)에서는 사람의 눈길을 끄는 노동이 하루도 멈춘 적이 없었다. 아이들이 입학하는 첫날부터 여기서 즐기는 일을 찾도록 한다. 푸른 실험실, 생물 연구실과 생물 작업실, 과수 묘목장, 과수원, 교수 실험실, 학교 양봉장, 토끼 사육장, 그리고 각 평가

---

[4] 바얀은 고대 러시아 악기로 손풍금의 일종이다.

농장 양봉장의 각 분장(分場)에서 흥미로운 식물 실험을 한다.

우리는 아이들이 식물을 재배하거나 흙을 가공하면서 어릴 때부터 자신의 체험에 따라 자연을 개조하는 인류 지혜의 힘을 확신하게 한다. 아이들이 노동으로 시작하는 일 가운데 하나는, 예를 들면 흙을 쓰지 않고 영양분이 있는 광물 혼합물(모래, 유기물질, 광물질 비료)이 녹아 있는 물속에서 식물을 키우는 것이다. 아이 자신이 이 혼합물을 준비하고 그것으로 식물을 키운다. 엄동설한에도 식물 작업실과 식물 연구실에는 오이가 싱싱하게 자라고 토마토가 익어 가며 포도송이가 주렁주렁 달려 있다. 학교 교수 묘목장에서는 8~9세 아이들이 키워낸 과일나무를 접붙이고 있다. 물론 모든 아이들이 이것을 다 할 수 있는 것은 아니다. 이것은 입학하기 전에 자연을 사랑하는 법을 배운 아이들만이 할 수 있다.

평가농장 양돈장의 한 지역에는 가축 사육을 즐기는 학생들을 위해 만든 노동실이 있다. 여기에는 그야말로 특별한 실험실이 있다. 학생들은 이 실험실에서 페니실린 균주가 들어 있는 식물을 키운다. 그들은 그 식물을 사료 속에 넣고, 이 생화학 사료가 동물의 신체 발육에 주는 영향을 연구한다. 이런 노동은 아이들의 마음을 끌었다. 그러나 여기에서 활동하는 사람은 상급학년들이다. 이 창조적인 실험실은 소년 선봉대 대원들이 송아지를 먹이는 평가농장 소사육 목장에도 있다. 여기서는 수십 가지 사료를 종합하는 방법을 연구한다.

또 아이의 특수한 흥미를 불러일으키는 것은 비타민을 사용하는 문제다. 그들은 여름에 비타민과 항균소가 많이 들어 있는 식물을 찾으러 전문적인 단체 여행을 한다. 학생들은 몇 백 킬로그램이나 되는 비타민 건초를 특수한 방법으로 저장하고 겨울에 그것으로 비타민 가루를 낸다. 이런 소형 실험실 또는 작업실은 우유제품을 생산하는 목장, 가금 사육장, 토끼 사육장에도 다 있다. 여기서는 노동에 분명하게 나타나는, 자연을 개조하는 지혜의 힘이 아이들의 마음을 끈다. 만약 아이들이 이것(그들은 이것을 더 더디게 이해할 것이다)을 느낀다면 그들의 육체노동은 지능의 내용으로 가득 찰 것이다.

우리 교사들은 교육 사업에서 중요한 일은 모든 즐기는 노동이 학습과 긴밀히 연관되게 하는 것이라고 생각한다. 그러므로 모든 교사는 수업에서 교수요강에 규정된 교재를 가르치면서 이러저러한 노동 활동에 대해 아이의 흥미를 불러일으켜야 한다. 이를테면 학생들은 하급학년 때 식물, 특히 과일나무에 관한 기초지식을 배운다. 교사 웰호브니나, 네스체렌코, 잘렌코는 하급학년들에게 생물을 가르칠 때, 상급학년들이 실습 실험지, 과수원, 묘목장에서 무엇을 하는지 소개한다. 이렇게 하면 수업에서 배우는 것보다 더 많이 알려는 경향이 생긴다. 이것이 바로 노동에 흥미를 불러일으키는 최초의 원천이다. 창조적인 노동 활동을 하는 모든 교실에서 이 작업을 해야 학생들이 사물을 인식할 수 있고, 노동이 긴장되게 진행될수록 자연의 합법칙성에 대한 인식은 더욱 빨라지며 심화된다.

경험이 증명하듯, 학생의 재능을 고무하고 발전시키기 가장 좋은 방법은 그들이 스스로 노동하도록 조직하는 것이다. 어떤 노동에 대한 공통적인 흥미를 가진 학생들은 이러저러한 평가로 연합한다. 이런 연합 조직이 우리 학교에는 70개나 있다. 연합 조직의 소모임은 3명 또는 10~12명으로 이루어진다. 모든 소모임(어떤 소모임은 소대, 분대라고 했다)은 자신들만의 원칙에 따라 활동한다. 이러저러한 노동의 종류를 잘 아는 교사는 학생의 연합 조직에 참가하고 거기에서 지도자가 된다. 그러나 교사로서 참가하는 것이 아니라 그 일의 숙련자로 참가한다. 그런데 여기서는 이런 교사가 15명을 넘지 않는다. 그러므로 그 나머지 학생 조직은 가장 경험 있는 상급학년이 지도한다. 여기서 말하는 지도는 특수한 성격을 띤다. 즉 지도자의 지도는 무엇보다 모든 사람에게 본보기가 되고 그의 노동으로 모둠 내 구성원들을 격려할 수 있다. 자기 일을 사랑하는 이런 학생(보통 7, 8학년이다)은 으레 이런 활동을 즐기는 학생들을 끌어모을 수 있다.

이 밖에도 우리에게는 노동 숙련 정도와 능력이 다른 아이들이 참가하는 연합 조직이 있다. 이 조직은 가장 생명력이 강하다. 그러므로 교육적 관점에서 볼 때 그것은 정당하다. 이 조직은 아마 저절로 만들어진 것 같다. 즉 2학년은 8학년과 함께 일하고 5학년은 10학년에게 배운다. 이것은 자연발생적인 것 같지만 진정한 자립성을 띤다. 즉 노동에 대한 열중과 사랑이 그들을 결합시킨다. 이를테면 우리의 작업실 가운데 어느 한 작업실의 노동 시간이 되면 날마다 소년 모형 설계사들이 모여든다.

그들 가운데 가장 능력 있는 학생은 9학년 학생 세르게이다. 그는 자기 벗(7, 8, 9학년)들과 함께 자동화 신호 시스템, 전선 몇 개, 차단선과 예비용 레일을 갖춘 전기철도의 모형을 설계하고 있다. 그들 곁에는 7학년 2명(남학생 1명, 여학생 1명), 8학년 1명, 9학년 1명이 있다. 그들은 전동기로 돌리는 기중기 모형을 조립한다. 그러나 그들 중 몇몇은 자기보다 더 능력 있는 동료의 노동을 수시로 참관한다. 더 능력 있는 학생들도 그 기중기를 조립하도록 도운다. 여기서는 하나의 창조적인 연합 조직 안에 마치 자그마한 평가가 2개 있는 것처럼 보인다. 그 하나는 더 복잡한 작업을 완성하고 다른 하나는 더 간단한 작업을 완성하지만, 그들이 열중하는 것은 같다. 더 간단한 작업을 완성하는 평가 구성원들은 더 경험 있는 동료들과 함께 일할 수 있는 높은 기술 수준에 도달하려고 온 힘을 다한다. 이 그룹의 사람들은 언제나 앞으로 나아가려 한다. 그들은 경험이 적은 동료들 가운데서 어느 누가 벌써 '따라잡게 된다'는 것을 느끼기 때문이다. 이 연합 조직에는 학생이 셋 있다. 이들은 2학년 2명과 4학년 1명이다. 이들도 무슨 일을 해보려 한다. 그래서 나이가 더 많은 학생들이 그들에게 그들의 힘에 맞는 작업, 즉 전철기에 쓰이는 금속판을 닦고 녹이 슨 낡은 전동기의 부속품을 분해한 다음 그것을 깨끗이 하는 일들을 찾아준다. 어린 학생들은 기꺼이 이 작업을 완수한다. 그 뒤 그들에게 차츰 더 복잡한 작업을 맡긴다. 이를테면 한 달이 지나면 4학년 올레그는 9학년을 도와서 금속판에 구멍을 뚫는다. 모둠장은 이 상황을 보고 올레그가 얼마 안 가 선반에 가서 일할 수 있다고 말한다.

석 달이 지나 전기철도와 기중기의 모형이 다 됐다. 세르게이는 자동기계공학과 전자공학의 요소(프로그램 조절, 가공한 부속품의 질을 검사하는 것)가 들어 있는 새로운 모형, 즉 대형 압연기 도안을 가지고 작업실에 갔다. 복잡도가 다른 작업을 완수한 두 연합 조직은 하나의 평가로 합쳐졌다.

우리 학생들은 바로 이런 창조적 노동의 분위기 속에서 생활한다. 여러 가지 창조적인 노동은 자석과도 같다. 자석의 힘이 셀수록 학생은 자기가 참가하는 노동에 더 큰 흥미를 느끼고, 이런 노동 방면에서 그의 능력은 눈에 띄게 발전한다. 생물과 화학을 가르치는 여교사 코로미첸코는 동물 사육을 아주 즐긴다. 그는 학생들에게 항생물질이 동물의 발육에 주는 영향을 연구하도록 실험실을 목장의 한 곳에 세웠다. 이 일반적인 노동으로 모둠 구성원들은 그의 지도 아래 흥미를 느끼게 됐다. 소년 사육원들은 아주 만족스럽게 동물을 사육하며 사료를 장만하고 있다.

70_ 노동으로 학생 개인의 재능과 기호를 발전시켜야 (하)

우리가 앞에서 보여 준 바와 같이 저마다 다른 연령기의 학생들이 창조적인 노동 과정에서 늘 가까이 접촉하는 가운데 학생 개인의 재능을 발전시키는 것이 제일 좋다. 그러므로 우리는 11년제 학교의 상급학년을 교수·교육 기관으로 분리시키는 것이 적당하지 않다고 생각한다. 하급학년들을 상급학년들과 갈라놓는다고 해서 교사가 그들의 연령적 특징을 더욱 잘 고려할 수 있는 것은 아니다. 이와는 반대로 학령 초기와 중기, 말기의 학생들이 함께 학습하면 더욱 좋은 성과를 거둘 수 있다.

한 사람이 다른 사람을 교육할 때 그 자신도 역시 교육을 받는다. 우리 학교에는 자기의 지식과 기술을 하급학년에게 가르쳐 주지 않고, 자기가 즐기는 일에 그들을 끌어들이지 않으며, 이를 통해 그들이 노동 기술을 배우게 하려고 노력하지 않는 상급 학생들은 하나도 없다. 11학년들과 10학년들, 심지어는 7학년의 많은 학생들까지도 다 교사의 가장 적극적인 조수가 된다. 만약 우리가 하급학년을 교육하다가 어려움에 부딪힌다면 우리는 상급학년 가운데 누구를 찾아서 그와 접촉하게 해서 어떤 기호와 홍미가 하급학년들의 정신적인 경험의 바탕이 될 수 있을까 생각한다. 바로 여기에 개별적으로 접근하는 열쇠가 있다. 이 문제는 전문적으로 해석돼야 한다.

아이의 자립성에 기초한 교육과정에서 교육 지도는 어디에서 구현되고 교사가 할 일은 어디에서 어떻게 표현될까? 얼핏 보면 교사는 방관자가 되고 아이들이 모둠에서 모든 활동을 하는 것 같다. 그러나 전혀 그렇지 않다. 교사의 일은 학생에게 노동을 끊임없이 평가하고 사랑하도록 하고 창조성의 불꽃을 지펴서 그 불꽃들이 활활 타오르게 하려고 노력하는 것이다. 기술, 식물 재배, 과수 재배에 학생들이 열중하는 까닭은 자기의 사업을 사랑하는 교사들이 그들의 눈앞에서 본보기를 보여 주기 때문이다. 필립보프, 콤파니예즈, 바르빈스키, 타란, 센구르, 워로실로 같은 교사들은 내연기관과 전동기에 능통한 선반공, 철공, 전기공, 철근공, 전기 용접공인 전문기술자들이다. 그들은 학생들과 함께 늘 무엇을 설계한다. 이 교사들의 손으로 만든 제품들은 장식이 아름답고 정밀하다. 물리학 교사 필립보프는 학생들과 함께 전기 철공 작업에서 아주 정밀한 일을 하는 데 쓰는 도구들을 만들었다. 수공노동 교사 타란은 밭에서 트랙터와 농업 기계를 수리하는 데 쓰는 철공 도구를 넣는 이동 작업 상자를 만들었 다. 센구르 선생은 휴대용 반도체 라디오를 수십 개 만들었다. 많은 학생들은 이 교사를 본받아 이런 작업에 열중했다. 우리 학교의 11~12살짜리 몇몇 아이들은 배선도에 따라 작고 보기 좋은 반도체 라디오를 조립할 줄 안다.

자연 상식 교사와 하급학년 교사인 삼코브, 스체파노브, 코로미첸코, 잘렌코, 웰호브니나는 알곡작물과 공예작물 및 과일나무에 열중하고 생물 실험실과 교수 실험장에서 실험을 하고 있다. 그들은 저마다 과수원과 포도원에 자기 것을 가지고 있다. 여기서 '자기 것'이란 그들이 나뭇가지마다 열심히 관리한다는 뜻이다. 그들은 묘목을 키우기 위해 해마다 과일 씨를 심는다.

 기술을 익히는 일은 학생이 즐기는 노동을 하도록 이끄는 주요한 자극제이다. 그러므로 우리는 모든 학생들이 학교에서 공부하는 기간에 설정된 분야에서 우수한 성적을 거두게 하려고 노력한다. 사람은 자기가 열중하는 것을 사랑해야 하고 그것을 떠나서는 생활할 수 없다. 이래야만 노동을 사랑하는 정신을 기를 수 있다. 성공에 이르는 길은 흔히 지루하고 반복적인 탐구를 거쳐야만 찾아낼 수 있다. 학생은 다양한 여러 가지 노동 항목에서 자기의 힘을 시험해 보고 많은 능력을 습득할 수는 있지만, 그가 어느 한 가지 노동에서 거둔 성과가 기본적인 범위를 훨씬 벗어나지 못하면 그가 자기의 길을 찾아냈다고 할 수 없다. 어떤 학생이든 널빤지에 대팻집 모형을 만들고 발전기 모형을 조립하는 일들을 잘할 수 있다. 이렇게 하려면 어떤 학생은 연습을 많이 해야 되고 또 어떤 학생은 적게 해도 된다. 그러나 노동이 즐기는 일이 되고 열중하는 일이 되려면 해당 연령기 학생들이 제시되는 목표를 능가하는 뚜렷한 성과를 거두게 해야 한다.

 일반적으로 말하면 우리 학교에서 아이들은 이러저러한 노동에서 하급학년 때 벌써 성과를 거둔다. 한 3학년은 상급학년들보다 대패질을 더 훌륭하게 했다. 다른 한 초등학생은 목조 집을 무척 아름답게 지어서 전교생의 칭찬을 받았다. 다른 초등학생은 재배한 품종의 과일나무를 야생 나무에 접붙였는데, 접붙인 나뭇가지가 매우 튼튼하게 자라서 식물학 교사마저 이 학생이 어떻게 이런 성과를 거두게 됐는지 궁리하지 않을 수 없었다. 또 다른 초등학생은 소년 발동기 노동자를 도와서 발동기의 부속품을 닦았는데, 그는 이것을 통해 소형 발동기를 조립하고 분해하는 법을 배웠다. 그러나 주어진 일에서 훌륭한 성과를 거두었다고 곧 학생의 모든 소질이 개발되고 재능이 확실해져서 그가 자기 앞날을 자립적으로 계획할 수 있는 것은 아니다(교사인 우리가 그렇게 생각할 수 있으나 아이들은 탐구를 계속해야 하고 새로운 성과를 거두어야 할 것이다).

개인의 재능을 발전시키는 일은 가변성이 많은 과정이다. 소질은 재능과 마찬가지로 다각적이다. 그러므로 학생은 어느 정도 시간이 지난 뒤에 다른 노동에서 커다란 성과를 거둘 수 있다. 노동에서 이런 성과를 거두려면 아이는 많은 노력을 기울여야 한다. 더욱 정확히 말하면 그는 자기가 한 것이 많다고 느끼는 동시에 적다고도 느끼게 될 것이다.

새로운 성과를 거두도록 자극하는 것은 아이의 소질을 개발하고, 능력을 발전시키는 방법이다. 현장에서 이 방법을 응용하는 것은 늘 그리 쉬운 일이 아니다. 나는 27년 동안 교육 사업을 하면서 아주 긴 시간 동안 어떤 분야에서도 뚜렷한 성과를 거두지 못하는 학생을 수십 명 만났다. 그들 가운데 육체노동을 싫어하는 아이도 있었다. 그러나 사람이 아무리 노동을 안 하려 해도 그에 대한 교육은 그가 성과를 거두는 것에서(초기에는 가장 사소한 성과를 거둔다 할지라도) 시작해야 한다. '두 손을 어디에도 대려 하지 않는' 이런 게으른 사람이라도 어떻게든 일을 할 수밖에 없게 해야 했다. 우리는 그가 사소한 성과라도 거둘 수 있다면, 그곳에 가서 일하게 했다. 이런 경우에 제일 좋은 방법은 교사가 학생들과 함께 일하는 것이다. 우리 학교에는 게으르고 모든 것에 관심 없는 학생 위탈리가 있었다. 교사는 8년 동안이나 그를 가르칠 좋은 방법을 찾지 못했다. 심지어 그는 모터 사이클 운전도 배우려 하지 않았다. 아이들 가운데 이 일에 무관심한 사람은 거의 없다. 그런데 한번은 우리가 다른 학생들과 함께 그를 데리고 가서 뽕나무 사이의 밭을 갈기로 했다. 교사는 그 애와 함께 일하면서, 기계를 어떻게 써야 하는지, 어떻게 모터를 발동시키고 보습을 조종해야 하는지 알려 주었다. 교사는 이 방법을 여러 번 써 먹었다. 마침내 그는 농업 기계를 다루는 일에 열중했다. 이 방면에서 그가 성과를 거두자 우리는 그가 더 어려운 일을 해내도록 지도했다.

재주, 기술 – 이것은 무엇보다도 목적을 이루기 위해 어려움을 이겨내는 끈기이다. 새로운 성과를 거두기 위해 꿋꿋하게 일하다 보면 새로운 소질과 재능이 발견되고 흥미의 범위가 넓어진다.

몇 년 전에 4학년 위차는 소년 가축 사육 모둠에서 자기보다 위 학년들과 함께 일했다. 그는 송아지 기르는 일을 제일 좋아했다. 자기보다 위 학년들이 암소와 송아지에게 먹일 마른풀을 준비할 때 풀 속에 영양물질이 더 많이 보존되도록 노력했다. 한번은 그들이 위차더러 비타민이 들어 있는 마른풀을 수십 킬로그램 준비하고 그것으로 송아지에게 먹일 가루를 내라고 했다. 위차는 풀을 잘 말려서 가루를 내고 약을 만들었다. 그는 이 약을 앓는 송아지에게 먹였다. 그러자 송아지가 금방 나았다. 4학년 학생으로서 대단한 성과였다.

그는 5학년이 돼서는 송아지에게 먹일 사료를 준비하려고 노력했고 다음에는 사료 작물을 재배했다. 7학년이 되자 새로운 성과를 거두었다. 즉 거친 사료에 단백질을 많이 함유시키는 법을 배운 것이다. 그리하여 그가 돌보는 암소는 우유량이 많아졌다. 이 아이의 관찰력이 날로 발전했다. 이것으로 보아 그는 훌륭한 가축 사육원이 돼야 했다. 그러나 위차의 재능 발전 과정은 그 뒤 조금 변화했다. 상급학년이 되자, 이 청년은 항생물질과 그것을 목축업에 응용하는 데 흥미를 보였다. 실험실에서 실험하면서 그는 항생 물질의 생명력을 향상시키기 위해 새로운 환경을 조성하는 방법을 탐구했다. 그래서 목축장의 한 모퉁이에 생화학 실험실이 생겼다. 이것은 몇몇 학생들이 즐기는 노동을 할 새로운 실험실이 됐다. 2년 전에 위차는 중학교를 졸업하고 농업대학에 진학했다. 우리는 이 청년이 우수한 전문가, 가능하다면 과학자가 되기를 바란다.

어떤 학생의 소질은 뚜렷이 나타나지 않는다. 우리는 이런 학생의 재능을 키워주는 데 특별한 관심을 가진다. 이런 학생은 성적이 중간 정도의 학생들뿐만 아니라 우등생들 속에도 있다. 하지만 사람은 누구나 다 어떤 노동 분야에서 높은 기술 수준에 도달할 수 있다. 그러므로 우리는 이런 학생의 창조성이 발휘되게 하려고 노력한다. 여기에서 결정적인 몫을 하는 것은 노동, 집요함, 의지력, 어려움을 이겨내는 용기와 실패했을 때 낙심하지 않는 것이다. 우리는 아이들이 한 가지 일에 모든 힘을 집중해 그 세밀한 부분까지 깊이 파고들게 하는 데 힘써야 한다. 만약 학생이 처음에 성과를 거두지 못하면 교사는 다시 새롭게 일을 시작하도록 학생을 도와주어야 하고, 또 실패하면 학생에게 어떻게 해야 하는지 암시해 주어야 한다.

우리 학교의 모든 교사들은 아이들이 하는 모든 노동이 지능의 내용으로 가득 차도록 언제나 노력한다. 가장 간단한 노동 과정에는 연구적이고 실험적인 사상이 있어야 한다. 학생들 가운데 누가 어떤 노동의 전 과정을 한 번 거친다면, 그 학생은 연구하는 작업실에서 벗어나기 어려울 것이다. 이를테면 비료 혼합물을 준비하는 것에서 그것을 밭에 내는 일로 나아가고, 키우는 식물이 큰 면적의 작물보다 1~2주일 전에 성숙되면 또 수확하는 데로 나아간다. 우리에게는 평범하지 않은 이 '공장'에는 창조적인 노동을 하는 소년과 청년 남녀들이 있다. 이들은 4~5년 동안 '노동경험'을 했다. 흥미롭고 연구성을 띤 노동을 하기 때문에 이 아이들은 재능과 타고난 능력을 점차 발휘한다. 그들의 간단한 육체노동은 실험실에서 하는 예민하고 치밀한 연구 사업과 연관된다. 그들은 교수 실험지에서 화학적 물질이 미생물의 적극적인 생명력에 미치는 영향력을 시험하고 연구한다. 삽과 쇠스랑에서 현미경에 이르고, 화학적 반응에서 귀중한 부식물을 보관하는 인분 통에 이르는 - 이 원칙은 학생의 가장 간단한 농업 노동의 뚜렷한 특징이다. 우리의 이상은 이 학생들이 열심히 흙을 연구하고 유기물질과 화학물질을 연구하고 해충을 박멸하는 수단을 연구하는 근로자가 되는 것이다. 지금 학교에는 소년 연구자의 흙 연구소가 조직돼 있다. 이것은 또한 아이들이 즐기는 노동 활동실 가운데 하나다. 아이들은 이 활동실에서 매우 다양한 흙의 혼합물을 연구하고 또 자기 주변의 흙도 연구한다.

학생들에게 육체노동을 시키는 것은 그들에게 두 손의 노력과 지혜의 노력을 연관시키는 것을 가르치기보다 훨씬 쉽다. 그런데 바로 이런 연관성 속에서만 가장 소극적인 학생까지 노동에 대해 흥미와 사랑을 가지게 하는 진실한 열쇠를 찾아낼 수 있다. 우리는 이런 아이들이 무엇보다도 육체노동을 하고 이 노동 속에서 그 어떤 것, 즉 자연의 힘을 일차적으로 인식하고 정복하는 길을 찾게 하려고 노력한다. 만약 학생이 육체노동을 창조적인 목적을 이루는 수단으로 본다면, 그가 벌써 게으름을 극복하고 노동을 사랑하는 사람이 됐다는 뜻이다.

모든 학생이 학교에서 자신의 소질과 재능에 가장 알맞은 노동 활동 종류를 찾아내는 문제에 관해 엄숙히 이야기할 때가 왔다. 이런 노동 종류를 탐구하는 과정은 되도록 일찍 시작해야 한다. 여기서 가장 중요한 것은 모든 학생이 자기 활동에 열중하고 실제 활동을 이론 지식을 얻는 것과 연관시키도록 하는 것이다. 우리는 지금 학생이 자신이 선택한 노동 종류와 관련된 과목에서 자기 또래보다 앞서 나가게 하려고 노력한다.

우리는 자기의 실제 사업에서 이 경향을 심화할 것이다. 예를 들면 식물 재배 방면의 노동과 시험 활동에 흥미를 보이는 학생들은 더 심화된 식물학 과목을 배울 것이다. 지금 우리 학교 도서관에서는 이런 학생들을 위해 도서 자료를 만들고 있다. 수업에서도 이런 학생들에게 더욱 많은 것을 원할 것이다. 기계화, 전기화, 모형의 설계, 제작 방면의 노동에서 뚜렷한 재능을 보이는 학생들은 물리과 교수요강에 들어 있는 일부 과정을 더욱 상세히 배우고, 또한 물리과 교수요강에 들어 있지 않은 자료도 보충해서 배울 것이다. 보충 자료는 자립적인 과외 활동 과정에서 배울 것이다.

이론적 사고력, 특히 수학적 사고력 방면에서 좀 더 높은 소질을 가지고 있는 학생들을 위해 우리는 지금 교수요강에 고등 수학의 요소를 보충해 넣었다. 수학 방면에서 가장 재능 있는 학생은 6학년이 아니라 3, 4학년부터 대수의 기초를 배울 것이다(이런 목적으로 배정한 시간에 상급학년들이 그들에게 수학을 가르치도록 한다). 이런 학생들은 9, 10학년에 가면 미분, 적분 계산으로 넘어갈 것이다. 이들은 이것을 몇몇 9, 10세 아이들이 진공관이 있는 라디오 조립을 배울 수 있듯이 해낼 수 있다. 지금 학교에는 소년 수학자 연구실을 위해 실물 교재와 설비를 마련했다. 그들을 위해 편찬한, 고등수학 요소가 포함된 교수요강은 이미 쓰이고 있다.

학교에서는 2년 뒤에, 대략 4학년부터 모든 학년이 가장 즐기는 과목을 배우는 시간을 한 시간씩 안배할 것을 계획하고 있다(아마 우리는 이 시간을 창조적으로 학습하는 시간이라 할 것이다). 일과표에 들어간 이 한 시간(처음에는 1주일에 1시간씩 배치하고 다음에는 학과 과정이 개선됨에 따라 중급학년은 1주일에 2시간씩, 상급학년은 1주일에 3시간씩 배치한다) 동안 모든 학생은 자기가 흥미로운 문제를 연구하고 그 문제를 이론으로 심화시킬 수 있다. 전체 교사들은 이 시간에 학생이 창조적으로 생각하는 노력과 그의 육체노동을 밀접히 연관시키려고 노력할 것이다. 학생이 공부하고 활동하는 곳은 학생이 즐기는 것의 성격과 그의 노동에 따라 결정될 것이다. 어떤 학생은 책과 잡지를 읽을 것이며, 어떤 학생은 현미경의 렌즈를 들여다보며 관찰할 것이고, 또 어떤 학생은 사색하는 데 열중하고 그 사색을 실현하고자 삽을 들고 일할 것이며, 다른 학생은 선반 옆에 가거나 조립대 위에 앉아서 자재를 가공할 것이다. 학생들이 즐기는 노동 시간은 내용이 더욱 풍부해지고 형식이 다양해질 것이다. 모든 교사들은 학교에서 모든 학생이 개인적인 흥미와 취미를 만족시킬 수 있게 하려고 노력할 것이다. 먼저 우리는 '어려운 문제의 방'을 열고 거기에서 가장 복잡하게 설계하고 조립할 설계도를 창조적인 과업으로 명확히 제시해서 학생이 그것을 해결하게 할 것이다.

두 번째는 새로운 농업기술과 소형 기계화 연구실을 설치하고 거기서 학생들의 농업 육체노동을 덜어 줄 새 기계와 농업 기구를 연구하고 제작하는 것이다. 모든 학생은 통용되는 작업의 전문지식을 얻고 자기 사업의 숙련공이, 능숙한 근로자가 되려고 노력할 것이다.

71_ 일반적 아동 발달과 기본 지식의 습득

"초급학년이란 어떤 것일까?" 사람들은 초급학년의 중대하고 결정적인 역할에 대해 많이 말하고 있다. "초급학년에서 학생들은 지식의 확고한 기초를 닦는다." "초급학년은 기초의 기초다." 이 말은 중급학년과 상급학년 교수에서 나타나는 결함과 차질을 말하고, 학생 지식의 피상성과 불확실성을 말할 때 자주 듣는다. 초급학년에서 아이들이 다음 학습에 필요한 지식과 능력을 얻지 못한다는 질책이 자주 나온다.

그렇다. 초급학년에게는 무엇보다도 공부하는 법을 가르쳐야 한다. 이에 관해 비범한 교육가 얀 아모스 코메뉴스, K. 우신스키, 지스 R. 버크들이 말한 적이 있다. 이것은 실천과 교사의 경험으로 증명된다. 초급학년 교사의 가장 중요한 일은 학생들에게 일정한 범위의 확고한 지식과 능력을 가르치는 것이다. 공부할 줄 안다는 것은 지식 습득과 관련된 하나로 이어지는 능력, 즉 읽기 능력, 쓰기 능력, 주위 세계의 현상을 관찰하는 능력, 사고 능력, 단어로 자기의 사상을 표현하는 능력 들이 있다는 것이다. 이런 능력은 비유하자면 도구라고 할 수 있다. 이 도구가 없으면 지식을 얻을 수 없다.

초급학년 아이들을 가르칠 준비를 할 때, 나는 아이들이 기억 속에 확실히 보존해야 할 것이 무엇이고, 그들이 얻어야 할 능력이 무엇인지 명확히 규정하려고 노력했다.

그러나 초급학년에서는 이것만으로는 일이 해결되지 않았다. 초급학년에서 교사의 사업 대상은 완전한 아이라는 것을 어느 때나 잊지 말아야 한다.

1학년부터 4학년까지, 즉 7세부터 11세까지의 학습 기간은 사람이 성장하는 시기다. 물론 성장하는 과정은 초급학년을 졸업할 때 완결되는 것은 아니다. 그러나 바로 이 시기가 사람의 일생에서 발전이 가장 빠르다. 이때 아이들은 이후의 학습을 준비하고 이후의 학습을 잘하기 위해 어느 정도 지식과 능력과 조예를 쌓아야 할 뿐만 아니라, 풍부한 정신생활도 해야 한다. 초급학년에서 공부하는 시절 – 이것은 도덕적, 지적, 정서적, 육체적, 미적인 발전이 전반적으로 진행되는 시기다. 이런 발전은 내일 지식을 습득하기 위해서만 필요한 것이 아니라, 오늘 풍부한 정신생활을 보장하는 데에도 필요하다.

우리나라에는 우수한 초급학년 교사들이 수천수만 명 있다. 그들은 아이들의 지식 인도자일 뿐만 아니라 명실상부한 지도자며 생활의 스승이다. 초급학년은 소련에서 전반적 중등교육을 실시하는 확고한 기지다. 그러나 많은 초급학년, 특히 8년제 학교와 중학교의 하급학년에는 아직도 심각한 문제들이 있다. 나는 일부 초급학년의 삶이 매우 고통스럽다고 생각한다. 즉 아이들은 마치 자루를 지고 있고 교사들은 그 자루 속에 되도록 많은 것을 애써 넣는 듯하다. 이처럼 무거운 짐을 지고 일정한 지점,

다시 말하면 중급학년과 상급학년까지 가야 한다. 어떤 교사들은 초등학생의 생활과 활동의 의미가 바로 여기에 있다고 본다.

초급학년에서 학생들은 고정된 범위의 지식을 배워야 한다. 이 문제에서 명확하지 않고 인정하지 못하는 것이 있으면 그것은 초급학년을 약화시킬 뿐만 아니라 그 뒤의 교육과정도 약화시킨다. 아이에게 주어야 할 지식과 능력, 실질적 숙련의 범위를 명확히 정하지 않으면 학교는 바르게 운영되지 못한다. 많은 학교의 초기 교육과정에서 생기는 심각한 문제 가운데 하나가 바로 교사가 1학년이나 2학년, 그 밖의 모든 학년이 어떤 규칙과 정의를 깊이 이해하고 기억해야 하며, 어떤 단어를 정확히 쓸 줄 알아야 하고, 그 단어의 맞춤법을 잊지 않아야 하는지에 소홀하다는 점이다. 교사들은 각자 아이의 정신노동을 최대한 덜어 주려고 애쓰고 그들이 어떤 것에 흥미를 가지게 할 뿐만 아니라, 아이가 그것을 깊이 기억하고 언제나 기억 속에 보존하게 해야 한다는 것을 잊고 있다.

지금 와서 초등학생의 일반적인 발전에 관한 논의가 많아졌다. 일반적인 발전은 학습과 교양에서 특히 중요한 요소다. 그러나 기본적인 지식도 마찬가지로 중요하다. 이런 기본적 지식을 외우고 확실히 기억하지 않으면 일반적인 발전이란 있을 수 없다. 왜냐하면 일반적인 발전이란 쉼 없이 얻는 것인데, 그것을 위해서는 공부할 줄을 알아야 하기 때문이다.

교사는 초급학년에서 매우 중요한 일을 완성하는 동시에, 신경 계통이 하루가 다르게 자라나는 아이들이 바로 자기가 교육하는 대상이라는 것을 잊지 말아야 한다. 아이의 머리를, 쉼 없이 지식을 얻고 암기하고 기억하게 하려고 교사에게 맡겨진 어떤 살아 있는 장치로 봐서는 안 된다. 7세부터 11세까지 아이의 대뇌는 빠르게 발육하는 과정에 있다. 만약 교사가 어린이 신경 계통의 발육과 대뇌 양반구 피질세포의 증진에 대해 관심을 가지지 않으면 학습이 아이들의 머리를 나빠지게 할 것이다.

쉼 없이 지식을 쌓고 기억을 단련시키며 기계적으로 암기하는 것으로만 학습을 한정해서는 안 된다. 기계적으로 외우면 아이들은 머리가 둔해지고 어리석어져서 건강에 악영향을 미치고 지적 발달에도 불리하다. 우리의 목적은 학습이, 풍부한 정신생활의 한 부분이 되고, 이런 풍부한 정신생활이 아이의 발전을 이끌고 그들의 지혜를 풍부하게 하는 데 있다.

내 학생의 학습은 기계적으로 암기하는 것이 아니라 유희, 동화, 미, 음악, 환상, 그리고 창조적인 세계에서 생기발랄한 정신생활을 하는 것이 돼야 한다. 나는 아이들이 이 세계의 여행가, 발견자, 창조자가 되기를 바란다. 내 교육 이상은 아이들이 관찰하고 사고하고 추리하고 노동의 즐거움을 체험하고 자기가 창조한 것에 긍지를 가지는 것이다. 또 아이들이 다른 사람을 위해 미와 기쁨을 창조하면서 자기의 행복을 찾고, 자연계의 미, 음악의 미, 예술의 미를 감상하면서 자기의 일과 마찬가지로 다른 사람의 운명에도 관심을 갖도록 하는 것이다. 이와 동시에 아이가 어떤 지식을 배워야 하고, 어떤 단어를 쓸 줄 알아야 하며 이런 단어의 맞춤법은 언제나 잊지 말아야 하며, 어떤 수학 규칙 등을 늘 확실히 기억해야 한다는 명확하고 엄격히 규정된 목표도 잊어서는 안 된다.

72_ 가르칠 때 의식하는 것과 의식하지 못하는 것

 지혜의 가장 중요한 특징은 관찰력이다. 이는 "우리의 지혜로운 눈빛으로 사물의 모든 관계의 중심에서 그 사물을 파악하는 능력이다."(우신스키) 지적 발달의 다른 특징, 이를테면 지식욕(주위 세계의 현상에 대한 적극적인 태도와 사물을 인식하고 알려는 경향), 체계성(인식의 대상, 개념, 판단 등을 목적의식적으로 선택하는 것), 용량성(容量性)(지식을 기억하고 지적도에서 방향을 식별하는 능력), 논리성, 융통성, 자립성, 비판력 들도 관찰력과 관계가 있다.

 지능은 지식을 습득하는 과정에서 발전한다. 먼저 '지식'이라는 이 광의적 개념의 복잡성과 다각성을 고려해 보자. 첫째로 이 개념에는 기본적인 진리(사실, 규칙, 수치, 여러 가지 설명, 의존성, 상호 관계, 정의)를 일상적으로 기억한다는 것이 포함돼 있다. 왜냐하면 이런 것들은 생활에서 언제, 어디에서나 쓰이기 때문이다. 만약 이런 것들을 이용할 수 없고 필요할 때 자기의 기억 속에서 찾아내지 못하면 앞으로 학습이나 지적 발달, 지적 노동을 할 수 없다. 둘째로 지식이란 것이 반드시 기억해야 할 것이 아니고, 인류가 쌓아서 책에 보존해 온 무궁무진하고 넓은 지식의 보고를 잘 이용할 줄 아는 것이다. 이것은 서로 연관되면서 구별되는 지식의 두 가지 요소다.

구체적 자료를 대할 때 서로 다른 방침을 갖는 것이 매우 중요하다. 어떤 것은 언제나 기억해야 한다. 이런 것은 마치 새로운 사실과 현상을 해석하는 열쇠와 같다. 비유하자면 그것은 사고력의 도구다. 이 모든 것은 언제나 기억해야 하고, 특히 중요한 것은 이 모든 것을 잘 이용할 수 있고 또 자주 이용해서 그 도구가 녹슬지 않도록 하고 무거운 짐이 되지 않도록 해야 한다. 우리는 기억 속에 보존할 사실, 현상, 정의, 설명 들을 실천에 이용해 새로운 지식을 얻고, 창조적으로 노동함으로써 그것들이 학생의 기억 속에 깊이 새겨지도록 노력해야 한다. 모든 교사는 자기의 과목 체계에서 학생의 기억 속에 지식을 보존하게 할 방법을 어떻게 응용할지 알아야 한다. 수학 교사는 정밀 기기로 설계한 다음 학생에게 수학 방정식을 풀이할 때 그 정밀 기기로 곱하기 공식을 복습하게 했다. 동시에 이 공식으로 응용문제를 풀게 했다.

우리는 교수요강을 분석하면서 기억해야 할 지식의 범위(공식, 법칙, 규칙, 미터 측정 단위, 맞춤법 규칙, 물질과 식물과 동물의 일반적 특징 설명, 지리 전문용어, 지도에 있는 지리 대상의 위치 등)를 규정한다. 이런 지식은 전문적인 암기로 기억되고 지식을 응용하는 실천 과정에서도 기억된다. 구구단을 외우기 위해 우리는 흥미로운 놀이를 할 때 쓰는 특수한 수학 상자를 가지고 있다. 지리적인 대상과 그것들의 거리를 기억하기 위해 우리는 어떤 놀이, 즉 지도를 따라 가는 여행을 한다. 교수 시험지에서 우리는 학생들이 한 가지 식물을 가꾸는 것에서 다른 식물을 가꾸는 데로 넘어갈 때 기억 속에 보존했던 일부 중요한 식물의 특징을 회상하면서 순서에 따라 식물을 선택하게 한다. 이 모든 것은 무의식적 암기의 조건을 만들어 주는 수단이고, 이 무의식적 암기의 의미는 이미 과학으로 증명됐다. 무의식적 암기는 정신노동을 덜어 주는 아주 중요한 방법이다. 무의식적 암기의 효과는 학생이 어떤 정신노동으로 해당 이론 문제를 인식하느냐에 따라 결정된다. 예를 들면 만일 학생이 물질의 구조에 관한 흥미로운 보고를 듣고 마음에 드는 책을 읽었다면 그는 그 뒤 수업에서 이런 자료를 배울 때 무의식적 암기의 조건을 갖추게 된다. 우리는 많은 개념(특히 국가, 민족, 운동, 능력 등 이런 추상적 개념)이 무의식적 암기로 학생의 기억에 들어갈 수 있게 하려고 노력한다. 아이는 암기를 안 하고 알게 된 지식이 많을수록 꼭 암기해야 기억할 수 있는 것을 외울 때 더 쉽게 기억할 수 있게 된다.

과학은 급속히 발전하고 지식은 더욱더 많이 축적돼 가지만 인간 기억에는 한계가 있다. 인간의 지적 발달은 그가 지식의 무한한 바닷 속에서 어떻게 방향을 잡고, 지식의 창고인 책을 어떻게 이용하느냐에 따라 결정된다. 우리는 학생에게 그가 할 수 없는 것, 즉 모든 과목을 언제나 다 기억하라고 해서는 안 된다. 우리는 학생들에게 수업에서 대답을 준비할 때와 작문을 할 때 교과서를 사용하도록 가르쳐야 한다.

무의식적 암기는 지능을 발전시키는 아주 중요한 조건이다. 무의식적 암기는 지혜의 힘을 해방시켜서, 사고하고 사실과 현상의 본질을 진지하고 논리적으로 이해하도록 한다. 무의식적 암기는 가장 큰 문제점인 기계적인 암기를 미리 막아 준다. 우리 교사들은 학생들이 이해하지 못한 것을 암기하게 하는 것을 제일 꺼린다. 수학 교사는 새로운 정의를 가르칠 때 학생들에게 이 정의의 본질을 이루는 요소, 사실, 현상과 합법칙성들 사이의 의존관계를 이해하게 하려고 노력한다. 학생들은 이 정의를 어떻게 이해할지 그림과 실물 교재를 이용하면서 해석한다. 학생들이 정의의 의미를 많이 생각할수록 정의를 쉽게 암기하게 된다. 이해를 기초로 한 암기는 확고하다.

인문학 과목의 교사들은 학생들이 교과서를 그대로 외우고 암기한 것을 그대로 이야기하는 것을 허용하지 않는다. 왜냐하면 이렇게 되면 아이의 지능이 제약을 받기 때문인데, 특히 아이가 이러저러한 의존성과 합법칙성에 관한 일차적인 표상을 가지고 있을 때는 더욱 그렇다. 교사는 기계적인 암기를 방지하기 위해, 학생에게 교과서의 본문을 그대로 되풀이하는 문제는 절대로 내지 않는다. 교사의 물음에 답할 때 학생은 생각하고 대비, 비교하면서 상세하게 설명해야 한다. 학생은 문장의 행과 구절에 따라 배우는 것이 아니라 심사숙고하면서 여러 가지 원천, 즉 교과서와 보충 자료를 통해 지식을 얻는다. 우리는 학생이 무미건조하게 이야기하도록 할 것이 아니라 열렬하게 논쟁하고 깊이 생각하게 해야 한다. 학생은 책을 잡고 논쟁하면서 자료의 출처를 밝히고 자기의 생각을 증명한다. 교사가 이렇게 문제를 내고 학생들에게 책을 들고 대답하게 하는 것이 책을 보지 않고 대답하게 하는 것보다 사실 훨씬 더 어렵다. 지식을 학습한다는 것은 무엇보다도 지식을 응용할 줄 안다는 뜻이다.

73_ 교수요강을 넘어서도록 학생을 적극적으로 격려해야

모든 아이의 사고력은 독특한 길을 따라 발전하고, 모든 아이의 총명과 재능은 저마다 특징이 있다. 정상적인 아이라면 누구나 능력과 타고난 재능이 있다. 이런 지능과 재능이 학습에서 성과를 거두는 기초가 되고 자기 능력 수준보다 낮게 배우는 아이가 하나도 없게 해야 한다. 이렇게 되면, 신입생들 가운데 재능 있는 화학자와 어문학자와 역사학자들이 나올 것이다. 우리는 취학 전에 벌써 재능의 불꽃이 타오르게 해야 한다.

우리가 실시하는 원칙은 모든 학생이 자기 능력으로 성취할 수 있는 성과를 이루게 하는 것이다. 이렇게 되면 전체 학생의 지능이 전반적으로 발전하고 학업에 뒤떨어지는 현상이 줄어들 것이다. 우리는 타고난 재능이 있는 아이들이 자기의 능력 수준보다 낮은 정도에서 학습하는 것을 허용하지 않는다. 만일 대자연의 연구자, 소년 과학 연구자, 미래의 학자가 돼야 할 학생들이 평범하고 세속적인 수준으로 내려간다면 타고난 소질과 재능의 싹이 아직도 뚜렷하게 나타나지 않은 학생들도 자기의 능력을 더욱 충분히 발휘할 수 없을 것이다. 우리는 성적이 낮은 학생들의 낙제 현상을 막으려면 재능이 있고 타고난 소양이 있는 학생들이 자기의 능력에 맞는 과목과 창조적 활동 분야에서 교수요강의 한계를 뛰어넘어야 한다고 생각한다. 예를 들면 7, 8학년 학생이 식물학에 취미를 가지면 우리는 그가 중학교 교과서를 읽는 데 그치지 않고 생화학을 학습하고 미생물 계통을 연구하도록 한다. 이것은 학습에서 제일 뒤진 학생들의 능력을 발전시키는 데도 큰 영향을 미친다. 왜냐하면 평가의 지적 생활은 통일된 과정이기 때문이다. 만일 학급에서 몇몇 학생이 교수요강 이외의 자료를 연구하고(교수요강에 규정된 교재를 그들은 이미 습득했다) 현대의 과학 문제(반도체, 양자발전기, 전자기기표)를 연구하면 그 학급에서는 물리학 과목에서 낙제하는 학생이 결코 나오지 않을 것이다.

만일 학급에서 몇몇 재능 있는 학생들이 교수요강에 나오지 않은 벨린스키의 문예 평론 논문을 연구하고 이 논문에 근거해 연구성을 띤 보고를 준비한다면 교수요강에 있는, 벨린스키의 창작처럼 이해하기 어려운 장, 절도 쉽게 이해하고 학습 능력이 뒤떨어지는 학생들이 문학을 공부하는 데에도 도움을 줄 것이다. 재능 있는 한 청년은 루나차르스키와 다른 학자가 위대한 평론가 벨린스키에 관해 쓴 논문을 연구하고 〈벨린스키의 세계관의 진화〉라는 제목으로 과학 보고를 썼다. 지금 그는 단과대학에서 문학 교사로 있으며 청년 과학자가 됐다. 재능이 있고 발전 수준이 더 높으며 타고난 소양이 있는 학생은 학습 능력이 떨어지는 학생이나 일반 학생에게 영향을 주는데, 이것은 정신적인 면에서 일어나는 아주 복잡한 과정이다. 과목 그룹의 활동이 이런 교제에서 커다란 구실을 하고 여러 가지 방과 후 활동, 즉 과학기술 박람회, 경기, 전시회 들도 커다란 몫을 한다.

수학 교사들은 학생에게 문제를 내줄 때 언제나 어려운 정도가 다른 몇 가지 방안을 제시한다. 모든 학생은 자기 힘으로 할 수 있는 것을 선택할 수 있다. 그러나 정신노동은 평가 속에서 진행되기 때문에, 창조적 재능은 경쟁적 성격을 띤다. 모든 학생은 누구에게도 약한 사람으로 보이지 않으려고 어려운 문제에서 자기의 힘을 시험해 보려 한다. 이와 같이 경쟁하는 분위기 속에서 재능이 발휘된다. 우리 학교의 졸업생(40~50명) 가운데서 해마다 재능 있는 수학자 2~3명이 배출됐다. 그들은 중학교 때 벌써 고등학교의 교재를 학습하고 문제를 풀었다.

만약 교사가 가장 유능한 학생들에게 교수요강의 범위를 뛰어넘게 한다면 평가의 지적 생활이 다양하고 풍부해져서 공부를 제일 못하는 학생도 뒤떨어지지 않게 된다. 우리 학교의 물리 교사는 학생들에게 '각자의 능력에 따라'라는 원칙으로 학습하게 한다. 교수요강에 규정된 교재의 각 절을 학습할 때 그는 이론 문제를 찾아내서 가장 능력 있는 학생에게 연구하게 한다. 그는 수업에서 학생에게 이런 교재를 보게 하고 방과 후 활동에서 그것을 계속 연구하게 한다. 예를 들면 그는 전자학과 원자 분자론을 학습할 때, 가장 능력 있는 학생에게 발전기 없이 전류를 생산하는 것, 열핵반응, 원형질의 속성, 수력전기의 효과, 반도체를 현대적 기술에 응용하는 것, 현대적 과학에서 해석한 기본 입자, 우주선의 기원 같은 문제를 연구하게 했다.

교사가 수업에서 학생들에게 이런 문제를 연구하게 하면 그들은 방과 후 활동과 방과 후 독서에 흥미를 갖게 된다. 과학, 기술의 새로운 발견과 관련된 것을 전시하는 진열대와, 열람실, 학교 도서관, 물리 연구실에 그에 해당되는 과학 서적과 소책자를 진열하고, 과학 기술 문제가 대화와 논쟁의 대상이 되며, 논쟁하면서 진리가 해석될 뿐만 아니라 학생의 지능도 성숙한다. 이것은 교수요강의 범위를 뛰어넘는 아주 중요한 단계다. 교사는 조건이 조성되면 가장 능력 있는 학생에게 학술 보고를 하게 하고 과학기술 모둠의 벽보를 만들고 서평을 쓰게 한다. 그리고 과학기술 박람회, 아침 모임도 하고 학생들이 강연을 하고 보고도 하게 한다. 이와 같이 지적 생활이 풍부한 분위기 속에서 공부를 제일 못하는 학생들은 많은 것을 이해하고 들으며 생각한다. 이렇게 하면 그들을 깊이 파고들어 연구하게 할 수 있다. 그들은 꼭 암기하지 않아도 될 지식을 많이 보고 들었기 때문에 암기해야 할 자료를 더 쉽게 이해하고 배울 수 있다.

74_ 교수 방법 문제 (상)

여러 해 동안 경험하면서 우리는 모든 일반적 교수론의 교수 방법을 다음과 같은 두 종류로 나눌 수 있다고 결론을 내렸다.

그 하나는 학생들이 지식과 능력을 일차적으로 지각할 수 있게 보장하는 방법이고, 다른 하나는 지식을 한층 더 깊게 이해하고 발전시키고 심화시키는 방법이다.

과목의 특징과 교재의 내용에 따라서 각 방법은 특징이 있다. 강연법은 문학 수업에서는 그 나름의 특징이 있으며 수학 수업에서는 그와 다른 특징이 있다. 노동 과정의 시범이나 노동 능력의 시범은 노동과 이론 지식이 연계된 성격에 따라 결정된다. 자연 상식을 공부하는 것과 관련된 관찰법은 물리 과정을 공부할 때의 관찰법과는 지식을 지각하는 방식이 다르고 정신노동의 성격도 다르다. 지적 교육의 성과는 여러 가지 교수 방법을 얼마나 창조적으로 응용했느냐에 따라 결정되고, 구체적 환경에 제약을 받고 또 교수론만으로는 사전에 예견할 수 없는 그런 세목들을 다양하게 변경시키는 데 따라 결정된다. 실천이 이론의 무궁무진한 원천이라는 것은, 바로 그 실천 속에서만 이론의 다양성이 해석되기 때문이다.

원만한 지적 교육의 가장 중요한 조건은 교수 방법, 수업 구성과 수업의 모든 조직적인 요소와 교육학적 요소가 모두 교재의 교육 목적, 교수 목적과 맞아떨어지며 학생의 전인교육이라는 과업과 일치하는 것이다. 사람이 지식을 얻는 목적은 바로 지식을 어느 한 형식을 통해 생활에 응용하고 다른 사람과의 도덕적, 노동적, 사회적, 미적 관계에서 교수 과정에서 형성된 신념을 자기 행동의 지침으로 삼기 위한 것이다. 바로 이 점, 즉 지식의 응용에서 도덕적 발전과 지적 발달이 통일된 진정한 실체로 나타난다. 경험 있는 교사는 교수 준비를 할 때, 자신이 가르치는 지식이 학생의 머릿속에서 어떻게 이해될지 자세히 생각하고 이에 따라 교수 방법을 택한다.

예를 들면 5학년 수업에서는 그리스와 페르시아의 전쟁을 배운다. 이런 상황에서 구체적 사실에 대한 지식은 관점과 신념을 형성하는 데 커다란 구실을 한다. 그러나 학생의 진일보한 지적 발달, 도덕적 발전과 도덕적 풍모는 그가 역사적 사건의 세목들을 얼마나 확고히 기억하고 암송했나에 따라 결정되지 않는다. 여기서 지식을 응용하는 것은 간접적이다. 즉 응용되는 것은 구체적 사실에 대한 지식이 아니라 역사적 사건에 대한 사상적, 도덕적 평가다. 이 평가는 주위 세계에 대한 학생의 주관적 태도와 적극적인 활동으로 표현된다.

경험 있는 교사는 학생들이 외국 침략자를 반대한 그리스 사람의 애국주의 투쟁 정신에 대한 경탄을 자기의 의식과 감정에 한평생 가지게 하려고 노력한다. 교사가 역사적 사실을 분석하고 그것을 통해 교재의 사상 내용을 밝히는 것은 교육 목적에 해당한다. 즉 아이들에게 애국심을 갖게 하며 역사적 사실을 당대의 시각에서 인식할 뿐만 아니라 이 사상을 심화하게 하는 것이다. 교사는 이 목적을 위해서, 교재를 서술할 때 교과서에 없는 선명한 역사적 사실을 인용할 수 있다. 교사는 서술하는 자료에서 학생이 기억할 사건을 단독으로 뽑아내지 않고(때로는 이렇게 할 필요가 있을 수도 있다), 또 수업에서 학생들이 이 사실을 암기하는 데 도움을 줄 수 있는 교수 방식 대신 무의식적 암기의 합법칙성이 작용하게 한다. 즉 교사가 보충 자료(선명하고 생생한 사실)를 많이 인용할수록 학생들은 중요하고 기본적인 것을 더욱 깊이 이해하고 더욱 확실히 기억하게 된다.

역사 서술법은 언제나 정치적 사상과 도덕적 사상을 밝히는 선명하고 생생한 사실로 가득해야 한다. 역사 서술법에서는 이를테면 수학 서술법과는 달리 교재를 처음 배울 때 의식적 암기를 위한 전문 작업을 할 필요가 없다. 만약 그렇게 한다면 교재가 학생의 의식과 감정에 주는 사상적 영향이 약화된다. 문학 수업과 역사 수업에서 교사가 보충 사실을 많이 인용할수록 학생은 정치적, 도덕적, 미적인 사상을 더욱 깊이 이해하고 그의 체험은 더욱 심화된다. 그런데 사상에 대한 정서적 지각이 있는 곳에서는 교사의 유력한 조수인 무의식적 암기가 작용한다.

조국을 지키려는 사상은 아이들에게 친숙하고 고귀한 것으로 그들도 자기의 사상과 감정을 표현하려고 한다. 역사적 사건이 도덕적 사상과 정치적 사상으로 더욱 명확히 밝혀질수록 서술과 대화를 연관시킬 가능성은 더욱 많아진다. 일반적으로 말하면 경험 있는 역사 교사와 어문 교사들은 교재의 교육 목적에 따라 대화법을 사용한다. 아이들은 조국 수호자들의 영웅주의와 과감성, 용맹성에 관한 자기의 생각과 감정을 말한다. 중요한 정치적 사상은 아이의 의식 속에서 개인적인 신념이 된다. 아이는 지식의 소극적인 '소비자'가 아니기 때문이다. 그들은 조국 수호자들의 운명에 대해 큰 관심을 갖는다. 역사 수업과 문학 수업에서는 대화법이 특수한 구실을 한다. 즉 대화법은 도덕적 신념을 빨리 갖게 한다.

이런 역사 수업에서는 학생에게 암기시키기 위해 각자 교과서를 읽게 할 필요가 없다(교수·교육의 목적상 필요하다면 이렇게 한다). 이런 수업에서는 일람표, 도안, 도해 들을 작성할 필요가 없다. 이렇게 하면 수업의 사상 방향성이 약해질 것이다(복습 기간과 지식을 체계화하는 단계에서는 이런 작업을 하는 것이 합당하다). 문학 수업에서 작품의 사상적, 미적인 가치를 분석할 때도 교수요강의 다른 장, 절을 그때그때 복습할 필요가 없다.

문법 수업에서 교수 방법은 완전히 다른 조건으로 결정된다. 역사의 해당 장, 절을 학습할 때 학생은 주로 해당 수업의 첫 지각 과정에서 지식을 얻고 그 지식을 더 심화시키지만, 문법의 구체적인 장, 절을 공부할 때는 학생이 지식을 처음 지각하는 것이 마치 이후의 많은 수업의 줄거리를 먼저 학습한 것과도 같아서 그 뒤의 수업에서 학생은 이 지식의 내용을 반복해 떠올려야 하고 처음 지각한 것을 늘 기억해야 한다. 여기에서는 규칙을 밝혀낸 많은 사실을 생각하고 이해해야 한다. 그러므로 문법을 공부할 때 학생의 과외 응용 작업은(방과 후 독서, 동일한 연습을 정기적으로 하는 것 등) 매우 중요하다. 문법을 배우는 것은 배운 지식을 장기적으로 응용하는 과정이다.

하급학년과 중급학년의 언어 수업에서 우리는 학생이 문법 규칙을 이해하는 장기성과 점진성을 고려하는 교수 방법을 쓴다. 규칙에 대한 이해를 연습과 연계하고 생생한 언어의 사실을 자립적으로 해석하는 것과 연계한다. 바로 이렇기 때문에 우리는 '사실과 현상의 해석'을 중요한 교수법으로 본다. 이 방법을 통해 지식의 심화는 그 지식을 응용하는 것과 긴밀히 연관되고, 무의식적 암기가 강화된다. 교재를 기억 속에 확실히 보존시키려면 그 교재 학습에 오랜 시간을 배분해야 한다. 교사가, 많은 사실을 해석하고 분석하는 데 쓰는 규칙과 공식과 기타의 일반화 들을 한 시간이나 몇 시간 수업으로 가르치려 한다면, 학생들은 어쩔 수 없이 피상적인 지식을 얻게 되고 그들의 머리도 나빠질 것이다. 그들의 지혜로운 창조력이 제약을 받게 될 것이다. 학생들이 문법 규칙을 쓸 수 없는 것은 바로 교재를 너무 급히 공부했기 때문이다.

우리가 문법 수업에서 주로 쓰는 교수 방법은 학생들이 스스로 연습하는 과정에서 생생한 언어의 사실과 현상을 해석하게 하는 것이다. 언어의 사실과 현상을 해석하면서 학생들은 차츰 문법 규칙의 실체를 이해하게 된다. 교사는 개개 규칙에 따라 오랫동안 완성할 연습을 골라내고, 더 많은 사실을 생각해야 규칙을 이해할 수 있는 학생들에게는 개별적인 보충 작업을 골라 주어야 한다. 이런 학생에게는 풍부한 맞춤법 자료가 있는 연습용 카드를 준다.

언어, 수학, 물리, 화학 교수에서는 이미 배운 규칙, 정리, 공식들이 새로운 규칙, 정리와 공식을 배우는 데 쓰이기 때문에, 이런 과목의 교사들은 지식 응용이 복습의 가장 중요한 방법이 되게 관심을 기울여야 한다.

교수 방법이 지적 교육의 과업에 부합돼야 한다는 것도 수업의 구성과 수업 각 단계의 의존성을 결정한다. 우리 학교의 전체 교사들은 하급, 중급, 상급학년의 수업 구성을 작성했다. 이 수업의 구성을 작성할 때 다음과 같은 원칙을 따랐다.

(1) 학생이 실질적인 작업을 완수하는 것을 지식을 처음 지각하는 것, 지

식을 심화, 발전, 응용하는 것과 긴밀히 연관시킨다. 이러면 지식을 견고하게 하는 것이 수업의 단계가 되지 않는다. 지식을 견고하게 하는 것 – 이것은 장기적인 과업인데, 이 과업에는 전문적인 연습, 실험실과 기타 유형의 독자적인 작업이 모두 포함될 뿐만 아니라 새로운 지식을 얻는 것도 포함된다.

(2) 지식을 응용(여러 가지 형식을 통해)하는 것은 지식을 심화, 발전하는 가장 중요한 방법이고 그 지식을 검사하고 시험해 보는 가장 중요한 길이기도 하다. 우리는 교사가 학생들이 어떻게 생각하고 어떻게 성적을 거두고 있는지 쉼 없이 알게 하려고 노력한다. 교사가 모든 학생의 정신노동에 관한 정보를 제때 얻을 수 있는지는 학생들에게 지식을 응용하도록 주제를 정확히 선택하고, 학생 개인의 힘과 능력을 정확히 고려하느냐, 특히 정신노동의 자립성과 개성을 정확히 고려하느냐에 달려 있다.

(3) 지식 습득의 장기성과 점진성, 교수요강에 규정된 이러저러한 장, 절을 학습하는 시간을 3시간으로 한다고 해서 학생들이 3시간이 지난 뒤에 그 지식을 완전히 얻게 된다는 뜻은 결코 아니다. 지식은 오랜 시간을 거치면서 심화 발전한다. 지식의 심화 발전은 수업에서뿐만 아니라 숙제를 다 하는 시간이나 자습하는(참고서를 보거나 보고와 강의 줄거리를 준비하는 등) 동안에도 이루어지는 장기적인 과정이다. 지식의 공고화, 심화 발전에 필요한 실제적 작업은 긴 시간을 거쳐서 배정돼야 한다.

상술한 원칙을 기초로 한 수업은 구성 면에서 아주 다양한 것이 특징이다. 1~4학년의 대부분 문법 수업과 산수 수업에서, 교수는 흔히 이전에 습득한 지식을 실제적으로 응용하는 것으로 시작된다. 이런 활동 과정에서 학생들은 규칙, 법칙, 정의, 기타 일반화에 대한 이해를 심화한다. 예를 들면 이때 문법 수업에서 강세 표시가 없는 모음자의 맞춤법을 배우면, 교사는 학생들이 규칙의 본질을 이해하는 데 도움이 되는 많은 교수 방식 가운데 다음과 같은 것을 하나 선택한다. 즉 학생에게 문장을 베껴 쓰고 그 문장 가운데에서 강세 표시가 없는 모음자를 가진 단어를 설명하게 하거나, 읽기 교과서에서 이런 단어를 가진 문장을 골라내게 하거나, 또는 일정한 표현과 특징에 따라 강세 표시가 없는 모음자를 가진 단어를 모으게 하고 나중에는 강세 표시가 없는 모음자를 가진 단어로 문장을 짓게 하는 것 들이다.

　어떤 교수 방법을 택하든지 실질적 작업은 지식의 심화를 지식의 검사와 연관시킨다. 우리는 개별 문제에 대한 학생의 대답을 채점하지 않는다. 왜냐하면 현장 체험이 보여 주듯 이런 채점은 흔히 우연성과 추첨의 분위기를 만들기 때문이다. 하급학년과 중급학년에서 교사는 평상시에 학생의 모든 작업, 즉 실내 작업, 가정 작업, 창조적 작업을 관찰한 다음 채점한다. 어떤 학생은 1주일에 한 번 채점하고 어떤 학생은 2주일에 한 번 채점한다(이것은 주로 개인의 특징에 달려 있다). 경험이 실증하듯 학생의 학습에서 지식을 심화, 발전시켜 지식을 실질적으로 응용할 요소가 더욱 뚜렷하게 표현될수록 지식을 검사할 가능성이 더욱 많아지지만, 전적으로 지식을 검사할 필요성은 더욱 적어진다. 1~4학년 교사는 응용문제를 써서 학생들에게 그 응용문제를 풀게 할 때, 학생들이 초급학년에서 확실히 배워야 할 길이, 무게, 용량, 면적의 모든 단위의 지식을 응용하게 한다. 만약 아이가 이 응용문제를 풀 때 무엇을 잊어버리고 있었다면 그는 이 응용문제에서 자기가 모르는 것을 찾아낼 수 있다.

  이것은 우리가 하급, 중급, 상급학년에서 다 쓰고 있는 가장 중요한 교수 방식이다. 학생들이 언제나 배우고 암기하고 기억 속에 보존해야 할 것은, 구체적이고 실제적인 지식이 아니라 어떤 목적성을 가지고 어떤 일(이를테면 응용문제를 풀이하며 창조적인 서면 작업을 작성하며 현지 측량을 하는 등등)을 완성하는 과정에서 늘 상기하고 복습하게 해야 한다. 수학 교사가 삼각함수 응용문제를 풀게 할 때 학생들은 암기하지 않고도 삼각함수를 기억할 수 있다.

  초급학년의 수업 구성은 그 교수 단계에서 배워야 할 지식의 특징에 따라 결정된다. 이런 지식은 능력과 유기적으로 연관된다. 초급학년 교수 단계의 주요한 과업은 아이들이 읽고, 쓰고, 생각하고 관찰하며 자신의 사상을 표현할 줄 알게 하는 것이다. 그러므로 문법, 수학, 언어 발전 같은 수업의 모든 구성 단계에는 학생의 적극적인 노동 요소가 모두 포함된다. 즉 학생에게 쓰고, 읽고, 응용문제를 작성하고 풀이하며, 자연 현상이나 노동 과정을 측정하고 관찰하며, 작문하는 것 가운데 어느 한 가지 일을 하게 해야 한다. 아이들이 이후에 학습을 잘하게 하려면 그들의 글쓰기 능력이 반자동화가 돼야 한다. 즉 글을 쓸 때 그의 주된 힘을 쓰는 과정에 쏟지 않고 자신이 쓰는 글의 뜻을 이해하고 사고하는 데 쏟게 해야 한다. 다년간의 경험으로 우리는 상당히 빠르고 깨끗하며 정확히 쓰게 하는 것이 궁극적인 목적이 아니라 학습의 도구, 수단이 되도록 하기 위해서는 학생이 학교 시절에 적어도 1400~1500쪽가량의 학습필기장을 써야 한다는 것을 확인했다. 이러기 위해서 학생은 쓰기의 능력과 쓰기의 속도를 길러 주는 전문적인 연습을 해야 한다.

지식을 심화, 발전, 응용하는 것을 목적으로 하는 개개 수업에서는 학생이 전문적인 창조적 작업을 해야 한다. 학생이 단어를 사용해서 작문을 할 줄 알아야만 읽고 쓰기를 할 줄 아는 사람이 된다. 학생이 스스로 응용문제를 작성할 수 있어야(방정식을 작성할 때 창조성을 나타내는 것이 특히 중요하다) 응용문제를 잘 풀 수 있다. 우리의 하급학년 교사들은 학생들을 데리고 자주 들과 숲에 견학을 가는데, 그것의 주된 목적은 아이들에게 '응용문제를 발견할 줄 알게' 하는 것이다. 만약 수학에서 학습이 제일 부진해서 수학을 어려워하는 아이들이 응용문제를 스스로 작성하기 시작한다면 그들의 학습은 분명 잘될 수 있다.

초급학년의 수업에서 중요한 자리를 차지하는 것은 작업 형식이다. 이 형식의 주된 특징은 다음과 같다. 첫째, 교사의 말, 둘째, 직관적인 형상(실물, 그림 등) 셋째, 아이의 실질적 활동이다. 이 세 가지는 서로 결부된다. 초급학년 단계에서 진행되는 교수는 아이들에게 세계로 통하는 첫 창문을 열어 준다. 즉 아이들에게 여러 가지를 해석하고 보여 주며 설명해야 하고 어떻게 해야 하는지도 가르쳐야 한다. 특히 아이들에게 표상을 형성시키기 위해 설명(해석)하고 개념을 서술, 설명하면서 조작(독서, 쓰기, 노동 과정) 시범을 보이는 것이 아주 중요하다. 자연으로 견학을 가면 우리는 아이의 어휘를 풍부하게 하는 데 주의를 기울인다. 그들이 현상과 징표의 가장 섬세한 색채(이를테면 여러 가지 꽃과 그 향기의 색채)를 나타내는 단어의 뜻을 알게 한다. 교사는 추상적인 개념의 뜻을 해석하는 데 주의를 기울인다. 초급학년의 교사들은 이런 개념(이를테면 자연계, 유기체, 물질 등의 개념)을 설명하는 어휘를 쌓아서 여러 가지 사실로 학생들에게 새로운 개념을 해석해 준다.

초급학년의 각 학년에서 우리는, 학생들이 독서할 때 독서 과정이 아니라 읽고 있는 내용에 힘을 쏟게 하려고 학생들의 읽기 능력에 깊은 관심을 기울였다. 수업에서 아이들은 교사가 풍부한 정서를 표현하면서 실감나게 낭독하는 것을 듣는다. 그런 다음, 스스로 지정된 교과서 본문을 읽는 데만 그치지 않고 자기가 즐기는 책도 읽게 된다.

오랜 경험으로 우리 모든 교사들은 다음과 같은 결론을 얻었다. 학생이 실감나고, 유창하게 이해하면서 읽고, 읽을 때 읽는 과정이 아니라 읽는 내용을 생각하게 하려면 그들이 초등학교에서 학습하는 기간 중 낭독하는 시간이 200교시(교과 내와 교과 외를 포함해) 이하로 내려가지 않고, 묵독하는 시간은 200교시보다는 적어야 한다. 교사는 이런 사업에 시간을 합리적으로 할당해야 한다.

75_교수 방법 문제 (하)

　중급학년에서는 지식을 이해하고 심화, 발전시키는 것이 새로운 지식을 얻는 과정에서 크게 작용한다. 어떻게 하면 학생이 제 힘으로 일하게 할지 지도하는 요소가 훨씬 많아지고, 동시에 이 지도는 자립적인 교수 방법으로서도 특별한 비중을 차지한다. 중급학년이라는 이 교수 단계는 매우 중요하다. 왜냐하면 그 시기에 학생들은 앞으로 학습(특히 자습)을 잘하기 위해 준비하고 또 노동에 참가할 준비도 하기 때문이다.

　중급학년에서 하는 서술은 하급학년과는 다르므로, 교사는 학생들이 참고서를 보는 데 흥미를 갖도록 노력한다. 6~7학년에서 우리는 학생들이 자립적인 독서로 지식을 갖게 한다. 즉 아이들에게 개별적인 장, 절(어려운 정도가 보통인 것)을 주어 자습하게 하며, 이때 자립적인 독서를 기타의 자립적인 노동 방법(실험과 교수 시험지에서 하는 실험과 관찰, 보충 자료, 즉 도표, 모형, 일람표 등)에 결합시킨다.

　문법 수업, 수학 수업, 물리 수업, 생물 수업 들에서 지식을 응용하는 것은 교재 이해를 심화시키는 가장 중요한 방법이다. 학생이 얻은 지식의 본질은 바로 이론 교재에 대한 이해로 일정한 능력을 형성하는 것인데, 이런 경우 지식을 응용하는 것이 매우 중요하다. 중급학년과 상급학년의 모든 교사는 새로운 교재를 학습하는 것을 지식과 능력을 응용하는 것과 연관시키는 사업 방법을 형성했다.

문법 교사들은 수업에서 학생들에게 실질적인 언어 자료를 쓴 카드를 여러 개 나누어 주고 분석하게 해서 이전에 배운 지식을 심화시키고 그들의 지식도 검사하면서 새로운 교재 학습으로 이끈다. 식물 교사는 학생들에게 식물의 새로운 강(綱)이나 과(科)를 가르칠 때 먼저 생생한 대상(줄기, 꽃, 뿌리 등)을 자세히 관찰하는 것부터 시작한다. 물리 교사는 학생들에게 관찰한 이러저러한 현상의 본질을 진지하게 사고하라고 권유한다. 그리고 그 가운데서 새롭고 모르는 것을 분석하게 한다. 이렇게 하면 분명 지식을 응용하는 대로 학생들을 이끌게 된다. 역사 교사는 수업을 시작할 때, 학생들이 모르는 것이 많이 있기는 하지만 그것의 본질을 이해하려면 기존 지식을 응용해야 하는 문제를 제시한다.

중급학년과 상급학년에서는 (일반적으로 수업을 시작할 때, 즉 학생들이 새로운 지식을 배울 때) 학생들이 미리 자연현상과 노동 과정을 관찰해 얻은 자료를 충분히 이용하게 하는 것이 특별한 위치를 차지한다. 이런 방법이 아주 중요하다. 예를 들면 식물의 뿌리를 학습하기 전에, 아이들이 여러 가지 식물의 뿌리가 어떻게 자라나는지 오랫동안 관찰하게 한다. 물리에서 기계적 운동의 형식을 학습하기 전에 그들이 기계 수리소와 도로 건설 작업대, 주택 건설장, 동물 사육장에서 여러 가지 기계와 기구들의 작업 상황을 관찰하도록 한다. 교사는 학생들이 현상들 사이의 인과적 연계를 심사숙고하도록 미리 그들에게 관찰할 과제를 내준다. 수업에서 이런 관찰 자료를 이용하는데, 이것은 기계를 해석하기 위해서다. 학생들이 관찰을 통해 알아낸 것과 아직 모르는 것이 많을수록 수업에서 하는 그들의 정신노동은 더욱 적극적인 것이 된다.

중급학년에서 암기와 기억을 목적으로 하는 작업은 초급학년 단계에서보다 더 중요하다. 우리는 여러 가지 공식, 부호, 측정단위, 물질의 특징과 속성, 기타 일반화 원리들이, 지식을 심화하고 발전하고 응용하는 것과 관련되고 노동과도 관련되는 실제 작업 과정에서 반복해 나타나게 한다. 교사는 학생의 능력, 숙련이 일정한 정도로 자동화되게 하려고 노력하는데, 이를테면 대다수 교사는 학생들에게 응용문제와 예제를 내주고 그들이 이 문제를 풀면서 3~4시간 내에 모든 곱하기 공식을 한 번 복습하게 한다. 문법 교사는 학생들에게 창조적인 받아쓰기와 보고 쓰기 문제를 내줘서 그들이 5~8학년 몇 년 동안에 이 작업을 완성하게 하고 가장 중요한 맞춤법 규칙을 몇 번 복습하게 한다. 이렇게 하면 그 규칙 자체의 정리를 복습하는 데 시간을 더 쓰지 않아도 된다. 이런 수업을 준비하려면 장기적인 안목으로 일 년 동안 학생의 학습을 파악할 수 있어야 하고, 그 학습을 실내 작업과 숙제를 결합하는 데 합리적으로 시간 배치를 해야 한다.

학년이 시작될 때 어문 교사는, 5~8학년들에게 해마다 문법 규칙을 복습하는 연습을 시켜 서법이 자동화되게 하는 훈련을 몇 번 할지 예측한다.

수학 교사와 물리 교사는 학년마다 학생들에게 현지, 즉 교수용 제작소, 교수 실험지, 실험실에서 할 작업을 내주고 그 작업을 완수하는 과정에서 학생들이 여러 가지 측정 단위, 공식, 속성과 기타 일반화를 복습하게 한다. 이런 실제적 작업은 육체노동과 연관된다. 이를테면 학생들이 유리 온실을 세우고 과일나무를 심을 구덩이를 파며 과일나무 묘포장과 관상용 식물 묘포장을 설계하는 일을 한다. 이 일은 생산노동이라는 목적 외에도 체적과 면적을 측정하는 방면의 지식과 능력을 확실하게 한다. 학교 비료공장에서 자기들이 비료를 만들어서 일하는 학생은 생물과 화학뿐만 아니라 수학도 잘 알게 된다. 그들은 어디에서나 물질의 수량과 그 비율을 입으로 계산해낸다. 우리는, 그들이 일상적인 노동에서 비율을 계산해 내야 하므로 그들은 비율을 더 잘 알게 되리라고 확신한다.

중급학년에서 우리는 노동 과정과 기술 과정, 기계와 기구의 조종, 교구 용구와 기기의 제작 시범을 보이는 방법에 큰 관심을 갖는다. 수학, 물리, 화학, 생물, 천문학 교사들은 학생들에게 도구와 기기를 어떻게 사용하는지 보여주고 학생들이 기기를 조종할 시간(때로는 분해, 조립하기도 한다)을 배정한다. 시범은 학교 제작소와 교수 실험지에서 중요한 위치를 차지한다. 노동 과정을 익히는 것은 시범에서 비롯되는데, 이 시범을 통해 학생들은 완벽하고 숙련된 노동의 본보기를 본다. 노동 수업에서 8학년들은 내연기의 발동기와 진동기를 조종하고 여러 가지 측정기기를 사용하는 전문 실습을 한다. 1학년부터 8학년이 될 때까지 작업실, 교수용 제작소, 가정 작업실에는 학생들이 만들어야 할 최적 한도의 실물 교재와 기기가 배정돼 있다.

중급학년에서 우리는 창조적인 정신노동의 형식, 이를테면 읽은 책에 대해 서평을 쓰고 설계에 대해 초보적인 계산을 하며 학술보고에 대해 개괄적인 소개(7~8학년에서)를 쓰는 것에도 깊은 관심을 기울여야 한다.

중학교 상급학년의 종합 교수법의 목표는 광범위한 종합 기술 교육으로 학생들이 정신노동과 육체노동의 높은 소양을 기르고, 확고하고 실질적 능력과 숙련을 키우며 노동, 지식에 대한 사랑을 길러서 그들이 전문 직업을 스스로 선택하게 하는 것이다. 그러므로 교수 방법의 특징, 수업의 구성과 체계, 수업에서 실습과 자습의 비중, 지식을 실제 응용하는 성격 ―이 모든 것들이 상술한 목적에 맞아야 한다.

상급학년 교수법의 공통적인 특징은, 하급학년과 중급학년이라는 교수 단계보다 훨씬 자립적이고 의식적으로 새로운 지식을 익히고 이미 익힌 지식을 응용하며, 자립적인 정신노동의 다양한 방법을 도입하고(이것은 상급학년 학생들에게만 있는 과업이다), 자기의 지식과 능력을 또래나 어린 동료들에게 알려 주는 것이다. 상급학년에서 하는 이론적인 능력과 숙련의 범위가 이처럼 넓기 때문에, 만약 지식을 얻는 과정에서 그 지식을 응용하고 전수하는 것이 지식을 스스로 탐구하고 체득하는 것과 연관되지 않으면 상급학년 학생들은 학습을 잘할 수 없다.

정신노동의 특징이 다음과 같이 뚜렷하게 반영된 교수 방법은 상급학년에서 가장 중요하다. (1)이전에 배운 지식과 능력을 응용해 새로운 지식을 습득하고 여러 가지 사실, 사물, 현상을 자립적으로 분석하며, (2)수업에서 얻은 지식을 응용하는 능력을 제 힘으로 키우고 필요한 능력과 숙련을 형성하고 심화 발전시키며, 또 실질적 작업, 이를테면 연습하고 계산하고 응용문제를 풀이하고 여러 가지 기계와 기구의 활동 모형 등을 조립하며, (3)여러 가지 현상과 과정을 자연적인 조건과 실험실 조건에 따라 연구한다.

상급학년에서 하는 교수 방법의 특징은 교재 내용의 특징과 지식의 응용성이 지닌 특징 사이의 상호 의존관계에서 더욱 뚜렷하게 표현된다. 50년대 초에 우리 학교에서는 상급학년 수업에서 실험적 수업 체계를 형성했다.

이 체계의 주된 특징은 이론 지식을 설명(습득하고 일반화)하는 방법을, 이론 지식을 심화, 발전, 검사하는 실제 작업 방법과 다양하게 연관시키는 것이다. 이런 연관은 교사가 수업을 준비할 때 예상하고 계획한다. 여기에는 수업의 표준적 도식이 없어서 모든 과목이나 해당 과목의 모든 장, 절에 통용되는 교수 방법이 없다. 예를 들면 문학, 역사, 수학, 물리 수업에서 어느 한 장, 절(제목)의 서론적인 수업, 다시 말하면 이 장, 절의 모든 교재를 개괄적으로 소개하는 수업을 해서 학생에게 학습할 준비를 하게 한다. 그러나 다른 경우에는 이런 서론적인 수업을 할 필요가 없다.

실험적 수업 체계에서는 역사, 문학, 지리, 자연과학들에 관한 내용을 강의식으로 진행하는 강의법이 큰 몫을 한다. 주제의 내용과 지식을 이해하고 심화, 발전시키는 데 필요한 실제적 작업이 차지하는 비중에 따라 1~2교시 또는 몇 교시 동안 강의하고, 그 나머지 시간은(장, 절 또는 주제의 범위 안에서) 학생들이 스스로 실질적 작업을 하는 데 쓰도록 한다. 이런 작업의 목적은 지식을 심화, 발전시키고 능력과 숙련을 연마하게 할 뿐만 아니라 새로운 지식을 얻고 새로운 교재를 학습할 준비를 하게 하는 것이다. 어떤 경우에는 강의가 해당 주제의 가장 중요한 모든 이론 문제를 포함하지만 다른 경우에는 강의가 다만 교재의 한 부분만 다루는데, 그 목적은 학생들에게 분석하는 본보기만 주고 이론 문제는 학생이 스스로 연구하도록 가르치기 위한 것이다. 첫 번째 종류의 강의는 자연과학 과목(특히 물리, 화학)에 적용되고 두 번째 종류의 강의는 인문과학 과목(특히 문학)에 적용된다.

우리 모든 교사들이 특히 중요하게 생각할 문제는 강의와, 그에 이어서 진행하는 독립적인 실제적 작업의 관계를 정확히 처리하는 것이다. 강의는 독립 작업의 방향을 알려 준다. 그것은 이론 문제의 내용을 해석해 주고 연구하고 실험하며 참고서를 읽는 방법도 가르쳐 준다. 이것은 자연과학의 기초 과목에서 더 중요한 의미를 가진다. 경험이 있는 물리, 화학 교사들은 자립적으로 일하는 방법을 실제로 지도하는 것을 강의의 한 부분으로 삼는다.

수학 과목의 강의에는 고유한 특징이 있다. 엄격히 말하면 수학 수업에서 순수한 강의란 거의 없다. 연륜 있는 수학 교사의 수업에서 학생들은 언제나 이론 문제에 대한 교사의 설명을 들으면서, 강의에서 언급되는 그 합법칙성을 깊이 생각해야 할 과제로 여기고 공책에 적으며 생각한다. 학생들은 이런 작업을 할 때 기존 지식과 능력을 응용한다. 그러므로 이렇게 독립적으로 일을 해야 강의를 잘 이해하고 이런 과정에서 지식이 깊어지고 발전한다.

인문학 과목, 특히 역사 과목을 강의할 때 교재의 전수는 일반화의 성격을 띤다. 경험 있는 역사 교사는 주제 가운데 가장 중요한 근본적인 문제를 골라 이해시켜서 학생들이 과학적 세계관을 갖는 데 도움을 준다. 동시에 교사는 학생들에게 독립적으로 일을 하는 과정에서 연구하고 해석해야 할 문제도 제시한다. 예를 들면 '19세기의 독일'이라는 주제를 복습할 때 학생들은 '독일의 봉건적인 관계가 사멸하는 과정'이라는 문제를 제 힘으로 연구한다. 이 주제에 대해 강의할 때 교사는 학생들에게 어떻게 문제를 제 힘으로 연구하고 어떤 참고 자료를 이용할지 알려 준다.

지리 과목을 강의할 때는 어느 한 나라가 발전하는 정치 경제적 조건을 설명하는 보충 자료를 폭넓게 이용한다.

문학 수업 강의에서 우리는 예술적, 정서적, 미적 요소들에 많은 관심을 기울인다. 문학 교사는 강의할 때, 예술적 형상을 분석하고 자기의 묘사 수법을 최대한 전달하려고 노력한다. 이런 강의에서 교사는 남녀 청년들의 사상과 감정을 직접적으로 자주 다루면서 학생들이 개별적인 사회 현상과 사람들 사이의 정신적, 심리적 관계를 심사숙고하려는 의욕을 갖게 한다.

실험적 수업 체계에서 새로운 주제를 학습하는 것은 강의에서 시작하는 것이 아니라 실내, 즉 집에서 하는 실제 작업에서 시작된다. 이런 경우에는 교사의 강의(또는 우수한 학생의 개괄적인 학술 보고)로 그 주제의 학습을 마무리한다. 이런 방식은 인문학 과목, 특히 문학 학습에 적당하다. 문학 작품 학습은 대개 원 작품을 학습하는 것으로 시작한다. 이때 학생들은 읽는 작품의 가장 중요한 부분을 반복해 읽고 작품에 나오는 사회·정치적 문제, 도덕 문제, 미적 문제에 대한 자기의 사상, 관점, 판단을 발표한다. 문학 작품 학습은 흔히 변론으로 시작한다. 생물, 물리, 화학 교사들은 때로는 새로운 교재를 학습하기 전에 공부를 잘하는 학생 가운데 한 사람을 지명해 간단히 보고하게 한다. 이런 간략한 보고에서 개념, 공식, 결론, 규칙, 법칙 들이 일반화되는데, 이런 것들이 전체 학생들을 새로운 교재 학습으로 이끈다.

강의(공부를 잘하는 한 학생이 간단한 보고를 하게 하는)를 한 뒤나 하기 전에 진행하는 실질적 작업은 교재의 내용, 지식의 성격과 그 지식의 응용 형식에 따라 저마다의 방법과 방식으로 완성된다. 이를테면 수학 수업에서는 학생이 문제와 응용문제를 풀이하고 응용문제를 만들고 도표를 짜서 계산을 한 다음 현지(교수 용구 제작소, 서재, 실험실)에 가서 실제로 측량 작업을 하고 공식을 증명하는 여러 가지 방안을 분석한다. 그리고 프로그램을 짜고(프로그램 제어에 쓰는 모형) 기계와 기구를 조종하는 설명서를 쓰고 통계 자료와 수치를 분석한 다음 공식을 증명하는 모형을 제작한다. 또 하급학년 수학 애호자의 학습을 도와주기도 한다.

수학 교사들은 문제를 풀이할 때 모든 학생이 스스로 노동하면서 교사의 강의나 동료들의 간단한 보고서에 나오는 이론적인 일반화를 철저하게 이해하도록 노력한다. 학생이 스스로 작업하도록 문제를 풀이하는 네 가지 방안이 있다. 먼저 세 가지 방안은 어려운 정도가 다른데, 그것들은 모두 교수요강의 규정에 따라 제시된다. 네 번째 방안은 교수요강의 범위를 벗어난 문제를 가지고 있다. 이런 문제는 능력과 재능이 있는 학생에게 제시해서 방과 후 특활반에서 그들을 따로 지도한다. 동시에 재능이 있는 새로운 학생을 기르기 위해서도 이런 문제를 낸다. 과제의 분화는 학생들의 흥미를 불러일으키고 그들의 능력을 발휘시키며 경쟁으로 고무하며 작업 과정에서 교사가 학생의 지식을 연구하고 평가하는 것을 도와준다. 학생은 더욱 어려운 방안을 선택해서 독창적인 방법으로 응용문제를 풀려고 애쓴다. 그러려면 학생은 흔히 좀 더 쉬운 방안을 먼저 푼 다음 좀 더 복잡한 방법으로 어려움을 극복하면서 작업을 완수한다. 여러 가지 방법으로 된 작업을 하면서 학생들에게 경쟁심이 생긴다. 그리고 가장 성공적이고 독창적인 방법으로 문제를 풀이한 것을 교내 수학 잡지에 발표한다.

일반적인 학습 과정에서 이 과제 쪽으로 학생의 지식이 발전되고 심화되면 교사는 학생 둘셋(또는 4~5명 학생)에게 몇 가지 방안으로 작성된 작업을 주고 그 작업 제목에다 '평가한다'는 부호를 적는다. 학생은 자기가 할 수 있는 방법을 골라 문제를 푼다. 때로는 평가한다고 한 과제 속에, 문제를 풀이하는 것 외에도 새로운 과제(도표, 계산, 진도표 등)를 작성하는 것도 포함시킨다. 이렇게 하면 전체 학생들에게 정상적으로 수업하면서 개별적인 아이의 지식을 평가할 수 있다. 일반적으로 말하면 한 장과 절을 다 배웠을 때 모든 학생의 지식이 다 평가를 받는다. 평가를 받은 학생에게는 교사가 이미 배운 장, 절 가운데서 좀 더 어려운 과제를 내주거나 또는 그들이 다음에 배우게 될 교재를 학습하는 데로 바로 넘어가게 한다.

강의·실험적 수업 체계에서는 학생들이 새로운 교재를 완전히 스스로 학습하게 하는 수업이 특별한 위치를 차지한다. 여기서는 학생들이 몇 가지 자료 원천을 독립적으로 연구하거나 실제적 작업을 하는 과정에서 독서하는 것과 어떤 현상을 연구하는 것을 연관시키는 것이 가장 중요하다. 이런 체계에서 학생은 스스로 지식을 얻는 데 적극적으로 참가한다. 이 체계에 따르면 학생과 그의 내적 정신세계는 교수법 연구의 대상이자 교수법의 주요한 동력이다.

76_ 아이들 사고의 특징

　날로 심화하는 지적 발달과 정서적 발전은 소년기의 특징이다. 소년기의 사고력은 객관적 현실의 현상을 반영하는 분야와 사고력 과정의 성격에서 더욱 높은 단계로 올라간다. 정서적 생활과 지능 연계는 비록 견고하지 못해도 학령 초기보다는 더욱 깊어지며, 특히 사회적으로 의미 있는 유익한 활동과 연관된 감정이 서서히 나타난다.

　소년은 주위 세계의 사물과 현상들의 속성을 인식할 때 명백하고 눈에 띄며 감각기관에 작용하는 속성뿐만 아니라 숨겨져 있고 눈에 잘 띄지 않는 속성에 대해서도 주의를 기울이며, 후자의 속성에 대해 더 창의적인 분석을 한다. 이 특징은 소년의 흥미와 지향에서 드러나며 특히 중요하게는 그들의 적극적인 활동에서도 나타난다.

　우리는 동일한 실험을 여러 차례 되풀이했다. 즉 중대한 역사적 사건을 담은 그림을 7~8세 아이과 13~14세 소년들에게 보여 주고 그 내용을 설명했다. 첫째 경우에 학생들은 화가가 그린 감상적 속성에 큰 흥미를 가졌고, 두 번째 경우에는 이러저러한 운동 상태, 투쟁을 일으키는 내재적

동인에 큰 흥미를 보였다. 예를 들면 B. M. 와스네초브의 그림 '용사'에서 7~8세 아이들은 기사의 옷차림과 무기의 세목, 마구와 말의 길다란 갈기, 그곳의 황량하고도 침울한 외부적 형태에 조금 흥미를 보였다. 소년은 같은 사물들에서 언제나 숨겨져 있는 많은 관계와 인과적 연관성을 찾아냈다. 예를 들면 그들은 이렇게 질문했다. "화가가 그림에서 묘사한 그 아득한 옛날에는 사람들이 이처럼 섬세하고도 단단한 물건(마구와 무기)을 어떻게 제작했을까요? 어째서 기사들은 넓은 지대에 머물렀나요? 적이 그들을 발견하기 쉽고 화살로 쏘기 쉽지 않았어요? 러시아 강토와 적들의 국경선은 어디에 있었나요? 왜 그림에서는 농촌이나 도시가 보이지 않나요?"

7~8세 아이들이 기술 특별 활동실에 진열된 기계 모형과 거기에 설치된 부속품들에서 여러 가지 부품과 기구의 운동, 조작, 외부와 관계에 흥미를 느낀 반면 소년, 특히 남자애들은 부품과 부속품의 구조, 설계, 배열 위치, 상호 연계와 상호 의존성에 좀 더 흥미를 느꼈다. 기계, 기구, 농업 기구의 모형을 볼 때 학령 초기의 많은 아이들은 그것이 움직이는 것을 보여 달라고 했고, 움직이지 않는 모형에는 흥미를 보이지 않았다. 그와는 반대로 소년들은 돌아가는 모형을 볼 때 그 모형을 멈춰 달라고 했고, 그 모형들의 구조를 자세히 관찰했으며 그 부품을 분해하고 싶어 했다.

우리는 7~9세 아이들에게 금속으로 된 부속품을 보여 주었다. 이 부속품 가운데 어떤 것은 반들반들하게 가공한 것이었고 어떤 것은 선반으로 깎기만 한 것이었다. 아이들은 이런 두 가지 것을 대비하면서 자기의 태도를 나타냈다. 그들은 첫 번째 부속품은 아름답지만 두 번째 부속품은 아름답지 않다고 했다. 그런데 소년들은 이 부속품을 그들과는 완전히 다르게 대했다. 소년들이 가장 흥미를 보인 일은 부속품을 선반으로 깎은 다음에 어떻게 가공하느냐였다.

7~10세 아이들이 무엇보다도 사물 현상과 사건들의 뚜렷한 특징을 보고 이 특징에 따라 지각의 대상에 대한 자기의 의견(무엇보다 정서적 평가)을 갖는다면, 소년들은 흔히 관찰되는 대상이나 현상 가운데서(특히 사람들 가운데서) 상반되는 특징을 찾아낸다. 소년들은 장점과 결함이 엉켜 있는 사람의 복잡성을 해석하지 못하므로 사람을 평가하는 데서 자주 오류를 범한다. 그들은 학령 초기부터 주위 세계의 모든 현상을 좋은 것과 나쁜 것, 옳은 것과 그릇된 것으로 간단하게 보려는 경향이 있다. 그들에게는 여러 가지 모순된 질, 측면, 특징과 경향을 관찰하고 대비, 분석하는 능력이 아직 없다. 그들은 마치 방금 눈을 뜨고 세계를 보는 것 같다. 생활 속에 있는 모든 것은 얼핏 보아도 되는 간단한 것이 아니고, 사람은 첫인상으로 판단해서는 안 된다는 것을 소년은 차츰 알게 된다. 사물, 현상, 사람들의 모순성과 복잡성을 해석하려는 바람에는 소년의 정신적 면모의 장점뿐만 아니라 결함도 포함되는데, 이 장점과 결함의 향후 발전 방향은 환경과 교양, 연장자의 개인적 시범으로 결정된다.

이런 특징 가운데 하나는 소년들이 사물과 사람에 대해 비판적인 태도를 가지는 것이다. 소년들은 학령 초기의 아이들처럼 교사나 학부모의 말을 믿지 않으며 그들의 요구를 조건 없이 다 받아들이려 하지 않는다. 그들은 연장자들의 말을 반박할 이유를 일부러 찾아내려고 애쓰는 듯하다. 이런 일이 생기는 원인은, 소년들의 지적인 가능성과 자기 자신에게 제시하는 구체적인 사고의 과업 사이에 연관되지 않는 곳이 있기 때문이다. 소년의 비판적 태도가 정확히 발전하게 하는 중요한 조건은 그들의 지식욕을 만족시키고 그 지식욕을 모든 수단과 방법을 동원해 북돋우는 것이다. 교육 사업을 실천하면서 우리는 소년들이 연구적 성격을 띤 적극적이고 창조적인 활동 속에서 될 수 있으면 더 많은 것을 인식하게 하려고 노력한다. 이런 인식으로 소년들은 자기의 신념을 가질 수 있다.

수업에서나 방과 후 교육 사업에서 소년들은 농업 생산자들이 높은 수확을 낸 것뿐만 아니라 식물의 속성을 개조한 것도 많이 듣는다. 노동의 이런 방면을 반영하는 사실과 일반화에 대해 소년들은 때로는 못미더워하고 이런 개조의 가능성을 의심한다. 의심을 풀기 위해, 우리는 소년들이 노동하도록 고무해 그들에게 이런 노동으로 물질적 부를 창조하고 이러저러한 진리를 검증하게 한다. 노동을 통해 진리를 검증하게 하는 이런 과정은 정확한 신념을 가지고 비판적 태도를 건전하게 발전시키는 가장 좋은 수단이다. 예를 들면 우리는 열네 살 난 7학년 학생에게 식물을 가꾸는 새로운 방법, 즉 근외추비법(비료를 푼 물을 잎과 줄기에 뿌리는 것)을 이야기해 준다. 이 방법의 실제 목적은 식물이 보통의 방법, 즉 뿌리를 통해서뿐만 아니라 비료 용액을 식물의 잎에 뿌려서 영양 물질을 빨아들이도록 하는 것이다. 농업 생산 혁신가들은 이 방법을 쓰면 채소 수확량을 훨씬 높일 수 있음을 증명했다. 소년들은 아직 모르는 새로운 모든 것을 대할 때처럼 근외추비법도 의심스러워했다. 그들의 의심도 없애고 그들에게 새로운 방법으로 식물의 생장에 영향을 줄 수 있다는 신념을 가지도록 우리는 다음과 같은 실험을 권유했다.

학생들은 토마토와 오이에 근외추비를 몇 번 썼다. 그 결과 수확량이 훨씬 늘어났고 열매 맺는 기간도 늘었다. 실험의 성공은 학생들에게 깊은 인상을 주었고, 잊혀지지 않는 흔적을 남겼다. 이제 그들이 새롭고 익숙하지 못한 사물을 대하는 태도는 달라졌다. 그들은 의심스러워하는 것이 아니라 이러저러한 진리의 정확성을 검증하려고 노력한다.

소년들의 흥미가 교수요강의 범위를 훨씬 뛰어넘는다는 것을 고려하지 않으면 안 된다. 그들이 알고 싶어 하는 과목은 2~3년 뒤에, 즉 상급학년에 가서야 배운다. 그러나 소년들이 발견하는 어느 한 문제도 해결하지 않고 그대로 남겨 두어서는 안 된다. 우리 학교에서는 소년들을 위해 전교 지식 탐구자 모임을 창립했다. 여기서는 발전 수준이 가장 높은 학생이 과학기술의 새로운 성취를 보고하거나 소개한다. 어떤 문제에 대해서는 이론상의 경쟁이 벌어진다. 몇몇 학생들이 같은 문제에 관해 보고를 준비하게 한다. 이런 보고는 새로운 문제를 낳고 지식에 대한 흥미를 불러일으키며 시야를 넓혀 준다. 몇몇 학생이 보고를 하는 동시에 화학 실험의 식물 설명을 하고 활동 모형을 보여 주며 기술 팀에서 제작한 기구도 전시한다. 이것은 학생의 비판적 사고력이 정확한 방향으로 발전하도록 도와주는 중요한 조건 가운데 하나다. 즉 소년들이 창조적 구상을 실제 활동으로 구현하도록 애써야 한다.

사물과 현상을 분석하고 사물의 세부와 국부에 깊이 파고드는 능력이 날로 발전함과 동시에, 소년들은 지각하는 대상을 총체적으로 파악하고, 뚜렷이 드러나는 긍정적인 특징이나 부정적인 특징에 따라 대상에 대해 견해를 밝히려는 마음을 학령 초기의 아이들보다 더욱 뚜렷이 가지는데, 이것이 바로 소년 사고력의 두드러진 특징이다. 만약 문예 작품을 분석할 때 9~10세의 아이들이 주제의 세목과 인물 묘사의 세목을 자세히 아는 것으로만 만족한다면 소년들은 그런 세목에, 때로는 아주 중요한 세목에도 주의를 기울이지 않는다. 이것은 소년 사고력의 일반성이 강화된 합법칙적인 결과다. 소년들에 대한 관찰이 보여 주듯, 소년들은 일부러 세목에 주의를 돌리지 않고 지나치게 명백하고 명료한 것은 주의를 기울일 필요가 없다고 생각한다. 왜냐하면 이런 것을 사고하고 이해하는 데 정신적 노력을 들일 필요가 없기 때문이다. 말이 난 김에 지적하자면 소년들은 바로 이런 원인 때문에 문자와 구절에 따라 암기하는 것을 가벼이 여긴다. 그들은 이것을 기계적인 암기라고 생각한다(소년들은 창조적 성격을 띤 어려운 작업을 완수하는 것을, 짧은 시를 암송하는 것보다 더욱 쉽다고 느낀다).

소년의 지적인 적극성은 제 힘으로 정신노동을 하게 하고 더욱 중요하게는 이런 노동의 지적인 목적까지(교사들은 흔히 이 점을 소홀히 한다) 인식하며 지적 감정도 체험하게 한다. 우리는 이 특징을 고려해 소년들의 정신적 노력이 될 수 있으면 사물, 현상, 사건을 총체적으로 평가하고, 기억하고 암기하는 것이 뚜렷하게 독립적이고 창조적인 활동에 쓰이게 한다. 이를테면 역사적 사건을 연구할 때 교사는 7~8학년 학생들(14~15세 소년들)에게 이 사건이 역사에서 어떤 구실을 하는지, 즉 혁명적 구실을 하는지 아니면 반동적 구실을 하는지, 또 대립된 계급의 대표적 인물의 진보적인 일이나 반동적인 일은 어떻게 나타나는지 먼저 결론을 내리게 한다. 제기한 문제에 대답할 때 학생들은 사고력 활동의 목적을 알아낼 수 있다. 그래서 그들은 이와 관련된 과목에 더욱 흥미를 가진다.

소년들이 문제에 절대적이고 궁극적인 대답을 찾고 모호한 곳 없이 전면적으로 증명하려는 것은 사고력의 적극성이 자라난다는 증거다.

이런 현상은 사회적 현상 속의 인과적 연계를 반영하는 문제를 볼 때 특히 뚜렷하게 나타난다. 만약 어떤 사상을 허술히 해석한 것을 보았을 때, 학생들은 다른 사람이 자기에게 진리를 일부러 감춘다고 의심한다. 이런 현상은 부분적으로는, 학생들이 때때로 자기들이 관심을 두고 있는 문제를 다른 사람이 해석하는 것을 들을 때 가지는 경각성과 비판적 태도 때문에도 일어난다.

이외에도 주의를 돌려야 할 상황이 있다. 주위 현실에 대한 지적, 도덕적 평가를 할 때 사고력의 일반화와 논리적 추리가 일으키는 역할이 강화됨에 따라, 교사가 서술하고 설명할 때 나타나는 불명확성, 애매성, 부정확성들이 소년들의 흥미를 떨어뜨린다. 이런 현상은 학생의 지능에 영향을 주고 정서에도 영향을 준다. 그러므로 교육자는 소년의 정신생활에 더 주의를 기울여야 한다. 감성적 감각을 기초로 이루어진 지적, 도덕적 평가가 현상의 인과적 연계 속에 깊이 흡수되지 못하고, 숭고한 감정이 고매한 사상의 빛깔로 견고하게 되지 못하면 소년들은 지적 활동에 대한 흥미를 잃는다. 사회생활이 의식에 미치는 중대한 영향을 느끼지 못하고 자기의 힘과 가능성에 대해 평가가 부족한 — 이 모든 현상은 소년들 가운데서 때때로 나타난다. — 이런 현상이 생기는 원인은, 바로 교육자들이 이 연령기 학생들의 마음속에서 일어나는 복잡한 변화를 섬세하게 대하지 않았기 때문이다.

그러나 정확한 교육 조건에서도 이런 내심의 개조는 순조롭게 이루어지지 않는다. 소년의 지적 발달의 모순성은 한편으로는 그가 이러저러한 현상을 평가하는 데서 명확하지 못하거나 빼놓는 것을 용인하지 않으면서 다른 한편으로는 만족스럽고 절대적인 설명을 원하는 데에서 드러난다. 그러나 우리는 이런 현상이 자기를 너무 믿어서 나온 표현이라고 보아서는 안 된다. 그와는 반대로 소년들은 흔히 자기의 절대성으로 자기의 의문과 신념이 부족함을 숨기려 하고, 그의 감정적인 적극성은 때로는 지능

면에서 자기의 불명확성을 보충하고 보상하는 것처럼 보인다. 소년들은 이런 절대성을 자기 사상의 정당성을 긍정하는 수단으로 생각한다. 어떤 교육자들은 소년의 고집이 자기의 부당성을 인정하지 않고 오류를 시정하지 않는 것이라 본다. 그러나 얼핏 보기에 그렇게 생각될 뿐이고, 실제로 학생들은 자기 주장을 고수하려는 듯한 모습을 보일 뿐이다. 사실 그는 정신을 바짝 차려 생각하며 정확하게 대상을 찾고 있다. 소년에 대한 관찰에서 그들은 자기의 오류를 아주 날카롭게 느끼고, 그의 자존심이 자라나고 있기 때문에 그들에게 자기 견해에 대해 심사숙고해 냉정히 비판하게 하지 말아야 한다.

사고력의 적극성 덕분에 소년들은 자신이 무엇을 생각하고 자기 견해는 어떤지 뚜렷하게 밝히려고 노력하고 자기 견해와 신념의 정당성을 내면적으로 확신하려고(이것이 특히 중요하다) 한다. 바로 이렇기 때문에 이 연령기의 학생들은 언행일치를 더욱 강하게 원하고(흔히 오류에까지 이르며) 의견을 솔직히 드러내는데, 심지어 이것은 어느 정도 격렬해지기도 한다.

날로 자라나는 소년들의 지적 활동에 대한 흥미는 지식을 탐구하고 자기가 관심 있어 하는 문제의 정확한 답안을 찾으려는 갈망으로 나타난다. 뿐만 아니라 현실, 사상, 신념의 힘에 대해 깊은 인식을 가지는 데서도 나타난다. 이는 소년들이 사회생활의 어떤 현상에 대해서든지 자기 개인의 의견과 견해의 정당성을 검증하지 않고 생각하지 않고서 모든 가능한 수단을 동원해 자기의 의견을 고수하려고 서두르기 때문이다.

사고력 활동에 대한 소년들의 경향은 문예 작품의 내용을 보는 태도 변화에도 나타난다. 소년들은 동화에 대해 냉담해지고 진실과 어긋나는 그런 환상적인 줄거리에 대해 경각심과 불신을 표시한다. 사람의 생각과 창조적인 활동력을 밝혀 주는 인식성을 띤 자료가 들어 있는 환상적인 문예 작품에 대한 소년의 흥미는 끊임없이 자라난다. 이런 작품들은 진정으로 아이들의 마음을 끈다. 작품 속에서 언급된 것이 실제로 있을 수 있느냐는 문제가 더욱더 그들의 관심을 끈다. 소년 후기, 즉 청년기 전에 벌써 소년들은 예술적인 성격을 띤 일반화를 이해할 수 있다. 그들은 진실한 사람(특히 과학자, 발명가, 여행가, 작가, 화가)들을 예술적으로 묘사한 작품과 진실한 사건을 묘사한 작품에 대해 더욱더 관심을 갖는다. 그리고 또 많은 소년들은 과학 서적에 열중한다.

소년들이 자기의 사상으로 파악하려는 자연현상의 범위는 해가 갈수록 과학의 기초, 수업, 교과서의 범위를 더욱더 뛰어넘는다. 어떤 소년들은 (특히 남자애들은) 교실에서 배우는 교재를 뒤로 밀어 놓고 수업에 주의를 기울이지 않으며 숙제도 대충 하면서 모든 힘을 교수요강과는 관계없는 문제 연구에 쓰는 시기를 거치곤 한다. 학생들은 몇 달 전에 열중하던 것을 지금은 주의를 기울일 가치가 없고 보잘것없는 것으로 생각한다(예를 들면, 많은 남자애들은 수족관에서 물고기를 키우는 일에 흥미를 느끼지 않고 여자애들은 자수와 꽃을 가꾸는 일에 흥미를 잃는 등).

소년의 지적 생활의 발전은 심지어 학생 평가 내의 상호 관계에까지 반영된다. 많은 남자애들은 또래들에 대해 실망하는 듯 보인다. 아이들은 보통 자기보다 나이 많은 친구들과 지능 면에서 접촉하고 싶어 한다. 이런 바람은 소년기에 특히 강하다. 소년들은 흔히 상급학생 가운데 벗을 찾는다. 폭넓게 여러가지 흥미를 가지고 있고 풍부한 지식이 있는 상급학년은 소년들 가운데서 인기가 가장 많다. 6~7학년들의 이상은 교수요강에 규정된 교재를 학습할 때 성적이 좋고 어떤 연구적 성격을 띤 노동(예를 들면 활동하는 기계나 기구의 모형을 만드는 등)을 하는 6~10학년들과 우의를 맺는 것이다.

소년은 긴장된 상태로 생각하려고 노력하고 깊이 파고들면서 대담하게 탐구해야 하는 과목을 더 존중한다. 무엇보다도 수학이 바로 그런 과목이다. 소년 수학자 모둠에서는 흔히 기민성을 키우는 문제를 푼다. 그러므로 이 모둠은 소년들의 지적 생활에서 매우 중요한 위치를 차지한다.

우리는 이 연령기 수학의 교수 수준은, 소년이 정신 활동에 흥미를 발전시키는 데 많은 영향을 주고 그들의 정신 면모 전체에도 영향을 준다는 것을 경험으로 확신했다. 학생들이 추상과 일반화의 의미를 점차 인식하는 것은 그들의 사고력을 발전시키고 주위 생활 속의 인과적 연계에 대한 순수한 지적인 민감도도 강화시킨다. 그들은 직접 관찰할 수 없는 것에 대해 의식적으로 사고력 분석을 해야 한다. 지나치게 명백한 직관적인 인과적 연계는 도리어 현상이나 사건에 대한 그들의 흥미를 약화시킨다.

소년의 사고력과 정서의 적극성이 자라나는 징표는 바로 그들이 일기를 쓰기 시작하는 것이다. 학생들이 자기의 사상과 관점, 신념을 기록하는 것은 기억하거나 장래에 쓰기 위해서가 아니라 사상의 정확성과 진리성을 탐구하기 위해서다. 소년들은 일기를 개인의 비밀로 생각하면서 내용에 관해서는 몇 년 뒤, 일반적으로는 졸업한 뒤쯤 토로하려고 한다.

많은 소년들은 자기의 지능을 평가하기 시작한다. 그러나 그들은 과학의 기초 과목 성적과 교수요강의 범위를 벗어난 복잡한 사고 문제를 풀이하는 능력에 따라 이런 평가를 한다. 이것은 또 교사인 우리의 주의를 다음과 같이 환기시킨다. 교사는 이 연령기 학생의 정신노동을 정확히 조직하고 그들의 지능을 적극적으로 발전시키는 데 필요한 조건을 만들어 주어야 한다. 14~15세 소년(특히 8학년에서)들은 교수요강의 일정한 장, 절을 보고하고 개괄적으로 서술하며 독후감을 쓰는 것과 같은 유형의 자립적인 작업을 훌륭하게 완성할 수 있다. 교수 실험지와 생물실에서 한 실험 상황을 보고하며 교사가 준 견본에 따라 기계 모형을 조립하는 것과 같은 자립적인 작업을 완성할 수 있다. 이 밖에도 경험에서 보듯이 만일 새로운 교재를 학습하기 전에 먼저 학생들에게 자연현상을 홀로 관찰하고 실험하고 사실 자료를 연구하게 한다면 소년의 지능 적극성은 더 강화될 것이다.

그러므로 지능의 적극성은 소년의 정신 발전에서 가장 중요한 요소다.

77_ 청소년 시절 학생 사고의 특징

학년이 높아지면서 청년기 학생의 추상적 사고력, 즉 개념적 사고력은 날마다 뚜렷하게 좋아지는데 이는 청년기 학생의 특징이다.

어떤 현상을 연구할 때 많은 소년들이 아직도 인과적 연계를 정의 내리기 힘들어하는 반면 청년기에는 연구하는 사물이나 현상의 논리적 관계를 정의 내리는 데 필요한 논증적인 성격을 띤 사고력이 상당히 발전한다.

지각과 판단, 추리의 대상들에 대해 학생들은 벌써 자신의 사고력으로 여러 가지 면을 고찰하고, 그것들 속에서 서로 모순되는 특징을 찾아내고 개괄적인 논리를 찾아낸다. 이런 개괄은 늘 사고하는 대상을 떠나 사람을 다른 경지로 이끈다. 이것은 판단의 절대성에 대한 태도의 변화가 생기는 것이다. 즉 판단의 절대성이 점차 가설의 성격을 띤 것으로 바뀐다(어른들은 청년의 이런 경향을 "철학적 이치에 관심을 돌린다"고 말한다). 동시에 증명 과정에서 모순되는 판단들 사이의 갈등이 어떤 가설을 증명하는 표준이 된다. 실천 속에서 이런 상황은 다음과 같은 흥미로운 법칙성으로 표현된다. 즉 한 가지 진리를 증명하는 데 드는 노력이 크면 클수록 학생은 그 진리를 더욱 잘 믿는다.

학생들이 과학 기초 과목을 공부하는 과정에서 사실에 대해 유물론적인 해설을 한다는 것은 실제로 변증법적 논리의 개념과 범주를 학습하고 운용하는 것이다. 즉 그들은 운동, 발전, 양적 변화와 질적 변화, 대립물의 투쟁과 통일로 사실과 현상, 사건들을 살핀다.

청년들은 여러 가지 사실과 현상들의 관계에 대한 해석과 설명에 흥미를 가진다. 그리고 그들의 자립적인 독서의 성격도 변한다. 심각한 사상성은 없고 우여곡절만 있는 줄거리 중심의 문학 작품은 상급 학년들을 만족시키지 못한다. 그러나 그들은 우수한 작품 중에서 사람들의 사회관계나 정신생활과 관련된 철학적이고 세계관적인 문제를 강조한 대목은 반복해서 읽을 뿐만 아니라 일기책에 적어 두며 분석하고 깊이 사고한다. 그리고 학생들은 마치 저자들과 논쟁이라도 하듯 늘 책 윗부분에 짧은 논평을 써 놓는다.

청년들은 어떤 사실과 현상을 통해 사람들의 사상 속에 숨어 있어서 의식하기 가장 어려운 인과적 관계를 밝히길 즐긴다. 예를 들면 교수요강 중에서 가장 보잘것없는 문제도 때로는 논쟁거리가 된다. 삼각함수에서 '이를 수 없는 두 점 사이의 거리 측정'이란 한 절을 배울 때, 그들 사이에는 교재의 이론 부분만 알고, 이를 수 없는 두 점 사이의 거리를 측정할 수 있느냐로 논쟁이 벌어졌다. 심지어 몇몇 상급 학년은 삼각함수 공식이 나오기도 전에 벌써 다른 방법으로 측정을 했는데 이런 방법도 역시 수학적인 합법칙성에 따른 것이라고 말했다. 심지어 몇몇 학생은 자기가 생각해 낸 측정 방법까지 제시했다. 청년기에 수학을 배울 때 학생들이 애써 알려고 하는 것은 연습 문제나 공식의 내용뿐만 아니라 자신의 사고력과 사고력 과정의 방향성도 포함돼 있다는 것을 지적해야 하겠다.

청년은 특히 사람의 사회관계와 내면세계에 관련된 문제에 대해 심도 있게 분석한다. 그들은 사실, 현상, 사건 중에서 모순되는 각 측면들을 밝혀 객관적인 결론을 얻으려고 애쓴다. 청년들은 문학과 역사를 학습할 때, 그리고 담화, 변론과 보고 가운데서 이런 문제에 매우 주의를 기울인다. 이를테면 역사적 사건의 객관성과 역사에서 개인의 역할, 개인과 사회, 권리와 의무의 관계, 행복과 의무, 규율과 자유라는 개념의 관계, 그리고 자기를 더욱 잘 인식하려는 사람들의 염원 들이다.

여기서 알 수 있듯 학생들은 중학교에서 이미 변증법적 사고력의 특징을 배운다. 이런 변증법적 사고력은 지적 발달의 고급 단계다. 이는 감성적이고 구체적인 형상적 사고력에서 추상적이고 논리적인 사고력으로 옮겨 가는 것을 합법칙적으로 완성한다.

중학교를 졸업할 때 학생들은 자연계와 사회 발전의 기본적인 합법칙성들에 대해 어느 정도 이해를 하게 된다. 앞으로(고등학교에 진학하거나 사업에 참가한 다음) 그들은 이런 합법칙성에 관한 지식으로 어떤 사실, 현상, 사건들을 해석하고 설명하거나 자립적으로 연구할 수 있다. 때문에 중학교에는 한 가지 중요한 책임이 있다. 즉 한 사람의 미래에 정신 발전이 어떠할 것인가는 그가 소년기와 청년 초기에 얻은 지식이 어떠하냐에 달려 있다는 점이다.

청년은 사물, 현상과 그것들의 상호 의존성을 실제로 생각할 수 있을 뿐만 아니라 사고 과정에서 이미 기억하고 있는 자료들로 이전에 알았던 지식과 새로 알게 된 지식들을 대조하고 비교한다. 교사는 상급 학년들이 수많은 보충 자료들을 이용해 어떤 관점이나 사상을 증명하거나 논박하는 것에 가끔 놀라곤 한다.

상급 학년들 중에는 정신 발전 면에서 늘 같은 학년들보다 사고력 발전 수준이 매우 높고 특별히 총명하며 발표하기를 즐기는 학생들이 있다. 이런 학생들은 인류의 사고력에 대해 특히 흥미를 느끼며 그것의 본질과 비밀을 알려고 애쓴다. 이런 학생들은 처음에는 고급 신경 활동과 인류의 인식 과정에 관한 과학 서적들을 즐겨 읽고, 나중에는 이런 방면에 관련된 원서들을 열중하며 읽는다. 그들은 교사가 강의하는 한마디 한마디를 주의해 듣는다. 또 그들은 판단의 가설이 더욱 강화되고, 동시에 자신의 사고력에 대해서도 매우 민감해진다. 이런 학생들은 자기가 알고 있는 변증법적 논리의 법칙을 스스로 구체적 현상에 적용하며 이런 과정에서 새로운 지식들을 얻는다. 때문에 교수요강에 규정된 범위 외에 필수가 아닌 자료들이 그들의 정신생활에 일으키는 몫은 더욱더 커진다. 그리고 논쟁하는 가운데 자기의 생각을 말해 보려고 하는 청년 특유의 욕구가 이런 학생들에게서 더 강하게 표현된다. 그들은 드높은 열정으로 세계관과 인식 문제에 관한 보고를 준비하고 있으며, 토론회를 조직하고 실제 현상들을 관찰한 결과를 기록부에 써 넣는다.

우리는 사고력 발전 수준이 가장 높고 가장 우수한 이런 학생들을 10년 동안 관찰했다(나이는 상관하지 않았다. 그들 가운데 어떤 학생은 16세이고, 어떤 학생은 18세였다). 관찰 결과가 보여 주듯 이런 학생들의 지식량은 인문학 과목(특히 역사, 문화, 심리학) 방면에서 필수적이지 않고, 교수요강에 규정된 범위 이외의 지식이 요강에 규정된 것보다 몇 배나 더 많다.[5] 그러나 반드시 주의를 기울여야 할 것은, 이런 학생들이 모두 다 인문학 과목을 가장 즐기는 것은 아니며, 그들 가운데 대다수 학생들은 자연과학을 연구하고 또 이 방면에 관련된 전문 지식을 배우기를 즐긴다는 점[6] [7]이다. 이런 학생들은 학급을 주도하는데, 그들은 지식에 대한 탐구욕과 향학열, 발표하는 정신으로 다른 학생들에게 영향을 주기 때문에 급우들의 정신생활 전반에도 매우 큰 영향을 준다.

청년들은 사물을 판단할 때 가설의 성격을 띤 '철학적 이치에 관심을 기울이기'를 즐기고, 모순되는 동인의 투쟁에 대한 분석으로 진리를 증명하려 한다. 그들이 사고력의 규범성에 대해 하는 요구는 소년보다 훨씬 더 민감하고 엄격하다. 그들은 사회 정치 생활과 도덕, 예술 분야의 중대한 문제에 대해서는 특히 엄격한 요구를 한다.

청년들이 '바람이 부는 대로 흔들리는' 줏대 없는 사람들(이는 청년 남녀들과 나눈 담화에서 나온 말)을 얕보는 것은 그들이 원칙성과 줏대가 없을 뿐만 아니라 생각도 할 줄 모르기 때문이다. 상급 학년들의 말에 따르면 원칙성과 주관이 없는 사람은 도덕적으로 문제가 있는 사람일 뿐만 아니라 '그 어떤 중요한 일도 맡길 수 없는 머저리'다. 청년들이 보기에는 철저하지 못한 세계관 때문에 생기는 부정확한 행위(언어와 사상을 포함함)는 일

---

[5] 물론 문제는 지식량뿐만 아니라 지식에 대한 이해의 정도에도 있다. 이 두 가지를 비교하면 많은 문제를 설명할 수 있다. 학생이 학습하는 데 어려움을 느끼고 교재 분량이 많다고 느끼게 되는 원인은 많은 교사들이 생각하고 있는 것보다 더 복잡하다. 학생들이 느끼는 교재의 난이도는 우선 교재 내용이 학생의 지적 발달에 대해 일으키는 몫으로 결정될 것이다. - 저자 주.

[6] 인문학 과목과 문과 지식은 교수요강과 지식을 쌓는 데에 어느 정도 차지할 뿐만 아니라 학생의 사고력 발전을 촉진하는 가장 중요한 요소이다. 학생에게 자연계에 관한 지식을 더 쉽게 익히게 하고 학생 자신의 정신노동 과정을 이해하게 하며 또 어느 정도는 정신노동의 과정에 의식적인 영향을 끼친다. - 저자 주.

[7] 소련 공산당(볼셰비키) 중앙위원회의 1946년 12월 4일 결의에 근거해 1947년과 1948년 중등 일반교육 학교에서 논리학과 심리학을 강의했다. 그러나 중학교 상급 학년 전체가 생산 수업을 진행하는 기간(50년대 말에서 60년대 초)에 이 두 가지 과목은 교육과정에서 빠졌다. 지금은 학교별로 심리학과 논리학을 선택 과목으로 정하고 있다. 그러나 신문 잡지에서 일반교육 학교의 상급 학년에 논리학과 심리학의 체계적인 과목을 설치하는 것은 합리적이라는 주장이 다시 제기되고 있다. - 저자 주.

종의 비도덕적인 현상이다(그들이 보기에는 '부정확한 것'은 '비도덕적'인 것과 같다). 이런 관점에는 우리 청년들이 드높은 열정으로 자기의 관점을 지키고 부정확한 행위와 사상을 분개해 규탄하는 것은 이상하지 않다. 때문에 그들은 토론회, 독서토론회, 문답 세미나 들에 강하게 끌린다. 청년들의 견해를 따르자면 부정확한 사상과 타협하는 것은 비도덕적인 행위를 보고도 못 본 체하는 것과 같다.

78_ 학생이 갖추어야 할 가장 중요한 학습 능력과 숙련[8]

나는 학생들이 어느 때, 몇 학년 몇 학기에는 응당 어느 정도의 교양 수준과 단계에 도달해야 하고, 가장 중요한 능력과 숙련을 가지고 가장 중요한 개괄, 즉 규칙, 결론, 공식, 법칙들을 배워야 하며, 또 그것들을 영원히 잊지 않을 정도로 확고히 해야 한다는 목표를 20년 전에 이미 제기했다. 나는 중등교육의 내용에 포괄돼 있는 지식과 능력, 숙련을 모두 분석해 보았는데, 교양과 지적 발달과 신념이라는 피와 살이 붙어 있는 '골격' 또는 '줄거리'를 보는 듯했다. 이 '골격'이 바로 실제적 기능과 숙련이다. 그것들이 없으면 교수 과정은 상상조차 할 수 없다. 그것이 바로 주위 세계의 현상을 관찰하고 사고하며 자기가 보고 또 한 일, 생각한 것들을 표현하고 전달하며 책을 읽고 글을 쓰는 등의 학습 능력이다.

한 학생이 학교에서 10년 동안 공부하는 과정에서 순조롭게 지식을 얻으려면 이 10년 동안 읽고 쓰는 것만 배울 게 아니라 공부하기 시작한 지 얼마 안 되는 시간 안에, 즉 졸업할 때까지 시간이 많이 남아 있을 때 읽고 쓰는 것을 배워야 한다. 공부하기 시작해서 이런 능력(특히 읽는 능력)을

---

[8] 이 장은 '40) 학생들이 갖춰야 할 기본 기능'을 저자가 나중에 보완한 것이다. 여기서 수호믈린스키 교육철학의 변화 발전을 볼 수 있다. - 역자 주

배우는 단계가 빨리 시작되면 학생은 더욱 공부하기 쉬워지며 학습 부담을 더 적게 느낄 수 있다. 학교 수업의 폐단은 학교에서 공부하는 10년 동안 읽기와 쓰기만 배우게 하는 것이다. 그러나 학생은 그와 동시에 체계적인 과학 지식도 배워야 하기 때문에, 결국 읽기와 쓰기를 잘 배우지 못하면 체계적인 과학 지식도 배우기 어렵다.

나는 학생이 10년 동안, 배워야 할 가장 중요한 능력과 숙련을 12가지로 정리했다.

1. 주위 세계의 현상을 관찰할 줄 알아야 한다.
2. 생각할 줄 알아야 한다. 즉 몇 개의 대상, 몇 가지 사물과 현상을 종류별로 나누고 서로 대비할 줄 알고 감상할 줄 알아야 한다.
3. 자기가 보고 관찰한 일들과 생각했던 것들을 표현하고 전달할 줄 알아야 한다.
4. 책 내용을 유창하고 실감나게 이해하면서 읽을 수 있어야 한다.
5. 빠르고 올바르게 술술 글을 쓸 수 있어야 한다.
6. 읽고 있는 글을 논리적으로 완전한 개별적인 부분으로 구분할 수 있고, 그들 사이의 관계와 의존성을 인식할 수 있어야 한다.
7. 이해하려고 하는 문제와 관련된 책을 찾을 줄 알아야 한다.
8. 읽고 있는 책에서 문제와 관련된 자료들을 찾을 수 있어야 한다.
9. 책을 읽는 중에 읽고 있는 것들에 대해 일차적인 논리적 분석을 할 수 있어야 한다.
10. 교사의 강의를 들으면서 강의 내용을 간단명료하게 필기할 수 있어야 한다.

11. 교과서 본문을 읽으면서, 그 본문을 어떻게 이해하고 그 본문의 논리적 구성 부분을 어떻게 파악할지 교사의 지시를 알아들을 수 있어야 한다.
12. 글을 쓸 줄 알아야 한다. 즉 주위 세계에서 보고 관찰한 사물을 정확하게 쓸 줄 알아야 한다.

각 학년들의 학습 상황에 대한 관찰과 연구를 거쳐 나는 어느 때, 몇 학년(개별적인 정황에서는 몇 학기, 어느 단계)에서 위 조목의 기본 능력을 완전히 가질 것인가 하는 시간을 정해 놓았다. 이 표를 보면 우리는 크게 불안을 느낄 것이다. 그리고 학생과 교사가 일상적인 학습과 교수 과정에서 부딪히는 어려움의 원인이 분명해질 것이다. 이런 어려움 중 몇 조목은 사실 장애물이 되고 있다.

예를 들면 이 표에는 책 내용을 유창하고 실감나게 이해하면서 독서하는 능력과 읽고 있는 글을 논리적으로 완전한 개별적인 부분으로 구분할 수 있어야 하며, 그것들의 관계와 의존성을 인식할 수 있어야 한다는 두 가지 능력이 있다.

사실상 학생은 7, 8학년이 돼서야 비로소 유창하고 실감나게 이해하면서 독서하는 능력을 갖게 된다. 그러나 이상한 것은 문학 독서에 제기된 과업의 하나가 독서 능력을 가져야 하는 것이다. 그러나 벌써 3학년, 특히 4학년에서 읽고 있는 글을 논리적으로 완전한 개별적인 부분으로 구분할 수 있어야 한다는 새로운 목표가 제기되고 있다.

아이가 아직 읽기도 다 못 배웠는데 읽고 있는 본문에 대해 논리적으로 분석하라고 요구하는 것은 참으로 이상한 일이다. 실제로 5학년이 돼도 책을 유창하고 실감나게 이해하면서 읽지는 못한다(책을 유창하고 실감나게 이해하면서 읽는다는 것은, 읽을 때 읽는 과정을 고려하지 않고 읽고 있는 본문의 뜻을 고려한다는 것이다). 그러나 학생이 해야 할 학습 과업은 벌써 그가 역사, 지리, 생물 교과서에 있는 본문을 논리적으로 분석하는 것이다.

어떻게 할까? 학생이 이런 능력을 아직 완전히 갖지 못했을 때는 더 복잡한 학업을 주지 말아야 할까? 그렇다면 이것을 역사 교과서 같은 데서 학생이 아직 읽기를 배우지 못했을 때(분석하면서 읽게 할 정도까지 이르지 못했을 때)는 그에게 숙제를 내지 말아야 한다는 뜻은 아닌지? 이렇게 해서는 안 된다. 이렇게 하면 학습 기간을 15년까지 늘여야 할 것이다. 여기서 알 수 있듯이 학생은 복잡한 능력, 즉 지식을 얻을 때 반드시 바탕이 되는 능력을 더 일찍 가져야 한다. 학생이 책을 유창하고 실감나게 이해하면서 읽는 능력을 아직 갖지 못했고 글을 읽을 때 그 읽는 과정을 고려하지 않아도 될 정도까지 이르지 못했을 때 책은 그에게 지식의 원천이 될 수 없다.

이 표에서 능력과 숙련을 갖는 것을 나타내는 곡선은 반드시 다른 형태여야 한다는 것이 뚜렷이 나타난다. 학생이 책을 유창하고 실감나게 이해하면서 읽을 수 있어야만 본문을 논리적으로 완전한 부분으로 구분하는 능력에 대해서도 말할 수 있다. 만약 학생이 읽기를 못한다면 그는 그 학습 단계에서 정상적으로 공부할 수 없고 학습이 그에게 흥미롭고 창조적인 노동이 될 수 없다.

때문에 학생의 독서 능력을 한층 더 높은 수준으로 끌어올려야 한다. 즉 읽기와 생각하기를 동시에 할 수 있고 본문의 내용을 생각할 뿐만 아니라 다른 것들, 예를 들면 교사의 지도에 대한 생각과 본문에 대한 자신의 견해도 가질 수 있어야 한다. 이런 능력은 7학년에 가서 매우 중요하다. 그리고 이것은 8~10학년의 창조적인 정신노동 중에서 더욱 폭넓게 쓰인다. 만약 학생이 읽고 있는 본문을 논리적으로 완전한 개별적인 부분으로 아직 구분할 수 없고, 심지어 유창하고 실감나게 이해하면서 읽는 능력도 갖지 못했다면, 그가 본문을 읽음과 동시에 어떻게 읽어야 하는지에 대한 교사의 지도를 알아들을 수 있을까? 하지만 학생은 아직 논리적 분석을 할 줄 모르지만 연습을 하다 보면 글을 읽으면서 그 내용을 마음속으로 추상화하면서 생각해야 하는 상황들을 수시로 겪을 수 있다.

지금 우리 모든 교사들은 교수 일과표에서 이처럼 질서가 없고 실제에 적합하지 않는 결함들을 파악해 냈다. 그리고 또 그 밖의 이상한 현상들까지도 들추어냈다. 마침내 학생이 어느 때, 어느 학년에서 빠르고 정확하게 교사가 가르치는 내용들을 술술 필기할 수 있고(빠뜨리거나 틀리지 않고) 교사의 해석을 들으면서 그의 사상과 교수 내용을 간단명료하게 기록할 수 있다고 꼬집어 말할 수는 없다. 실제 상황을 보면 학생은 모두 학습하는 10년을 통틀어 빠르게 쓰는 능력을 배운다. 그런데 3, 4학년 때 글 쓰는 능력을 제대로 갖지 못했는데 어떻게 글을 쓸 수 있나? 그런데 3학년, 특히 4학년에서는 학생에게 보고 관찰한 것들을 쓰라고 한다.

하지만 사고력, 즉, 사물과 현상을 대조하고 비교하며 대비하는 능력, 또 모르는 것들을 찾아내는 능력과 의문을 제기할 수 있는 능력들은 어떤가? 이런 능력들을 확실하게 갖지 않고서는 근본적으로 공부할 수는 없다. 그런데 과연 어떤 곳에서 이런 사고력을 아이들에게 전문적으로 가르쳐 주나? 이 목적을 이루고자 전문적으로 훈련하는 곳이 있나? 그리고 모든 초등학교 교사들에게 해마다 이런 사고력을 훈련시키는 경험을 기록하는 필기장은 있는지? 사실 이 방면에는 아무것도 없다. 모든 것이 다 확실하지 않다. 듣건대 교사는 시간마다 학생에게 사고력을 가르쳐 준다고 한다. 그러면 아이들이 응용문제를 풀 줄 모르는 것은 어느 누구도 책임지고 사고하는 능력을 가르쳐 주지 않았기 때문이 아니란 말인가?

주위 세계를 관찰하는 능력과 사상을 표현하는 능력(이 두 가지 능력은 서로 긴밀히 연결돼 있다)을 떠나서는 교수 과정이라는 것도 상상할 수 없다. 그러나 이상하게도 우리는 이런 것을 가르치는 어떤 사업 체계도 보지 못했다. 아이들이 주위 세계의 현상을 관찰하는 능력을 전문적으로 배우지 못한 상황에서 어떤 교사도 이런 능력을 가르치는 사업(전문적인 수업)을 완수했다고 할 수 없고 또 자기 학생들이 사물, 현상과 사건의 중요하고 기본적인 특징과 본질을 이미 관찰할 줄 안다고 할 수도 없다.

어느 한 가지 능력이라도(그것 없이는 전혀 순조롭게 학습할 수 없는 능력) 교수 과정의 어느 단계에서 가르쳤다고 할 수 없고 또 한 가지 능력을 가르치는 사업을 이젠 끝마쳤다고 할 수 없음이 실생활에서 나타나고 있다. 한때 나는 어둠 속에서 헤매는 듯했다. 내 교수는 개인적으로 진행됐고, 또 내가 어느 한 수업을 참관했다 해도 그것은 무슨 일이든 좀 해보려는 데 지나지 않았다. 아니, 이런 상황이 더는 지속돼서는 안 된다고 생각했다. 그래서 나는 교수 경험이 가장 풍부한 교사들과 함께 교수요강을 분석하고 학생의 힘과 가능성을 짐작해 보며, 어떤 능력의 실체를 표현할 수 있는 개념의 범위와 숨은 뜻을 명확히 했고(이 점은 매우 중요하다), 동시에 개념과 개념 사이의 의존관계를 고려했다. 나중에 우리는 교수 과정의 어느 단계에서 어떤 능력을 가르쳐야 한다는 것을 정했다. 예를 들면 유창하고 실감나게 이해하면서 독서하는 능력은 3학년 첫 학기 말에 가르쳐야 한다. 이렇게 한 다음에는 독서의 기교와 능력 문제를 더는 제기하지 말아야 한다. 그러지 않으면 교수 과정에 혼란이 생긴다. 그리고 3학년 첫 학기부터(독서 능력을 가르치는 것과 동시에) 논리적으로 완전한 부분으로 구분하는 능력을 가르치기 시작해야 한다. 이것을 가르치는 첫 번째 단계는 4학년 말에 가서 완성해야 하며 두 번째 단계는 6학년 말에 완성해야 한다. 그리고 읽는 문장을 논리적으로 완전한 부분으로 구분하는 능력을 가르치는 일이 거의 완성될 무렵에 중학교 단계에서는 복잡하다고 할 수 있는 능력, 즉 학생이 읽으면서 문장의 내용을 생각하고 사상 면에서 그 문장에 대해 일차적인 논리적 분석을 하는 능력을 가르쳐야 한다.

  빠르고 올바르게 술술 글을 쓰는 능력을 가르치는 첫 번째 단계는 2학년에서 완성하고, 두 번째 단계는 4학년에서 완성해야 한다. 4학년 말에 가서는 모든 학생이 글을 빨리 쓰고 글씨가 아름다워야 하며 글을 쓸 때 맞춤법을 더는 고려하지 않으며, 모든 에너지를 쓰고 있는 문장의 내용과 의미에 쏟아부을 수 있는 정도가 돼야 한다. 그리고 4학년 2학기에 가서는 교사의 강의를 들으면서 필기할 수 있는 능력을 가르쳐야 한다. 이 능력을 가르치는 일은 6학년 말에 완성해야 한다. 글 쓰는 능력을 가르치는 사업은 두 단계로 나누었다. 첫 번째 단계는 예비 단계로, 줄줄 쓰는 능력을 갖춘 뒤 시작해야 한다. 즉 3학년 초기부터 시작해야 한다. 그리고 두 번째 단계는 4학년 2학기에 시작해 6학년 때 완성해야 한다.

  개별적인 능력을 가르칠 때 반드시 그 능력들을 서로 결부시키는 원칙을 지켜야 한다. 즉 한 가지 능력을 가르치는 사업이 완성되고 있을 때 또 다른 한 가지 능력을 가르쳐야 한다. 새롭고 복잡한 능력은 그다지 복잡하지 않은 능력을 확실히 가르친 다음에 알려 주어야 한다. 여러 가지 능력의 순차성과 의존성, 그리고 그것들 사이의 연속성이 명확해진 다음 우리는 현장에서 이런 구상을 실현하기 시작했다. 우리 표에 나타난 모든 능력의 체계는 실제로 교사 자신에 대한 요구가 됐다. 학교의 지도 일꾼에게는 이 체계가 교육을 관리하는 과정의 요강이 됐다.

우리는 이 교수 과정의 논리가 제시한 능력과 지식 체계에 따라 사업한 지 벌써 20년이 됐다. 각 교사는 어느 한 가지 능력의 실질에 대해 명확히 인식한 다음 그 능력을 가르치는 구체적 방법을 찾아야 한다. 예를 들면 유창하고 실감나게 이해하면서 읽는 능력을 가르치려면 반드시 일정한 범위(수량)의 연습이 있어야 하며, 학생은 반드시 책을 어느 정도 읽어야 한다. 그렇지 않으면 효과가 없다. 모든 학생은 저마다 자기 수준에 맞게 연습해야 한다. 그리고 사고(대조, 비교, 대비)의 능력을 가르치려면 반드시 생각할 제목의 수량을 명확히 정해야 한다. 주위 세계의 현상을 관찰하는 능력을 기르기 위해 우리는 자연계에 나가서 수업을 하는 체계를 만들었고, 학생들은 거기에서 자연현상을 관찰하고 본 것들을 이야기한다.

능력과 짓기 체계에 근거해 교수 과정을 지도하는 것은 일정한 우월성을 갖고 있다. 이런 우월성을 더욱 똑똑히 인식하기 위해 우리는 이 체계의 두 번째 부분, 즉 지식 체계를 이야기해 보자. 우리는 교수요강과 학생의 정신노동 생활을 분석하고 교육과 정신노동의 내용 '뼈대', 즉 학생이 확고히 기억해야 할 기본 지식을 명확히 규정하고, 필요할 때 기억이란 지식 창고를 쓸 수 있게 했다. 우리는 모든 과목에서 학생들이 반드시 기억하고 다시 '보충수업'을 받아서는 안 될 규칙, 개념, 공식, 법칙과 기타 일반화의 원리들을 규정했다. 이런 것들을 확실히 인식하고 파악해야 하는 것은 우리가 늘 그것들을 응용하기 때문이다. 비유하자면, 그것들은 수시로 써야 할 만능 도구고 그것 없이는 지식 공장에 들어갈 수 없다.

문법을 말하면, 우선 맞춤법에 맞는 최소한의 단어 수를 확실히 기억해야 한다. 우리는 사전과 문법 교과서에서 가장 중요한 맞춤법 규칙들이 포함돼 있는 단어 2000개를 골랐다. 그리고 초급 4학년에서 학생들에게 1500개 단어를 쓸 수 있게 가르치고 5, 6학년에 가서 다시 500개 단어 쓰는 법을 가르쳤다. 맞춤법에 맞는 최소한의 단어량은 교사가 자체로 규정한 것이다. 교사는 이런 단어들을 가르칠 시간을 잘 배정해 주고 그에 따른 연습을 일러 주며 동시에 학생의 자립적인 작업 상황을 연구한다. 여러 해의 경험이 알려 주듯 만약 학생이 6학년 말까지 가장 중요한 문법 규칙을 포함한 맞춤법에 맞는 단어 2000개를 영원히 잊지 않고 확실히 기억하고 또 이런 암기가 법칙을 이해하면서 연구한 규칙을 배경으로 된 것이라면, 학생은 이미 읽고 쓰는 고비를 넘겼고 그의 문법 지식과 글쓰기 능력은 그의 학습 도구가 됐다. 필요한 것들을 기억하는 것은 중급 학년과 상급 학년에서 학생의 과중한 학습 부담을 막는 아주 중요한 조건이다. 이런 암기와 보존은 창조적인 학습 과업을 훌륭히 완수할 수 있도록 학생의 지혜를 열어 준다.

산수에서는 구구단을 확실히 기억시켜야 한다. 학생들은 2학년의 제4단계에 이 공식을 영원히 잊지 않도록 정확히 기억해야 한다. 그리고 100 이내의 산수 연산의 여러 가지 조합을 확실히 기억해야 한다(예를 들면 83-69는 얼마라는 것을 생각을 거치지 않고도 말할 수 있어야 한다). 또 3학년은 1000 이내의 산수 연산의 여러 가지 조합을 기억해야 한다.

대수 방면에서는 곱하기 공식을 확실히 기억해야 한다. 학생은 6학년 말에 그것을 익숙하게 기억해야 한다. 그 밖에도 좌표계, 정제성의 판정 조건, 방정식, 로그함수, 도함수, 적분, 삼각함수, 복소수 들이 있다. 개별적인 부분에 대해 모두 깊이 있게 이해한 다음, 기억해야 할 지식들을 명확히 하고 또 어느 때 기억해야 한다는 것도 정해야 한다. 각 과목에는 학생들이 어느 때에 가서 확실히 기억하고 또 어떤 지식은 영원히 기억 속에 보존해야 한다는 명확한 규정이 있어야 한다.

학생에게 기본적인 기초 지식을 익히고 그것을 영원히 기억하고 암기하게 하려면, 교사는 반드시 교수 준비를 치밀히 해야 하고 연습 시간을 적당하게 배정해 주어야 한다. 학생에게 맞춤법에 맞는 최소한의 단어를 확실히 기억시키려면 러시아어 교사는 학년의 전반, 나아가서는 몇 년 동안 받아쓰기를 치밀하게 준비해야 한다. 즉 수업 시간마다 학생들에게 단어 몇 개씩 맞춤법에 맞게 쓰게 하거나 복습시켜야 한다. 또 학생들은 모두 단어를 쓸 때 사용할 맞춤법 책을 항상 갖고 다녀야 하고, 집에 돌아가면 그 단어를 다시 복습해야 한다. 그리고 교사는 일 년 동안 각 단어를 몇 번이고 복습시키고 동시에 관련 문법 규칙도 연상하게 해야 한다.

교육의 '뼈대'(즉 학생이 반드시 영원히 기억해야 할 지식과 능력)가 든든하면 학교라는 건물 전체도 튼튼할 수 있다. 우리는 표를 통해 나타난 지식 체계에 반드시 기억하고 오래도록 암기해야 할 것만 열거했다. 왜 이렇게 해야 하나? 그것은 반드시 암기하고 기억해야 할 것들과 그저 이해만 하고 암기하지 않아도 되는 것 사이에 분명한 선을 긋기 위해서다. 만약 한 학생이 배운 모든 지식을 다 기억하려 한다면 그 학생은 아무것도 얻지 못하고, 심지어 반드시 암기하고 기억해야 할 지식마저 기억할 수 없게 되고 말 것이다. 그런데 교육의 든든한 '뼈대'가 부족한 것이 바로 학교 사업에서 가장 심각한 결함 중 하나다.

79_ 교사와 학생들은 믿음과 사랑으로 하나가 돼야

　우리들의 사업은, 그 자체의 성격과 논리 면에서 보면, 아이들의 생활에 대해 끊임없이 관심을 갖는 것이다. 교사는 항상, 자신이 대하고 있는 것은 매우 연약하고 쉽게 상할 수 있는 아이의 마음이라는 것을 잊지 말아야 하고, 학교에서 하는 공부는 그저 한 사람의 머리에서 다른 사람의 머리로 지식을 옮겨 넣는, 열정 없는 냉정한 일이 아니며 교사와 학생은 늘 마음으로 접촉하고 있다는 것도 잊지 말아야 한다. 만약 우리 아이들을 모두 어려움을 극복할 수 있는 강한 영재로 본다면 그것은 너무나 순진하고 그릇된 생각이다. 유감스러운 것은, 아직도 많은 교사들이 이같이 생각하고 있으며 이 그릇된 교육 사상이 우리에게 많은 손실을 가져다주고 있다는 점이다.

　아이들은 매우 연약하고 고립돼 있다. 나는 학교 문에 처음 들어서는 아이들을 볼 때마다 방금 활짝 핀 붉은 복숭아꽃을 떠올리고, 이 한 떨기 꽃송이가 열매를 맺게 하려면 원예사들은 얼마나 많은 심혈과 노동을 들여야 할지 생각한다. 입학하고 몇 달 동안 아이들은 매우 큰 고통으로 괴로워한다. 그들 가운데에는 '다른 동무들은 다 공부를 잘하는데 나는 왜 그들이 아는 것을 모를까, 남들은 5점이나 4점을 맞는데 나는 왜 2점밖에 맞지 못할까, 나는 아무것도 모르고 아무 소용이 없는 사람이야' 하고 생각하는 이들이 있다. 이것은 정말 비극적인 일이다. 이 때문에 아이는 마음이 거칠어지고 모든 것에 무관심하게 된다. 그들은 불유쾌한 대화를 피하려고, 더욱이 처벌을 받지 않으려고 교활하게 행동하고 거짓말을 하기 시작한다. 숙제를 다 하지 못했거나 수업 시간에 교사의 질문에 대답을 잘 못했을 때는 교사가 자기에게 점수를 매길까 두려워서 "내 점수 기록 책을 잃어버렸습니다"라고 거짓말을 한다. 사실은 점수 기록 책을 잃어버린 것이 아니라 치워 버린 것이다. 이런 일들을 보면 정말 가슴이 아프다. 점수 기록 책은 그들에게 무서운 물건이 되고 있다. 아이들은 그것을, 교사가 부모 손을 빌려 쓰는 채찍으로 여긴다. 유감스러운 것은 이런 일들이 늘 우리 주위에서 일어나고 있다는 사실이다.

냉혹하고 무정한 사람은 초등학생들에게 2점을 매길 때, 교육학을 모르는 부모가 아이에게 난폭한 벌을 주라고 마음속으로 바랄 것이다. 나는 젊은 벗들에게 아이들이라는 이 야들야들한 꽃송이를 가장 귀중한 보물처럼 소중하게 여길 것을 제안한다. 이 꽃송이는 매우 쉽게 꺾일 수 있고 햇빛에 시들 수도 있으며 불신이라는 '독약'으로 죽어 버릴 수도 있다. 그러므로 아이의 생활과 건강에 관심을 기울이고, 그의 이익과 행복에 관심을 기울이는 것은 무엇보다도 이 야들야들한 꽃송이를 소중히 여겨야 한다는 뜻이다. 아이가 당신을 믿는 것은 당신이 교사이자 스승이며 인성의 본보기이기 때문이다. 당신은 반드시 빈틈없이 굳건하게 아이에게 관심을 보여야 하고, 우리는 교육 사업에서 교사가 아이에게 관심을 기울이지 않고 아이를 쌀쌀맞게 대하는 일이 없도록 한다.

교사는 학습 의욕을 가지고 지식을 탐구하고 정신 활동의 비결을 이해하려고 노력해야 한다. 그리고 이 오솔길을 따라 끊임없이 거슬러 올라야 교육 기교의 최고봉, 즉 교사와 학생의 마음이 서로 어울리는 경지에 이를 수 있다. 나는 젊은 벗들에게 매우 간단하지만 또 복잡한 교육 비결을 말하려 한다. 이 비결은 아이를 사랑하는 교사는 매우 쉽게 익힐 수 있으나 목석 같은 사람은 절대 이해할 수 없다. 그것은 바로 교사가 인격적인 면에서 학생의 존엄성에 관심을 기울여야 학생이 학습으로 교육 받을 수 있다는 것이다. 교육의 핵심은 아이가 '나는 성실한 정신노동자이며 조국의 훌륭한 국민이고 아버지 어머니의 훌륭한 아들딸로, 고매한 지향과 흥미와 열정을 갖고 있으며 쉼 없이 진보하는 성숙한 사람이다'고 자신의 존엄성을 체험하도록 하는 것이다.

나는 초등학생에게 한 번도 낙제 점수를 매긴 적이 없다. 만약 아이가 대답을 잘 못했을 때는 "다시 한 번 해 보세요. 좀 노력한다면 꼭 잘될 수 있을 거예요. 아직 학생에게는 점수를 매기지 않겠습니다. 학생은 조금만 더 노력한다면 꼭 좋은 점수를 받을 수 있을 것입니다. 만약 정말 모르는 문제가 있으면 내일 수업이 시작되기 전에 학교에 와서 우리 함께 생각해 봐요"라고 말해 준다. 수업이 시작된 뒤 30분 정도는 내가 학생들과 함께 가장 재미있는 정신생활을 하는 시간이자 아이의 마음과 서로 만나는 가장 행복한 시간이다. 이 반 시간 동안 아이는 매우 걱정스러워하며 나를 찾아온다. 아이에게는 숙제를 할 줄 모르고 또 아무리 애써도 알 수 없을 때가 가장 고통스러운 때라는 것을 알아야 한다. 당신도 아이와 함께 생각한다는 것이 무엇을 의미하는지 체험했나 모르겠다. 이른 아침 교정 한

쪽, 꽃이 만발한 사과나무 아래에서 나는 3학년 유라와 나란히 앉았다. 우리 앞에는 응용문제 하나가 놓여 있었고 우리는 반드시 그 문제를 풀어야 했다. 나는 이 아이를 도와 그의 사고력의 방향을 수시로 바로잡아 준다. 그는 끝내 진리를 발견하고 더없는 기쁨을 느끼며 인식이 한발 나아갔음을 느낀다. 그는 행복을 느꼈고 고민은 사라지고 만다. 아이와 함께 생각하는 이런 시간은 내게도 최대의 기쁨을 가져다준다. 바로 이 시간에 아이의 믿음이 가장 충분히 드러난다는 것을 나는 젊은 벗들에게 말하고 싶다. 내가 아이와 함께 그의 고민을 풀어 주고 그와 함께 진리를 발견하면 아이들은 절대 나를 꺼리지 않는다. 나는 아이에게 자기의 점수 기록 책에 점수를 적어 넣게 했는데, 이것은 그에게 자긍심과 존엄감을 갖게 한다. 아이에게 늘 자기의 진보를 알게 하는 것은 매우 중요하다. 교사는 어느 하루라도 학생이 힘을 많이 들이고도 아무런 성과를 거두지 못했다고 느끼지 않게 해야 한다.

교사가 학생과 우의를 맺으려면 막대한 노력과 힘을 들여야 한다. 어떤 사람은 교사와 학생 사이가 돈독해지려면 아이들을 데리고 견학하고 여행하며 그들과 함께 모닥불 앞에 모여 앉아 감자를 구워 먹으면서 즐겁게 지내면 된다고 생각한다(여기에서 어떤 사람은 학습도 아주 유쾌한 일이라고 생각하고 있다는 것을 부차적으로 제시한다). 이것은 다 그릇된 생각이다. 아이들과 친해지려면 우리의 힘과 사고, 지혜, 신념과 감정으로 아이들의 사상과 감정을 고무하고 격려해야 한다. 교사와 학생이 친구가 되려면 반드시 거대하고 풍부한 정신적 부가 갖추어져 있어야 한다. 이런 정신이 풍부하지 못하면 우의는 저속한 친구 관계밖에 되지 못하는데 이것은 교육에서 매우 위험한 현상이다.

80_ 학습 속도가 더딘 학생들을 대하는 방법

의사가 병을 치료하기 위해 환자의 몸을 세심히 연구하고 병의 근원을 찾는 것과 마찬가지로, 교사도 아이의 지능과 감정과 도덕적 발전 상황을 세심하고 면밀하게 연구하고 관찰하면서 아이가 공부를 어려워하는 원인을 찾아내고 개인의 특징을 고려하고 개별적인 어려움을 돌볼 수 있는 교육 대책들을 세워야 한다. 그리고 교사에게는 아이가 공부를 어려워하게 되는 원인을 미리 막을 수 있는 또 다른 수단이 있어야 한다. 물론 이것은 교사의 힘뿐만 아니라 사회 각 계층의 도움도 필요하다.

의사는 우선 인도주의자다. 그러나 만약 그가 환자에게 "당신의 병은 고칠 수 없습니다. 당신은 조금도 희망이 없습니다" 하고 말한다면 그를 진정한 인도주의 의사라고 할 수 있을까? 이런 의사는 병원에서 하루도 배겨나지 못할 것이다. 교사들 중에도 날마다 아이에게 자신은 아무 희망이 없는 사람이라고 느끼게 하거나, 심지어 그런 말을 하는 사람이 있지는 않은지? 이는 절대 용서할 수 없는 일이다. 우리는 자기 직업의 영예를 사랑하고 인도주의 가치를 높이 들어야 한다. 의사가 한 환자를 여러 해 동안 치료하면 그도 우리 교사들 못지않게 비판적인 결론을 내릴 것이다. 하지만 그는 과학의 큰 힘을 믿고 환자의 정신적 힘을 믿는다. 교육학의 인도주의 정신은 바로, 학생에게 대다수의 아이들은 감당할 수 있으나 자기만 감당할 수 없다는 것을 느끼게 하는 것이 아니라, 그에게 인식, 정신노동, 창조의 즐거움을 체험하게 하는 것이다. 우리 사업에서 인도주의의 최고 단계는 바로 우리가 자연에 대한 깊은 지식으로 자연이 이미 결정해 버린 극복하기 어려운 문제까지도 이겨내는 것이다. 진정한 교육자가 되려면 우리는 반드시 사람의 심리적 현상, 정신세계의 자연적인 면과 해부생리적인 면을 깊이 있게 연구하고, 아이의 두뇌 속에서 일어나는, 주위 환경의 여러 가지 요소에 대한 의존성을 연구해야 한다.

여러 해 동안 나는 교육 사업 실천, 즉 아이의 정신노동과 정신생활을 연구해, 아이가 공부를 어려워하고 낙제하며 다른 사람에게 뒤지게 되는 원인은 대부분 아동기 초기에 받은 교육과 그의 주위 환경 조건이 좋지 못한 데에 있음을 발견했다. 학령 전기와 학령 초기 아이의 학부모와 교육자들이 만나게 되는 것은 자연계의 모든 사물 중에서 가장 섬세하고 민감하고 우아한 아이의 뇌다. 만약 아이가 공부를 어려워한다면, 또 다른 사람들이 받아들일 수 있는 것을 받아들이지 못한다면 그것은 그가 자기 발전에 필요한 것들을 주위 사람들에게서 얻지 못했다는 뜻이다. 아이는 1세부터 7, 8세 사이에 머리가 둔해진다. 만약 교육자가 이때 아이가 정상적인 지적 발달의 궤도에서 벗어나는 현상을 발견하지 못하고 또 그것을 알지 못해서 그 원인을 찾지 못하면, 나중에 아이는 지적 생활에서 어려움은 크게 겪게 될 것이다. 만약 이런 원인이 조사 연구를 거쳐 밝혀진다면, 환자를 치료하듯이 엄격한 과학적인 원리를 기초로 이루어진 교육이라는 강한 힘을 써야 한다.

　교육 사업에 종사하는 우리는 공부를 어려워하는 아이가 이미 얼마나 뒤떨어졌는지와는 상관없이, 그가 국민으로서 일상생활, 노동 생활과 정신생활의 길에 튼튼히 발을 붙이고 설 수 있도록 해야만 한다. 우리의 숭고한 사명은 모든 학생이 자기가 먹을 빵을 스스로 마련할 뿐만 아니라 생활에서 즐거움을 느끼고 자존심도 지키는 전문 직업을 선택할 수 있게 하는 것이다.

　사람의 정신적, 도덕적 면모와 국민으로서의 품성을 형성시키는 면에서 지적 교육이 수행하는 몫은 해마다 더 중요해지고 있다. 자기는 공부도 못하고 무슨 일을 하든 모두 안 된다고 느끼는 학생들이 학교에 없어야 한다. 이것은 윤리적으로 심한 상처일 뿐만 아니라 일부 지방에서 소년들이 학교를 떠나고, 생산 조직을 떠나서 사회 불안을 일으키며, 거리에서 유랑하는 사람이 되기 좋은 환경을 만드는 직접적인 원인이다. 아이와 청년들 사이에서 위법 행위가 생기는 원인 중 하나가 바로, 일부 소년들이 자기는 지능 면에서 남보다 못하다고 느끼면서 마음속으로 괴로워하는 데 있다. 게다가 만약 가정환경이 좋지 못하면, 공부를 어려워하는 이런 학생의 도덕적 행위에 흠집이 생길 위험은 더욱 커진다. 우리 교사들은 공부를 어려워하는 학생을 교육해 낼 수 있다고 보아야 하고, 공부가 그들에게 고매한 자존심을 갖게 하는 분야가 되게 해야 한다.

　우리는 반드시 다음과 같은 명확한 인식을 가져야 한다. 즉 공부를 어려워하는 학생인 패차는 장래에 학자, 기사, 철학사상가, 노동자 또는 농민 중에서 어떤 사람이 되든지 우선 사회주의 사회의 국민이 돼야 하고 인생의 행복을 느낄 권리가 있는 사람이 돼야 한다. 창조적인 노동을 하지 않고 생각할 줄 모르며 무지한 사람은 이런 행복을 생각할 수도 없다. 모르는 데에서 아는 데로 옮겨 가는 길은 매우 복잡한데 아이들은 제각기 다른 방식으로 이 길을 걷는다. 한 아이에게는 그다지 어렵지 않은 길이 다른 아이에게는 누군가 거듭 도와주지 않으면 어려움을 이겨나갈 수 없는 길일 수도 있다. 하지만 아이가 아무리 어려움을 느끼더라도 생각할 줄 알아야 한다. 그러려면 책은 그에게 즐거움을 주는 원천이 돼야 하며 언어는 그의 정신세계에 들어가서 개인적 재산이 돼야 한다.

학습에서 어려움을 느끼는 아이들이 이해력이 낮고 머리가 둔한 것은 지식욕과 탐구 정신이 모자란 것으로 나타난다. 교사는 이것을 이상하게 여기고 놀라기도 한다. 어떤 아이는 정말 놀랄 만큼 둔하다. 그는 답이 눈앞에 있어서 얼핏 보고, 사고력으로 그 문제와 해답을 이어 놓기만 하면 되는데도 답을 모른다. 그러나 공부를 어려워하는 아이는 이처럼 지식욕이 모자라고 주위 세계에 대해 본체만체하는 특징이 있는데 이 속에 한 가지 해결책이 있다. 그것은 경험 있는 교사가 문제의 실마리를 찾아서 공부를 어려워하는 아이의 지능을 발전시킬 수 있는 수단을 찾도록 도와주는 것이다.

모든 학부모들은 사람이 갖추어야 할 것들이 그가 태어난 뒤에 사람과 사람 사이의 관계와 사람과 사회의 관계로 형성된다는 중요한 진리를 잘 기억해야 한다. 왜 패차는 응용문제의 조건들을 거의 다 읽어갈 때가 되면 첫머리에서 제시된 조건들을 잊어버릴까? 어째서 그는 자기 생각 속에 사과와 바구니와 나무, 이 세 가지를 서로 연결하지 못할까? 대자연이 패차를 따돌렸나, 아니면 그의 머리가 다른 사람들과 같지 않기 때문인가? 어째서 패차는 공부하기 시작하면 그렇게도 힘들어할까?

이것은 패차가 아동기 때 배워야 할 것을 배우지 못했기 때문이다. 사람의 사고력은 의문(무엇 때문에?)에서 비롯된다. 아이는 1살 반부터 2살 때 주위 세계의 많은 현상들을 본다. 그는 이때 이런 현상들을 그저 느끼는 데 그치지 않고 보통 사람의 눈빛으로 대한다. 그는 꿀벌이 꽃이 핀 사과나무에 날아와 새하얀 꽃잎에 앉았다가 다시 날아가는 것을 보고 꿀벌은 어디로 날아갔을까? 왜 날아갔을까? 어떤 새는 나무 위에 둥지를 틀고 또 어떤 새는 처마 밑에 흙을 물어다 둥지를 트는데 이것은 왜일까? 하고 신기하게 생각한다.

　이렇게 멈출 줄 모르는 인류의 호기심과 지식욕, 그리고 대자연의 아름답고 신기한 현상(특히 주위 세계의 아름다움) 앞에서 놀라고 경탄하는 것은 선천적인 것이 아니라 사람들에게 얻은 것이다. 이것은 사람과 사람의 관계, 사람과 사회의 관계라는 것이 사람의 정상적인 발전에 없어서는 안 되는 매우 중요한 요소이기 때문이다. 아이는 땅벌 한 마리가 벽에 난 작은 구멍 속으로 기어 들어가는 것을 보고, 땅벌은 어디로, 왜, 기어갈까 하고 묻는다. 그가 놀란 것은 타고난 호기심 때문이 아니라 아버지 어머니와 주위 사람들이 그에게 놀라고 질문할 줄 알도록 가르쳐 주었기 때문이다. 아이 둘레에 있는 사람들은 아이의 호기심이 끊임없이 자라고 있는 것에 그다지 주의를 기울이지 않는다. 아이의 호기심이 생기는 근원은 우리 어른들이 아이 앞에 끊임없이 물건과 사물, 현상들을 펼쳐놓는 데 있다. 우리가 아이 앞에 펼쳐놓는 물건과 사물, 그리고 현상들이 많으면 많을수록 그는 더 많은 의문을 갖고 더 많은 놀라움과 기쁨을 느낀다. 아이는 의식적이거나 무의식적으로 아름다움에 대해 놀라고 사람의 지혜와 두 손이 가지고 있는 기교에 대해 경탄한다. 이 모든 것이 바로 사고력의 프리즘인데, 주위 세계에서 오는 모든 정보는 모두 이 프리즘을 거쳐서 전달된다. 그러나 사물에 대한 아이의 인식과 발견은 '스스로' 발전하는 것이 아니다. 아이를 발전하게 하는 것은 역시 몇 천 년에 걸쳐 쌓아 온 인류 사상의 경험이다.

학교에서 36년 동안 일하면서 나는 초급 학년에게 무엇보다도 세계를 관찰하고 발견하는 법을 가르쳐 주는 것이 교사의 주업무임을 확신하게 됐다. 나는 당신들에게 1학년부터 4학년까지 교육 사업을 할 때 아이들이 자신의 독자적인 노력으로 어떤 것을 보고 발견했는지 관찰하고 연구해 볼 것을 제안한다.

아이의 사고력을 발전시키려면 우선 보고 관찰하는 능력을 길러야 하고 주위 세계를 관찰하면서 그의 사상을 풍부하게 해야 한다. 교육자의 사명은 바로 아이가 사물의 현상 속에서 가장 미세한 차별과 변화를 느끼고 그것들의 여러 가지 인과적 연계를 생각하게 하는 것이다. 학교에 와서 공부하는 총명하고 영리한 아이들은 흔히 부모들이 아이에게 사물의 아주 미세한 색채와 색조, 그것들의 운동과 변화, 그리고 여러 가지 사물과 현상 사이의 의존성과 관계를 파악할 수 있도록 가르쳐 준 아이들이다. 아이들이 가장 적극적이고 긴장해서 배울 때란 그들이 새로운 물건을 발견하고 신기하게 생각할 때다.

아이가 태어나서 처음 받는 지혜에 대한 훈련이 늦어지면 늦어질수록 교육은 더 어려워진다. 애석하게도 어떤 교사들은 이 점을 까맣게 잊어버리고 어떤 부모들은 아예 모른다. 지금까지 학부모들 사이에는, 아이가 입학하기 전에 그의 머리를 깨끗한 널빤지처럼 보관해 두고 아이에게 글자 하나도 가르쳐 주지 않고 책도 읽히지 말아야, 입학한 뒤 공부를 더 잘

할 수 있다는 그릇된 견해들이 유행하고 있다. 학령 초기에 반영되고 있는, 학령 전 교육의 위험한 문제는 바로, 아이가 주위 환경을 인식하고 싶어도 주변에서 도와주지 않는다는 점이다. 만약 인식하려는 바람이 없다면 사실 지적 교육이란 있을 수 없다. 모든 초급 학년 교사들이, 아이가 주위 세계에서 어떤 인과적 관계를 보고 발견해야 하며, 또 인식하려는 바람이 날마다 강해지는 과정에서 그가 어떤 단계를 거쳐야 하는지 구체적으로 규정된, 몇 년 동안 쓸 수 있는 일련의 지적 교육 요강을 생각해낸다면 얼마나 좋겠는가! 학령 전의 교육기관에는 이런 요강이 필요하다. 아이에게 주위 세계의 여러 가지 현상 사이의 인과적 관계를 날마다 발견하게 하지 못하면 아이의 호기심과 지식욕은 사라지고 만다.

이보다 더 좋지 못한 상황이 또 있다. 그것은 아이가 사람과 정상적으로 접촉할 환경을 박탈당하는 것이다. 패차가 부딪힌 상황이 이러했다. 패차의 부모는 모두 일을 하고 있었는데, 그들의 일터가 집에서 멀리 떨어져 있었다. 그러므로 그들은 패차를 할머니에게 돌보게 했다. 할머니는 체력이 매우 약했는데 나중에는 귀가 안 들리게 되고 말았다. 그래서 패차는 온종일 집에 갇혀 다른 아이들과 접촉하지 못했다. 이리하여 패차는 다섯 살이 돼도 아무런 놀이도 할 줄 몰랐다. 서너 살 먹은 아이들이 알고 있는 것도 그는 몰랐다. 특이한 것은, 패차가 여섯 살이 돼도 다섯 살 수준의 셈을 못했다는 것이다. 그 밖에 공부를 어려워하는 일부 아이들은 또 다른 원인으로 그렇게 될 수도 있다. 예를 들면 어릴 때 전염병을 앓았을 수도 있고 부모가 알코올중독에 걸렸을 수도 있다. 패차와 같은 아이는 경험이 많고 아이의 심리를 잘 아는 교사를 만나는 것이 중요하다.

총명하고 경험이 있는 교사의 지도를 받으며 초급 학년을 다니게 되는 몇 년은 아이가 사고력을 훈련하는 훌륭한 학교를 다니는 것과 같다. 교사는 늘 이런 아이들을 데리고 들, 숲, 강가 같은 대자연 속으로 가야 한다. 그리고 공장이나 사무실, 소형 가공 공장에도 가야 한다. 이런 곳에서 호기심이 있고 탐구를 즐기는 아이는 수시로 "무엇이냐?", "어떠냐?", "왜냐?" 하고 의문을 가질 수 있다. 교사는 아이 앞에서 자연현상의 비밀을 풀어 주고 그것들의 인과적 관계를 찾아 주어 아이의 머리를 깨우쳐야 한다. 이것은 길고 끈기가 필요한 사업이다. 이 사업에서는 끈기와 관대함이 꼭 필요하고 이 사업의 미래에 대한 신념이 없어서도 안 된다. 공부를 어려워하는 아이에 대한 이런 교육 사업으로 주위 세계의 물건과 사물, 현상들이 사고력과 감정의 프리즘을 거쳐 잠자고 있는 아이의 대뇌를 깨우쳐 주는 자극물이 되게 해야 한다. 나는 공부를 어려워하는 한 모둠의 아이들을 데리고 대자연 속이나 노동 장소에 갈 때, 아이에게 주위 세계의 물건과 사물, 현상에 대해 느끼게 할 때, 아이가 선명한 감정 색채를 띠게 하려고 늘 주의를 기울였다. 이런 '사고력 과목'을 수업할 때 나는 아이의 머릿속에 놀라움과 감탄의 감정이 일게 하려고 힘썼다.

지적 발달이 제한돼 있는 아이에게 이런 과목은 공기처럼 꼭 필요하다. 그리고 공부를 어려워하는 아이에게는 모든 학생들과 함께 기본 과목을 가르쳐 주면서 또 특수한 활동을 배정해 주어야 한다. 이런 활동은 아이의 지적 발달의 부진 정도와 활동에서 얻은 결과에 따라 2년이나 3년 동안 진행해야 한다. 여기에서 다시 한 번 덧붙일 것은, 이런 사업의 성과가 금방 나타나지 않을 수도 있다는 점이다. 수업을 100시간 해도 아무런 결과가 없을 수 있다. 하지만 101번째 수업에서 당신은 아이의 눈에서 처음으로 호기심에 찬 불꽃이 이는 것을 볼 수도 있다.

여기서 말하는 볼 수도 있다는 성과, 즉 일정한 의미에서 측정할 수 있다고 하는 성과는 아이가 얻은 지식의 양을 말하는 것이 아니라 우선 호기심, 탐구 정신, 모르는 것을 알아내는 능력, 자기가 흥미를 느끼고 있는 문제의 답안을 찾아내는 능력과 끊임없이 높아지는 지식욕을 가리킨다.

어떤 교사와 학교 지도 일꾼들은 공부를 어려워하는 아이를 '향상시키려면' 그에게 일정한 교재를 익히도록 강요해야 한다고 생각한다. 이런 견해는 매우 잘못됐다. 이따금 이러저러한 불행한 일들이 생기는 원인은 바로 교사가 이런 잘못된 길을 걷기 때문이다. 아이들을 오랫동안 책에만 매달리도록 강요하지 말고 그들의 지혜를 기르고 대뇌를 발달시키며 세계를 관찰할 줄 알게 하고 아이의 지능을 발전시켜야 한다는 점을 교사와 교장은 영원히 잊지 말아야 한다.

그리고 또 덧붙일 것은, 공부를 어려워하는 아이가 지능이 발달한 아이들과 함께 공부할 때는 그 아이에게 특별히 관심을 기울여야 하고 참을성을 가져야 한다는 것이다. 교사는 이런 아이에게 이미 자기의 앞길에 대해 신념을 잃었다는 느낌을 줄 수 있는 말이나 태도를 보이지 말아야 한다. 수업 시간마다 교사는 공부를 어려워하는 아이가 인식의 길에서 비록 그다지 눈에 띄지 않는 걸음이라도 한 걸음 내디딜 수 있게 하고, 자그마한 성적의 변화라도 있게 해야 한다. 당신은, 공부를 어려워하는 아이들에게 전 학급의 대다수 학생들이 하는 작업과 다른 작업을 하게 해 그 일이 몇 주일 심지어 몇 달 걸린다 하더라도 두려워해서는 안 된다. 당신은 그를 위해 선택한 일을 시켜야 하며, 동시에 그의 성과를 바로 평가해 주어야 한다. 당신은 그때 일을 차근차근 해야 하고 끈기와 인내심(공부를 어려워하는 아이의 둔함을 참을 수 있어야 한다)을 가져야 한다. 그러면 아이의 지혜가 트이는 때가 곧 올 것이다.

81_ 학습 속도가 더딘 학생에게 응용문제를 가르치는 방법

수학 수업 시간에 하는 정신노동은 사고력의 시금석이라 할 수 있다. 아이들이 공부에서 뒤떨어지게 되는 원인은 생각하는 방법을 배우지 못한 데 있다. 즉 주위 세계의 여러 가지 사물과 현상, 그리고 그것들의 의존 관계와 연결이 아이의 사고력의 원천이 되지 못했기 때문이다. 경험에서 알 수 있듯이 만약 아동기 초기부터 아이들이 '자연계에 나가서 여행' 하는 가운데 정신노동 훈련을 받으면, 반에서 수학 낙제생이 하나도 생기지 않을 것이다. 아이가 실제 사물을 보고 생각할 줄 알게 가르치는 것이, 모든 정상적인 아이가 총명해지고 민첩해지며 열심히 공부하고 잘 묻게 하는 가장 중요한 조건이다. 만약 학생이 어떤 사물을 이해하지 못하고 사고력이 새장 속에 갇힌 새가 움직이듯 쓸모없이 진행된다면 자신의 작업을 세심히 검토해 볼 것을 제안한다. 당신들은 학생의 의식이 말라붙어 버린 자그마한 호수처럼 되고, 사고력의 살아 있는 원천인 여러 가지 사물과 자연현상의 세계와 분리돼 있지 않나 점검해 보아야 한다. 그리고 당신들은 그 작은 호수를 자연계와 여러 가지 사물, 주위 세계의 큰 바다와 연결시켜야 한다. 그러면 당신들은 생기발랄한 사상의 샘물이 힘 있게 솟아오르는 것을 볼 수 있을 것이다.

그러나 주위 세계가 자연적으로 아이에게 생각하는 법을 가르쳐 준다고 보는 것도 잘못이다. 논리적 사고를 하지 않으면 객관적 사물은 장벽처럼 아이의 시선을 가려 버릴 것이다. 아이가 주위의 사물 가운데서 추론해낼 때, 즉 추상적 사고력 활동을 할 때 비로소 자연계가 정신노동을 훈련하는 학교가 될 수 있다. 주위에 선명한 형상이 꼭 필요한 까닭은, 그것이 아이에게 여러 가지 사물 사이의 상호작용, 즉 주위 세계의 가장 주요한 특징을 인식할 수 있게 하기 때문이다. 엥겔스는, 여러 가지 사물의 상호작용이 현존하고 있는 모든 사물의 궁극적인 원인이라고 생각한 헤겔의 사상은 정확하다고 강조한다. 엥겔스는 이렇게 말했다. "우리는 이런 상호작용에 대한 인식보다 더 거슬러 올라갈 수는 없다. 왜냐하면 그 배후에는 그 이상 인식할 것이 없기 때문이다." 상호작용을 인식하는 것은 추상적 사고를 하는 직접적인 준비 과정이기 때문에 이는 수학적 사고력을 발전시키는 중요한 요건이다. 응용문제를 순조롭게 풀 수 있느냐 없느냐는 여러 가지 사물과 현상들의 상호작용을 알아낼 줄 아는지 모르는지에 달려 있다.

문제 풀이를 할 때 이루어지는 독자적인 정신노동이 성과를 거두려면 아이들이 구구단, 자연수열의 구성과 같은 공식들을 늘 분명히 암기하고 있어야 한다. 이런 것이 안 되면 사고력이란 상상할 수도 없다.

패트리크는 오랫동안 산수 응용문제의 뜻을 이해할 수 없었다. 그러나 나는 그에게 당장 그 뜻을 해석해 주지 않았다. 중요한 것은 아이에게 자기 지혜로 여러 가지 사물과 현상 사이의 관계가 품고 있는 본질을 이해하게 하는 것이다. 그러나 만약 아이가 아직 논리적 사고를 할 준비를 하지 못했고 비교와 분석을 할 줄 모른다면, 그의 생생한 사상은 샘물처럼 솟아나오지 못할 것이다. 나는 아이들을 데리고 대자연 속에 가서 그들에게 여러 가지 사물들의 속성과 현상들을 되풀이해서 관찰하고 대조하도록 가르쳐 주었다. 즉 사물의 상호작용을 알아낼 수 있도록 가르쳤다. 나는 패트리크가 주위 세계의 현상들에 주의를 집중하도록 이끌었다. 이런 현상들은 아이의 의식 속에 양과 수는 본래 사물의 가장 중요한 속성이라는 표상을 만든다. 나는 아이들이 수의 의존관계를 이해하고, 이런 의존성은 누가 공상해 낸 것이 아니고 현실에 있다는 것을 믿게 하려고 힘썼다. 여기에서 매우 중요한 문제 중 하나는 학생에게 곧바로 계산과 숫자의 응용을 알려 주는 것이 아니라, 우선 그에게 여러 가지 의존성의 본질을 이해하게 하는 것이다.

예를 들면, 우리는 원두막에 앉아서 콤바인이 밀을 수확하는 광경을 관찰했다. 이따금 자동차가 와서 콤바인에서 밀을 실어 갔다. 콤바인의 알곡 상자에 알곡을 듬뿍 채우는 데 몇 분에 걸릴까? 아이들은 흥미를 가지고 시계를 보고 있었다. 17분이 걸렸다. 사람들은 어떻게 자기 일을 계획해야 알곡 상자 속에 남아 있는 알곡 때문에 콤바인이 멈춰 서는 일이 없게 할 수 있을까? 이제 5분, 4분, 3분이 있으면 알곡 상자가 가득 차게 된다. 아이들은 콤바인이 작업을 멈춰야 할 것이라고 생각하고 모두 긴장했다. 이제 2분이 남아 있었다. 바로 이때 숲 뒤에서 자동차 한 대가 달려왔다. 자동차가 이곳에서 수매소까지 달리는 데 딱 1시간이 걸렸다. 이렇게 해서 사람들은 거리와 시간 사이의 의존관계를 확인했다. 그들은 밀을 운반하는 자동차 수를 적당히 배정해서 콤바인이 멈춰 서지 않고 계속 일을 할 수 있게 했다. 만약 자동차가 밭에서 수매소까지 달리는 시간이 1시간이 아니고 2시간이 걸린다고 한다면 밀을 운반하는 자동차 수를 더 많이 배당해야 하나 아니면 더 적게 배당해야 하나?

"물론 더 많아야 합니다. 왜냐하면 지금 길에서 끊임없이 달리고 있는 자동차는 모두 석 대이고 그 밖에 또 한 대는 밀을 싣고 있으며 다른 한 대는 수매소에서 밀을 부리고 있습니다. 만약 길이 더 멀어졌다면 길에서 달리는 차가 더 많아야 하기 때문입니다"라고 패트리크는 말했다. 그의 두 눈은 기쁨으로 반짝이고 있었다.

이 아이는 바로 자기 머리를 쓰고 있었다. 그는 만약 길이 두 배 더 멀어진다면 자동차가 몇 대 더 필요한지 이미 생각했다. 그러나 지금 이것이 중요한 것이 아니다. 중요한 것은 그가 응용문제는 누가 상상해낸 것이 아니고 운동과 생활과 사람들의 노동이 있기 때문에 주위 세계에 있다는 것을 알게 된 점이다.

패트리크는 벌써 3학년에 올라갔다. 하지만 그는 응용문제를 푸는 면에서 아직도 부족하다. 그래서 그는 여태껏 응용문제를 한 문제도 홀로(즉 동료들이나 교사의 도움이 없는 상태에서) 풀어 보지 못했다. 이 때문에 나는 매우 근심했다. 그러나 이 아이가 꼭 생각할 줄 알게 되리라고 굳게 믿었다. 나는 그에게 사물의 모습 가운데서 산수 응용문제의 근거가 되는 현상들을 분석하는 방법으로 그의 추상적 사고력 활동을 훈련시켰다. 뿐만 아니라 그에게 계산법을 가르쳐 주었다. 계산할 줄 모르면 지식을 얻을 수 없다. 패트리크가 일부 기본 지식들을 점차 머릿속에 정확히 기억하는 것은 더욱 중요했다. 이런 기본 지식들이 없으면 생각을 할 수 없다. 이 어린이는 '산수 상자' 옆에 앉아서 계산 연습을 했고 또 스스로 검산했다.

나는 아이가 따로 생각하지 않고 12-8, 19+13, 41-19는 얼마인지 대답할 수 있는지 주의를 기울였다. 학생이 3학년에 올라와서도 이런 계산에 머리를 써야 한다면, 그 아이는 응용문제를 도저히 이해할 수 없다.

실생활을 통해 우리는, 학생이 늘 대수 과목에서 속수무책이 되는 것은 그가 자연수열의 구성을 명확히 알지 못할 뿐만 아니라, 기본적인 물건에 머리를 쓰지 않고 자기의 모든 지혜와 역량을 추상적 사고에 쓰는 정도에 도달하지 못했기 때문이라는 것을 확신했다. 아이가 만약 단어를 이루는 음절을 몇 천 번이고 읽지 않으면 그의 독서는 반자동적이 될 수 없는 것과 마찬가지로, 만약 학생이 사람들이 일상생활 가운데서 영원히 잘 기억해야 하는, 따로 생각하지 않고 대답할 수 있는 계산 문제 몇 십 개, 몇 백 개를 기억하지 않는다면 아이는 추상적 사고력을 온전히 쓸 수 없다. 나는 패트리크와 같이 머리가 둔한 학생이 되도록 수학적 사고력의 간단한 도구(더하기, 빼기, 곱하기, 나누기의 연산 문제)를 익히는 데 힘썼다.

우리는 학생들과 함께 자연으로 나갔다. 나는 패트리크에게 사람들이 노동 과정에서 해결한 많은 응용문제들을 주의 깊게 관찰하게 했다. 마침내 패트리크가 응용문제 하나를 혼자서 완전히 풀 수 있으리라고 굳게 믿었던 그날이 오고야 말았다. 이 아이의 두 눈은 반짝였다. 그리고 그는 응용문제에서 말한 것이 무엇인지 설명하기 시작했다. 비록 그가 떠엄떠엄 설명했지만, 그때 나는 어둠에 가려 있던 아이의 눈앞이 환히 밝아진 것을 보았다. 패트리크는 매우 기뻐했다. 나는 이날이 마침내 와서 안도의 한숨을 쉬었다. 아이는 수업 시간이 끝나자마자 집으로 달려가 어머니와 함께 이 기쁨을 나누려 했다. 그런데 어머니가 집에 없었다. 그래서 그는 할머니에게 "오늘 드디어 응용문제를 풀었어요!"하고 말했다. 패트리크는 자기가 성장한 것에 자긍심을 느꼈다. 순결하고 도덕적인 자긍심은 인격의 원천이다. 자기의 노동에 자긍심을 못 느끼는 사람은 참된 사람으로 자랄 수 없다.

이 일로 우리 모든 교사들은 깊이 생각해 보았다. 그 뒤로 우리는 공부를 어려워하는 학생들을 다른 눈으로 대하기 시작했다. 교사는 어떤 순간에도 이 학생은 아무것도 안 되고 그의 운명은 그저 이렇게 결정됐다는 결론을 내리는 데 급급하지 말아야 한다. 한 아이가 1년, 2년, 3년 동안은 아무것도 모를 수 있지만, 그에게도 모르던 것을 알 수 있는 날이 꼭 오고야 말 것이다. 사고력은 한 떨기 꽃과 같아서 서서히 생명의 즙을 저축한다. 우리가 이런 즙을 그의 뿌리에 주고 햇빛을 받게 하면 사고력의 꽃송이는 반드시 아름답게 활짝 피어날 것이다. 우리는 아이들이 생각할 줄 알게 하고 그들의 눈앞에 사고력의 첫 원천인 주위 세계를 펼쳐 주어야 한다. 우리는 인류의 최대 즐거움인 인식의 즐거움을 아이들에게 갖다주어야 한다.

82_ 어느 '학습 능력 부진아'의 깨우침

나는 파블리크를 영원히 잊을 수 없다. 어떤 교사들은 파블리크와 같은 학생들을 그저 동정하고, 어떤 교사들은 그들에게 관심이 없다. 그들은 모두 '이 아이는 지식을 배울 능력이 있을 것 같지 않다'고 생각한다. 내 기억에 파블리크는 입학했을 때만 해도 매우 활발하고 재빠르며 호기심이 많은 아이였다. 그러나 얼마 안 돼 그는 말이 없어졌고, 지나치게 규율을 지키는 유순하고 소심한 아이로 변하고 말았다.

입학하고 첫 몇 주일 동안 파블리크는 자기가 다른 아이들과 좀 다르다는 것을 느꼈다. 다른 아이들은 모두 아주 쉽게 자모를 음절로 묶어 놓고 소리 내어 읽을 수 있지만 그는 어쩐지 큰 힘을 들여서야 비로소 자모와 음절을 분별할 수 있었다. 또 그의 동급생들은 아름다운 겨울 날씨를 묘사한 짧은 시 한 수를 두세 번만 잘 들으면 곧 외울 수 있었지만 그는 아무리 애써도 그것을 외울 수 없었다. 여교사는 파블리크를 위해서 짧은 시를 여러 번 읽어 주었고 또 파블리크 자신도 열심히 읽으면서 그 단어들을 외우려고 애썼다. 그러나 모두 헛수고였다.

교사가 "너는 왜 공부를 잘하지 않니? 너 때문에 내가 너를 데리고 보충수업을 해야 한단 말이야?" 하고 화를 내며 꾸짖었다. 그러자 이 아이는 쪼그리고 앉아 울상을 지었다.

교무위원 회의에서 그 교사는 자기 학급의 상황을 소개할 때 파블리크를 '사고력이 둔한 아이'라고 단정했다. 그는 "파블리크는 그림과 자연현상에 대한 태도가 매우 소극적입니다. 그 애는 생각을 잘 안 하고 비교와 대조를 잘하지 않습니다. 파블리크에게는 무엇이든 반복해서 가르쳐 줘야만 합니다. 응용문제에서 가장 기본적인 의존관계에 대해서도 생각하는 시간이 다른 아이들보다 두세 배나 더 걸립니다"라고 말했다. 그 교사는 파블리크가 둔한 아이이기 때문에 더 많은 시간을 들여 공부해야 한다고 생각하고 파블리크에게 되도록 많은 보충수업을 시켰고 또 파블리크 어머니에게도 그렇게 충고했다.

나는 아이들을 데리고 몇 번 들과 숲으로 가게 됐다. 이런 곳에 이르면 파블리크는 교실에 있을 때와는 완전히 달랐다. '사고력이 둔한' 이 아이는 나와 동료들에게 자기가 관찰한 많은 식물과 동물들 이야기를 재미있게 말했다. 그의 말에서 나는 처음 봐서는 발견하기 어려운 사물과 현상 사이의 관계를 발견하는 능력이 이 아이에게 있다는 것을 알고 놀라지 않을 수 없었다. 그 뒤에 나는 그 교사에게 "아니, 파블리크는 뒤떨어진 학생이 될 수 없습니다. 우리는 그 음절 몇 개와 응용문제로 아이의 지혜를 얽어 놓아서는 안 됩니다"라고 말했다. 그러나 그는 불행하게도 우리 교사들 중에서 흔치 않은 부류에 속하는 사람이었다. 이런 부류의 사람들은 학생이 교과서를 붙들고 있는 시간이 많으면 많을수록 더욱 총명해진다고 생각한다.

파블리크는 교과서만 붙들고 열심히 생각하면서 공부하는 어려운 정신 노동을 계속했다. 한 달이 지나고 계절이 바뀌면서 시간은 물처럼 흘러갔다. 그 교사는 파블리크를 정상적인 점수 선까지 '끌어 올리려고' 온갖 애를 다 썼다. 파블리크도 이 때문에 갖은 애를 다 먹었다. 그에게는 방과 후 활동에 참가할 시간마저 없었다. 그가 친구들과 같이 좀 놀기만 하면, 그 교사는 파블리크를 게으르고 공부에 열중하지 않는다고 꾸짖었다. 이 교사는 학생을 방과 후 특활반 활동에 참가시키는 것은 학생의 여유 시간을 다른 활동으로 대체해 버리는 수단에 지나지 않는다고 했다. 그는 파블리크에게 그 어떤 여유 시간도 있을 수 없으며 또 있어서도 안 된다고 생각했기 때문에 파블리크를 방과 후 특활반 활동에 참가시킬 수가 없었다. 그는 "다시 말하면, 파블리크는 다른 아이들이 흥미를 느끼는 일에 진정으로 흥미를 가지지 못합니다" 하고 말하더니 자기 견해를 증명하려고 이렇게 말했다.

"어느 날인가, 저는 학급 학생들을 모두 데리고 생물실을 참관했습니다. 아이들이 그곳에서 새롭고 재미있는 사물들을 얼마나 많이 보았는지 모릅니다! 모두가 매우 기뻐하면서 이것저것 물었고 많은 학생들은 자기들도 곧 그런 물건들을 만들어 보려고 했습니다. 그런데 파블리크만은 어땠는지 아십니까? 그는 아무 말도 없이 서서 정신을 딴 데 팔고는 멍하니 먼 곳을 보고 있었습니다. 그에게는 그곳이 무미건조하게 느껴졌던 것입니다. 그는 아무것도 만져 보지 않았습니다. 이것은 그가 어떤 것에 대해서도 흥미를 느끼지 않는다는 증거입니다."

그러나 나는 '이 아이에게는 자연계를 아주 세심하게 관찰하는 힘이 있는데 어떻게 저렇게 간단히 평가할 수 있나. 아니다, 이번에도 이 선생은 학생을 잘못 보았다!'고 생각했다.

방과 후 나는 생물실에 들어갔다. 이때 누군가 문 앞에서 실내를 들여다보고 있었다. 바로 파블리크였다.

"거기서 뭐하니? 들어와, 우리 함께 보자."

그는 실험실에 들어왔다. 나는 그가 매우 신기하게 보이는 현상들에 대해 어떻게 관찰하는지를 지켜보고 함께 집으로 돌아가면서 그가 매우 흥분해서 하던 말들을 들으면서, 그 교사가 파블리크가 정신을 딴 데 판다고 한 말이 무슨 뜻인지 알았다. 그때 생물실을 참관할 때 파블리크의 눈앞에는 지금까지 보지 못했던 매우 신기한 세계가 펼쳐졌다. 그는 거기에 있는 식물들을 거의 다 알고 있었지만 모든 것이 새로웠다. 토마토의 줄기는 꼿꼿하게 자라지 않고 포도덩굴처럼 구불구불하고 열매도 주렁주렁 드리워져 있었고, 양파는 수박처럼 컸고, 오이(정말 큰 오이)는 유리병 속에서 자라고 있었다. 파블리크는 두 눈이 휘둥그레져서 이것들을 어떻게 길렀을까 생각하고 있었다. 그의 마음은 이 실험실 안에 있는 것이 아니라 햇빛으로 가득 차 있는 온실에 가 있었고, 또 학교의 실험농원에 가 있었다. 그는 실험농원에서도 토마토 10그루를 한 줄로 심어 포도처럼 열매가 주렁주렁 달리게 하면 얼마나 좋을까 하고 기적 같은 설계도를 그리고 있었다. 그는 산수 시험에서 늘 낙제를 하는 아이였는데 어떻게 이런 흥미로운 일을 상상할 수 있었을까? 또 이런 상상을 어떻게 말할 수 있었을까?

내가 이런 관찰을 하고 있을 때, 그 교사는 파블리크의 지적 발달은 오직 교과서만 열심히 공부하는 길밖에 없다고 생각하면서 여전히 이 어린이를 자기 곁에서 일 분도 떠나지 못하게 했다. 매우 이상한 것은, 만약 이 교사가 파블리크에게 그리 관심을 두지 않고 그가 학교생활의 변화에 영향을 받도록 그냥 놔두었더라면 좀 나을 수도 있었을 것이라는 점이다. 그렇게 했다면 이 아이의 발전이 이처럼 기형적이고 단편적인 정도까지 이르지는 않았을 것이다. 많은 학교에는 호의를 가지고 학생들을 사랑하면서 그들이 되도록 많은 책에 매달리게 함으로써 오히려 학생들을 해치고 마는 교사들이 있다.

파블리크는 매우 어렵게 4학년(초급 학년)을 졸업했다. 그가 5학년에 올라갈 때 그 교사는 많은 부대 조건을 이야기했다. 그는 모든 5학년 교사들에게 파블리크에 대한 교육 경험을 소개했고, 또 파블리크가 저지른 문법 오류의 기록표와 앞으로 그가 늘 복습해야 할 산수 규칙 목록까지 넘겨주었다.

5학년에 올라가 공부하기 시작한 첫 몇 주일 동안 학생들은 교과서를 읽는 시간이 늘어나 더욱 피로를 느꼈다. 그리고 학교에서 파블리크의 어머니를 찾아가 대화한 교사가 모두 8명이나 됐다. 그런데 파블리크의 생활에도 변화가 생겼다. 즉 많은 실내 수업에서 학생은 초급 학년 때처럼 교사의 강의를 주의해 듣고 기억해야 하는 것이 아니라 많이 생각하고 혼자서 많은 일을 해 보게 됐다. 이런 수업 시간은 파블리크에게 매우 큰 기쁨을 가져다주었다. 그는 식물과에 가장 흥미를 느꼈다. 식물과 담당 교사는 실내 수업을 잘 배정했고, 학생들 스스로 지식을 얻게 했다. 이 교사는 학생들마다 헝겊주머니 하나와 종이 봉투 몇 개를 만들게 한 다음, 거기에다 여러 가지 생물 표본을 수집해 넣었다가 수업 시간에 쓰게 했다. 그러자 학생들은 자기 헝겊주머니에서 나뭇가지, 나뭇잎, 나무뿌리, 나무줄기 그리고 꽃과 씨앗, 그 밖에 여러 가지 물건들을 꺼냈다. 그리고 나서 학생들은 확대경으로 이것들을 세심히 관찰하고 서로 견줘 보면서 그림을 그려야 했다.

이때서야 모든 교사들이 처음으로 파블리크가 매우 총명하고 지식욕이 많으며 그의 지혜가 (자연과학 과목 교사들의 말에 따르면) "두 손끝에서 표현된다"는 것을 알았다. 한 교사가 교무위원 회의에서 "이 5학년 학생이 할 수 있는 일은 유능한 원예 노동자도 하기 어려운 것입니다"라고 했다. 여러 교사에게 소개된 그는 다음과 같다.

어느 한 식물과 수업 시간에 학생들은 과일나무를 어린 야생 과일나무에 접붙이는 여러 가지 방법을 배웠다. 그때 파블리크는 아주 집중했는데, 원예사들 말에 따르면, 정밀하게 접붙일 나무껍질을 벌려 놓고 접가지에서 나무눈을 따내고 있었다. 교사는 아이의 작업을 관찰하면서 '정말 능숙하다'고 생각했다. 파블리크는 귀중한 품종의 사과나무에서 눈이 두 개 있는 가지 한 대를 가위로 잘라내 자세히 관찰하기 시작했다.

"파블리크, 무엇을 보고 있니?" 교사가 물었다.

"이런 나무의 묘목을 접붙이지 않고 재배할 수는 없나요?" 하고 파블리크가 교사에게 물었다. "그러니까 나뭇가지 한 대를 베어내 그것을 땅에 꽂고 잘 관리해서 살릴 수는 없습니까?"

교사를 놀라게 한 것은 이 아이의 엄숙한 말투였다. 파블리크는 자기가 질문한 일을 생각해 보았고 심지어 실험까지 해 보았던 것이다. 하지만 베어낸 나뭇가지, 특히 사과나무 가지에 뿌리가 나게끔 하는 것은 매우 어려운 일이라 아주 훌륭한 원예사가 아니고는 할 수 없는 일이었다. 그래서 교사는 "할 수 있지만 매우 어려울 거예요. 오직 미추린 같은 경험이 풍부한 원예사만 할 수 있는 일이니까요"라고 대답했다.

그러자 파블리크는 "그러면 제가 실험해 볼 수는 없습니까?" 하고 말했다. 그때 그의 두 눈에서는 기쁨이 반짝이고 있었다. 방과 후에 교사는 파블리크를 온실에 데리고 가서 이 흥미로운 실험을 하려면 어떤 준비를 해야 하며 또 어떻게 실험해야 하는지 상세히 알려 주었다. 드디어 파블리크에게 아주 행복한 날들이 시작됐다. 그는 유리와 얇은 비닐로 자그마한 온실을 만들고 그 안에 가위로 잘라 온 사과나무 가지를 몇 대 꽂았다. 그리고 날마다 미지근한 물을 주었고 온실의 일정한 온도와 습도를 유지하는 데 주의를 기울였다. 그리하여 나뭇가지가 절반 정도 살아났다. 눈이 트고 생생한 어린잎들이 돋아나기 시작하고 어린 나뭇가지도 크게 자랐다. 하지만 교사는 파블리크에게 만족스럽지 못한 일이 있음을 발견했다.

"저 살아난 가지들은 제가 나무 꼭대기 부분에서 잘라낸 거예요"라고 아이는 말했다. "그리고 이 죽은 가지들은 나무의 가운데 부분과 밑부분에서 잘라낸 거고요. 그러니까 앞으로는 꼭대기 부분에서 가지를 잘라야겠어요. 그러면 더 많은 묘목들을 재배할 수 있을 거예요."

"나는 이 말을 들으며 정말 감동했습니다" 하고 생물 교사는 그때 일을 떠올리며 이렇게 말했다. "그는 참된 실험가이자 미래의 학자이며 재능 있는 원예사라는 것을 알아야 합니다! 물론 그는 아직 아이 특유의 순진함을 가지고 있지만, 그는 단순히 예정된 목적에 이르려고 힘쓰는 것이 아니라 자연계의 현상들도 진지하게 탐색하고 연구했습니다."

파블리크의 실험에 관한 소식은 전교에 빠르게 퍼졌다. 많은 아이들도 같은 방법으로 묘목을 재배하려 했는데, 성공한 어린이는 셋밖에 안됐고 그중 2명은 여자애였다. 게다가 생물 교사는 한 대도 살리지 못했다고 한다.

이 일로 파블리크의 '변화'는 시작됐다. 많은 교사들에게 이 일은 깊은 깨달음을 주었다. 그것은 교사들에게 교수 과정에서 불안한 문제들을 진지하게 생각할 수 있게 했다. 우리는 파블리크의 얼굴에서 두려워하고 주저하는 표정이 점차 사라지고 있는 것을 알아차렸다. 실내 수업에서 교사의 질문에 답할 때, 그는 교과서의 몇 페이지에 어떻게 쓰여 있었나 애써 생각하는 것이 아니라 자기가 보고 관찰한 사물들을 잘 생각해 본 다음 결론 지어 대답했다. 파블리크는 이제 강한 지식욕으로 교사들의 수업을 듣기 때문에, 어떤 교사들은 이를 뜻밖의 일로 느꼈다. 파블리크가 학교에서 배우는 교재에 대해 깊이 이해할수록 그는 물음에 대답할 시간마저 없었다. 그리고 파블리크는 문제를 제기하면서 교사가 강의한 것들에 대해 믿지 못하는 듯한 기미를 늘 보였기 때문에, 몇몇 교사들은 불만조차 갖게 됐다. 하지만 이 아이가 문제를 제기하는 의도를 곰곰이 생각해 보면, 교사는 이 아이가 사물들에 비판적인 태도를 가졌음을 알 수 있었다. 이것은 그에게 어느 한 진리가 정확한지 분명히 안 다음에 그것을 굳게 믿으려는 바람이 있음을 보여 준다.

  교사들은 파블리크의 발전 중 이런 변화를 '사고력의 각성'이라 일렀다. 이것은 지식의 가장 근본적인 원천(객관, 현실, 생활)에 대한 관찰과 검증, 연구 과정에서 가장 뚜렷하게 표현됐다. 실내 수업에서 이론적인 개괄과 주위 생활 속의 사물, 현상 사이의 관계가 복잡하고 뚜렷하지 못할 때 이 아이의 사상 '각성'은 좀 더디게 나타났다. 그러나 개념, 공식, 법칙들이 이해하기 어려울수록 파블리크는 더욱 큰 의지를 갖고 그가 이전에 어려워서 늘 물러섰던 문제들에서 성과를 내려고 힘썼다.

  이 아이의 각성과 빠른 지적 발달, 그리고 지식에 대한 흥미의 증가, 이 모든 것들은 그 생물 교사가 아이의 천재성과 창조적으로 노동하는 천성을 잘 발견하고 개발해 준 것과 관계가 있다. 그리고 그 과정에서 파블리크도 식물 재배가 자기 능력을 남김없이 발휘할 수 있는 분야란 것을 알게 됐다. 그가 과거에 미숙했던 것을 만회하려고 힘쓰고 있음을 볼 수 있었다. 온실과 생물실에는 작업터들이 많이 생겼다. 파블리크는 거기서 흥미로운 실험들을 했다. 10평방미터밖에 안 되는 밭에 이 아이는 여러 가지 야생 과일의 씨를 심어 야생 과일나무의 묘목을 재배한 다음, 인공적으로 재배한 이 과일나무를 다른 나무에 접붙였다. 그리고 온실에는 무성번식법으로 재배하는 묘목도 심었다. 파블리크는 그의 노동으로 나중에 어떤 물질적 결과를 얻을 수 있는지에 구애받지 않고 꾸준히 실험하고 연구했다. 또 그는 몇 가지 과일나무를 삽목가지에 접하고, 그것들이 어떻게 발육하고 또 서로 어떤 영향을 주는지 관찰했다. 게다가 여러 가지 토양 혼합물을 만들어 그것이 식물의 발육에 어떤 영향을 주는지도 관찰했다. 그는 나무 한 그루를 여러 번 옮겨 꽂아 뿌리가 충분히 성장하게 했다. 그러면서 파블리크는 점차 알곡 작물 재배 실험에 열중했다.

  몇 해가 지났다. 식물 재배 면에서 파블리크의 노동은 진정한 창조적 노동이 됐다. 그는 인공적으로 재배한 왜지나무, 복숭아나무, 레몬나무를 바늘까치밤나무, 배나무, 사과나무에 접붙여 추위를 견뎌내는 과수 품종을 얻었다. 이런 품종은 꽃이 좀 늦게 피어 늦서리 위험을 피할 수 있다는 독특한 특성이 있다. 오래지 않아 중급 학년을 마쳤을 때, 파블리크는 늙었거나 죽어 가는 과일나무가 다시 푸르고 싱싱하게 살아나서 열매를 맺고, 폭풍으로 생긴 나무의 상처를 치료하는 수액이 빨리 흐를 수 있도록 자급 비료와 광물질 비료를 섞어서 뿌리는 시비법을 알아냈다. 그는 곡식을 심을 수 없는 작은 점토질 밭을 자기 두 손으로 개간했다. 거기다 밀을 심어 얻은 소출은 평가농장의 같은 면적에서 얻은 소출의 10배나 됐다.

파블리크는 학습에서도 해마다 더 나은 성적을 냈다. 이 청년의 지식은 확고했고 철저하게 이해한 것이었다. 그에게는 특징이 하나 있었다. 그것은 배운 지식을 되도록 그 다음 학습 과정에 이용하려고 애쓰고, 그 지식들이 자신의 정신노동에서 확실한 위치에 있게 하는 것이다. 나중에 파블리크는 중학교를 졸업하고 농업학원에 진학했고 농예사가 돼서 지금은 한 국영농장에서 훌륭하게 일하고 있다.

83_ 교육과 자기 교육 (상)

교육학은 교육의 이론이나 실천에서 모두 사람의 개성, 즉 사람의 창조력과 능력을 기르는 법, 이상과 흥미, 기호의 형성에 대해 아직 관심을 충분히 기울이지 못하고 있다. 만약 어린아이에 대해 언급할 때 교육의 결함이 특별히 나타나지 않는다고 하면 소년들에 대한 교육에서는 사람의 개성을 소홀히 다룰 수 있는데 그것은 심각한 결과를 빚어내고 있다.

소년기와 청년 초기는 지능과 도덕, 사회사상 면에서 개성이 형성되는 시기다. 이 연령기 학생의 정상적인 정신 발전은 그가 활동하고 있는 각 분야와 평가 속의 여러 관계, 즉 정신생활과 노동에서, 도덕적인 신념의 형성에서 그의 자아 형성 과정이 얼마나 효과적으로 진행되고 있나에 따라 결정된다. 소년은 자기를 둘러싼 세계뿐만 아니라 자신에 대해서도 자세히 연구하고, 주위 사물과 현상들을 힘써 인식하고 자신의 내면세계도 애써 인식하며, 자기를 더욱 훌륭하고 완숙하게 되도록 하는 데 힘을 기울여야 참된 사람이 될 수 있다. 여기서 말하는 것은 정신생활의 모든 분야에서 학생의 자기 교육을 말한다.

학교에서 소년들에게 하는 교육 사업을 자세히 관찰해 보자. 그것이 어린아이에 대한 교육과 어떤 차이가 있나? 일반적으로 말하면 아무 차이도 없다. 소년도 어린아이와 마찬가지로 교육 대상으로만 간주되고 있다. 교육자는 어떻게 하면 주위 세계에 관해 더 많은 지식과 과학적 진리와 도덕규범을 학생의 머릿속에 주입할까에만 주의력을 집중한다. 소년이 아무리 많은 사물을 인식하고 지식을 얻었다고 해도 정작 그는 자신을 인식하고 이해하지는 못한다. 학생들이 도덕규범을 자신들의 힘으로 체화하고 습득하고, 또 도덕규범이 학생들의 개인적 신념이 됐을 때만 진정으로 그것이 학생의 정신적 부가 된다는 것을 알아야 한다. 교사는 소년들을 보고 "여러분은 이제 어린이가 아닙니다. 여러분은 자신의 운명과 앞날에 대해 잘 생각해 보아야 합니다"라고 깨우치는 말을 자주 한다. 하지만 한 사람이 자신의 앞날을 생각할 수 있으려면 자기 교육 면에서 어떤 일을 하고, 사실을 통해 자기의 역량을 시험해 보며 자신을 단련해야 한다. 그런데 우리 소년들의 정신생활 면에서 이런 자기 검사와 단련이 도대체 얼마나 될까?

이를테면 교육가들은 모두 노동을 가장 유력한 교육 수단으로 인정하고 있다. 그래서 소년들은 사실 노동을 적지 않게 하고 있다. 그런데 과연 이런 노동이 자기 교육, 자아 형성의 요소가 되고 있나? 그들은 노동을 일종의 의무로만 느낀다. 학교에서는 소년에게 인류와 인류의 역사 발전 과정에 관한 광범위한 지식들을 가르쳐 주지만 지식을 습득하는 이 과정이 학생들의 자기 교육에 어느만큼 도움을 줄까? 교사가 교재를 가르칠 때 그 대상은 학생의 추상적인 사상이지 학생의 구체적 특징이 아니다. 때문에 학생은 인류에 관한 지식을 '배울' 때 아무 열정도 없고 무관심하다. 즉 그들은 식물의 잎사귀가 햇빛을 받아 유기물질을 이루는 것이나, 토마스 칸 발나이라가 자기 신념을 지키고자 30년 동안 감옥살이를 한 것을 모두 냉담한 태도로 '배우고' 만다.

학급 담임교사와 소년선봉대, 사회주의 청년단 조직에서는 적지 않은 연구를 거쳐 소년들이 사람들에게 유익한 일을 하게 한다. 그런데 일부 학생들에게 이런 활동은 어떤 의미를 갖게 될까? 보통은 이것은 그저 배당된 과업이 되고 만다. 만약 소년들이 인간관계에서 자신을 교육하지 못하고, 자신의 지식과 능력을 남을 위해 기여해서 자신이 더욱 고상한 사람이 됐다는 느낌을 받지 못하면, 이런 인과관계는 그들에게 그저 무미건조한 것이 된다. 그렇다고 해서 많은 소년들이 장애인을 도와주고 노인을 돕는 활동들을 무심하게 '아무 흥미도 없는' 일로만 보고 있다는 걸까? 사실 그들이 이런 일들을 하기 싫어한다고는 할 수 없다. 하지만 이런 일들은 사람을 고상하게 하는 효과를 내지는 못한다. 사람은 17~18세까지 자기를 피교육자로만 느끼고 어떤 사람들이 자기를 교육하고 있고 자기는 다른 사람을 교육하지 않으며 자신도 교육하지 않는다고 여긴다. 왜냐하면 그는 다른 사람과 여러 가지 많은 관계에서 자신을 교육하지 않기 때문이다. 나는 소년을 저학년의 교육자가 되게 하는 것은 도덕 교육에서 가장 복잡하고 어렵지만 또 가장 중요한 사명이라는 것을 굳게 믿는다. 엄밀히 말해서 자기 교육은, 한 사람이 다른 사람에게 관심을 갖고 자신의 좋은 것들을 다른 사람도 표현하고 있음을 애써 찾아보는 일에서 시작된다.

많은 교육자들은 되도록 여러 가지 대책을 강구해 소년들의 마음을 '사로잡고' 그들을 문화 교육 기구와 운동 단체의 활동에 참가시켜야 한다고 생각한다. 그들은 일단 소년이 범죄자가 됐거나 도덕적 기준을 파괴하면 우리에게 클럽, 청년 찻집, 운동장, 실내체육장이 너무 부족하기 때문에 청소년들이 부득이 거리바닥에 모여 놀게 되는데 그때 그들을 감독하는 사람이 없어서 범죄 행위가 생기는 것이라고 한목소리로 비판한다. 청소년들이 불량한 행위를 하게 된 원인을 이렇게 해석할 경우 가정, 사회, 사회주의 청년단과 학교를 잘못된 방향으로 이끌 수 있다. 이런 해석에는 교육자들이 소년들의 손을 꼭 잡고 놓지 말아야 하며, 그가 홀로 있게 되면 나쁜 영향을 받아 타락할까 봐 두렵다는 뜻이 포함돼 있다.

이것을 과연 교육이라고 할 수 있을까? 사람들은 생활하면서 자주 홀로 있고 오로지 자기 양심과 함께 있게 된다. 소년은 나쁜 것에 물드는 것을 스스로 막을 수 있을 뿐만 아니라 나쁜 일들과 적극적으로 투쟁할 수 있어야 한다. 생활에서 혼자 어려운 처지에 있게 되는 것을 늘 근심하고 두려워한다면 어떻게 그에게 생활을 가르쳐 줄 수 있나? 우리는 학생의 생활을 안전하고 믿을 수 있게 조직해 주려고만 생각하기 때문에 가끔 매우 황당하고 우스운 지경에까지 이른다.

공청단 조직은 명절과 휴일에 소년들이 평가할 만한 휴식을 만들라고 학교에 요구하고, 교사는 심지어 일요일에도 그들에게 오락 거리를 만들어 주어서 그들이 나쁜 사람들 무리에 들지 않도록 주의를 기울이고 있다. 청소년들의 도덕적 행위에 대한 이런 모든 쓸데없는 관심을 보고 사람들은 우리가 도대체 어떤 사람을 기르는지 염려하지 않을 수 없다. 우리가 한 사람을 성인이 될 때까지 부축해서 길을 걷게 하고 지나치게 즐겁고 흡족하게 기른다면 그의 정신세계는 공허하고 협소해질 수밖에 없다. 그래서 그는 어떻게 시간을 보내야 할지 모르게 된다. 또 그는 가정, 부모, 형제자매, 조부 조모에 대한 모든 의무를 일상의 사소한 일로 보고 아무런 의미도 없고 관심을 가질 가치도 없는 것으로 여길 것이다.

만약 우리 교사와 공청단 조직이 언제나 소년을 몹시 사랑해서 모든 방법을 다해 소년에게 무엇인가를 시키고 일요일마다 오락 활동을 마련해 준다면, 우리는 학생에게 책임을 다하지 못하게 된다. 왜냐하면 우리의 책임은 그가 여유 시간을 제 힘으로 유익하게 이용하도록 가르쳐 주는 것이기 때문이다.

자기 교육을 하도록 학생을 발전시킬 수 있는 교육만이 진정한 교육이다. 학생에게 자기 교육을 가르치는 것은 그에게 일요일을 어떻게 보내게 할지 알려 주기보다 더 어렵다. 학생이 교문을 나서면 곧 학교의 여러 가지 규칙과 제한에서 벗어난 자유로운 분위기에 휩싸여 어찌할 바를 모르게 되는데, 이는 이때까지 학생의 손을 꼭 잡고 놓지 않은 것보다 더 어렵고 복잡한 일이다. 오직 자기 교육을 하도록 학생을 개발하는 교육만이 이런 곤란한 문제들을 해결할 수 있다. 나는 25년 동안 한 학교에서 일해 온 경험에서 이 결론이 옳다고 굳게 믿게 됐다.

그러면 어느 때 어디서부터 자기 교육을 시작해야 할까? "자기를 이겨내는 것은 가장 어려운 일이다"란 격언이 있다. 사람은 바로 여기서부터 자기를 인식하고 교육해야 한다. 아동기와 소년기 초기, 즉 7세부터 10, 11세까지는 학생이 스스로 자기 일들을 배정하고 필요할 때는 '자기를 통제' 할 수 있게 가르쳐야 한다. 만약 이 시기를 놓쳐 버리면 나중에 이것을 다시 교육해야 하는 문제가 나타날 것이다.

아동기와 소년기 초기 학생은 어른들의 말을 잘 듣는 편이고 사람들에게 유익하고 필요한 일들을 잘하며 자기 관찰을 하기 시작하고 자신의 장단점을 구별하고 평가한다. 예를 들면 교사가 아이들에게 아침 6시 전에 일어나고, 여름이면 5시에 일어나야 하며, 아침 체조를 한 다음 두 시간 동안 공부하고, 과일나무에 물을 주거나 화초를 가꾸는 것 같은 육체노동을 조금 하라고 했다. 다음날 아이들이 학교에 왔을 때 교사가 그들에게 아침에 무슨 일을 했는지 말하게 하니, 어떤 아이는 '자기를 통제' 할 수 있었으나 다른 아이들은 그렇지 못했다.

이와 같이 아이들은 자신의 약점(게으르고 산만한 것 등)을 극복하는 것이 의지를 단련하는 자랑스러운 일임을 점차 깨닫기 시작했다. 그리하여 그들은 처음에 유희의 성격을 띤 일들을 열심히 했다. 모든 학생들은 우리 학교 마당에 저마다 나무 몇 그루를 심고 스스로 가꾸었다. 그리고 여름이면 이 나무들에 몇 번씩 물을 주어야 했다. 학급 담임 교사들이 학생들에게 나무에 물을 주어야 하는 시간을 정해 주지 않았지만 학생들은 모두 자기가 물을 줄 때가 되면 학교에 와서 물을 주었다. 이렇게 학생들은 매우 큰 흥미를 가지고 이런 자립적인 노동을 했다.

신체 단련은 자기 교육에서 매우 중요한 위치를 차지한다. 모든 학생 집에 샤워 시설이 있기 때문에 교사가 아이에게 날마다 날이 밝자마자 잠자리에서 일어나 샤워를 하게 하고, 집이 호숫가에 있는 아이는 호수에서 목욕하게 하며, 특히 겨울에 9, 10살 아이들에게 차가운 눈으로 몸을 문지르는 연습을 시키는 것은 결코 간단한 일이 아니다. 이런 단련을 늘 하려면 매우 큰 용기와 의지가 있어야 한다. 교사가 간단하게 강요해서는 절대 효과를 거두지 못한다. 그렇게 되면 많은 학생들이 실제로는 따뜻한 이불 속에서 게으름을 피우고도 시킨 대로 했다고 교사를 속일 수도 있다. 요점은 학생이 자기를 통제할 수 있어야 한다는 것이다. 우리 아이들은 모두 자기가 무엇을 했고 어떤 것을 하지 않았는지 솔직히 말한다. 눈 한 통을 가져다 놓고 속옷을 벗고 차디찬 눈을 한 줌씩 움켜쥐고 몸에 문지를 용기가 없는 학생은 다른 친구들이 그를 돕게 해야 한다. 이것은 자기 교육, 자각적 규율의 매우 중요한 측면이다.

노동 규율, 일과 제도, 신체 단련, 건강 증진 같은 것들은 모두 정신생활 분야에 속하며, 한 소년이 청년 초기의 연령에 도달함에 따라 그것들은 더욱더 중요한 자기 교육 요소가 된다. 만약 한 사람이 아동기에 자기 약점을 극복해서 만족감을 느낄 수 있으면, 그는 자신을 비판적인 태도로 대할 수 있다. 한 사람의 자기 인식은 바로 여기서부터 시작된다. 자기 인식이 없으면 자기 교육이 있을 수 없고 자각적 규율도 있을 수 없다. 한 어린 소년이 "게으름은 좋지 않다"라는 말을 아무리 잘 기억하고 명확히 이해한다고 해도 이런 감정이 실제 행동에서 자기를 통제하지 못한다면, 그는 영원히 의지가 굳은 사람이 될 수 없을 것이다.

학생들이 모두 집에서 아침 체조를 하고 샤워를 한 다음에 눈으로 몸을 문지르기 때문에 우리 학교에서는 아침 체조를 하지 않았다. 10~11세 아이들은 모두 이 방면에서 소리 없이 경쟁을 한다. 그리고 이 분야에서(즉 자기를 통제하는 것을 배우는 면에서)는 우선 경쟁의 정신이 발휘돼야 한다.

7, 8세 학생들은 모두 교정에다 나무를 한 그루씩 심고 그것으로 자기가 가장 사랑하는 사람을 기념하기 때문에 모두가 개별적으로 이런 노동을 해낸다. 때문에 어찌 보면 이 학교는 평가 노동의 영향과 그 교육적 힘을 가볍게 여기는 것 같다. 그러나 사실상 이것이야말로 참된 평가적 노동이다. 학생들이 모두 자기 일을 잘 배정하는데, 이것은 그들이 게으름을 싫어하기 때문만이 아니라 다른 사람들이 자기를 의지력 없는 사람으

로 보지 않도록 하기 위해서다. 이 나무를 가꾸려면 5년이나 걸린다. 4학년이나 5학년에 올라가면 모든 학생들은 또 한 그루씩 나무를 심고 중학교를 졸업할 때까지 그 나무를 가꾼다. 이렇게 하면서 평가적인 숲을 조성한다. 그러므로 모든 학생은 평가 노동에 참가해야 한다. 학생 평가 속에서 이루어지는 관계에서 학생은 누구도 노동하라고 강요하지 않아도 스스로 양심적으로 일하는 사상을 배운다. 노동할 때 모두 어떻게 노동하고 있는지 보고 있다고 소년에게 일깨워 주는 사람은 없다. 왜냐하면 그 소년 자신도 이 점을 느끼고 있기 때문이다.

만약 어느 학생이 한동안 장난만 하고 일하지 않으면 학생들은 당장 그를 게으름뱅이나 무위도식하는 사람이라고 책망할 것이다. 그들은 게으름뿐만 아니라 의지가 약하고 자기 약점을 극복하려 하지 않으며 자기를 관리하지 못하는 현상을 책망하고 비웃는다. 소년은 자기 인격에 대한 남들의 도덕적인 평가에 대해 마치 다른 사람의 눈으로 자기를 보는 듯 매우 민감하다. 사람의 자아 형성에서 중요한 구실을 하는 자기 인식의 본질이 바로 여기에 내포돼 있다. 만약 평가 속에서 소년의 도덕적 면모, 노동과 행동에 대해 엄격히 요구하지 않고 공개 평가를 하지 않는다면 소년들에게 자기를 인식하게 한다는 것은 기대할 수 없다.

84_교육과 자기 교육 (하)

정신노동과 학습은 자기 교육에 매우 풍부한 가능성을 제공한다. 일찍이 4, 5학년에서 우리는 중대한 의지가 필요한 노력을 하도록 학생들을 독촉했다. 한 교사는 그들에게 이렇게 말했다. "여러분, 자기를 통제해 아침 6시부터 8시까지 모든 숙제를 다 완성하는 것을 시험해 보세요. 그러면 여러분은 자기의 정신노동이 많이 줄어들고 더 많은 자유 시간이 생김을 알 것입니다." 아이들은 아침 일찍 일어나 공부하는 것이 방과 후 공부하는 것보다 효과가 더 좋음을 점차 체험한다. 아침 한 시간 동안 한 일이 오후 3시간 동안 한 일에 해당하기 때문이다.

그러나 문제의 뜻은 비단 여기에만 있지 않다. 학생은 하루를 시작할 때 우선 자기를 통제해 숙제를 다하고 자기 양심 앞에서 자기반성을 한다. 이 일은 도덕 교육에서 매우 중요한 구실을 한다. 학생은 공부할 때 시간을 아끼고 자신의 자유 시간을 모두 이용한다. 이렇듯 소년기에 노동의 즐거움을 느끼고 자기를 통제해 예정된 계획에 따라 사업하면서 자긍심과 만족감을 체험한 사람만이 자유 시간을 아낄 수 있고 또 잘 이용할 수 있다. 그리고 단순히 노동을 하는 것이 아니라 노동 가운데서 자기 교육을 하면 시간을 비이성적으로 허비하는 현상을 극복할 수도 있다.

그런데 나는 다음과 같은 문제로 여러 해 동안 불안을 느꼈다. 무엇 때문에 소년들은 가치 있는 과학 서적과 문예 서적들을 읽기 싫어하고 대신에 경박한 모험 소설과 하루살이처럼 생명력이 없고 아무런 인상도 남기지 못하는 저급한 작품들을 즐겨 읽을까? 나는 소년들이 무엇이 진정한 독서인지 모르고 자기들이 읽고 있는 문장들의 함축적인 의미를 깊이 있게 생각하지 못하고, 또 지혜의 힘을 발휘하지 못해서 작품의 예술적 가치를 감상할 줄 모른다는 것을 뒤에 가서야 비로소 알았다. 청소년이 마음이 허전해지는 원인 중 하나가 바로 진정한 독서를 할 줄 모르는 것이다. 본래 독서는 사람의 의지와 마음을 사로잡아 주위 세계와 자신을 깊이 사색하도록 이끌고, 영혼의 복잡성을 자세히 관찰하고 이해하게 하며, 자기의 운명과 앞길을 고려하도록 한다.

어떻게 좋은 책들이 자기 교육의 수단이 되게 할까? 청년들이 녹음기와 라디오나 전축, 무도장과 영화관에 끌리는 것처럼 지혜와 아름다움이 가득한 책에도 끌리게 할 수 있을까? 그러려면 소년들에게 독서를 가르쳐야 한다. 먼저 우리는 '생각하는 방'(열람실 - 역자 주)을 꾸리고 거기에 지혜와 아름다움이 가득한 책들을 수백 권 수집했다. 이 '생각하는 방'의 한 책장에는 유명인들의 전기들이 꽂혀 있었다. 이런 책들은 청년들이 자기 교육을 하는 데 백과사전과 같은 노릇을 한다. 전기에는 한 사람에 대한 생활이 제일 분명하게 기록돼 있다. 이른바 자기 교육이란 바로 일정한 잣대로 자기를 측정하는 것이다. 여기서 가장 중요한 것은 학생들이 영웅들의 생활을 자기를 재는 잣대로 삼게 하는 것이다.

교사가 학생에게 알렉산드로 울리야노브와 토마스 칸 발나이라의 생애를 이야기해 주고 동시에 그들과 관련된 책을 읽도록 소개했다. 그리고 이런 책에서 이들의 생애에 관한 많은 사실들을 알 수 있다는 것을 알려 주었다. 그러자 우리의 목적은 마침내 이루어졌다. 소년들은 이런 책들을 잡념 없이 읽었다. 열람실은 점차 풍부한 정신생활의 원천이 됐다. 학생들은 따로 필기장과 수첩을 준비했고, 필기하면서 자신과 마음속으로 대화했다. 이것은 자기 교육의 매우 중요한 단계다. 영웅들의 도덕적 부에서 자기의 본보기를 찾고 인류가 어렵게 얻은 정신적 부에서 자기에게 필요한 자양분을 빨아들이려고 강하게 희망하는 사람만이 이 단계에 오를 수 있다.

학생들 주위에는 책의 바다가 있다. 그중 어떤 책은 아무 의미도 없다. 이런 책은 학생의 지혜를 풍부하게 할 수도 없고, 학생의 정서에 영향을 주어 감화시키는 데 아무 도움도 못 준다. 게다가 또 어떤 책들은 청소년들에게 매우 해롭기까지 하다. 통계에 따르면 부지런히 책을 보는 사람이라 해도 일생 동안 읽은 책이 2000권을 넘지 못한다고 한다. 때문에 책을 엄선해서 읽어야 하고, 또 어떻게 읽어야 하는지 청소년들에게 잘 지도해야 한다. 우리는 청소년들과 대화해 그들에게 가장 적합한 책들을 찾아 주고, 그들이 그 책을 읽고 마치 생활에서 어떤 전환점을 만나 인생의 한 단락의 큰길을 걷는 듯한 느낌을 갖게 해야 한다. 때로 이것은 매우 어려운 일이다. 교사들 중 학생들의 독서에 전혀 관심을 기울이지 않는 분들이 있는데 이런 태도와 습관도 고쳐야 한다. 우리는 청소년들이 자신들에게 적합한 책들을 '찾아 읽을 것을' 그저 앉아서 기다릴 것이 아니라 그들에게 책의 참뜻을 알려 주려고 힘써야 한다. 이래야만 학생은 자기가 가장 즐기는 책들을 찾아 읽을 수 있다.

교사는 소년의 흥미, 기호와 특징을 연구하고, 구체적 실정에 맞게 그들에게 과학기술 보급 서적을 추천해야 한다. 이때 독서가 점차 학생의 지적 수요가 되고, 지식을 탐구하는 그들의 기쁨을 돋울 수 있도록 하는 것이 중요하다. 만약 학생이 과학 서적을 열중해 읽지 않는다면, 그것은 우리가 학생의 마음으로 통하는 길을 개척하지 못했다는 뜻이다. 학생은 열람실에서 책 몇 권을 읽고 인식의 기쁨을 체험해야만 스스로 책을 빌려다 읽을 수 있게 된다.

사람들은 흔히 노동을 '위대한 교육자'라고 말한다. 하지만 사람이 노동 가운데서 자신에 대해 신념을 가지며 자신의 힘, 재능과 자질을 인식했을 때 비로소 노동은 강한 교육적 힘을 가질 수 있다. 그리고 한 사람이 노동을 사랑해야만 비로소 노동이 참된 교육자가 될 수 있다. 때문에 소년기에 모든 학생들에게 노동 가운데서 행복을 얻을 수 있는 길을 찾게 하는 것은 매우 중요하다. 자존심과 영예감은 마치 인격의 핵심과 같아서, 사람이 자기의 노동 성과에서 자신의 능력과 창조성을 발견해야 비로소 생긴다. 우리는 소년들이 모두 노동 속에서 '자기를 발견'할 수 있도록 힘써야 한다. 우리 학교에는 학생이 540여 명 있다. 우리는 학생들을 위해 그들이 즐기는 노동을 할 수 있는 활동 장소를 몇 십 개 만들었다. 거기에서 모든 학생들은 재미있는 일을 할 수 있고, 자기의 힘과 재능을 시험해 볼 수 있다. 학교에서 운영하는 공장과 작업실, 온실과 과수원, 양봉장과 평가농장의 목축장, 생물 연구실과 화학 연구실, 라디오 실험실과 학교소년단 기계화 팀에는 모두 이런 활동 장소가 있다.

중요한 것은 소년들에게 자유 시간이 몇 시간씩 있어서 자기의 선택과 기호에 따라 자신이 즐기는 노동을 할 수 있어야 한다는 것이다. 무엇 때문에 청년들은 고등학교를 졸업하고 일터에 나간 다음 재미를 느끼지 못하고 여유 시간을 어떻게 보낼지를 모르게 되나? 그것은 그들이 학교에 다닐 때 여유 시간이 없었고, 시간이 사람에게 정신적 부라는 거대한 이익을 가져다줌을 모르고 또 체험해 보지 못했기 때문이다. 우리 모든 교사들은 청소년들에게 여유 시간을 어떻게 합리적으로 이용할지 가르치려고 갖은 노력을 다했다. 우리는 많은 노력을 기울이고서야 학생들이 아침에 공부하고 오후 한나절에 여유 시간을 가지도록 길들일 수 있었다. 하지만 여유 시간이라고 해서 아무 일 없이 그저 지내는 것은 아니다. 이 시간에 학생과 교사들은 모두 부지런히 일한다. 게으름과 잡담은 청년 시대의 가장 무서운 적임을 명심해야 한다.

  나는 젊은 교사들과 학교 지도 일꾼들에게, 학생의 자기 교육을 지도하는 과정에서 생기는 한 가지 가장 중요한 문제를 방지할 것을 권고하려 한다. 그것은 교사가 일부러 다른 사람을 교육한다는 형식을 띠지 말아야 한다는 것이다. 우리는 청소년들이 다른 사람에 의해 어떤 목적에 따라 어느 곳으로 끌려가고 있다고 느끼지 않도록 무진 애를 써야 한다. 각 실습 공장, 기계조종실, 온실, 실습농장에서 학생들은 오랜 시간을 쏟아야 달성할 수 있는 노동 과업을 완성한다. 예를 들면 그들은 철공장에서 교수 실습농장에 쓸 파종기를 한 대 만든다. 교사는 전반적인 작업 과정에서 해야 할 일들을 학생들에게 배정해 주고, 그들이 가공한 부속품들이 어떤지 검사하고, 문제에 부딪히면 해결하게 도와주기만 한다. 학생들은 이 작업을 완전히 혼자서 완수한다. 이렇게 해서 소년들이 자기의 노동 성과로 기쁨을 느끼는 것이 바로 그들을 자각적이고도 독자적인 노동자가 되게 하고, 무능하고 남에게 기대는 정서에서 벗어날 수 있게 한다. 학생의 마음을 키워 준다는 것은 모든 학생에게 자기의 힘, 지혜, 의지와 발명·창조 정신을 노동의 물질적 성과에 쏟아붓고 자기의 두 손과 지혜로 창조한 물건에서 '자기를 인식하게 하는' 것을 뜻한다. 만약 한 학생이 13, 14세가 돼도 이런 노동을 하는 데서 만족감을 얻지 못한다면, 우리는 그의 운명에 대해 불안을 느끼게 된다. 노동을 하면서 얻는 만족감은 사람의 자존심의 원천이며 동시에 자기를 엄격히 단속하는 원천이기도 하다. 오직 자신이 거둔 성공에서 기쁨을 느낀 사람만이 더욱 총명한 사람이 될 수 있다.

특히 우리 학교에서는 작업실 몇 개를 꾸리고, 거기에서 학생들이 노동을 사랑하고 견지하는 정신을 기르게 했다. 예를 들면 그것은 '어려운 문제의 방', 소형 기계화실, 육종과 유전 연구실 같은 것이다. 만약 학생이 먹는 것, 자는 것도 잊고 자신이 즐기는 일에 대해 열심히 연구하지 않고 창조적인 노동에 종사하지 않는다면, 우리는 그 소년의 인격 형성을 기대할 수 없다.

나는 학생의 자기 교육이 뚜렷하게 표현되는 정신생활 분야를 하나 더 말하려 한다. 그것은 소년들이 남에게 관심을 갖고 어떤 일에서 자신의 노동과 지혜, 의지와 기술의 일부분을 남을 위해 쓰는 것이다. 이 일은 어릴 때부터 해야 한다. 즉 나이 먹은 학생이 어린 학생을 어느 한 가지 측면에서 돕게 해야 한다. "여러분은 프랑스어를 배우고 있습니다. 그런데 2~3학년 어린 학생들도 프랑스어를 배우고 싶어 해서 그들을 가르쳐 줄 사람이 필요합니다. 여러분 중에서 자진해서 이 일을 맡을 사람은 없는지요?" 하고 교사가 7학년들에게 말했다. 그러자 학생 10명이 '제자'를 받아들이겠다고 나섰다. 두세 주일이 지나서 교사로 나선 학생 셋이 그만두기로 했으나 나머지 7명은 아주 열정적으로 이 뜻있는 일을 했다. 그들은 어린 학생들이 좋은 성과를 내자 매우 기뻐했다. 이 7학년들은 어린 학생들의 성공과 실패에 큰 관심을 가졌고 그들의 벗이 됐다. 지금 그들은 자기 학생이 단어를 기억하고 정확한 발음과 악센트로 문장을 읽는 데 관심을 기울이고 있을 뿐만 아니라 그들의 성적 전반에도 관심을 기울이고 있다. 그들은 자기가 어느 정도 심혈을 기울여 기르는 어린 학생들이 더욱 훌륭한 학생이 되길 바라고 있다. 이런 바람이 바로 자기 교육의 가장 중요한 원천 중 하나다. 교육의 예술과 기술은 소년들이 이런 바람을 자기의 정상적 욕구로 삼게 하는 것이라고 나는 믿는다. 한 소년이 다른 사람에게서 자신의 정신적 미의 일부분을 보았을 때 비로소 그는 진정으로 자기 교육을 시작했다고 할 수 있다.

어린 학생들과 사귀는 것은 도덕 면에서 자각성을 기르는 데 중요하다. 우리는 이런 우정이 개인의 기호로 맺어지고, 소년들이 책과 창조적 노동에 대한 자기의 기호를 다른 동료에게 가르치도록 힘써야 한다. 실습 공장, 실험실과 조작실에서는 언제나 많은 어린이들이 열심히 노동하고 있는 소년을 둘러싸고 자기도 그런 재미있는 일들을 하고 싶어 한다. 때문에 학교에서는 아동 기술 팀과 농업 팀들을 조직하고 상급 학년들에게 그 지도원을 맡게 했다. 소년 기계화 일꾼 팀의 활동이 특히 하급 학년들의 흥미를 끌었다. 소년들도 어린이들처럼 유희를 즐긴다. 하지만 그들은 벌써 이런 유희들을 될 수 있으면 참된 노동과 연결하려고 힘쓴다. 그들은 아이들과 함께 소형 발동기를 작동하고 장난감 자동차를 운전하며 전기 철도의 모형을 열심히 설계한다. 이런 모든 활동을 하면서 어린 학생들은 노동과 유희를 결합시키고 소년들에게 많은 것들을 질문한다. 이로써 소년들은 자기를 아이들의 연장자로 느낀다. 그리고 학생들 사이에 서로 평등한 우정이 맺어지고 나이 먹은 학생들이 어린 학생들에게 관심을 가지는 유익한 관계가 성립된다. 소년은 유희와 노동 중에서 어린 학생에게 이목을 끌 만한 어떤 새로운 것들을 알려 주려고 끊임없이 애쓴다. 이 또한 그들을 끊임없이 학습하고 새로운 지식과 기술을 배우도록 자극한다.

사람들은 소년기와 청년 초기를 '힘든 연령기'라고 하는 데 익숙해져 있다. 이 시기 학생은 신체, 지능, 도덕 면에서 모두 급속한 발전이 이루어지므로 교육자 앞에는 많은 어려움이 나타난다. 하지만 교육과 자기 교육을 유기적으로 결부시키면 이런 어려움들은 순조롭게 극복할 수 있다.

85_ 우물은 늘 깨끗하게

내 앞에는 편지 한 통이 놓여 있다. 그 편지를 볼 때마다 마치 벌겋게 단 쇳덩이에 손을 덴 것처럼 가슴이 아프다.

이것은 사형 판결을 받고 자기 운명의 마지막 날을 기다리고 있는 19살 청년이 보낸 편지다. 필기장의 첫장에 48쪽이나 쓴 그의 고백은 앞뒤 말이 맞지 않았고 태도가 매우 불성실했다. 나는 이 청년에게 답장을 썼다. 그의 어머니도 나한테 와서 아들을 한번 만나 달라고 했다. 그런데 나는 그 청년과 이야기하기가 매우 어려웠다. 나를 몹시 놀라게 한 것은 그 청년의 지능이 유치하다는 것이었다. 그의 편지와 그가 나한테 한 말을 분석해 보면 그에게는 불안과 공포뿐이고 뉘우침과 죄악에 대한 인식이 전혀 없었다.

그는 강도단에 든 강도는 아니었다. 그는 단지 비열하고 가련하며 정신적으로 매우 공허한 사람에 지나지 않았다. 그는 처음 본 16세 청년을 죽였다고 했다. 그때 그들은 공원 안에 있는 좁은 길에서 만났다. 16세 청년이 그에게 길을 비켜 주지 않았다. 그러자 19세인 이 청년은 화가 나서 호주머니에서 칼을 꺼내 그 청년을 찔러 죽였다. 또 죽은 청년의 어머니가 그 쪽으로 달려오자 어머니마저 칼로 찔러 심하게 다치게 했다. 정신상의 무시무시한 공허, 생명이 가장 귀중한 부라는 것에 대한 무지가 바로 이 죄 뒤에 숨어 있었다.

나는 이 청년을 멸시와 증오로 대했다. 그러면서도 나는 어떤 손실을 본 듯한 침통함을 느꼈다. 마치 큰 돌이 내 가슴을 내리누르고 있는 듯했다. 이것은 바로 사람을 잃은 손실이다. 이런 침통함은 만약 우리가 그 청년을 올바로 교육하기만 했더라면 그가 참된 사람이 될 수 있었을지도 모른다는 데서 온 것이다.

그의 편지 속 어떤 말들은 사람의 동정심을 바라는 말들이었다. 그는 "오직 죽음뿐, 용서할 수 없다는 눈총을 받고서야 나는 생명이 얼마나 소중한지 알았습니다"라고 썼다. 그리고 그의 어머니와 아버지는 자기 가정에 불행이 생긴 다음에야 비로소 왜 이런 일이 생겼을까 통곡하면서 범죄자에 대한 사람들의 동정심과 인도주의를 구걸했다. 하지만 그들의 불행은 마치 자기가 마시고 있는 우물을 스스로 메워 버리고 날마다 물이 없어 고통스럽게 된 사람이 받을 만큼의 동정밖에 받지 못한다. 바로 사람의 현명함은 바로 자기가 마시고 있는 우물의 청결을 언제나 확보하는 데 있다.

경험 – 이것은 언제나 긍정적인 것은 아니다. 때로는 매우 불행한 경험이 나를 깨우쳐 주기도 한다. 한 사람의 어린 시절에도 그가 15년 혹은 20년이 지나서 갈림길에 빠질 수 있는 위험이 엄습해 올 수 있다는 것을 알아야 한다. 한 사람이 위법자나 범죄자가 될 가능성이 보이면(그것이 비록 상상해 낸 자그마한 징조라 할지라도) 어린 시절에 미리 이런 위험을 막을 수 있는 강력한 백신을 놓아 주어야 한다. 이것은 우리의 교육 기술에서 매우 미묘한 측면이다.

당신들은 아이와 소년에게는 타고난 정직함이 있음을 볼 수 있을 것이다. 그러므로 당신들은 무엇이 좋고 나쁘며 어느 것이 희고 검은지를 조금의 실수도 없이 분명하게 그들에게 알려 주어야 한다. 그리고 당신은 조금도 어정쩡하게 굴지 않고 즉시 공정한 태도로 그들에게 만족을 주어야 한다. 우리는 이 점을 늘 잊어서는 안 되고 아이와 소년이 처음으로 겪는 이런 사회적 경험을 자기 생활 속에 영원히 간직하게 해야 한다.

예를 들면, 1학년 여학생 마이야가 나한테 달려와서는 위차가 막대기로 잔디밭을 마구 친다고 알려 주었다. 그때 잔디밭에는 많은 꽃들이 피어 있었다. 사실 마이야가 나를 찾아온 것은 위차를 고발하려는 뜻이 아니었다. 가령 내가 즉시 위차를 처벌한다면 마이야를 난처하게 만들 수 있고 그의 감정을 해칠 수 있다. 단지 그는 진리를 증명하고 실천하려는 것이었다. 그러므로 내가 우선 보여야 할 태도는, 위차의 행동이 나쁘다고 단정한 다음 마이야와 함께 위차를 찾아가서 그 꽃들을 보호하는 것이다. 이래야 마이야는 정의로운 정신이 승리했다고 느낀다. 동시에 이것은 하나의 숫돌과 같아서 추악한 일과 타협하지 않는 아이의 정신을 더욱더 예리하게 연마하는 과정이기도 하다. 아이의 사상과 마음이 그릇된 사실과 만났을 때 무관심한 태도를 가지지 않도록 깊은 주의를 기울여야 한다. 이것은 도덕적 발전 면에서 한층 더 높은 단계로 오르는 과정이다.

매우 오래전에 이런 일이 있었다. 나는 아이들과 함께 소풍을 가다가 근처 마을에 계신 한 착한 할머니에게 물을 좀 마시자고 했다. 그러자 할머니는 우리들을 과수원에 데리고 가서 사과와 구운 감자를 주면서 기쁘게 맞아 주셨다. 우리는 할머니께 고맙다고 말씀드리고 다시 길을 떠났다. 약 500미터쯤 걸었을 때 우리는 좀전에 앉아 있던 곳에서 감자 껍질을 늘어놓고 치우지 않은 것이 생각났다.

"되돌아가서 감자 껍질을 쓸어야 합니다"라고 마이야가 걱정스레 말했다.

"옳습니다. 되돌아가서 깨끗이 치워야 합니다." 나는 즉시 그를 지지하고 나섰다. 아이들은 우르르 나를 따라 되돌아섰다. 그런데 스체바만이 제자리에 선 채 "나는 좀 앉아서 쉬겠습니다"라고 말했다. 하지만 그는 아이들이 나무라자 쉬려던 생각을 버리고 말았다.

우리는 아이가 어린 시절에 이런 정의로운 사상이 이기는 것을 수없이 체험하도록 하고, 자기가 이런 승리에 참가한 사람이란 느낌을 갖게 해야 한다. 이래야만 내가 데리고 소풍을 갔던 아이들이 스체바의 게으름과 남의 이익을 돌보지 않는 사상에 대해 화를 냈던 것처럼 모든 나쁜 행위에 대해 분개할 수 있다. 소년기에 가서 이런 행위에 그들의 분개를 불러일으키려고 하면 힘과 노력이 몇 갑절 들지 모른다. 이미 가장 적당한 교육기를 놓쳐 버렸기 때문이다.

우리는 학부모들과 함께, 교육 사업은 아이의 미래를 위해 있고 아이들에게 세상에는 비열하고 추악한 일들이 아주 많다는 것을 이해하고 인지할 수 있게 해야 한다는 점을 생각해야 한다.

중요한 것은 아직 어린 아이에게 "이런 일은 비겁하고 추악하다"는 것을 알게 할 뿐만 아니라 그 비겁하고 추악한 일들이 자신의 둘레에도 있지만 자기는 세계를 더 아름답게 개조할 힘이 없다는 것을 가슴 아프게 여기며 괴로워하도록 만들어야 한다. 비겁하고 추악한 것에 대한 분노와 증오로 점차 자신을 검사하게 되는데 이것은 아주 작은 변화다. 아름다운 것을 추구하고 추악한 것을 증오하는 사람의 품성은 결국 이런 변화를 겪으며 결정된다.

염치는 비겁하고 추악한 문제에 대한 강력한 백신제다. 비유하자면 염치는 영예감과 양심과 자존심의 큰 배를 띄울 수 있는 깊은 물이다.

본질적으로 말하면 염치와, 염치를 모르는 것에 대해 용서할 수 없는 감정을 발전시켜야만 인격의 소극성과 동요성, 그리고 평소 우리가 늘 말하고 있는 '바람이 부는 대로 하는' 사상과 분위기를 미리 막을 수 있다. 바로 이런 '바람이 부는 쪽으로 넘어가는' 사람이 범죄자가 되기 가장 쉽다.

젊은 사람이 일찍이 어린 시절에 비열한 행위를 멸시하지 않고, 남의 어려움 때문에 근심 걱정을 해 보지 못했다면, 그에게 훌륭한 사람이 되려는 바람이 생길 수 없을 것이다.

비열한 행위에 타협하지 않는 태도를 갖게 하려면, 우선 게으르고 무위도식하며 산만하고 해이하게 의미 없이 시간을 보내지 말아야 한다. 속담이 말해 주다시피 게으름은 모든 죄악의 어머니다. 노동을 사랑하는 것을 가르치는 일은 책상과 책 앞에서 시작된다고 나는 굳게 믿는다. 학교가 교육 기술에서 가장 중요하고 모색하기 어려우며 섬세한 일은 학생이 자기가 아무 일도 하지 않은 것을 수치스럽게 느끼도록 하고, 게으르고 산만한 것을 증오하고 멸시하는 태도를 갖게 하는 것이다. 학교 사업 가운데서 아주 복잡하고 어려운 정신노동이 도덕 교육인데, 이것이 바로 학생을 교육해 학급을 사랑하도록 하는 일이다. 나는 내 가장 중요한 사명이, 내가 가르치는 학생의 머릿속에, 어려움 앞에서 조금이라도 물러서려는 생각을 멸시하도록 하는, 즉 일하지 않고 머리를 쓰지 않는 것은 수치스럽다는 느낌을 갖게 하는 것이라고 생각한다.

모든 소년과 청년에게 책과 사상이 '가슴을 찢지 않고서는 벗어날 수 없는 철쇄'가 돼야만 교육의 목적을 달성할 수 있다. 근로자, 투사, 미래의 전사, 미래의 남편과 아버지의 의식을 갖춘 참된 사람이 되려면, 14~15세 때 자신의 영혼 깊은 곳에 풍부한 정신적 부를 쌓아야 한다. 이 정신적 부가 바로 그가 밤을 지새워서 읽는 책 100~200권이다. 이런 책은 그에게 정신 면에서 교훈이 된다.

한 청년이 지식을 탐구하려 하지 않으면 그것은 그에게 가장 무서운 불행이다. 그것은 또한 가정과 학교와 사회의 불행이기도 하다. 청년이 지식을 탐구하지 않는 것은 마치 보이지 않는 쇠울타리로 자기를 넓은 천지와 갈라놓는 것과 같은데, 나중에 그 쇠울타리가 진짜 감옥이 될지 누가 알 수 있으랴!

교육자의 사명은 청소년들과 함께 그의 마음속의 집을 짓는 것이다. 교육자는 교실에서 학생들과 함께 생활해야 할 뿐만 아니라 학생들과 같은 믿음을 가진, 뜻이 맞는 사람이어야 한다(이 논법은 사실 두려울 것이 없다!). 그리고 교육자와 학생은 서로 존경하고, 마르크스가 말한 바와 같이 사람에 대한 사람의 욕구를 만족시키는 커다란 행복을 찾아야 한다.

우리는 노동에 대한 기호를 길러야 한다는 말을 늘 듣는다. 그렇지만 만약에 교사가 자기 학생(복잡한 세계를 인식하고 있는 소년)을 자기 개인의 도서실에 끌어들이지 못하고, 또 그를 당신의 정신적 부의 원천 앞에서 놀라 발걸음을 멈추게 하지 못하면, 그 어떤 수단과 방법을 써도 이런 기호를 기를 수 없을 것이다. 게다가 교사가 가르치기 어렵고 고집이 세며 때로는 이해할 수 없을 정도로 복잡한 학생과 일대일로 속마음을 나누면서 그를 감화시키지 못하면, 노동에 대한 기호를 기르는 것은 생각할 수도 없다.

그러면 학교에서 하는 청소년 교육에서 중요한 것, 즉 한 사람의 마음으로 다른 사람의 마음을 감화하는 일이 나아지고 있나?

어려움에 빠진 사람들은 비록 주위에 많은 연장자들과 친구들이 있고, 또 친구들이 날마다 "그러지 마! 이건 허용되지 않아!"라고 권유하지만 사실 그들은 매우 고독한 사람들이다.

나는 다음과 같은 것을 확신한다. 즉 학교는 무엇보다도 사람들이 서로 만나는 세계다. 문제는 누가 누구를 교육하는가에 있지 않다. 이런 것들은 모두 보잘것없는 빈말에 불과하기 때문에 이런 식으로 문제를 말할 필요가 없다. 내 이야기를 하자면, 나는 내가 보기에 가장 재미있는 소년들과 영원히 함께했고 그들을 내 생활에서 없어서는 안 될 사람이 되게 했으며 내 생명의 한 부분이 되게 했다. 그들이 없었으면 내 모든 지식과 내가 할 줄 알고 또 하고 있는 모든 것들도 존재하지 않을 것이다.

아이들에게 삶과 죽음이란 무엇이고 자유와 속박이란 무엇인지 명확히 해석해 주고, 모든 학생들에게 이런 개념에 대한 진지한 태도를 길러 줄 수 있는 단어와 형상들을 찾기란 매우 어렵다. 도덕 교육의 중요한 과업은 아이들에게 생명이란 힘 있고 정복될 수 없지만 동시에 유약하고 무방비 상태며 상처가 생기기 쉬운 귀중한 것임을 깊이 이해하게 하는 것이다. 때로는 매몰찬 말, 무심한 시선으로 생명의 미세한 끈이 끊어져 버리는 일이 생기기도 한다.

한 아이가 학교 문에 들어섰을 때, 내가 가장 관심을 가지는 것은 그 아이가 친부모 형제와 또 그가 늘 만나는 사람들 사이에서 어떤 정신적 관계를 맺고 있느냐는 것이다. 아이에게 "어떤 사람들에게는 내가 가장 필요하며 그들은 나를 무한히 사랑하고 내가 없으면 그들의 생활은 아무 의미도 없어진다. 그리고 나도 그들을 가장 사랑하며 그들이 없으면 살 수 없어서 그들은 나에게 무한히 소중한 존재다"라는 깊은 관념이 있을 때 비로소 도덕적으로 문제없이 발전할 수 있고 사랑과 행복과 노동이 조화로울 수 있다. 한 사람의 건전한 도덕은 바로 이런 조화로 결정된다. 그리고 이런 관념은 아이에게 아직 뚜렷한 사상이 되지 못했을 수도 있지만 그것은 이미 아이의 모든 생활에 스며들어 있다. 아이가 친부모 형제, 특히 어머니와 정신 면에서 따사롭고 즐거운 접촉, 부모들과 한 실천도 아이의 의무감이 생기는 원천이다. 범죄가 생기는 원인 중 하나는 한 사람이 가까운 사람들의 관심에 대해 무관심한 태도를 갖는 것이라고 한다.

한 사람이 자기 자유와 바람을 잘 통제하는 지혜를 가져야 그는 생명과 자유를 소중하게 여길 수 있다. 그리고 이런 지혜는 매우 섬세한 교육 도구 중 하나다.

나는 제멋대로 하고 소란을 피우며 조금도 자기를 통제하지 못하는 남자아이 로만을 가르친 적이 있다. 이 아이는 까닭 없이 다른 학생을 툭 치기도 하고 또 다른 여학생의 원피스에 흙탕물을 튕겨서 더럽혀 놓기도 했다.

어느 날 아침 수업이 시작되기 전에 여자아이가 울면서 나를 찾아와, 로만이 자기 갈래머리에 맨 리본을 풀어 갔다고 했다. 그래서 나는 로만을 불러다 이렇게 말했다. "로만, 들으세요. 친구의 자유를 방해하는 짓은 야만인이나 하는 짓입니다. 그런 짓으로 친구는 큰 피해를 봤어요. 만약 어른들이 이런 짓을 했다면 사람들은 당장 그의 자유를 뺏고 그를 감옥에 처넣고 말 것입니다. 우리는 로만에게 다른 방법을 쓰지 않을 수 없겠군요. 자, 오른손을 내놓으세요."

그러자 그는 오른손을 내놓았다. 나는 호주머니에서 붕대 하나를 꺼내 그의 오른손을 꽉 묶어서 그의 호주머니에 단단히 매서 오른손을 쓰지 못하게 만들었다.

"로만, 오늘 이렇게 하고 지내세요. 이제 오른손을 쓰지 못할 거예요. 혼자 외롭지 않도록 내 오른손도 같은 방법으로 묶어 놓겠습니다."

아이들은 내가 로만의 손을 묶어 놓은 것처럼 내 오른손을 똑같은 방법으로 묶어 놓았다. 그렇게 하자 로만은 놀라서 이제 어떻게 될까 하고 기다리고 있었다.

"그럼 우리는 이렇게 하고 지내 봅시다. 이렇게 생활하면 편안한지 어떤지 한번 체험해 보아야겠습니다"라고 나는 그에게 말했다.

나는 온종일 로만과 함께 있으면서 교정과 화원을 거닐고 교실에서 수업도 하고 밥도 같이 먹었다. 그리하여 나중에 이 어린이가 정말 자유를 얻는다면 어떨지 체험했다. 그 뒤에도 나는 부득이 또 그에게 몇 시간 동안 이런 방법으로 교육했다. 하지만 그때는 처음에 비해 그다지 엄하지는 않았다. 그러고 나서 로만은 마침내 자기를 관리할 수 있게 됐다.

한 사람이 어린 시절과 소년 시절에, 자기에게 기쁨을 가져올 수 있는 자기 바람을 어떤 상황 때문에 저버려야 할 때 선뜻 자기의 즐거움을 버리고 남을 위해 행동하는, 고상하고 용감한 심리를 체험하지 못하면 그는 훌륭한 사람으로 자랄 수 없다.

언젠가 모든 학급이 숲 속으로 소풍을 가기로 했다. 그때 아이들은 몹시 기뻐했고 만족스러워했다! 그런데 소풍을 가기 전날 밤에 5학년 패차의 할머니가 병을 앓게 됐다. 그래서 패차의 아버지는 할머니를 병원으로 데려가려 했는데 아들의 도움이 필요했다. 하지만 아버지는 패차더러 병원에 가지 말고 다른 애들과 같이 소풍을 가서 하루 동안 잘 쉬라고 했다. 이때 교사는 이 상황에서 패차가 소풍을 가는 것은 옳지 않다고 하면서 패차가 스스로 소풍을 포기하고 아버지를 도와 할머니를 병원으로 모시고 가게 했다. 따라서 교사는 그를 정신적으로 고상한 길로 나아가도록 이끌어 주었다.

자기의 바람을 현명하고 대담하게 조절하는 것은 유력한 지휘봉이다. 이 지휘봉의 지휘 아래에서 사람의 미적 조화가 창조될 수 있다. 그래서 교사는 반드시 이 지휘봉을 쓸 줄 알아야 한다.

학교에 텅 빈 어구와 사상이 있어서는 안 된다. 나는 교육 사업 일꾼들에게 이 어구에 유의할 것을 제안한다. 그리고 아이의 생각을 말하게 할 때 신중하고 조심성 있는 태도를 가져야 한다. 아이의 입에서 아직 뜻도 이해하지 못하는 어구들이 나오지 않게 해야 한다. 또 고상하고 성스러운 어구, 무엇보다 조국을 사랑하는 것에 관한 말들을 너무 만져서 닳아빠진 낡은 엽전처럼 되게 하지는 말아야 한다! 참된 사랑은 큰 소리로 말하는 것이 아니다. 아이에게 사랑을 가르쳐야지 사랑을 논하도록 가르쳐서는 안 된다. 아이에게 자기의 감정을 체험하고 잘 간직하도록 가르쳐야지 아름다운 어구들을 찾아 실제 있지도 않은 감정을 억지로 말하게 가르쳐서는 안 된다.

철면피는 자기의 약속을 지키지 못하는 데에서 나온다. 아이가 정신적으로 아직 준비되지 않았고 충분한 정신적 힘과 강건함이 없을 때 아이에게 무엇을 강요하고 약속 받지 말아야 한다. 만약 아이가 스스로 어떤 약속을 하면 마음속으로 귀담아듣고 또 그를 믿어야 한다. 그리고 그때는

"조심하세요. 만약 지키겠다는 신념이 없으면 약속을 할 때 좀 신중해야 겠습니다"라고 아이를 일깨워 주어야 한다. 쉽게 약속하고 그것들을 잊어 버리는 나쁜 현상들이 있는데, 이것은 사람의 마음을 마비시키며 거짓말을 하면서도 그것이 옳지 않다는 것을 느끼지 못하게 한다.

학교에서나 가정에서 진리와 믿음이 지배적 비중을 차지해야 한다. 학교에서 하는 말 한마디 한마디가 모두 열매를 맺게 해야지 열매를 맺지 못하는 수꽃처럼 돼서는 안 된다.

86_ 인격의 전체적 발전에 관한 교육 사상의 몇 가지 문제 (상)

(1) 레닌은 자기의 《철학 노트》에 포이에르바흐의 《기독교의 본질》이란 책을 발췌한 부분에, "인간에게는 이상이 있어야 하지만 초자연적인 이상이 아니라 인간적인, 자연에 부합되는 이상이 있어야 한다"고 썼다. 그리고 연이어 "우리의 이상이 돼야 할 것은 거세되고 육체를 잃은 추상적 존재가 아니라 완전하고 현실적이고 전체적으로 완성되고 발전된 인간이다"라는 말을 인용했다. 교육 사업을 실천하는 중에 이런 이상을 발견한다는 것은 얼핏 보는 것처럼 그렇게 간단하지 않다. 교육의 기술과 완전성을 결정하는 조건 중 하나가 바로 교사가 능수능란하게 살아 있는 이상을 목표로 하고, 사람에게서 중요하고 결정적인 것들을 잘 발견하며, 그것을 귀중히 여기며 사랑하는 것이다. 전체적으로 발전되고 조화된 인격을 기르는 과정은 바로 교육자가 사람의 각 측면과 특징의 조화에 관심을 둠과 동시에, 사람의 모든 측면과 특징의 조화가 모두 어떤 주도적이고도 기본적인 것에 따라 결정된다는 것을 외면하지 않는 것이다. 전체적으로 발전하고 생기발랄한 사람에게

힘, 능력, 열정과 수요가 가득 차 있고 조화돼 있을 때, 교육자는 여기에서 도덕적, 사상적, 민중적, 지적, 창조적, 노동적, 미적, 정서적, 실제적인 면의 완전성을 볼 수 있다. 이 조화 가운데 결정적이고 주도적인 노릇을 하는 요소는 도덕이다. 학교는 지식, 교육 정도, 지적 문명과 노동의 원천이다. 그 안에서 교사는 일년 내내 자기 학생들을 지식의 오솔길을 따라 인류 지혜의 최고봉으로 이끈다. 지적 재산과 정신노동은 우리 손을 통해 사람을 길러내는 가장 중요한 도구다.

그러나 사람의 정신적 본질상, 어릴 때 학교에 들어가 교육 받고 학교 문을 나와 생활 속에 들어가는 모든 아이들이 똑같이 정신세계가 풍부한 것은 아니며, 끝없는 지적 재산의 원천을 같은 정도로 흡수하는 것도 아니다. 어떤 학생들에게는 중등 교육이 앞으로 지능을 풍부하게 하고 심화하고 조화롭게 하는 데로 나아가는 첫걸음에 불과하지만, 어떤 학생들은 중학교 교수요강마저 배우기 어렵거나 겨우 배운다. 물론 그렇다고 해서 그런 학생이 불행하고 전도가 없는 것은 아니다.

학생들도 지능과 재능이 사람마다 같지 않음을 어릴 때와 소년기에 점차 분명하게 알게 된다. 그래서 그들은 모든 사람들의 지능이 반드시 다 같은 정도로 발전하지는 못한다고 이해한다. 이런 상황이 바로 오늘날 전인적 발전에 관한 사상을 실현하는 과정에서 부딪히는 어려운 일들과 매우 중요하고 미묘하며 복잡한 문제의 근원이 된다. 교육받는 사람이 지능과 재능 면에서 사람마다 다름을 불행으로 느끼지 않도록 하는 것이 우리 교육자들의 몫이다. 유감스럽게도 일부 학교에서 몇몇 아이들은 자기의 지적 발달이 제한돼 있다는 것을 알고 있다. 이것이 바로 그들이 공부를 안 하려는 원인이 된다. 한 사람이 어릴 때 자기를 마치 자격 없는 사람인 듯 느끼는 현상이 나타나서는 안 된다. 사람은 누구나 어릴 때, 특히 소년기와 청년 초기에 자기의 정신생활에서 완벽한 행복을 얻고 노동과 창조의 기쁨을 느껴야 한다.

이것은 전체적으로 발전한 인격을 기르는 과정에서 매우 세밀하고 미묘한 문제다. 이 문제를 해결하려면 학교와 학생의 정신생활이 교수요강에 집중해서 얻은 성적에만 머무르지 않게 해야 한다. 전체적으로 발달한 인격을 기르는 기술과 교육 기술은 교사가 모든 학생에게, 심지어는 가장 평범하고 또 지적 발달에서 가장 큰 어려움이 있는 학생에게 정신 발전의 분야를 개척해 주어서 그가 이 분야에서 최고 수준에 도달해 '나'라는 존재를 크게 나타내고 자존심의 원천에서 힘을 얻고, 자기가 결코 남보다 못하지 않으며 정신이 풍부한 사람이라고 느끼게 하는 것이다. 이 분야가 바로 도덕 면의 발전이다. 이 분야에서 최고 수준에 도달하는 길은 누구에게나 열려 있다. 여기에는 조금도 제한이 없는 진정한 평등이 있다. 이 분야에서 모든 사람은 다 위대한 사람이 될 수 있고 남과 비교할 수 없는 사람이 될 수 있다. 사회주의 도덕이 인격의 갖가지 측면에 관계되고 모든 사람에게 민중적, 사상적, 창조적, 노동적, 미적, 지적인 부로 통하는 길을 개척해 주어야만 비로소 이 전인적 발전의 사상이 충분히 실현될 수 있다.

학교는 도덕적으로 완숙한(개개인의 행위와 사람 사이의 관계에서 모두 사회주의 도덕이 있고 지향과 열정이 있는), 도덕적인 불꽃이 타오르는 발원지가 돼야 한다. 이 문제를 해결하려면 우리 학생들이 어느 한 활동 분야에서 행복과 기쁨을 느끼게 해야 한다. 각 활동 분야에서 이런 최고 수준에 이르는 것은 도덕적으로 아름다운 것이다. 우리 학교 졸업생 중

여학생 몇은 지식을 배우는 데 매우 큰 어려움을 느꼈다. 소년 초기부터 우리는 이 4, 5학년 여학생들을 꼬마 친구들(취학 전 아이와 1학년 학생)의 교육 담당 요원이 되게 했다. 그들은 도덕적 의미로 가득한 이 고상한 활동 속에서 자기 인격의 존엄성을 체험해서 행복을 얻었다. 그렇지 않았다면 벌써 어릴 때와 소년기에 자기를 불행한 사람이라고 느꼈을 것이다. 이 일로 나중에 그들은 뜻있는 생활에 목적을 두게 됐다.

전체적으로 발전한 이상적인 인격은 조화롭게 발달된 인격이다. 조화가 없는 교육 사업은 조화로운 발달에 이를 수 없다. 학습, 수업, 숙제 완성, 평상시 점수, 이 모든 것은 한 사람을 측정하고 평가하는 개괄적인 유일한 잣대가 아니다. 학생은 아직 어려서 보통 이런 측정에 아주 민감하다. 또 매우 연약하다. 그래서 학생들이 자신의 체험 속에서 사람들은 많은 잣대로 자기를 재고 여러 면에서 자기를 본다는 것을 굳게 믿게 해야 한다. 한 사람이 철부지 아이로 우리 학교에 들어와서 공부할 때, 우리는 '학생'이란 단어에 대한 좁은 이해만 가지고 그를 보지 말아야 한다. 교사가 그를 단지 머리에 지식을 부어 넣어 주어야 하는 생물로만 본다면, 그는 전체적으로 발전한 사람이 될 수 없다. 만약 한 사람이 자기의 존재를 나타내지 못하고, 인류의 정신 가운데 어느 한 분야에서 지배자가 되지 못하고, 활동과 성과(이 점은 매우 중요하다) 중 자기의 비중을 확립하지 못하고, 또 창조자로서 자존감을 느끼지 못하며 긍지를 갖고 활기차게 나아가지 못한다면, 그의 인격은 올바르게 형성될 수 없을 것이다. 조화로운 교육은 학교 정신생활의 모든 분야를 통해, 우리들이 교육하고 있는 사람의 여러 측면의 활동에서 도덕의 풍부함이 드러나게 하는 데 있다.

결론을 말하면, 주위의 자연환경과 사회환경을 대하는 여러 가지 현실적인 태도에 도덕성이라는 한 갈래의 주도적인 붉은 선이 관통될 때만, 학교의 정신생활이 현실적인 교육의 힘이 될 수 있다. 학교에서 진행되는 모든 활동은 깊은 교육적 의미를 가지고 있어야 한다. 이것은 아주 광범위한 여러 측면의 합법칙성인데 이에 대해서는 교사들의 이론 참고서로 제공할 만한 전문적인 저서를 쓸 수도 있다. 일부 청소년들(그리 많지 않은 청소년이라 할지라도)은 열심히 적극적으로 공부하려 하지 않고 지식을 얻는 일에 게으르고 소극적이기 때문에, 사람들은 부득이 그들을 고무하고 격려하는 것이 아니라 강제적인 수단을 쓴다. 이것이 바로 '조화롭지 못한' 교육이라고 하는 나쁜 현상의 결과다.

(2) 전인적 발전에 관한 사상을 실현하고 여기서 나타나는 모든 복잡하고 어려운 문제들을 해결하는 과정에서 부닥치는 두 번째 문제는, 어떻게 학생들이 자신이 지식과 인류 문화를 얻는 보물창고라고 하는 궁전에 들어섰음을 인식하고 체험하도록 하느냐는 것이다. 이것은 우리의 제도고 우리 사회의 가장 큰 혜택이다. 그러므로 청년 세대는 이 혜택을 우리 혁명의 가장 귀중한 성과로 여기고 그것을 귀하게 생각해야 한다.

그러나 한 가지 비정상적이고 전혀 이해할 수 없는 사실은, 일부 청소년들이 이 위대한 혜택을 어려운 일로 느끼고 학습을 무거운 부담으로 생각하며, 교사는 많은 사정 속에서 부득이 이런 게으름뱅이와 건달들과 끊임없이 투쟁하지 않으면 안 된다는 점이다. 대대로 근로 인민들이 바란 것, 즉 인류의 수많은 우수한 아들딸들이 자기의 생명마저 바친 것이, 때때로 몇몇 아이들 눈에는 마치 아무 의미도 없는 듯 보인다. 도대체 왜일까? 이런 일이 더 이상 지속되지 말아야 한다! 공부를 어렵고 무거운 부담이라 생각하는 것은 비정상이다. 이것은 조화로운 교육이 결핍된 데서 나온 결과다. 이런 현상을 극복하려면 책임감이 학교 정신생활의 핵심이 되고, 우리가 말하는 환경에 대한 풍부하고 다각적인 태도를 이 한 점에 집중시켜야 한다.

우리 시대는 극히 중요한 도덕적 문제(동시에 인격의 전인적 발전의 문제이기도 하다)에서 새로운 경지를 개척했다. 이것이 바로 사회 이익과 개인 이익이 서로 결합하는 것이고 개인과 사회의 행복 조화다. 개인이 사회적 의무를 다하게 하려면 그 의무가 그 사람의 개인적 바람에 맞아야 한다. 이것이 바로 책임감의 함축된 의미이다. 도덕이 심리에 의존하는 것은 매우 심각한 악습이다. 이 악습은 우리나라에서 때로는 아이, 소년과 청년 초기의 세계에 침입한다. 이런 결과가 빚어지게 된 원인은 연장자들이 젊은 사람들에게 부정확한(이성이 결핍됐다고 해도 결코 과언이 아닌) 태도를 보여서 젊은이들에게 한 가지 왜곡된 관념이 형성됐기 때문이다. 연장자들은 젊은이들을 어떻게 대해야 하는지 모르고, 젊은이들도 어떻게 연장자들과 사회를 대해야 하는지 모르기 때문이다. 어릴 적부터 생활 속에는 '어려움'이란 개념이 있고, 많은 일들은 체력과 정신을 들여야 하며, 응당 해야 할 일들이 있고, 도덕적으로 고상한 일과 비열하고 수치스러운 일들이 있다는 것을 몸으로 겪고, 그 체험에서 한 가지 신념을 얻어야 인격이 조화롭게 발전할 수 있다. 어려움에 부닥쳐야만 행복으로 가는 길을 사람에게 열어 줄 수 있다. 이 점에 바로 책임감으로 학생을 교육하는 기교와 기술이 있다. 인격의 전인적 발전 가운데 모든 것이 서로 연결돼 있고 제약되고 있기 때문에, 그 결과를 이해하려면 우리가 여러 가지 원인이라고 할 수 있는 접점을 깊이 연구하지 않으면 안 된다. 교육자의 일은 자기 학생이 어려움에 부딪히도록 하는 데 있다. 그렇게 어려움에 부딪히는 가운데에서 윤리적인 능력이 싹트기 때문이다. 그리고 연장자들이 그들에게 준 물질적 부와 정신적 부를 아끼는 능력이 싹튼다. 어려움에 부딪히는 것은 개인의 행복과 기쁨의 원천이다. 이것은 한 사람이 사회에서 무엇을 얻었고 또 그가 사회에 무엇을 이바지했는지가 고도로 조화를 이루어야 열린다.

(3) 이제 인격의 전인적 발전에 관한 세 번째 문제, 욕구에 관한 교육에 대해 이야기해 보자. 욕구에 관한 교육이라는 일은 다각적인 물질적 욕구와 정신적 욕구를 길러 주어야 한다는 데에만 있는 것이 아니다. 욕구를 교육하는 것은 그리 어려운 일이 아니다. 복잡한 일은 물질적 욕구와 정신적 욕구를 조화롭게 발전시키고, 특히 한 사람의 생활 중에 한 가지 적극적인 활동이 있게 하는 것이다. 그 목적은 고급 욕구, 즉 정신상의 욕구를 가지게 하고 또 그것을 만족시키는 것이다. 우리 시대에서 물질적 혜택이 아이, 소년과 청년 초기의 세계에 끊임없이 흘러 들어가기 때문에, 아이와 청소년들은 이런 혜택을 노동 덕분에 누리게 되었다는 것을 잊어버리고 심지어는 그것이 어디서 온 것인지도 모르게 된다. 오늘날 가장 복잡한 사회교육학 문제는 아이, 소년, 청년들에게 물질적 혜택에 대한 엄숙한 태도를 길러 주는 것이다. 우리는 이런 태도를 길러 주기 위해 많은 아버지 어머니와 교사들이 고도의 지혜와 풍부한 도덕성을 발휘하고 있는 것을 볼 수 있다. 여기서 특

히 중요한 것은 학교생활을 하면서 아이들이 분명한 도덕적 의미를 갖도록 하는 것이다. 우리는 젊은 민중의 의식 속에, 어떤 것은 내가 바랄 수 있는 권리가 있고, 또 어떤 것은 내가 바랄 권리가 없으며, 또 다른 것을 바라는 것은 내 체면을 깎고 허용할 수 없고 몰염치한 일이라고 느끼게 하는 사상과 인식을 발전시켜야 한다. 고상한 바람을 길러 주는 것은 우리 학교생활에서 도덕적 의미를 갖고 있는 도덕 교육의 분명한 특색 가운데 하나다. 오직 합리적인 바람을 제시할 줄 아는 사람만이 어떤 것은 곤란하고 어떤 것은 허용되며 어떤 것은 허용되지 않는지 알 수 있다. 이런 고상한 바람은 책임감의 다른 한 측면이다. 우리가 아이들에게 고도의 도덕적 의미가 있는 고상한 바람을 길러 주며 허용할 수 없는 바람을 가지지 못하게 한다면, 자기의 욕망을 무한히 만족시키려는 사람이 타락해 버리는 재앙을 막을 수 있을 것이다.

(4) 바람직한 소망을 갖게 하려면 사람의 생활에서 물질적 욕구를 만족시키는 것과 정신적 욕구를 형성하고 발전시키며 만족시키는 것 사이에 올바른 조화가 이루어져야 한다. 이것은 인격의 전인적 발전에 관한 네 번째 문제로 상당히 복잡하고 어려운 문제다. 고상한 도덕과 문명의 발원지인 학교에 풍부하고도 다각적인 평가적 정신생활이 없다고 한다면, 그것은 분명 이상한 일이다. 그리고 우리의 이상이 루나차르스키가 말한 것처럼 분명하게 표현되는 인격이라고 한다면(우리는 교육 이상을 이렇게 설정해야 한다) 풍부한 정신생활이 없다는 것도 이상한 일일 것이다

유감스럽게도 우리들은 때때로 어쩔 수 없이 다음과 같이 터무니없는

일에 부딪힌다. 즉 학생들이 공부하며 지식을 얻고 있으나 실제로 그들에게 정신생활이 없다는 것이다. 지금 우리가 중등 교육을 보급하고 있을 때, 학교 평가와 개인의 정신생활 문제가 매우 중요한 의미가 있다. 만약 한 학생의 지적 욕구가 겨우 과목을 공부하는 데에만 국한되고 또 필수과목의 지식 외에는 아무것도 모르며 지적 생활이 학습의 울타리 안에만 있어서 창조적인 노동이 결핍된다면, 학교는 아무 매력도 없는 침울한 곳이 되고 공부는 어렵고 무미건조하며 전혀 흥미롭지 않은 일이 될 것이다. 그러므로 학교가 활발하고 다양한 정신생활로 가득해야만, 지식을 얻는 것이 사람마다 즐기는 일이 되고, 학생이 학교를 졸업하고 노동에 참가한 다음에도 이런 일이 계속될 수 있다.

학교의 정신생활, 이것은 아주 폭넓고 함축적인 개념이다. 그것은 필수과목 학습과 관련 없는 지적 욕구를 개발하고 발전시키고 만족시키는 것을 포함할 뿐만 아니라, 우리들이 말하고 있는 지식의 운용과 지식의 활용 문제(지식을 실천에 활용하고 적극적인 활동을 전개함으로써 평가 속에서 지식을 교류한다)도 포함된다. 그리고 또 그것은 창작 활동과 독자적인 지적 발달, 개인의 재능과 지향, 생활 목적의 형성도 포함한다.

개인의 전인적 발전을 위한 교육과정에서 정신생활의 평가적인 요소와 개인적인 요소의 결합과 조화는 매우 중요하다. 학교의 정신생활이 이처럼 다각적이어야만 모두가 자기의 힘과 창조적 재능을 발휘하고 표현하며 확신할 수 있는 장소를 찾을 수 있다. 학교의 정신생활이 가지고 있는 의미는 모든 학생이 개인의 인격상의 특성을 불러일으키는 데 있다. 모든 학생이 소년기, 특히 청소년 초기에 기질과 재능을 가장 충분히 표현하고 발휘할 수 있는 활동에서 우수한 성적을 거둘 수 없다면(물론 여기에서 말하는 우수한 성적이라고 하는 것은 학생의 연령에 걸맞은 것이어야 한다), 그 교육은 완전한 교육이라고 할 수 없다. 한 가지 창조적인 노동(이것은 바로 정신생활의 내용이다) 분야에서 한 사람의 독특한 개성을 형성하는 것이야말로 인생관의 기초와 핵심이다. 이것 없이 조화로운 교육, 낙관주의와 자기 힘에 대한 단단한 신념을 형성한다는 것은 생각조차 할 수 없다. 이런 인생관은 사상과 견해에 모두 특수한 낙인을 찍어 놓을 수 있다. 아이들이 어느 한 측면에서 탁월한 성적을 거두고 자기를 과시하면서 자긍심을 체험할 수 있을 때에만, 우리는 개인의 정신생활 중에서 사상의 힘을 볼 수 있다. 노동으로서 학습의 본질은 머리를 쓰게 하고 사고하고, 그 사고 과정 중에 있는 많은 힘든 지적 과업을 해결하려는 소망과 지향이 있어야 한다는 것이다. 정신노동의 즐거움, 이것이 바로(정신생활 속에 자기 힘에 대한 낙관적인 신념과 자존심이 가득 차 있다고만 하면) 사람이 향유할 수 있는 것이다.

학습은 다채롭고 풍부한 정신생활을 배경으로 하고 평가와 개인의 조화가 이런 풍부한 정신생활의 핵심이 돼야만 사람들이 하고 싶은 활동이 될 수 있다. 몇몇 아이, 소년과 청년들이 공부하기 싫어하는 것은 사람들에게 매우 큰 걱정거리다. 이것은 바로 학교에서 공부만 하고 평가와 개인의 풍부하고 다채로운 정신생활이 없었음을 증명한다. 게으름과 산만함, 그리고 되도록 빨리 학습 부담에서 벗어나려는 희망은 아주 위험한 쌍둥이다. 그것들의 '어머니'는 바로 아이, 소년과 청년 초기의 협소하고 제한적인 정신생활이다.

87_ 인격의 전체적 발전에 관한 교육 사상의 몇 가지 문제 (하)

(5) 중등교육을 보급하자 수백만 노동자, 농민들이 고등교육을 받을 수 있는 기회를 갖게 됐다. 이것은 인류 역사상 전례 없는 일로 그 근원은 사회주의 제도의 공정성과 인도성에 있다. 착취 계급 사회에서는 지식을 배우고 졸업증서를 받은 자에게, 근로대중은 누릴 수 없는 특권을 주는데, 그것은 우선 노동에서 벗어날 수 있는 특권이다. 그리하여 교육을 받은 것과 물질 생산 노동에 참가하는 것이 관계가 없어진다. 그러나 우리 사회에서 제시되는 목표는 전체 근로자가 모두 문화의 부와 보물을 향유할 수 있게 하는 것이다. 그래서 교육의 효과는 완전히 바뀌었다. 지식이 필요한 것은 노동만을 위한 것이 아니라 노동과 직접 관계가 없는 풍부하고 다채롭고 행복한 정신생활을 누리기 위해서다. 일반교육을 진행하는 학교의 이런 교육 방향은 전인적 발전에 관한 사상의 다섯 번째 문제를 제기했다. 그것은 다음과 같다.

중등교육을 받는 사람에게 그가 노동자와 농민이 흔히 하는 '번잡하고' 평범한 노동에 종사하도록 '배치' 될 준비를 하게 해야 한다. 그리고 단순히 이런 노동의 실제적이고 사상적인 준비만 하도록 교육할 것이 아니라 자기의 일생을 모두 노동에 바치려는 소망, 지향과 갈망을 길러 주어야 한다. 이 문제는 아주 복잡한 문제 중 하나로 앞에서 말한 문제들과 밀접한 관계가 있다. 학교 사업에서는 모든 것이 이와 같이 서로 관계되고 제약돼 있다. 학생이 밭갈이 일꾼과 파종 일꾼, 가축 사육원과 트랙터 운전수, 벽돌공과 선반공, 빵 굽는 사람과 취사원의 노동에 흥미를 가지느냐 아니냐는, 미래의 노동자가 아이, 소년과 청년 시절에 어떤 목적을 가지고 글을 어떻게 읽었느냐에 따라 결정되고, 그가 시를 배우고 기타 인류 문화유산을 연구하는 가운데서 어떤 의미를 발견했느냐에 따라 결정된다. 학생이 자기의 일생을 밭이나 목장, 공작기 곁이나 건축 공사장의 '평범'하고 '번잡'한 노동에 바치려 하느냐 아니냐는 그가 학생 시절에 인류에게 즐거움의 원천이 무엇이고, 노동이 그의 정신생활에서 어떤 비중을 차지하며, 그의 정신생활에 노동 외에 또 무엇이 있고 어떤 태도를 가졌느냐로 결정된다.

 중등교육이나 심지어는 고등교육을 받은 '보통' 근로자를 기르는 것은 매우 복잡한 과업이다. 이 일은 많은 방법으로 해결할 수 있다. 우선 우리는 교양과 지식을 전수해서 학생 시절에 학생이 '보통' 노동은 처음 볼 때 느껴지는 것처럼 그렇게 간단한 일이 아니라는 것을 깨닫게 해야 한다. 학생들은 학생 시절에 배우고 있는 지식, 교육과 학교의 풍부한 정신생활에 힘입어 모두 그 어떤 '보통' 노동(특히, 농업 노동)의 무한한 복잡성과 풍부한 창조성을 이해해야 한다. 농사일을 하다 보면 노동의 창조성을 통해 개인의 능력, 천부적 재능과 자질은 더 분명히 드러난다. 학생이 학교에서 배운 지식을 노동을 인식하는 수단으로 여기고, 이런 인식 과정에서 노동이 근원적인 사업 형식으로 사람들의 마음속에 나타나지 않게 하는 것이 우리가 맡은 일이다. 교육 받은 사람이 단순히 '최소한의 생활 수단'을 얻는 사람이 돼서는 안 된다. 창조적 활동에 대한 끊임없는 탐구는 교육과 지식을 더욱더 충실하게 하는 원천이다. 한 사람이 학교에서 배운 지식 범위가 넓으면 넓을수록, 또 그가 일정한 정도의 교양 수준에 도달한 다음 시야가 넓으면 넓을수록 지능과 창조성으로 가득한 노동에 시종일관 종사하려는 소망과 지향은 더욱더 절박해진다. 사람을 전인적으로 양성하는 '비결' 중 하나는 처음부터 아이의 학교생활이 주위 세계에 대한 인식, 다시 말하면 노동에 대한 인식에서 출발하게 하는 것이다. 노동은 지혜가 필요한 매우 복잡한 것임을 인식시키고, 이런 인식을 바탕으로 점차 젊은 근로자의 존엄성을 세울 수 있게 해야 한다.

이 '비결'의 의미는 한 사람이 어릴 때부터 시작하는 노동 생활을 그의 정신생활에서 가장 중요한 요소가 되게 하는 데 있다. 여기에서 교육자는 많은 문제와 어려움에 맞닥뜨릴 수 있는데, 그것을 이해하지 못하면 교육적으로 복잡한 문제를 매우 천박하고 간단한 것으로 보고 뒤떨어진 사업 방법을 쓸 수도 있다.

이 문제에서 가장 중요하고 복잡한 문제 중의 하나는 학생이 학교에서 배운 지식과 노동, 학생의 노동 생활, 그리고 그의 정신생활과 관계가 매우 특수하다는 것이다. 우리는 이 복잡한 문제를, 노동이 그저 실내 수업에서 가르쳐 준 구체적 지식을 견실하게 한다든가 수업을 더 잘 해내고 풍부하게 하는 데 도움이 되는 것으로만 인식해서는 안 된다. 물론 이런 인식에도 일리가 있지만, 지식과 노동의 관계는 그렇게 직접적이거나 간단하지 않다. 사람이 삶의 목적을 정하는 데 중대한 의미가 있는 노동과 지식의 참된 관계는 바로 정신문명이 사람과 자연계의 상호작용을 기를 수 있다는 것이다. 노동은 창조적 활동이기 때문에 사람에게 즐거움을 가져다주고 사람의 정신생활을 충실하게 할 수 있으며, 사람은 노동하는 중에 자신의 능력, 자질과 재능을 발휘할 수 있다. 따라서 노동만이 사람의 존엄성을 세울 수 있다. 만약 교육자가 노동을 학생 시절 정신생활의 일부분이 되게 한다면 매우 중요한 현상들이 나타날 것이다. 즉 노동의 창조성은 새로운 지적 흥미를 불러일으키고, 사람은 노동의 비밀을 더욱 깊이 있게 탐색하기 위해 더 많은 것들을 알려고 하며, 학생은 노동에서 자기의 창조적인 탐색을 풍부하게 하기 위해 독서하고 생각할 것이다. 교육과 노동의 관계는 반드시 학생을 교수요강의 범위에서 벗어나게 한다. 여기에서 지식욕, 호기심, 지식에 대한 흥미의 무한한 원천이 생긴다. 그래서 한 사람은 평생 공부하고 알려는 갈망을 가지게 되며, 이미 얻은 지식에 만족하지 않고 자기가 알고 있는 것이 너무나 적다고 늘 느끼게 된다.

다음으로 복잡한 문제는 학생 시절부터 시작된 노동 생활이 학습, 수업, 숙제 같은 독자적인 정신생활의 요소로 이해되고 체험돼야 한다는 점이다. 만약 노동이 학습에서 일정한 독립성을 가지지 못하면, 학교와 생활, 수업과 교육, 지식과 노동의 참된 관계는(이것이 바로 교육에 대한 폭넓은 개념의 변증법이다) 있을 수 없다. 왜 이런 독립성을 말해야 하며 또 교육 사업 현장에서 그것을 실현해야 할까?

그것은 우선, 우리가 학생들에게 "여러분들이 지금 학교에서 배우고 있는 모든 것들이 미래의 노동에서 활용될 것입니다"라고 한다면, 이런 말은 그들에게 그릇된 방향을 제시하는 것이 되기 때문이다. 일반 교육을 실시하는 중등학교에서 배우고 있는 모든 것들은 아주 적은 부분만 생산 부문의 노동과 직접 관계가 있다. 그리고 대부분 이런 관계는 직접적인 것이 아니다. 즉 우리들은, 학생들이 세계(자연계, 노동, 사람)를 사고하고 인식할 수 있게 가르쳐 그들이 노동에 참가한 다음에도 잘 생각하고 물질적 부를 창조할 줄 아는 사람이 되게 해야 한다. 많은 상황에서 우리 학생들이 학교에서 배운 지식은 그들이 노동할 때 직접 필요한 것은 아니다. 지식이 필요한 것은 한 사람이 문화적 부를 받아들인 다음, 자기가 참된 사람임을 느끼고 자기는 총명하고 재능이 있는 노동의 주인공이라는 존엄성을 가지며, 또 생활 속에서 빵 한 조각을 위해서만 일하는 것이 아니라는 점에 행복을 느끼게 하기 때문이다. 지금 우리 학교 앞에 놓인 복잡하고 다각적이며 서로 교차돼 있는 교육 과업을 깊이 생각해 볼 때, 모든 학생들은 모든 과목의 지식을 반드시 깊고도 정확하게 배워야 한다. 왜냐하면 우선 절대다수의 일반학교 졸업생들이 노동에 참가하기 때문이다. 만약 대학 진학 준비를 하는 학생들만 높은 수준의 지식을 배워야 하고, 그 나머지 학생들은 일반적이고 얕은 수준의 지식만 배워도 상관없다고 생각한다면(시멘트 노동자나 트랙터 운전수가 시를 짓는 방법에 관련된 이론 지식이나 고대 그리스 조각의 특징을 잘 알 필요가 없으며, 동물 사육사나 취사원이 낭만주의나 감상주의의 세목을 몰라도 살아갈 수 있다는 등), 그것은 매우 큰 오해다.

  내일의 물질 생산 근로자나 미래의 아버지와 어머니에게 깊고 정확하며 철저하게 이해된 지식은, 그것이 미래의 학자, 설계사, 시인에게 필요한 것과 마찬가지로 꼭 필요하다. 그리고 충실하며 다각적인 지식이 물질 생산 분야에서 일하고 있는 근로자들에게 미치는 영향은 정신 노동자 또는 예술 일꾼들 못지않게 크다. 왜냐하면 이런 지식은 그들의 생활에서 중요한 정신적 부로, 이런 정신적 부의 기초 위에서 앞으로 새로운 지적 흥미가 생기고 형성되며 확립되기 때문이다.

이런 사상이 전체 교사들의 교육 신념이 되고 내적으로 알차고 세밀한 교육 사업을 진행하면서, 우리 학생들에게 사회주의 시대에 들어가서도 번잡하고 긴장된 노동이 있고 양식을 생산하고 주택을 지어야 하며 의복, 기계, 전력과 책들을 생산해야 한다는 신념이 서도록 하는 것이 중요하다. 이런 노동이 없으면 사회생활을 할 수 없고, 각 가정과 개인의 행복도 있을 수 없다. 동시에 지식, 문화, 예술, 음악처럼 여러 가지 형식으로 표현되는 아름다운 문화적 부가 없으면 생활이 암담하고 협소해져서 사람의 참된 행복은 사라질 것이다. 우리의 사명은 미래의 각 물질 생산 근로자에게 지식, 문화와 아름다움에 대한 꺼질 줄 모르는 희망을 안겨 주는 것이다.

(6) 깊이 있고 철저하며 확실한 지식을 가르치고 평생 "나는 더 많은 것을 알아야겠다"는 확고한 바람을 기르는 것이 전인적 발전에 관한 사상의 여섯 번째 문제다. 우리가 이 문제를 최우선에 놓지 않은 것은, 이 문제가 전인적 발전에 관한 기타 문제와 마찬가지로 다른 문제들과 천만 갈래로 연결돼 있고, 또 그런 문제들로 결정되는 동시에 그것들의 순조로운 해결을 제약하고 있기 때문이다. 전인적으로 발전한 사람을 기르는 사업에서는 일반적으로 그 어떤 것도 부차적이지 않다. 즉 모든 것이 다 중요하다. 만약 어느 한 점이라도 소외되거나 그릇되게 처

리된다면 전인적 발전이라는 통일되고 완벽한 내용의 조화가 기초에서 파괴되고 말 것이다.

오늘 우리 사회가 처해 있는 역사적 단계는 사람의 인격을 높이는 단계라고 할 수 있다. 우리 사회에서 사람들은 인민에 대한 자신의 의무와 책임감을 이해하고 체험하도록 하며 모두 자기 개인의 존엄을 느끼고 또 그것을 귀하게 생각하도록 하며, 각 분야의 활동에서 자기를 나타내기에 힘써서 사람들의 찬양과 칭찬을 받도록 하는 데 모든 노력을 기울여야 한다. 영예와 자존심은 노동의 기본적인 도덕적 자극물이다.

우리는 학습이 복잡하고 매우 어려운 노동이라는 것을 언제나 잊지 않고 의무와 노동, 영예의 통일이라는 미묘한 점에 늘 주의를 기울여야 한다. 만약 교육자가 학생이라는 젊은 근로자의 영예와 자존심에 대해 지극히 사랑하는 태도를 갖지 못한다면 학생의 의무감과 복종을 바랄 수 없다. 이 두 가지는 아이에 대한 사랑과 마찬가지로 학교교육과 갈라놓을 수 없다. 비유하자면 영예와 자존심의 기초인 학습 의욕이 없다면, 교사가 학생의 규율성, 복종성과 책임감을 기르기 위해 하는 가장 고매한 '창조'도 모두 무력해지고, 교사와 학생 사이에 자주 충돌이 생기게 될 것이다. 학습 의욕이라는 것은 연약하고 자의적이고 변덕이 많기 때문에 수시로 잘 돌봐 주어야 하고 늘 그것과 접촉해야 한다. 그렇게 하지 않으면 그것은 돌봐 주는 사람이 없어진다. 우리는 절대 그것을 난폭하거나 소홀하게 대하지 말아야 한다. 오직 학습 의욕을 잘 보살펴 주어야만 복종성과 규율성, 책임감, 의무감이 정교하고 유력한 도구가 될 수 있다.

교사의 일은 늘 자기 학생을 평가해야 한다는 특징이 있다. 학생의 지식의 질(즉 노동의 질)을 측정할 때, 교사의 평가는 언제나 선명한 도덕적인 함의를 갖는다. 평가에는 자극성이 포함돼 있어서 아이들이 자극을 받아 학습을 잘 못해서는 안 된다는 생각이 자리 잡도록 해야 한다. 평가를 통해 아이가 사람들이 자기를 어떻게 보는지(노동을 사랑하는지 아니면 게으른지)에 대해 대수롭지 않게 여기는 태도를 갖게 해서는 안 된다. 평가가 일으키는 미묘한 영향은 그 평가가 아이의 정신력과 서로 연결됐을 때만 비로소 교육적인 힘이 될 수 있다. 평가는 교사가 손에 쥐고 있는 교육 도구다. 이 도구는 아이에게 공부하고 싶은 마음을 불러일으키고 공부하기 싫어하는 현상에 대한 처벌이 돼서는 안 된다. 만약 학생이 공부를 잘 못한다고 해서 그에게 낙제점을 준다면 문제는 더 어려워진다. 아이는, 교사가 자기를 탐탁잖게 여긴다고 느끼게 되면 거짓말을 하거나 거짓을 꾸밀 수 있다. 학생이 공부를 잘 못할 때, 교사가 처음부터 이런 사소한 일들을 중시하지 않으면 게으름과 태만이라는 큰 화를 부를 수 있다.

학습이란 지식을 교사의 머리에서 학생의 머릿속으로 기계적으로 주입하는 것이 아니다. 이것은 매우 복잡한 도덕적 관계다. 이 관계에서 주도적이고 결정적인 것은 아이의 명예감과 자존심을 기르고 그 기초 위에서 좋은 사람이 되려는 바람을 기르는 것이다. 교사의 사명은 학생을 날카롭게 파악하고, 교육적인 신념을 가지고 끊임없이 엄격히 요구하면서 아이의 지능과 도덕적 힘을 기르고, 아이가 학습을 힘을 많이 들여야 할 노동으로 판단하게 하는 것이다. 그리고 이런 노동은 오직 자신의 힘으로 어려움을 극복하고 성과를 거둘 때에만 유쾌한 노동이 될 수 있다는 것을 알게 하는 것이다.

여기에는 자기의 노력을 들이고 노동으로 성과를 거두고 정신노동의 즐거움을 느끼는 세 단계가 있다. 아이들은 이 단계를 따라 나아가면 확실하고 철저하게 이해된 지식을 얻을 수 있다. 진실로 자기 사업에 통달한 교사나 교육자는 아이가 아직 공부할 줄 모르고 자기에 대한 요구가 무엇인지 이해하지 못하면 그 아이에 대해 결코 평가하지 않는다. 아이들이 모두 자기에 대한 교사의 평가를 아주 소중히 여겨야만 학교에 노동을 사랑하는 분위기가 가득할 수 있다. 이때 아이를 평가하는 횟수가 너무 많아서는 안 된다. 그러면 교육적 가치가 떨어질 수 있기 때문이다. 그리고 교사는 학생을 평가할 때 이른바 순수한 능력만 평가하지 말고 노동과 능력의 통일물을 평가하고 노동을 중요한 위치에 놓아야 한다. 이런 평가만이 도덕적으로 정확한 평가가 될 수 있다.

우리가 교육 사업 실천에서 말하는 교육은 이런 노동과 조화된 통일이다. 이런 통일을 파괴해서는 안 된다. 수업을 하기는 하나 지적 교육을 하지 않는 것은 바로 많은 아이들의 지식이 빈약하고 확실하지 못한 중요한 원인이다. 교육의 본질은 한 사람이 지식을 얻은 다음 총명해지게 하고, 더 많은 지식을 얻을수록 학습이 더 쉬운 것이 되게 하는 것이다. 학생이 얻은 지식의 양이 교육 수준을 가늠하는 잣대가 되지는 않는다. 교사의 일은 일정한 범위의 지식을 배우는 데 필요한 정신노동이 지능과 능력을 발전시키는 수단이 되게 하는 것이다. 확고한 지식을 가르치는 이 문제를 순조롭게 해결하려면 각 교사가 또한 지혜를 키워 주는 사람이 돼야 한다. 이것은 학교생활에서 가장 미묘하고 또 파악하기 어려운 문제 중 하나다. 여러 해 동안의 경험을 통해 알 수 있듯 교사의 교육 소양에는 그가 어떤 전문적인 방식을 채택하고 학생들의 지식 습득 과정에서 지능과 능력을 발전시키게 하는지가 포함된다. 이런 방식은 사실상 교사의 노동에 대한 최소의 요구가 돼야 한다.

지능, 능력의 발전과 모든 교육은 평가와 개인의 정신생활의 풍부함 여하에 따라 대부분 결정된다. 학교에서는 지적 생활의 불이 영원히 꺼지지 않고 빛을 내야 한다. 교사와 학생의 지적 흥미가 풍부하고 다양할수록, 또 지식의 가장 중요한 원천인 책이 모든 학생의 마음 가운데서 더욱 귀하게 보일수록 지능의 국한성과 지식에 대한 무관심한 태도가 더욱 적어질 수 있다.

견고한 지식을 가르치는 문제를 해결하려면, 해마다 입학하는 아이들 중에는 학습 능력이 좀 낮은 아이들이 늘 있다는 사실을 반드시 고려해야 한다. 그들은 교재에 대한 기억력이 낮고 사고의 속도가 굼뜨다. 어린아이의 지적 발달 수준에 관해, 우리는 주로 체계적인 일상적 관찰(그들은 어떻게 공부하며 어떤 진보가 있는지)로 일부 사실적 자료들을 모았다. 이 관찰로 우리들은 이런 아이를 가르칠 때는 특별한 대책을 세워서 아이를 세심하고 부드럽게 개별적으로 대해야 한다는 결론을 얻었다. 그리고 이런 아이가 자기는 '자격이 없다'고 느끼지 않도록 하고, 그들이 학습 노동에 대해 무관심한 태도를 갖지 않게 하며, 그들의 명예와 자존심이 상하지 않게 해야 한다. 이런 아이에 대한 교수와 교육은 보통 일반교육을 하는 학교에서 해야 하고 그들을 위해 특수한 학교를 꾸릴 필요는 없다. 이런 아이들은 기형아가 아니기 때문이다. 그들은 인류의 다양한 꽃밭 속 가장 연약하고 야들야들한 꽃송이들이다. 다만 그들은 입학할 때 연약하고 무기력하며 정신노동에 종사할 만큼 충분히 발달된 능력이 모자랄 뿐이다. 이것은 그들 잘못이 아니다. 학교와 교사에게는 이런 아이들을 구해 그들이 당당하고 행복한 사람으로 사람들과 사귀고 정신생활을 하며 아름다운 세계에 들어가도록 할 인도주의적 사명이 있다. 우리의 구체적인 일은 우선 각 아이들이 처한 불행의 원인(부모가 알코올중독에 걸렸거나 가정 관계가 건강하지 못한 등등)을 정확하게 조사하는 것이다. 그 다음 중요한 것은, 능력이 낮은 학생에게 학교의 정신생활 분위기 속에서 어느 때를 막론하고 자기는 '자격 없는 사람'이라고 느끼지 않게 하는 것이다. 또 이런 아이들에게 능력에 맞는 정신노동을 찾아 주고, 그가 받아들일 만한 어려움을 극복하는 방법을 택하게 하며, 사람을 무아지경으로 이끄는 재미있는 일로 끌어당겨서 아이들의 지능이 끊임없이 발전하도록 해야 한다.

이런 일들을 완성하고, 또 총체적으로 말해서 견고한 지식을 가르치는 문제를 부드럽게 해결하려면 이 문제가 가정과 연결돼야만 된다.

(7) 가정에도 높은 수준의 교육학적 소양이 있어야 한다. 이것은 전인적 발전에 관한 사상을 실현할 때 실생활에서 제기되는 일곱 번째 문제다. 교육이 완성되고 교육의 사회적 성격이 끊임없이 심화되는 것은 가정의 몫이 약화됨을 뜻하는 것이 아니라 가정이 할 일이 강화됨을 뜻한다. 학교와 가정이라는 두 교육자가 일치되게 행동하면서 아이에게 똑같은 요구를 해야 할 뿐만 아니라, 한마음 한뜻으로 한결같은 신념을 가지고 시종일관 똑같은 원칙에서 출발해서 교육 목적이나 교육과정,

교육 수단을 막론하고 어떤 분열도 생기지 않는 조건에서만 조화로운 전인적 발전이 완성될 수 있다.

이 문제도 매우 복잡하고 곤란한 문제 중 하나다. 교육 현상의 상호 연계는 오늘날 더욱 복잡해졌다. 실생활이 우리 학교에 제시하는 업무는 매우 복잡하기 때문에 사회 전반에, 우선 가정에, 고도의 교육학적 소양이 없으면 교사가 아무리 애를 쓰더라도 만족스러운 효과를 거둘 수 없다. 학교의 모든 문제는 가정의 일이 반영된 것이어서 학교의 복잡한 교육과정에서 나타나는 모든 어려움의 근원은 모두 가정과 관련돼 있다. 사람의 전인적 발전은 어머니와 아버지가 아이 앞에서 어떤 사람으로 나타나는가에 따라 결정되고, 아이가 부모가 보여 주는 모습에서 인간관계와 사회적 환경을 어떻게 인식하는가에 따라 결정된다.

가정과 학교에서 가장 중요한 일은 우리 학생들에게 아버지와 어머니가 될 도덕적인 준비를 하게 하는 것이다. 이런 준비 없이 사람의 전인적 발전은 상상할 수 없다. 아버지와 어머니가 될 숭고한 사명을 위한 준비는 사회주의 사회에서 국민이 갖추어야 할 소양의 아주 중요한 부분 중 하나다. 여러 해 동안의 경험으로 우리들은 아이, 소년, 남녀 젊은이들을 미래의 아버지와 어머니로 보아야 하고 또한 이런 관점을 갖고 교육 현상을 대해야 한다는 것을 알았다. 즉 이제 20년이 지나면 우리의 초등학생이 자기 아들을 데리고 학교에 와서 어떻게 하면 아이를 더 잘 교육할 것인지 우리와 함께 연구하게 될 것이기 때문에, 이것은 우리 사회의 물질적 부와 정신적 부를 생산하는 사람의 고도의 노동 기술과 마찬가지로 중요하다. 어떤 아버지 어머니가 될지 학생에게 가르치는 첫 번째 '학교'는 바로 아동기, 소년기와 청년기 초기에 그들에게 만족스러운 도덕 교육을 진행하는 것이다. 만약 교사가 자기의 모든 학생이 앞으로 훌륭한 아버지가 되게끔 관심을 기울인다면, 극히 중요한 도덕적 특징, 즉 적극적인 의무감을 갖도록 하는 것이 매우 중대한 교육적 의미를 가지는 업무임을 알게 될 것이다. 그러므로 도덕 교육의 결정적인 조건 중 하나는 우리의 모든 학생들에게 아동기와 소년기 초기에 다른 사람의 생활, 건강, 정신적 안정과 복지에 대해 노동의 책임과 도덕적 의무를 짊어지도록 하고, 노동을 회피하고 책임지지 않고 의무를 이행하지 않는 것은 비열한 품성임을 인식하게 하는 것이다.

아버지 어머니가 될 준비를 도덕 면에서 진행하는 첫 수업은 아동기와 소년기 초기에 우리의 모든 학생들이 사람을 가장 귀중한 존재로 보고, 다른 사람에게 불행을 가져다주고 남을 모욕하고 수치스럽게 만드는 사상에 대해 타협하지 않고 그것을 묵인하지 않는 태도를 갖는 것이다. 참된 인도주의 정신은 행동, 감정과 사상 면에서 고도의 규율성을 전제로 한다. 우리의 좌우명은, 사람은 자기의 감정과 충동의 노예가 아니라 그것들의 주인이라는 것이다.

어떻게 아버지 어머니가 될지 도덕적으로 준비시키는 교육 과업을 수행할 때, 우리는 아버지 어머니가 되는 숭고한 사명에 관한 윤리적 대화를 했다. 그것은 애정과 교제, 결혼, 출산과 자녀 교육에 관한 대화였다. 물론 모든 교사와 학부모들은 모든 학생이 학교와 가정에서 자각적인 노동과 책임감의 본보기를 볼 수 있도록 관심을 기울여야 한다.

학부모는 자녀를 우리 학교에 보낸 그날부터 우리가 세운 학부모 학교의 청강생이 된다. 부모들의 교육학 지식 수준을 끊임없이 끌어올리는 교수요강은 실제로 우리가 학부모들과 함께 섬세하고 어려운 사업을 진행하는 것이고, 그 궁극적인 목적은 전인적이고 조화롭게 발전한 사람을 기르는 것이다. 가장 어려운 일은 어떻게 부모들이 우리와 함께 자녀들의 정신세계를 보고 이해하며, 사실의 원인과 결과를 분석할 줄 알고, 교육을 명확한 목적이 있는 노동으로 보게 하느냐는 문제다. 이 공동의 사업에서 주도적인 사상은 장래를 생각하고 내다보는 것이다. 만약 학부모와 학교 활동이 우리들과 학부모의 평가적인 사고로 이루어지지 못하면 시간을 낭비하게 된다. 그러므로 우리는 학부모들과 함께 어떻게 교육적 목표를 인식하고, 자녀를 어떤 단계로 끌어올렸으며, 또 어떤 교육 사업을 했고 어떤 실질적 성과를 거두었으며, 어떻게 그릇된 것들을 미리 막아야 하며, 그렇게 하지 않으면 어떤 결과가 빚어지게 되는지, 또 우수한 교육자가 되려면 어떤 지식들을 알아야 하는지 연구해야 한다. 우리는 학부모들이 자녀를 교육할 때, 아이들도 언젠가는 아버지와 어머니가 될 것이며 또 이 일은 뜻밖의 일이 아니라는 것을 언제나 잊지 말아야 한다는 데 주의를 기울이도록 애썼다.

(8) 사람은 갑자기 성숙하는 것이 아니다. 만약 학부모가 자녀가 이미 어른이 됐음을 갑자기 깨닫고 긴급조치를 할 수밖에 없다면 사회는 20세 되는 '아이'들을 받아들이는 셈이 될 것이다. 그들은 육체적으로만 성숙했을 뿐 도덕적으로는 미숙하기 때문이다. 도덕적으로 성숙하게 하는 것은 전인적 발전에서 여덟 번째 문제다. 학교는 행복한 아이 시절의 세계이지만 이 세계를 비추는 사상은 아이가 나중에 어른이 됨을

생각하는 것이어야 한다. 어른의 사상, 걱정, 관념은 모두 아무런 걱정도 없는 아이의 세계에 점차 들어가야 한다. 도덕적으로 성숙하는 것은 복잡한 과정으로, 그것은 지금 형성되고 있는 인격이 자연과 사회 환경에 대해 갖는 태도와 모든 분야와 가정의 여러 관계에서 공민의 의무를 이행하는 면까지 다 관련된다. 도덕적인 면에서 아이의 성숙도는 노동을 대하는 태도에 따라, 더욱 적절하게 말하면 노동이 정신생활에서 차지하는 위치에 따라 결정적으로 규정된다. 그리고 도덕적인 성숙 정도는 그가 무엇 때문에 생활하고, 어떤 일에 대한 근심과 사고가 그의 생활에 가득 차 있으며, 생활의 의미가 그의 마음속에서 어떻게 표현되는가에 따라 결정된다. 그러므로 교육학의 매우 중요한 과업 중 하나는 소년기 초기에 노동에 대한 흥미가 정신생활의 관심사 가운데 으뜸이 되게 하는 것이다. 성숙성은 바로 미래에 대한 지향이며 앞으로 어떤 사람이 될지 진지하게 생각하는 것이다. 도덕적으로 성숙하는 데 중요한 것은 학생의 노동이 사회적 의미를 갖도록 고무하고 격려하는 것이다.

공민은 "나는 내 노동으로 사람들에 대한 의무를 이행하겠다"는 신념에서 시작된다. 13~14세부터, 사람들을 위해 물질적 부를 창조하는 노동 활동이 정신생활에서 중요한 비중을 차지해야 한다. 우리는 우리의 사업을 "여러분들은 학생입니다. 학습을 잘하는 것이 여러분들의 주의무입니다"라고 청소년들을 일깨우는 데에만 한정하지 말아야 한다. 만약 공청단원이 자기는 학생이고 교육 받는 사람이라고만 느낀다면, 그는 아무런 근심 걱정도 없는 소비자밖에 되지 못하고 기생적 생활에 한 걸음 더 가까워질 따름이다. 성숙성의 근본 문제는 13~14세 때부터 자기를 학생으로만 보지 않고, 사람들에 대해 의무를 갖고 있으며, 자기가 노동(이 점을 자기의 경험에서 직접 체험하도록 해야 한다)을 힘써 하지 않으면 다른 사람도 생활할 수 없게 되는 사회의 일원으로 보도록 하는 데 있다. 교수와 노동의 진정한 연계가 바로 여기에 있다. 이런 연계는 도덕 교육과 갈라놓을 수 없는데 그것이 도덕적으로 인격이 성장하는 원천이기 때문이다.

성숙성을 기르는 일은 어떻게 지식을 얻었느냐에 따라 대부분 결정되고, 모든 학생의 지적 생활이 어떤 방향으로 발전하느냐에 따라서도 결정된다. 도덕적인 성숙성과 생각의 성숙성은 갈라놓을 수 없다. 기존의 지식만 얻고, 기본적인 지적 활동을 기계적으로 암기하는 데에만 국한시키는 것은 도덕적으로 소아병이 생길 위험의 근원이다. 이런 위험을 방지하는 방법은 학생이 스스로 지식을 배우게 하는 것이다. 학생이 스스로 지식을 얻을 수 있을 때에만 학습은 노동이 될 수 있다. 이런 노동은 지식을 확고히 하는 데 필요할 뿐만 아니라 제 힘으로 지식을 얻고 성숙한 생각을 갖게 하는 데에 매우 중요하다. 성숙한 사고란 지식을 신념으로 변화시키고 사상상의 견고함과 충실한 신념이 있으며, 수시로 자기의 신념을 지키고 그 신념을 위해 분투할 준비를 해야 함을 뜻한다.

확고부동한 사상적 신념을 기르는 것은 학교의 정신생활에서 사고와 노동, 지식과 적극적인 활동이 서로 연결된 분야다. 전인적으로 발전한 사람을 길러내려면 반드시 신념 활동에 큰 관심을 기울여야 한다. 사상과 정치상의 신념은 집에 돌아가 교과서를 읽고 그 교과서의 지식들을 기억하고 대답할 줄 아는 것이나 점수로만 길러지는 것이 아니다. 그것들은 사상과 행동에서, 여러 가지 활동 과정과 또 그것의 관계에서 표현된다. 사상과 정치상의 신념의 표현 형식은 사회주의적 생활 방식을 수립하고 적대적인 의식 형태를 반대하며 우리들의 도덕규범을 위반하는 행위에 대해 묵인하지 않는 것이다.

상술한 여러 가지 문제들의 관계와 의존성과 제약성은 전인적 발전에 관한 사상을 하나의 통일체로서 연구하고 실시하게 한다. 이론가와 실천가, 과학 연구자와 교사의 구체적 과업인 이 모든 문제는 전인적 발전의 각각의 측면(풍부한 정신, 고매한 도덕, 건전한 체질들의 조화를 이룬다)과 마찬가지로 모두 밀접히 연결돼 있기 때문에 그중 어느 한 측면을 자극하기만 해도 다른 측면까지 영향을 준다. 이른바 전인적으로 발전한 사람이란 바로 나라의 공민, 즉 사회주의 조국의 애국자이며 조국의 용감한 수호자며, 사회주의 이상을 실현하기 위해 투쟁하는 사상이 견고한 전사이며, 성실하고 능숙하고 자기의 사업을 사랑하는 노동자이자 평가주의자며, 살아 숨 쉬고 만족스러운 기쁨과 인생의 흥미를 느낄 수 있는 교양 있는 사람이며, 그리고 충성스러운 아버지고 남편이며 정다운 어머니이고 아내다. 우리는 이런 조화 가운데서 어떤 것이 중요하고 어떤 것이 부차적이라고 규정할 수 없고 또 그렇게 할 필요도 없다는 것을 다시 한번 말해 둔다. 우리는 전인적 발전의 어느 한 측면이 사람의 모든 정신세계에 주는 영향이, 다른 측면이 주는 영향보다 더 클 수 있다는 것을 말할 수 있을 따름이다.

이처럼 우리들은 실생활을 통해 충분한 근거를 갖고 다음과 같은 결론을 얻었다. 즉 한 사람이 교육 받은 수준과 수양이 어떠하고 어떻게 정신적 부를 받아들이느냐는, 결국 그가 배운 지식의 양으로 결정되는 것이 아니라, 사회적 환경을 대하는 여러 가지 도덕적인 태도가 어떠하고 충성스러운 애국주의자와 성실한 사람(비유하자면)의 눈으로 자기를 보는가 보지 못하는가, 사회적 이익을 자기 개인의 바람과 요구보다 중요시하는 도덕적인 능력이 있는가 없는가, 또 무엇이 좋고 나쁘다는 것을 식별하는 능력과 진정으로 좋은 것(조국의 복지를 위해 노동하며 조국의 적들과 타협하지 않는 것)을 힘써 추구하는 행동이 조화를 이루는가 그렇지 않은가 하는 기타 조건에 따라 결정된다. 비유하자면 사상적 신념이란 바로 전인적 발전의 모든 측면을 비쳐 주는 광원이며, 동시에 인격의 개별적이고 특수한 측면이기도 하다. 우리가 학교에 받아들인 학생이 앞으로 어떤 공민이 되고 어떤 노동자가 되며 어떤 사회적 복지의 창조자가 되고 어떤 아버지와 자기 자녀의 교육자가 되느냐는 결국 우리가 이 방면에 대해 어떻게 교육하고 훈련하는가로 결정된다.

88_ 아이의 건강에 대한 관심은 교육자의 가장 중요한 사업

아이의 건강에 대한 관심은 교육자에게 가장 중요한 일이라는 것을 나는 조금도 망설이지 않고 거듭 말한다. 아이의 정신생활, 세계관, 지적 발전, 지식의 견고성과 자기 힘에 대한 신념은 모두 그의 힘과 낙천성으로 결정된다. 만약 내가 초급 학년에 있던 4년 동안에 아이에게 기울였던 모든 관심과 노력을 계산해 본다면, 그 가운데 적어도 절반은 그들의 건강에 대한 것이었다.

학생의 건강에 관심을 돌리려면 학부모와 일상적으로 연계돼야 한다. 내가 학부모들(특히 1, 2학년의 학부모)과 한 대화는 대부분 아이의 건강에 대한 것이었다. 나는 학부모들에게, 학교에서 앞으로 학생들에게 숙제를 내주지 않을 것이라고 했다. 대신 아이들은 앞으로 법칙과 정의를 실내 수업에서 전부 암송하게 될 것이다. 그래서 학생은 집에 돌아가서는 주로 연습을 해야 한다. 연습을 하는 목적은 교재를 깊이 이해하기 위해서다. 그 밖에, 아이들이 집에서 책을 보고 그림을 그리고 자연계의 현상들을 관찰하며, 주위 세계의 사물과 현상에 관한 글을 쓰고 자기가 즐기는 짧은 시들을 외우게 했다. 하지만 실내 수업 이외의 정신노동으로 아이들을 지나치게 피로하게 해서는 안 된다. 그렇다고 해서 또 아이가 정신노동을 하지 않아서도 안 된다. 그런데 실내 수업이 개선됐으므로 숙제를 모조리 없애도 된다는 논법이 있는데, 이런 논법은 진지하게 대할 것이 못 된다. 왜냐하면 이런 논법에는 교수의 참된 목적과 합법칙성이 빠져 있다. 아이가 모든 정신노동을 3~4시간의 수업으로 완수할 수 없기 때문이다.

학부모들은 아이들을 되도록 바깥 활동에 참가하게 하고 일찍 자고 일찍 일어나게 하며 창문을 열어 놓고 자게 하겠다고 약속했다. 나는 학부모들과 여름 한철, 그리고 봄과 가을 같은 따뜻한 계절에 아이들을 완전히 바깥에서 자게 할 것을 부탁했다. 그래서 부모들은 아이들에게 건초 더미나 비를 막을 수 있는 천막 같은 곳에 '잠자리'를 마련해 주었다. 그러자 아이들은 아주 기뻐했다. 학생이 있는 모든 집에서는 과수원이나 집 근처에 있는 텃밭에 오두막을 지어 놓고, 아이들이 이른 봄부터 늦가을까지 거기에서 책을 보고 그림을 그리고 쉬게 했다. 이 일에 대해서 우리는 이미 몇 년 전에 학부모들과 토론해서 상급 학년들이 가정에 일손이 없는 아이들을 도와 오두막을 지어 주었다.

일찍이 '즐거운 학교'(6세 아이의 예비반 - 역자 주)에서 아이들은 아침 체조를 하는 습관이 붙어 있었다. 지금은 이 습관을 계속 유지해 나가는 것이 중요하다. 아침 체조를 하는 습관은 아동기 초기에 확실히 해야 한다. 그리고 학부모들은 아이들이 정해 놓은 시간에 일어나도록 훈련시켜야 한다. 아이들은 밖에 나가서 아침 체조를 한 다음 세수하고 여름철에는 웅덩이에서 목욕하는 습관을 들였다. 그 밖에 많은 학부모들은 뜰 안과 과수원에 샤워 장치를 설치해 주고 거기서 아이들이 5월부터 9월까지 6개월 동안 샤워를 하게 했다. 이것이 아이들의 습관이 됐고, 겨울에 아이들은 실내에서 냉수욕을 했다.

학부모들은 공적인 원조를 얻어 바깥에 샤워 장치를 6개 설치했는데 거기서 샤워를 꼭 해야 할 치나, 톨라, 코스차, 라리샤, 니나, 슬라와 같은 아이들이 냉수욕을 했다. 그리고 나는 조금 흠이 있는(곱사등이거나 신체와 낯이 불균형한) 아이들을 아침 체조를 하게 하고 샤워를 하게 하는 데 주의를 기울였다. 사람은 건강해야 할 뿐만 아니라 또 아름다워야 한다. 이런 아름다움은 건강과 신체의 조화로운 발육과 갈라놓을 수 없다.

아동기의 영양은 신체 각 부분의 조화와 균형을 결정하며 골격 조직, 특히 흉강의 정상적인 발육을 결정한다. 여러 해 동안의 관찰로 알 수 있듯이, 음식물에 광물질과 비타민 성분이 결핍되면 골격의 발육이 조화롭지 못해 사람의 체격에 평생 영향을 끼친다. 이런 현상을 막기 위해, 나는 학생들의 식사에 비타민이 충분히 포함되고 또 비타민과 광물질이 잘 어우러지게 하는 데 주의를 기울였다.

우리는 여러 해 동안의 관찰과 전문적인 조사를 거쳐 아주 걱정스러운 한 가지 결론을 얻었다. 즉 학령 초기 아이 가운데서 25%가 아침밥을 먹지 않고(그들은 아침에는 먹고 싶지 않다고 말한다), 30%는 필요한 영양의 절반밖에 안 되는 아침밥을 먹으며, 23%는 적절한 아침밥의 절반밖에 먹지 못하며 22%만이 표준에 맞는 식사를 한다는 것이다. 수업을 몇 시간 이어서 받다 보면, 아침밥을 먹지 않은 아이는 배가 고파서 머리가 멍해진다. 학생들이 집으로 돌아가면 비록 몇 시간 동안 먹지 못한 것이지만 그사이에 식욕을 잃는다. 그래서 학부모들은 아이들이 늘 건강에 이로운 일반적인 음식물(국, 나물스프, 죽, 우유)을 먹기 싫어하고 '맛있는 것'만 먹으려

한다고 했다.

식욕 부진은 건강에 대한 심각한 위협으로 몸이 불편해지고 병이 생기는 원인이다. 그 주요한 원인은 침침한 교실에 몇 시간 계속 앉아서 단조로운 정신노동만 하고, 여러 가지 바깥 활동은 하지 않아 '산소 부족' 상태에 놓이며 온종일 이산화탄소가 많은 공기만 호흡하기 때문이다. 여러 해 동안 관찰한 결과 나는 또 하나 우려할 만한 결론을 얻었다. 즉 학생이 이산화탄소가 많은 방 안에 오래 앉아 있으면 음식물 소화에 큰 몫을 하는 내분비선에 질병이 생긴다는 것이다. 동시에 이런 질병은 만성병이 될 수 있어서 그 어떤 치료법도 좋은 효과를 보지 못한다. 질병이 생기는 다른 한 가지 원인은, 학부모들이 아이의 식욕을 돋우기 위해 여러 가지 간식, 특히 단 음식을 많이 먹이기 때문이다. '산소 부족' 상태가 되지 않도록 공기를 바꾸는 합리적인 제도를 마련하는 것은 학생들의 건강에 관심을 돌리는 데 중요한 조건이다.

아이의 조화로운 발전에는 모든 것이 서로 연계돼 있다. 아이의 건강 상태는 교사가 아이들에게 어떤 숙제를 내주고 아이들은 어떤 때 어떻게 이런 숙제를 완성하느냐에 따라 결정된다. 가정에서 독자적인 정신노동의 감정적 색채도 매우 큰 구실을 한다. 만약 아이가 하기 싫어하면서 억지로 책을 들고 공부한다면, 그의 정신력이 구속당할 뿐만 아니라 내부 기관의 상호작용의 복잡한 체계에도 좋지 못한 영향을 준다. 아이가 싫증을 내면서 억지로 숙제를 할 때는 그의 소화 능력이 몹시 감퇴되고 나중에는 위장병까지 얻는 것을 많이 보았다.

가을, 봄, 겨울방학에 우리는 늘 소풍 갈 대열을 짜 도중에 쉬거나 숲속에 가서 여러 가지 놀이도 하면서 바깥이나 대자연 속에서 보냈다. 첫 겨울방학에는 모든 아이들이 스키를 배우고 또 눈덩이 굴리기와 눈담 쌓기도 했다. 이렇게 겨울에 적당히 바깥 노동에 참가하는 것도 건강에 아주 좋다. 그다지 춥지 않은 적당한 날(영하 10도가 되지 않는 추위)에 여덟 살 아이들은 매주 2시간씩, 아홉 살·열 살 아이들은 매주 3시간씩, 열한 살 아이들은 매주 4시간씩 노동을 했다. 그들은 갈대로 나무줄기를 싸고, 자그마한 들것을 만들어 눈을 날라다 나무를 덮어서 식물이 겨울나기를 하도록 보호했다. 이런 실외 노동은 몸을 단련하고 감기를 예방하는 가장 좋은 방법이다.

여름방학에 아이들은 초원이나 들판, 혹은 숲 속으로 소풍을 간다. 자연계와 직접 접촉하는 이 몇 달은 건강뿐만 아니라 아이들의 지능을 발전시키는 데에도 좋은 점이 매우 많다. 8월 한 달 동안 1학년들은 평가 농장의 과수원이나 목장에 가서 지내고 2학년들은 수박밭에 가서 지낸다. 여름에서 가을로 넘어갈 때 농촌의 공기 속에는 식물 살균 물질이 풍부하게 들어 있다. 그래서 감기, 결핵, 수두 같은 병에 쉽게 걸리는 아이들을 단련시키려면 여름방학 동안 그들을 밤낮없이 바깥에서 지내도록 해야 한다.

3학년을 마칠 때 우리는 수박밭 근처 포도밭에서 여름을 보낸다. 아이들은 포도밭에서 어른들을 도와 포도를 바구니에 담는 일을 한다. 그리고 아침과 저녁에 그들은 물웅덩이에서 목욕을 한다. 또 아이들은 작은 배 세 척을 고래잡이배로 삼고, 작은 물웅덩이를 바다로 삼아 이 바다에 나가 고래를 찾는 매우 재미있는 놀이를 생각해 냈다. 여기에서 우리는 또 갈대로 피리를 만들고 밤마다 음악 팀이 한데 모여 활동했다. 음악 팀에서 우리는 민요를 연주하고 여름날 저녁, 큰 소나기, 노을 진 붉은 하늘, 강둑 밑의 신비한 소용돌이, 철새 들을 노래하는 곡도 지었다. 음악은 해마다 우리의 정신생활에 더 깊이 들어왔다. 아이들은 어디에 가서 쉬든지 녹음해 놓은 저명한 작곡가들의 작품과 민간 가곡을 수시로 들었다.

4학년을 마치는 여름방학에 아이들은 연못가 떡갈나무 숲 가까이에 있는 들판에 가서 쉬었다. 그들은 나뭇가지로 초막을 몇 채 짓고 그 위에 볏짚을 덮었다. 그리고 학부모들은 우리를 도와 욕실과 부엌을 지어 주었다. 거기서 아이들은 식사 당번을 도와 밥을 지었다. 우리는 마을로 돌아가서 빵, 감자, 물고기, 우유와 채소들을 날라 왔다. 그리고 우리는 또 송아지 20마리와 말 두 필을 거두었다. 아이들은 낮에는 소를 먹이고 저녁이면 연못가에 있는 자그마한 우리에 몰아넣었다. 모든 아이들이 다 말타기를 배웠는데, 그들은 말을 타고 마을에 가서 물건들을 실어 왔다. 아이들은 누구나 다 말을 타고 몇 리씩 달려 보고 싶어 하기 때문에 순번을 매우 엄격하게 짰다. 나는 왈료자, 사냐와 치냐가 말을 잘 타게 되고 말타기로 건강도 좋아진 것이 매우 기뻤다.

이 한 해 동안 아이들은 푸른 물웅덩이에서 멱을 감으면서 수영을 배웠다. 나는 아이들에게 안전한 곳을 골라 주고 거기에서 멱을 감게 했으며, 언제나 아이 1명을 데리고 못에서 헤엄치곤 했다.

우리는 풀 베는 계절이 오면 더욱 즐거웠다. 그때마다 우리는 아이들을 도와 풀을 말리고 쌓기도 했다. 그리고 저녁이면 높다란 풀 더미 위에서 잤다. 이때가 아이들의 마음을 제일 사로잡는 때였다. 그들은 멀고 먼 별나라에 관한 이야기를 들으려 했다. 헤아릴 수 없이 많은 뭇별들이 반짝이고 있는 밤하늘 아래에서, 그들은 우주와 마주치기나 한 듯 교사에게 '이 지구와 태양, 그리고 별들은 모두 어디서 왔습니까?' 하고 쉴 새 없이 묻곤 했다. 대자연의 아름다움과 위대함에 아이들은 경탄과 찬탄을 하곤 했는데, 그것이 아이들의 이지와 감정을 자극해야만 아이의 의식 속에 이런 질문들이 생긴다. 우주의 무한함에 관한 진리를 아이들은 가장 이해하기 어려워한다. 내 기억으로 그때 아이들은 이 진리를 듣고 몹시 놀라 한마디도 못 했고 무엇이 무한성인지 상상해 내려고 애썼으나 끝내 그렇게 하지 못한 것 같다. 이날 밤 아이들은 오래도록 잠들지 못했다. 아마 꿈에 아득히 먼 곳에 있는 태양과 행성들을 본 아이가 한둘이 아니었을 것이다. 이튿날 아이들은 '무한함이란 도대체 무엇일까' 하는 영원히 잊지 못할 의문을 가끔 되씹곤 했다. 그들이 학교에 다니는 모든 시기에 걸쳐 이 문제는 사람을 놀라게 하는 새로운 의미를 잃지 않았다.

나는 학생이 학교에 입학할 때부터 유희에 매우 큰 중점을 두었다. 상급 학년들의 도움을 받아 우리는 운동장을 잘 닦았고 그네를 세웠다. 그리고 늘 공을 충분히 준비해 두었다. 2학년부터 아이들은 탁구를 쳤다. 또 어떤 아이들은 원반과 포환 던지기를 즐겼고 어떤 아이는 등산을 즐겼다.

우리 아이들은 온 여름을 그냥 맨발로 다녔다. 비 오는 날도 마찬가지였다. 이것은 체육 활동의 매우 중요한 수단이라고 생각한다. 그 덕분에 1, 2학년 때 내가 맡은 학급에서 감기에 걸린 학생은 3명밖에 없었고 3, 4학년에 와서는 하나도 없었다.

여러 가지 감기에 대한 저항력을 기르는 것이 중요하다. 날씨가 갑자기 변할 때마다 거의 반수에 이르는 아이들이 재채기를 했는데, 이것 때문에 사람들은 여러 해 동안 불안했다. 비록 아이의 체온이 높아지지 않았다 해도 이런 병적인 상태에서 정상으로 학습한다는 것은 어려운 일이다. 사실 감기를 치료하는 특효약은 없다. 의학이 증명하다시피 많은 종류의 감기는 전염병이 아니라 주위 환경의 급격한 변화에 대한 몸의 민감한 반응

일 뿐이다. 여러 해 동안의 경험이 말해 주듯 사람의 몸에서 특별히 민감한 것은 발이다. 만약 발이 조금이라도 차면 비전염성 감기에 걸리기 쉽다. 우리가 교육 사업에서 만들어 낸 신체 단련법은 발을 단련하는 것으로 시작한다.(물론 우리는 아이의 전신에 대해 주위를 기울였다) 발을 단련하는 데는 일정한 기간을 정해 놓고 전문적인 훈련을 할 필요가 없다. 다만 아이가 따뜻한 환경에만 있는 습관을 들이지 않고 아이를 너무 걱정하지 않는 태도를 늘 지키기만 하면 된다. 그렇지 않으면 도리어 아이의 저항력을 떨어뜨릴 수 있다. 만약 여름철에 아이들을 맨발로 다니게 하지 않는다면 목욕이나 냉수마찰은 아무 소용도 없게 된다.

이리하여 내 아이들은 초급 학년을 졸업하게 됐다. 졸업하는 해의 여름 방학 마지막 날이었다. 물웅덩이에서 목욕을 하고 나서 숲 속에 있는 푸른 풀밭에 모여 앉았을 때 그들은 모두 매우 튼튼해 보였고, 피부도 타서 거뭇거뭇해서 한결 더 아름다워 보였다. 그들은 모두 열한 살짜리 아이였으나 보기에는 열두세 살 소년들처럼 견실해 보였다. 심지어 오랫동안 '꼬맹이'란 소리를 듣던 단코마저 5학년 많은 학생들과 견줄 만큼 키가 커졌다.

그리고 해마다 의사가 아이들의 시력, 심장과 폐를 몇 번씩 검사했다. 1학년 때 네 아이가 시력이 약해지고 있었는데 2학년이 되자 2명이 회복됐고 3학년 때는 모두가 정상이 됐다. 사실이 증명하다시피 시력의 약화는 눈병이 아니라 아이의 신체 발육과 정신 발전의 조화로운 통일이 부족해 생기는 것이다.

89_ 생각하는 방 — 우리들의 열람실

　예술 작품의 거대한 교육적 힘은 아름다움과 도덕과 정치사상의 예술적 융합에 있다.

　한 사람이 일생 동안 읽을 수 있는 책은 2000권을 넘지 못한다. 그중 많은 부분(절반 이상)은 학교를 다니는 학생 시기에 읽어야 한다. 때문에 나는 소년들에게 독서할 책들을 매우 엄선해서 추천해 주었다. 이렇게 '소년들이 사랑하는 도서실'이 건립됐다. 이것은 소년들에게 가장 재미있는 책으로 지금까지 총 360종을 골라 추천해서 만들었다.

　참된 독서는 학생의 지혜와 마음을 감동시키고, 세계와 자기에 대한 깊은 사색을 자아내게 하며, 자기를 인식하고 자기 앞날을 생각하게 한다. 이런 독서가 없으면 사람은 정신적인 공허감을 느낀다. 그 무엇도 이런 유익한 책들을 대체할 수 없다. 그런데 왜 어떤 소년들은 공부가 끝나고 집에 가면 가만히 앉아 있지 못할까? 왜 그들은 사람의 가장 좋은 벗인 책과 함께 몇 시간씩 지내지 못할까? 왜 어린 학생들이 열심히 독서하다가 시간이 모자라 더 많이 읽지 못하는 것을 안타까워하는 모습이 드물까?

그렇기 때문에 반드시 학생에게 독서하도록 가르치고 독서 속에서 자기를 인식하고 책에서 교양을 얻도록 하며 책의 세계에서 생활하도록 해야 한다.

우리의 '생각하는 방'(우리는 열람실을 이렇게 일렀다. 그것은 책의 거대한 정신적 힘을 강조하기 위해서다)을 드디어 열었다. 이날 우리는 내가 쓴 러시아 병사 스체볼에 관한 이야기 한 편을 평가적으로 읽었다. 스체볼은 러시아 병사로 나폴레옹이 러시아에 쳐들어올 때 프랑스 사람들의 포로가 됐다. 그때 스체볼은 자기의 왼쪽 팔에 N자(N자는 프랑스어 나폴레옹이란 단어의 첫 번째 자모다 - 역자 주)의 낙인이 찍힐 때 적에 대한 무한한 멸시와 증오가 북받쳐 도끼를 들고 자기의 '더럽혀진' 팔을 잘라 버렸다. 이 이야기는 아이들에게 큰 감동을 주었다. 이튿날 나는 학생들에게 세르게이 라조에 관한 책을 이야기해 주었다. 세르게이 라조는 국내전쟁 시기의 영웅으로 백러시아군들은 그를 기관차 보일러 안에 넣어 태워 죽였다. 그리고 나는 십여 년 동안 쓴 내 독서 일기를 학생들에게 보여 주었다. 나는 소년들의 상상 속에 지식인의 가장 행복한 그림을 한 폭 그리려고 애썼다. 이것이 바로 책을 벗으로 사귀는 행복이고 지능과 아름다움을 향유하는 기쁨이다.

소년들은 감정을 살려 낭독하는 것을 듣기 좋아한다. 작품에 대해 어떻게 느끼는지는 듣는 사람의 수와 낭독 시간을 보면 알 수 있다. 듣는 학생들은 한 학급 수를 넘지 말아야 하고 같은 흥미를 갖고 있어야 한다. 흰 눈에 뒤덮인 과수원 한가운데에 있는 정갈하고 아담한 집, 저녁 안개, 무성한 초목, 살랑살랑 흔들리는 나뭇잎 소리, 저녁 노을, 이 모든 것은 아이들의 미적 감수성을 강화하고 단어에 대한 심미적 감각을 높인다.

처음에는 '생각하는 방'에 온 학생들이 그리 많지 않았다. 그들은 책을 골라 읽었고 여기서는 묵독을 했다. 소년들 앞에는 책들이 놓여 있고 그들의 눈에는 마음속에서 스며 나오는 빛이 반짝이고 있었다. 나는 그 모습을 아주 기쁘게 보았다. 그것은 그들의 사상과 감정이 움직이고 있다는 뜻이다.

페지카는 우주에 관한 책을 읽고 있었다. 그가 이 책에 흥미를 느낀다면 얼마나 좋을까! 페지카를 가르치는 데에는 적잖은 복잡한 문제들이 있었다. 우리는 아무리 애써도 그의 지식욕과 학습 의욕을 불러일으키지 못했다. 그는 성적이 조금 오르면 최고봉에 도달한 것처럼 느끼곤 했다. 그런 지나친 자신감이 언제 그의 마음속에 숨어들었는지 모른다. 그래도 우리는 책을 통해 그의 눈앞에 주위 세계를 펼쳐 주고 그가 얻은 성적은 인식이라는 거작의 첫 페이지의 첫 줄에 불과하다는 이 진리를 알려 주려 했다.

만약 소년이 좋은 책 한 권을 자기 벗으로 사귀었다면 그는 책을 많이 읽으면서 더 많은 것을 알려면 더 많은 힘을 들여야 한다는 것을 더욱더 명확히 깨닫게 될 것이다.

모든 소년들이 위인들의 전기를 배열한 그 책장 앞에 다가갈 것을 나는 얼마나 바랐던가! 나는 그 책장에 자기 목숨을 바칠지언정 진리와 신념을 버리지 않은 용감무쌍하고 강인한 정신을 가진 사람들의 삶이 기록된 책들을 꽂아 두었다. 영웅들의 전기는 소년들이 자기 교육을 하는 데 꼭 필요한 백과사전이다.

어떤 지식에는 도덕적이고 정치적인 이상이 반영돼 있는데, 이것은 우선 역사 지식에 해당된다. 역사 지식은 사람들의 정신세계에 반영되며 신념을 형상화하는 데 기초를 닦아 준다. 이것은 독자가 도덕적이고 정치사상으로 가득한 자료와 자기를 대조할 때에만 가능하다. 때문에 소년들에게 영웅들의 서적을 읽으면서 그 영웅을 자기와 대조해 보게 해야 한다.

여기에는 꼭 암기해야 한다고 할 수도 없고 전문적인 '해부'도 필요 없는 것들만 가장 유력하게 자기와 대조되고, 개인의 정신생활에 반영된다는 아주 미묘한 심리학적 법칙성이 있다. 이런 법칙성은 소년기에 더욱 두드러진다. 그것은 소년의 사상이 늘 주위 세계를 자기 자신과 격리시키고 있기 때문이다. 이렇기 때문에 역사와 기타 인문학 지식을 배울 때에는 더 넓은 지적인 배경이 필요하다.

나는 소년마다 즐겨 읽는 책을 갖고 이 책을 반복해서 읽고 살 수 있도록 힘썼다. 이렇게 하는 것은 그가 읽은 내용을 반드시 기억하고 교사의 물음에 답하게 하려는 게 아니라, 그가 자기 운명 때문에 감격하게 하려는 뜻이다. 나는 소년의 자기 교육은 좋은 책 한 권을 읽는 것에서 시작되고, 용감하고 숭고한 사상을 가진 사람들의 생활이라는 최고의 잣대로 자기를 측정하는 데에서 이루어진다고 굳게 믿는다.

그러나 만약 소년의 정신생활 속에 수업과 교사의 강의, 그리고 단지 기억하기 위해서만 책에 파묻혀 있어야 하는 것밖에 없다면 이런 자기 측정이나 자기 인식은 절대 있을 수 없다. 이와 같이 기억만 하려는 심리학적인 지향은 도덕적이고 정치적인 사상을 부차적인 위치로 밀어 버리고 만다. 마치 한 의사가 사람을 해부할 때 사람의 위대함(비록 그의 노동이 궁극적으로는 사람의 위대함을 확립하게 하지만)을 잊어버리고 마는 것과 같이, 소년이 암기하기 위해 이론적 자료를 논리적으로 분석할 때는 일정한 정도로 자료의 도덕적·정치적 의미를 떠나게 된다. 사상성이 매우 강한 자료라 해도 정신노동에서 일정한 어려움에 맞닥뜨린 학생의 마음속에 흔적을 남기지는 못한다. 그것은 그들의 모든 힘이 '해부'에만 쓰이기 때문이다.

교실과 들, 숲 속, 그리고 견학할 때, 나는 수시로 학생들에게 위대한 인물들의 생애에 관한 이야기를 들려준다. 나는 '생각하는 방'이 풍부한 정신생활의 원천이 된 것이 몹시 기뻤다. 그곳에서 남녀 학생들은 책 한 권을 되풀이해서 읽었다. 예를 들면 유르카는 우리의 철학자와 사상가 중 한 사람이다. 그는 무엇에 대해서나 다 한번쯤 의심을 하고 모든 것에 대해 다 세심히 탐구한다. 지금 그는 알렉산드르 울리야노프[9]가 법정에서 한 연설을 다섯 번이나 읽었다. 와랴는 세르게이 라조가 신념을 말할 때 쓴 열정적이고 격앙된 어구들을 발췌했다.

또 미스카는 조야 코스모제미얀스카야의 용감무쌍한 정신을 묘사한 책을 몇 번이고 다시 읽었다. 미스카의 사상은 책에만 국한돼 있지 않고 자기에 대해서도 사고하고 있었다. 이런 시각이 내게는 매우 소중했다. 한 사람에게 생활로 통하는 길을 열어 주고, 그가 영웅의 눈으로 자기를 보고 용감한 행동으로 자기를 측정하게 한다는 것은 매우 어려운 일이다. 이렇게 자기가 자기에 대해 말하고 자기 양심에 묻는 것이 바로 참된 자기 교육이다. 사람이 인류의 도덕적 부에서 자기의 본보기가 될 만한 사람을 찾고, 그런 부에서 가장 소중한 것을 찾아 사상적으로 받아들이며 사상 생활의 숭고한 경지에 도달할 수 있는 책을 한 권씩 찾아낼 수 있을 때에만 교육의 목적에 도달했다고 할 수 있다.

나는 학생들에게 소피에 페로브스카야[10]에 관해 쓴 매우 뜻 깊은 책을 소개해 주고 이 책을 읽을 것을 권했다. 나는 '생각하는 방'에 들어가서

---

[9] 알렉산드르 울리야노프(1866~1887)는 레닌의 친형이다. 그는 차르 알렉산드르 3세를 암살하는 계획에 참가했다가 발각돼 1887년 사형을 당했다.
[10] 소피에 페로브스카야(1853~1881)는 러시아의 여자 혁명가로 1881년 차르 알렉산드르 2세를 암살하는 계획에 참가했다가 그해에 사형을 당했다.

누가 가장 먼저 이 책을 보는지 기대하며 기다렸다. 이 책을 가장 먼저 보는 학생이 치나인 것을 보고 매우 기뻤다. 그때 치나는 열세 살이었다. 그는 처음 몇 쪽을 읽을 때부터 벌써 책 속에 빠져들었다. 치나는 며칠 동안 이 책을 손에서 놓지 않았다. 그는 열성적으로 참가하던 방과 후 문예팀 활동마저 잊고 있었다. 하지만 이 여자아이에게 방과 후 활동에 참가하라고 일깨워 줄 필요는 없었는데 그의 마음을 흥분시키고 있는 사상과 감정의 흐름을 중단시키지 말아야 했기 때문이다. 그리고 "친구는 이 책을 읽고 어떤 것을 느끼나요?" 하고 물을 필요도 없었다. 단지 치나 스스로 그런 사상을 이해하고 마음속으로 체험을 얻고 감동을 받게 해야 했다. 한두 주일이 지났다. 이제 치나는 이 책을 또다시 읽으면서 필기까지 했다. 이때는 그에게 다른 책들을 추천하지 말고, 그와 아무런 대화도 할 필요가 없었다. 그의 마음속에서 사고와 감정 활동이 팽팽하게 진행되고 있었으며 세계와 자기를 인식하고 있었기 때문이다.

나중에 한 차례 회의에서 치나는 이렇게 말했다. "저는 소피에 페로브스카야에 관한 책을 읽고 사람은 생활의 회오리바람에 휘말려 영원히 흔적 없이 사라져 버리는 먼지가 아니고 그 누구나 조국을 사랑하고 참된 애국자가 되려고 한다면 자기가 걸어온 길에 발자국을 남길 수 있다는 것을 확신하게 됐습니다."

몇 해가 지났다. 얼마 전에 치나가 학교에 왔다. 그는 이미 젊은 부인이 됐으며 아주 행복한 가정을 이루고 있었다. 그때 그는 어떻게 아이를 교육하면 좋을지 물으러 왔다. 우리는 '생각하는 방'을 떠올렸고 치나는 이렇게 말했다. "그 책은[11] 영원히 저의 머릿속에 남아 있을 거예요. 저는 아이들이 모두 자기가 가장 즐기는 책을 찾을 수 있었으면 좋겠어요.

|11| 소피에 페로브스카야에 관한 책을 가리킴. - 저자 주.

'생각하는 방'은 꼭 필요한 불꽃이에요. 그러니까 그 불꽃을 영원히 꺼뜨리지 마세요."

'생각하는 방'에 둘 책을 고를 때, 우리는 사람의 인식 능력이 대단하다는 데에서 출발했다. 그때 우리가 얻은 과학 자료를 보면 사람의 대뇌 양반구 피질에는 신경세포가 140억 개나 있다고 한다. 몇 해가 지나서 우리는 또 한 사람의 대뇌 속에는 사고력 세포가 1000억 개 있다고 주장하는 학자들을 알게 됐다. 한 사람이 아동기, 소년기와 청년 초기에 얻을 수 있는 지식의 양은 그 뒤에 얻는 지식의 양보다 10배나 더 많다. 일정한 범위 내의 지식을 얻을 수 있는 '감수성'이란 개념은 상대적인 것으로, 모든 것은 정신노동의 소양으로 결정되는데 우선 아래의 두 가지 지식의 관계에 따라 결정된다. 첫째는 반드시 기억하고 암기하고 보존해야 할 지식이고, 둘째는 사고해야 할 지식이다. 사람이 배운 지식의 양은 정신노동의 감정 색채에 따라 다르다. 만약 책과 한 정신적 접촉이 한 사람에게 즐거움이 된다면 암기를 목적으로 하지 않은 대량의 사물, 진리와 법칙성이 그의 의식 속에 아주 쉽게 들어간다.

독서가 불러일으키는 흥분은 커다란 지렛대와 같아서, 그것을 이용하면 큰 지식 덩어리를 들어 올릴 수 있다. 이런 상황에서 정신노동의 강한 원천인 무의식적 주의와 기억이 힘차게 흘러나온다. 감격과 고무가 강렬하면 할수록 더 많은 지식이 의식 속에 흘러 들어갈 수 있다. 한 학년에서 배우는 교재는 몇 시간 동안 긴장해 의식적으로 기억을 해야 하는데, 대신 우리 학생들은 이런 시간에 '생각하는 방'에서 많은 시간을 써 가면서 그들이 즐기는 책들을 읽고 있다.

또 우리는 책이 머리가 둔한 학생의 정신적 요구가 되게 하는 데 특별한 관심을 기울였다. 페트리크가 지나온 지식으로 통하는 길은 매우 험난했다. 6, 7학년에서 복잡한 일반성과 합법칙성을 배울 때 그는 적잖은 어려움에 부닥쳤는데 이런 어려움들을 책으로 극복했다. 때문에 우리는 그를 위해 수학, 물리, 화학에 관련된 책을 골랐다. 이런 책에는 사람들이 지식을 얻으려는 욕구에 고무돼 창조적인 활동을 하는 것을 배경으로 해서 추상적인 진리를 천명하는 감정적인 요소가 아주 잘 표현돼 있었다. 책은 소년에게 진리의 창고는 아니었지만 내면적인 체험의 원천은 될 수 있었다. 때로 우리는 페트리크에게 "학생, 교과서는 놔 두고 이 책을 먼저 읽어 보세요"라고 권했다. 그래서 그가 그 책을 읽고 나면 그의 인식의 힘은 더 늘어나곤 했다.

한 소년이 과학 서적을 사랑하지 못하고, '생각하는 방'에 그가 즐겨 읽는 책이 없다면, 우리가 아직 그의 마음으로 통하는 길을 찾지 못한 것이라고 생각했다. '생각하는 방'에서 책 몇 권을 읽고 인식의 단맛을 느낀 다음에야 비로소 집에 가서도 책을 읽을 수 있다. 한 사람이 소년기와 청년 초기에 어떤 책들을 읽고 그 책이 그에게 어떤 의미가 되었느냐에 따라 그의 정신상의 풍부함과 생활 목적에 대한 인식, 체험이 결정된다. 이 점은 또 젊은 사람들의 관점과 감정의 형성을 결정하고 자기의 의무에 대한 태도도 결정한다. 이른바 책의 세계에서 생활이란 배우고 있는 과목만 열심히 공부하는 것만 말하는 것이 아니다. 이런 학생이 괜찮은, 심지어 '우수한' 성적으로 학교를 졸업할 수도 있지만 정작 그는 무엇이 지적 생활의 세계인지 모를 수 있고, 책과 접촉해서 얻는 큰 즐거움을 겪지 못했을 수도 있다. 책의 세계에서 생활한다는 것은, 가장 미묘한 문화적 분야와 접촉하고 문화적 부의 참된 가치를 깊이 아는 사람의 흉금이 얼마나 넓은

지 체험했음을 가리킨다.

  자습이 소년의 생활에서 아직 큰 비중이 없다면 교육의 효과를 어떻게 실현할지 논쟁하는 것은 아무 의미도 없다. 자습을 하지 않고, 인식과 자기 인식을 위해 하는 긴장된 지능과 노력이 없으면 교양과 교수는 모두 교육적인 성격을 띨 수 없다. 현시대의 사람이 늘 책과 정신적인 접촉을 하지 않고 그에게 독서로 자기에 대한 존엄과 자긍심을 높이려는 바람이 없다면 그의 생활은 상상할 여지도 없을 것이다.

  청소년들 가운데 술주정을 하고 망나니 짓을 하며 아무런 의미도 없는 시간을 보내는 등 사회를 불안에 휩싸이게 하는 좋지 못한 현상들이 생기는 가장 중요한 원인은, 학생이 학교에 다닐 때 그의 지적 흥미가 매우 협소하고 공허했으며 졸업한 다음에도 이런 정신생활의 공허와 협소함과 국한성이 더 심각해졌기 때문이다. 현시대 사람들의 생활은 날마다 시간마다 모두 그의 생존의 가장 섬세하고 민감한 분야들에 영향을 미친다. 때문에 그는 그런 분야에서 늘 가장 섬세한 교육을 받아야 한다. 그리고 이런 교육은 늘 좋은 책, 음악, 미술처럼 가장 섬세한 수단을 선택해야 한다. 만약 사람이 일생동안 이런 섬세하고 이지적이고 감정적인 교육을 끊임없이 받지 못하면 술주정하고 나쁜 짓을 하며 법을 어기는 현상에 대한 모든 투쟁 수단이 아무 쓸모 없는 것이 될 것이다.

  그런데 학교를 졸업한 다음에 이루어지는 교육은 주로 자기 교육이다. 학교를 다닐 때 책을 즐겨 읽고 책을 통해 주위 세계와 자기를 인식할 수 있어야만 졸업한 뒤에 자기 교육을 할 수 있다. 만약 학교 다닐 때 자기 교육의 토대를 제대로 닦지 못하고, 학교 문을 나선 다음에 어떤 책들을 읽어야 할지 모르거나 탐정소설을 보기만 한다면 그의 정신세계는 상스러워지고 일말의 인간성도 없는 곳에서 말초신경을 자극하는 쾌락만을 찾게 될 것이다.

만약 한 청년 노동자가 날마다 여유 있는 시간을 이용해 좋은 책을 두세 시간씩 읽지 못하면 그의 정신생활은 아름답다고 생각할 수 없다. 만약 청년들 속에서 책을 사랑하고 독서를 방과 후 활동보다 더 중요한 것으로 보는 이상적인 사람들이 나타난다면 어떤 다른 강력한 수단을 써도 해결할 수 없는 문제들이 점차 스스로 사라지고 말 것이다.

90_ 우리들의 학부모 학교

　우리는 파블리슈의 각 가정의 정신생활을 연구하고 이해했다. 이것은 가정·학교 교육의 시작에 불과하다. 교육학은 교사나 학부모를 막론하고 모든 사람들이 다 아는 과학이 돼야 한다. 때문에 우리는 모든 학부모가 교육학의 기초 지식을 배우도록 힘썼다. 그래서 우리는 '학부모 학교'를 세웠다. 학부모들은 자녀가 입학하기 두 해 전에 '학부모 학교'에 참가 지원을 하고, 거기서 자녀가 중학교를 졸업할 때까지 수업을 듣는다. '학부모 학교'의 심리학과 교육학 수업은 모두 250시간이다.(이 수업 시간은 학원이나 대학의 이런 과목 수업 시간보다 훨씬 많다는 것이다.) '학부모 학교'의 청강생들은 모두 다섯 모둠으로 나뉘었는데, 이것은 그들 자녀의 나이에 따라 짠 것이다. 모둠은 ① 학령 전 모둠(5~7세 아이) ② 1~2학년 모둠 ③ 3~4학년 모둠 ④ 5~7학년 모둠 ⑤ 8~10학년 모둠으로, 각 모둠에서는 한 달에 두 차례씩 활동을 한다. 그 주요한 활동은 교장이나 교무 주임 또는 경험이 많은 교사가 강의하거나 대화하면서 심리학과 교육학의 이론 지식을 가정교육의 실제와 긴밀히 연관시키는 것이다.

교수요강에는 사범학원 과정의 모든 부분이 다 언급돼 있지만 우리가 특별히 관심을 둔 것은 연령심리학, 개성심리학, 체육, 지식 교육, 도덕 교육과 미적 교육 이론들이다. 우리는 모든 아버지와 어머니들이 다 '학부모 학교'에서 배운 이론 지식들을 자녀의 정신생활에 연관시킬 수 있게 하려고 힘썼다. '학부모 학교'에서 교사 일을 하는 우리들은 고도의 지혜와 민감성을 갖추어야 한다. 어느 때든 우리는 아이의 마음을 '송두리째 드러내지 말아야' 하며 가정 관계에서 가장 자극적이고 쉽게 감정을 상하게 할 수 있는 방면의 문제에 대해서는 토론하지 말아야 한다. 이런 문제들은 개별적으로 대화하는 과정에 이야기해야 한다.

'학부모 학교' 없이는 원만한 가정과 학교교육을 생각할 수 없다.

부록 '학부모 학교'의 담화 제목

| '파블리슈 중학교 1970~1971학년 사업 계획'에서 발췌 |

1. 학령 전 모둠(예비 학부모 포함)

(1)가정에서 가족들의 관계와 아이에 대한 도덕 교육. (2)아이가 부모를 사랑하는 감정과 미래에 대한 그의 책임감. (3)결혼 전 도덕적 준비. (4)알코올중독과 아이. (5)아이에 대한 사랑과 교육. 참된 사랑이란 무엇인가. (6)어머니 교양. (7)생후 몇 주일부터 3세까지 아이에 대한 교육. 이 연령기 지적 훈련의 중요한 의미. (8)생후 3세까지, 3~7세까지

아이의 감정 교육. (9)3~7세까지 아이의 심신 발전. (10)학교에서 정확한 지성 교육을 진행하는 데 가장 중요한 조건 (11)아이의 언어 발전과 지능. (12)어떻게 아이의 신경질을 예방할까. (13)3~7세까지 아이에 대한 노동 교육. (14)어떻게 평가주의 정신과 남을 존경하는 감정을 기를까. (15)학령 전 아이의 욕구와 흥미에 대한 교육. (16)학령 전 아이 교육과 자연계의 관계 (17)학령 전 아이의 일과 제도. (18)학령 전 아이의 건강과 지혜 (19)학령 전 아이의 정신생활에서 유희의 몫. (20)학령 전 아이는 어떻게 사람을 인식하며 또한 도덕적 환경의 몫을 인식할까. (21)3~7세까지 아이 교육에서 미적 교육이 가지는 의미. (22)학령 전 아이 교육에서 옛이야기의 몫. (23)학령 전 아이 교육에서 창조적 활동의 몫. (24)학령 전 아이와 나이 많은 아이의 관계. (25)문화 교육. (26)어머니는 학령 전 아이의 가장 중요한 첫 교육자이고 교사이다. (27)부자간, 모녀간의 문제. (28)학령 전 아이의 입학에 대한 심리적 준비. (29)학령 전 아이의 도덕적 문화의 기본적 표준. (30)제멋대로 하며 툭하면 떼를 쓰고 성을 내는 아이의 버릇을 어떻게 막을까. (31)남자아이의 용감성에 대한 교육.

2. 1~2학년 모둠

　(1)7~9세 아이의 심신 발달. (2)가정의 정신생활과 이 연령기 아이의 발달. (3)입학하기 전과 후 몇 년 동안의 본 민족어의 작용. (4)가정 내

가족들의 관계와 7~9세 아이에 대한 도덕 교육. (5) 7~9세 아이의 행동과 국민의 의무감에 대한 교육. "내가 생각하건대", "될 수 있다", "허용되지 않는다", "마땅하다"에 대한 교육. (6) 학부모가 국민으로서 갖고 있는 의무감이 아이 교육에 주는 영향. (7) 7~9세 아이에게 어떻게 나쁜 일에 타협하지 않는 정신을 기를까. (8) 7~9세 아이에게 전인적 발달에 관한 교육을 진행하는 데 자연계가 하는 일. (9) 7~9세 아이의 개성을 전체적으로 발달시키는 데 미적 교육이 가지는 의미. (10) 가정의 책과 7~9세 아이의 정신 발전. (11) 7~9세 아이에게 어떻게 윤리적 표준을 이해하고 학부모의 본보기를 따르도록 할까. (12) 학교와 가정에서 하는 애국주의 교육. (13) 학교와 가정에서 하는 노동 교육. (14) 학령 초기 아이의 정신적 욕구와 흥미 기르기. (15) 7~9세 아이의 의무감과 규율성 기르기. (16) 부모의 관계가 7~9세 아이 교육에 미치는 의미. (17) 아이에게 엄격히 요구하면서도 그들을 존중해야 하는 데 관해. (18) 학교와 가정의 무신론 교육. (19) 충실성에 관한 교육. (20) 사람에 대해 관심을 갖고 사람을 존중하는 것에 관한 교육. (21) 자기 교육에 대한 일차적 훈련. (22) 알코올중독과 아이. (23) 신경 유형과 기질에 관한 개념. (24) 7~9세 아이의 일과 제도. (25) 영화, 텔레비전과 아이 교육. (26) 인도주의 정신에 대한 교육. (27) 지식욕 기르기. (28) 아이에 대한 울리야노프 일가(레닌의 가정 - 역자 주)의 가정교육. (29) 어떻게 아이의 이기주의, 개인주의, 이기주의적 심리를 미리 막을까.

3. 3~4학년 모둠

(1)알코올중독, 결혼, 아이, 가정. (2)9~11세 아이의 심신 발전. (3)학교 교수와 가정에서 지적 생활. (4)책이 9~11세 아이의 지적 발달에서 하는 구실. 가정 도서실. (5)레닌은 어릴 때 어떻게 학습했는가. (6)국민의 양성. (7)가정의 도덕적 분위기와 9~11세 아이의 교육. (8)9~11세 아이의 감정 교육. (9)학령 초기 아이의 의지 교육. (10)9~11세 아이의 세계에 대한 인식과 언어의 발전. (11)9~11세 남자아이와 여자아이. (12)사람이 어떻게 태어나는지 이야기해 줄 방법. (13)9~11세 아이를 교육하는 데 자연계와 노동이 하는 작용. (14)9~11세 남자아이의 용감성 기르기. (15)자존심 기르기. (16)아이의 애국심 기르기. (17)인도주의 의식 기르기. (18)9~11세 아이 교육에서 아버지가 할 일과 어머니가 할 일. (19)교육 기교 (20)격려와 처벌. "내가 생각하건대", "될 수 있다", "허용되지 않는다", "마땅하다"에 대한 교육. (21)9~11세 때의 욕구와 자기 규율. (22)부모를 사랑하고 존중하는 아이로 교육할 방법. (23)아이의 의지가 약하고 제멋대로 하고 화를 잘 내며 떼 쓰고 잘 울고 자존심이 지나치게 민감한 것과 개인주의와 이기주의적 심리를 어떻게 예방할까. (24) '성장의 가속화' 란 무엇일까. (25)아이에게 합리적인 음식 안배. (26)학교와 가정의 미적 분위기. (27)아이의 의식에 미치는 종교와 미신의 영향 극복. (28)아이의 행복을 어떻게 이해할까.

4. 5~7학년 모둠

(1)소년의 해부 생리와 심리 발전. (2)성 교육. 성 교육과 도덕 교육의 통일. (3)소년의 행위와 도덕 의식. (4)소년의 노동 교육과 그들의 노동의 도덕적 의미. (5)소년 교육 중의 선량, 의무, 고무 격려, 엄격한 요구, 굳건함, 바람에 대한 제한. (6)소년의 인도주의 정신 기르기. (7)도덕 면에서 나쁜 사물에 대한 소년의 불요불굴의 정신, 용인하지 않는 정신, 비타협적 정신 기르기. (8)학부모의 위신. 위신은 어디서 오며 어떻게 위신을 굳힐까. 학부모의 권력을 잘 써야 하는 것에 관해. (9)소년의 지성과 가정의 과업. (10)소년의 의식 형성과 자기 교육. (11)어떻게 소년의 흥미를 기를까. (12)아버지, 어머니, 아이의 의무, 책임과 공민 교육. (13)소년의 '소원 문화'. 소원에 대한 제한과 규율은 정확한 교육의 중요한 조건. 자기의 소원을 능수능란하게 지배하도록 소년을 교육하는 것에 관해. (14)개인의 기호와 재능 기르기. (15)소년은 어떤 책과 간행물을 읽어야 할까. (16)소년의 의지 훈련. (17)남자아이의 용감성 기르기. (18)여자아이(미래의 어머니) 교육. (19)소년기에 해야 할 충실성 교육. (20)소년에 대한 애국주의 교육. 수시로 조국을 지킬 준비를 하는것에 관해. (21)평가로서 가정과 소년의 교육. (22)소년의 미적 교육. (23)소년의 직업 방향성. (24)소년이 지식욕을 갖게 할 방법. (25)소년기의 신경증을 예방하는 법. (26)의지가 약하고 무능하며 개성과 원칙이 없으며 개인주의와 이기주의적 심리가 있는 소년에 대한 교육. (27)소년끼리 충돌했을 때 화해하는 법.

5. 8~10학년 모둠

(1)15~17세 남녀 청년의 해부 생리학적 특성과 심리 특성. (2)신체, 도덕, 사회와 성 성숙의 통일. (3)청년의 자립성에 대한 존중. (4)청년기의 세계관과 신념의 형성. (5)도덕상의 강인함, 나쁜 사물에 대한 비타협적 정신, 불요불굴의 정신, 용인하지 않는 정신 기르기. (6)청년들의 정신생활에서 책의 구실. 남녀 청년의 개인 도서실. (7)남녀 청년의 도덕 교육, 미적 교육, 정서 교육과 성 교육의 통일. (8)공민으로서 청년의 도덕 교육, 미적 교육, 정서 교육과 성 교육의 통일. (9)남녀 청년의 노동 교육. (10)청년 초기의 자기 교육. (11)청년의 정신적 수요와 그것의 발달. (12)청년의 지성과 흥미. (13)개인의 기호, 재능, 지향 기르기. (14)청년의 지식, 신념과 행위. (15)남녀 청년에게 연애, 결혼, 가정 문제를 이야기하는 방법. (16)청년 초기의 노동과 학습 제도. (17)직업의 방향성과 직업의 선택. (18)청년의 법제 인식. (19)청년을 교육할 때 연장자 본보기의 작용. (20)남녀 청년의 사회 공익 활동과 공민의 의무 활동. (21)청년을 교육하는 기술. (22)청년기의 신경질환과 신장병의 예방. (23)용감한 정신, 강인함과 불요불굴의 의지 기르기. (24)청년의 복역 복무 준비. (25)남녀 청년에 대한 독서 지도. (26)우리 사회의 도덕적 부를 소중히 여기도록 남녀 청년을 교육함.

91_ 농촌 학교의 특수한 사명

농촌 학교는 도시 학교와 아주 다르다. 오늘날 농촌 학교는 특수한 사명을 짊어지고 있다. 즉 농촌 학교는 일정한 조건 아래서 농촌의 유일한 문화의 원천이 되고 있으며 농촌의 모든 지적 생활, 문화생활과 정신생활에 커다란 영향을 미치고 있다.

생산의 문명화가 전례 없이 좋아졌고, 노동과 일상생활에서, 그리고 사람들의 의식 속에서 레닌이 말한 대중적 교육의 위대한 변혁이 실현되고 있다. 오늘날 농민의 생활과 노동을 결정하는 것은 땅에 대한 소유권이 아니라 땅에서 보여 주는 작업 능력이다.

그런데 농업 생산 문명의 신속한 발달은 이미 농촌 정신생활의 발전보다 훨씬 앞서고 있다. 만약 우리가 도시와 농촌에 저장돼 있는 책들을 비교해 보고, 또 중등교육을 받은 사람 중에 얼마만큼의 사람들이 농업 생산에 참가하고 있고, 얼마만큼이 도시에 남아 있는지를 생각해 본다면, 도시가 완전히 우위에 있다는 것을 알 수 있다.

농촌 중학교를 졸업한 청년들 중에서 60% 이상은 농촌을 떠나고, 농촌

출신으로 고등학교를 졸업한 사람은 90% 이상이 도시민이 된다. 만약 우리가 이런 현상들을 잘 연구해 본다면, 거기에는 사람들이 걱정할 만한 요소가 포함돼 있을 뿐만 아니라 일정한 위험성도 있다는 것을 알 수 있다. 이렇게 농촌 청년들 중에서 지적 발달이 좋은 청년들이 계속 농촌을 떠난다면, 농업 생산의 발전은 분명 정지되고 말 것이다. 머리가 발달하고 교육을 받은 청년들은 농촌을 충실하게 해야 한다. 이것은 우리 전체 사회의 이해관계에서 꼭 필요하다. 이런 사람들이 없으면 농촌의 과학기술이 진보할 수 없고, 농촌의 정신생활도 풍부해질 수 없다.

그러면 누가 이 중요한 일을 완성해야 할까? 그것은 우선 농촌 학교다. 농촌 학교 사업의 특징에 대해 말할 때, 사람들은 노동 교육이 중점이라고 늘 생각한다. 들어 보면, 농촌 청년들을 어릴 때부터 훈련하고 교육해 농촌에서 즐겁게 노동하게 한다면 농촌 학교의 기본 과업은 완성된 셈이라고 한다. 물론 노동 교육 면에 문제가 적지 않지만, 이런 문제들이 모든 문제를 일으키는 주요한 원인은 아니다. 바로 농촌 학교와 어른들의 노동 평가의 지적 생활이 청년들의 요구와 욕구를 채워 주지 못하기 때문에 청년들은 농촌을 떠나려 하거나 갖은 방법을 다해 농촌을 떠나는 것이다.

농촌 학교 전반, 특히 농촌 가정의 문화와 정신생활 수준을 높이지 않는다면 농촌 학교의 수업을 개선하고 지식을 높이 쌓는 것은 불가능하다. 먼저 농촌 학교에서는 어떻게 하면 면학 분위기를 잘 만들지 고려해야 한다. 그리고 가정과 학교에서 책이 절대적 비중을 갖게 해야 한다. 결론은 농촌의 생활 세계가 생각과 책과 독서의 왕국이 되고 지식과 과학, 문화를 존중하는 곳이 되어야 한다. 유감스럽게도, 농장원들의 집에는 텔레비전과 오토바이, 전축이 있지만, 책은 한 권도 없거나 아주 적은 것을 가끔 볼 수 있다. 이것은 책이 사람들의 모든 정신생활에서 중요한 비중을 차지해야 한다는 사상이 학교에서 밝은 횃불처럼 빛을 내지 못했고, 또 학교를 졸업한 학생들의 마음 가운데 이 사상이 확실하게 서지 못했기 때문이다.

농민인 그들이 농업지도사, 트랙터 운전수, 소 키우는 사람, 토양개량 기사, 의사 할 것 없이 어떤 일에 종사하든, 우리 농촌 학교는 모든 학생의 지식욕을 길러 주어야 한다. 나는 말 사육원 한 사람을 알고 있는데, 그에게는 책이 2000여 권 있었다. 그러나 내가 아는 한 의사의 집에는 책꽂이도 없고, 책상 위에는 2년 전에 도서관에서 빌려 아직 돌려주지 않은 책 한 권밖에 없었다.

이 밖에 또 한 가지 문제가 있다. 만약 우리가 농촌 주민들에게 소년기 때부터 농사를 짓고 가축을 기르는 사람으로서 자긍심을 갖도록 힘쓰지 않으면, 농촌 학교의 우수한 학생들은 계속 농촌을 떠나려 할 것이다. 유감스러운 것은 농업 노동을 급이 낮은 일로 보고 아무런 지혜도 필요 없는 일로 보는, 오랜 시간에 걸쳐 형성된 편견이 지금까지도 있다는 것이다. 우리의 목적은 가장 총명하고 정신이 풍부하며 충실한 지적 생활을 위해 일정한 준비가 돼 있는 남녀 청년들이 농촌에 남아 드넓은 논밭과 목장에서 일하도록 하는 것이다. 생각하고 지혜를 쓰고 연구성을 갖고 있는 뜻 있는 상상에 고무된 노동이 학교에서 절대적이고 지배적인 비중을 차지해야 이 사업은 튼튼한 과학적 기초를 가진다. 노동에 대한 사랑은 감정과 생각이 결부된 산물이다. 하지만 생각이 없으면 감정이 영원히 생길 수 없고, 이 양자의 연관성이 없으면 그것들의 산물도 있을 수 없다.

많은 농촌 학교들은 바로 이 분야의 교육 수준이 매우 낮은데, 생각과 과학적 인식의 빛으로 일반적인 농업 노동을 비추어야 한다. 땅, 과수원, 채소밭이 생각의 실험실이 되고, 단조로운 노동 과정을 궁극적인 목적이 아니라 목적을 이루는 수단으로 보며, 사람이 창조적이고 연구적이며 실험적인 노동의 즐거움을 누려야만 농업 노동에 대한 애정이 생길 수 있다. 사람은 논밭을 갈고 비료를 주고 비료를 파낼 때 지적 즐거움, 즉 연구자와 창조자의 즐거움을 체험할 수 있어야 한다. 사람은 노동에서 자기의 지혜와 재능을 쓸 수 있음을 느꼈을 때 이런 즐거움을 맘껏 누릴 수 있다. 매우 황당한 것 같지만, 어떤 농촌 학교는 농업 노동에서 나타나는 지적 교육 방면의 일이, 많은 도시 학교보다 못한 것이 사실이다.

농촌은 주로 학교에 의존하고, 농촌의 문화 수준은 농촌 교사의 문화 수준에 의존한다. 농촌 학교의 주된 교육 역량의 핵심은 교사인데, 그것은 교사의 풍부한 정신, 지식, 박학다식과 넓은 시야라고 할 수 있다. 농촌 교사가 논밭의 농사일을 할 줄 알고 힘들고 어려운 농업 노동을 두려워하지 않기만 하면 교사 일을 감당할 수 있다고 생각하는 것은 이미 낡은 관념이 됐다. 사실상 농촌 교사가 청년들의 환심을 살 수 있느냐는 주로 그 자신에게 불멸의 지식욕이 얼마만큼 있느냐, 또 책, 과학과 문화를 적극적으로 추구하느냐에 따라 결정된다.

농촌 학교에는 우수한 인재들이 수천 수만이나 있다. 나는 파르투스냐크라는 한 농촌 교사를 알고 있다. 그는 10년째 학교에서 역사를 가르치는데 이 사람은 매우 대단하다. 마을에 있는 백발이 성성한 노인부터 아이들에 이르기까지 모두 그를 만나면 진심으로 존경하며, 그의 해박한 지식을 부러워한다. 그는 우리나라와 외국 역사에 관련된 문헌 자료 수천 종을 연구했다. 그리고 그는 세익스피어, 세르반테스, 괴테의 원작을 읽을 수 있다. 학생들은 그의 역사 수업을 듣는 것이 마치 재미있는 옛이야기를 듣는 것만 같다. 파르투스냐크가 있는 학교를 졸업한 학생들은 모두 평생 지식욕을 갖고 있다. 이런 농촌 교사는 인식의 즐거움과 만족스러운 정신생활의 행복으로 다른 사람들에게 영향을 미친다.

만약 교사가 지식으로 교육을 한다고 하면, 지금까지도 명확히 연구하지 못한 복잡한 교육과정의 본질은 한 사람이 자기가 고상하다고 느끼고, 자긍심을 세우며, 꺼지지 않는 탐구 정신을 발전시키고, 올바른 사상의 승리를 위해 투쟁하도록 가르치는 데 있는 것이다.

농촌에서는 정신적으로 풍부하고 지능이 여러 면으로 발달돼 있고 청년들의 사상을 훌륭히 다룰 수 있는 교사가 간절히 필요하다. 위에서 말한 파르투스냐크와 같은 교사는 결코 흔치 않다. 더욱이 사람들의 마음을 괴롭히는 것은, 우리의 많은 학교에서 청년들의 앞길을 비추고 그들이 인식의 행복을 체험하게 하며 영원히 만족을 모르는 지식욕을 갖게 하지 못하고 있다는 점과 아직도 탐구적인 지혜의 횃불에 불을 댕기지 못하고 있다는 점이다. 많은 농촌 학교에서는 공부가 아직도 교과서의 틀에서 한 발짝도 벗어나지 못하고 있다. 농촌에는 풍부한 정신을 가진 교사가 수천 수만 명 필요하다.

어떻게 하면 그런 교사들을 농촌에 끌어들일 수 있을까? 이 점은 따로 토론해야 할 과제다.

92_ 미래의 교사들에게

나는 대학생들에게, 그중에서도 주로 사범학교 학생들에게 항상 많은 편지를 받는다. 편지마다 자주 제기하는 문제가 있는데, 이 문제에 대한 해답은 아마 미래의 많은 교사들에게 어느 정도 의미가 있으리라고 생각한다. 그 문제는 교육 사업에서 가장 중요한 것이 무엇이냐는 것이다. 이 문제에 대해 나는 32년 동안이나 생각했다. 우리의 사업 중에는 부차적인 것이 없기 때문에, 이 문제에 대해 답하는 것은 쉬운 일이 아니다. 하지만 교육 사업에도 핵심은 있다.

미래의 교사들과 내 친애하는 벗들이여! 우리의 사업에서 가장 중요한 것은 우리 학생들을 살아 숨 쉬는 사람으로 보아야 한다는 것이다. 공부란 지식을 교사의 머리에서 학생의 머리로 옮겨 놓은 것이 아니라 교사와 학생 사이에 살아 숨 쉬는 관계이다.

아이의 정신노동과 공부에서 그의 성공과 실패가 그의 정신생활이며 내면세계라는 점을 무시한다면 분명 아주 쓰라린 결과를 낳게 될 것이다. 아이들이 공부에 흥미를 느끼고 열심히 노력하게 하는 가장 유력한 힘은 자기에 대한 신념과 자존심이다. 아이의 심리 속에 이런 힘이 있게 됐을 때에만 당신은 교육의 전문가가 될 수 있고 아이의 존경을 받게 될 것이다. 그러나 그 어떤 것과도 비길 수 없는 이런 정신력의 불씨가 꺼지면 당신은 무능해지고, 아이의 마음에 영향을 끼칠 수 있는 훌륭하고 정밀한 수단이 있다 해도 그것은 다 죽은 물건밖에 되지 않을 것이다.

얼마 전에 한 학교에서 이런 일이 있었다. 한 학생이 식물은 어떻게 영양을 흡수하고 호흡하며, 어떻게 어린싹에서 잎사귀가 자라나는지, 또 어떻게 꽃에서 열매가 맺는지 아무리 생각해도 알 수 없었다. 그런데 생물 교사는 "학생은 왜 이리 간단한 것도 모릅니까? 학생은 도대체 무엇을 할 수 있습니까?" 하고 그에게 질문하면서 자극을 주곤 했다. 그래서 이 남자아이는 점점 자기에 대한 믿음을 잃었다. 결국 가장 기본적인 지식마저도 그에게는 매우 복잡한 것이 되고 말았다. 왜냐하면 자신감 부족은 마치 담벼락처럼 그가 인식으로 나아가는 길을 가로막아 버렸기 때문이다. 어느 날 실내 수업을 할 때 생물 교사가 "이제 며칠 지나면 어린싹들이 돋아나올 것입니다. 우리는 전 학급이 모두 함께 밤나무 숲 속에 가서 관찰할 것입니다. 그때도 알료샤가 남들이 이미 다 알고 있는 것을 알지 못한다면 곤란합니다"하고 말했다.

그 생물 교사는 직접 재배하기를 매우 즐겼다. 그는 씨앗을 심어 밤나무의 싹을 재배한 다음, 이것을 줄지어 심어 숲을 만들었다. 전 학급 학생들이 밤나무 숲에 이르렀을 때, 교사는 깜짝 놀랐다. 나무의 싹들이 모조리 떨어져 있었던 것이다. 그러자 학생들도 실망해 말없이 서 있었다. 하지만 알료샤의 눈에서는 순간 속시원해하는 기색이 보였다.

이런 태도의 뒤에는 무엇이 숨어 있을까? 그것은 심한 괴로움과 굴욕,

그리고 정신력의 갑작스런 연소와 폭발이다. 알료샤는 이렇게 교사에게 항의를 표현했다. 그는 교사가 자기에게 했던 말에서 악의를 느꼈던 것이다. 아이들은 원한을 원한으로 풀려 해서, 때로는 괴상하고 황당하며 아무 의미 없는 일까지 저지른다.

그러나 우리는 한 학생이 연속해서 '2점'을 맞으면 그가 자신의 운명과 타협하면서 '자기는 아무것도 모른다'는 생각에 길들여지는 경우를 흔히 본다. 어떤 바람도 없이 냉담하게 그저 교사의 비웃음과 꾸지람을 마음속으로 들을 준비만 하고, 또 그것을 대수롭지 않게 여기는 학생들을 볼 때마다, 내 마음속은 불안과 분개로 가득 찬다. 내 젊은 벗들이여, 당신들은 불을 겁내듯 이런 일들을 피하라! 당신들은 추호의 원망도 없이 묵묵히 있으면서 그 어떤 꾸지람이라도 다 받아들이려는 학생들을 보면 괴로워해야 한다. 이것은 교사에게 가장 무서운 일이 아닐 수 없다. 당신은 학생이 고집을 부리고 성을 잘 내는 것을 발견할 때면 무척 기뻐해야 하고, 학생이 당신의 사상에 대해 옳고 그름을 검증하고 연구하게 해야 한다. "고집스러운 성격 만세!" 나는 정말 이 말을 누구나 잘 볼 수 있도록 큼직하게 써서 교사 휴게실에 붙이고 싶었다.

당신은 내일의 교사다. 그러므로 아이들마다 모두 공부를 잘하려는 바람을 가지고 학교에 온다는 것을 잘 기억하기 바란다. 이런 바람은 반짝이는 불꽃처럼 아이들이 관심을 가지고 걱정하는 감정 세계를 비춘다. 그는 이 불꽃을 우리 교사들에게 온전히 믿고 맡긴다. 이 불꽃은 날카롭고 거칠고 냉담하고 믿지 않는 태도 앞에서 가장 쉽게 꺼지고 만다. 아이들이 우리를 대하는 것처럼 교사인 우리들도 그들을 무한히 믿어 주는 것이 좋다! 그러면 앞으로 인정이 넘치고 서로 존중하는 아름다운 조화가 이루어질 것이다.

학생의 능력에 대한 교사의 믿음은 어디에서 나타날까? 우리 사업의 변증법이 우리에게 알려 주다시피, 교사에게는 자신이 노력과 고통스러운 노동을 다했기 때문에 학생은 이미 정점에 도달했고 더 큰 진보와 향상은 있을 수 없다고 말할 수 있는 때는 결코 오지 않는다. 학교 교육에서 일어나는 수많은 실수의 근원은 바로 일부 사람에게 이런 사상이 있다는 것이다. 당신은 사람의 힘과 가능성이 무궁무진하다는 것을 기억해 두어야 한다. 한 학생이 한 해 동안 어떤 것을 이해하지 못할 수도 있지만, 그가 그것을 이해하고 알게 될 날이 꼭 있을 것이다. '문득 깨닫는'(이런 현상을 나는 '사고력의 각성'이라고 한다) 정신적 힘은 아이의 의식 속에 점차 쌓이는 것인 만큼 교사인 우리는 믿음으로 이것의 축적을 도와야 한다. 어느 때든 너무 빨리 실망해서는 안 된다. 학생이 오늘 모르던 것을 3년 뒤에라도 알 수 있다면, 이 3년 동안 사람의 힘은 무궁무진하다는 것을 시종일관 굳게 믿어야 한다.

이 점에 관해 나는 젊은 벗인 당신에게 아래와 같은 제안을 하려 한다. 외과 의사가 예리한 수술 도구들을 깨끗한 금속함 속에 준비해 두었다가 쓰듯이, 당신도 정밀하고 부드럽고 예리하지만 매우 안전하지 못한 도구, 즉 점수를 가장 좋은 함 속에 보관해 두고 경솔하게 쓰지 말아야 한다. 학생의 대답 한마디 한마디에 거의 다 점수를 매기는 습관은 교육자의 수준이 무지몽매한 상태에 있다는 뜻이다. 이런 태도로 학생들을 대하면 그처럼 정밀한 도구도 때로는 꿀사탕으로 변해 버리고 때로는 몽둥이로 변해, 학생을 도취시키거나 상하게 할 수도 있다. 학교에서 이른바 '점수 누적'이라고 하는 채점 수량을 추구하는 일들을 하지 않기를 바란다. 한 학기에 한 학생에게 몇 차례 점수를 매겨야 하느냐는 교사가 스스로 깨달으면 된다.

어른이라 해도 아무 결과가 없는 헛된 노동을 하게 되면 부끄러움과 어리석음을 느끼게 되는데 우리가 접촉하는 아이들은 더 말할 것도 없다. 만약 학생이 학습에서 아무 성과도 바랄 수 없으면, 그는 자기 역량에 대해 믿음을 잃고 난폭해지거나 비관하고 실망하게 된다.

학생이 어떻게 자기 자신을 대하느냐는 많은 측면에서 그의 도덕적 면모를 결정한다. 학교에는 오늘날까지도 여전히 많은 수공업 방식들이 있다. 즉 학생은 주위 세계를 인식하지만 자기를 인식하지 못한다. 아이들은 주위 세계를 인식하면서 자기를 인식해야 하고, 그 과정에서 깊은 자기 긍정의 감정으로 가득 차야 한다. 자기 긍정은 자기 교육의 어머니다. 그리고 자존심은 한 사람의 영예감, 명예감, 건전한 자애심의 강한 원천 중 하나다. 그러므로 교육 사업이라는 창조적인 일터에 들어섰을 때, 당신은 아이가 정신노동을 할 줄 알도록 가르쳐야 하고, 그들이 생각하고 관찰하고 이해할 줄 알고, 정신노동의 성과에서 자기의 정신적 힘을 느낄 수 있도록 가르쳐야 한다.

학교 문에 들어설 때 당신은 자기가 맡은 과목의 기초 지식을 가르치는 교사가 돼야 할 뿐만 아니라 무엇보다도 교육자가 돼야 한다. 당신은 학생의 학습 바람을 길러 주어야 한다. 모든 아이가 다 똑같이 생각하고 느끼고 암기하는 것은 아니다. 어떤 학생은 당신이 가르치는 것을 알고 있지만 다른 학생은 아직 모를 수 있다. 하지만 그렇다 해서 그 학생이 공부하기 싫어한다는 뜻은 아니다. 그러면 당신은 그에게 다시 잘 생각할 시간을 주어야지, 지식을 배우려는 그의 약한 불꽃을 꺼 버려서는 안 된다.

학생의 정신노동에서 비록 작더라도 성적의 변화가 생겼을 때, 그를 진실하게 평가해 주어야 한다. 이렇게 당신은 모든 학생에게서 독특한 개성들을 파악하거나 느껴야 한다.

어느 날 나는 "이 학생은 조금도 희망이 없습니다. 그는 낙제생 운명을 면치 못할 것 같습니다"라는 교사의 말을 들었다. 이때 나는 "한 사람이 바로 하나의 세계다. 이 세계는 그를 따라 발생하고 없어진다. 모든 비석 밑에는 전 세계의 역사가 누워 있다"는 하인리히 하이네의 말이 생각났다.

알마아타 사범학교의 여대생 타마라는 교수 방법 문제에 대해 매우 관심을 기울였다. 그는 이렇게 썼다.

"나는 수많은 교수법들이 끊임없이 용솟음쳐 나오기 때문에 더럭 겁이 난다. 신문과 간행물에서 이것도 새로운 교수법이요, 저것도 새로운 교수 방식이요 하는 것을 날마다 보다시피 한다. 그러면 이렇게 많은 교수법과 방식들을 어떻게 해야 명확히 할 수 있을까? 그중 진짜 효과적인 교수법은 어떤 것일까?"

타마라와 다른 대학생들은 "어떤 교수법들은 세상에 나타났으나 그 수명이 길지 못한" 것에 대해 관심을 기울이고 있었다. (볼가그라드의 한 대학생들도 이렇게 썼다) 어떤 교수 방법이든지 아직 관념 속에만 있고, 교과서나 교수안의 지면에서만 그의 장단점이 분석되는 데 머물러 있다면 그것을 아직 참된 방법이라고 할 수 없다. 예를 들어 매우 정밀한 철공 도구가 있다고 하자. 그것은 제각기 자기 자리에 놓이고 자기의 용도에 맞게 쓰인다. 하지만 사람의 손이 가 닿지 않으면 이 모든 도구는 무엇이 될까? 그저 한 무더기 쇳더미에 지나지 않을 것이다. 개개의 쇳덩이는 대장장이의 손에 쥐어졌을 때에만 비로소 도구가 된다. 교수 방법도 마찬가지다.

대장장이가 있어야만 방법이 있을 수 있다. 이 방법이 아이에게 어떤 작용을 일으키느냐는 당신들이 결정할 수 있고 오직 당신들만이 결정해야 한다. 학교에서 하는 참된 창조적 노동은 무엇보다도 생생하고 탐구적인 사고와 연구다. 아무리 좋고 훌륭한 교수법이라 해도 교사 자신의 개성이 더해지고 또 일반적인 것들에 대한 심사숙고를 거쳐 자기만의 것이 보태진 다음에야 효과를 거둘 수 있다. 여기에서 나는 폴스카의 저명한 교육가 야누스 칼차크의 "다른 사람이 당신에게 기존의 사상을 내줄 것을 바라는 것은, 당신이 임신한 아기를 다른 여자에게 대신 낳아 줄 것을 바라는 것과 다름없다. 어떤 사상은 당신의 고통스러운 사고와 정신노동으로 생산될 수 있는데 이런 사상이야말로 가장 소중한 사상이다"라고 한 말을 생각하지 않을 수 없다. 당신이 진짜 재능 있는 대장장이가 되려면 "다른 여자에게 당신 대신 아기를 낳아 주기를" 바라지 말아야 한다. 오직 당신 자신의 지혜와 살아 있는 사상을 쏟아 부은 교수법만이 가장 좋고 효과 있는 방법이 될 수 있다.

93_ 교사의 교육 소양

교육 소양이란 무엇인가? 이것은 우선 교사에게 자기가 가르치는 과목에 대해 깊은 지식이 있어야 한다는 뜻이다. 교사는 학교에서 가르치고 있는 과학 기초 과목에서 가장 복잡한 문제를 확실히 익히고 과학 사상의 전면에 나타나는 문제들을 정확히 알아야 한다. 만약 당신이 물리를 가르친다면 급속하게 발전하고 있는 과학의 새 학설을 알아야 하고, 기본입자 학설과 그것에 대해 논쟁되는 문제들을 알아야 한다. 생물 교사는 유전학설의 발전 역사와 현 상태, 생명의 기원에 관한 이론과 세포 내부의 생화학적 과정도 알아야 한다. 교육 소양은 바로 이렇게 시작되고 여기서 존재하게 된다. 무엇 때문에 교사가 학교에서 가르치지 않고 교재와 직접 관계 없는 그런 것들을 알아야 하느냐고 반박하는 사람도 있을 것이다. 하지만 학교 교수요강에 관한 지식이란 교사에게 최소한의 상식이기 때문에 교사는 자기 과목에 대해 깊은 지식을 익혀서 교수 과정의 참된 전문가가 될 수 있고, 예술가와 시인이 될 수 있다.

나는 이런 교수 전문가들을 몇 십 명쯤 알고 있다. 그들의 교육 소양은 교수 준비를 보면 알 수 있다. 그들은 교과서에 따라 교수 준비하는 것이 아니라 교수요강에 따라 준비한다. 그들은 교수요강에 대해 심사숙고한 다음 교과서의 관련된 장, 절을 한번 읽어 본다. 그들이 이렇게 하는 목적은 자기를 학생 편에 놓고 학생의 관점으로 교재를 이해하기 위한 것이다. 진정한 교육 전문가들이 알고 있는 것들은 학교에서 가르치는 것보다 많기 때문에, 교사 계획에 새로운 교재의 내용을 다 쓸 필요가 없다. 그래서 그들은 교사 계획에 서술(강의, 해설)할 내용을 쓰지 않고 학생들의 정신노동을 지도하는 데 필요한 실내 수업 과정의 간단한 세부 기사들만 써넣는다. 이렇게 교육 사업 전문가들은 자기 과목의 과학적인 기초 지식들을 철저히 알고 있기 때문에, 실내 수업에서 교재를 가르칠 때 자기의 관심을 가르치는 내용이 아니라 학생의 정신노동에 두고, 학생의 사고력과 학생이 정신노동을 하면서 부딪히는 어려움들에 두고 있다.

    학생들에게 가르쳐야 할 지식만 알고 있는 교사의 상황을 주의해 관찰해 보자. 그들은 교과서에 따라 진지하게 교수 준비를 하며 심지어 강의할 내용과 논리적 순서까지 머릿속에 기억해 둔다. 하지만 그들은 새로운 교재를 강의할 때 매우 긴장하고 때때로 마땅히 써야 할 실물 교재와 설명 재료(이를테면 역사, 지리, 생물과에서 써야 할 문예 작품 중의 형상들)를 억지로 수업에 넣은 것처럼 만들어 버린다. 그래서 이 모든 것은 학생들의 사상에 스쳐 지나가고 만다.(때로는 일부러 준비해 둔 것마저 잊고 사용하지 못한다.) 왜 이런 결과들이 나올까? 이것은 교사의 관심이 교재 내용에만 있고 교육과정의 여러 세목에는 있지 않기 때문이다. 교사는 있는 힘을 다해 자기가 강의하는 과정을 상기시키고, 모든 주의력을 자기의 생각과 교재 내용에만 집중했다. 학생들은 이런 강의를 매우 알아듣기 어려워한다.

그리고 이런 수업에서는 무의식적 암기도 있을 수 없다. 왜냐하면 교사의 강의와 언어에 감정과 활발한 정서가 빠졌기 때문이다. 교사가 자기의 모든 힘을 교재 내용만 생각하는 데 쓰면 그의 강의에는 감정이 없어져서, 학생들이 흥미를 못 느끼고, 흥미가 없으면 학생들이 무의식적 암기도 할 수 없다. 교사가 교재 내용을 확실히 이해할수록 그의 강의도 더욱 느낌 있게 진행되고, 학생들이 수업을 들은 다음에 교과서를 복습하는 데 쓰는 시간도 더욱 줄어든다는 것은 교사의 교육 소양의 매우 중요하고 미묘한 특징이다. 진정한 교육 전문가에게는 풍부한 감정이 있다. 교재의 지식에 대한 이해가 매우 얕은 교사들은 수업 시간에 허세를 부리며 억지로 아름다운 어구들을 써가면서 학생들의 의식에 영향을 주려 애를 쓰는데, 이런 노력의 결과는 매우 비참하다. 즉 허세는 학생들에게 텅 빈 말을 하게 하고 아름다운 어구들을 써서 열렬한 분위기를 조성해 학생들의 의식에 영향을 주려는 것은 학생들의 영혼을 상하게 하고 그들의 내면세계를 텅 비게 만든다. 우리는 이런 학풍을 절대로 선택해서는 안된다.

사람들이 신념 형성 문제에 대해 말할 때, 교재의 지식은 아직 신념이 되지 않고, 또 지식이 있다 해서 꼭 신념이 있는 것은 아니라는 주장들을 자주 듣는다. 이처럼 지식이 있다는 것은 지식에 대해 깊은 이해가 있고 그 지식을 여러 번 되풀이해 생각하고 활용할 수 있다는 뜻이다. 만약 지식에 대해 잘 알고 그 지식을 여러 번 생각해 그것이 학생의 주관 세계의 일부가 되고 관점이 됐다면, 지식은 이미 신념이 됐다. 그러면 지식은 어떤 조건 아래서 학생 개인의 정신세계를 자극하고 사람들이 소중하게 느끼는 지적 부와 도덕적 부가 될 수 있을까? 비유하자면, 지식이라고 하는 살아 있는 유기체 안에 감정이라는 피가 흘러야 한다. 만약 교사의 강의에 참된 감정이 없고, 그 교재를 익힌 정도가 학생들에게 자신이 알고 있는 것들만 체험시키는 정도라면 학생들은 지식에 대한 반응이 느려지고 마음이 정신생활 속에 들어가지 못해서 학생에게 신념이 생길 수 없다. 여기서 우리는, 교사가 교재에 대해 깊은 지식을 가져야 하는 것은 교육 소양의 기본 측면 중 하나라는 결론을 얻을 수 있다.

교육 소양의 중요한 이 특징의 첫번째 실천 방법은 교사가 강의할 때 학생 의지와 마음을 직접 좌우하는 것이다. 이 소중한 재산을 갖고 있는 교사는 교재를 가르치는 것이 마치 학생들과 마음대로 대화하며 자기의 의견을 발표하는 것과 같다. 교사는 어떤 진리를 선전하는 것이 아니라 소년, 남녀 청년들과 함께 재미있게 이야기를 나누는 것이다.

이런 수업을 분석할 때, 학생들은 모두 교사와 그들 사이에 밀접한 관계가 있음을 느낀다. 그리고 교장은 자기도 학생이 된 듯 느끼고, 15세 소년들과 진리를 발견한 것이 기뻐 속으로 교사의 질문에 답하게 될 것이다.

우리 주의 어느 한 학교에서 아주 재미있는 일이 생겼다. 한 젊은 교장이 경험 있는 한 교사의 기하학 수업을 참관했다. 그런데 그는 그만 교사의 강의에 완전히 매혹돼, 교사가 학생들에게 "여러분 누가 이 문제에 대답할 수 있습니까?"라고 물었을 때 무심결에 손을 들면서 "저요!" 했다고 한다. 이것이 바로 참된 교육 기술이고 우리가 말하는 아이의 의지와 마음을 직접 좌우하는 경지였다. 이런 경지는 오로지 교사가 깊은 지식을 가진 결과다. 이렇게 하려면 강의할 때 생각의 중심을 교재 내용이 아니라 아이들의 정신노동에 둘 정도로 그의 지식이 깊어야 한다.

그러나 다른 한 수업 시간에서 당신은 교사와 학생 사이에 긴밀한 관계가 없고, 교사는 교시 계획에 얽매여 열심히 강의하나 아이들은 천장이나 하늘에 떠 있는 구름만 쳐다보는 광경을 볼 때 무슨 생각이 들겠나? 분명 당신은 학생들 앞에서 부자유스러워하고 교사와 자신의 각도에서, 또 교육학적 각도에서 거북함을 느낄 것이다. 어쩌면 당신은 교수 참관을 아예 하지 말아야 했다고 후회할지도 모른다. 수업이 끝난 뒤 당신은 곧 교사와 대화하려 하지 않고 내일 이야기할지, 수업을 한 시간 더 참관해 볼지 생각하게 될 것이다. 이것으로 교사가 자신이 가르치고 있는 과학 기초 과목 분야에서 깊은 지식이 없었다면 교육 소양을 입에 담을 수 없음을 알 수 있다. 그러면 어떻게 모든 교사에게 교수 상식을 알게 할 뿐만 아니라 자기 과목의 연관 관계도 깊이 알게 할까?

교사의 교육 소양의 몇 가지 방면은 책을 보고 또 보는 것으로 결정된다. 책 보는 것을 첫번째 정신적 요구로 삼고, 매우 절실한 것으로 여겨야 한다. 교사는 책 보는 데 관심이 있어야 하고, 많은 책들을 보아야 하며, 책과 마주 앉아 깊이 생각할 수 있어야 한다. 책 보는 것을 어떻게 모든 교사의 욕구가 되게 할까? 이에 대해서는 어떤 특수한 방법을 단정해서 말하기는 어렵다. 책을 보려는 욕구는 평가의 정신생활로 길러진다.

그러나 책 보는 것을 교사의 정신적 욕구가 되게 하려면 매우 구체적이고 쉽게 파악하고 검사할 수 있는 조건과 전제들이 있다. 우선 교사들에게 자유 시간이 있어야 한다. 교사의 자유 시간이 적으면 적을수록, 또 그가 여러 가지 계획이나 보고 따위로 바쁠수록, 그가 학생에게 가르쳐야 할 것이 없어지는 날이 더욱 빨리 닥쳐온다. 우리 학교 교사들은 어떤 보고서와 회보도 쓰지 않는다는 한 가지 규칙을 평가적으로 지키고 있다. 교육 사업 계획은 없어서는 안 될 문헌으로, 교사 개인의 창조적 '실험실' 상황을 반영할 수 있다. 교시 계획에 대해서도 그 어떤 일정한 형식이 없다. 물론 그에 대해 일정한 요구를 하는데 그것은 우선 학생이 학습할 이론적 교재에 대해 교수론적인 조작을 해야 하는 것이다. 창조적으로 일하는 교사가 쓴 교시 계획은 실내 수업에서 발행돼야 하고 나타날 수 있는 상황을 최대한으로 예견하고 있다.

각 교사는 자기의 창조적인 '실험실'을 갖고 있는데, 이 '실험실'은 해마다 풍부해지고 있다. 이것은 교육 소양에서 매우 중요하다. 여기에서 말하는 것은 교사 노동의 공예학(창조적으로 여러 가지 자료를 쌓는 것을 말한다. - 역자 주)이다. 예를 들면 수학 교사들은 어려운 정도(다른 변종)가 다른 몇 가지 응용문제와 교사와 학생들이 제작한 실물 교재와 같은 교수 자료들을 해마다 쌓는다. 교사는 수업 시간마다 쌓아온 자료가 해마다 늘기 때문에 교시 계획을 다시 쓸 필요가 없다.

지리 교사는 해마다 각 제목의 실물 교재를 더 보완한다. 그리고 어문 교사는 해마다 문법 교수요강의 각 장, 절에 쓰이는 개별 작업 카드집을 엮고, 학생들이 반드시 기억해야 할 최저한도의 맞춤법 단어집을 만들고 다듬는다.

교사의 교육 소양 중 매우 중요한 요소는 아이를 연구하는 방법을 많이 아는 것이다. 교육 소양은 교사가 아이의 정신노동과 육체노동 중에, 유희, 견학, 쉬는 시간에 아이를 관찰하느냐, 그리고 관찰 결과를 아이에게 개별적으로 영향을 주는 방식으로 변화시키거나 구현시키느냐에 따라 달라진다. 아이에 대한 인식은 무엇보다 관찰에서 시작된다. 여기서 교사는 아이의 건강 상태와 아이의 지적 발달과 신체 발달의 특징을 이해하고, 그의 지적 발달에 영향을 주는 해부생리학적 요소를 알아야 한다. 해부학과 생리학, 심리학과 결합된 교육학에 관련된 책은 창의적으로 생각하고 창조적으로 일하는 교사에게 꼭 필요하다. 교사는 학교에 온 뒤에(이런 향상은 많은 교사들의 경험에 기초해 진행된다) 진정으로 심리학을 연구하기 시작한다. 그래서 그는 늘 심리학 책을 읽으며 아이의 행동, 정신노동, 또래들과 관계에서 생기는 이러저러한 현상과 문제들을 깊이 생각하고 이해한다.

확실한 심리학 기초 지식 없이는 교육 소양을 말할 수 없다. 어떤 교사들은, 심리학은 재미없는 과학이고 학교에서 응용될 수 없다고 생각한다. 그러나 우리는 심리학이 교사의 현실적 사업의 진정한 나침반이 되기를 바란다. 우리는 교무위원 회의에서 늘 심리학자들의 연구 성과를 소개하고, 교사 휴게실에 있는 '새로운 책' 책꽂이에 많은 심리학 책들을 꽂고 교사들이 그것을 읽고 생각하고 연구하게 한다. 물론 우리가 이런 책들을 선전한다고 해서 그것을 좋은 바람이 되게 할 수는 없다. 보직 교사나 평교사 모두 아이의 '교육 감정'을 늘 열심히 쓰는데, 이런 '교육 감정'을 쓰려면 아이의 복잡한 정신세계를 확실히 알고 아이의 기쁨과 슬픔을 깊이 이해해야 한다. 그런데 이 '교육 감정'에서 근거로 하는 것은 바로 심리학적 분석과 관찰, 연구다.

수업을 참관할 때 나와 교도 주임은 심리학적·교육학적 분석을 해야 할 문제들을 다른 쪽에 적어 둔다. 예를 들면 이런 문제들이다. 적극적인 정신노동은 이전 교재의 지식을 어떻게 기억할까, 실내 수업에서 하는 정신노동의 방식을 결정할 때 학생의 신경 계통 유형을 어떻게 고려할까, 과목과 구체적인 교재에 대한 학생들의 흥미를 어떤 특수한 수단과 방법으로 불러일으킬까 하는 것들이다. 그리고 교장, 교도 주임과 방과 후 활동을 책임진 교사도 수시로 교육 사업 중 심리학과 교육학 관련 문제들에 부닥치게 된다. 학교생활의 각 분야에서 많은 문제들에 부닥치는데, 이때 심리학 지식이 부족하면 이런 문제들을 해결할 방법이 없다. 예를 들면 학생들의 어떤 행위들은 학급 평가에 넘겨주어 토론하게 할 수 있으며, 또 그 행위의 어떤 측면은 평가 속에서 토론하는 것이 타당하지 않나, 또 지식을 평가하는 과정에 어떤 교육학적인 바람이 있어야 하느냐는 문제들이다. 우리는 일주일에 두 번씩 모여 자기가 쓴 심리학과 교육학 필기장을 읽고, 우리가 어렵고 복잡하다고 느끼는 문제들을 어떤 방법으로 해결할지 토론한다. 그리고 어떤 문제들은 교무위원회에 붙여 토론하고, 개별 문제는 과학연구소에 가져가 가르침을 받는다.

  교육 소양에는 또 한 가지 측면이 있는데, 이 점을 말할 때면 늘 조급해진다. 그것은 교사의 언어 소양 문제다. 20년 전에 나는 한 교사의 수업을 참관하면서, 아이들이 새로운 교재에 대한 해설을 어떻게 알아듣는지 관찰했다. 그때 나는 아이들이 강의를 들은 다음 아주 피곤해한다는 것을 알았다. 수업이 끝나고 집에 갈 때 그들은 그야말로 기진맥진했다. 나는 교사의 말을 자세히 듣기 시작하면서 놀라지 않을 수 없었다. 그는 생물을 가르쳤는데 설명이 혼란스럽고 논리성이 없어 강의하는 내용도 모호했다. 그래서 이러저러한 개념을 처음으로 알게 되는 아이들은 안간힘을 써야만 그 내용을 아주 조금 알아들을 수 있었다. 아이들이 피곤을 느끼게 되는 원인은 바로 여기에 있었다.

  교장인 내가 무엇 때문에 이 점을 바로 발견하지 못했을까? 그것은 내가 익숙하게 잘 알고 있는 교재의 수업을 참관하고 있었기 때문이다. 나는 사실상 내 지식으로 교사의 강의에서 '부족한' 부분을 보충해 가면서 들었던 것이다. 나는 몇 번 더 교수 참관을 하면서 이 교사가 하는 말을 빠짐없이 기록하고 교무위원회에서 그것을 교사들에게 읽어 준 다음, 그가 강의한 사물을 조금도 모르는 아이들이 교사의 말을 알아들을 수 있겠는지 물었다. 그리고 만약 당신들이 엽록소, 이산화탄소, 광합성 작용에 대해 모른다면, 내가 읽은 기록에서 무엇을 알아들을 수 있을지 생각해 보라고 했다.

이 물음에 대답하기는 사실 어렵고 난처해서 "아무것도 알아들을 수 없습니다"라는 대답뿐이었다. 만약 다음 시간에 학생들이 몇 가지를 알았고 공부를 잘하는 학생이 그래도 우수한 점수를 받았다면, 그것은 모두 그 학생들의 부지런함과 노력 덕분이다. 그런데 이런 지식을 얻자면 많은 대가를 치러야 한다! 그것은 학생의 건강과 맞바꾼 것이다. 그것은 그들이 교사가 강의하는 수업 시간에 얻은 지식이 아니라 수업이 없을 때 혼자서 교과서를 읽고 얻은 것이기 때문이다.

이것은 매우 심각한 문제이기는 하지만 우리 전체 교사들은 용감하게 사실을 직시했다. 나와 교도 주임은 기타 과목(역사, 물리, 화학) 수업을 몇 시간 참관하면서 그들의 언어를 빠짐없이 기록해서 또 교무위원회에서 읽었다. 그 상황은 비록 생물 교사처럼 심각하지는 않았지만, 거의 모든 수업에서 교사의 강의는 여전히 언어 소양의 기본 요구에 맞지 않았다. 여기서 모든 교사들이 깊이 우려할 가장 중요한 문제는 개념에 대한 해설이 분명하지 않고, 언어 수단을 이용해 이루려는 표상이 선명하지 않으며, 심지어 매우 혼란스럽다는 것이다. 명확한 표상 없이는 간단한 데에서 복잡한 데로, 가까운 데에서 먼 데로, 구체적인 데에서 일반적인 데로 이행할 방법이 없다. 우리는 선명한 형상이 아이들 사고력의 출발점이고 아이들의 사상이 형성되는 발원지라고 생각한다. 하지만 유감스럽게도 우리는 아직 언어로써 선명한 형상을 창조할 줄 모르고 있다는 것을 인정할 수밖에 없다.

그때부터 언어 소양 문제도 다른 중요한 문제와 마찬가지로 우리 교사 모두가 관심을 기울이는 대상이 됐다. 우리는 이 문제를 25년 동안이나 연구해 왔다. 모든 교사들이 자신들에게 제시한 첫 과업은 바로 학생들에게 해설해야 할 표상과 개념들을 분석하는 것이었다. 그래서 우리는 각 과목의 교수요강과 교과서를 분석하고, 어떻게 하면 선명하고 정확하며 경제적인 언어를 찾아 아이들이 하늘, 들, 초원, 관목림, 사막, 화산, 추위, 토양의 비옥도, 수확과 같은 사물과 현상들에 관한 표상을 형성하게 할지를 함께 연구했다. 이런 것들은 다 간단해 보이지만, 우리가 개개 사물과 현상들에 대해 아이들이 듣고 알 수 있는 선명한 언어 현상을 창조한다는 것은 그리 간단한 일이 아니다.

"어떻게 하늘이란 개념을 해석할 수 있을까요?" 한 교사가 하늘을 가리키며 "저 멀고 먼 것이 바로 하늘입니다"라고 말했다. 그러나 아이들을 언제나 볼 수 있는 형상으로만 생각하게 할 수 있을까? 우리들 언어의 문제는 바로 여기에 있었다. 즉 우리가 언어로 선명한 형상을 창조하지 못하기 때문에 아이들은 구체적인 사고력에서 추상적인 사고로 옮겨 가는 것을 매우 어려워한다. 추상적인 사고력은 개념을 토대로 이루어지고, 개념은 또 언어로 창조된 표상을 기초로 이루어진다.

우리는 보고 관찰한 것들을 언어로 묘사하는 방법을 공부하기 시작했다. 그런 다음 감각기관으로는 직접 느낄 수 없는 사물, 현상과 관련된 개념을 설명하는 방법을 공부했다. 그 뒤 우리는 교재의 논리성, 인과적 관계, 질적 관계, 시간적 관계를 연구하면서 교과서를 깊이 있게 분석했다.

그렇게 해서 우리는 교수 준비, 교재에 대한 교수론적 조작은 무엇보다도 교사의 논리적 사고력과 언어 소양의 통일이란 것을 알게 됐다.

교사들은 수업할 때 가르치는 방식에 대해 진지하게 생각하기 시작했고, 수업 시간에 자기가 쓰는 언어에 대해 자기 감독을 하는 창조적 노동의 중요한 특징이 나타났다. 우리는 교사의 언어 소양이 실내 수업 시간에 학생들의 정신노동의 효율성에 결정적인 구실을 함을 시간이 흐를수록 더욱더 분명히 인식했다. 고도의 언어 소양은 교수 시간을 합리적으로 이용하는 중요한 조건이다. 사물, 현상과 개념이 교사의 언어 가운데서 분명하지 못하고 교사가 아이들이 쉽게 이해할 수 있는 언어를 찾지 못한다면, 학생들이 앞으로 하게 될 여러 차례의 복습 과정에서 얼마나 많은 시간을 낭비하게 될 것인지!

94_ 교사들의 교육관

5학년을 가르치기 1년 전에 나는 앞으로 교수 성격이 매우 변화될 것에 대비해 사상적 준비를 시작했다. 나를 제외하고 이 학급에는 과목 담당 교사가 8명이 있게 되기 때문에 담임 교사는 심혈을 기울여야 했는데, 우선 교육 관점과 교육 신념의 일치를 이루는 데 관심을 기울여야 했다.

나는 민족어문, 러시아어와 역사과의 교수 임무를 맡았다. 이렇게 하면 교수와 교육의 일치라는 중요한 원칙을 구현할 수 있다고 생각했고, 담임 교사는 되도록 개학해서부터 학생들이 졸업할 때까지 배워야 할 과목을 맡는 것이 좋다고 생각했기 때문이다.

내 사명(학급 담임이기도 하고 교장이기도 하다)은 교사들이 교육과 교양의 중대한 문제에서 되도록 일치된 관점과 신념을 가지게 하는 데 있다고 생각한다. 관점이 일치하면 교사들의 창조성이 더욱 남김없이 발휘될 수 있다. 모든 교사가 모든 방면에서 전지전능한 구현자가 될 수는 없다. 그래도 각 교사는 모두 나름의 장점을 갖고 있고 정신생활의 어느 한 분야에서 다른 사람에 비해 더 뛰어날 수 있으며 더욱 만족스럽게 자기를 표현할 수 있다. 이 점이 바로 교사들이 학생을 교육하는 복잡한 과정에서 개인이 기여하는 측면이다. 하지만 이와 동시에 교사들은 모두 하나의 통일체(지적, 도덕적, 미적, 신체적, 심리적, 감정적 문명의 원천)의 일부분이어야 한다.

우리의 교육 관점과 신념은 실제 사업 과정에서 만들어지기 때문에, 아래와 같은 몇 가지 점을 포함하고 있다.

(1) 교사들은 지식을 가르치는 사람일 뿐만 아니라 교육자이기도 하다. 교사와 학생 평가가 정신의 일이기 때문에, 교수 과정은 단지 지식을 전달하는 데만 그치는 것이 아니라 여러 가지 측면의 관계로도 표현된다. 공동의 지적, 도덕적, 미적, 사회적, 정치적 흥미는 우리 교사들을 모두 학생들과 연결시킨다. 수업은 지식욕과 도덕적 신념의 심지에 불을 댕기는 첫 번째 불꽃이다.

(2) 우리 교사들은 모두 구체적인 학생에 대해 개별적인 영향을 주어서 어떤 한 가지 사실로 그의 흥미와 기호를 불러일으키고 그가 독특한 개성을 표현하도록 격려해 주어야 한다. 우리 교사들은 교육사상의 추상적인 구현자가 아니라 살아 있는 인격자다. 그래서 학생들을 도와 세계를 인식하게 할 뿐만 아니라 학생이 자기를 인식하게 한다. 여기서 학생들이 우리를 어떤 사람으로 보느냐가 결정적인 구실을 한다. 우리는 학생들의 정신생활에 매우 풍부한 본보기를 보여 주어야 한다. 이렇게 해야만 우리는 학생들을 교육할 도덕적인 권리를 갖는다. 학생들을 감탄하게 하고, 학생들을 끌어들이는 매력이 있으며, 학생들의 발전하고 싶어하는 의지를 강한 힘으로 불러일으키는, 총명하고 지적이며 부지런한 교사는 그 무엇과도 견줄 수 없는 귀중한 재산이다. 우리의 학생들에게는 천재적인 수학자와 물리학자, 철학자와 역사학자, 생물학자와 기사, 그리고 논밭과 기계

옆에서 창조적으로 노동하는 전문가의 소질이 숨어 있다. 이런 타고난 소질은 모든 학생이 교사의 '생명수'를 만났을 때 비로소 생기 있게 성장할 수 있다. 그렇지 못하면 그 소질은 말라 버리거나 쇠약해지고 만다. 지혜는 지혜에서 자라나고 양심으로 길러지며, 조국에 대한 충성심은 진정으로 조국을 위해 봉사하면서 길러진다.

나는 학생의 운명을 맡은 교사들을 한두 해 겪은 것이 아니다. 그들은 총명하고 성실하며, 아이들을 사랑하고 과학과 책을 사랑하는 사람들이다. 강한 힘인 지식과 인식에 대한 갈망은 우리들을 하나의 평가로 묶어 세웠다. 우리는 모두 자기를 초등학생이라고 느꼈고 모두 정신생활 분야에서 한 가지 기호를 갖고 있었다. 피스멘나야는 프랑스어와 독일어를 능숙하게 했고 또 영어와 라틴어를 자습했다. 리사크가 늘 잊지 않고 있는 이상은, 반드시 5학년 때부터 대수를 가르쳐야 한다는 것이다. 그리고 그는 수학 응용문제집을 한 권 펴냈다. 필린노프는 5학년 물리 기초 과의 교수요강을 짰는데 이 과목을 배우면 아이의 지식 교육에 좋은 조건을 제공할 수 있게 될 것이라고 굳게 믿었다. 또 그는 물리과 과외 활동 요강을 작성했다. 스체파노와는 토양 속의 생화학적 과정을 연구하고 재미있는 실험을 했다. 그가 맡은 모든 학급에는 자기의 일생을 농업 노동에 바치겠다고 결심한 학생이 두세 명씩 있었다. 스로와트카는 근처의 자원을 연구하고 지방 지도를 몇 장 그렸다. 워로쉴로는 현실에서 자기의 신념을 실현하려고 힘썼다. 그는 "사람의 지혜는 그의 손끝에 있다"고 굳게 믿었다. 이것은 실질적 기교와 습관을 양성할 뿐만 아니라 지식욕이 많은 창조적인 지혜를 훈련시킨다. 자이체프는 그림과 사고력 훈련을 서로 연관시키는 방면에 열중했다. 에프레멘코는 자기 수업에서 음악 소양을 기르는 일이 매우 중요하다고 생각하고 음악 작품을 감상하는 요강을 짰다.

(3) 교수는 평가와 개인의 풍부한 정신생활을 배경으로 진행해야 만족스러운 지식 교육이 될 수 있다. 한 사람이 소년기 때 지식 교육에서 비약적 발전을 이루고 질적 변화를 가져오는 단계는, 우리가 보건대 형상적 사고력에서 추상적 사고력으로 이행일 뿐만 아니라(이행이란 개념은 상대적이다. 아이도 추상적 사고력의 요소를 가지고 있고 소년도 형상적 사고력의 요소를 아직 가지고 있다) 소년기 지적 생활 중에서 자기 확립 단계이기도 하다.

소년은 올바른 교육으로 자기의 지적 부를 다른 사람에게 주고, 자기는 다른 사람에게서 지적 부의 정신적 욕구를 흡수함을 느끼게 될 것이다. 수업 시간에 얻은 과학 기초 지식과 교수과정에서 얻은 정신노동의 소양은 지식 교육 가운데에서 중요한 의미가 있다. 하지만 이것들은 여러 가지 측면의 지적 생활의 한 부분에 불과하다. 한 평가 속에는 강한 지식욕으로 과학의 높은 봉우리에 오르려 하고, 흥미를 끄는 문제와 책을 탐구하려는 지향이 끊임없이 요동치고 있다.

평가는 이런 지적 생활을 비추는 등대이자 원천이고, 처음 이곳으로 학생을 이끄는 사람은 교사이다. 지적 생활의 존재 자체는 교사의 지식, 사상에 대한 흥미와 박학다식함으로 결정된다. 학령 초기의 아이들에게 교사는 사물과 현상 세계를 열어 주는 사람이고, 소년기의 아이들에게 교사는 그들의 사상 세계를 열어 주는 사람이다.

청년의 정신 지향의 고결함, 고상함과 공명정대함, 그리고 자기 확립 시기의 지식욕과 교사와 학생 사이의 충성심과 인간성은 모두 평가적인 지적 생활의 풍부함으로 결정된다. 소년기와 청년기의 큰 불행, 다시 말하면 정신의 공허를 예방하고 세월을 헛되이 보내지 않고 연장자들에 대해 무관심해하거나 심지어 범죄 행위를 하지 않도록 막으려면, 우선 한 사람에게 소년기에 지적 생활의 풍부함과 아름다움, 만족스러움을 알 수 있게 해야 한다. 지식은 진리로써 사람의 마음을 풍부하게 하고, 사람들은 지식을 얻으면서 더욱 고매해질 수 있다.

(4) 정상적인 사람이라면 누구나 다 지적인 부를 얻을 수 있고 만족스러운 지적 생활의 행복을 누릴 수 있다. 수업 시간에 채택한 교수 방법이 아무리 좋다고 하더라도 완전무결한 교육을 할 수 있다고 장담할 수는 없다. 한 학생이 수업 시간에 교사가 강의하는 과학 기초 지식을 받아들이기 어려워할수록 그의 지적 생활을 그런 기초 지식에만 국한시키지 말아야 한다. 이 점이 중요하다. 한 사람이 새로 인식한 것이 그가 알려고 하는 것보다 놀랄 만큼 더 많을 때 그는 인식의 즐거움을 느낄 수 있다. 성적이 뒤떨어지는 현상을 미리 막고, 인식과 과학, 책, 그리고 학교에 대한 냉담한 태도를 미리 막으려면, 학습에서 뒤떨어진 학생이 다른 동료들을 따라 잡도록 그를 끊임없이 자극하고 도와야 할 뿐만 아니라 평가의 풍부한 지적 생활로 학생을 이끌어 주어야 한다. 소년의 생활에서 많은 좌절과 여러 가지 비정상적인 현상이 생기는 근원은 학생에게 "나는 아무것도 할 수 없으며, 내 학습은 아무런 수확이 없고, 다른 동료들이 할 수 있는 일을 나는 늘 해낼 수 없다"는 서글픈 생각이 있는 것 때문이다. 만약 한 학생이 자기 확립 시기에 이런 서글픈 생각을 한다면, 그에게는 비극이 닥쳐오고야 말 것이다. 선한 것에 대한 신념을 잃으면, 그는 성미가 괴팍스러워지고 의심이 많아지며 사람을 박대하게 된다. 그런 데다가 사람들이 그를 "너는 게으름뱅이다", "너는 방탕한 놈이다"라고 끊임없이 비웃으면 그는 더욱 냉혹하고 무정해지며 정말 게으름뱅이, 방탕아가 돼서 타락하

고 만다. 그리고 학습은 그에게 고통이 되고 즐거움의 원천이 되지 못한다. 정신상의 공허는 소년에게 매우 큰 불행으로 작용한다.

(5) 소년기의 지식 교육과 교수는 아동기와는 완전히 다르다. 우리는 초등학생에게 자연계와 사회와 그 합법칙성을 제시해 주어야 할 뿐만 아니라, 그들 자신도 제시해 주어야 한다. 여기에서는 심리적인 수양뿐 아니라, 모든 실내 수업의 정신노동의 성격과 방향성도 포함된다. 하지만 소년은 세계와 함께 자신도 인식한다. 소년은 자연계와 사회의 합법칙성을 인식함과 동시에 그가 새로운 것들을 배워서 더욱 총명해졌기 때문에 한 걸음 더 전진했다는 신념을 가져야 한다. 나는 개학 하루 전날 5학년 교사들과 나누었던 대화를 기억한다. 우리는 우리 학생들의 미래를 생각해 보았다. 우리 교사들 중 누가 2000년까지 살 수 있을지는 알 수 없다. 그러나 우리 학생들은 창조력이 가장 왕성할 때 21세기를 맞을 것이다. 그들은 세계의 주인, 즉 기사, 농예사, 의사, 교사, 건축가가 될 것이다. 하지만 그들은 무엇보다도 조국을 사랑하는 사람이 돼야 하며, 명석한 두뇌가 있고 고매하고 용감한 마음과 재주 있는 두 손을 가진 참다운 사람이 돼야 한다. 그들은 몇 십 년 동안 창조적 노동에 종사할 것이다. 이 사이에 과학은 매우 발전할 것이다. 만약 학생이 사업에 참가하는 그 해의 지식 수준을 하나의 단위로 한다면, 노동 생활 과정에서 그는 자신의 정신적 부를 위해 지식을 5~6개 단위는 더 배워야 할 것이다. 그러지 않으면 그는 생활에 뒤떨어져 순조롭게 일할 수 없을 것이다. 생활은 지식을 끊임없이 갱신할 것을 요구한다. 지식욕이 없으면 만족스러운 정신생활을 할 수 없고 창조적인 노동 생활도 할 수 없다. 그러므로 우리는 학생에게 마음속에서 우러나오는 자습에 대한 욕구를 길러 주어야 한다.

95_ 수업을 어떻게 참관하고 분석할까 (상)

　수업은 교수와 교육과정의 주요한 진지다. 교사는 실내 수업에서 날마다 학생들을 양성하고 교육하며 전인적으로 발전하게 한다. 수업의 질이 높고 낮음은 지식의 확고함과 심도로 결정될 뿐만 아니라, 학생의 과학적인 유물론적 세계관과 사회주의 신념을 길러 주느냐 못 하느냐, 학생들이 지식과 과학을 사랑하고 인류가 창조한 정신적 부를 존중하도록 기를 수 있느냐 없느냐로 결정된다. 실내 수업에서는 학생의 인식 능력과 창조 능력을 발전시키고 과학적 사고 능력을 형성시키며 책에 대한 애정을 길러 준다. 수업은 이처럼 학생의 지적 생활의 주된 분야다. 이 분야에서 생활 경험이 많은 교사와 지금 생활에 첫걸음을 내디딘 학생 사이에 정신적인 접촉이 일어난다. 그래서 교사가 본을 보이는 것은 실내 수업에서 매우 중요하다.

　수업에서는 지식 내용만 가지고 학생을 교육하는 것이 아니다. 같은 지식 내용을 가지고도 한 교사는 교육적 작용을 일으킬 수 있으나, 다른 교사는 교육학 작용을 일으키지 못할 수 있다. 지식이 수행하는 교육학적 작용은, 지식이 교사 개인의 정신세계(그의 신념, 그의 생활의 모든 도덕상의 방향성과 지능의 방향성, 자기의 교육 대상, 즉 젊은 세대들의 미래에 대한 그의 관점)와 긴밀히 융합돼 있느냐에 따라 크게 결정된다. 교사 자신이 본을 보인다는 것은 우선 그의 신념의 힘, 과학에 대한 사랑과 도덕적 면모(자기의 지혜, 이지와 지식으로 사회주의 사회의 숭고한 이상을 위해 봉사하는 것)를 놓고 말하는 것이다.

능력 있는 교장이 관심을 쏟는 일은 바로 수업이다. 경험이 증명하듯, 수업을 참관하고 분석하는 일은 교장에게 매우 중요하다. 교사 평가와 학생 평가 생활에서 지능의 풍부함, 교사의 교수법 기술, 학생의 요구와 흥미의 여러 측면은 모두 수업을 참관하고 분석하는 일의 과학 수준에 따라 결정된다. 이것을 끊임없이 개선하면 학교의 모든 교육 과정 수준이 높아질 수 있다. 수업에서는 얼핏 보면 쉽게 만날 수 없는 몇 십 갈래 선(이 선들이 방과 후 활동, 학생의 자기 교육, 교사 개인의 창조적 실험, 경험 교류, 학부모에 대한 전체 교사들의 사업과 연결돼 있다)을 만들어 내는 것 같다. 이제 나는 젊은 교장들에게 수업을 참관하고 분석하는 문제에 관해 몇 가지 의견을 제시하려 한다.

(1) 어떤 교사의 수업을 참관하고 언제 몇 시간을 참관해야 하나?

학교의 지도자가 사실을 충분히 파악하고 관찰해야만 교육과정에서 사업의 질이 높아질 수 있다. 늘 수업을 참관하고 분석하는 교장만이 학교에서 무엇을 하고 있는지 이해할 수 있다. 한 학교에 교사가 15명이 있을 수 있고 50명이 있을 수도 있다. 교장은 교사 수와 상관없이 반드시 각 교사의 사업 상황을 이해해야 한다. 이렇게 하려면 늘 일정한 제도에 따라 수업을 참관하고 분석해야 한다. 내 오랜 경험으로 볼 때 학교의 지도자는, 물론 여러 가지 일이 있을 수 있지만 수업을 참관하고 분석하는 일을 가장 중요하게 생각해야 한다. 나는 하루 두 시간 수업을 참관하지 못하면 그날 하루는 아무 일도 하지 않은 것으로 생각하는 규칙을 세워 놓았다. 만약 오늘 구에서 교장 회의가 있었다면, 오늘 못한 수업 참관 두 시간을 내일 꼭 보충해야 한다. 이렇게 되면 나는 내일 4~5시간 수업을 참관해야 한다. 그러므로 내일은 매우 바쁜 하루가 된다. 만약 외지에 4~5일 출장이 예정되면, 하루 두 시간씩 참관하던 것을 두 주일 앞당겨 날마다 세 시간씩 참관한다. 유감스러운 것은, 어떤 교장들은 학교에 15~30 학급밖에 없는데도 일 년에 70~80시간밖에 교수 참관을 하지 않고 심지어는 이보다 더 적게 참관한다는 점이다. 이런 지도 일꾼은 눈을 싸매고 출근한 사람과도 같아서 어둠 속에서 헤매게 된다. 그들은 무언가를 들을 수는 있지만, 그것을 보지 못하고 이해하지도 못한다.

교육학적으로 말하면 교장이 교사들의 사업 상황을 분석하는 가장 적당한 방식은 정기적으로 교사들의 수업을 참관하는 것인데, 20~30년 교수 경험이 있는 노교사의 수업을 참관해야 하고 1년 전에 학교에 들어선 젊은 교사의 수업도 참관해야 한다. 어떤 학교의 지도 일꾼은 여러 해 동안 교수 경험이 있는 노교사의 수업은 몇 시간만 참관해도 된다고 잘못 생각한다. 교수 연한이 길고 짧은 것이 경험이 풍부한가 못한가를 증명하지는 못한다. 오직 끊임없이 공부해 자기를 발전시키는 교사만이 진정으로 경험 있는 교사다. 교사의 성장은 그의 교육학 지식의 질적 변화와 심화 정도에 따라 결정된다. 공부해서 자기를 발전시켰다는 것은, 어느 한 가지 교육 진리에 관한 오늘날의 교사의 견해가 어제와 달라졌다는 뜻이다. 자기를 열심히 발전시키는 교사는 이론의 빛으로 자기가 갈 길을 비추듯이 이론과 실천의 관계를 정확하게 실천하기 위해서 쉼 없이 노력한다. 이것은 그의 성장의 기초이며 풍부한 경험을 쌓는 기초다.

교장이 수업을 참관하고 분석하는 것은 교사들에게 어떤 의견을 제시하기 위해서가 아니다. 교육 실험실인 학교는 날마다 지능 면에서 끊임없이 교류하고 정신적 부를 쉼 없이 교류하는 전체 교사들의 창조적 결합체다. 경험 있는 교사에 대해서도 수업 참관을 충분히 진행해야 한다. 이것은 그 개인의 창조적 실험 속의 가치 있는 모든 것들을 학교의 평가적 교육 실험실에 흡수하기 위한 것이다.

수업을 참관하고 분석하는 일은 개학 초기부터 수업이 끝나기 며칠 전까지 해야 한다. 개학 초기에 '갑자기 수업을 참관하고 분석해' 시간을 낭비해서도 안 되거니와, 또 학업이 곧 마무리되고 모든 것이 사실상 이미 정해져서 이제 수업과 교육과정에 대해 교장이 간섭해도 아무런 좋은 점이 있을 수 없다고 잘못 인식하면서 수업 참관을 학년이 마무리되기 2~3주일 전에 그만두어도 안 된다. 사실 수업이 마무리되고 있을 때, 수업의 마지막 며칠 동안을 참관하고 분석하는 것은 더 많은 자료들을 제공해 주고, 지식의 질에 대한 가치 있는 개괄에 도움이 될 뿐만 아니라, 채택하지 못했던 좋은 교수 기법도 알아낼 수 있다.

교장 업무에서 늘 하는 수업 참관을 제외하고 때로는 어떤 수업(즉 과제 하나, 하나의 장과 절의 몇 시간 교수)을 집중해서 참관하는 것도 중요하다. 이런 수업 참관 방식이 필요한 것은 여러 가지 교육 현상의 본질과 그의 인과적 관계를 파악하고 이해하며 교육과정의 주요한 의존관계, 즉 확고하고 심오한 지식을 얻는 필수 조건과 얕은 지식이 생기는 원인을 제시하기 위해서다. 총체적으로 말해서 수업을 참관하고 분석하는 목적은 교사들의 경험을 연구하고 발전시켜서 개별적인 교사의 경험을 평가의 자산이 되게 함으로써 전체 학교의 창조적 실험을 풍부하게 하려는 것이다.

(2) 명확한 수업 목적이 있는지, 또 그 목적을 어느 정도 이루었는지?

많은 수업(심지어 여러 해의 교수 연한을 가진 노교사의 수업까지도)의 중대한 결함 중 하나는 수업 목적을 명확히 제시하지 못하고 수업의 모든 측면과 구성 부분과 단계를 수업 목적에 종속시키지 못하는 것이다. 문제는 수업 계획에 그 시간의 수업 목적을 써넣는 것이 아니다. 교사가 이런 형식상의 규정을 지키더라도 수업은 진정한 목적을 인식하지 못했을 수도 있다. 목적이 없는 수업은 그저 시간만 낭비하고 학생들을 더 피곤하게 하며 그들에게 해이해지는 습관을 길러 주고 게으름을 부리는 좋지 못한 도덕적 성품을 형성시킨다.

수업의 목적을 이해하는 일은 매우 간단해 보인다. "수업 목적 말입니까?" 하고 한 1학년 여교사는 내 물음을 되풀이하면서 이렇게 대답했다. "그것은 학생들에게 문장을 읽히고 문장을 다시 외게 하는 것입니다. 이것이 수업 목적이지요."

우리는 실내 수업에 들어갔는데 그때 나는 몹시 심란해졌다. 이 수업 시간에 나는 시간을 헛되이 낭비했고, 학생들은 수업을 한 시간 듣기는 했지만 조금도 실력이 늘지 않았다. 왜 이럴까? 그것은 교사가 수업에서 제시해야 할 주된 목적, 즉 모든 아이들(지명당한 몇몇 아이들뿐만 아니라)에게 읽는 법을 가르치고 읽는 기술을 발전시킬 것을 제안하지 않았기 때문이다. 교사는 단지 아이들에게 지명당한 학생이 읽을 때 모두 주의해 듣고 그가 잘못 읽은 곳을 기억해 두었다가 고쳐 주라고 말했다. 1학년의 읽기 책은 아주 간단하고 단어도 아주 쉽게 기억할 수 있으므로 잘못 읽은 곳을 아이들이 기억하는 게 어렵지 않다. 그런데 아이들은 한 학생의 낭독 가운데서 잘못 읽은 곳을 발견한 다음에는 더 이상 들으려 하지 않았다. 그도 그럴 것이, 그들은 잘못 읽은 곳을 잊어버리지 않으려고 하다 보니 문장을 주의해 보아야 한다는 교사의 말을 잊어버렸던 것이다. 그리고 아이들은 너도나도 손을 들고 잘못 읽은 곳을 고쳐 주려고 해서 분위기는 아주 열성적이었다. 그러나 아이들은 읽는 법을 배우지 못했으므로 그들에게 이로운 점은 매우 적었다.

중요한 것은 아이들이 교과서를 보면서 지명 받은 친구가 낭독한 것이 어떤지 검사하는 것이 아니라 우선 아이들이 교과서를 보면서 음절에 따라 단어를 읽고 낮은 소리로 묵독하는 것이다. 이런 수업 목적은 모든 아이가 독자적으로 읽게 하는 것이다. 이 목적에 이르는 것은 그리 쉬운 일이 아니다. 이것은 초급 학년, 특히 1, 2학년 읽기 과목의 가장 중요한 목적이다. 교사는 반드시 모든 학생의 학습 상황에 대해 최대한 주의를 기울여야 한다. 어떤 아이들은 좀 빨리 읽고 어떤 아이들은 좀 느리게 읽는데, 이 모든 것들을 미리 짐작해야 한다. 그리고 어떤 아이들은 읽는 것이 느려서 교사에게 지명당한 학생이 읽는 대목보다 뒤떨어진다 해도 크게 마음 쓰지 말아야 한다. 또한 아이들이 글을 읽을 때 벌 떼처럼 웅성웅성 소리 낼까 봐 두려워하지 말아야 한다. 1학년 모두가 다 묵독할 줄 아는 것은 아니므로 이 점은 조급하게 생각할 필요가 없다. 아이들이 글을 읽을 때 실감 나는 투로 읽지 못한다 해도 걱정할 필요 없다. 무엇보다도 아이들이 단어를 읽을 줄 알게 하면 이후에는 단어의 감정적 색채도 나타낼 수 있게 된다.

수업 참관을 한 다음 교사의 수업과 학생의 학습 상황을 분석할 때, 내가 주의를 기울이는 점은 바로 이런 문제점들이다. 지금 교사들은 이런 수업에서 무엇이 수업 목적인지 어느 정도 인식하고 있다. 여러 해 동안의 경험으로 알 수 있듯이, 사업이 매우 단순하고 수업 목적을 정하는 데 아무 어려움도 없을 것 같을 때 도리어 수업 목적을 정하기가 어렵다. 이런 범주에 속하는 수업으로는 초급 학년의 읽기 수업 말고 외국어 수업과 응용문제를 풀어야 할 산수, 대수, 기하, 삼각함수, 물리, 화학 수업이 있다. 외국어 수업의 주된 학습 형식은 교과서의 문장을 읽는 것이다. 그러나 이런 수업에서 모든 학생이 제 힘으로 교과서를 깊이 연구하지 못하고 시간만 낭비하는 모습을 흔히 본다. 외국어 수업의 주된 목적은 학생들의 발음기관을 훈련하고 혼자 교과서를 낮은 소리로 읽게 하는 것이다. 그래서 교사는 시간을 할당해 학생이 묵독하게 하고, 모든 학생이 어떻게 읽는지 세심히 관찰해야 하며, 학생들이 각각 활동하도록 가르쳐 주어야 한다.

응용문제를 푸는 시간에는 어떤 교수 목적을 정하고 또 어떻게 목적에 도달해야 할까? 당신들은 아마 이런 현상들을 자주 보게 될 것이다. 즉 교사가 응용문제를 한 번 읽어 주었는데 공부를 가장 잘하는 몇몇 학생들이 문제의 조건을 알게 돼서 마치 모든 학생들이 다 알게 된 것 같은 인상을 주는 것이다. 그래서 심지어 교사와 교장까지도 이런 허구에 혹하고 만다. 그때 만약 당신이 공부를 잘 못하는 학생에게 가서 "이해되니?" 하고 물어보면, 그들은 그 응용문제의 조건조차도 설명하지 못할 것이다. 사실 그들은 아직 모르고 있다. 그리고 교사는 공부를 가장 잘하는 학생에게 칠판 앞에 나가서 문제를 풀게 하고, 이 학생이 문제를 풀고 있는 사이에 계속해서 일부 학생(역시 공부를 잘하는 학생)들을 지명해 제자리에서 일어나 문제에 대답하게 하고, 문제를 설명하게 한다. 그러고 나서 교사는 이 수업 시간에 제시된 수업 목적, 즉 학생에게 연습 문제 풀이를 시키는 목적에 도달했다고 생각한다. 그러나 실제 수업 상황은 어떨까? 결론은 공부를 잘 못하는 학생과 중간 축에 드는 학생들은 제 힘으로 활동할 능력을 배우지 못했다. 그래서 학생은 7~8년을 공부했지만 학교에서나 집에서나 혼자서는 어떤 응용문제도 풀지 못하는 일들이 자주 일어난다.

이런 현상들을 보면 교사들은 평가적인 작업 형식에 지나치게 현혹되지 말아야 하고, '모든 것이 순조롭다'는 거짓을 절대 만들지 말아야 한다. 학생은 개별적인 작업을 기초로 혼자서 수학을 공부해야 한다. 교사는 학생의 수준에 따라 전 학급에 몇 가지 다른 형식의 숙제를 내주어 모든 학생들이 혼자 연습 문제를 풀게 할 수도 있다. 그렇게 학생 자신이 문제의 조건을 분석하고 스스로 각 수량 사이의 의존성을 생각하게 해야 한다. 처음 시작되는 단계에서 교사는 학생들의 실력에 매우 큰 차이가 있음을 발견한다. 즉 한 학생이 15분 동안 문제 하나를 다 풀었으면 그에게 또 새로운 문제 하나를 더 내주어야 하지만, 다른 한 학생은 하교할 때까지 한 문제도 다 풀지 못한다. 이 점에 대해 당신은 조금이라도 조급해하거나 실망하지 말아야 한다. 그 학생에게는 풀지 못한 문제를 다음 시간에 계속 풀게 하면서 거듭 생각하게 해야 한다. 이때 교사는 학생을 혼자서 활동하게 해야 한다.

노동하지 않고 단련하지 않으면 근육이 위축되고 무기력해지는 것처럼, 지혜도 긴장된 노력, 세심한 사고, 독자적인 탐구를 거치지 않으면 발전할 수 없다. 그러므로 이런 방식을 고수한다면 공부를 못하는 학생도 나중에는 제 힘으로 응용문제를 풀 수 있을 것이다.

나는 젊은 교장과 교도 주임들에게 수학 수업(초급 학년, 초·중·고 각 학년의 수학 수업)을 참관하고 분석할 것을 제안한다. 그 목적은 학생의 사고력과 정신노동의 독자성을 분석하게 하려는 것이다. 이런 수업을 참관하고 분석할 때에는 모든 학생이 어떻게 공부하는지, 그리고 교사가 모든 학생이 저마다의 정신노동에 종사하도록 교수 목적을 제시했는지에 주의를 기울이는 것이 중요하다.

(3) 학생의 지식을 무엇 때문에 검사하고 또 어떻게 검사하나?

많은 수업에서 나타나는 가장 큰 문제점은 수업의 첫 단계, 즉 숙제 검사를 할 때 시간을 낭비하는 것이다. 바로 이때 수업 목적이 가장 쉽게 외면 당한다. 교사는 15~20분 동안에 학생 서너 명에게 질문하고 그들에게 점수를 매기는데 나머지 학생들은 이때 하는 일 없이 시간을 보내게 된다. 이렇게 날마다 반복하면 학생은 점차 게을러진다. 즉 한 수업의 3분의 1에 해당하는 시간에 그들은 아무 일도 하지 않게 된다. 이런 나태함은 또 수업의 다음 단계에까지 이어질 수 있다. 지식을 검사하고 평가하는 것이 목적이라면, 교사가 학생에게 질문하는 것은 그 학생에게 점수를 매기기 위한 것밖에 되지 못한다. 수업 참관 때 당신들은, 지명당한 학생이 교사의 물음에 대답할 때 나머지 학생들이 무엇을 하고 있는지 주의를 기울여 관찰해야 한다. 지식을 검사할 때에는 모든 학생들이 다 적극적이고 독자적인 정신노동을 하게 하고, 상급 학년(7~10학년)의 이런 정신노동은 자기 검사의 성격을 가지고 있어야 한다.

　그러나 실제로 어떻게 해야 이렇게 될 수 있을까? 일부 우수한 교사들에게는 한 가지 방법이 있다. 그들은 모든 학생에게 연습장(각 과목에서 다 쓸 수 있게) 한 권을 준비시킨다. 지식을 검사할 때 학생들은 그 연습장을 펼쳐 놓고, 교사가 지명한 학생에게 질문하는 문제를 들은 다음 연필을 쥐고 제각기 자기 연습장에 중요한 내용만 간단하게 기록한다. 즉 문제의 뜻에 근거해 도표, 도해, 상세도, 간단명료한 예 등의 형식으로 답안을 작성한다. 이렇게 교사는 점차 학생에게 홀로 활동하도록 가르쳐 주고 자기의 지식에 대해 자기 검사를 하게 해, 학생들이 스스로 공부하는 습관을 기르게 한다. 이렇게 하면서 모든 학생은 자기의 지식을 질문 받은 친구의 지식과 비교할 수 있게 된다.

　어떤 수업 시간에는 학생들이 칠판에 써놓은 것을 기계적으로 단조롭게 베끼게 한다. 예를 들면 문법 수업 시간에 지명당한 학생이 칠판 앞에 나가 자기가 지은 짧은 글을 칠판에 쓴다. 그리고 많은 교사들은 전 학급의 학생들에게 그 글을 베끼게 한다. 이렇게 하면 학생이 제 힘으로 정신노동을 하도록 자극할 수 없다. 이런 수업 시간에는 학생들이 개별적으로 정신노동을 해야만 학생의 적극적인 지적 활동을 보장할 수 있다. 경험 있는 어문 교사들은 이런 경우에 학생들 저마다 짧은 글을 짓게 한다.

　이처럼 수업을 분석할 때, 교수는 어떻게 진행되고 학생의 지식을 검사하고 평가할 때에 학생의 지식이 어떻게 발전하고 깊어지는지 주의해서 보아야 한다. 학생이 적극적으로 정신노동을 하게 하는 방법은 아주 많다. 생각을 잘하는 교사들은 여기서 자기 창조성을 맘껏 발휘할 수 있다.

　숙제를 검사할 때 나타나는 시간 낭비 현상은, 교사가 제시한 문제가 전적으로 교과서의 작은 제목들과 겹치는 데서도 나타난다. 이렇게 하면 학생들은 기계적으로 암기하고 죽은 글을 읽을 뿐이다. 이런 그릇된 방식이 어떤 학교에서는 아주 많이 쓰이고 있다. 문학, 역사, 사회 상식 수업에서는 20~25분이란 시간을 써 가면서 교과서를 한 단락씩 외우게 하는 경우가 많은데, 이렇게 늘 한 시간씩 암송하게 하면 학생의 지능과 재능은 점차 묻히고 만다. 그러므로 교사들에게 반드시 다음과 같은 구체적인 제안을 해야겠다. 즉 문제를 어떻게 제시해야만 학생의 지적 발달을 자극할 수 있고, 학생을 기계적으로 암기하는 데로 떠밀지 않고 학생의 사고를 개발해서 과학에 대한 흥미를 기를 수 있느냐 하는 문제다. 교사가 제기하는 문제로 학생들이 교과서의 내용에 대해 깊이 생각하면서 독서하고 충분히 이해하게 해야 한다.

초급 학년에서 지식을 검사하는 형식은 특수한 편이다. 여기서는 따로 시간을 정해 학생의 문법 규칙과 산수 규칙의 지식을 검사할 필요가 없다. 이런 것들은 모두 실제 작업을 완성하는 과정에서 검사할 수 있기 때문이다. 만약 교사가 학생에게 지식을 활용하게 하면서 그의 지식도 검사한다고 결론을 내릴 수 있다면, 당신은 수업 시간의 매우 복잡한 교육 현상 중 하나를 분석한 것이다. 수업 후 교사와 대화할 때는, 수업에서 연습 문제를 다룰 때 교사는 어떤 지식들을 활용했고, 이때 학생은 지식을 늘리는 면에서 어떤 진보가 있었는지 주의를 기울여야 한다.

96_ 수업을 어떻게 참관하고 분석할까 (하)

(4) 아이에게 공부를 가르치는가, 그렇지 않은가?

아이에게 공부를 가르치기 위해 선택한 방법과 방식에 대해 교장은 특별히 관심을 기울여야 한다. 수업 시간에 아이가 얻은 지적 발달은 아래와 같은 두 측면이 있거나 두 부분으로 구성돼 있다. ① 자연계, 사회, 사람의 정신생활에 관한 지식, ② 교사의 지도 아래서나 혼자서 이런 지식을 얻는 능력, 학생의 학습 성적과 지식 시야와 책과 과학에 대한 사랑은 모두 지적 발달의 두 측면의 통일과 조화에 따라 결정된다.

초급 학년에서는 지식을 얻는 능력이 특히 중요한 의미를 가진다. 교장은 학생이 주위 세계를 보고 관찰하는 능력, 사고력, 독서 능력, 글쓰기 능력 등이 어떻게 서로 연결돼 있는지 늘 주의를 기울여야 한다. 그래서 초급 학년에서 수업을 참관하고 분석할 때, 다음과 같은 것을 연구하고 따져 봐야 한다. 즉 교사가 수업 시간에 얼마만큼의 시간을 아이에게 지식을 가르치는 데 쓰나? 낭독에 충분한 시간을 썼나? 낭독이 여러 가지 대화들로 대체되지 않았나? 아이가 방과 후 독서를 얼마나 했는지 교사가 검사하나? 하는 것들이다. 다년간의 관찰을 통해 우리는 다음과 같은 결론을 얻었다. 학생이 빠르게 이해하면서 실감나게 읽을 수 있으려면, 초급 학년에서 공부하는 4년 동안에 낭독 시간이 200시간 이하(1, 2학년은 날마다 10분을 읽고 3, 4학년은 날마다 15분 동안 읽는 것으로 계산함)로 내려가서는 안 된다. 교사는 이 사업 시간을 통일적으로 잘 분배하고, 교장은 교사들이 어떻게 모든 학생의 개인 독서를 지도하는지 살펴야 한다.

나와 교도 주임은 초급 학년의 수업을 참관할 때, 학생의 낭독 상태를 보는 것을 별도의 목적으로 설정했다. 그리고 해마다 모든 학생의 독서 능력을 평가하고, 그가 책을 빨리 읽는 능력을 어느 정도 익혔나 보며, 교과서 외의 어떤 책을 읽는지 관찰할 것을 임무로 설정했다. 독서 능력이 좋지 못한 학생은 부진아가 될 수가 있다. 만약 초급 학년에서 책 빨리 읽기를 가르치지 못한다면, 그는 앞으로 공부할 때 수없이 많은 어려움에 부딪히게 될 것이다. 빠르게 이해하면서 실감나게 독서하는 것은 지능이 나태해지는 것과 공부가 뒤떨어지는 것을 예방하는 미더운 수단 가운데 하나다. 이것은 또 한 사람이 지적 문명의 높은 봉우리로 오르는 한 갈래의 오솔길이기도 하다. 읽기 능력이 없는 사람은 교육을 받지 못한 사람이며 도덕을 모르는 사람이다.

빠르고 정확하며 올바르게 글을 쓰려면, 학생은 초급 학년 때 글을 빨리 쓰는 훈련을 해야 한다. 수업을 참관하고 분석할 때, 모든 학생의 학습 내용만 연구할 것이 아니라 학습 분량도 연구해야 한다.

사고 능력(대비 능력, 비교 능력, 개괄 능력, 인과적 관계와 능력 관계, 기타 관계와 의존성을 해석하는 능력)은 아주 중요한 의미가 있다. 수업을 참관하고 분석할 때, 교장은 학생이 어떤 사고력의 과업을 완성했고 이런 과업이 지식을 배우는 과정에 유기적으로 포함돼 있는지 주의해서 연구해야 한다.

중급 학년과 상급 학년에게는 중요한 의미가 있는 또 한 가지 능력이 있는데, 그것은 자기 감독과 자기 검사 능력이다. 교장은 정기적으로 수업을 참관하고 분석하면서 충분한 자료를 갖게 된다. 이 자료를 가지고 교장은 학생의 능력이 적당한지, 목표가 명확한 훈련을 제대로 받았는지 판단할 수 있다.

주위 현실은 지식의 가장 중요한 원천이다. 학생의 지능과 재능의 발전은 교사가 이 원천을 얼마나 잘 이용하느냐에 달려 있다. 경험 있는 교사들은 수업에서 학생을 훈련할 때 무엇보다도 자연계와 노동, 사회생활의 현상을 학생 사고력의 중요한 대상으로 삼는다. 그래서 교장의 과업은, 교사가 아이들을 지식의 원천으로 이끌고, 아이들이 주위 세계를 관찰하고 노동 과정과 주위 세계의 상호작용 속에서 분석과 종합, 추상과 일반화의 논리적 방법을 잘 배우게 하는지 보는 것이다. 그리고 초급 학년에서 수업을 참관하고 분석할 때, 교사가 학생들을 자연 속으로 이끌어 언어를 발달시키는 일을 하는지 특별히 주의해서 봐야 한다.

만약 이런 사업을 하지 않으면, 교육은 지적 훈련을 벗어날 위험을 가진다. 그러므로 어떻게 자연으로 가서 수업하고, 어떻게 아이들에게 생각하도록 가르쳐야 하는지 교사에게 알려 주어야 한다.

(5) 새 교재를 공부할 때 들이는 학생의 정신노동

여기서 매우 중요한 것은 학생의 정신노동의 적극성 정도에 대해 정확한 결론을 내리는 일이다. 정확한 결론을 내리는 것은 교장뿐만 아니라 날마다 학생을 가르치는 교사에게도 그리 쉬운 일이 아니다. 새 교재를 강의하는 방법이 교사의 서술(해설 또는 강의)이 될 때, 학생들이 적극적인 정신노동을 하는지 알기 어렵다.

서술할 때 학생이 새 교재를 어떻게 받아들이고, 그들의 정신노동이 어떻게 적극적으로 진행되는지 검사하기란 매우 어렵다. 하지만 교사와 교장은 바로 이 점을 명확히 이해하고 있어야 한다. 여기에 관련된 문제는, 새 교재를 공부하는 과정에서 학생이 적극적으로 활동하는 데 매우 중요한 조건의 하나인 귀환 연계다. 즉 서술(해설, 강의)이 아직 마무리되기 전에, 교사는 학생이 교재를 어느 정도 이해하고, 이번 수업 시간에 배운 새로운 지식들이 그들이 이미 알고 있는 개념과 합법칙성과 연결돼 있는지 알아야 한다.

나는 교사의 강의를 들으면서 교사가 학생이 생각을 적극적으로 하도록 자극하는지, 교사가 제시하는 문제가 학생이 이미 알고 있는 지식을 떠올리고 활용하면서 아직 모르는 것을 해석할 수 있게 하는지, 그리고 교사가 어떤 특수한 논리적 방식을 채택해서 학생이 모든 힘을 집중해 정신노동을 하게 하는지 알아낼 수 있었다. 교육 경험이 풍부한 교사는 늘 아리스토텔레스의 "사고력은 의문을 가지고 이상하게 생각할 때 시작된다"라는 명언을 깊이 기억한다. 그래서 그들은 흔히 학생들이 알고 있는 사물과 현상을 놓고 강의를 시작하고, 이미 알고 있는 사물과 현상 중에서 학생들이 의문을 가질 만한 면을 제시해 주며, 이런 의문의 선명한 감정 색채는 또 학생들에게 이상야릇함을 느끼게 해서 그 비밀을 알아내려는 강렬한 바람을 갖게 한다. 이런 바람이 바로 강력한 추진력으로 생각하려는 의지의 원천이다. 여기서 매우 중요한 것은, 교사가 학생들의 사고력 방향을, 쉽게 볼 수 없는 것을 보고 숨겨져 있는 것들을 알려고 하며 일상적, 습관적으로 볼 수 있고 수시로 볼 수 있는 것에서 평범하지 않은 것을 찾아내려고 하는 쪽으로 잘 이끄는 것이다.

학생들이 적극적으로 생각하도록 자극하는 중요한 수단은, 학생들 스스로 작업을 완수하게 하는 것인데 교사는 이것을 새 교재를 공부하는 전 과정과 유기적으로 긴밀히 연관시킨다. 그리고 새 교재 강의에서 교사는 교재에 대한 몇몇 학생들의 이해 정도가 어떠하며 그들에게 어떤 어려움이 있나 알아낸다. 배우고 있는 합법칙성이 복잡하고 어려울수록 학생들이 수업 시간에 숙제를 다하도록 하는 것이 더욱 중요한다.

교수의 기교는 학생들이 지식을 배우고 익힐 때 아무 어려움이 없도록 하자는 게 아니다. 이와는 반대로, 어려움에 부딪혔을 때 스스로 극복해야 학생의 지능이 발달한다. 그러므로 학생들이 충만한 정서로 주의력을 집중시켜 이미 알고 있는 지식을 활용해 모르는 지식을 알도록 하는 지적 과업을 선택하게 해서 성과를 거두게 하고, 노동 없이 어려움을 극복하는 쾌락 체험은 없다는 것을 인식하게 해야 한다.

교사의 지도 아래 학생들에게 제 힘으로 사실과 현상들을 연구하게 하는 것은 적극적인 정신활동을 촉진하는 수단 중 하나다. 수업을 참관하고 분석할 때, 교장은 새로운 지식을 얻는 과정에서 혼자 연구하는 것이 유기적인 구성 부분으로 포함돼 있나 잘 살펴야 한다. 실내 수업에서 역설

하려는 개괄, 결론, 합법칙성은 본래 주위 세계의 사물, 사실과 현상을 학생의 연구 대상이 되어야 한다. 여기서 직관력에 주의를 기울여야 하는데 진정 우수한 교사에게 직관력 수단은 시범을 보이고 사물의 선명한 표상을 형성하기 위한 것일 뿐만 아니라, 학생이 제 힘으로 연구하게 하기 위한 것이다. 여기에는 혼자 연구하는 과정에서 학생의 머릿속에 많은 문제들이 생기고, 늘 부딪히는 사실 속에 있는 많은 복잡한 것들이 그들을 자극하고 현상의 본질을 생각하도록 촉진하게 하는 특수한 교육적 목적이 포함된다. 이것도 의지를 자극하는 한 가지 정서인데 그것이 없으면 사고력 활동의 어린싹들은 시들어 버리고 말 것이다.

독자적으로 연구하는 대상에는 그림, 밑그림, 도해, 진도표, 모형, 생생한 언어 사실(단어, 문장) 들이 포함될 수 있다. 교사의 교수 기술은 바로 이런 것들을 그대로 학생들에게 주는 것이 아니라 그것을 정신노동의 과업으로 삼아 그들 스스로 해결하게 하는 데 있다.

어떤 교사들은 새 교재를 다 가르치자마자 바로 확인을 한다. 즉 일부 학생들을 지명해 방금 가르친 내용들을 다시 외우게 한다. 물론 이때 지명당하는 학생은 모두 공부를 잘하는 학생들이다. 하지만 교사는 급하게 학생들에게 질문할 필요가 없다. 새 교재를 다 가르친 다음에는 학생들에게 생각할 시간을 줘야 하기 때문이다. 즉 교실 분위기를 정숙하게 해 학생들이 교사의 강의 내용들을 떠올리게 해야 한다. 이때는 교재 내용에 따라 책을 보거나 강의의 줄거리를 만들거나 도면을 그리는 등 여러 가지 방식을 선택할 수 있다. 학생에게 생각할 시간을 반드시 남겨 주어서 학생마다 교사가 강의한 내용들을 제 힘으로 이해하게 해야 한다. 교육 경험이 풍부한 교사들은 학생이 교재를 이해하게 하는 것이 수업의 가장 중요한 단계라고 생각한다.

(6) 지식을 발전시키고 싶어졌는가?

교수 과정에서 지식이 발전하고 깊어지게 하는 것은 교수론과 교육 사업에서 가장 중요하지만 그 연구는 아직 충분하지 않다. 학생들이 시간 안에 이해한 진리, 합법칙성, 규칙, 공식 들은 아직 확고하고 견실한 지식이 아니다. 그것들은 나중에 사고력 활동에 활용돼 새로운 지식을 배우는 도구와 수단이 돼야 비로소 확고하고 견실한 것이 될 수 있다.

수업을 참관하고 분석하는 과정에서, 교장은 학생들이 이전에 배운 지식들이 새로운 지식을 얻는 데 활용되는지 주의를 기울여야 한다. 이것은 우리가 실제적 사업에서 늘 '지식의 공고화'라고 하는 현상의 가장 중요한 부분이다. 교육의 기술은 합법칙성에 관한 지식이 오랫동안 활용되도록 하는 것이다. 이렇게 하면 새 교재를 공부하는 것과 복습을 잘 결부시킬 수 있기 때문에, 학생이 따로 시간을 내 복습하지 않아도 된다. 일부 교육 경험이 풍부한 교사들은 수업에서 이런 기교가 아주 능숙하기 때문에, 학생들에게 교과서 복습 숙제를 내주지 않아도 복습의 목적에 도달한다.

무엇보다 중요한 것은, 교사가 문법, 수학, 물리, 화학 시간에 복습할 시간을 따로 주지 않고 학생의 지식이 발전하고 깊어지게 하는 것이다. 다시 말하면 학생들이 규칙, 공식, 법칙과 기타 일반화에 대한 지식으로 실제 작업을 완성할 수 있어야 한다. 수업을 분석할 때 교사가 어떤 방법으로 학생들에게 이전에 배운 합법칙성, 규칙, 공식과 기타 일반화에 관한 지식을 발전시키고 깊어지게 하는지, 또 이런 숙제를 완수하는 것이 새 교재를 공부하는 것과 긴밀히 연계되고 있는지 주의를 기울여야 한다. 이런 결론을 내리는 것은 수업에 관한 기타 결론과 마찬가지로 한 시간의 수업을 평가하기 위해서일 뿐만 아니라, 모든 수업을 더욱 잘하기 위해서다.

지식이 발전하고 깊어지게 하려면 교사는 학생들이 어떤 책들을 읽는지, 또 책의 바다에서 어떤 잡지와 과학기술에 대한 정보를 담고 있는 소책자와 책들을 찾아보았는지 관심을 기울여야 한다. 학생은 수업 시간에 배운 지식과 목적성 있게 암송하고 기억해야 할 지식들을 모두 앞으로 알게 되는 새로운 사실과 현상을 통해 계속 생각하고 이해해야 한다. 이른바 지식이 발전하고 깊어진다는 것은 사물과 현상의 의존성과 상호관계에 대한 이해가 더욱 심화된다는 것이다.

(7) 모든 학생들이 지식을 확실히 배웠는가?

수업의 효과와 교사의 사업 성적은 교사의 질문을 받은 개별 학생들이 답을 잘하는 데 있는 것이 아니라, 모든 학생들이 지식을 잘 배우는 데 있다. 수업 시간에는 공부를 가장 잘하는 학생들이 대답을 정확하게 잘하는 현상이 늘 나타난다. 교장은 이렇게 겉으로 드러나는 단순한 현상에 절대 현혹되지 말아야 한다. 대신에 교사가 학생들에게 제 힘으로 해낼 작업을 주면서 학생 모두가 이런 작업을 철저히 완성할 수 있을지를 고려하는지 잘 살펴야 한다. 학생들 누구나 제 힘으로 작업을 완성하는 과정에서 성적을 얻는 것이 학생들을 긴장된 정신노동에 참가하도록 촉진하는 동력 중 하나다. 경험 있는 수학, 물리, 화학, 어문 교사들은 작업을 줄 때, 모든 학생들에게 반드시 제 힘으로 작업을 완성하라고 한다(이렇게 하려면 몇 가지 형식의 작업 문제들을 잘 선택해야 한다). 교사는 학생들에게 생각하고 이해할 시간을 충분히 주어서 공부를 제일 못하는 학생들도 그것을 완성할 수 있게 해야 한다. 그리고 공부를 가장 잘하는 학생들에게 질문하느라 애쓰지 말아야 한다. 모든 학생들이 혼자 하는 작업의 효과를 정신노동에서 적극성의 중요한 지표로 보면, 뛰어난 학생에게 질문하는 일은 아무 의미도 없다. 대신에 성적이 중간 정도인 학생들, 특히 성적이 뒤떨어진 학생들이 작업을 할 때 늘 다른 사람들의 도움을 받지 않도록 해야 한다. 수학, 물리, 화학, 문법 같은 수업 시간에는 모든 학생들에게 해설을 적게 해 주고, 모든 학생들이 조용히 정신을 집중해 정신노동을 더 많이 하게 하는 것이 가장 좋다.

교장과 교도 주임은 학생들(특히 초등학생들)의 실제적 능력과 기술 상황을 잘 이해해야 한다. 나는 우리 학교 교도 주임과 함께 꼬박 1년 동안 초급 학년의 수업을 참관하면서 집중적으로 학생들의 독서 능력과 글쓰기 능력을 검사했다. 우리는 비밀리에 모든 학생에게 점수를 매기고 그의 능력을 총체적으로 분석했다. 그런 다음 교사들과 함께 학생들의 능력을 끌어올리려면 어떤 일들을 해야 할지 상의했다. 이처럼 학생의 실제적 능력과 기술 상황을 구체적으로 분석하는 것은 교수 지도에서 매우 중요한 요소다.

(8) 교사는 숙제를 어떻게 내야 하나?

교장은 교사들이 방과 후 작업을 실내 작업의 양적 보충으로 삼지 않도록 하는 데 노력해야 한다. 방과 후 작업은 지식의 심화와 발전을 이루고,

학습 능력이 좋아지고 실내 수업에서 공부하는 지식을 얻기 위한 준비 과정이 돼야 한다. 그래서 학생들은 과외 시간에 자연의 사물과 노동 현상을 관찰하고 자신의 기호와 욕구를 발전시키며 여러 면의 지적 욕구를 만족시키고 발전시켜야 한다.

교사가 학생에게 교과서의 내용을 읽게 할 때, 그와 동시에 학생들에게 몇몇 생각할 문제들을 주고 교재를 읽으면서 이런 문제들을 생각하도록 해야 한다. 실제적 작업(연습, 운용 문제, 제도 등)은 지식을 활용하고 심화하는 데 쓰여야 하기 때문에, 이런 유형의 작업을 배치할 때 교사는 어떻게 이론적인 합법칙성에 대한 사고를 실제적인 작업을 완성하는 것과 연관시킬지 학생들에게 알려 주어야 한다. 더욱 중요한 점은 이렇게 하기 전에 학생들에게 실내 수업에서 이와 비슷한 작업을 해 보게 하는 것이다.

분석하고 연구하며 비교하는 이런 적극적인 정신노동은 반드시 숙제에도 적용돼야 한다. 이런 숙제로 학생들은 독서를 사물에 대한 관찰, 노동과 서로 연관시킬 수 있다.

숙제를 따로따로 내주는 것에 대해 특히 관심을 기울여야 한다. 만약 교사가 일부 학생들에게 개별적인 작업을 주지 않는다면, 그것은 그가 모든 학생의 힘, 가능성과 능력에 대해 연구하지 않았다는 증거다. 학생 정신노동의 특징을 연구해 보면, 교사는 몇몇 아이들의 잊어먹기 수준이 심각함을 알 수 있다. 지식을 잊어먹는 현상, 특히 능력을 잊어버리는 현상은 경험이 있는 교사들이 더욱더 주의하는 문제들이다. 각 학급에는 이런 학생들이 언제나 둘셋씩 있는데, 교사는 그들에게 잊어버리는 일을 막기 위해 마련된 조그만 일을 주어야 한다. 그러므로 수업을 참관하고 분석할 때, 교사가 실제적 사업에서 이 중요한 요소를 감안하는지 주의를 기울여야 한다. 그리고 이 학급을 가르치는 모든 교사들과, 학생이 잊어버리는 일을 막기 위해 어떤 숙제들을 내주어야 하며, 숙제에 대한 그의 부담이 크지 않은지 늘 토론해야 한다.

(9) 수업을 분석하는 과정에서 실제적인 자료들을 개괄해야 한다.

수업을 분석할 때 교장은 교수와 교육과정의 중요한 합법칙성을 제시할 것이다. 이런 합법칙성에 대한 인식은 구체적인 교수와 교육 방법에 반영되며 전체 교사들의 교육 신념에 반영된다. 그것은 우수한 교사들의 경험 속에서 발전되고, 젊은 교사들의 교육 기술을 풍부하게 해 준다. 여러 해 동안의 경험이 증명하듯이, 수업을 참관하는 과정에서 실제적 자료들을 개괄하고 정리해서 교수와 교육 사업의 일부 문제에 관한 보고 자료를 작성해야 한다. 이런 보고 자료를 중심으로 토론하고 사상을 나누며 변론하면, 평가의 교육 신념을 형성하고 교육 기술을 향상시키며 창조적인 탐색을 고무하고 격려하는 데 도움이 된다.

97_ 나는 어떻게 교육 일기를 쓰는가

나는 교장들에게 기록부를 준비해 둘 것을 다시 한번 권고한다. 자신의 사업을 진지하게 대한다면, 그 기록부를 소중하게 여기고 거기다 해마다 모든 기사들을 기록해 보존해 두어야 한다. 이것은 사실상 교육 일기이기도 하고, 비교적 오랜 시기에 걸친 당신의 교수와 교육과정에 대해 일반적인 분석을 하기 위한 준비 사업이기도 하다. 당신은 그 당시 관심을 불러일으켰거나 심지어 대충 추측한 모든 사실들까지도 모두 기록부에 기록해 두어야 한다. 사실을 거듭해서 기록하고 구체적 사물 가운데서 그 일반성을 파악하는 것은 지능의 기초다. 이 기초가 있으면 오랫동안 당신과 멀리 떨어져 있던 진리의 본질을 갑자기 알게 될 때가 분명 있을 것이다.

약 20년 전에 나는 7학년 문학 독서법 수업 시간에 들어갔다가 학생 둘이 낭독하는 것을 들었다. 그들은 아무 표정 없이 매우 단조롭게 낭독했는데 너무 긴장해서 매우 힘들어 보였다. 나는 그들을 보면서, 그가 읽는 단어들이 마치 복잡한 미궁과 같아서 그 학생이 어둠 속에서 미궁을 뚫고 나아가는 데 늘 장애물에 부딪히는 것 같은 느낌을 받았다. "왜 그들은 그렇게 낭독할까? 그들은 읽고 있는 글의 뜻을 어떻게 이해하는 걸까?" 나는 이런 의문을 기록부에 써넣었다. 이 문제로 나는 오랫동안 괴로웠다. 나는 또 문학 독서법 수업을 몇 시간 더 참관했는데, 여기서 매우 이상한 현상을 발견했다.

본래 이 두 학생은 지각과 사고력으로 단어를 한 개 이상 알 수 없었다. 한 번에 단어를 몇 개씩 이해한다는 것, 특히 긴 문장의 논리적인 의미를 전부 이해한다는 것은 그들에게 너무나 힘겨운 일이었다. 나는 문학 교사와 함께 1년이라는 시간을 들여 이런 학생들의 읽기 능력을 개선시키려고 온갖 방법을 써 봤으나 아무 효과도 거두지 못했다. 그러나 매우 이상하고 믿기 어렵지만 조금의 과장도 없이 말하자면 놀라운 발견이 바로 여기서 시작됐다. 이 학생들의 언어에 대해 연구하면서, 나는 글을 읽을 줄 모르는 이런 상황이 벌써 3~4학년에서 뿌리를 내려 학생의 사고력에 깊은 상처를 남겨 놓았음을 알게 됐다.

우리는 이런 안타까운 현상을 "사고력이 명확하지 못하다"라고 한다. 그것은 사물 현상에 대한 학생의 사고력이 혼란스럽고 무질서해서 마치 소아병에 걸린 것처럼 표현된다는 것이다. 그 아이가 무엇을 말하려 하고, 그의 사고력의 실마리가 어디에서 시작되고 어디에서 끝나는지 갈피를 잡기가 매우 어렵다. 무엇인가 말하려 할 때 그는 매우 긴장하고 힘들어하면서 단어 몇 개를 한데 연결시키지만 곧 자기가 무엇을 말하고 있는지 잊어버린 듯 사고력의 실마리가 끊어지고 말아서 교사가 질문한 문제를 애써 기억하려고 하나 기억하지 못한다. 우리는 6, 7학년에서 또 이런 학생들을 몇 명 발견했다. 그들은 모두 글을 단어 하나하나씩 아주 힘들게 읽었다. 기록부에 적혀 있는 그 짤막한 자료 덕분에 우리들은 지속적인 연구를 폭넓게 했고, 아이와 소년의 지적 발달의 많은 복잡한 현상들을 깊이 연구할 수 있었다. 이 연구에서, 얼핏 보면 사람들이 뜻밖이라 느낄 수 있는 다음과 같은 결론을 얻었다. 그것은 학생이 글을 읽을 줄 모르는 것은 지적 발달상의 비정상적 결과가 아니라, 반대로 그것이 추상적 사고력의 발전을 가로막는다는 것이다.

우리는 초급 학년 때 유창하게 글을 읽을 수 없는 소년과 청년 300여명의 정신노동 상황을 관찰해 보았다. 우리는 초급 학년에서처럼 완벽하게 학습하는 정상적인 조건 아래서 그들에게 이런 능력을 길러 주려 했으나 하나도 성공하지 못했다.

이 연구 사업은, 처음엔 그다지 중요하지 않아 보이는 사실의 결과를 관찰하다가 시작됐다. 여기서 우리 모든 교사들은 지적 발달과 대뇌에서 일어나는 해부생리 과정과, 독서나 일상적으로 일어나고 있는 지적 훈련 사이에 매우 긴밀한 의존 관계가 있다는 것을 확실히 알았다. 즉 그가 글을 읽을 줄 아느냐 모르느냐에 따라 그의 지적 발달이 결정된다는 것이다. 그래서 우리는 자신이 한 사람의 운명에 대해 매우 중대한 책임을 지고 있다는 것을 느꼈다. 교육상의 '반제품'은 매우 심각한 결과를 낳는다.

이리하여 모든 교사들은 자신의 일상 업무 가운데서 아이의 독서 능력을 길러 주는 데 특히 주의를 기울이기 시작했다. 독서는 단순한 기본 능력이 아니라 복잡한 지적 발달 과정이라고 한다. 우리는 어떤 아이의 독서 능력도 개개의 단어를 이해하는 데에만 멈추지 않게 하려고 노력했다. 만약 아이의 독서가 개개의 단어를 알아가는 데에만 멈춰 있다면, 그것은 매우 위험하다. 단어를 하나하나씩 읽는 학생은 학습에서 극복할 수 없는 어려움에 부닥치고 실제로 제대로 공부할 수 없다. 우리나라에 있는 수천

수만의 학습 진도가 더딘 아이와 낙제생, 유급생들은 일반적으로 모두 독서를 할 줄 모르는 아이들이다. 많은 경우에 교사들이 이런 아이는 지적 발달 면에서 정상적이지 못해서라고 생각하는 것은 옳다. 하지만 대부분 지적 발달이 정상적으로 이루어지지 못하는 것은 그 원인이 아니라 바로 결과다.

그래서 우리는 열심히 학생들의 독서 능력을 길러 주기 시작했다. 학생들에게 음절에 따라 읽는 것부터 시작해 한꺼번에 한 문장 성분과 전체 문장의 뜻을 이해할 수 있도록 가르쳐 주었다. 이런 훈련은 하나의 분수령이다. 우리는 이런 경지에 도달하도록 아이들을 훈련하고 이끌어야 한다. 이 문제는 교육심리학에서 많이 언급되고 있다. 레온치예프, 코스추크, 진첸코는 이 문제에 관해 탁월한 저작들을 남겼다. 우리는 과학 연구의 성과에 기대 공부가 학생의 지적 발달을 촉진할 수 있게 하려고 힘썼다. 우리 전체 교사들은 이 일에 학부모들의 도움이 없으면 안 된다고 굳게 믿었다. 지적 훈련은 교실에서뿐만 아니라 가정에서 학생 스스로 독서하는 중에도 돼야 하기 때문이다.

그러자 여기에는 하나의 새로운 문제, 즉 학부모의 심리학적 소양 문제가 제기됐다. 이것은 모든 교사들이 지금 진행하고 있는 사업이고 또한 우리가 해결해야 할 문제 중 하나다. 우리는 한 걸음 한 걸음씩 학부모들을 인도해 심리적 소양을 기르게 했다. 우리 학교의 심리학연구회에서는 회의를 한 차례 열고 6학년들 학부모들을 초청해 함께 참가하게 했다. 우리는 학부모들에게, 독서할 때 사람의 머릿속에서 일어나는 매우 복잡한 과정을 강의해 주었다. 그리고 그들에게 여러 가지를 건의하면서, 독서가 지능을 발전시키는 수단이 되게 하는 데 어떻게 주의를 기울일지 알려 주었다.

모든 교사들이 일차적인 관찰과 간단한 기록에서 폭넓은 연구 사업을 하는 데 이르고, 여기서 다시 학생들의 대뇌와 의식 속에 일어나는 과정의 본질을 깊이 연구하는 데로 이르는 것이 바로 교육 개괄의 방법이다. 내가 위에서 든 예는 교육 개괄과 교육 지도 전반의 논리를 놓고 볼 때 전형적인 것이다. 사실을 수집하고 분석·연구하는 것에서 일반적이고 추상적인 결론을 내리는 것은 우리 학교 지도 일꾼들이 날마다 걸어야 할 길이다.

기록부에 적은 내용에 대한 생각은 내 하루 동안의 업무에 대한 보고서다. 내 기록부에는 또 다른 난이 하나 있는데, 나는 일반성을 띤 결론과 개괄을 따로 이 난에 쓴다. 이런 기록은 그리 많지 않고 날마다 쓰는 것도 아니다. 하지만 나는 주말이 되면 이 기간에 참관한 수업들을 전반적으로 한번 떠올려 보고, 많은 사실 중에서 가장 중요한 것들을 추론해 집중 연구한다. 아래의 것은 내가 어느 한 주말에 생각한 몇 가지 주요한 사항들로, 나중에 기록부에 쓴 것들이다.

1. 교사의 정신노동과 학생의 정신노동이 일치한다. 교수 과정의 기술은 그들의 사고력 과정이 학생의 작업 형식에 반영되고, 교사가 학생 활동의 외부적 표현에 따라 학생이 어떻게 생각하고 어떤 어려움에 부딪혔는지 판단할 수 있게 하는 것이다. 만약 교사가 수업이 끝나고 나서 학생이 무엇을 이해하지 못했는지 깨닫지 못한다면, 그의 일은 맹목적인 것이 된다.
2. 직관력을 지나치게 추구하지 말아야 한다. 아이가 이미 알고 있는 물건 둘레에 여러 가지 직관 수단을 '늘어놓지' 말아야 한다. 이러면

추상적 사고력의 발전이 가로막힌다. 교사가 고양이 한 마리를 실내 수업에 가지고 들어왔다 해서, 아이들이 고양이를 더 많이 이해할 수는 없다. 정말 고양이에 대해 강의해야 한다면, 어떻게 학생들에게 새로운 것을 잘 가르칠 수 있는지 잘 생각해 보아야 한다.

3. 주의력은 어떤 전문적인 교수 방법으로 유지되는 것이 아니라 무엇보다도 학생의 정신노동의 성격에 따라 결정된다. 명확한 목표와 집중된 사상만이 주의력의 주된 원천이다. 그러므로 이성적인 노력과 의지적인 노력을 되도록 통일시켜야 한다.

4. 하급 학년, 특히 1학년들은 지력을 집중시키면 피로를 빨리 느끼기 때문에 너무 오랫동안 긴장 상태에 있지 않게 해야 한다. 그래서 아이들에게 휴식이 될 수 있는 숙제들을 내주는 것이 매우 중요하다.

5. 기억력이 지나치게 피로해지는 것은 지능이 약해지는 원인 중 하나다. 아이의 기억력은 매우 약하고 섬세하기 때문에 더 세심하게 대해야 한다. 그래서 아이의 기억력이 너무 피로해지지 않게 해야 한다. 당신은 아이가 피로해하는 기미를 발견하면 즉시 방법을 찾아 의식적 암기가 필요 없는 다른 활동을 시켜야 한다.

이 기록들은 일반적인 보고서를 작성하는 데 좋은 소재가 된다. 일상 사업 가운데 다른 측면의 일반적인 생각도 같은 원칙에 따라 주말이 되면 기록부에 기입한다. 예를 들면 교사 계획을 검사하고, 서면 작업과 학급 일지를 검사하며, 복잡한 교육 사업을 관찰하고, 특히 교사와 학생 사이, 각 학급과 연령의 평가 구성원 사이에 맺어지는 정신적인 접촉들을 관찰하는 문제 들이다. 아래의 것은 어느 한 주말에 쓴 몇 가지 기록이다.

1. 정말 교육 사업에 통달한 교사들은 교재의 줄거리를 교시 계획에 써넣지 않는다. 그의 지식은 이미 머릿속에 있다. 그들에게 교시 계획은 교재에 대한 교수론적 가공에 불과하다. 만약 교사가 강의 줄거리에 얽매인다면, 혹은 자기가 하려는 말들을 아주 힘들게 찾는다면 학생들은 교사가 강의한 내용을 잘 알아듣지 못해서 혼란스러워지고 말 것이다. 이것은 연구할 가치가 있는 아주 흥미로운 현상이다.

2. 지금 널리 보급되고 있는 과제 계획(전체 과를 몇 시간으로 나누어 쓴 계획)이 과연 필요한가? 이 점에 대해서는 잘 생각해 보아야 한다. 한 교사가 5~10시간 뒤 어느 시간의 어느 단계에서 아이들과 대화하고 어느 단계에서 아이들에게 독자적인 일을 시킬 것인지 예견할 수 있을까? 우수한 교사의 우수한 점은 바로 수업을 내재적인 논리 발전에 따라 진행하는 것이다. 그것은 수업이 무엇보다도 활동적인 아이들을 대상으로 해서 진행되기 때문이다. 6학년 1반에 알맞은 계획이 6학년 2반에도 알맞을 수는 없다. 그것은 두 반의 아이들이 다르기 때문이다. 아무리 훌륭한 교사라 해도 수업 과정에서 모든 세부 사항들을 정확히 예견할 수는 없다. 대신에 그는 수업 과정에서 그 시간에만 필요한 세부 사항들을 알아낼 수는 있다.

아래에 나는 또 몇 번의 주말에 쓴 교육 사업에 관한 몇 가지 생각을 이야기하려 한다.

1. 개인에 대한 평가의 교육 작용은 매우 정밀해야 한다. 학생(특히 소

년)이, 남들이 자기만을 '엄하게 책망' 하는 것이 자기를 본보기로 삼아 다른 사람들을 교육하기 위한 것이라고 느끼지 않게 해야 한다. 이런 방법은 평가와 개인의 관계에서 나타날 수 있는 가장 나쁜 현상 가운데 하나다. 이런 방법은 학생이 자기의 운명에 대해 무관심하고 냉담한 태도를 갖게 할 수 있다. 학생들이 자기를 남들에게 제공되는 실험용 토끼에 지나지 않는다고 느끼게 해서는 안 된다.

2. 소년선봉대 보도원 사업을 맡은 여교사가 구에 있는 한 학교에 가서, 구에서 소집한 토론회에 참가했다. 돌아와서 그는 그곳에서 윤리 문제와 관련된 시범토론회를 했는데, 7학년들이 변론하고 보도원 20명이 옆에서 그 '교육과정'을 깊이 있게 생각하면서 연구했다고 말했다. 왜 이렇게 할까? 이런 방법이 소년들에게 허구적인 분위기를 만들어 주는 것은 아닐까?

3. 한 8학년제 학교에서는 학습 시간을 연장한 모둠이 네 개 있었다.|12| 이 모둠의 한 학생이 내게 이상한 일들을 이야기해 주었다. 하교할 때 교사가 문 앞에 지켜 서서, 책가방을 교실에 둔 학생만 나가게 한다고 했다. 그래서 학생들은 먼저 책가방을 창으로 내보내고는 빈 몸으로 교실에서 나가는 교묘한 방법을 생각해 냈다. 그러자 학교에서는 명령을 내려 교사가 창문 옆도 지키게 했다. 나는 처음에 농담을 한다고 여겼으나 그 뒤에 알아보니 사실이었다. 이 문제에 관해 다음 당위원회 전체회의에서 제기해야 한다. 공부 시간을 연장하는 모둠과 이런 모둠에 대한 교육 방법 문제는 반드시 진지하게 생각해야 한다.

|12| 이 모둠들은 부모가 직장에 다니거나 집에서 돌볼 사람이 없는 학생들을 위해 만든 것이다. 학생들은 방과 후 학교에서 숙제를 하고 집으로 돌아간다.

4. 나는 키가 작달막하고 눈이 새까만 5학년 학생 미차에 대해 이미 반 년이나 관찰해 왔다. 그는 학습에서 어려움을 많이 느꼈다. 한 번은 그가 작문에서 '4점'을 맞았다. 그때 마침 내가 5학년 어문 교사의 수업을 참관하고 있어서 미차와 같이 앉게 됐는데(어째서 그는 혼자 앉았을까?), 나는 그를 도와 짧은 글을 두 개 지어 주었다. 그는 글쓰기를 잘했다. 여교사는 교무실에서 미차가 한 것을 검사하고 칭찬했다. 나는 미차가 자기의 진보에 대해 어떻게 느끼는지 보려고 일부러 다음번 수업도 참관했다. 그날은 무엇 때문인지 교사가 전 학급 학생들 앞에서 미차를 칭찬하지 않았다. 미차는 칭찬을 받지 못했지만 아주 기뻐했다. 그는 글쓰기를 할 때 많은 공을 들였고 이 시간에 아주 열중해서 강의도 들었다.

하루가 지나서 나는 소년 식물 재배학자 방과 후 특별활동반 활동에 참가했다. 내가 그렇게 생각해서인지, 러시아어 시간에 미차의 마음속에 지펴진 기쁨의 불꽃이 지금까지도 꺼지지 않고 있는 것만 같은 생각이 내 머릿속에 떠올랐다. 그렇다. 미차는 자기의 자그마한 밭을 더 아름답게 가꾸려고 애썼다. 나는 그가 일하는 것을 보면서, 교육의 본질은 한 사람에게 어느 한 가지 일에서 자기를 표현하며 자기 장점을 드러내고자 힘쓰게 하는 데 있지 않을까 생각했다. 어떤 좋은 일에서 자기를 인식하려는 학생들의 이런 고매한 지향을 잘 뒷받침해 주는 것이 얼마나 중요한가! 교육자가 오랫동안 늘 고민하면서 찾고 있는 자기 교육의 강한 추진력이 바로 여기에 있지 않을까? 심리학 토론회에서 사람의 표현 문제는 마땅히 제기해야 한다. 우신스키도 바로 사람의 표현이라는 이 전문용어를 썼다. 어떻게 하면 한 사람이 되도록 좋은 면에서 자기를 열심히 표현하도록 할까? 사람은 좋은 면에서 자기를 표현하려는 바람이 강하고 진실할수록 마음속에서 자기 규율에 대한 요구가 더욱 높아지고 자기에게 있는 좋지 않은 현상들에 대해 더욱 용서하지 않는 법이다. 한 사람이 학습과 점수, 또 학습 준비에서만 자기를 표현하는 것이 아님을 잘 생각해 보아야 한다. 사람에게는 자기를 표현하는 또 다른 분야가 있어야 한다. 미차에게 학습에서(더 적절히 말하면 오직 학습에서만) 자기를 표현한다는 것은 얼마나 어려운 일인지 모른다. 그는 다른 일에서도 자기를 표현해야 한다. 그리고 미차와 같은 학생은 한 사람만은 아닐 것이다.

5. 한 여교사가, 만약 토요일에 날씨가 좋으면 숲으로 견학하러 간다고 아이들에게 알렸다. 토요일이 됐다. 날씨는 맑게 갰다. 그런데 아이들은 모두 숲으로 가지 못하게 됐다. 나는 아이들의 눈에 눈물이 글썽글썽 고여 있는 것을 보았다. 아이들은 한번 놀러가 보자고 생각한 것이 아니라 곧 느끼게 될 즐거움으로 기쁜 마음을 안고 있었던 것이다. 여교사는 아이들의 이런 심정에 대해 매우 무심한 태도를 보였다. 왜 교사는 아이들에게 이런 괴로움을 줄까? 그들은 교사에 대한 신뢰를 잃었을 뿐만 아니라, 진실한 말에 대해서도 의심하게 됐다.

6. 콜랴의 점수는 높지 않았다. 담임 교사는 토요일에 그를 칠판 앞에 불러다 놓고 왜 학습을 열심히 하지 않는지 말하게 하는 '강력' 한 수단을 쓰기로 결정했다. 그런데 이 아이의 성미는 괴팍했다. 새파랗게 질린 그는 칠판 앞에 선 채 한마디도 하지 않았다. 교사는 이 대화에 실패해서 몹시 불쾌했다. 그 뒤에 알아보니 콜랴의 가정 사정

은 정말 말이 아니었다. 그의 아버지와 어머니는 늘 다투었고, 때로 콜랴는 밤새 잠들 수가 없었다. 교육자에게 예리한 통찰력과 풍부한 동정심이 얼마나 요구되는지……. 조금만 부주의하면 아이의 괴로운 마음을 더 괴롭히고 더 큰 상처를 입힌다. 불공정한 대접을 받으면 아이들은 원한에 사무칠 뿐이다.

98_ 내가 교사들의 창조적 노동을 이끈 방법

교수와 교육과정에는 과학과 기술, 예술이라는 발원지가 있다. 이른바 교수와 교육과정에 대한 올바른 지도란 교수와 교육의 과학과 기술, 예술을 완전히 잘 소유했다는 뜻이다. 교육은 넓은 의미에서 교육 받는 사람과 교육자가 정신적으로 끊임없이 풍부해지고 새로워지는 다각적인 과정이다. 동시에 이 과정의 특징은 여러 가지 현상이 심각한 개체성을 가지고 있다는 데 있다. 즉, 어느 한 교육적 진리는 첫 번째 상황에서는 정확한 것일 수 있지만, 두 번째 상황에서는 쓸데없는 것일 수 있으며, 세 번째 상황에서는 황당무계한 것일 수도 있다. 우리 교육 사업의 성격이 바로 이렇다. 그래서 교육을 잘하려면 우리 자신이 먼저 쉼 없이 풍부해지고 새로워져야 하며, 우리의 정신이 날마다 더 충실해져야 한다. 학교 지도 일꾼은 날마다 자신의 교수와 교육 기술을 발전시키고 학교 사업의 가장 본질적인 교육과 아이에 대한 이해와 연구를 가장 중요한 위치에 놓아야 비로소 지식이 많고 존경 받는 훌륭한 교사가 될 수 있고 또한 교사들의 교사가 될 수 있다.

훌륭한 교장이 되려면 무엇보다도 훌륭한 교육자가 돼야 한다. 즉 자기 학급에서 가르치는 아이에게뿐만 아니라 사회, 인민, 학부모들이 자기에게 맡긴 모든 학생들에게도 훌륭한 교사가 돼야 하고, 훌륭한 교수론 전문가이자 교육자가 돼야 한다. 만약 교장의 자리를 차지하고 나서 자신에게 어떤 특수한 행정 사업 능력이 있기만 하면 모든 것을 이룰 수 있다고 생각한다면 훌륭한 교장이 되려는 바람은 버려야 할 것이다.

교사들의 교사가 돼야만 진정한 지도자가 될 수 있고 사람들의 신임과 사랑을 받을 수 있다. 교사들의 교사가 되려면 날마다 교수와 교육과정의 세목과 미묘한 곳을 깊이 있게 파고들어 연구해야 한다. 그래야만 사람들이 인류의 영혼을 창조하는 예술이라고 하는 것이 당신 앞에 새로운 경지를 조금씩 펼쳐 주게 될 것이다. 나는 기억을 더듬어 내가 교장으로 일하던 때를 떠올렸는데, 내가 가장 선명하게 기억하는 것이 무엇이었을까? 그것은 먼저 교사의 평범하고 과중한 노동 속 직업적인 사소한 일들이었다. 거기에는 사람들을 흥분하게도 하고 불안하게도 하며, 때로는 고통스럽게 탐색하고 사고하고 발견하고 좌절하게 한 일들로 가득 차 있다. 이런 노동을 하면서 때로는 반짝이는 보석과도 같이 행복을 발견한 기쁨의 불꽃이 타올라 당신을 고무하고, 특히 당신의 동료들, 교사들을 고무한다. 의심할 것 없이, 이런 발견과 창조적 영감은 사업에 대한 소극성과 낡은 것을 고수하는 사상을 제거하고 모든 교사들의 창조적 열정을 불러일으킨다. 교육 지도의 비밀 가운데 하나는 바로 교사의 탐구하려는 흥미와 자신의 사업을 분석하는 흥미를 불러일으키는 것이다. 어떤 교사가 자기 수업의 장점과 단점을 열심히 분석하고 자기와 학생 사이에 있는 문제들을 잘 분석한다면, 그는 이미 절반은 성공한 셈이다.

나는 내가 교장 업무를 하던 초기 몇 해 동안의 일들을 떠올려 보았다. 그때 나는 교사들의 창조적 노동을 개발하려면 일반적인 호소에 기댈 것이 아니라, 다른 방법들을 생각해 내야 한다는 점에 대해, 알았다기보다 (적어도 그때는 이 점을 깊이 생각하지 못했다) 느꼈다. 나는 수업을 참관하고 분석할 때 다음과 같은 문제들을 느꼈다. 학생들의 대답은 왜 그렇게 내용이 빈약하고 무기력하고 표정도 없을까? 왜 이런 대답들에는 아이 자신들의 살아 숨 쉬는 사상이 언제나 결핍돼 있을까? 나는 학생들의 대답을 기록하고, 그들의 어휘력을 분석하며, 그들 언어의 논리적 요소와 수사적 요소들을 분석하기 시작했다. 나는 학생들이 사용하는 많은 단어와 단어 결합들이 그들의 의식 속에서 선명한 표상, 즉 주위 세계의 사물과 현상들과 밀접히 연결돼 있지 않은 것을 알았다. 나는 수업 시간에 관찰한 상황들을 분석할 때 다음과 같은 문제들, 즉 단어는 어떻게 아이의 의식 속에 들어가고 어떻게 사고력의 도구가 될까, 아이는 어떻게 단어의 도움으로 생각하는 것을 배울까. 또 사고력은 어떻게 또다시 언어를 발전시키고 아이의 사고력에 대한 교육학적 지도(이것은 학교 정신생활 중에서 가장 복잡하고 세밀한 일이다)에 도대체 어떤 결함들이 존재할까 하는 문제들에 대해 날이 갈수록 더 많이 생각했다. 나는 우선 내 자신의 사업과 수업, 그리고 내 학생들의 대답들을 분석하기 시작했다. 어느 한 아이가 물 한 방울이 웅덩이에 부딪혀 나는 출렁 소리에 대해 이야기하는 상황을 가정해 보자. 결론을 말하자면 아이는 이것을 이야기할 때, 자기를 생명이 있는 자연계의 일부분으로 간주하고 그의 주위 세계를 묘사해야 할 것이다. 그러나 아이가 말한 것은 기계적으로 암기하고 간신히 생각해 낸, 서투르게 결합된 단어들뿐이었다. 말하는 학생 자신도 이런 문장과 단어 결합의 뜻에 대해 잘 알지 못했다. 어째서 아이들의 사상은 이다지도 빈약할까. 나는 아이들의 언어를 세심히 귀담아듣고 되내어 생각해 보았다. 그러자 내 마음속에서 신념 하나가 점차 형성됐다. 즉 우리 교사들은 아이들에게 생각하는 법을 가르쳐 주지 않았고, 아이들이 입학한 처음 며칠부터 우리는 그들의 눈앞에 펼쳐져 있는 황홀한 대자연의 세계로 통하는 문을 닫아 버렸다. 그래서 아이들은 시냇물이 졸졸 흐르는 소리와 봄눈이 녹아 떨어지는 물방울 소리를 더 이상 듣지 못하고, 지저귀는 종달새 소리도 들을 수 없게 됐다. 그들은 이런 아름다운 사물과 관련된 무미건조하고 매력 없는 구절들만 외우게 된 것이다.

  나는 교사들과 함께 내 생각을 나누고 내가 관찰한 것들을 그들에게 이야기해 주어, 교사들 모두 창조적인 사고에서 나오는 자신의 노동에 대한 흥미를 힘써 개발했다. 우리는 교육 노동이란 개념이 가지고 있는 뜻에 대해 깊이 생각해 보아야 한다. 우리의 노동 성과는 결코 운이 좋아 생긴 것이 아니고 뜻밖에 발견된 것도 아니다. 그것은 우리의 세심한 탐구와 분석의 결과이자 우리가 하고 있는 사업의 결정체다. 우리들의 언어가 풍부한지, 그리고 우리들의 언어가 학생들의 언어 가운데에서 어떻게 반영되는지 함께 생각해 보아야 한다.

  몇 주일이 지나서 우리는 교수법 회의를 열었다. 각 교사들은 모두 자기가 일차적으로 관찰한 결과를 이야기했다. 이렇게 하면 교수와 교육 사업 중 어느 한 문제를 연구하며 갖는 흥미를 교사들에게 전수해 줄 수 있다. 이것은 학교를 지도하는 데 가장 중요한 문제다. 구체적인 본보기가 없고 자기가 한 창조적인 활동을 발원지로 하지 않는다면, 이런 지도는 절대 할 수 없다.

이렇게 해서 나는 아이들을 데리고 과수원으로 견학을 갔다. 때마침 잿빛 비구름에 하늘이 반쯤 가리운 사이로 햇빛이 스며 나와 아름다운 무지개가 서고, 새하얗거나 연붉은 꽃들이 만발한 사과나무 속에서 꿀벌들이 날아다니는 소리가 들렸다. 여러분, 무엇을 보았습니까? 여러분을 가장 감동시키고 황홀하게 하고 경탄케 하고 근심에 싸이게 하는 것들을 말해 보세요! 그러자 나는 아이들의 눈에서 기쁨의 빛이 흘러나오는 것을 보았다. 그런데 그들은 마땅한 낱말들을 찾지 못해 자기가 느낀 것들을 표현하기 어려워했다. 나는 그들이 몹시 가여웠다. 그들은 학교에서 공부하는 동안 사람을 놀라게 하는 이 사고력의 원천에서 떨어져 있었던 것이다. 단어가 아이들의 의식 속으로 들어갈 때 선명한 형상이 잡히지 않았기 때문에, 본래 아름답고 향기롭던 꽃 한 송이가 사람들에게 다만 모양으로만 살아 있는 싱싱한 꽃을 연상케 하는 책갈피 속 말라 버린 꽃으로 변해 버리고 만 것이다.

아니, 더는 이런 일이 계속되지 말아야 한다. 우리는 지식의 가장 중요한 원천인 주위 세계와 대자연을 잊어버리고 아이들에게 기계적으로 암기하라 강요해서 그들의 사고력을 굼뜨게 만들었다. 우리는 코메뉴스, 페스탈로치, 우신스키가 이미 교사들에게 한 말들을 가끔 잊고 말았던 것이다. 나는 수업 시간에 화원, 숲, 강가와 같은 대자연 속으로 아이들을 데리고 나가기 시작했다. 그곳은 영원히 마르지 않는 무궁무진한 지식의 새로운 원천이다. 나는 아이들과 함께 그들이 이미 배운 단어로 사물과 현상의 가장 섬세한 색채상의 차이를 표현했다.

보라, 종달새가 지지배배 지저귀며 파란 하늘을 날고, 바람에 설레는 보리파도가 일망무제 지평선의 끝머리에 가 닿는다. 아득히 먼 곳에는 연한 연기가 뒤덮여 있는 스키브스키인의 남러시아 무덤이 신비롭게 보인다. 여기 백 년 묵은 떡갈나무 고목이 서 있는 밀림에는 맑디맑은 시냇물이 졸졸 흐르고 꾀꼬리가 꾀꼴꾀꼴 노래 부른다. 이 모든 것을 가장 적절하고 아름답게 표현해야 한다. 내 책상 위에는 실무 수업에 관한 교육 문선집, 여러 가지 사전, 식물학, 조류학, 천문학, 화초 재배학 들에 관한 여러 가지 책들이 있다. 나는 봄이면 늘 조용한 이른 아침에 강가와 숲 속, 그리고 화원에 가서 주위 세계를 세심히 관찰하고, 되도록 정확한 언어로 사물의 여러 가지 형태, 색깔, 소리와 운동을 표현해 보았다. 나는 '소품'을 썼는데 그것이 점차 쌓여서 책 한 권이 됐다. 이 책 속에는 장미꽃 무더기에 대해 쓴 것도 있고 종달새 한 마리, 붉은 하늘, 그리고 아름다운 무지개에 대해 쓴 것도 있다.

나는 자연계에 가서 진행하는 수업을 '살아 있는 사고력의 원천으로 떠나는 여행'이라고 하기 시작했다. 이런 수업은 그 목적성과 아이의 정신 노동의 형식 면에서 날마다 풍부해졌다. 이는 우선 사고력을 훈련하는 수업이다. 이를테면 이 한 시간 수업에서 아이들에게 무엇이 현상이고 무엇이 원인과 결과인지 토론하게 한다. 그들은 주위 세계에서 여러 가지 인과관계를 갖고 이런 연계를 묘사한다. 나는 아이들의 사고력이 더욱 분명해지고 풍부해지며 표현력을 더 갖게 돼서 단어가 감정적 색채를 띠고 더욱 활발하고 생기 있어지는 것을 보았다.

이 모든 것이 학교에 대한 교장의 지도 업무와는 아무 관계가 없는 듯이 보일 수 있지만 그렇지 않다. 이 모든 것은 교장의 업무와 가장 직접 관계가 있다. 이것은 교장이 학교 일을 지도하는 출발점이자 지도 업무의 가장 근원이다. 내 앞에는 아이들에게 생각을 가르쳐 주어야 한다는 교육 기술과 비할 수 없이 풍부하고 미묘한 경지가 펼쳐져 있다. 나는 이 발견으로 고무됐고 창조적 영감이라는 특별한 행복을 체험했다. 나는 점차 내가 발견한 것을 동료들에게 소개하고, 그들에게 내 자연계 수업을 참관하게 했다. 그리고 내가 쓴 '소품'을 교사들에게 읽어 주었다. 그래서 초가을 어느 날, 나는 교사들과 함께 떡갈나무 숲 속에 가서 곱게 물든 나무들을 감상했다. 우리는 자연의 아름다움을 감상했을 뿐만 아니라 이 아름다움을 되도록 선명하고 표현력 있게 묘사해 보기도 했다.

소련의 교육가와 심리학자, 특히 레온치예프, 잔코프, 코스주크의 학술 저작에는 사상과 사고력에 관한 복잡한 이론 문제들이 매우 완벽하게 논술돼 있었다. 나는 과학과 과학자들을 존중하고 나 자신은 현실적 사업 일꾼인 인민의 교사에 지나지 않는다고 줄곧 생각해 왔다. 그래서 나와 많은 다른 교사들은 모두 어떻게 하면 과학적 원리를 우리들의 창조적 노동의 산 경험이 되게 할지 연구했다. 이것은 과학과 실천이 서로 결부된 매우 복잡한 분야다. 과학자들의 발견이 사람들의 상호관계에 살아 있고 새로운 사상과 감정의 생산을 끊임없이 촉진할 때, 그것은 교사의 복잡한 일이 된다. 이 일은 많은 방법으로 해결할 수 있다. 교사는 창조적 노동으로 바로 그 방법을 선택하고 이론적 원리를 사람들의 생생한 사상과 감정 속에 구현시킬 수 있다.

교장, 부교장, 방과 후 활동 책임자는 모두 교육 과학과 교육 실천 사이의 중개자가 돼야 한다. 그들은 과학 지식을 홍보하고 과학 지식을 실제 사업에 보급해야 할 뿐만 아니라 자기의 창조적인 의도와 사상으로 모든 교사들을 조직하고 단결시켜야 한다.

나는 교사들에게 내가 단어 교수와 아이의 언어 발전을 연구한 사업 상황을 소개했는데, 이것이 마치 영혼의 불꽃을 그들에게 전해 준 것같이 느껴진다. 동료들은 이른바 '살아 있는 사고력의 원천으로 떠나는 여행'에 매우 흥미를 느끼고 그들도 아이들을 데리고 가서 견학하고 여행했다. 그리고 초급 각 학년의 단어 수업을 아이의 관찰, 적극적인 활동과 서로 긴밀히 연관시켰다.

모든 교사들은 단어와 사고력을 서로 연관시켜야 한다는 생각을 점차 받아들였다. 우리들은 사람의 마음을 끄는 이 일을 토론하려고 한데 모여 앉았다. 우리의 대화는 매우 우호적이고 부드러운 분위기에서 진행됐다. 때로 우리는 격렬한 논쟁도 했다. 하지만 그런 논쟁을 하면서 진리가 점차 명확하게 식별됐다. 물론 이런 진리는 교육학에서는 벌써 알려진 것들이지만, 우리에게는 진정한 발견이었다. 단어는 매우 중요한 교육 수단이고 그 어떤 것도 그것을 대신할 수 없다. 초급 학년의 교사들은 무엇보다도 '어문학자'여야 한다. 자연계는 사고력의 무궁무진한 원천으로 지적 발달의 학교라고 할 수 있다. 소극적인 감동이 아니라 창조적 활동의 적극적이고도 효과적인 인식의 아주 섬세한 활동 분야에서만 지능을 풍부하게 하고 발전시키는 무궁무진한 원천을 찾을 수 있다.

이런 진리들은 점차 모든 교사들의 교육 신념이 됐다. 이 점은 아주 중요하다. 초급 각 학년의 모든 교사들에게는 수필을 쓰는 책이 있었다. 우리는 아이들이 각 계절에 자연계에 가서 견학할 때(이를테면 봄, 여름, 가을, 겨울에 과수원에 가서 견학하는 것) 그들이 어떤 어휘들을 배울 수 있는지 분석했다. 우리는 분석하고 관찰하는 과정에서 아이들이 받아들일 수 있는 모든 적극적인 명사, 형용사, 부사와 동사들을 썼다. 그 다음 교사들은 다시 모든 교사들에게 자기가 진행한 흥미로운 실험 상황들을 소개했다. 이런 소개를 듣고 교사들은 모두 감동했고 우리는 똑같은 사상과 탐색으로 고무됐다.

아이들의 사고력의 비밀을 깊이 있게 탐색하는 활동(우리들의 탐색과 발견이라고도 할 수 있다)으로 우리들은 하나로 뭉쳤다. 평가적인 사업을 거쳐 이론을 실천에 옮기는 것이 이미 현실화됐다. 현재까지 우리가 이런 뜻있는 평가적 노동을 진행한 것이 벌써 15년이 넘었다. 한때 교사 평가 속에 있던, 낡은 것을 고수하려는 현상은 없어지고 모두 자기 사업에 대해 흥미를 가지게 됐다. 지금 우리는 사고력과 감정이라는 새로운 문제를 연구하고 있다. 우리는 교수론에서 출발해 수업의 세부 문제들을 더욱더 깊이 연구하고 각 교수 단계에서 해야 하는 사고 방식들을 연구하고 있다.

99_내 현장 경험

    학교 일과 아이 교육은 내 천직이 됐다. 처음에 나는 초급 학년에서 교사와 소년선봉대 보도원으로 2년 동안 일했다. 나중에 사범학교에 입학해 3년 동안 통신 교육을 받았고, 1년 동안은 등교 수업을 받았다. 이때 나는 학교 일이 가장 뜻있는 일이고 사람들이 가장 지향하는 일이라는 굳은 신념을 가지고 있었다.

    아이에 대한 사랑은 어느 학교에서도 배울 수 없고 어떤 책에서도 배울 수 없다. 이런 능력은 다만 사회생활에 참가하고 다른 사람들과 관계를 가져야만 발전된다. 하지만 그 자체의 성격을 말한다면, 교사의 일상 사업, 즉 날마다 아이들과 만나는 가운데 사람에 대한 믿음과 신뢰가 더욱 깊어질 수 있다. 교육 일에 대한 지향은 학교에서 또 교육 일에 종사하는 과정에서 발전된다.

    나는 아주 즐거운 마음으로 내가 졸업한 폴타바 사범학교를 기억하고 우리들에게 교육학과 문학, 역사를 강의해 준 교수들을 생각한다. 그 학교에서는 교육학을 가르칠 때 무미건조한 이론만 강의하는 것이 아니라,

생생하게 교육 예술을 이야기해 주고 학생의 의식과 감정에 영향을 줄 수 있는 방법들도 탐구했다. 거기서 나는 언어를 즐기도록 배웠다. 나는 그때 내가 '저녁 노을'과 '정월의 눈보라'라는 글을 어떻게 썼는지 영원히 잊을 수 없다.

나는 어문학부를 졸업하고 설레는 마음으로 중학교 교문을 들어섰다. 처음에 나는 상급 학년들을 가르쳤는데 어린아이들과 떨어져서는 도무지 생활해 나갈 수가 없었다. 그래서 나는 한 소년선봉대 모둠의 지도교사가 돼, 주임 교사를 도왔고 아이들을 데리고 소풍도 가고 여행도 했다.

지금 생각해 볼 때, 교사 자신이 아이들을 따르고 그들을 떠나서는 생활할 수 없으며 그들과 만나는 데서 행복과 즐거움을 느낄 수 있어야만, 아이들도 비로소 교사를 따른다는 결론을 얻는다. 교육 일에 참가한 처음 몇 해 동안에는 물론 이런 합법칙성을 생각해 보지 못했다. 나는 그저 아이들을 즐길 뿐이었다. 한 학년이 끝나면 나는 아이들과 함께 들과 숲, 강가로 소풍을 가고 여행했다. 아이들과 함께 남방의 찬란한 별빛 아래에서 밤을 새면서 함께 밥을 지어 먹고 그들에게 신화와 책에 나오는 이야기를 해 주는 것이 내게는 정말 행복이었다. 바로 이런 재미 덕분에 아이들은 무거운 배낭을 걸머지고 쨍쨍 내리쬐는 햇볕 아래에서 하는 행군도 마다하지 않았다고 생각한다.

교장으로 임명됐을 때 나는 매우 기뻤다. 내게 모든 교사들과 함께 내 교육 신념을 실현할 가능성이 열렸고, 학교의 모든 학생은 내 학생이 됐다. 이것은 위대한 조국 전쟁 전야의 일이다. 그때 나는 겨우 5년 경험밖에 없었다. 하지만 앞을 내다보니 내 일생을 아이들과 갈라놓을 수 없었다.

전쟁 전 소련의 학교에서 창조한 정신적 가치는 우리 조국의 운명에 매우 큰 몫을 했다. 전쟁 전에 우리 학교의 각 학급에는 실습농장 하나가 있었고 학생들은 거기에 과일나무 묘목을 심었다. 학생 기술원과 설계사들은 실습 공장과 작업실에서 일했다. 여름방학이 되면 상급 학년들은 트랙터 운전수와 콤바인 운전수 대신 일했다. 전쟁 전 우리 학교 6기 졸업생 147명 가운데 42명이 조국의 자유와 독립을 위한 전사가 됐다.

전쟁이 시작되자 나는 전선에 나가 스몰렌스크 방면, 모스크바 교외와 칼리닌그라드 전선의 전투에 참가했다. 1942년 나는 르제브 부근에서 중상을 입고 우드무르치야의 작은 마을인 우바에 있는 야전병원에 몇 달 누워 있었다. 퇴원 뒤 나는 명예 군인으로 제대해서 우바 중학교의 교장 일을 맡았다. 그때는 어려운 시기였지만 1년 반 동안 했던 학교 일은 내게 잊지 못할 인상을 남겨 주었다. 우리에게는 우호적인 교사와 학생들이 있었다. 그리고 우리는 아이들에게 자애로운 관심을 쏟았다. 우리 마을이 해방되자마자 나는 고향의 파블리슈 중학교로 돌아왔다. 독일 침략자들이 이곳을 29개월이나 점령하고 있으면서 경제뿐만 아니라 정신생활에도 전쟁의 흔적을 남겨 놓았다. 예전 우리가 그렇게 애정을 갖고 건설해 놓은 실험실, 도서실, 그리고 아까운 과수원이 모두 파괴됐고 심지어 책상까지 모두 타버렸다. 나는 교사들, 상급 학년들과 함께 많은 노력을 들여 교실과 실험실을 다시 짓고 수업할 준비를 하고 나서 모든 학령 아이들을 조사해서 등록시켰다.

우리나라의 과학, 지식, 학습과 교육을 사랑하는 기풍은 전반적인 사회생활 제도로 형성됐다. 아이들의 학습열을 길러 주는 일은 거의 교사에게 달려 있다. 아이들이 지식을 얻으면서 즐거움과 충분한 정신생활을 누리게 해야 한다. 아이들이 지식을 사랑하도록 이끄는 첫 원천은 교사의 높은 지적 소양이고, 무엇보다도 교장 선생님의 높은 지적 소양이다. 교장이 교수 계획에 있는 각 과목의 지식을 갖고 있지 않으면 학교의 교육 업무를 지도할 수 없다. 나는 교장 업무를 맡은 초기부터 물리, 수학, 화학, 지리, 생물, 역사를 공부하기 시작했다. 나는 3년 동안 학교의 모든 교과서와 주요 교수법 참고서들을 자습했다. 나는 수학에 특별히 큰 노력을 들였는데 교과서에 있는 모든 연습 문제들을 풀었고 보충 연습 문제집의 많은 문제들도 계산했다. 내 연습장에는 점차 여러 가지 연습 문제들이 장, 절과 과제에 따라 기록됐다. 지금까지도 나는 연습장에 해마다 새로 풀이한 연습 문제들을 보충하고 기록하고 있다.

그러나 이것은 어디까지나 시작에 지나지 않는다. 나는 한 가지 규칙을 세웠다. 즉 학교 교수요강과 관련돼 있는 최신 과학의 성과와 발전을 세밀히 살펴보기로 한 것이다. 더욱 중요한 것은 수학, 물리학, 생물학, 생물화학과 전자학의 새로운 성과를 이해하는 것이다. 내 실험실에는 (나는 내 사무실을 이렇게 불렀다) 연습장들이 수북이 놓여 있는데(각 과목 또는 각 과학 문제별로 다른 연습장을 썼다), 그 속에는 잡지에서 발췌한 자료와 신문에서 오려낸 자료들이 몇 천 가지나 있었다. 이런 내 흥미와 기호는 직접, 또는 교사들을 통해 간접적으로 모든 학생들에게 전수됐다.

예를 들면 나는 한때 토양의 생물화학 연구에 열중했다. 국내외에서 이 분야에서 진행된 실험은 농작물 수확고를 높이는 데 매우 큰 전망을 보여주었다. 나는 식물 재배와 원예를 즐기는 몇몇 교사들과 이 재미있는 문제를 가지고 늘 이야기하곤 했다. 그래서 생물 교사와 저학년 교사 몇 분도 흥미로운 토양 생활과, 그 토양 속에서 자양분을 만드는 기이한 미생물의 움직임을 아이들에게 가르쳐 주었다. 이 문제는 아이들의 흥미를 끌었다.

그래서 그들은 생물실, 녹색 실험실, 학교 농장과 온실에서 여러 가지 실험을 했다. 이것은 교장이 학생들과 정신적으로 교류하는 또 하나의 분야였고, 또한 가장 가르치기 어려운 학생을 교육하는 좋은 방도였다.

나는 유전학, 자동학, 전자학, 천문학 분야의 과학 서적을 매우 큰 흥미를 가지고 읽었다. 물리 교사들이 다 알고 있는 것처럼 우리는 어떤 새로운 과학 책이라도 빼놓지 않고 다 읽었다. 나는 물리 교사들과 대화할 때마다 어떤 새로운 의도를 내놓거나 새로운 계획을 세웠다. 그리고 나는 작업실과 전문 교실에 가기를 좋아했는데, 그곳은 소년 자동화와 무선 전자학 애호가 그룹, 소년 무선 전기공 그룹, 소년 천문학자 그룹들이 활동하는 장소다. 나는 아이들과 함께 큰 흥미를 가지고 계기와 모형을 조립하고 우리의 시청각실을 세웠다. 또 나는 학생들과 함께 기상대와 아동 천문대를 세우고, 그들과 함께 흥분된 마음으로 행성과 성좌를 관찰하고 머나먼 세계에 대해 상상도 해 보았다.

나는 흥분된 마음으로, 봄에 소생하는 대지와 물기가 오르는 나무에서 맨 먼저 돋아나오는 푸른 나뭇잎과 맨 처음 피어나는 꽃송이들을 바라보았다. 우리 학교의 과수원과 실험농장에서는 많은 실험을 하면서 몇 십 가지 작물과 과일나무를 키운다. 봄, 여름, 가을에 우리의 소년 식물 관찰대는 야외로 나간다. 우리는 밀과 기타 작물 중에 추위에 잘 견디는 종자를 골라서 재배하고 토양 표본을 수집하며 토양 비옥도를 높일 수 있는 새롭고(학계에서는 아마 지금도 모르고 있을 것이다) 이로운 미생물들을 찾는다. 겨울 한철에도 온실과 레몬 묘목장에는 향기롭고 아름다운 꽃들이 여전히 피어나고 황금색의 레몬이 무르익고 있다. 아름다운 꽃들이 만발하는 이런 나무들은 노동의 아름다움에 흥미를 불러일으켜 학생들을 힘 있게 이끈다.

나는 문학 교사다. 그리고 나는 내 과목을 사랑한다. 내 문학 수업 체계는 학생들이 문학 작품을 읽을 수 있고 이해하고 느낄 수 있게 하는 것을 기초로 한다. 문학 수업이 성적을 거둘 수 있는 결정적인 조건은 언어를 사랑하고 언어의 아름다움을 느낄 줄 아는 것이라고 생각한다. 교사는 모두 다 자기의 언어 소양을 끌어올리기 위해 끊임없이 노력한다. 우리 학교에서는 문맥이 통하지 않고 언어가 분명하지 않아 표현이 서툰 사람을 무지한 사람으로 본다. 교사 휴게실에 있는 칠판에는 "단어를 정확하게 써서 말하자. 각 단어에는 모두 뜻이 있다. 알맞은 단어를 선택할 줄 모르는 것은 미술 시간에 연필 대신 못을 쓰는 것과 같다"라는 말을 써놓거나, 아니면 언어 발전과 관련된 재료(좋은 실내 수업 기록, 오려 낸 신문 등)들을 붙여 놓는다.

나한테는 큰 장서실이 있는데 나는 여기에 중요한 예술적 가치가 있는 작품들만 골라 넣었다. 나는 이 장서실을 미적 수양의 표준으로 삼으려 한다. 교사, 학생, 학부모 할 것 없이 모두 내게서 책을 빌려 간다. 그들과 만날 때마다 나는 아주 즐겁다. 그들과 나누는 대화에서 재미있는 생활 이야기들을 많이 듣는데 여기서 나는 자신의 교육학적 시야를 넓힌다.

포도송이가 주렁주렁 달린 포도나무 한 그루를 가꾸거나 자연과 사람을 묘사한 서정시 몇 수를 읊는 것도 내게 커다란 기쁨을 준다. 나는 작품을 쓰기도 하는데 그것은 발표하기 위해서가 아니라 학생들에게 언어 사용법을 가르쳐 주기 위해서다. 교장 일에 종사한 몇 년 동안 나는 소품을 1000여 편 썼다. 이 중에는 자연현상을 묘사한 것도 있고, 스스로의 감정과 심리적 체험을 토로한 것도 있다.

나는 내가 쓴 소품과 짧은 시들을 학생들에게 읽어 준다. 나는 그들과 주위 세계(자연계와 인간)에 대한 생각과 인상을 서로 나누기를 즐긴다. 아이들이 쓴 글과 짧은 시 가운데서 자신들이 체험한 것들을 볼 때 나는 더 감동을 느낀다. 내 글과 짧은 시가 아이들의 심금을 울렸을 때 그들은 자기도 모르게 연필을 들고 감정을 표현하려고 애쓴다. 낱말에 대한 감수성과 사람의 가장 섬세한 내면적 활동을 낱말로 표현하려는 욕구가 바로 한 사람의 참된 문화적 소양의 중요한 원천 중 하나다.

그러므로 교사가 여러 곳에 가서 여행하고 참관할 때, 자연현상을 관찰하지 않고 단어와 어구로 자기의 감정을 표현하지 않는다면 언어 수업이라는 것은 상상할 수 없다. 강가와 들, 밤에 모닥불 가와 가을비 부슬부슬 내리는 천막 안에서 나는 아이들에게 주위 사물에 관한 사상을 어떻게 표현할지 가르쳐 주었다. 언어에 대한 내 사랑이 아이들에게 전해져서 그들의 사상과 감정에 자리 잡는 것이 매우 기뻤다. 그들은 낱말의 아름다운, 상쾌하고 섬세한 색조를 느꼈고 자연계에 관한 짤막한 이야기를 쓰고 시도 짓게 됐다. 언어의 아름다움에 대한 감수성은 아이들의 정신세계에 커다란 힘이 된다. 이런 감수성 속에 바로 인류 문명의 원천이 있다.

100_ 파블리슈 중학교 교육 사업의 성과

당신은 제자들이 당신 둘레에서, 그리고 학교와 병원, 시범농장에서 일하고 있는 것을 보면 매우 기쁠 것이다. 우리 학교 졸업생 10명은 모교로 돌아와 일하고 있다. 우리 고장 병원에서 일하는 의사 셋은 우리 학교 출신이다. 그리고 '국제 시범농장'의 책임농업지도사, 농업관리처의 책임 기사, '사회주의 노동 영웅' 칭호를 받은 근로자 대표는 모두 우리 학교 졸업생들이다.

우리는 우리 마을의 문화 수준이 나날이 높아지는 것을 매우 기쁘게 본다. 1949년부터 1965년 사이에, 이 마을에는 중등교육을 받은 사람이 611명이 있었다. 그런데 지금은 그들 가운데서 고등교육을 받은 사람이 242명이나 되고, 고등학교에 재학 중인 학생은 143명이나 된다. 우리 마을 주민 6000명 가운데 기사가 84명, 의사가 41명, 농예사가 38명, 교사가 49명, 기타 전문가가 30명이 나왔다. 혁명 전인 1867년부터 1917년에 이르는 50년 동안 이 마을에는 중등교육을 받은 사람이 7명, 고등교육을 받은 사람이 한 사람밖에 없었다.

몇몇 가정에서는 고등 교육을 받은 전문가가 한 집에 몇 명씩 나오고 있다. 우리는 이 사실에 매우 기쁘다. 양곡 수매소를 하는 한 노동자 가정에는 아들 넷이 모두 우리 학교를 졸업하고 대학을 다녔고 모두 기사가 됐다. 한 보통농장원은 큰딸이 의사고, 둘째 딸과 아들 하나가 기사다. 이런 가정을 나는 수십 개는 더 들 수 있다. 우리 인민들에게 사회주의 건설은 추상적인 개념이 아니다. 우리는 그들을 활발하게 살아나가는 사람으로 기르고 가르치고 있으며, 또 그런 사람이 되도록 이끌고 있다.

조화로운 교육

● 수호믈린스키 ●

어떤 학교의 8학년 학생인 미하일은 선생님들이 모두 근심하며 골머리를 앓는 인물이었다. 독자인 그는 키가 크고 몸집이 야무지고 눈이 파란 아이였는데, 그의 눈은 언제나 미소와 낙천적인 빛이 어려 있었다. 탐구심이 강하고 천진난만하며 호기심이 많은 이 장난꾸러기는 늘 선생님들을 힘들게 하였다. 5학년 때에 벌써 이 남자 아이에 대해 우크라이나에서는 다음과 같은 소문이 돌고 있었다.

'이 아이는 바로 잡을 수 없을 뿐만 아니라 교활하면서도 임기응변을 잘하는 게으름뱅이며 건달꾼'이라고 하였다. 그는 겨우 학급을 따라 진급하였지만, 한 번도 낙제를 면하지 못하였다. 이 아이가 소년에서 청년으로 자라났다.

8학년 수업을 마치기 석 달 전에 미하일은 자기 어머니와 함께 교장 선생님을 찾아갔다. 미하일은 어찌나 우울했던지 말은 한 마디도 하지 않았지만, 어머니는 교장 선생님께 "미하일을 더 이상 학교에서 공부하게 하지 말아 주세요. 나는 이 아이가 일을 하도록 하겠습니다."라고 간청하였다.

미하일에게 문제가 된 것은 작문이었다. 그는 몹시 어려운 작문으로 인해 작문 선생님 니나 페트로브나와 갈등이 생겼다. 니나 페트로브나는 그에게 연속 '2점'을 주었고, 이렇게 되자 미하일은 더 이상 작문을 제출하지 않았다. 미하일은 작문 시간에 여러 가지로 심술을 부리기 시작하였다. 이에 작문 선생님은 몹시 격분했다. 동료들도 '이런 일이 언제쯤 사라지겠는가?'라고 격분했다. 동료들은 미하일이 학교를 중퇴하고 일을 한다는 소식을 듣고 니나 페트로브나를 축하했다.

일이 바쁘게 돌아가고 신경 써야 할 일들이 많았으므로 그녀는 미하일을 더 이상 생각할 겨를이 없었다. 어찌 된 셈인지 니나 페트로브나의 텔레비전이 고장 났다. 그녀는 텔레비전 수리부에 전화를 걸어서 기술이 좋은 숙련공을 보내 수리해 줄 것을 요구하였다. 그녀는 다음과 같이 당부하였다. "재주 없는 수리공을 보내지 말고 실제 기술이 있는 숙련공을 보내 주세요. 세 번이나 수리했는데도 텔레비전이 아직 켜지지 않는군요." 수리부에서는 그 곳에서 실제로 유능한 수리공을 보내 주겠다고 대답하였다.

방금 학교에서 돌아온 니나 페트로브나는 인기척을 들었다. 그의 앞에 서 있는 사람은 바로 미하일이었다. 그는 소박하면서도 아주 보기 좋은 작업복을 입었고 자그마한 트렁크를 들고 있었다. 니나 페트로브나는 어찌할 바를 몰랐다.

"나를 찾아 왔어요?"

"그렇습니다. 당신이 텔레비전 고장으로 수리부에 전화를 걸지 않았습니까?" 미하일은 쑥스러워하면서 말하였다.

"네, 그랬어요. 어서 들어오세요."

니나 페트로브나는 텔레비전 위에 놓여 있는 꽃병을 치우고, 먼지를 털었다.

미하일이 텔레비전을 다 수리할 때까지 니나 페트로브나가 겪은 참기 어려웠던 그 두 시간 동안의 상황에 대해, 나는 자세히 말하지 않겠다. 미하일이 텔레비전을 고치고 나서, "3년 동안은 보증할 수 있습니다"라고 말하였다. 그가 영수증을 떼면서 지불해야 할 수리비용을 말하자 니나 페트로브나는 얼굴이 달아오르면서 돈 3루블을 더 주었다. 미하일은 3루블을 선생님께 돌려주면서 나직이 말했다. "왜 이러십니까? 저는 작문을 잘하지 못했습니다. 하지만 저는 졸업한 후 바르게 살아가는 것을 배웠습니다. 저는 그래도 다른 수업보다 당신이 가르치는 수업을 더 즐겨했답니다. 이것은 저의 가슴속에 한평생 남아 있을 것입니다."

미하일은 도구를 다급히 트렁크에 넣고 나가 버렸다.

"저는 그 3루블의 지폐를 받아 쥐고 오래도록 앉아 울었어요." 그런 후 니나 페트로브나는 선생님들에게 이렇게 말하였다. "미하일이 텔레비전을 수리하고 있을 때, 저는 그가 이전에 저의 수업 시간에 앉아 있던 그 아이가 전혀 아니라고 속으로 생각했어요. 나를 대하는 태도가 그때와는 전혀 달랐어요. 제가 괴로웠던 것은, 교사인 우리가 게으름뱅이며 희망이 없다고 보았던 바로 그 '2점짜리' 학생에게 재능이 있다는 것을 왜 발견하지 못했던가 하는 것이었지요. 미하일은 기능공으로서의 재능이 있을 뿐만 아니라, 우리가 보지 못한 '사람'의 모습이 있었다는 것이에요. 우리는 학생들에게서 '사람'을 보지 못했어요. 이것이 바로 우리들의 주요한 실책이었지요."

이 일은 나를 오래도록 괴롭히던 생각을 환히 밝혀 주는 밝은 빛이 되었다. 이것은 나 자신만의 생각이 아니다. 러시아 학교들이 인류 역사에서 전례 없는 발걸음으로 전반적인 중등 교육으로 넘어가는 이때에 이러한 생각은 많은 교육 일꾼들을 격동시키고 있다.

학교에 들어온 후 2~3년만 지나면 왜 공부하기 싫어하는가? 한 어머니가 편지에서 쓴 바와 같이, 왜 많은 아이들에게 학습은 그토록 '죽을 정도로 싫은 것' 인가? 왜 공부를 싫어하고 다른 아이들과 충돌하고 좌절하며 거리의 나쁜 놈들과 접촉함으로써 그야말로 교사들이 일을 할 수 없게 하는가? 왜 러시아에서 수만 명의 아이들이 중도에서 탈락하게 되는가? 이 모든 현상의 뿌리가 도대체 어떤 비밀한 곳에 숨어 있는가?

내가 어려운 것은 일부 청소년들이 자기의 학업 성적에 대해 무관심하고 대수롭지 않게 생각하는 것이었다. 선생님이 "이와노브, 넌 2점이야."라고 말하면, 이와노브는 "2점을 맞아도 상관없어요."라고 태연스럽게 대답할 뿐만 아니라 코웃음을 치기까지 하였다. 이것은 뾰족한 창으로 선생님인 내 마음을 찌르는 듯하였다. 그러나 이 아이들은 17세이므로 중등 교육을 받지 않았다면, 벌써 기계 옆에 서서 작업을 하거나 쟁기나 파종기를 가지고 밭에 나가서 밭을 갈고 씨앗을 뿌리며 곡식을 가꾸었을 것이다. 이러한 아이들도 선생님에 대하여 냉담했다. 이것은 어찌된 영문인가? 왜 이런 일들이 생기며 어떻게 해석해야 하는가? 이러한 일들을 바로 잡음으로써 선생님들이 겪는 고통을 미연에 방지해야 한다.

한 개인이 집단 속에서 자신에 대해 무관심하며 자신의 인격을 모욕하는, 즉 태만하고 성실하지 못하며 인류의 가장 위대한 정신적 자산인 지식을 배우려 하지 않는 것은 도저히 있을 수 없는 일이라고 생각한다.

교육학 이론가들은 집단이 사람의 인격에 주는 영향에 대해, 청소년에게 교양이 부족한 원인을 다음과 같이 해석하고 있다. 즉, 집단이 상호작용을 잘하지 못하고 교사가 아이들의 인격에 영향을 주지 못한 것이 원인이라고 해석하였다. 이것은 얼마나 어리석은 해석인가! 이러한 해석은 교사들로 하여금 방향을 잃게 하였는데, 실제로 이것은 사고하려는 교사들을 방해하는 것이다. 만약 한 사람이 집단 속에서 자기 자신에 대하여 냉담하다면, 만약 그가 자기의 인격을 모욕한다면, 이것은 바로 집단을 파괴하는 것이다. 오직 건전하고 생기 있는 냇물이 모여야만 집단이라는 큰 강을 이룰 수 있다. 그런데 만약 이 냇물이 오염된다면 그 큰 강은 생기를 잃을 것이다.

교육자가 큰 강 유역에 마르고 썩은 냇물이 없도록 하는 데 관심을 가질 때, 집단은 정신과 인격의 생기 있는 물로 될 수 있다고 나는 확신한다. 집단의 재능은 교육자에 의하여 이루어지는 만큼, 그 재능은 교육자에 의해 현명하게 창조되고 배양되어야 한다. 러시아어에서는 '교육할 수 있다'는 단어가 그다지 흔히 사용되지 않고 있다. 이 단어는 교육학의 주요한 개념의 하나라고 나는 생각한다.

아이들을 교육할 수 있어야 한다. 다시 말하면 아이들은 교사의 교육적 영향을 받아들일 수 있어야 한다. 만일 13세 또는 16세의 아이들이 그렇습니다. 이 "2점을 두 번이나 맞아도 상관없습니다."라고 말한다면, 그것은 아이들이 교육을 받을 수 있는 능력을 상실하였다는 것을 의미한다. 그런데 교육을 받을 수 있는 능력은 의심할 바 없이 학교에 들어온 사람에게는 다 있다. 바로 그가 교육할 수 없는 사람으로 된 때부터 집단은 더 이상 그에 대하여 교육을 할 수 없게 된다.

교육을 받을 수 없는 그 뿌리가 도대체 어떠한 깊은 곳에 묻혀 있는가? 지금 이 문제에 대해 깊이 생각하는 것은 중요하다. 나를 몹시 놀라게 하는 것은 전반적 중등 교육을 실시하게 되는 이때에 교육학 이론가와 교수법 전문가들이 학교 미래의 모든 성공과 실패를 교과서가 어떻게 만들어지며 각 학과목들을 어떻게 가르치는가와 연계시키면서 교수 방법에 관하여 가장 많이 언급한 것이었다.

어떻게 해야 사람들이 수업에서 사고하고 기억하고 깨닫게 하겠는가, 어떻게 해야 시간을 일 분이라도 낭비하지 않도록 하며 모든 사람들이 배우고 익히도록 하겠는가에 관하여 쓴 책을 읽을 때마다, 나는 대대로 전해 온 우리의 고향 사람이며 불우한 농사꾼인 오멜코 할아버지에 관한 이야기를 생각하게 된다. 오멜코 할아버지께는 땅이 한 마지기 있었다. 이 할아버지는 알뜰하게 골라낸 봄밀 종자를 그 땅에 심으려고 했다. 이 할아버지는 할머니 마리아와 함께 겨울 내내 페치카 곁에 앉아서 맨손으로 종자를 한 알씩 정성들여 골랐다. 그러나 파종할 때가 되었을 때, 오멜코 할아버지는 종자만 생각하다가 그만 밭갈이 하는 것을 잊어버렸다. 그리하여 파종하러 가기는 하였지만 밭을 갈지 않고 종자를 뿌렸던 것이다.

교육학자와 교수법 전문가들의 그 많은 충고와 건의를 나는 오멜코 할아버지가 겪은 불행과 같다고 생각한다. 종자만 골똘히 생각하다가 그만 밭갈이 하는 것을 잊어버린 것은 종자를 까마귀에게 먹이로 뿌려 주는 것과 똑같은 것이다. 지금 우리의 교육자들은 우리가 무엇을 해야 하는가를 생각해야 할 뿐만 아니라, 우리가 교육하는 사람들이 어떻게 변화할 것인가를 생각해야 한다. 교육이란 교육을 받을 수 있는 능력을 갖추는 것, 즉 한 개인이 자기 자신의 성취와 실패에 관하여 각별히 관심을 갖도록 하는 것이다.

이것은 교육의 핵심이기도 하며, 교육에서 가장 중요한 것이다. 즉, 훌륭한 사람이 되도록 심혈을 기울여 자신이 우수한 공민으로, 성실한 직장인으로, 탐구심이 강한 사상가로, 부단히 탐구하는 연구원으로, 자기 인격의 존엄에 자랑을 느끼는 사람이 되도록 하는 것이다. 이것이 바로 우리가 정성들여 가꾸어야 할 토양이다. 만약 우리가 교수요강, 교과서, 교수 방법 등에만 희망을 건다면 이 모든 것은 다 허사가 되고 말 것이다. 우리는 지금 학교의 모든 교육 사업을 근본적으로 개혁할 것을 착실히 생각해야 한다.

교육에서의 조화란 바로 인간 활동의 두 가지 직능을 어떻게 배합하여 균형을 유지하도록 하는가 하는 것이다. 인간 활동의 두 가지 직능이란, 하나는 객관적인 세계를 인식하고 이해하는 것이며, 다른 하나는 자기 자신을 나타내며 자기의 내재적 본질을 표현하며 자기의 세계관이나 신념 등을 적극적인 노동으로 창조하고 창작하는 가운데 집단 성원들의 상호관계에서 표현하고 확인하는 것이다. 다시 말하면 인간의 표현에 관해 깊이 사고하고 이러한 방향에서 교육 사업을 개혁해야 한다.

지금 우리가 처한 많은 폐단은 바로 사람의 표현의 일면성과 기형적인 일면성에 있다. 만일 학교에서 사람을 평가하는 유일한 분야가 바로 지식을 평가하는 것이며, 바로 학교에서 규정한 도달할 수 있는 최고점에까지 접근하는 것이라면, 우리는 이 사실에서 멀리 벗어나지 못할 것이다. 지식에 대한 평가를 좋게 받으면 그는 훌륭한 사람이며, 그렇지 않으면 아무 쓸모없는 사람으로 보는 것이 관행으로 되어 있다.

나는 '2점'을 맞은 학생을 칭찬하거나 동정하거나 또한 학업 성적이 좋은 학생을 무시하려고 생각하지 않는다. 학업 성적이 좋은 것은 바로 커다란 노력의 결실이다. 그러므로 그 노력을 존중하며 소중히 여겨야 한다. 나는 미하일과 같은 예로 인해 기쁨을 느끼지 않는다. 나의 이상과 바람은 모든 학생들이 학업에 열중하며 학교를 사랑하도록 함으로써 지적으로 풍부하고 원만한 정신생활을 하도록 하는 것이다. 학교를 졸업할 때 모두 지식을 탐구하려는 뚜렷한 불꽃을 가지고 나아갈 수 있을 뿐만 아니라 그 불꽃을 자기의 전 생애를 통하여 마냥 타오르게 하는 것이다.

교육자인 나에게 아주 필요하면서도 극히 어려운 사업은 아이들로 하여금 다음과 같은 것을 믿도록 하는 것이다. 지식이 그들에게 없어서는 안 되는 것은, 그 지식이 그들의 장래의 직업을 위할 뿐만 아니라 그가 학교를 졸업하고 장차 고등학교에 진학하기 위해, 그리고 무엇보다도 먼저 근로자의 풍부한 정신생활을 향유하기 위한 것이다. 교사가 되거나 트랙터 운전수가 되거나 아무튼 문명한 사람이 되도록 하기 위한 것이며, 자신들이 교양 있는 사람이 되기 위한 것이라는 것을 믿도록 하는 것이다. 바로 이러한 현실 생활의 토양에다 조화로운 교육을 확립하여야 한다.

오직 이러한 태도로 정성들여 잘 마련한 토양에다 지식의 씨앗을 뿌려야만 훌륭한 씨앗을 거두게 되며, 또 그 씨앗을 강한 생명력을 지닌 것으로 만들 수 있다. 그러나 그토록 정성을 들여 토양을 마련한다는 것은 수업과 점수가 사람의 정신생활의 유일한 활동 영역이 되지 않도록 하는 데 주의를 기울여야 한다는 것이다. 만약 점수나 평점만을 내세운다면, 그것은 자신을 전혀 표현하지 않은 것과 똑같다. 그리고 우리 교육자가 자신을 이렇게 일면적으로 표현하는 경우에는 그를 교육자라고 할 수 없다. 다시 말하면 우리는 나무만 보고 전체 숲은 보지 않는 것이다. 사람을 표현하는 범위가 좁을수록 교원 집단의 관심이 지식에만 국한될수록, 그것은 지식에 대해 더욱 해로우며, 학습에서 이룩한 자기의 성과에 대하여 더욱 냉담해지고 학습 동기는 더욱 약해지는 것이다.

만약 교사와 학교의 여론이 오로지 점수만을 근거로 하여 학생들을 평가한다면, 학생들은 훌륭한 사람이 되려고 노력하지 않을 것이다. 바로 수업, 지식 습득, 점수, 이것은 정신생활의 일부분에 지나지 않으며 많은 분야 중 한 부분에 불과하다. 특히 알아야 할 것은, 이 분야에서 많은 사람들이 커다란 곤란과 좌절을 겪게 된다는 것이다.

만일 사람의 정신생활(또는 어떠한 사람인가, 즉 어리고 아주 약하며 자기의 흥미, 염원, 요구 등에서 연약한 사람)이 한 분야에만 국한되어 있다면, 즉 그가 지식 습득과 점수만 내세운다면 실패와 곤란이 그를 기다리고 있을 것이며, 따라서 그의 생활은 고통스러울 것이다. 그렇다. 아이들의 마음에 냉담한 얼음 갑옷이 입혀져 있기 전에는, 합격하지 못하는 점수를 받을 때마다 아이들은 고통을 느끼게 되는데, 그들에게는 실로 막심한 고통이다. (한 어머니는 다음과 같이 썼다. "딸애는 눈물을 머금고 2점이 적혀 있는 점수 기록 노트를 펼치면서, 엄마, 학교가 없는 곳으로 이사 가요 하고 간청하였다." 이 말을 한 아이는 10세였다.)

존경을 받는 우리 교육자들은 다음과 같은 것을 잊어서는 절대로 안 된다. 그 어떠한 교과서건, 교수 방법이건 이런 것으로 규정하지 못하는 것이 있는데, 이것이 바로 아이들의 행복이며 충만한 정신생활이다. 그러나 여기에서 언급하는 것은 천성적인 행복이 아니라, 말하자면 바로 노동의 행복인 것이다. 우리는 이러한 행복으로 아이들을 이끌어야 한다. 이러한 인도가 어찌 그렇게 쉬울 수 있으랴! 그러나 만일 당신이 아이들을 행복으로 이끌지 못한다면, 당신은 아무것도 안 하는 것이다. 그러므로 아이들이 학습에서 느끼는 행복이 없다면 교육도 있을 수 없다.

교육에서 바라는 이상은 모든 아이들이 행복한 사람이 되도록 하며 그 아이들의 마음이 노동의 행복에 의하여 즐거움으로 충만하도록 하는 데 있다. 그런데 만일 학습 분야에 극복할 수 없는 곤란과 장애가 있다면, 그 때에는 어떻게 하겠는가? 이런 경우에는 정신생활의 다른 분야에서 사람을 표현해야 한다. 한 사람의 인식 활동(학습과 지식 습득)이 많을수록, 세계를 인식하는 정도가 클수록, 그것은 전문적인 활동이 된다.

그렇다면 우리는, 그들이 다른 분야에서 자기를 표현하고 자기의 도덕적 존엄을 확립하고 비할 바 없는 인간의 긍지를 체험하도록 더욱 관심을 기울여야 한다. 즉, 자기가 창조한 것을 통하여 자기 자신을 보며, 어떤 것에서 자기의 지적, 육체적, 의지적, 창조적, 도덕적 힘을 나타내며, 그리하여 곤란을 극복할 수 있으며, 가장 어려운 투쟁 속에서(자신을 수호하기 위한 투쟁, 자기의 도덕적 미를 위한 투쟁, 고상하고도 완벽한 정신의 투쟁) 승리자가 될 수 있다.

학생이 어떤 분야에서 자기를 나타내야 학습이 즐겁고 사랑스러운 활동이 될 수 있는가?

사람은 학교에서 자기를 무엇보다 근로자로, 기능공으로, 독자적인 창조자로 표현해야 하며, 어떤 일에서는 모든 것을 좌지우지할 수 있어야 하며, 자기의 동창들을 훨씬 능가할 수 있어야 한다. 내가 여기에서 말하는 것은 노동 교육에 관한 것이 아니다. 이 노동 교육은 실천에서 유감스럽게도 흔히 정기적으로 학생들마다 일정한 노동 부담과 노동 규준을 준다. 이러면 학생들이 이 노동 규준을 완성하고는 곧 자기의 노동을 잊어버리며,

그가 부지런히 노동한 것은 다만 그 노동에서 될수록 빨리 벗어나려는 경우가 흔하다. 내가 여기에서 말하는 것은 사람들의 노동과 정신세계의 통일이다. 학생이 노동을 사랑하도록 하려면 즐거움을 느끼도록 해야 하며, 노동 가운데서 자기 자신을 존중하며 노동을 소중히 여김으로써 자기 자신을 소중히 여기도록 해야 한다.

나는 노동 가운데서 자기를 발견하고 자기를 확인하는 사람이어야만 진정으로 교육을 받을 수 있는 사람이며, 학교에서는 집단의 영향을 각별히 민감하게 감수할 수 있다는 것을 확신한다. 노동 교육을 통하여 한 사람의 정신을 발견하고 모든 사람에 깃들어 있는 정신의 유일한 원천을 발굴해야 한다. 이 원천은 사람들마다 흔히 무관심, 게으른 태도 등에 의하여 은폐된다.

나는 학교에서 수십 년간 아이들을 가르쳤다. 이 교육을 통하여 나는 다음과 같은 깊은 신념을 갖게 되었다. 사람의 가능성, 능력, 기호 등이 한량없으며, 이러한 점에서 사람의 표현은 각기 특수한 것이다. 세상에는 우리가 아무것도 할 줄 모른다고 말할 권리를 가진 사람이 아무도 없는 것이다. 조화로운 교육과 진실한 인도주의 정신은 모든 사람에게서 그의 창조적 노동의 원천을 발견하고, 자기 자신을 중시하도록 모든 사람을 도와주며, 자기 자신에게서 긍지의 불꽃을 보고, 건강한 정신으로 자기 자신의 존엄을 수호하도록 모든 사람을 도와주는 데 있다.

교육의 즐거움은 바로 모든 피교육자가 아동기, 소년기에 이미 즐기는 노동 가운데서 자기를 발견하며 자기 자신을 잊을 정도로 그 노동에 열중하여 우수한 성과를 거두도록 하는 점에 있다. 이것은 그 어떤 환상이 아니라 생동하는 교육의 현실적인 모습이다. 실제 사업에서 우리는 이미 아동기부터 모든 학생이 어떤 일, 즉 밀을 재배하여 이삭마다 백 알씩 달리게 하며, 메마른 황무지를 옥토로 변화시키며, 이 조그마한 땅에서 일 년에 이모작을 하며, 아주 가는 털을 깎는 새끼 양을 기르며, 소형 트랙터를 몰며, 복잡한 기계의 동력 모형을 제작하며, 도구를 제작하는 등에 열중하도록 하였다.

만약 300명의 학생들에게 300가지 각기 다른 천품을 발견하였다면, 이처럼 인력 자원이 많은 형편에서 우리의 주위 생활 가운데 많은 노동력을 찾을 수 있다. 이러므로 아주 풍부한 노동 열정의 불꽃이 이 토양에서 활짝 피어나게 된다. 이를 위하여 교사는 자기 학생의 창조력과 능력을 지도할 줄 알아야 한다. 오직 이런 조건에서만 그는 당신의 학생이 될 수 있다. 만일 개개인이 아동기와 소년기 때부터 이미 자기를 표현하도록 한다면 당신은 학교에서 이러한 자기 교양의 환경을 만들어 주고 그것을 보전하고 부단히 고무해야 한다. 한 개인이 어느 일에서 우수한 성과를 거두었다면, 그는 다른 사람을 고무하여 다른 사람의 그 특수한 개성의 원천을 불러일으켜야 한다. 이것이 집단생활의 가장 중요한 규범 중의 하나다.

10학년 학생은 진짜 '성인용' 트랙터를 익숙하게 다루고 있다. 왜냐하면 그들은 1학년 때부터 기계를 다루었기 때문이다. 그들은 6학년 학생들에게 기계의 성능을 가르쳐 주고 소형 트랙터의 관리를 가르쳐 줄 뿐만 아니라, 기술을 익히는 데 그들의 본보기가 되었다. 6학년 학생들은 2학년 학생들에게 반장난감 식의 내연기관을 단 자동차를 조작하는 것을 가르쳐 준다. 한 학생이 자기를 표현하고 자기의 연구 정신으로 다른 사람의 길을 밝혀 주었을 때 진정으로 교육을 받게 된다. 이 연구 정신의 심도가 깊으면 깊을수록 길이 더욱 밝아지며, 다른 사람을 교육하는 힘이 더욱 강해진다.

자기 교육의 이 복잡함 속에서 교사는 다양한 역할을 하게 된다. 그리하여 그는 다른 사람의 기교에 대하여 평가를 하는 주요한 평론가가 되는 것이다. 사람들로 하여금 자기를 표현하는 동시에 다른 사람을 고무하도록 하는 것을 바로 교사가 감당해야 한다.

가령 모든 학생이 노동 가운데서 자기를 표현하지 못하고 자기의 존엄을 체험하지 못한다면 우리는 무능한 교육자가 될 것이며, 따라서 우리의 말, 우리의 훈시, 우리의 지도가 젊은 사람의 마음에 받아들여지지 않을 것이다. 오직 우리 모든 학생들의 정신에서 이루어지는 이러한 미세한 활동에 의해서만, 오직 모든 학생이 노동 가운데서 자기를 표현할 때만 우리는 학습의 염원을 오래도록 유지하고 확보할 수 있다.

아동들이 지식을 습득하면서 곤란을 느끼면 느낄수록, 그가 학습을 잘 하는 길로 나아가는 면에서 부딪히는 장애가 많으면 많을수록 다른 분야에서 자기를 표현하도록 하는 것이 더욱 중요하다. 이것은 그가 인류 활동의 한 분야에서 불행한 운명에 봉착한 것만큼 다른 분야에서 성공하여 그의 행복을 보상하라고 말하는 것은 절대로 아니다. 문제를 이런 식으로 푼다면 교육은 무척 쉬운 일이 될 것이다. 즉, 여러분이 어려운 학습을 감당하지 못한다면 학습을 버리고 훌륭한 목공이나 목동이 되면 좋다는 것이 아니다. 우리가 말하는 것은 조화로운 교육에 관한 것이다. 만약 지적 활동이 막혔다면, 이를 장악하는 길이 일반 교육을 통해야 되는 만큼 그 사람은 영원히 행복한 사람이 되지 못할 것이다. 그러나 그 사람이 한 가지 노동 가운데서 자기를 표현할 수 있다면, 그는 무엇이나 다 무관심한 사람이 되지 않을 것이며, 학습을 포함한 다른 활동 분야에서 곤란을 극복하는 힘과 희망을 스스로 찾아내게 될 것이다.

나는 학교에서 25년 동안 일을 하였으므로, 중학교를 졸업한 178명의 졸업생을 하나하나 기억할 수 있다. 그들이 만일 아동기와 소년기에 노동 가운데서 자기를 표현하며 자기를 발견하지 못하였다면, 만약 긍지와 존엄성을 일상적으로 체험하지 못하였다면, 그들은 근본적으로 중등 교육을 받았다고 할 수 없을 것이다. 이것에 관하여 교사들이 확신할 뿐만 아니라, 그들 자신도 확신하는 바다. 이것은 자기들을 정신노동으로 고무하고 자기 자신의 힘을 믿도록 해 주는 자극이다. 노동 가운데서 자기를 표현하도록 한다는 것은 문자 그대로 그들을 환멸과 냉담 속에서 건져낸다는 것이다.

우리의 학생이었던 미콜라는 대학을 졸업한 후 13년 동안 농학자로서 일하였으며 사업을 잘 하였다. 그러나 그는 어렸을 때 학습하는 것을 얼마나 힘겨워하였던가! 그를 분발시킨 것은 그가 노동 가운데서 아주 신기한 성적을 올린 것이었다. 그는 이미 5학년 때에 과수나무의 싹을 야생 과일나무에 접하여 정연하고도 아름다운 과수 묘목을 키워 냈다. 우리의 생물학 선생은 이에 상심하여 다음과 같이 말하였다. "학생이 선생을 능가하였다. 얘들아, 내가 이후에도 너희들을 어떻게 가르치겠니?" 그러나 내가 보건대 진실한 교육의 논리는, 학생이 교육자를 능가하도록 하는 사람이 훌륭한 교육자며, 학생이 교육자를 따라잡지 못하도록 하는 사람은 훌륭한 교육자가 못 된다는 점이다.

노동은 사람들로 하여금 자기를 표현하고, 생활의 의의를 이해하고, 자기의 힘과 능력을 인식하고, 자기의 인간다운 존엄을 자부하고, 자기의 영예를 소중히 여기도록 하는 것이다. 오직 이러한 노동만이 도덕의 발단이 된다. 도덕에서 자기 교육, 다시 말하면 훌륭한 사람이 되려는 학생의 염원을 환기시키는 것은 실제로 자부심, 자존심, 노동의 존엄성으로부터 시작된다. 이러한 것들이 없다면 학교도, 학생의 집단도 생각할 수 없다. 사람마다 집단 속에서 훌륭한 사람이 되려는 염원이 깊으면 깊을수록, 집단의 교육적 영향에 대한 민감성은 더욱 강해진다.

학교에서는 노동 가운데서 자기를 표현함으로써 사상이 통치적 지위를 차지하게 될 때에 교육자가 진정 조화로운 교육을 하는 데 이를 수 있다. 오직 학교에 '사상의 왕국'이 있을 때만 학교는 학교가 될 수 있다. 그런데 만약 학교에 사상의 빈약성, 책에만 파묻혀 있는 분위기(나는 이것을 사상의 소아병이라고 생각한다)가 넘친다면, 만약 지식이 파도치듯이 쌓이고 쌓이며 물품마냥 포장되고 가격을 평정하기 위해 빼냈다가 다시 상품 창고에 보관되며 유통될 기회가 아주 적다면, 그러한 지식은 개인과 집단의 정신생활에 별로 소용이 없게 된다. 이렇게 될 때에는 조화로운 교육에 관해 말하기는 어려울 것이다.

사고하면서 일하고 일하면서 사고할 때, 사상은 탐구심, 지식욕, 알며 깨달으려는 유기체의 정신적 욕구로서 그 사람의 정신생활 속에 들어가게 된다. 수십 년간의 학교 사업을 통해 나는 다음과 같은 것을 확신하게 되었다. 사람의 이러한 생명력에 의해서만 사람의 정신노동은 그의 의지와 체력 및 지능면의 의식적인 노력과 결합될 수 있다. 이것은 훌륭한 사람이 되려는 염원, 즉 현명하고 교양 있고 지식 있고 사고를 잘하며 노동을 즐기는 사람이 되려는 염원이다.

우리의 조화로운 교육의 규범은, 사고하고 육체적 노력을 다할 때 그 무엇을 단순히 믿지 않고 진리를 수호하며 자기 자신의 입장을 취하도록 하는 것이다. 말하자면 어떤 사람은 점토질의 황무지거나 암석이 많은 황무지가 메마르기는 하지만, 비옥한 토양으로 개조할 수 있다는 것을 뚜렷이 알고 있다. 그가 이것을 알게 되는 것은 교사를 믿을 뿐만 아니라 다른 사람이 이 노동을 하는 것을 직접 보았기 때문이다. 그러나 이 사상, 지식이 자기의 건강한 육체노동과 결합되지 않는다면, 그 지식은 죽은 짐이 되고 말 것이며 그 사상은 잠자는 거인이 될 것이다. 한 사람이 점토를 파내고 돌을 골라내어 토양 속에서 미생물이 생명을 가지도록 함으로써, 척박한 땅을 옥토로 개조할 때에, 그는 진리를 소중히 여기게 되고 사상이 그의 도덕적 재부가 될 수 있다. 이러한 조건에서만 지식이 요술 방망이가 될 수 있고, 인류 마음을 각성시키는 거인, 즉 도덕적 신념이 될 수 있다.

노동 가운데서 사람을 표현하는 것은 매우 고귀한 도덕적 신념을 가지고 나아가는 길이다. 사람은 모든 체력과 정신적인 힘을 들이지 않고, 손에 굳은살이 박이지 않고, 땀을 흘리지 않고, 그리고 곤란과 피로를 극복하지 않고서는 신념을 가질 수도, 이해할 수도 없다. 아동기와 소년기에 손에 두껍게 박인 굳은살은 인류 정신의 가장 귀중한 재산이며, 조화로운 교육의 세계에 들어가는 열쇠라는 것을 나는 확신한다. 그러나 이 열쇠는 학교에서 사상의 왕국을 창조할 수 있는 사람만이 가질 수 있다.

조화로운 교육은 모든 사람에게 깊이 숨어 있는 마음속의 재부를 발견하는 것이다. 교육은 바로 모든 사람이 자신에게 부여된 천품이 모든 분야에서 자기를 가장 원만하게 표현하도록 하는 데 있다. 자신을 충분히 표현하는 것, 바로 이것이 사회의 행복이며 또한 개인의 행복이다.

편역_ 수호믈린스키 교육사상연구회

수호믈린스키 교육사상연구회는 휴머니즘 교육사상의 영원한 보배요, 아이들의 전면적인 발달을 통한 공동체주의 인격을 완성하기 위해 평생을 현장 교육에 매진한 수호믈린스키(Василий Александрович Сухомлинский)의 교육사상과 실천을 공부하는 사람들의 모임이다. 『선생님들에게 드리는 100가지 제안』은 『수호믈린스키 선집』(전5권, 키예프, 소비에트학교 출판사, 1980)과 『브 아 수호믈린스키 선집』(전3권, 모스크바, 교육출판사, 1979)을 저본으로 하여 우리 실정에 맞도록 편역하였다.

추천글_ 박노자

러시아에서 태어나 상트페테르부르크 국립대학교 동방학부 조선학과를 졸업하고 모스크바 국립대학교에서 박사 학위를 받았다. 모스크바 국립대학교, 러시아 국립 인문대학교 강사, 경희대학교 러시아어과 전임강사를 맡았으며 2001년 한국인으로 귀화했다. 현재 노르웨이 오슬로 국립대학 한국학 부교수로 일하고 있으며, 활발한 연구와 강의 활동과 함께 국내 매체 기고를 통해 이 시대의 대표적인 진보 논객으로 활동하고 있다.
펴낸 책으로 『당신들의 대한민국1, 2』 『좌우는 있어도 위아래는 없다』 『나를 배반한 역사』 『박노자의 만감일기』 『거꾸로 보는 고대사』가 있다.